Christian Seiler
Alles Gute

Christian Seiler

Alles Gute

Die Welt als Speisekarte
Mit Illustrationen von Markus Roost
und Roland Hausheer

Echtzeit Verlag

Vorwort

Ich esse, reise und schreibe. Gern reise ich, um zu essen. Oft schreibe ich, um zu reisen. Immer esse ich, weil ich reise. Manchmal schreibe ich auch, statt zu essen. Das merkt man den Texten auch an, denn sie fallen so unmäßig aus wie Bestellungen im Lieblingswirtshaus, die man mit knurrendem Magen aufgibt. Der Wirt bringt dann Unmengen an Zeug und einen Augenblick denkt man, meine Güte, wer soll denn das alles essen. Aber dann schmeckt es eben schon sehr gut.

Klarerweise bin ich größenwahnsinnig. Jemand, der seine kulinarischen Erzählungen *Alles Gute* nennt, gibt ja allein mit diesem Titel zu, dass sein Anspruch maßlos und sein Selbstbewusstsein absolut sein müssen. Wobei das «Alles» in *Alles Gute* nur mein persönliches «Alles» ist, das Substrat von einigen Jahren, in denen ich auf vielen langen und kurzen Reisen einiges zu essen bekommen habe, und das «Gute» – tja, dieses «Gute» ist tatsächlich nichts, worüber ich diskutieren möchte. Denn es fasst alles zusammen, was mir ans Herz gewachsen ist: das Stück der vollreifen Ananas mit Salz und Chili, wie ich sie in einem Imbiss am Ufer des Mekong bekam; die Weißwurst, die pünktlich zum zweiten Weißbier in der Münchner «Gaststätte Großmarkthalle» eintraf (und es war noch nicht einmal Mittag); mein erstes *Macaron* (Himbeer) von Ladurée vor der Place Vendôme; die unvergleichliche gelbe Butter, die ich beim Frühstück im «Fäviken» auf mein Sauerteigbrot kleckste; der rohe, süße Schwanz des Adriascampis an der Bucht von Opatija; der gehäufte Esslöffel der unvergleichlichen Stockfischbrandade im Restaurant von Konstantin Filippou; die erste wirklich frische Erdbeere der Saison, die mir der Verkäufer am Markt in Oerlikon zu kosten gab, einfach so, mit den Fingern.

Alles Gute ist nicht etwa eine Bilanz. *Alles Gute* ist ein Programm. Dort hingehen, wo etwas warten könnte, was ich niemals vergessen werde. Für mich ist das Nicht-Vergessen die wahre Währung kulinarischer Erlebnisse: Nur die Augen schließen und das Bild, den Duft, die Temperatur, die Textur einer Speise heraufbeschwören, ihren

Zauber, den freundlichen Schock, den sie ausgelöst hat, das Erstaunen, den Schauer, die Zustimmung, das Glück, vielleicht sogar die Hintergrundmusik, als dieser eine Bissen gerade unvergesslich wurde.

Es gibt eine Reihe von Personen, ohne die dieses Buch nicht entstanden wäre. An erster Stelle steht meine Frau Heike Bräutigam, die gutes Essen liebt und versteht wie kaum jemand sonst.

Finn Canonica ermöglicht mir, Woche für Woche im MAGAZIN (von TAGESANZEIGER, BERNER ZEITUNG, DER BUND und BASLER ZEITUNG) meine Kolumne zu schreiben, in der ich die Phänomene rund ums Essen und Trinken als das betrachten darf, wofür ich sie zutiefst halte: als sinnlichen Ausdruck von Kultur und Zivilisation. Die meisten der kürzeren, um 90 Grad gedrehten Texte auf den farbigen Seiten sind als Kolumnen im MAGAZIN erschienen, das ich für die beste deutschsprachige Wochenendbeilage halte.

Christian Grünwald vom ALACARTE MAGAZIN motiviert mich seit vielen Jahren, zu schreiben, nachdem ich gereist und gegessen habe, und räumt mir in seinem modernen, vergnügten und ästhetischen Foodmagazin so viel Platz ein, wie so viele Mahlzeiten eben brauchen. Zahlreiche der langen Geschichten sind in ihrer ersten Fassung im ALACARTE erschienen.

Markus Roost und Roland Hausheer fassen die Essenz meiner Geschichten seit vielen Jahren in jeweils einem Bild zusammen. Meistens ist dieses Bild heiter, gleichzeitig aber auch virtuos und klug. Sie können sich auf den nächsten Seiten (und am Ende des Buchs, wo die Empfehlungen stehen ab Seite 793), selbst davon überzeugen.

Wendelin Hess, Verleger und gemeinsam mit Jesse Wyss auch Gestalter dieses Buchs, ist nicht nur ein enger Freund, mit dem ich sogar Hasen häuten und zerteilen würde, sondern ein kulinarischer und literarischer Verbündeter. Die Idee, dieses Buch herauszubringen, stammt genauso von ihm wie die wunderbare Gestalt und die Unverschämtheit, es auf mehr als 800 Seiten anzulegen. Nur damit Sie wissen, wo mein eigener Größenwahn seinen Anfang genommen hat.

In diesem Sinne: Alles Gute!

54 große Reisen. Und 48 Grundsatzfragen

Beim australischen Koch Jock Zonfrillo ist jedes Essen ein Abenteuer. Niemand kümmert sich so seelenvoll um die Küche des Kontinents. Ich reiste zu ihm nach Adelaide, und zuallererst zeigte er mir die Ameisen.

Adelaide, Australien

«Willst du das Nest sehen?», fragt Jock Zonfrillo und winkt mich in die Küche.

Sicher. Ich navigiere durch das Restaurant mit seinen eleganten Tischen und Stühlen, die merkwürdige Narben haben. Die Beine der Möbel sind schwarz vom Feuer. Jock hat sie angezündet. Er wollte, dass sie so aussehen wie die Baumstämme im australischen Busch, die Spuren von Buschfeuern tragen.

«Komm», ruft Jock laut. «Sie sind schon ganz wild!»

Die Küche des Sternerestaurants ist winzig. Auf der Arbeitsfläche steht eine vierzig Zentimeter hohe Plastikbox, in der sich ein Nest von grünen Ameisen befindet, die gerade nur einen Plan haben: aus der Box in die Küche auszuschwärmen.

Abgesehen von ihrer giftgrünen Farbe besitzen die Ameisen eine imposante Statur. Die größten von ihnen sind bestimmt einen Zentimeter groß. Und sie sind schnell.

17

«Nimm dir zwei, drei», befiehlt Jock. «Drück sie tot. Rasch. Dann steck sie in den Mund.»

Ich töte drei Ameisen. Dann stecke ich sie in den Mund.

Ein Schock von Säure breitet sich auf meinem Gaumen aus, viel intensiver als Zitronensaft oder Essig. Dann bleibt der Geschmack stehen, tiefgründig, ein wenig scharf, aber auch elegant und …

«Köstlich», sagt Jock und nickt.

Genau genommen sagt er: «*Fucking delicious.*»

Seine Köche fangen mit einiger Mühe die flüchtigen Ameisen ein und versorgen das Nest wieder in der Wunderkammer der gesammelten Vorräte.

Der Schotte Jock Zonfrillo ist der wichtigste Koch Australiens. Sein Restaurant «Orana» in Adelaide, Südaustralien, ist das spirituelle Zentrum einer Bewegung, die das Erbe der Aborigines ernst nimmt und in nachvollziehbaren Geschmack übersetzt. Zonfrillo sorgt dafür, dass der kulinarisch-kulturelle Komplex Australiens vermessen, registriert und der Allgemeinheit zugänglich gemacht wird. Im Restaurant setzt er dieses Wissen in erstaunliche Gerichte um, die bekannte und unbekannte Geschmäcker zusammenführen.

Das erstaunlichste Gericht – abgesehen von den frischen Ameisen – war der Seeigel mit Markscheibe und Känguru-*Shoyu*. Es handelte sich um einen etwas größeren Holzlöffel, der hübsch auf einem Teller mit Kieselsteinen und schönen Muscheln und Schneckenhäusern drapiert wurde. Auf dem Grund des Löffels lag eine flache, orangefarbene Scheibe vom Seeigel, auf der ohne viele Umstände ein münzgroßes, angeschmolzenes Stück Rindermark drapiert wurde.

Diese Kombination – der frische Seeigel war köstlich und die fette Markscheibe verstärkte seinen Geschmack organisch – war allein schon interessant und ungewöhnlich. Aber die eigentliche Geschichte handelt von der farblosen, geschmeidigen Flüssigkeit, die den Löffel als dritte Komponente ergänzte. Allein diese Flüssigkeit erzählt eine ganze Menge darüber, wie Jock und seine Verbündeten in der «Orana»-Küche ihre Vision von australischem Essen in die Tat umsetzen.

Jocks Grundidee bestand darin, eine Fleischsauce zu Fischgerichten zu machen. Dafür nahm das Team übrig gebliebenes Känguru-fleisch zur Seite – Jock verwendet sämtliche Teile vom Tier; das ist ein Grundsatz, den er von den Aborigines übernommen hat – und ließ es mit einer Reihe von Gewürzen in Gläsern fermentieren. Der dabei entstehende Schimmel schloss die Proteine der Kängurumusku-latur auf, das Fleisch verwandelte sich in – ganz genau kann das niemand sagen, auch Jock Zonfrillo nicht. Noch nicht: Wenn das Labor so weit ist, wird genau untersucht werden können, welche biochemischen Reaktionen für dieses Ergebnis verantwortlich waren.

So steckte Jock in regelmäßigen Abständen seine Nase in die zahlreichen Gläser seiner Versuchsküche und zog sie entweder angewidert wieder zurück – oder er bekam den starken Eindruck, dass sich hier gerade etwas Interessantes ereignet.

Im konkreten Fall der Känguru-*Shoyu* – *Shoyu* bezeichnet wörtlich eine aus Sojabohnen, Wasser, Weizen und Meersalz hergestellte Sauce – führte das eine zum anderen. Während langen Wochen hatte Jock das vage Gefühl, Abfall produziert zu haben. Dann vergaß er die Gläser, und als er gewohnheitshalber das nächste Mal probierte, hatte sich in den Gläsern die geschmeidige, farblose Flüssigkeit abgesetzt, die intensiv, aber doch fein nach Fleisch schmeckt und den Seeigel und die Markscheibe geschmacklich in eine andere Umlaufbahn katapultiert.

Zufall? Gewiss. Aber ein Zufall, den Jock Zonfrillo erzwungen hat. Er hat auch einiges andere erzwungen, zum Beispiel, dass sein «Orana» als eines der besten Restaurants Australiens gilt.

Dabei ist das kleine, elegante und vielfach ausgezeichnete Restaurant, das zum Abendessen 18 bis 20 Gänge serviert, gar nicht das Herzstück von Zonfrillos Leidenschaft. Es im Grunde nur der leistungsstarke Motor für die ORANA FOUNDATION, die der Schotte mit dem italienischen Namen ins Leben gerufen hat, als er merkte, dass die kulinarische Kultur der australischen Ureinwohner, das Um und Auf ihrer Riten, Kulte und Traditionen, weder erfasst noch bearbeitet war und Gefahr lief, marginalisiert und vergessen zu werden.

Nun ist Zonfrillo – groß, schlank, cool, ziemlich bunt tätowiert und ausgesprochen schlagfertig – nicht gerade der Typ, der sich das kulturelle Erbe eines ganzen Erdteils auf die Schultern wuchtet – eigentlich. Er bildet kaum einen Satz, in dem das Wort «fuck» fehlt – «fucking», «fucker», «fuckers» inklusive, nicht zu vergessen doublefuck und triplefuck.

«Ich hatte mal eine Freundin aus besserem Haus», erzählt er. «Ihre Mutter war schockiert, als sie mich sprechen hörte. Sie fragte: Kennst du keine anderen Worte als dieses *Four-Letter-Word?* Ich so: Doch, *Ma'm,* ich kenne tausend Worte. Aber *Fuck* kann ich einfach am besten brauchen ...»

Fucking lustig, denke ich mir. Mit dem Mädchen blieb Jock übrigens nicht zusammen. Seine eigene Familiengeschichte war schwierig genug. So war der Klassenunterschied nicht zu überwinden.

Jocks Großvater – «mein Nonno», sagt Jock in seinem schweren, basalthaltigen Schottenenglisch – emigrierte aus Neapel nach Glasgow, weil ihm die Mafia auf den Fersen war. Jocks Nonno hatte sich in den Grunddisziplinen des Mob – Geldeintreibung, Schutzgelderpressung, Handel mit verbotenen Substanzen – ein kleines Vermögen verdient, das er bar in zwei, drei Koffern dabeihatte, als er – von Neapel aus gesehen – an der Peripherie der zivilisierten Welt ankam, um ein neues Leben zu beginnen.

Der Nonno hatte freilich die Rechnung ohne SCOTLAND YARD gemacht. Als er in Glasgow ein angemessenes Stadthaus kaufen – und bar bezahlen – wollte, schlugen dessen Agenten zu. Sie hatten den Zustrom italienischer Ex-Mobster genau beobachtet und wussten, dass der Nonno in der Zwickmühle saß: Die einstigen Verbündeten, die normalerweise mit ihm auf Rachefeldzug gegangen wären, waren ihm ja selbst auf den Fersen.

Die Familie musste in eine winzige Einzimmerwohnung im dunkelsten Teil von Glasgow ziehen. Der Nonno kehrte zu seinen Spezialdisziplinen zurück und verdiente im kleinen Stil Schutzgeld. Seinen Sohn – Jocks Vater – ließ er lieber etwas Anständiges lernen: Coiffeur. In den Arkaden Glasgows schnitt der Papa älteren Herren die Haare. Auf der anderen Seite der Arkaden lernte er eine hübsche Coiffeuse kennen, die dort im Damensalon ihrem Handwerk nachging: Jocks Mama.

Bei seinem Nonno lernte Jock, wie eine *Focaccia* duftet, wie eine Tomatensauce zu schmecken hat und dass man sein Schicksal selbst in die Hand nehmen muss, wenn man zu etwas kommen möchte.

Als Zwölfjähriger arbeitete Jock bereits als Abwäscher in einer Küche, um sich ein Fahrrad kaufen zu können. Da war es nicht weit zu einer Lehre als Koch. Als er sechzehn war, verließ er Glasgow und ging nach Chester in die englische Provinz, um im «Arkle», einem mit einem MICHELIN-Stern ausgezeichneten Restaurant, als *Commis* zu arbeiten. Er interessierte sich zu dieser Zeit etwa genauso intensiv fürs Kochen wie für harte Drogen.

Nach ein paar Monaten schmiss ihn der Küchenchef raus. Das Heroin wirkte sich ziemlich ungünstig auf Jocks Arbeitsleistung aus. Der Küchenchef rief Jock zum Abschied nach, er werde persönlich dafür sorgen, dass er nie wieder eine Stelle in einem Sternerestaurant bekomme.

Was Jock jetzt tat, erzählt eine Menge über seine Mentalität. Nicht zufällig hatte er sich einen Totenkopf auf den Arm tätowieren lassen und den Spruch: *«Why join the navy / when you can be a pirate».*

Jock entschied sich dafür, entweder beim besten Koch des Landes anzuheuern oder sich einen neuen Beruf zu suchen.

Der beste Koch Englands war in den frühen neunziger Jahre Marco Pierre White. Marco war nicht nur der erste Brite, der mit drei MICHELIN-Sternen ausgezeichnet wurde, der höchsten Währung der Gastrobranche, sondern ein Rockstar unter den Köchen, langhaarig, wild, schön und berühmt. Er war der Pirat in den Gewässern der Spitzengastronomie. Sein Kochbuch *White Heat* atmete den Geist von Sex, Drama und dem großen Versprechen perfekten Geschmacks.

Jock fuhr mit dem Nachtzug nach London, versteckte sich in den Bordklos vor dem Billeteur, denn er hatte kein Geld für die Fahrkarte. Unausgeschlafen und erschöpft klopfte er morgens am Personaleingang des «Restaurant Marco Pierre White» im eleganten Knightsbridge.

Ein Berg von einem Mann öffnete: Marco Pierre White.

«Was willst du?»

Jock stotterte, obwohl er noch nie gestottert hatte.

«Einen J-j-job …»

«Wo hast du schon gearbeitet?»

Jock überlegte einen Augenblick, ob er lügen oder die Wahrheit sagen sollte. Er entschied sich für die Wahrheit.

«Im ‹Arkles›. Ich wurde gef-f-feuert.»

Marco Pierre White bat den Jungen hinein. Dann ging er zum Telefon, rief im «Arkles» an und erkundigte sich nach Jock. Jock hörte seinen Ex-Küchenchef am anderen Ende des Drahtes aus der Haut fahren. Im Stakkato gab er Auskunft darüber, dass Jock seine Station nicht unter Kontrolle gehabt habe, immer zu spät dran war und überhaupt: ein widerlicher Typ, ein Junkie, ein Arschloch.

Marco Pierre White hängte seufzend ab. Er sah Jock in die Augen und fragte: «Glaubst du eigentlich, dass deine Mutter stolz auf dich ist?»

Obwohl Jock die Insignien des harten Kerls auf den Arm tätowiert hatte, brach er augenblicklich in Tränen aus. Die Mama. Er schüttelte schluchzend den Kopf.

Marco fixierte ihn lang, dann sagte er: «Ich gebe dir einen Probetag. Dann sehen wir, ob du kochen kannst. Ich hoffe, du hast deine Messer dabei.»

Jock hatte die Messer dabei. Er bestand den Probetag und wurde aufgenommen. Die ersten drei Monate schlief er in der Garderobe des Restaurants, weil er sich im teuren London kein Zimmer leisten konnte. Als er dabei erwischt wurde, organisierte ihm Marco ein Bett in einer Jugendherberge. Jock bewährte sich und kriegte die Heroinsucht so weit unter Kontrolle, dass er Marco Pierre White nicht enttäuschte. Er blieb zwei Jahre, dann reiste er zum ersten Mal nach Australien, um ein bisschen surfen zu gehen und das Drogenproblem so richtig in den Griff zu kriegen.

Australien war ein merkwürdiges Land. Sydney war eine merkwürdige Stadt. Durch manche Straßen hüpften Kängurus. Als Jock im «Restaurant 41» einen Job bekam, war er von all den Flaschen

Vorsätze, unter anderem gute

1 — Zum Kochen eine Schürze verwenden. So geht es nicht weiter, dass ich jedes Mal, nachdem ich eine etwas aufwendigere Mahlzeit zubereitet habe, meine Kleider in die Reinigung tragen muss. Ich schwanke noch zwischen der königsblauen BRAGARD und der schwarz-weiß gestreiften Metzger-Kochschürze, die jeder moderne britische Koch zu seinen Arm-Tattoos gratis kriegt.

2 — Mehr ausprobieren. Ich ertappe mich manchmal dabei, automatisch Pasta zu kochen, wenn ich genauso gut ein würziges Curry oder eine köstliche Suppe kochen könnte.

3 — Die Vorräte besser verwalten. Es kocht sich zum Beispiel viel besser, wenn ein Topf mit Hühner- oder Gemüsesuppe in der Nähe steht, mit dem sich praktisch jedes Gericht verbessern lässt, wenn man nicht gerade einen Apfelstrudel bäckt.

4 — Immer zweigleisig fahren. Neben dem Gericht, an dem man gerade kocht, immer noch einen Topf Suppe auf den Herd stellen und dort inkognito köcheln lassen. Weil – siehe 3.

römisch-jüdische Küche meiner Familie beschreibt: Eier mit Salz und Pfeffer verschlagen und in einer großen Pfanne in Butter zu hauchdünnen Omeletten braten. Diese abkühlen und in Streifen schneiden – «wie Kutteln», schreibt Valabrega, deshalb auch der Name. Mit Tomatensauce und Parmesan servieren.

15 — Hie und da eine tropische Frucht verzehren. Nicht sparen, nur Früchte kaufen, die reif geerntet und eingeflogen wurden. Erspart eine Reise in die Tropen.

16 — Wirklich nur mit scharfen Messern arbeiten. Und die scharfen Messer nach getaner Arbeit nicht im Geschirrspüler waschen.

17 — Keine Weinkolumne von Eric Asimov in der NEW YORK TIMES verpassen.

18 — Die Kraft haben, meine besten Weine im Keller noch einmal ein Jahr reifen zu lassen.

19 — Die Geduld haben, im Keller nach Flaschen zu suchen, die jetzt langsam trinkreif werden. Und gleichzeitig die Weine beherzigen, die ich schon mehr als einmal vergessen habe.

20 — Lieber nichts essen als etwas Schlechtes.

21 — Wenn mir der Kellner im Restaurant einen Tisch anweist, der mir nicht gefällt: widersprechen.

5 — Dafür sorgen, dass in der Küche endlich ein Gerät steht, das die Musik aus dem Handy auf vernünftige Lautstärke aufbläst. Gerade wieder einmal *Bitter Sweet Symphony* gehört, das muss so laut sein, dass die Küche lebt – und die Flasche mit dem Weißwein ist dann bitte auch schon offen.

6 — Nicht immer auf Nummer sicher gehen. Gerichte ausprobieren, die so kompliziert sind, dass die Chance, sie durchzubringen, im einstelligen Prozentbereich sind. Dann darüber schreiben, die Leser haben gern etwas zu lachen.

7 — Langsamer essen.

8 — Öfter kauen.

9 — Manchmal das Bier weglassen.

10 — Das Selbstbewusstsein haben, dem Naturwein-Sommelier ins Gesicht zu sagen, dass man lieber eine Flasche Pouilly fuissé haben möchte als die neueste Orange-Entdeckung aus dem slowenischen Karst.

11 — Nur dunkle Schokolade essen.

12 — So oft dunkle Schokolade probieren, bis man den Eindruck bekommt, sie beginnt einem zu schmecken.

13 — Statt Kapselkaffee lieber ein Glas Wasser trinken.

14 — Öfter die *Uova in Trippa* kochen, wie sie Luciano Valabrega in seinem Buch *Puntarelle & Pomodori. Die*

22 — Rechnungen kontrollieren.

23 — Großzügig Trinkgeld geben.

24 — Nie der letzte Gast sein, maximal der vorletzte.

25 — Selbst Zitronen einlegen. Eingelegte Zitronen veredeln mit ihrem zarten Aroma zahllose Gerichte auf unvergleichliche Weise.

26 — Endlich die *Eier Francis Picabia* nach dem Rezept ausprobieren, wie es Alice B. Toklas, die Lebensgefährtin von Gertrude Stein, in ihrem Kochbuch aufgeschrieben hat: «8 Eier in eine Schüssel schlagen und gut mit der Gabel vermengen. Salzen, aber nicht pfeffern. Sie in einen Topf gießen – ja, in einen Topf, nein, nicht in eine Bratpfanne. Den Topf auf ganz, ganz schwache Flamme stellen und ständig mit der Gabel rühren, während man sehr langsam und in sehr kleinen Stücken 250 g Butter dazugibt – kein Krümchen weniger, eher mehr, wenn Sie sich trauen. Man braucht 30 Minuten für die Zubereitung des Gerichts. Es sind selbstverständlich keine Rühreier; mit der Butter – Ersatz ist nicht zulässig – erlangen sie eine Geschmeidigkeit der Konsistenz, die wohl nur Gourmets zu schätzen wissen.»

27 — Am *Eier-Francis-Picabia*-Tag das Mittagessen auslassen.

und Dosen mit japanischen und chinesischen Schriftzeichen überfordert. Was sollte der Scheiß? Sein Dreistern-Wissen, auf das er sich einiges eingebildet hatte, war plötzlich gar nichts mehr wert.

Im «41» wurde eine Art *Fusion*-Küche gekocht. Die asiatischen Einflüsse, die *Dashis, Shoyus* und Reduktionen, faszinierten Jock. Trotzdem ging er nach einem Jahr zurück nach England, heuerte wieder bei Marco Pierre White an und eröffnete für ihn ein Restaurant an der Küste Cornwalls.

Dort arbeitete Jock zum ersten Mal eng mit Produzenten und Farmern zusammen. Das stand in einem seltsamen Kontrast zu den Gepflogenheiten, die er bisher bei der Arbeit gehabt hatte. Hier tummelten sich lebendige Tiere auf der Weide. Dort wurden stoßsicher verpackt Hühner aus der Bresse und Lammrücken aus Neuseeland angeliefert. Plötzlich sah Jock völlig neue Zusammenhänge, und als er im Jahr 2000 ein zweites Mal nach Australien reiste, diesmal als Küchenchef des «41», begann er sich abseits des Küchenbetriebs ein paar elementare Fragen zu stellen.

Was ist eigentlich australische Küche? Warum spricht niemand darüber? Was sind australische Produkte? Welche Tiere sind hier heimisch? Seit wann? Und: Warum habe ich eigentlich noch nirgends australische Ureinwohner gesehen? Die Typen leben hier seit 60 000 Jahren, die müssen mir doch etwas zu sagen haben.

Jock fand heraus, dass die australischen Aborigines kein einheitliches Volk waren, sondern aus Stämmen und Clans bestanden, unterschiedlichste Sprachen sprachen und vielfältige Traditionen besaßen. In seinem Geschichtsbuch unterstrich er mit rotem Stift die Information, dass vor der Ankunft der Briten im Jahr 1788 bis zu 700 Stämme von Ureinwohnern auf dem Kontinent gelebt hatten, die auf archaische Weise Jäger und Sammler gewesen waren.

Allein diese Information elektrisierte Jock: *Was* hatten die Ureinwohner Australiens gejagt? *Was* gesammelt? Und wie hatten sie ihre Beute zubereitet? Wie aufbewahrt? Wie haltbar gemacht? Zu welchem Anlass aßen sie welche Speisen? Es musste ja eine uralte kulinarische Kultur in Australien geben, daran war nicht zu rütteln.

Er begann, seine australischen Kollegen auszufragen.

Die Antworten ernüchterten Jock. Nicht nur, dass die Kollegen nichts wussten. Kaum einer teilte sein flackerndes Interesse für *Bush Tucker,* wie das Essen der Ureinwohner seit den 80er-Jahren etwas abschätzig genannt wird. Man verstand darunter so was wie *Superfood* aus dem australischen Busch, exotische Früchte, Beeren, Kerne, mit denen man die guten, alten angelsächsischen Steaks und *Pies* verzierte und folkloristisch aufpeppte, basta. Nichts, was den Namen «Kultur» verdiente.

Mehr noch, Jock spürte einen trägen Widerstand gegen das Thema, den er sich nicht erklären konnte – und nicht erklären wollte. Jock stand vor einer kulturellen Hürde, die er auf dem Grunde seines Herzens klar als rassistisch erkannte. Gleichzeitig war ihm klar, dass das Akzeptieren dieser Hürde nicht minder rassistisch wäre, auch wenn es sich dabei zweifellos um eine diffuse Mehrheitsposition handelte.

Eines Tages ging Jock zum Rocks Market am Fuß der Hafenbrücke von Sydney, buntes Treiben, Weltklasse-Panorama, Touristenspektakel. Er drückte sich durch die Massen, bis er das schäbige *Wuh-Wuh* eines Didgeridoos hörte und einen alten Aborigine sah, der es sich im Schatten der Markstände bequem gemacht hatte und musizierte. Der Typ sah abgewrackt aus. Mit seiner Musik verdiente er sich ein paar Dollar für das Nötigste.

Jock sprach den Mann an.

Der hielt ihm die Hand hin und sagte: «Ich bin Jimmy.»

Jimmy lebte auf der Straße, und Jimmy war der Weise, der Jock Zonfrillo endgültig das Tor zur kulinarischen Kultur der australischen Ureinwohner aufstieß.

Sofort sprachen die beiden über Essen. Jimmy holte weit aus. Seine Sprache veränderte sich. Er sprach mit singender Poesie über Pflanzen, über Vögel, über Bäume, über Land. Er hörte nicht mehr auf zu sprechen. Sprach über das Meer, über die Jahreszeiten, in denen die Fischschwärme auf Wanderschaft gehen und wann sie am besten zu fangen sind. Er sprach über die Temperatur des Wassers und dessen Einfluss auf die Größe der Fische. Er sprach über den Wind, wann er aus welcher Himmelsrichtung kommt und was das bedeutet.

Das Erste, was Jock durch den Kopf ging, war: *Fuck*. So eine Unterhaltung auf diesem Niveau konnte er mit keinem seiner Köche führen. Das Zweite war, dass er mit seinen Mutmaßungen über das Vorhandensein einer tief wurzelnden Food-Tradition Australiens nicht daneben gelegen hatte, im Gegenteil: Alles schien noch interessanter zu sein.

Jimmy sprach immer weiter. Er erzählte, wie der Stachelrochen schmeckt, wenn die Küste blüht; dass der von Fettadern durchzogene Bauch des Rochens das beste, das kostbarste Stück sei. Man müsse es ganz langsam und schonend schmoren, in großen Pflanzenblättern auf kleinstem Kohlefeuer.

«*Fuck*», sagte Jock.

Diese Typen haben schon 50 000 Jahre bevor wir hierhergekommen sind, erstklassig gegessen, und zwar ohne dass sie einen *Guide Michelin* zur Hand gehabt hätten oder ein Jamie-Oliver-Kochbuch. Das Gespräch mit Jimmy dauerte vier Stunden. Aufgeladen wie ein TESLA-Akku, lief Jock Zonfrillo zurück ins Restaurant und trommelte seine Köche zusammen: Hört mal zu, *Boys,* wir müssen uns um die Küche der Aborigines kümmern. Da ist etwas *fucking* Großes verborgen. Wir können einen Schatz heben. Seid ihr dabei?

«Weißt du, was das Schlimmste war?», fragt mich Jock, als ich mit ihm und zwei Freunden bei einem Japaner in Adelaide zu Mittag esse.

Ich schüttle den Kopf.

«Keiner wollte das wissen!»

Jock macht eine wirkungsvolle Pause.

«Keine. Sau. Wollte. Das. Wissen.»

Deprimiert kündigte Jock seine Stelle. Er hörte auf zu kochen und zog stattdessen ein Importbusiness für japanische und deutsche Messer hoch, wurde Generalvertreter für THERMOMIX, ein neumodisches Küchengerät, und kümmerte sich um Ausstattungen für Cafés und Pubs.

Das fand er zwar nicht besonders interessant. Dafür hatte er jetzt Zeit, zu recherchieren. Jock wusste, dass bereits drei Viertel der rund 460 000 Aborigines in die Städte gezogen waren und ihre traditionelle Lebensweise aufgegeben hatten. Wenn er den Dingen auf den Grund gehen wollte, musste er sich sputen.

Sein erstes Ziel waren die APY-Lands, das Gebiet Anangu Pitjantjatjara Yankunytjatjara im Süden Australiens, wo etwa 2500 Aborigines in einer selbstverwalteten Region leben. Er setzte sich in Sydney ins Auto und fuhr 2600 Kilometer durch rotes, staubiges Land.

Die Reise dauerte mehr als zwei Tage. Du kannst hier Stunden, Tage auf schnurgeraden Straßen durch die Wüste rasen, ohne auch nur das Lenkrad bewegen zu müssen.

Erschöpft kam Jock in der Community an. Zuerst suchte er nach Menschen, die Englisch sprachen, damit sie ihm als Übersetzer zur Seite stehen konnten.

Dann ließ er sich beim Ältesten der Gemeinde vorstellen.

«Ich heiße Jock Zonfrillo. Ich möchte von euch lernen.»

Der Älteste sagte nur einen Satz:

«Du bist hier nicht willkommen.»

Jock starrte ihn ungläubig an und wiederholte, warum er gekommen war.

Ich bin dein *fucking* Freund.

Der Älteste stand auf und ging.

Jock blieb nichts anderes übrig, als nach Sydney zurückzufahren.

Er war frustriert. Routinemäßig kümmerte er sich um seine Messer und THERMOMIX-Aufträge. Aber dann erinnerte er sich daran, was er in Glasgow auf der Straße gelernt hatte: Du darfst nicht nur einmal fragen. Du musst so lange fragen, bis du die Antwort bekommst, die du hören möchtest.

Wenige Wochen später brach er wieder in die APY-Lands auf, 2600 Kilometer mit dem Jeep, nur um das nächste Mal zu hören, dass er «nicht willkommen» war.

Zonfrillo sagt gern über sich selbst, dass er eher die schwierigen Wege geht. Bis er aber in den APY-Lands zum ersten Mal eingeladen wurde, sitzenzubleiben und zu sagen, warum er eigentlich wirklich hier sei, musste er die staubige Reise von Sydney noch sechs Mal auf sich nehmen. Dann hatte der Älteste den Eindruck gewonnen, dass der Typ mit der feuchten Frisur und dem bunten Arm zwar lästig, aber auch hartnäckig sei.

Das Gespräch dauerte wieder nicht lang. Wieder erfuhr Jock nichts Konkretes. Aber er erhielt eine Art philosophische Präambel für die künftige Zusammenarbeit.

«Merk dir eines, Mann», sagte der Älteste. «Du musst mehr zurückgeben, als du dir nimmst.»

«Der Typ hat so tief in mich hineingeschaut, dass ich geglaubt habe, ich löse mich gleich in meine Bestandteile auf», sagt Jock und wiederholt ehrfürchtig den Satz: «Mehr zurückgeben, als du dir nimmst.»

Wieder macht er seine dramaturgische Pause und unterstreicht sie mit einem feinen Lächeln, dem jeder doppelte Boden fehlt.

«Das ist mein Mantra geworden. Daran denke ich seit damals jeden Tag.»

Pause.

«Jeden. *Fucking*. Tag.»

Ich wanderte mit Jock Zonfrillo durch die Adelaide Hills, wo sonst seine Köche unterwegs sind, um nachzusehen, «womit *Mother Nature* nach uns wirft», und es für «Orana» einzusammeln. Er borgte mir seine Gummistiefel, damit mir keine Viecher in die *Sneakers* kriechen. Er unterwies mich in der Bestimmung verschiedener Eukalyptusbäume und zeigte mir in der Krone einer speziellen Art meinen ersten Koala, der sozusagen mitten in seinem Essen ein Schläfchen machte.

Jock pflückte Macadamianüsse von einem wilden Baum, öffnete die steinharte Schale mit einem Stein und gab mir den frischen, blütenweißen Kern zu kosten, der meinen Gaumen sofort mit einem hauchzarten Pelz überzog. «Wie eine junge Kokosnuss», schwärmte Jock, «findest du nicht?»

In seinem Wohnhaus, einem ausladenden, einstöckigen Gebäude mit Flachdach in den Hills, nahm er seine riesige BERKEL in

Betrieb und schnitt einen Speck hauchdünn auf, den ihm gerade ein Bauer vorbeigebracht hatte. Der Speck schmolz fast auf der Zunge.

«Stell dir das mit grünen Ameisen vor», sagte Jock und lachte los. «Keine Angst, nur ein Scherz.»

An der Küchentür, die direkt in den Garten führt, machte sich Jocks ungarischer *Viszla,* ein kupferbraunes Prachtstück von Vorstehhund, zu schaffen. Er wollte ins Haus. Im Maul trug er eine enorme Ratte, die möglicherweise noch nicht ganz tot war.

«Guter Junge», sagte Jock, schloss aber unauffällig die Tür, damit seine Frau, eine bildschöne Werberin und TV-Moderatorin, das Präsent nicht sehen musste, das der *Viszla* in die Küche bringen wollte.

Später fuhren wir mit Jocks Porsche-Geländewagen über die Straßen der Hills, von Summertown nach Uraidla und Basket Range. Hie und da blieb Jock stehen, um aus einem Obstgarten einen Apfel zu klauen oder ein paar Nüsse einzusammeln.

Er stellte mich einer Reihe von Winzern vor, die «Gentle Folks» oder «The Other Right» heißen und hier auf eine Weise Wein produzieren, dass jeden europäischen Weinmacher der Schlag treffen würde. Die Weine sind weder von Gesetzen noch von Erwartungen eingeschränkt, sondern Ausdruck einer rauschhaften geistigen Freiheit.

Jock ist der Botschafter dieser Freiheit, und er ist ein Katalysator dafür, dass sie auf andere überspringt und Entwicklungen den Weg bahnen kann. Seit er begonnen hat, die Küche Australiens zu vermessen und auf respektvolle, innovative Weise einem großen Publikum zugänglich zu machen, ist er in die Rolle des kulinarischen Außenministers geschlüpft, inklusive eigener Fernsehshows, unzähliger Pressetermine, zwei Restaurants und dem Ehrenamt, eine Leistungsshow der australischen Küche namens «Tasting Australia» zu kuratieren.

Dazwischen lagen nur ein paar zehntausend Kilometer Staubstraße. Jock besuchte Communitys im ganzen Land und lernte Menschen wie Patricia Marrfurra McTaggart kennen, die ihm zum Beispiel beibrachte, wie man Mangrovenkerne erntet und verwertet.

Patricia Marrfurra lebt im Northern Territory, jener Gegend Australiens, wo die englischen Siedler zuletzt ankamen und die meisten Ureinwohner, die sich noch nicht an die moderne Lebensweise angepasst haben, zu Hause sind.

Zuerst zeigte sie Jock, wo die Einheimischen seit Jahrhunderten den Busch abbrennen, um ihn neu zum Blühen zu bringen. Sie ließ ihn Sprossen und Blüten kosten, die direkt aus der Asche wachsen und, wie Jock sagt, *«fucking amazing»* schmecken. Sie brachte ihm bei, auf Bewegungen in der Asche zu achten, es könnten «*Death Adders*» sein, gefährliche Giftschlangen, die diese Verhältnisse lieben. Sie lehrte ihn, den Ruf des weißen Kakadu richtig zu interpretieren, der vor sich anschleichenden Krokodilen warnt.

Sie zeigte ihm wilde Pastinaken, Sandelholznüsse, *Fingerlimes,* Bergpfeffer, verschiedene *Lilly-Pilly*-Beeren und die Strandsode: «Australische Ureinwohner. Wie ich.»

Oder die Buschkarotte, *vigna lanceolata,* die man sehr vorsichtig aus der Erde graben muss. Jock beschreibt ihren Geschmack als «eine Mischung von Kartoffel und roher Kastanie». Fragt sich nur, wie man die Buschkarotte richtig zubereitet, um sie im «Orana» als eigenes Gericht servieren zu können. Ihr Inneres ist fasrig und zäh. Es wird von einem süßlichen, saftigen Fruchtfleisch umschlossen, das wiederum in einer groben Haut steckt. Die «Orana»-Köche werden untersuchen, ob man die Buschkarotte dämpft, brät, bäckt, zu Mehl zerreibt oder zermust oder ob man sie röstet, schabt und mit Wasser aufkocht, wie zum Beispiel Kaffee.

Die Wurzeln der Wasserlilie, die auf der Oberfläche stehender Gewässer treiben und roh wie Kartoffeln schmecken, werden im Restaurant gemahlen und einer schwarzen Pfefferpaste beigemengt, die als Beilage zur gegrillten, blauen Schwimmkrabbe dient. Die winzigen Perlen der *Fingerlime* mischt Jock roh mit blauem Kaviar. Oder die Samen der Mangroven: Sie schmecken am besten, wenn man sie in Salzwasser fermentiert und anschließend zu einem Püree verarbeitet, zu dem die «Orana»-Küche am liebsten gekochtes Salzwasserkrokodil serviert, das mit schwarzen Ameisen gewürzt wird. Deren Säure ist etwas weniger intensiv als die der grünen Artgenossen.

Im Jahr 2013 machte Jock Zonfrillo die australische Küche endlich zu seinem Hauptberuf. Er gründete die ORANA-FOUNDATION und das gleichnamige Restaurant. «Orana» heißt in der Sprache der Ureinwohner «Willkommen».

Seither hat die Stiftung mehr als tausend Ingredienzien der australischen Küche erfasst, benannt und ihre Verwendungsmöglichkeiten katalogisiert. Sie konserviert Wissen, über das nur noch ein paar tausend Aborigines verfügen und das im Begriff ist, für immer verloren zu gehen.

Die Stiftung steht in engem Austausch mit der Universität Adelaide, dem Botanischen Garten Adelaide und dem «Museum of South Australia». Insgesamt 15 Forscher arbeiten regelmäßig daran, Herkunft, Vorkommen und Saisons von essbaren australischen Pflanzen und Tieren festzuhalten, jede Form von Kontext zu notieren und der Allgemeinheit zugänglich zu machen.

Die Kosten dafür trug Jock bisher aus seiner privaten Kasse. Er nahm die Aufforderung, mehr zurückzugeben als herauszunehmen, auf religiöse Weise ernst. Es spielte ihm in die Karten, dass «Orana» von Anfang an auf große Aufmerksamkeit stieß und dass er selbst vom DISCOVERY CHANNEL für das TV-Format *Nomad Chef* engagiert wurde.

Als «Nomad Chef» wiederholte Jock vor der Kamera, was er in den australischen Outbacks unzählige Male ausprobiert und erlebt hatte. Für 18 Episoden reiste er in die abgelegensten Territorien Australiens und Afrikas, um mit Ureinwohnern zu kochen. Die Show wurde in 220 Ländern der Welt ausgestrahlt. Sie machte Jock berühmt und spülte eine Menge Geld in die Kassen – «das ich echt gut brauchen konnte, um die Scheißrechnungen zu bezahlen». Die «50 Best»-Liste der weltbesten Restaurants richtete ihre Scheinwerfer auf «Orana», das Restaurant erhielt eine Auszeichnung nach der anderen. Die wichtigste Anerkennung erfolgte allerdings erst im Mai 2018. Da erhielt Jock Zonfrillo die Zusage des australischen Umweltministeriums, es werde die «Orana»-Stiftung mit 1,5 Millionen australischen Dollar ausstatten. Das heißt, dass die Arbeit in der näheren Zukunft etwas einfacher wurde.

Längst hat «Orana» ein ganzes Netzwerk über den Kontinent verteilter Mikroökonomien geschaffen. Wo immer Jock auf seinen Reisen in die Communitys auf interessante Produkte stieß, versuchte er, eine Art Versorgungskette für sein Restaurant zu begründen. Wenn er zum Beispiel die köstlichen, süßherben Kakadupflaumen kostete, fragte er bei seinen Konfidenten nach: Wann sind sie reif? Wie viele davon kann ich haben? Was sollen sie kosten? Ich biete das Doppelte.

Im ganzen Land werden Menschen von «Orana» dafür bezahlt, dass sie ein Auge auf Beeren, Knollen, Kräuter, Früchte haben, um im richtigen Moment in Adelaide anzurufen und Jock mitzuteilen, dass zum Beispiel die Kakadupflaumen von 25 großen Bäumen reif sind: Wann holst du sie ab, Mann?

Das sind Momente, in denen Jock programmgemäß aus der Haut fährt. Wäre diese Information ein paar Tage früher bei ihm angekommen, hätte er den Transport in Ruhe organisieren können. Aber so muss er noch am selben Abend ins Flugzeug steigen und zum Beispiel nach Darwin aufbrechen, um vor Ort dafür zu sorgen, dass die Scheißpflaumen in gutem Zustand auf den Weg gebracht werden. Und sein Team in der Küche muss sich schleunigst überlegen, was es mit anderthalb Tonnen Kakadupflaumen anfängt, wenn sie nächste Woche in Adelaide ankommen, reif, duftend und schwer.

«Was für herrliche Probleme», sagt Jock.

An einem späten Herbsttag im Mai saßen wir auf der Terrasse der «Ochota Barrels», dem vielleicht einflussreichsten Weingut der Adelaide Hills. Taras Ochota, der Inhaber, hatte lang in Punkbands Bass gespielt, bevor er auf Wein umsattelte. Gerade bedampfte er die Fässer in seinem Kellergebäude mit lauter Musik von Joy Division.

Jock stand am Grill. Er hatte eine geschmorte Lammschulter mitgebracht, die jetzt auf Betriebstemperatur gebracht werden musste. In der Hand hielt er ein Glas, das Taras mit Weißwein gefüllt hatte.

«Mhmm», sagte Jock, drehte sich zu mir um und ließ mich kosten.

Der Wein war frisch und von eigenwilliger, herausfordernder Aromatik.

«Chardonnay?», fragte ich unschuldig.

«Kann schon sein», sagte Jock, und ich sah, wie ihm gegenüber Taras listig zu grinsen begann.

«Wie jetzt?», fragte ich.

Dann gab Jock die Antwort, in der alles enthalten war: der Staub der Landstraßen; der Rauch der Buschfeuer; die Geheimnisse der Ältesten; die rauschhafte Freiheit derer, die sich um ihre Hinterlassenschaft kümmern.

«Australien», sagte Jock und machte eine Pause, die Taras mit seinem eckigen, zustimmenden Lachen füllte.

«*Fucking* Australien.»

*Schon einmal das Essen eingegraben, damit
es warm wird? Ricardo hat das auf
São Miguel für mich erledigt, und ja, es war
eine Herausforderung.*

Azoren

Das ist eine Geschichte über die Azoren, die portugiesische Insel-
gruppe mitten im Atlantik, die vor allem für das nach ihr benannte
Hoch bekannt ist, aber deutlich mehr zu bieten hat: zum Beispiel
tiefe Löcher im Boden, aus denen 95 Grad heiße, leicht nach Mineralien und Schwefel riechende Wasserdämpfe aufsteigen, die sich
hervorragend dafür eignen, dass man in Tuch eingeschlagene Töpfe
mit azorischem *Cozido,* einem Eintopf mit viel Fleisch und ein bisschen Gemüse, an einer langen Leine in die Tiefe hinunterlässt und
dort für sieben, acht Stunden eingräbt, in eine Art Öko-Steam-Back-
ofen – aber ich greife vor.

Denn die Geschichte beginnt viel früher, an einem Montag-
morgen vor dem «Hotel Palácio» in Estoril. Ich war dort, im Badeort
für die höheren Stände Lissabons, nach einigen Tagen in der Hauptstadt für zwei Tage abgestiegen und hatte am Vorabend im benachbarten Cascais hammergut gegessen, war also in stabiler Verfassung.

Weil ihr fragt: Das Restaurant in Cascais heißt «Mar do Inferno» und gehört zu einer Gattung von Lokalen, die ich in meinem Archiv unter dem Stichwort «No Bullshit Hütte» abgelegt habe. Das «Mar do Inferno» hockt bäurisch auf einer Klippe der Atlantikküste, auf jener Seite von Cascais, wo der Himmel hoch und das Meer weit und die Touristen woanders sind. Ich kriegte ein Tischchen im Anbau, genau zwischen dem Ausgang der Küche und der mit Eis vollgepackten Theke, an der die Meeresfrüchte geknackt und für den Verzehr vorbereitet werden. Außerdem hatte ich den Fernseher im Blickfeld, in dem gerade ein Spiel von Benfica übertragen wurde, es war Sonntagabend und die Hütte war bis auf den letzten Platz gefüllt.

Der Kellner brachte die Karte, als Benfica das 1:0 schoss. Nachdem das Tor mehrfach wiederholt und vom Personal diskutiert worden war – Tendenz: Hätte der Torwart auch halten können –, kümmerte sich der Kellner endlich um mich. Ich hatte Fragen.

Wie werden die *Amêijoas* – auf der Karte stand sogar die Spezies dabei: *Ruditapes decussatus,* das sind die besonders guten gegitterten Venusmuscheln – zubereitet?

Der Kellner hob die Augenbrauen.

Mit Knoblauch natürlich, mit Wein und Koriander. Wie man *Amêijoas à Bulhão Pato* zubereitet. Noch was?

Äh, die Scampi...?

Kommen von der Algarve. Sie kriegen keine besseren. Eingesalzen, gekocht, lauwarm serviert. Wie immer.

Und die schwarzen Dinger dort drüben auf der Theke?

Ach so (die Stimmung des Kellners hob sich). *Percebes.* Entenmuscheln. Kennen Sie nicht? Ich bringe welche!

Das Essen war ein Triumph. Die *Percebes* entpuppten sich als etwas tintenfischartig, aber sehr wohlschmeckend, die *Amêijoas* brachten mich in ihrem tiefen, das Meer und seinen besten Freund, den Knoblauch, feiernden Geschmack fast zum Weinen. Die Scampi waren die besten seit langer, langer Zeit, und weil die Mayonnaise dottergelb, salzig und so cremig war, wie ich das liebe, bestellte ich gleich noch eine Portion. Ich war viel zu schnell satt, lange bevor ich daran denken konnte, auch noch einen Fisch zu bestellen – aber

des Schriftstellers George Orwells vor, wie dieser zuerst den Teebeutel, dann das Glas mit heißem Wasser und schließlich den Kellner betrachtet und anschließend die Schusswaffe aus seiner Aktentasche fingert. Ohne jedes Zeichen von Hektik gibt Orwell einen Warnschuss in die Decke ab und hält, wenn ihm in verängstigter Stille die ungeteilte Aufmerksamkeit des gesamten Publikums sicher ist, seinen legendären Vortrag darüber, welche elf Regeln bei der Zubereitung von Tee unbedingt zu befolgen sind.

Zusammengefasst geht es dabei um Vorgaben, die wir auch heute, siebzig Jahre nach der Veröffentlichung von Orwells Essay *A Nice Cup of Tea*, tunlichst beherzigen sollten. Zwar kann ich sein Dekret, nur Tee aus Indien oder Sri Lanka (Regel 1) zu verwenden, nicht ganz nachvollziehen, weil ich Grünen Tee liebe (was dem Dogmatiker Orwell mit Sicherheit eine zweite Kugel wert gewesen wäre). Jedoch stimme ich absolut mit seiner Forderung überein, Tee in kleinen Mengen (Regel 2), das heißt in einer Teekanne aus Porzellan oder Steingut, die (Regel 3) vor Gebrauch erwärmt werden muss, herzustellen. Dafür (Regel 6) hat man kochendes Wasser (Regel 5) über den Tee zu gießen, der weder von Musselin-Säckchen noch vom

Gebrauchsanweisung für den Teegenuss

Warum nimmt uns Teetrinker eigentlich niemand ernst? Die schweigende Mehrheit der Kaffeetrinker, der es im Wesentlichen um den Koffein-*Boost* geht, bekommt sogar schon bei STARBUCKS ein Getränk ausgehändigt, dessen wesentliche Bestandteile (– die Bohnen) einen Herkunftsnachweis besitzen oder wenigstens eine mehr oder weniger brauchbare Story, die nicht einmal stimmen muss, aber zeigt: Da bemüht sich wer um seine Kundschaft.

Wir von der Kulturfraktion hingegen müssen uns, sobald wir im Café oder Restaurant nach einer Tasse Tee fragen, wie Aliens behandeln lassen: «Sie wollen Tee? Interessant.» Wenn wir die Frage, welchen Tee wir denn wollen, mit der Gegenfrage beantworten, welcher denn im Angebot sei, hören wir meistens «Schwarzer Tee» oder «Kräutertee». Das ist so präzise, als würde man zum Beispiel die große Welt der Musik in «laut» und «leise» einteilen. Und wenn wir das zähneknirschend zur Kenntnis nehmen und widerstrebend «schwarz» murmeln, dann bekommen wir mit an Sicherheit grenzender Wahrscheinlichkeit ein paar Minuten später ein Glas heißes Wasser serviert, neben dem auf einer Untertasse ein Teebeutel liegt, der so verlassen und einsam aussieht wie ein Club am Montagvormittag.

Wo sind die Briten, wenn wir sie einmal brauchen? Ich stelle mir im Augenblick besagter Demütigung zum Beispiel das schmale, asketische Gesicht

Teeei oder ähnlichen Instrumenten gefangen gehalten wird. Orwells Befehl, Tee nur aus zylindrischen Teebechern zu trinken, weil diese die Wärme besser speichern als geschwungene Tassen (Regel 8), verweigere ich aus ästhetischen und praktischen Gründen (man muss nur schnell genug trinken). Sein Gebot, den Tee niemals zu zuckern, weil «der Geschmack von Zucker den Teegeschmack zerstört» (Regel 11), befolge ich hingegen leidenschaftlich, während ich den Gebrauch von Milch (Orwell verlangt, Regel 9 nach einem guten Schluck möglichst fettarmer Milch) ablehne.

Zentral ist jedoch Orwells zehnte Regel: Zuerst muss der Tee in den Pott, dann erst das kochende Wasser (es heißt schließlich: den Tee «aufgießen», wie Christopher Hitchens richtig bemerkte, und wie soll das klappen, wenn das Wasser zuerst da ist?). Sie können den Kellner mit dem trockenen Teebeutel auf der Untertasse also getrost zurück in die Küche schicken. Und wenn Sie dabei, sagen wir, bei STARBUCKS in der Schlange stehen, können Sie die Wartezeit, zu der die gesamte Schlange verurteilt ist, ja dazu nützen, ihr zu erklären, worauf man bei der Teezubereitung keinesfalls verzichten darf.

das Glück, das mich ergriff, wurde nicht nur von den verschiedenen Eiweiß- und Fettkombinationen gespeist (und der Flasche Redoma Branco von Niepoort), sondern von der seltenen Attitüde dieses Restaurants, nur das Notwendigste zu tun, keine Inszenierung, keine Kreativität, keine feuilletonhafte Kochkunst. Wie die Teller aussahen? Keine Ahnung. Die Tische? Vergessen. Wichtig war nur die simple Perfektion, die jedem Produkt zuteil wurde, und der unvergessliche Geschmack.

Ich stand also vor dem Palácio und dachte an Muscheln und Mayonnaise, als der Jeep vorfuhr und Luis ausstieg. Er sagte «Servus», was die Sache erleichterte, denn mein Portugiesisch ist nicht gerade auf lange Konversationen ausgerichtet. Um genau zu sein, beschränkt es sich auf das Wort «Obrigado», was danke heißt, von mir aber als Allroundvokabel eingesetzt wurde. Das brachte mir den Ruf ein, sehr höflich, aber auch einsilbig zu sein.

Einsilbigkeit ist freilich nichts, was man Luis vorwerfen könnte. Der Mann aus Sintra – dem Teil der Küste, wo immer die Nebelbänke hängen, die vom portugiesischen Adel so geschätzt und traditionell zur Sommerfrische umgedeutet wurden, weshalb in der Gegend von Sintra unzählige Schlösser und Herrenhäuser stehen – hatte einen deutschen Vater und so viele Jahre in Deutschland verbracht, dass sein Deutsch besser als meines war.

Luis verfrachtete mich auf den Beifahrersitz des Jeeps und zeigte mir zuerst einmal Landschaft. Wir tuckerten die Küste entlang Richtung Norden, passierten den westlichsten Punkt des europäischen Festlands, wo, wie mir Luis erzählte, regelmäßig Menschen von den Klippen stürzen, weil sie auf ihren Selfies noch ein bisschen westlicher aussehen wollen als das Festland, dann bogen wir auch schon nach Sintra ein und schraubten uns mit dem Jeep in ein kleines, hoch über dem Meer liegendes Dörfchen, wo Luis ein kleines Mittagessen vorbereitet hatte.

Weil, damit das geklärt ist: Im wunderbaren Buch *Die portugiesische Küche* von Alexandra Klobouk und Rita Cortes Valente de Oliveira, das mir selbstverständlich als Vorbereitung für den

Abstecher nach Portugal diente, spielt Luis Ehlert eine gar nicht so kleine Rolle. Alexandra, die sich selbst etwas unvollständig als «Kulturillustratorin» bezeichnet, obwohl sie es versteht, kulinarisch-kulturelle Zusammenhänge auf höchst sinnliche Weise ins Bild zu setzen, hatte nach einem längeren Lissabon-Aufenthalt damit begonnen, mit ihrer Freundin Rita Rezepte der klassischen portugiesischen Küche zu sammeln und für ein Buch aufzubereiten. Mit ihren Zeichnungen bestritt sie eine ganze Ausgabe des ZEIT-Magazins über Lissabon, die wiederum Luis in die Hände fiel, der seinerseits eine Kochschule leitet, deren Ziel es ist, der klassischen portugiesischen Küche ein paar neue, frische Anregungen zu verpassen, und das passte zwar komplementär, aber perfekt ins Bild. Luis meldete sich bei Alexandra und Rita, und es begann ein fruchtbarer Prozess, der sich schließlich im enormen Reichtum des Buches manifestiert, in dem nicht nur die streng klassische portugiesische Küche gefeiert wird, sondern auch eine Reihe von neu interpretierten Gerichten, die ihrerseits aber so stimmig ins Konzept passen, dass man eher von Neoklassik als von kreativen Ausschweifungen sprechen würde. Für diese waren Luis und sein Freund Bernhard Pfister, Chefkoch des «Palácio» in Estoril, verantwortlich gewesen, und da Bernhard gerade nicht in Estoril war, als ich dort herumlümmelte, hatte sich Luis bereit erklärt, mir, wie er sagte, «einen Happen» zu kochen und ein bisschen aus der Schule zu plaudern.

Allerdings war ich, was den Happen betraf, schon während der Fahrt hellhörig geworden. Luis hatte ein paar Bemerkungen fallen lassen, die darauf hinwiesen, dass es doch zwei oder vielleicht sogar drei Happen zu essen geben würde, und die Hinweise, dass er dazu auch Getränke vorbereitet hätte, verdichteten sich wie die Wolken am Himmel. Es war jetzt knapp vor zwölf, und Luis mahnte zu Tisch, denn er habe um fünf in einem nahen Weingut eine Verkostung vereinbart. Das werde sonst knapp.

Mhm. Ich liebe Happen, für die viereinhalb Stunden eingeplant werden müssen.

Zum Einstieg gab es *Bacalhau,* Stockfisch. Ich hatte *Bacalhau* bisher nur als Füllung von Kroketten gegessen. Der Geruch, den er auf dem Fischmarkt oder in den Depots der Supermärkte verströmt, hatte mich eher abgeschreckt. Luis aber servierte ein Carpaccio vom *Bacalhau,* und das erwies sich als köstlich: Er hatte dafür eine bereits entsalzte, tiefgefrorene Scheibe vom Stockfisch zwei Stunden lang aufgetaut und dann, noch immer halb gefroren, in dünne Scheiben geschnitten, mit Zitronensaft beträufelt und mit dünnen Ringen von der Frühlingszwiebel belegt, mit grob gemörserten rosa Pfefferkörnern gewürzt, schwarz gepfeffert und mit Olivenöl und Koriander – einem in der portugiesischen Küche allgegenwärtigen Kraut – fertig gemacht.

Das Gericht war großartig. Der Fisch war mürbe und entwickelte ein eigenes, elegantes Aroma, die Garnitur inszenierte diesen Geschmack perfekt, und auch der Alvarinho, den Luis einschenkte, störte nicht direkt – trotzdem machten wir die Flasche schnell leer, sicher ist sicher.

Schon zauberte Luis eine kalte Melonensuppe aus dem Kühlschrank, süß und reif und mit einer erfrischenden Schärfe von Ingwer und Chilifäden, darüber ein paar Blättchen Zitronenthymian und dazu einen fruchtigen Rosé – wir kamen ins Reden. Ihr wisst ja: Nie redet es sich so perfekt darüber, was man wo wie gegessen hat, aber eigentlich ganz anders essen müsste (oder umgekehrt) wie beim Essen selbst.

Schon begann das Mittagessen sich des fortschreitenden Nachmittags zu bemächtigen.

Wieso hatte Luis das vorhergesehen? Außerdem schaute er verblüffend oft auf die Uhr, so als ob er noch Besuch erwarte – ich war doch schon da ... Dann läutete das Handy, und eine sehr laute Stimme am anderen Anschluss stellte klar, dass sie sich ein bisschen verspäte. Das war der Augenblick, als Luis mit der Nachricht herausrückte, dass er den befreundeten Koch des nahe gelegenen Superfischlokals gebeten habe, sich mit einem Sack Muscheln in Bewegung zu setzen, um anschließend vor unseren Augen *Amêijoas à Bulhão Pato* zuzubereiten – klar, dass Luis ein bisschen skeptisch dreingeschaut hatte, als ich ihm von den fabelhaften Venusmuscheln im «Mar do Inferno» erzählt hatte.

Weil der Muschelkoch aber noch ein bisschen brauchen würde, zog Luis den nächsten Happen vor und holte aus dem Kühlschrank eine Schale voller – was war es? – glänzende, weiße Päckchen, jeweils von der Größe einer kleinen Hühnerbrust, aber ich konnte sie nicht spezifizieren, was meinen Gastgeber sichtlich freute. Gerne löste er das Rätsel auf. Es waren *Ovas de Choco,* die Eier des Seppiafisches, eine Spezialität, die aus der Leidenschaft für das ganze Tier entstanden war.

Habe ich dazugesagt, dass es zur Überbrückung der Zeit noch einen etwas kräftigeren Weißwein gab? Die *Ovas de Choco* bekamen jedenfalls alle Zeit, um langsam, aber ordentlich Farbe anzunehmen, dann würzte sie Luis mit Salz und Pfeffer, gab Koriander und lange Chilifäden dazu und träufelte zur Abrundung eine elegante Orangensaftreduktion in die Pfanne, die das Gericht, das klassisch – wie auch sonst? – mit Knoblauch und in Olivenöl zubereitet wird, von der gewohnt deftigen auf die elegante Seite rückte. Als mir Luis noch ein Chutney aushändigte, das er selbst aus diversen Zitrusfrüchten – sein Haus steht in einem ehemaligen Zitronengarten, der *genius loci* war also günstig gestimmt – zubereitet hatte, fielen die letzten Hemmungen. Niemals hätte ich gedacht, dass portugiesische Köche so frisch und elegant sein könnte (und ich hatte in Lissabon doch einiges ausprobiert, was aber nie diese Wendung zum Leichten, Frischen, Eleganten gehabt hatte, außer vielleicht das Stück *Nigiri* mit der gegrillten Sardine und Meersalz, das ich dort im «Sea Me» gekostet hatte).

Gerade als ich bereit war, für diesen Nachmittag leichten Herzens von der No-Bullshit-Lehre abzufallen, schlugen die beiden Hunde von Luis und Regina an. Auf die Muscheln hatte ich ganz vergessen, aber sie waren jetzt da, und den Chef, der sie zubereiten konnte, hatten sie im Schlepptau.

Sagen wir so: Ich schaute genau zu. Ich hielt den Mund, trank nur hie und da von dem Wein, den mir Luis großzügig nachschenkte, beobachtete, wie zwei Kilo kleiner, wunderbar gezeichneter Venusmuscheln mit ziemlich viel Koriander in einen Topf kamen, in dem bereits Knoblauch in Olivenöl angeschwitzt worden war. Dann gab der Chef einen guten Schluck Wein dazu, gönnte sich selbst einen zweiten, wartete, dann noch einen. Dann nickte er mir zu und verriet, ohne ein Wort zu sprechen, sein Geheimnis: Senf. In seine Muschelsauce muss ein Esslöffel scharfer, portugiesischer Senf, weil ohne Senf … ich verstand, was er meinte und bewegte die Lippen tonlos zu einem verständnisvollen «Obrigado».

Ob die Muscheln gut waren? Fragt Luis, wenn ihr ihn in Sintra besucht. Auf seiner Website (insider-cooking.com) könnt ihr euch für einen Kochkurs anmelden. Nur ein Hinweis: Etwas später tanzten wir auf der Terrasse. Luis hat außerdem die genauen Aufzeichnungen darüber, welche Weine wir dazu tranken, ich verlor irgendwann den Überblick. Jetzt kam nämlich noch ein frischer Rotwein, weil Luis beim Weinholen aufgefallen war, dass das Hauptgericht noch gar nicht serviert worden war, sein legendärer *Escabeche de Pato*, Ente in Essigsauce, eine süß-saure Köstlichkeit aus Fleisch, Zwiebeln, Karotten, Paprika, Wein und Essig, die eine Nacht lang im Kühlschrank gezogen hatte und jetzt sanft, vielschichtig und schmeichlerisch lauwarm die Mahlzeit abrundete.

Dann war es fünf und wir mussten Wein trinken gehen.

Am nächsten Morgen flog ich auf die Azoren. Auf der größten Azoreninsel São Miguel bezog ich Quartier in einer ehemaligen Teefabrik, die vorher eine Orangenplantage gewesen war, womit gleich einmal zwei Dilemmata der Azoren abgehandelt sind. Die Inseln, die im 15. Jahrhundert von Portugal in Besitz genommen worden waren, brachten es im 18. Jahrhundert mit intensivem Orangenanbau und dem Export der Früchte nach England zu mehr als bescheidenem Wohlstand, bis eine Pilzerkrankung Ende des 19. Jahrhunderts die Orangenpflanzen in nur einem Sommer dahinraffte und die Wirtschaft der Inseln zusammenbrechen ließ. Darauf setzten die Azoren auf den Anbau von Tee. Nirgendwo sonst in Europa gedeiht Tee, sodass auf São Miguel bald über 60 Teeplantagen für guten Ertrag und erneuten Aufschwung sorgten. Dem steilen ökonomischen Aufstieg folgte aber der fast genauso schnelle Fall, als Tee aus Indien und China in Europa so billig angeboten wurde, dass auf den Azoren nicht mehr kostendeckend gearbeitet werden konnte. Heute gibt es auf der Insel nur noch zwei Teefabriken, und ich muss zugeben, dass ich sehr froh darüber war, dass der «Pico de Refugio», die ehemalige Teeplantage nahe dem Fischerstädchen Rabo de Peixe, heute ein weitläufiges, großzügiges Anwesen ist, in dem acht Zimmer, die zu Recht *Lofts* heißen, bewohnt werden können.

Im «Pico» traf ich Ricardo. Ricardo ist Fotograf, er hatte die Szenenfotos für das portugiesische Kochbuch von Alexandra und Rita gemacht und war anschließend mit seiner Freundin Mafalda auf die Azoren gezogen, um den «Pico do Refúgio» zu managen. So schloss sich der Kreis, und ich bin endlich die Erklärung los, warum das Essen bei Luis die logische Vorgeschichte zu meiner Reise auf die Azoren ist: Ein paar Monate vor mir war Ricardo bei Luis in Sintra auf der Terrasse gesessen und hatte seinen *Escabeche de Pato* bis auf den letzten Bissen weggeputzt, um anschließend allen ans Herz zu legen, ihn auf den Azoren zu besuchen, es lohne sich.

Ich war zwar nicht dabei gewesen, nahm die Einladung aber gerne an.

Auf der Karte von São Miguel zeichnete mir Ricardo mit Kugelschreiber die interessanten Spots an. Zu einem Kreuz schrieb er «Tee», zum nächsten «Mineralwasser». Ein besonders großes Kreuz machte er in Furnas, dem Inselstädchen, das einen schönen botanischen Garten beherbergt, aber auch mehrere merkwürdige Thermalquellen und Geysire, die hier auf den Namen «Caldeira» hören.

«In Furnas», sagte Ricardo, «wirst du etwas erleben, was du dein ganzes Leben nicht vergessen wirst.»

«Aha», antwortete ich. «Was?»

«Abwarten», sagte Ricardo und schaute mich mit einem Blick an, in dem ich echte Leidenschaft glänzen sah, nahe an der Wasserscheide zum Fanatismus.

Aber zuerst erlebte ich, was eine Ananas ist. Als ich in Ponta Delgada in der Früh die Markthalle besuchte, um Fisch zu kaufen, fielen mir die Stände mit den Früchten von den Azoren auf, wundervolle, hell gefärbte Ananas, die von verschiedenen Farmen der Insel stammten, wo sie im Treibhaus gedeihen. Für das Wachstum im Freien sind die Inseln mitten im Atlantik – von Ponta Delgada fliegt man zwei Stunden nach Lissabon und vier nach Boston – nicht geeignet, dafür regnet es zu oft und die Temperaturen sind zu mild und gleichmäßig.

Die Frau hinter der Theke gab mir ein Stück Ananas zu kosten. Die Balance von entschlossener Süße, kompakter Säure und deutlich wahrzunehmenden exotischen Aromen packte und begeisterte mich. Ich ließ mir drei Ananas aussuchen, eine für heute, eine für morgen und eine für übermorgen. Noch in der Markthalle nahm ich mir vor, täglich eine Ananas zu verzehren.

Aber das schaffte ich nicht. An manchen Tagen waren es zwei, und da musste ich mich noch zusammenreißen, keine dritte anzuschneiden. Seither breche ich eine Lanze für die Ananas von den Azoren und für ihren kühlen, geschmeidigen Geschmack.

Auf dem Fischmarkt gab es kleine Haie und Rochen, Muränen, Drachen-, Schwert- und Petersfische, Seeteufel, ganze Thunfische und eine Reihe von Tiefseefischen, die man an den überdimensional großen Augen erkennt – und natürlich jede Menge Sardinen. In den angrenzenden Läden wurde *Bacalhau* verkauft, der leider nicht tiefgefroren war. Ich betrachtete den Verkäufer, der inmitten seiner stark duftenden, brettlharten Fische saß, mit gemischten Gefühlen, denn ich fürchte, dass er den Geruch seiner Ware nicht einfach abstreifen kann, wenn er abends zusperrt und nach Hause geht. Vielleicht stellt er sich allerdings in die Wursthandlung, wo der Räuchergeruch mindestens so zupackend ist wie der Konservierungsduft des *Bacalhau,* könnte ja sein, dass sich die Gerüche neutralisieren. Die Wurst – klassisch: stark geräucherte Blutwurst und enorm fette, scharfe *Chouriço* – wird im Wirtshaus (portugiesisch: «Tasca»; das beste Wirtshaus in Ponta Delgada heißt auch so) übrigens gern spektakulär serviert. Die Blutwurst heiß mit Ananas, die *Chouriço* brennend über einer Tasse, die das heruntertropfende Fett auffängt. Beides, ich muss es nicht dazusagen, ist eher deftig.

Hab ich schon erwähnt, wie schön São Miguel ist? Die Insel kann ihre vulkanische Vergangenheit nicht verleugnen, ihre Topografie wird von riesigen Kratern und Vulkankegeln jeder Größe geprägt. Das milde, atlantische Klima hat diese Topografie auf prächtige Weise begrünt. Die Fauna ist üppig, fast verschwenderisch. Zu den tropischen Pflanzen gesellen sich unzählige Hortensien, die nicht nur am Rand der Hauptstraßen, sondern auch an den abgelegensten Wegen wuchern, und wo keine Wälder aus endemischen und aus dem Fernen Osten importierten Bäumen stehen, weiden auf endlosen, von Mäuerchen und Hecken geometrisch gegliederten Wiesen zahllose Kühe. Die grünen Hügel mit den vertrauten Viechern vermitteln manchmal ein verwirrendes, alpines Bild, das allerdings durch die subtropischen Pflanzen am Straßenrand durchschüttelt und durch den fast von überall möglichen Blick auf den Atlantik entscheidend gerührt wird.

Ricardo hatte mir von einem Mineralwasser erzählt, das auf der Insel entspringe. Bereits 1891 sei die Quelle für das «Agua Mineral Carbo-Gasosa» in Lombadas, irgendwo in den Hügeln hinter Ribeira Grande, gefasst worden, man habe dort mehr als hundert Jahre lang «Azorenwasser» abgefüllt, und dieses Wasser habe geradezu mythischen Ruf genossen. Zum Beispiel habe das portugiesische Königshaus darauf bestanden, niemals anderes Wasser vorgesetzt zu bekommen als jenes von São Miguel. Jetzt sei die Quelle öffentlich zugänglich. Ich möge sie mir doch mal ansehen.

Eine verwaiste Mineralwasserquelle? Ich war mir nicht ganz sicher, ob ich Ricardo richtig verstanden hatte, machte mich aber folgsam auf den Weg nach Lombadas. Es ging bergauf. Die Straße war eng und mit kleinen Steinen gepflastert, zwischen denen eine selbstbewusste Botanik deutlich Ansprüche auf Rückeroberung des Geländes anmeldete.

War ich richtig? Ich kam zu ein paar Warntafeln, die dazu aufforderten, mich nicht an tiefgelegenen Orten aufzuhalten, weil hier Kohlendioxid aus dem Boden ströme und unter Umständen gefährlich werden könnte. Da ich nicht vorhatte, mich in einer Mulde auf der Straße zum Schlafen auszustrecken, ließ ich die Gefahrenzone unbeschadet hinter mir, nur um zwischen Hortensien und flächig wucherndem Schmetterlingsingwer weiter bergauf zu steigen, während das Sträßchen immer schmaler wurde. Hier sollte bis 1998 ein Produktionsbetrieb gewesen sein, eine Zufahrt für LKWs und Trucks?

Nie und nimmer. Nächste Kehre. Steil bergauf. Die Gegend wurde rauer, und wie mehrmals täglich auf den Azoren fielen dichte Wolken ein, die vom Bergrücken sukzessive nach unten drängten. Noch eine Kehre. Noch eine.

Als ich schließlich in Lombadas ankam und die nicht durch ein Geländer verunzierte, einspurige Brücke überquerte, sah ich im Dunst des Nachmittags eine Geisterstadt – was heißt Stadt? Wenige, mit Graffitis beschmierte Ruinen, eingestürzte Dächer, graue Trostlosigkeit. Ich war allein. Wo sollte hier das beste Mineralwasser sein, das ich je getrunken hatte? Ich streifte durch die Ruinen. Ricardo hatte von einem kleinen Häuschen gesprochen, in dem die Quelle aktiv sei, aber ich fand kein Häuschen. Hinter den Skeletten der Gebäude fand sich gar nichts, nicht einmal ein gebrauchtes Präservativ oder ein anderes Zeichen dafür, dass hier zuletzt jemand gewesen war.

Neben dem staubigen Parkplatz floss der Ribeira Grande, der große Fluss, vorbei. Noch so ein Euphemismus. Gegen den Ribeira Grande ist jeder Bach ein Strom. Auf der anderen Seite des Baches sah ich noch eine Ruine, aber keine Brücke, die dorthin führte. Kurz entschlossen watete ich durch den Bach, um mir den Vorwurf zu ersparen, nicht alle Möglichkeiten in Betracht gezogen zu haben.

Aber als ich durch die leere Tür in das Häuschen eintrat, dessen Dach sich auch längst in Nichts aufgelöst hatte, sah ich, dass ich doch am Ziel sein musste. Aus einem Rohr floss Wasser in ein kleines, elegantes Becken und rann von dort in ein größeres, das fast die gesamte Grundfläche des Quellhäuschens beanspruchte und auf pittoreske Weise vermoost war.

Ich kostete das Wasser und war mit einem Schlag elektrisiert.

Das Wasser war herrlich. Es hatte einen natürlichen Anteil an CO_2, der so behutsam, so elegant in die Flüssigkeit eingebunden war, dass ich an hochwertigen Champagner und dessen Perlage denken musste, so sanft moussierte das Wasser, das außerdem in einer bestechend angenehmen Temperatur aus dem Berg strömte. Ich füllte die Plastikflasche, die ich mitgebracht hatte, und verfluchte mich dafür, dass ich nur die eine Flasche dabeihatte. Wie würde dieses Wasser wohl schmecken, wenn man es aus einem guten Glas trinkt? Wie würde es ein gutes Essen begleiten? Die portugiesischen Könige konnten darüber Auskunft geben. Aber es war gerade keiner da.

Die Quelle war übrigens 1998 nach einem Erdrutsch verlegt worden, und die Mineralwasserfirma hatte nicht die Mittel gehabt, die Produktionsinfrastruktur anzupassen. Seither liefert die Quelle zwar nach wie vor ihr grandioses Wasser, aber dieses fließt mit dem Ribeira Grande ins Meer. Pläne der azorischen Regionalregierung, das Wasser wieder kommerziell zu verwerten, gibt es zwar. Man rechnet damit, 480 Millionen Liter pro Jahr abfüllen zu können. Die Investitionen dafür, vor allem der Bau einer Zufahrtsstraße, würden sich allerdings auf über 20 Millionen Euro belaufen, das sprengt das Budget.

Ihr müsst also hinauf nach Lombadas. Der Weg lohnt sich. Aber steuert die richtige Quelle an. Als ich trunken vor Freude aus dem Wasserschlösschen stieg, sah ich einen jungen Deutschen, der auch von dem guten Wasser gehört, aber die Quelle nicht gefunden hatte. Er füllte seine Flasche gerade mit dem Wasser des Baches und wunderte sich darüber, was daran so besonders sein soll.

Später stattete ich der Teefabrik einen Besuch ab. Sie liegt in Postkartenlage an der Nordküste von São Miguel und sieht auf den ersten Blick wie eine kubanische Zigarrenfabrik aus, nur dass auf der Fassade in grandioser, 80 Jahre alter Typografie «Chá Gorreana» steht.

Chá – Tee – wächst, abgesehen von einem kleinen Versuchsgebiet in Cornwall, nirgendwo in Europa, und sicher nicht unter so günstigen Umständen wie hier auf São Miguel, wo das helle Produktionshaus inmitten von wunderschön geschnittenen Teehecken steht, die die Landschaft so elegant strukturieren, wie das sonst nur Wein vermag. Die milden Temperaturen und die konstant hohe Luftfeuchtigkeit erlauben es den Besitzern der Plantage, völlig ohne Pestizide auszukommen, die an anderen Produktionsstätten notwendig sind, um Pflanzenschädlinge zu bekämpfen. Der hier produzierte Tee – 40 Tonnen pro Jahr, der auf 45 Hektar Land gedeiht – ist bio, und er besitzt einen wunderbaren, eigenwilligen Charakter. Ich hatte mir gleich im Supermarkt den *Chá verde* von Gorreana besorgt und genoss seine rustikale, florale Eleganz, weit zugänglicher als viele der grasigen, enorm nuancierten grünen Tees aus Asien, deren Genuss Hingabe und kulturelle Vertiefung fordert: *Chá Gorreana* schmeckt bereits mit der ersten Tasse, ist belebend, heiter und unkompliziert. Mein Getränk.

Es hat einen Grund, dass Gorreana die Krise der anderen Teeplantagen überlebte und seit 1883 durchgängig in Familienbesitz Tee herstellt, mehrere Sorten schwarzen Tees und den angesprochenen *Chá verde*. Die Energie, deren steigende Kosten viele andere Hersteller in die Knie zwang, stellt die Plantage in einem kleinen Kraftwerk in den Bergen selbst her, und auf die Modernisierung der Produktionsanlagen hat man kurzerhand verzichtet.

Als ich das Haus betrat, wo man ohne Anmeldung den Produktionsalltag besichtigen darf, empfing mich ein angenehmer, äußerst intensiver grüner Duft, der von der Trocknung der Teeblätter herrührte. Dann fiel mein Blick auf die Maschinen. Sie stammten vom britischen Erzeuger MARSHALL, SONS & CO, der in früheren Jahrhunderten in Gainsborough landwirtschaftliche Maschinen hergestellt hat, und ist seit der Einrichtung der Fabrik im Jahr 1883 in Betrieb. Trockner, Fermentierungstrommel, Förderbänder: alles längst historische Maschinen, die durch gutes Klima und anständige Pflege ihre veranschlagte Lebensdauer weit überschritten haben. Nur für die Abfüllung der fertigen Teeblätter in Papiersäckchen hat man sich bei der Schweizer KEBO AG ein neues Gerätchen gekauft. Das Sortieren der Säckchen in die kleinen Kartons übernehmen azorische Arbeiterinnen in Dienstmädchenuniform mit schmucken Haarnetzen. Als einziger Hinweis auf den Anachronismus dieser Produktionskette dient der Teller für das Trinkgeld, den die Frauen auf ihrem Tisch aufgestellt haben, weil sie für ihren Nebenjob als Fotomodelle von den vorbeidefilierenden Touristen ein kleines Zubrot erwarten.

Ich trank Tee. Ich aß Ananas. Ich verzehrte brennende *Chouriços* und weichen, aromatischen Frischkäse – den eindeutig besten Käse aus der gewaltigen Milchproduktion der Azoren, die sich sonst nur in guter, deftig gesalzener Butter und etwas wässrigem Joghurt manifestiert. Ich probierte verschiedene Fischsorten und mochte die Sardinen am liebsten. Ich wanderte durch riesige Kraterlandschaften und entkam in einem an bevorzugter Lage gebauten, aber wegen der simplen Tatsache, dass es nur an fünfzig Tagen im Jahr nicht im Nebel lag, verlassenen Hotel knapp einer Horde Paintballer. Ich rümpfte die Nase über die Schwefelgerüche der brodelnden Quellen in Furnas und badete in einem Teich mit 38 Grad heißem Eisenwasser, dessen Farbe es verunmöglichte, dass ich meine eigenen Hände sah, sobald sie sich nur vier Zentimeter unter der Wasseroberfläche befanden. Ich ging an den Strand von Santa Barbara, schaute den Surfern zu, die für die Weltmeisterschaften trainierten, und trank dazu akzeptablen Gin Tonic aus viel zu großen Gläsern.

Dann wollte ich von Ricardo wissen, was es mit dem Geheimnis von Furnas auf sich habe. Bisher hatte ich dort nur abenteuerlich aufgetunte Autos aus den 8oer-Jahren gesehen, die mit Spoilern wie Segel und Auspuffen wie Oberschenkel durch die Ortschaft geröhrt waren. Hatte es damit zu tun?

«Nein», seufzte Ricardo. Er schaute auf die Uhr. «Stell deinen Wecker auf sechs Uhr früh. Ich komm dich abholen.»

Ich schlief schlecht, weil ich aufgeregt war. Erst gegen drei dämmerte ich weg, nachdem ich stundenlang einem Paar von Mäusebussarden zugehört hatte, die in zwei Bäumen des monumentalen Gartens saßen und einander erotische Botschaften zuriefen. Daraus folgte selbstverständlich, dass ich den Wecker überhörte und erst von den Faustschlägen geweckt wurde, mit denen sich Ricardo an meiner Tür vernehmlich machte. Ungeduscht und mit verklebten Augen stürzte ich zur Tür, worauf mich Ricardo umgehend in seinen dottergelben Achtziger-Jahre-Westfalia-vw-Bus verfrachtete und den Motor anließ.

«*Let's go.*»

«Äh. Wohin?»

Denn der Geschmack des Drinks ist zupackend, fast schon medizinisch. Gin ist «eine Spirituose auf der Basis von Getreide oder anderem, noch ausgebranntem, neutralem Alkohol», der mit «Koriander aus Mexiko, Zitronen und Orangen (Schalen) aus Südeuropa, Lakritze aus England, Angelika, Wacholder aus Deutschland, Veilchenwurzeln aus Italien, Mandeln, Kardamom, Kassie-Rinde aus Indochina und Anis aus Frankreich» aromatisiert wird, wie Charles Schumann in seinem Standardwerk *American Bar* ziemlich präzise beschreibt. Hauptaromat ist Wacholder, dem der Kräuterdoktor ein ganzes Bündel an Wirkungen zuschreibt (die sich grundlegend davon unterscheiden, was Zaphod Beeblebrox widerfuhr), und dieser Geschmack verheiratet sich auf geniale Weise mit der fruchtigen Bitterkeit des Tonic Waters.

Das Tonic Water hat eine Geschichte, die genuin in den Sommer hineinspielt. Das Getränk diente zur Ausrüstung vieler Kolonialarmeen, weil sich das hoch dosierte Chinin, Hauptbaustein des Tonics, als wirksam gegen Malariainfektionen erwies. Die Hitze, die Feuchtigkeit, der tief hängende, satte Sternenhimmel, sie sind der DNA des Getränks eingeschrieben. Aber erst gemeinsam mit den Aromen des Gins wächst

Die Wirkungsmacht des Gin Tonic

Sagen wir so: Wir sprechen heute nicht von Homöopathie. Ein Gin Tonic ist keiner dieser Sommerdrinks, bei denen es im Grunde egal ist, ob man einen nimmt, zwei nimmt oder auch keinen – ich meine damit merkwürdige Mixgetränke mit lustigen Namen wie Sprizz oder Hugo, oder auch zur Unkenntlichkeit mit Sodawasser hochgespritzte Weißweine oder Prosecco im Allgemeinen. Kann man zwar ins Glas füllen und damit anstoßen, macht aber keinen Spaß, wenn man es schluckt.

Gin und Tonic stehen auf einem anderen Blatt. Ein gut gemischter Gin Tonic vermittelt zuerst einmal eine Ahnung von der Wirkung, die der große Douglas Adams in seinem Klassiker *Per Anhalter durch die Galaxis* dem «Pangalaktischen Donnergurgler», zuschreibt: Dieser fühlt sich an, «als werde einem mit einem riesigen Goldbarren, der in Zitronenscheiben gehüllt ist, das Gehirn aus dem Kopf gedroschen».

Adams spricht damit ein heikles Thema an, das für den Gin Tonic genauso gilt wie für den «Pan Galactic Gargle Blaster»: Wer sich beim Genuss nicht unter Kontrolle hat, muss wissen, dass er «nur mit Hilfe einiger Hilfsorganisationen» wieder auf die Beine kommen wird.

Gin Tonic ist also wild und gefährlich. Einerseits. Andererseits passt er wie kein anderes Getränk in den Sommer. Gin und Tonic sind mit der Hitze verheiratet. Je höher die Luftfeuchtigkeit, desto Gin & Tonic. Sobald die Hitze abends richtig zupackt und jedes Glas Wein binnen Minutenfrist in eine warme, ungenießbare Pfütze verwandelt, fällt das Mixen eines Gin Tonic unter die Kategorie «Selbsthilfe», und der Genuss des mit Eiswürfeln arktisch gekühlten Getränks verändert die Wahrnehmungskurve jedes Tropenabends zum Besseren.

das Getränk über sich hinaus. «wenn ich mich für eine einzige Spirituose entschieden müsste», sagt Charles Schumann, «dann wäre es mit Sicherheit der Gin.»

Gin und Tonic werden direkt im Glas gemixt, wo sie im Verhältnis 1:1 (wenn Sie es stramm lieben) oder 1:3 (wenn Sie, wie die verstorbene Queen Mum auch schon einmal zum Frühstück einen nehmen) über direkt aus dem Gefrierfach entnommene Eiswürfel gegeben und anschließend verrührt werden. Die Anwesenheit einer Zitronenscheibe würde ich mir verbitten, hingegen lässt ein Stück Gurke das Getränk über sich hinauswachsen.

Lange galten der konventionelle English Dry Gin der Marke GORDON's und das industriell hergestellte Tonic Water von SCHWEPPES als Standard, inzwischen gibt es jede Menge empfehlenswerte Alternativen.

Und, ja: In 85 Prozent aller Welten, die Douglas Adams beschreibt, gibt es Drinks namens «Jynnan Tonnyx». Manche schmecken nach gar nichts, aber manche hauen «Kühe auf bis zu hundert Schritt Entfernung um».

Mein Tipp: Die Mischung macht's aus.

«Wir fahren nach Furnas. Kochen.»

«Kochen? Was kochen wir?»

«Schau in die Küche.»

Gehorsam schaute ich ins Heck des Busses, in dem eine winzige Küche eingerichtet war. Dort befand sich, sicher verkeilt, ein in weißes Tuch verpacktes und mit einer Schnur verzurrtes Trumm von der Größe eines Medizinballs.

«Das da?»

«Das da.»

«Was ist das?»

«Mann, du hast wirklich keine Ahnung.»

Ricardo begann also dankenswerterweise bei Adam und Eva. Im Tuch steckte ein Topf, und im Topf befand sich eine traditionelle azorische Speise mit dem etwas neutralen Namen «Cozido», Eintopf. Dieser Eintopf, falls ihr ihn nachkochen wollt, besteht laut Rezept aus folgenden Bestandteilen: 1 kg Rindsnacken mit Knochen, 2 Schweinsohren, 2 Scheiben von der Schweinshaxe, 1 Stück Speck, 1 Huhn, 3 *Chouriços*, 3 Blutwürste, 3 kleine Kohlköpfe, 3 Karotten, ungefähr 8 Kartoffeln, 3 Süßkartoffeln, 4 große Kohlblätter, *Massa da Pimentao* (scharfe Paprikapaste), Salz.

Nun die etwas rätselhafte Anweisung: Den Topf am Vorabend vorbereiten, sodass er in der Früh ins Loch gestellt werden kann.

Diese Vorbereitung sieht Folgendes vor: zwei große Kohlblätter am Boden des Topfes platzieren und dann anfangen, das Fleisch darüberzuschlichten. Zuerst kommt der Speck, damit sein Fett schmelzen kann, dann das Rindfleisch und die Knochen. Darauf legt man die Kartoffeln, die ganzen Karotten und den Kohl. Anschließend den Rest des Fleisches darauflegen und mit den restlichen beiden Kohlblättern bedecken. Die Würste darauflegen. Jede Schicht kräftig salzen und mit Paprikapulver bestreuen. Dann den Deckel auf den Topf setzen, den Topf in eine Leinentasche geben und diese mit einem Seil verschnüren.

Okay, dachte ich. Proteine. Aber: Welches Loch? Und warum ein Seil?

Wir fuhren die Küste entlang. Es wurde langsam hell. Das Meer glänzte und die steile Küste räkelte sich im Morgenlicht vor unseren Augen. Wir fuhren von der Autobahn – einer großzügigen Infrastrukturförderung der EU in ihren Randregionen – ab und schlängelten uns die Serpentinen hinunter in den Krater von Furnas, wo noch der morgendliche Nebel lag. Wir fuhren weiter, bis sich der «Lagoa das Furnas», dieser pittoreske, glänzende Kratersee, vor uns ausstreckte, dann sah ich schon den aufsteigenden Dampf. Wir folgten dem Ufer, bis wir zu einer Mondlandschaft kamen, die behutsam eingezäunt war und aus der an verschiedenen Stellen weißer Rauch aufstieg.

Ricardo schaute auf die Uhr, es war sieben Uhr Früh. Er stellte den Bus ab und grinste mich zufrieden an.

«Jetzt wird gekocht.»

Er nahm den Topf auf die Schulter und ging eiligen Schritts Richtung Dampf. Dort empfing ihn ein Mann mit für mich etwas befremdlicher Selbstverständlichkeit, denn er war von der Gemeinde dafür abkommandiert, in der Kraterlandschaft dieser Geysire in weißes Leinen verpackte Töpfe entgegenzunehmen und diese in wie Kanalschächte aussehende Löcher zu versenken, damit der dort austretende weiße, leicht nach Schwefel riechende Dampf die Arbeit eines Backofens verrichte.

Der Typ schaute, ob das Seil, mit dem der *Cozido* verschnürt war, lang genug war, um ihn auf den Grund des Lochs hinunterzulassen, dann wanderte unser Topf etwa zwei Meter in die Tiefe. Anschließend verschloss der Vulkankoch den Schacht und schichtete einen halben Meter Erde über den Deckel. Schließlich händigte er Ricardo eine Nummer aus, damit es dann, wenn der *Cozido* fertig sei, nicht zu Verwechslungen komme.

Verwechslungen? Als ich noch den Kopf über diese absurde Idee schütteln wollte, merkte ich erst, dass wir nicht allein waren. Zahlreiche Menschen strömten auf die dampfende Vulkanlandschaft los, um ihre in weißes Leinen eingepackten Töpfe im Boden verschwinden zu sehen. Da machte eine Nummer schon Sinn. Es war jetzt 7 Uhr 15. Unsere Nummer: 84.

«Ach», sagte ich, «wie lange bleibt der Topf eigentlich unter der Erde?»

«Sieben Stunden», antwortete Ricardo. «Vielleicht auch acht.»

«Was machen wir bis dahin?»

«Was wohl? Wir gehen surfen!»

Ich möchte nicht über meine Erfahrungen beim Surfen berichten, wohl aber von der Mahlzeit, die wir am Nachmittag im Kreis von zahlreichen Freunden Ricardos einnahmen. Wir hatten aus Lombadas Wasser geholt, als Dessert eine Ananas mitgebracht und gegen Ricardos Nervosität ein paar Flaschen Wein.

Denn: Der Mann wurde, je näher die Stunde der Enthüllung rückte, zum nervlichen Wrack.

«Was ist los, Alter?», fragte ich. «Du hast das doch schon tausendmal erlebt.»

«Du irrst dich», sagte Ricardo. «Das ist mein erster *Cozido*.»

Am «Lagao das Furnas» befindet sich ein großzügig angelegter Park, in dem Tische und Steinbänke stehen. Dort öffneten wir den *Cozido*. Als Ricardo den Deckel abnahm, entwich dem Topf eine Dunstschwade, die dem Vulkan in nichts nachstand, aber dann legte sich schon ein köstlicher, muskulöser Geruch über den Tisch. Die Kohlblätter waren weich und feucht, die Würste verströmten ihren deftigen Duft, das Fleisch glänzte. Ricardo legte die Bestandteile dieses gigantischen *Bollito misto* auf große Teller und entspannte sich erst, als die ersten Seufzer des Glücks zu hören waren – dieses Huhn! – diese Wurst! – diese Karotte!

Ich aß zwei gehäufte Teller. Dazu gab es Weißbrotwürfel, die zusammen mit frischen Minzblättern mit der Sauce übergossen wurden, die am Boden des Topfes etwa sieben, acht Zentimeter hoch entstanden war, Säfte der verschiedenen Fleischsorten und des Gemüses, kein Tropfen zugegebenes Wasser – es war köstlich, und ob der vulkanische Dampf tatsächlich auf den Geschmack eingewirkt hatte oder nicht, wurde kontrovers diskutiert.

Mir war es egal. Ich war glücklich, und nachdem wir den Pott leer gemacht hatten, beseelte mich nur noch ein Wunsch.

«Was?», fragte Ricardo, der mir ansah, dass ich etwas auf dem Herzen hatte.

Ich schloss die Augen, sah den Strand von Santa Barbara, seine Wellen und die Gin Tonics, die in der Tuka-Tula-Bar ausgeschenkt wurden.

«Gehen wir surfen.»

«Okay», sagte Ricardo.

«Obrigado.»

Bad Gastein war einmal der schickste Kurort der Habsburger Monarchie. Dann änderte sich die Welt, nur Bad Gastein änderte sich nicht. Wie ich finde: zum Glück. Eine Begehung mit Spitzenschnecken und Hüttenzauber.

Bad Gastein

Wir blieben nach dem Essen sitzen. Das war nichts Außergewöhnliches. Gibt es etwas Schöneres, als nach einem Essen in einem anständigen Hotelrestaurant sitzen zu bleiben und zu wissen, dass man heute nur noch den Weg zurück aufs Zimmer finden muss? Nicht einmal ein Zahlkellner kam an den Tisch, um uns daran zu erinnern, dass der Spaß, den wir gerade gehabt hatten, auch seinen Preis haben würde. Stattdessen winkten wir noch einmal Rudi, um ihn zu bitten, eine weitere Flasche unseres Weins zu öffnen.

Weil das war so: die Weinkarte im «Haus Hirt» war übersichtlich. Ich habe nun gar nichts gegen übersichtliche Weinkarten, solange die richtigen, wie sagt man? Positionen? darauf zu finden sind.

In unserem Fall handelte es sich bei der richtigen Position um den wunderbaren Blaufränkisch Eisenberg von Uwe Schiefer. Dieser Wein, wiewohl günstig und deshalb bei den Genießern, die sich über die Qualität ihrer Rohstoffe in der rechten Spalte der Karte informieren, in minderem Ansehen, begleitete uns seit Tagen in die Nacht. Der Wein schmeckte würzig und klar. Einen tiefen Schluck zu nehmen, hieß in die Dunkelheit des Gasteinertals hinauszuschauen, den Duft nach Salz und Glut durch weit geöffnete Nasenflügel einzusaugen und für einen Augenblick das Rot des herbstlichen Weinlaubs am Eisenberg aufblitzen zu sehen.

Aber Rudi winkte ab.

«Der Eisenberg ist ausgetrunken.»

Das war … enttäuschend ist nicht das richtige Wort. Die Botschaft, die unser Nachtfreund Rudi gerade leichten Herzens überbrachte, warf alle unsere Pläne durcheinander. Unsere Abende, die wir zuerst im Restaurant und dann an der Bar des «Hirt» zu verbringen pflegten, waren nicht zuletzt deshalb so stimmungsvoll, weil wir vom richtigen Treibstoff beseelt waren. Was nun?

Wir starrten in die Weinkarte wie in eine leere Manteltasche, in der der verlorene Schlüssel auch beim zwölften Mal Nachschauen nicht zu finden ist. Es gab zwar ein paar durchaus namhafte Rotweine, die aber alle nicht das versprachen, was der Eisenberg so souverän hält: Klarheit und Reife ohne Großmannssucht und Holzhammeraromen.

Rudi konnte in unseren Gesichtern lesen, dass wir getröstet werden mussten. Er bat uns aus dem Speisesaal an die Bar.

«Kleine Überraschung», sagte er. «Fünf Minuten.»

Bad Gastein ist ein erstaunliches Reiseziel, und das «Haus Hirt» ist ein Glücksfall. Das Hotel hat sich nicht in die Unausweichlichkeit alpiner Klischees geschickt wie fast alle anderen Wintersporthotels Österreichs, sondern präsentiert sich in bunter Vintage-Eleganz. Die kräftigen Farben an den Wänden wären für die meisten Plätze der Welt zu bunt, aber hier behaupten sie etwas so Notwendiges wie Zeitgenossenschaft. Die Lobby ist luftig, mit ein paar schicken Sitzmöglichkeiten, aber das Wichtigste ist, dass täglich vernünftige Zeitungen ausliegen und nicht die Normalausstattung der geistigen Economy Class. Es klingt merkwürdig, aber ich bin überzeugt, dass es stimmt: Allein die Anwesenheit von zwei täglichen Exemplaren der «Frankfurter Allgemeinen Zeitung» verändert ein Raumklima intensiver als ein noch so großer Luftbefeuchter.

Von der Lobby über ein paar Stufen in die Bar. Die Bar ist der Platz, den ich am liebsten eingepackt und mit nach Hause genommen hätte. Ledersessel aus den 70ern, in denen man am Tresen lungern kann. Eine Batterie von Flaschen, aus denen ich nicht klug werde, weil ich bunte Getränke, ausgenommen Rotwein und Kaffee, nicht zu mir nehme. Kleine Lautsprecher, aus denen immer wieder wunderbare Musik strömt, sodass ich die SHAZAM-Funktion meines iPhones bemühen muss, um herauszufinden, wer diese schönen Songs spielt. Kurt Wagner und Cortney Tidwell. Richard Hawley. Tord Gustavson.

Rudi wusste es nämlich nicht. Und jetzt wollte sich Rudi dafür revanchieren, dass wir dauernd etwas von ihm wissen wollte, was er nicht beantworten konnte.

«Blindverkostung», sagte er und schob uns so ziemlich alle Schnapsgläser unter die Nase, die er in seinem Schrank gefunden hatte. Das Problem: sie waren voll. Sie waren gefüllt mit durchsichtigen Essenzen, und Rudi sagte: «Wenn ihr erratet, was in den Gläsern drinnen ist, setze ich mich persönlich ins Auto und organisiere bis morgen Abend eine neue Position ‹Eisenberg›.»

Darf ich den Mittelteil überspringen?

Der Schluss lautet: Rudi nahm in der Früh das Auto, und wir gingen an die Luft. Der Nationalpark-Ranger wollte mit uns schneewandern gehen.

Wir fuhren vorbei an der eleganten Kulisse des ehemaligen Grandhotels, der Straße entlang, Blick nach links, auf die Dächer des Ortes, der fast die Gesichtszüge einer Stadt trägt. Vorbei am Bahnhof und der hinter dem Stationsgebäude in Stellung gegangenen Talstation der Stubnerkogel-Bahn, Blick nach rechts, den Berg hinauf bis zu seinem vornehmen Gipfel, weit über der Baumgrenze. Der Straße entlang, die zum Talschluss hinaufführt, ein Mauthaus, Lawinenverbauungen, Tunnelabschnitte, in denen sich die Dunkelheit mächtig und hartnäckig eingenistet hat, doch dann, nach zwanzig Minuten, in denen das Auto energisch klettern musste, dieser Blick: die Hochebene Sportgasteins und die sich darum entfaltende Arena der Hohen Tauern.

Ein monumentales Bild. Ein Herzklopfen-Bild. Schorfige Bergrücken steigen steil an und gehen in glänzend weiße Gipfelregionen über. Ein paar verstreute Häuser, Almhütten, Ställe für Kühe und Schafe, die im Sommer hier weiden, steckten tief im Schnee. Sie waren leer. Es war still. Nur der Wind pfiff. Der Wind pfiff so stark, dass die Kabinenbahn von Sportgastein, wie die hierher gepflanzte, hochalpine Skistation heißt, heute pausierte. Der große Parkplatz war leer. Der Nationalpark-Ranger stocherte im Kofferraum seines Jeeps nach den Schneeschuhen. Er klatschte in die Hände, um den Wind zu übertönen, und rief: «Auf geht's, Herrschaften!»

Wir schnallten uns die Schneeschuhe an, amöbenförmige Plastikschaufeln, die dafür sorgen, dass niemand im Schnee einbricht. Der Ranger marschierte los, den Berghang hinauf. Er gab den Rhythmus vor. Seine Schritte waren langsam und bedächtig. Wir bewegten uns eindeutig eckiger, mit weniger Routine. Dafür hinterließen wir Spuren wie der Yeti, und wenn Donald Duck uns beobachtet hätte, wäre er *happy* gewesen, seinesgleichen zu treffen. Wir schwitzten. Wir sahen Gämsen. Wir wurden erst wieder wir selbst, als wir auf der Nassfelderalm einen famosen Milchrahmstrudel verzehrten, während in der Küche gerade eine Wildsuppe gekocht wurde, und wir schworen uns, wieder hierher zurückzukehren – darauf warten wir übrigens bis heute, so wie der Hüttenwirt und die Wildsuppe.

Bevor Bad Gastein im 19. Jahrhundert zum kaiserlich-königlichen Hofkurort aufstieg, hatte es bereits eine weit weniger elegante Karriere absolviert. Im 15. und 16. Jahrhundert wurde in Gastein so viel Gold gefunden wie nirgendwo sonst auf der Welt. Pro Jahr wuschen Goldgräber 800 Kilo Gold aus den Felsen und 3000 Kilo Silber. Um die Schürfplätze siedelten sich Goldgräber und deren Entourage an. Das mittelalterliche Gastein hatte 9000 Einwohner, das hieß: Großstadt, und der Reichtum der Gasteiner war sprichwörtlich.

Gleichzeitig entdeckten die Gasteiner die heilsame Wirkung der warmen Quellen, die aus dem Felsen sprudelten. Aus dem Jahr 1521 stammt die erste Erwähnung Gasteins als «Wildbad». Dieses Bad erfreute sich größter Beliebtheit unter den Anwohnern. In den Sommern dieser Jahre, heißt es, sei im Bad kein Platz frei geblieben.

Als die Goldvorkommen sich erschöpften, folgte ein tiefer Fall. Die Gegenreformation versprengte die wohlhabenden Protestanten, Gastein verödete und verarmte. Der fiebrigen Epoche des Goldbergbaus folgten Jahre der Dunkelheit, Seuchen und Naturkatastrophen. Bis zum Jahr 1791, als im Herzen Gasteins das «Badeschloss» errichtet wurde, herrschte vollkommene Stagnation.

Es brauchte die Energie aristokratischer Fürsprache, um die verlassene Goldgräberstadt in ein elegantes Kurzentrum zu verwandeln. Der österreichische Kaiser Franz I. unternahm 1807 als erster Potentat einen Lokalaugenschein in Gastein und veranlasste die professionelle Fassung der Quellen. Sein Bruder, Erzherzog Johann, kümmerte sich darum, dass das Wasser auch dorthin transportiert werden konnte, wo es auf bequeme Weise zu verwenden war, in die Hotels. Und das internationale Publikum verfolgte den Aufstieg des «Wildbads» zum «Weltbad» mit teilnehmender Beobachtung.

Die Liste der Prominenz, die sich in den folgenden Jahrzehnten in Gastein einfand, ist lang und imposant. Sie reicht vom österreichischen Kaiser Franz Joseph mit seiner bezaubernden Sisi bis zum Deutschen Kaiser Wilhelm I. und dessen Reichskanzler Bismarck, von Franz Grillparzer bis zu Franz Schubert, Arthur Schopenhauer, Thomas Mann und unzähligen Bewunderern und Zaungästen.

Man kann sich vorstellen, wie die Hoteliers zu jubilieren begannen. An steilen Hängen, rund um den Gasteiner Wasserfall, entstanden luxuriöse Häuser, Art-Deco-Hütten und Jugendstilvillen eroberten die Wildnis. Gastein, inzwischen zu Bad Gastein aufgestiegen, nahm die Gestalt eines mondänen Urlaubsorts an. Als schließlich die neu gebaute Tauernbahn die Anreise, die bis dahin nur mit Pferdefuhrwerken möglich gewesen war, verhältnismäßig einfach und schnell machte, platzte Bad Gastein aus allen Nähten. Wer am Talschluss kein Zimmer bekam, wich nach Hofgastein oder Dorfgastein aus, wohin per Wasserleitung ebenfalls Thermalwasser geliefert wurde.

Natürlich war ich baden. Ich liebe Thermalwasser. Du plantschst ein bisschen darin herum, dann überfällt dich eine heilige Müdigkeit. Ich liebe heilige Müdigkeit, vor allem, wenn es, wie in der blitzmodernen Therme in Hofgastein, einen Ruheraum mit Wasserbetten gibt. Ich war also schwimmen, machte einen Abstecher in die Sauna, wälzte mich vorschriftsgemäß nackt im Schnee – wobei ich insgeheim eine wohltemperierte Dusche durchaus vorgezogen hätte. Dann zog ich mich in den Ruheraum mit den Wasserbetten zurück. Erstaunlicherweise war ich hier ganz allein. Neben den Betten wuchsen Kabel aus der Wand, an deren Ende sich Kopfhörer befanden, aus denen Entspannungsmusik zirpte. Ich schlief sofort ein. Ich wachte erst auf, als mich ein freundlicher Herr mit einem Besen in der Hand sanft weckte und daran erinnerte, dass der Abend weit fortgeschritten sei und er jetzt sauber machen wolle.

Im «Haus Hirt» an der Bar machten sie sich schon Sorgen um mich. Rudi hatte insgeheim Angst, dass ich an den Spätfolgen der Schnapsverkostung vom Vorabend leide und in die Abstinenzlerklause umgezogen sei, aber weit gefehlt: ich hatte von keinem der Schnäpse auch nur genippt, sondern nur an der Duftsäule über dem Glaszylinder geschnuppert – was einzig bei dem Gläschen mit Gasteiner Quellwasser, das Rudi, der Schelm, zwischen die Obstbrände geschmuggelt hatte, für vorübergehende Ratlosigkeit sorgte (Wasserbrand?).

Bad Gastein war einmal. Im Zentrum von Bad Gastein, an der Fassade des Hotels «Straubinger», hängen Schilder, die an alle erinnern, die einmal hier gewesen sind. Johann Strauß, Franz Schubert, der Kaiser. Vergessen wir aber bitte nicht Eckart Witzigmann und Jörg Wörther, ohne die die Geschichte der modernen österreichischen Küche anders verlaufen wäre.

Das wissen die Bad Gasteiner natürlich auch, deshalb haben sie ihren kulinarischen Helden ein Denkmal gesetzt: je eine Gondel, die von Downtown Gastein auf den Stubnerkogel schaukelt, trägt den Namen der Köche des Jahrhunderts und des Jahrzehnts (wobei ich ja finde, dass Wörther allein für seine *Klachlsuppe* mit Schnecken zum Koch von immer und überall befördert werden müsste). Hier das Rezept, zu Ehren Wörthers und seiner Heimatgemeinde:

Für den Würzsud: *¼ l Wasser oder Brühe, ⅛ l Weißwein, 3 dl Bier, 1 kleine Zwiebel (geviertelt), 1 Karotte (in kleine Würfel geschnitten), je 2 EL Knollensellerie und Petersilienwurzel (in kleine Würfel geschnitten), 1 ganze Knoblauchzehe, etwas Majoran und Kümmel, 300 g Schweinebauch, 40 g Butter, Salz, 1 EL gehackter Majoran und 1 EL gehackte Petersilie.*
Für die Schnecken: *24 küchenfertige Schnecken, 40 g Butter und 1 Knoblauchzehe (angedrückt).*

Zubereitung: *Sämtliche Zutaten für den Würzsud aufkochen (nicht salzen). — Den Schweinebauch hineinlegen und zugedeckt etwa 2–2½ Stunden weich kochen. — Den weich gekochten Schweinebauch aus dem Sud nehmen und kalt stellen. — Sobald er kalt ist, in feine Scheiben schneiden. Den Würzsud abseihen und einreduzieren; mit Butter binden, salzen und die fein geschnittenen Scheiben vom Schweinebauch dazugeben. Mit frischem Majoran und fein gehackter Petersilie verfeinern. — Die Weinbergschnecken in aufgeschäumter Butter mit einem Hauch angedrücktem Knoblauch anbraten und zum Ragout geben).*

Warum diese Konzentration an kulinarischer Begabung ausgerechnet am Ende einer Salzburger Talschaft? Es ist ja nicht so, dass man in Gastein permanent mit den Höhen des kulinarischen Schaffens konfrontiert wäre – außer man nimmt die Höhen wörtlich und kehrt in den diversen Gipfelrestaurants ein, davon gleich mehr. Vielleicht aber ist es auch die Absenz gehobenen kulinarischen Bewusstseins, die unsere Jahrhundertzehnt-Köche anregte, ihre Kreativität sozusagen über den Umweg der eigenen Unzufriedenheit gären zu lassen.

Wir klapperten Gasteins Skihütten ab. Das war schön. Schön waren die Landschaft, die Sicht, das Panorama, das Wetter. Auch über die Getränke lässt sich nur Positives berichten. Der auf einen halben Liter aufgespritzte Apfelsaft war anständig, und das altmodische Getränk namens Skiwasser – ein mehr oder weniger übersüßtes Sirupgetränk – löschte ebenfalls ansprechend den Durst, wenn man mit Mineralwasser die Zuckerkonzentration hinunterfuhr.

Auch über die *Germknödel* mag ich nicht schimpfen. Sie werden tiefgekühlt eingekauft, gewiss, aber ich akzeptiere ihre groteske Omnipräsenz auf sämtlichen Skihütten Österreichs wie die Tatsache, dass Menschen, die beim Gedanken an eine anständige *Caprese* in eine Gemüsephobie verfallen, im Flugzeug mit einem Zungenschnalzen Tomatensaft bestellen. Das zweite Phänomen lässt sich gemäß einer Untersuchung der LUFTHANSA auf den Luftdruck in der Kabine zurückführen – vielleicht wirkt die Gasteiner Höhenluft analog auf das *Germknödel*-Zentrum unseres Gehirns.

Klar, man könnte jetzt auch die Frage stellen, warum keine Hütte auf die Idee kommt, selbst *Germknödel* zuzubereiten – ich stelle sie nicht, denn ich möchte mir das Augenrollen von euch Hüttenwirten ersparen und den Vorwurf der Weltfremdheit. Doch, klar, ich kann mir vorstellen, dass eine gar nicht so unkomplizierte Prozedur, die nötig ist, um *Germknödel* selbst herzustellen, in der Küche Geld kostet, weil dafür ein echter Koch und nicht nur ein Mikrowelleneinschalter benötigt wird. Aber ich will eben die *Germknödel* aus der Mikrowelle nicht essen, und wenn an dieser Stelle jemand fragt, was eine Mikrowelle auf einer Skihütte verloren hat, dann rufe ich begeistert: Genau! Was? und antworte energisch: Nichts.

Das beliebteste Hüttengericht sind *Germknödel*. Spitzenkoch Benjamin Parth vom Restaurant «Stüva» in Ischgl macht *Germknödel,* wie man sie noch nie gegessen hat.

«Ein guter *Germknödel* muss fluffig sein, und fluffig wird er durch den perfekten Teig», sagt Parth. Das erfordert keine körperlichen, sondern vor allem geistige Superkräfte: Geduld. Das Geheimnis liegt nämlich darin, dass der *Germteig* lange ziehen kann, und zwar in einem ziemlich warmen Umfeld.

Welches ist das richtige Restaurant?

Restaurants sind Orte, wo wir unseren Hunger und Durst stillen können, gewiss. Aber sie sind noch viel mehr. Sie sind Visitenkarten des öffentlichen, aber auch des privaten Lebens, vielleicht auch des persönlichen Einfühlungsvermögens. Regelmäßig stehe ich vor der Frage, deren Beantwortung mir eigentlich leicht fallen müsste, sonst würden mich ja nicht so viele Leute fragen: Wo sollen wir essen gehen? Du kennst doch so viele Lokale.

Stimmt, ich kenne so viele Lokale. Aber ich kenne auch die Herausforderung, welche die Empfehlung des einen oder anderen Lokals darstellt. Schließlich verlässt sich jemand auf deinen Rat, marschiert mit großen Erwartungen ans Ziel deiner Empfehlung, reist womöglich oder investiert einen besonderen Abend mit wertgeschätzter Begleitung – und erkennt in dem, was dort geboten wird, etwas ganz und gar anderes, als du ihm versprochen hast.

Kann sein, dass du einen Ort ausgewählt hast, dessen Speisekarte zu anspruchsvoll war und die wenig erprobten Esser überforderte. Kann sein, dass sie darauf gefasst waren, etwas ganz Besonderes zu

Es handelt sich um ein Restaurant mit starkem Eigenwillen und Eigenarten, die man so oder so interpretieren kann: Foodsharing, Naturweine, keine fixen Menüfolgen, Dinge, denen man mit einer gewissen Offenheit begegnen muss. Sollte man lieber niemandem empfehlen, der zum Beispiel den GAULT MILLAU für eine verlässliche Quelle hält.

Zweitens: Das Musst-du-gesehen-haben-Restaurant. Eher etwas für Menschen, die gern dort sind, wo alle sind. Für den Empfehlenden relativ risikolos, weil überschwängliches Lob oder abgrundtiefer Tadel Kehrseiten derselben Medaille sind. Hauptsache, hier gewesen. Betrifft angesagte Lokale, bei denen es schwieriger sein kann, einen Tisch zu bekommen, als an diesem dann etwas Interessantes zu erleben.

Drittens: Das No-Bullshit-Lokal. Damit sind Orte gemeint, die sich jeder Mode entziehen und völlig kompromisslos an der Qualität des Essens arbeiten. Design und Atmosphäre des Lokals werden vom Essen völlig in den Schatten gestellt, so sehen die Hütten manchmal auch aus. Darf man nur Menschen empfehlen, die von der Schönheit eines perfekten Tellers so verzau-

erleben und du hast sie nur zu einem völlig normalen Italiener geschickt, weil du auf Nummer sicher gehen wolltest.

Ganz oft ist Geld ein Thema: «Es hat uns ja sehr gut gefallen, aber als die Rechnung kam, dachte ich, mich trifft der Schlag...» Stimmt, kann vorkommen, als geübter Esser ist man mit der Tatsache vertraut, dass gutes Essen auch gutes Geld kostet, und da hat man noch nicht einmal guten Wein bestellt.

Aber auch umgekehrt, wenn du zum Beispiel einen Bekannten oder Geschäftspartner zum Essen einladen willst: Wenn das Restaurant zu *glitzy* und die Rechnung zu hoch ist, dann brüskierst du den Gast selbst dann, wenn *du* bezahlst. Du erzeugst, selbst wenn du nicht im Traum daran gedacht hast, auf diese Weise eine Schuld, von der dein Gegenüber das Gefühl hat, sie irgendwann begleichen zu müssen. Unangenehm, für den Gast und für dich.

Ich habe mir deshalb Restaurants in Kategorien zusammengefasst, die ein bisschen Ordnung in diesen Dschungel bringen.

Erstens: Das Könnte-dir-gefallen-Restaurant. Der Konjunktiv im Titel ist natürlich mit Bedacht gewählt.

bert sind, dass sie weder nach links noch nach rechts schauen. Meine persönliche Lieblingskategorie.

Viertens: Das Kannst-du-nichts-falsch-machen-Lokal. Eine begehrte, aber rare Spezies. Kann eine gute Pizzeria sein oder eine Kneipe mit regionaler Küche, wo der Service in der Regel so herzlich ist, dass selbst unroutinierte Auswärtsesser sich willkommen fühlen, aber auch abgebrühte Routiniers.

Fünftens: Das Ja-da-weiß-ich-etwas-ganz-Spezielles-Restaurant. Zielt einerseits, bei besserer Kenntnis des Fragestellers, auf dessen spezifische Vorlieben. Wenn er zum Beispiel Sushi mag, kriegt er ein lustiges *Running-Sushi*-Lokal, wenn er Innereien liebt, schickt man ihn in eine Kneipe, wo sie die Kalbsnieren richtig zart hinbekommen. Die Kategorie, die am Schluss jedenfalls auf dich als Absender des Tipps zurückfällt, positiv oder negativ. Daher nur mit Bedacht zu wählen.

Wenn Sie mich also das nächste Mal fragen, wohin Sie essen gehen sollen: Geben Sie doch bitte die Kategorie an, aus welcher Sie Ihre Empfehlung wünschen.

«Bei 40 Grad wäre es ideal», sagt Parth. Als Fülle bevorzugt er hausgemachte *Marillen*-Marmelade und statt der Mohnbutter die Vanillesauce.

Was eine Vanillesauce zu einer guten Vanillesauce macht?

«Die Tahiti-Vanille als Basis – und ein guter Schuss Rum», sagt Benjamin Parth. Ein paar Orangen- und Zitronenzesten sorgen für etwas Frische:

Zutaten: 130 g Germ (Hefe), 2,2 kg Mehl, 1 l Milch, Salz, 325 g Zucker, 325 g Butter, 4 Eigelb, 4 Eier, geriebene Schale einer Zitrone, 18 g Vanillezucker.

Zubereitung: Germ, Mehl, Zucker, Salz und lauwarme Milch verrühren und aufgehen lassen. — Eigelb, Eier, Zesten, Vanillezucker und Butter zugeben. — Bei 90 Grad im Dampfgarer etwa 15 Minuten lang dämpfen, bis die Knödel fertig sind.

Rudi sagte dazu, als ich mich abends über die Qualität des Hüttenessens ausließ: «Nimm dir halt ein *Bschoadpackerl* mit» (Rudi stammt aus Ostösterreich – das *Bschoadpackerl* entspricht dort in etwa der europäischen Proviantbüchse).

Das tat ich dann auch, trotzig wie ich bin.

Aber bis es so weit war, bestellte ich auf der Hütte einmal zu oft Kässpätzle. Sie kamen in einer gusseisernen Pfanne, und sie waren bestreut mit Röstzwiebeln aus dem *Sackerl*. Das war zu viel für mich. Dass der Hüttenwirt in die Präsentation seines Essens mehr investiert – ich spreche jetzt absichtlich nicht über die schicken Lederhosen des Personals, und ganz besonders schweige ich über die elektronische Bestellaufnahmegerätschaft, die jeder Kellner am Körper trug, mit der er per Funk meine *Germknödel*-Bestellung in die Küche übermitteln konnte, vielleicht setzte er auch den Mikrowellenherd persönlich in Gang, denn jedes Gericht kam im Rekordtempo hinaus in die Landschaft, klar, jeder Tisch wollte pro Stunde zweimal verkauft sein, um die Investitionen für die Gusseisenpfannen wieder hereinzuspielen – als in die Qualität des Essens. Nicht mit mir.

Abends tröstete mich Evelyn vom «Haus Hirt».
Was ich erlebt hätte, sei nicht die ganze Wahrheit, sagte sie.
Dann senkte sie die Stimme und flüsterte: «Probier die Hütte auf dem Graukogel.»

Die Hütte auf dem Graukogel war eine Erlösung, so wie der Graukogel selbst eine Erlösung war – eine Erlösung vom Gedanken, dass ein Skigebiet groß und so bequem ausgestattet sein muss, dass man nicht einmal mehr selbst Skifahren muss, sondern auf einer Wolke an Abstiegshilfen ins Tal gleitet. Die Liftanlagen, ja, sie erinnern ein bisschen an die Schulskikurse der Jahre 1973/74, aber wenn man sich schon Schallplatten von Slade and Sweet hineinpfeift, um noch einmal wie ein Schulkind zu empfinden, dann ist der Lift auf den Graukogel eine denkwürdige Alternative, die WM-Abfahrtsstrecke von 1958 inklusive.

Ich kam also in die Hütte, positiv berührt von der Übersichtlichkeit dessen, was ich bisher gesehen hatte, und dann gab es das *Blunzengröstl*. Nicht, dass ich *Blunzengröstl* für eine gewaltige Herausforderung an einen Koch halte, aber die Realität hat gezeigt, dass es eine gewaltige Herausforderung für einen Hüttenwirt darstellt, einen Koch zu beschäftigen: gute, knusprige Kartoffeln, die leicht süßliche Blutwurst in kräftigen Klumpen dazwischen, gebratene Zwiebeln, genug Pfeffer, eine deftige Hüttenspeise wie aus dem Lehrbuch.

Mit roten Wangen steckte ich mein *Bschoadpackerl* wieder weg und bestellte mir als Nachspeise einen Kaffee und ein Stück Kuchen. Ich war zufrieden, mehr als zufrieden. Hierher, dachte ich mir, soll jeder Hüttenwirt aus der Umgebung einmal pilgern, etwas Frisches essen, sich schämen und dann nach Hause gehen, nachdenken, das Telefon in die Hand nehmen und einen Koch einstellen, der Zwiebel in Ringe schneiden kann und diese im Butterschmalz rösten. Dann, aber vorher nicht, bestelle ich mir die nächste Portion *Kässpätzle*. Bis dahin mache ich sie selbst.

Am nächsten Tag ließ ich das Skifahren aus. Stattdessen ging ich spazieren. Ich spazierte am Hoteldorf «Grüner Baum» vorbei, ließ

mir von der schnapstrunkenen Besatzung eines Schlittens Schnee-
bälle nachwerfen und revanchierte mich mit einem gezielten Klapser
auf den Hintern des Zuggauls, sodass dieser einen Zwischensprint
einlegte und der Schlitten lustig schlingerte. Dann bog ich in den
Luis-Trenker-Weg ab und marschierte tief in den Nationalpark Hohe
Tauern hinein. Die Luft war feucht und schwer, und der Schnee
schluckte die Geräusche der Natur. In einem kleinen Wirtshaus
bekam ich Gämswürste und ein *Seidel* Bier, und ich hatte das Gefühl, als hätte ich eben der Erfindung von Gämswürsten und Bier
beigewohnt.

Als ich schon fast wieder zurück im Hotel war, fasste ich den
Entschluss, noch ein paar Schritte weiterzugehen und mir den Ort,
das städtische Zentrum von Bad Gastein, ein bisschen anzuschauen.

Majestätische Häuser, leider leer. Die Stadtverwaltung, abge-
siedelt in ein neues Gebäude an der Peripherie. Das Kongresszentrum,
ein Monument der 1970er-Jahre zwischen Genie und Tiefgarage,
leider leerstehend – erst ein Fotoessay in WALLPAPER würde den
Schick dieses Gebäudes wieder zum Vorschein bringen.

Ich dachte mir, dass es leicht wäre, hier einem melancholischen
Missverständnis aufzusitzen: Natürlich, den Glanz vergangener
Tage hat Bad Gastein abgelegt. Aber, Nein, am absteigenden Ast ist
Bad Gastein nicht.

Rund um den historischen Ortskern, der zum Gegenstand (und
Opfer) von Spekulanten wurde und derzeit sicher mehr Vergangenheit als Zukunft hat, bildet sich ein frischer, zeitgemäßer Qualitäts-
tourismus heraus. Alte, traditionelle Häuser wurden und werden
entkernt und auf einfühlsame Weise renoviert. Kleine, überschau-
bare Einheiten bilden ein intelligentes Gegengewicht zum *Grand-
Hotel*-Tourismus vergangener Zeiten. Skandinavische Touristiker
haben Gastein entdeckt und eigene Hotels übernommen. Die Pisten
sind voll von munteren Schwedinnen und Schweden, die auch im
Nachtleben Akzente setzen.

Das Nebeneinander von Modernität und Melancholie, von
Funktionalität und Poesie macht den besonderen Charme Bad
Gasteins aus.

Die absolute Einsamkeit vor der Quellfassung im Ortszentrum. Das bunte Toben und Treiben in der «Alpentherme» in Hofgastein.

Die brillante Fernsicht auf den Großglockner vom Gipfel des Kreuzkogels, dem höchsten Punkt der Station «Sportgastein», wenn das Wetter schön ist. Der Weg über die Flanken des Anlauftals, wenn der Wind pfeift und der Ranger auf Schneeschuhen vorangeht, Schritt, keuch, Schritt, keuch.

«Schaut, eine Gämse», sagte er und zeigte auf einen Punkt weit oben, der gerade langsam ein Schneefeld überquerte.

Der Wind pfiff. Es war kalt. Es war herrlich.

Hoffentlich war Rudi mit dem Wein schon wieder zu Hause.

Doch, ich schaute mir auch ein Fußballspiel an.
Messi saß auf der Bank.
Mit leiser Enttäuschung entschloss ich
mich dazu, Barcelona nicht zu verlassen,
ohne eine Paella gegessen zu haben.
Das machte die Enttäuschung mehr als wett.
Eine Geschichte von sehr kleinen Gerichten
und sehr interessanten Essenszeiten.

Barcelona

Der Tag begann nicht schlecht. Der Portier meines Hotels, das geheim bleiben muss, schickte mich aus dem Speisesaal auf die Straße. Er flüsterte mir verschwörerisch ins Ohr, dass ich besser nicht hier im Hotel frühstücken möge, hier gebe es nur den üblichen, internationalen Mist, Spiegeleier, Honigbrote, Cornflakes – er sprach das Wort «Cornflakes» mit solchem Ekel aus, dass ich ihm dafür fast um den Hals gefallen wäre –, ich solle, wenn schon, dann im «Café Mauri» auf der Rambla de Catalunya frühstücken gehen, dort sei wenigstens der Kaffee okay.

Frühstück ist sowieso nicht die Mahlzeit, für die Barcelona berühmt ist. In den Hotels verlangen sie sogar nach Meinung ihrer Portiere Fantasiepreise für ein Angebot, das man anderswo mit hängenden Schultern am Büfett mitnimmt, ausgenommen das getoastete Weißbrot, das mit frischem Tomatenfleisch bestrichen wird und anständig schmeckt. Oft wird dieses Tomatenbrot mit fleischigen Anchovis oder würzigem *Iberico*-Schinken kombiniert, wobei ein bisschen Vorsicht geboten ist. Die Anchovis waren fast überall, wo ich sie probierte, hervorragend. Der Schinken jedoch schmeckte sehr unterschiedlich. Einmal schmolz er auf der Zunge, einmal benahm er sich wie ein Landschinken aus der Plastikfolie, sicher war nur, dass er überall ein Vermögen kostete.

Das «Café Mauri» war ein wertvoller Tipp. Es war einmal schön. Der Raum, in dem die Vitrinen mit den Imbissen stehen, ist noch immer prachtvoll. Hier gibt es alle möglichen Törtchen und Mandelgebäck, aber auch herrlich altmodische Brioches, die mit gekochtem Schinken, Käse und Mayonnaise bei jedem englischen Bridgeturnier gute Figur machen würden. Die Croissants sind knusprig und von einem wilden animalischen Geschmack, den ich mir nicht erklären konnte, bis mir die vorbildlich in eine schwarze Uniform mit weißem Spitzenschürzchen gewandete Kellnerin erklärte, dass sie im Schweineschmalz herausgebacken werden. Wenn du in Barcelona nicht zum Schwein gehst, siehe oben, kommt das Schwein eben zu dir.

Ich entschied mich für ein wunderschön in bleiches Jausenpapier eingeschlagenes Thunfischsandwich und ein Törtchen mit Erdbeeren, nahm dazu eine voluminöse Tasse Milchkaffee und etwas salziges Mineralwasser.

Dann sortierte ich meine Pläne.

Auf einem Zettel hatte ich drei Punkte notiert. Erstens: Hundertwasser. Zweitens: Fußball. Drittens: Essen.

Weil ihr über den Hundertwasser lacht: Ich bin nämlich witzig. Mit Hundertwasser meine ich natürlich den berühmten Meister der modernistischen Architektur, Antoni Gaudí, dessen Bauwerke mit ihren fließenden, anthropomorphen Fassaden das Stadtbild Barcelonas prägen und in ihrer kindlichen Verspieltheit dazu einladen, von Städten zu träumen, die wie Abenteuerspielplätze funktionieren. Wenn ich nicht wüsste, dass Gaudí zum Zeitpunkt, als Albert Hofmann das LSD erfunden hatte, schon zwölf Jahre unter der Erde lag, hätte ich darauf getippt, dass der gute Mann beim Entwerfen auf einem Trip hängengeblieben ist, aber diese Theorie scheidet aus genanntem Grund aus.

Ich beschloss, weil das «Café Mauri» gleich um die Ecke liegt, zuerst einmal «La Pedrera» zu besuchen, den «Steinbruch», Gaudís berühmtes Wohnhaus mit dem offiziellen Namen «Casa Milà» am Passeig de Gràcia, Barcelonas eigentlicher Prachtstraße, da die noch berühmteren Ramblas nur noch für Barfußtouristen und Lottolosverkäufer reserviert sind. «La Pedrera» erwies sich als imposantes Bauwerk, das gemäß dem Beipacktext meines Reiseführers zahlreiche architektonische Pionierleistungen repräsentierte, bei mir aber insgesamt nicht viel mehr Eindruck hinterließ als die «Rogner-Therme».

Womit wir wieder bei Hundertwasser wären: Ein kurzer Besuch im zumeist grotesk überfüllten Parc Güell, einer anderen Landmark-Anlage Gaudís, legt offen, wie schamlos sich Hundertwasser von Gaudís Formensprache und Materialverwendung inspirieren ließ, wacklige Böden und Einlegearbeiten aus zerbrochener Keramik inklusive.

«La Pedrera» hat über diese Einsicht hinaus einen entscheidenden Vorteil. Die Hütte liegt ganz in der Nähe einer der pfiffigsten Imbissstationen, die es derzeit in Barcelona gibt: dem «Tapaç24».

«‹Tapaç24› ist ein kleines Kellerlokal ein paar Blocks weiter südlich. Es gehört zum Imperium des Starkochs Carles Abellan, der seinerzeit ein Souschef von Ferran Adrià im legendären «El Bulli» gewesen war – eine Referenz, die in Barcelona als Segen von *Godfather* persönlich betrachtet wird. Abellan machte sich Gedanken darüber, wie man das populäre Tapas-Prinzip – du gehst vor dem Essen irgendwohin, wo du einen Aperitif nimmst, und weil der Aperitif ohne Appetithappen dich als Saufbruder ausweisen würde, gibt es dazu ein kulinarisches Alibi, den Imbiss, den kleinen, schmackhaften Bissen, der deinen Appetit anregt, das Glas *Cava* nicht unmotiviert wirken lässt und genau so viel Nährwert besitzt, dass du um zehn, wenn zu Hause die Spätausgabe der Tagesschau einmoderiert wird, das Restaurant deiner Wahl betrittst und darüber nachdenkst, ob du das große oder das ganz große Menü essen sollst – etwas modernisieren könnte.

Abellan stellte eine Reihe von Gerichten zusammen, die dem klassischen Angebot, Brötchen, Kroketten, winzige Hamburger,

Würstchen, Salate, Häppchen mit Anchovis oder Krabben, sehr nahe kommen. Er gestattete sich aber auch ein paar Verfeinerungen. Der *Bikini Comerç24* zum Beispiel ist ein sehr fein angelegter Schinken-Käse-Toast, der mit schwarzen Trüffeln aufgepeppt wird, und der *McFoie*-Burger erklärt sich selbst. Man kann diese Happen, die im Preis etwas höher liegen als der Rest des Angebots, als Schickimicki-Food abtun, man kann sie aber auch genießen.

Das tat ich mit Inbrunst und lobte das «Café Mauri», weil es mir gestattet hatte, ein so übersichtliches Frühstück zu bestellen, dass ich noch am Vormittag den nötigen Hunger für ein Gabelfrühstück am dafür geeignetsten Ort entwickeln konnte. Das traf sich gut. Das «Tapaç24» ist notorisch überfüllt. Zu den Essenszeiten bilden sich lange Schlangen auf der Straße. Da ich es hasse, hungrig in einer langen Schlange zu stehen – hat das nicht etwas ebenso Unwürdiges, wie in einer der Absaugstationen auf einem internationalen Flughafen eine Zigarette zu rauchen? –, spazierte ich gleich nach meiner Stippvisite zur Casa Milà hinunter in das Tapaslokal, wo um elf Uhr vormittags gähnende Leere herrschte.

Ich hockte mich an ein Hochtischchen und arbeitete die hübsch dekorierte Karte durch. Das beste Gericht – neben den Sardinen mit Zitrone, den gedämpften Paprikaschoten, dem wirklich anständigen *Iberico*-Schinken, der Tortilla oder den mit Anchovis gefüllten Oliven – war die Krokette, die mit Fleischstücken vom Brathuhn gestopft worden war. Die war so gut, dass ich, obwohl ich mir das vorher kategorisch verboten hatte, eine zweite Portion bestellte.

Der Kellner, der in einem anderen Leben ein von Paparazzi verfolgter Hollywoodstar gewesen sein musste – so benahm er sich jedenfalls, wenn man ihn um etwas bitten wollte –, quittierte die Bestellung mit vorgeschobener Unterlippe und indem er mich von oben bis unten musterte: Machst du das eigentlich jeden Tag, mein Freund? Nein. Aber heute schon, denn morgen bin ich nicht mehr da.

Zweiter Punkt auf meinem Schummelzettel: Fußball. In Barcelona wird angeblich Fußball gespielt, und weil ich Fußball liebe, beschloss ich, mir das berühmte Camp-Nou-Stadion anzuschauen, auch wenn ich an diesem fortgeschrittenen Vormittag nicht in Gesellschaft von 98 000 anderen Herrschaften sein würde, wie das sonst bei Heimspielen das FC Barcelona die Regel ist. Außerdem wollte ich wissen, ob auch die von ihrer kulinarischen Kultur so verwöhnen Barcelonesen dazu gezwungen sind, im Fußballstadion Drecks-würste und alkoholfreies Bier zu konsumieren, oder ob man sich die jubelnden Massen nach einem Messi-Tor doppelt glücklich vorstellen kann, weil sie zur Aufmunterung etwas lauwarmen Tintenfisch am Büfett geholt haben, den sie mit einem Gläschen *Cava* hinunter-spülen, bravo, Messi, viva Barcelona.

Die verbindliche Auskunft dazu lautet: Dreckswurst. Leider.

Trotzdem beeindruckte mich das mitten im Wohngebiet ste-hende Stadion so sehr, dass ich an einer Führung durch seine Ein-geweide teilnahm und sogar versucht war, mir im Barcelona-Mega-Store ein T-Shirt mit der Rückennummer 4 zu kaufen, weil origi-neller als 10. Aber ich entschied mich dagegen, vielleicht, weil es keines in meiner Größe gab.

Auf dem Rückweg in die Innenstadt musste ich nachschauen, was der dritte Punkt auf meiner To-do-Liste gewesen war.

Stimmt: Essen.

Weil mir das Prinzip des Tapas-Essens einleuchtete, steuerte ich einen der absoluten Klassiker an, von denen die Innenstadt Barcelo-nas voll ist, ein Bierlokal, in dem man auch einen Happen zu essen bekommt. Es heißt «Ciudad Condal» und befindet sich ebenfalls an der Rambla de Catalunya.

Wie gut die Tapas-Lokale sind, lässt sich ziemlich eindeutig daran ablesen, wie lang die Schlange der Menschen ist, die darauf warten, einen Platz zu bekommen, vielleicht an einem der wenigen Tische, am liebsten aber direkt an der Bar, wo man auch, wenn man des Katalonischen nicht mächtig ist, mit dem Finger auf die Speise zeigen kann, die man sich als Nächstes auf dem Teller vorstellen kann.

Die Schlange vor dem «Ciudad Condal» unterstrich also, dass ich den richtigen Ort gewählt hatte, aber weil ich am späten Vormit-tag für eine brauchbare Unterlage gesorgt hatte, fiel mir das Warten leicht, wenigstens solange die Schlange sich noch draußen an der frischen Luft befand. Im Inneren der herrlichen, holzgetäfelten Kneipe arbeitete die Klimaanlage nämlich auf Hochtouren, ich holte mir einen amerikanischen Kälteschock, während ich immerhin schon sondieren konnte, was in der Vitrine auf mich wartete. Fröstelnd nahm ich fantastische Anchovis mit Auberginen, mit Thunfisch gefüllte Paprikaschoten, Stockfischkroketten und süß gewürzte, blütenweiße Fischfilets. Dann einen Teller Muscheln und die Bratwürste mit Bohnen. Jede Speise war deftig und von hoher Qualität, dabei von übersichtlicher Dimension und so billig, wie man sich das immer erträumt. Ich spachtelte mit bestem Appetit, trank zwei tschechische Biere und gab nicht mehr als 15 Euro aus. Kein Wunder, dass meine Laune erstklassig war.

Dann kam der Anruf.

Es war mein Freund, der Apotheker. Als ich ihm erzählt hatte, dass ich nach Barcelona reise, hatte er, wie er das gern tut, bedenkenschwer seinen Kopf gewiegt, als hätte ich ihm gerade mitgeteilt, dass ich einen Angelkurs in Fukushima plane.

Dann sagte er, er kenne jemand außerordentlich Befugten, werde versuchen, ihn zu erreichen und mich anschließend mit Tipps versorgen, die meine Reise erst sinnvoll machen würden. Dann hatte ich wochenlang nichts mehr von ihm gehört, aber jetzt tat er so, als hätte er nur schnell den Topf mit den Spaghetti vom Herd nehmen müssen, bevor er mich zurückrief.

«Hast du was zu schreiben?»

«Nein.»

«Gut. Also notier dir Folgendes: Das einzige Lokal, das wirklich wichtig ist, ist das ‹Rías de Galicia›. Verwechsle es nicht mit der Sushi-Bar im ersten Stock, die heißt ‹Espai Kru› und ist auch okay, aber nicht so super wie das Restaurant unten. Ich hab für morgen Abend reserviert, es ist gerade nicht leicht, einen Tisch zu kriegen.»

«He», rief ich, «ich bin morgen nicht mehr in der Stadt.»

«Doch», antwortete der Apotheker. «Und noch etwas: Mach einen Bogen um das ‹Botafumeiro›. Das ist genau die Sorte von Touristenfalle, in die du immer hineintappst.»

Ich sagte nichts. Im «Botafumeiro» hatte ich für heute Abend reserviert.

Der Apotheker weidete sich an meinem Schweigen, bis ich aufgab und ihm die Frage stellte, auf die er noch wartete, um sie triumphal beantworten zu können.

«Von wem hast du den Tipp?»

«Ferran.»

Hätte ich mir gleich denken können. Ich machte dem Apotheker das schönste Geschenk, das er sich wünschen konnte, indem ich wortlos auf die Disconnect-Taste drückte. Dann rief ich im Hotel an, verlängerte meinen Aufenthalt um eine Nacht und bat die Concierge, meinen Flug umzubuchen. Was das «Botafumeiro» betraf, so war ich nie so entschlossen wie jetzt, es absolut super zu finden und dem Apotheker eine Postkarte mit den besten Grüßen aus dem besten Restaurant der Stadt zu schicken, hörst du, dem besten.

Ich schlug mir den Nachmittag am Strand um die Ohren, probierte in einem Surfershop Badehosen von BILLABONG, die tadellos zu meinem FC Barcelona-T-Shirt gepasst hätten, wenn ich es mitgenommen hätte, dann stromerte ich ziellos durch Barceloneta, das Viertel, dem man ansieht, dass selbst das optimistische, zukunftsfreudige Barcelona seine Glasscherbenviertel gehabt hatte, nahm in der «Bar Electricitat» einen Wermut und ein paar Oliven, dann ging ich zurück in mein Hotel, machte mich fürs Abendessen schick und nahm gegen halb zehn ein Taxi ins «Botafumeiro».

Das Faltennetz um die Augen des Fahrers verdichtete sich, als ich ihm die Adresse nannte. War das ein verächtlicher Blick oder bildete ich mir den nur ein? Ich verfluchte den Apotheker, weil er Misstrauen in mein reines Herz gepflanzt hatte.

Das «Botafumeiro» erwies sich, *let's face it,* als die Sorte von Touristenfalle, in die ich immer hineintappe. Unfassbar viele Sitzplätze, Extrazimmer um Extrazimmer, alle voll bis zum Anschlag, an der Wand Fotos von ehemaligen (Ronaldinho) und aktuellen (Messi) Fußballstars vom FC Barcelona, die mit dem Chefkoch posieren, der wiederum eine verblüffende Ähnlichkeit mit Muammar Gaddafi hat, was vor allem auf dem Foto mit George W. Bush etwas befremdlich wirkt: Dass die beiden in Spanien auf eine Meeresfrüchte-Platte gegangen sein sollen? In den «Marchfelderhof» Barcelonas?

Als ich im Taxi zurück ins Hotel fuhr, kam pünktlich die SMS des Apothekers: «Ich hatte dich gewarnt.»

Am nächsten Tag frühstückte ich gleich im Tapaç24, schaute mir das grandiose Picasso-Museum am Rand des gotischen Viertels an und bereitete mich auf das Abendessen im «Rías de Galicia» sportlich vor, indem ich das Mittagessen ausließ. Ich fuhr mit der Seilbahn auf den Montjuic, genoss die Aussicht über den Hafen und auf das Gurkenhochhaus von Jean Nouvel, das in seiner Silhouette der Londoner Gurke von Norman Foster zum Verwechseln ähnlich schaut. Dann spazierte ich den Berg entlang der Austragungsorte der Olympischen Spiele 1992 hinunter und machte Station im wiederaufgebauten Weltausstellungs-Pavillon von Mies van der Rohe, einem berückend einfachen und gleichzeitig äußerst inspirierenden Ort. Schließlich steuerte ich das «Rías de Galicia» an, das in unmittelbarer Nähe des Messegeländes liegt, nicht unbedingt in glamouröser Nachbarschaft, aber mit einem Messi-haften Zug zum Tor, was die Qualität des Essens betrifft.

Keines der Restaurants mit klassischer spanischer Küche konnte mit der Präzision und Sorgfalt mithalten, mit der in dieser Gaststube, die in ein Labyrinth aus kleinen, privaten Buchten unterteilt ist, das Essen serviert wurde. Ich nahm das Menü, fünf Gänge, und dass ich dazu eine Flasche «Recaredo» bestellte, einen feingliedrigen, furztrockenen *Cava,* hellte die Stimmung des Kellners genauso auf wie meine.

Zuerst kamen grandiose Anchovis mit einem leichten Topping vom Manchego-Käse. Dann eine Krokette, die mit Shrimps und Seespinne gefüllt war. Dann ein mit dem Messer geschnittenes und mit etwas Mayonnaise *yummie* angemachtes Beef Tatar. Schließlich ein Wolfsbarsch, der in Kartoffelscheiben eingehüllt und mit Essig aromatisiert war.

Jeder Gang war grandios, erschien aber mit derselben Selbstverständlichkeit an meinem Tisch, wie in einem Bahnhofsimbiss Würstel serviert werden, und feierte auf diese Weise das enorme

Therapie: Warten. Warten, bis das Essen lauwarm ist. Schwer, aber machbar (vielversprechend ist es, sich eine halbe Folge der *Americans* reinzuziehen, während man wartet; das macht es leichter, wenigstens in der Theorie).

Warum lauwarmes Essen besser schmeckt

«Lauwarm» ist, so eine etwas indifferente Definition, «eine indifferente Temperatur, die weder als warm noch als kalt empfunden wird». Wenn man als Freund der exakten Wissenschaften wissen möchte, welchen Temperaturbereich das in etwa umfasst, landet man bei einer Bandbreite, die von etwa 28 bis 38 Grad reicht.

Nun wohnt dem «Lauwarmen» nicht nur die Beschreibung eines Wärmezustands inne, sondern auch eine Art Geschmacksurteil: Sobald etwas als «lauwarm» beurteilt wird, fehlt es ihm an Höhen und Tiefen – es repräsentiert den programmatischen Durchschnitt, man rät davon ab. Selbst in der Bibel wird vor dem Lauwarmen gewarnt: «Ich kenne deine Werke», steht in der Offenbarung 3,15.16, «dass du weder kalt noch warm bist. Ach, dass du kalt oder warm wärest! So, weil du lau bist und weder kalt noch warm, so werde ich dich ausspeien aus meinem Mund.»

Und während die Exegeten darüber rätseln, auf welche Weise das Verhältnis der Stadt Laodizea zu

Umgekehrt werden zahlreiche beliebte Speisen viel zu kalt serviert. Ein gutes Beispiel dafür sind Sushi: sowohl der Reis des einzelnen *Nigiri* als auch der Fisch werden in der japanischen Küche nicht kühlschrankkalt, sondern bei Zimmertemperatur serviert, was ein völlig anderes Geschmackserlebnis offenlegt. Und die berühmteste «Harry's Bar»-Erfindung, das dünn geschnittene und nach dem Maler Carpaccio benannte rohe Rindsfilet, verliert jeden Geschmack, wenn es – was vor allem in der Szenegastronomie die Regel ist – direkt aus dem Kühlschrank serviert wird. Auch das *Carpaccio* sollte, um zu schmecken, lauwarm sein (und nicht allzu dünn geschnitten werden; zwei oder drei Millimeter sind ideal).

Was Süßspeisen betrifft, gibt es sowieso keine Alternative zum Lauwarmen. Ein Apfelkuchen, der aus dem Kühlschrank kommt? Uninteressant. Ein Apfelkuchen, der in der Mikrowelle auf Betriebstemperatur gebracht wurde? Eine Gefahr für die

Jesus denn ausgerechnet lauwarm sein könne, werde ich vom Drang überwältigt, gerade dieses Lauwarme als den besten, den nahezu idealen kulinarischen Aggregatzustand zu beschreiben.

Das meiste Essen, das wir auf den Tisch bekommen, ist entweder zu kalt oder zu heiß.

Denken Sie nur an die Pein, die uns die ersten Gabeln einer frisch zubereiteten Spaghetti Bolognese am Gaumen bereiten. Wie ein Idiot sitzt man am Tisch, bläst aus vollen Backen auf Nudeln und Sauce, nur um den Schmerz um ein paar Sekunden hinauszuzögern.

Noch schlimmer ist das bei der *Parmigiana*, diesem großartigen Auflauf, der aus Auberginen, Tomatensauce und ziemlich viel Käse besteht. *Parmigiana* lockt ungeduldige Esser in einen bösen Hinterhalt (und wer ist angesichts einer eben dem Ofen entstiegenen *Parmigiana* nicht ungeduldig?): Der Käse speichert die Wärme des Backofens auf hinterhältige Weise und fügt uns Wunden zu, an die wir uns lange erinnern.

Die Auswirkungen können fatal sein. Gastroenterologen weisen dezidiert auf den Zusammenhang von zu heißer Nahrung und Karzinomen in Mundhöhle, Speiseröhre und Magen hin.

Gesundheit (weil die Mikrowelle die Kernschmelze des Kuchens befördert).

Kartoffelsalat? Lauwarm grandios.

Risotto? Ebenfalls.

Minestrone? Es gibt keine Alternative zur lauwarm genossenen Gemüsesuppe.

Selbst bei Fisch zahlt sich der Flirt mit dem Lauwarmen aus. Kälte hält den Geschmack des rohen Fisches unter Verschluss. Große Hitze trocknet ihn aus. Ein bei achtzig Grad für zehn Minuten in der Wärmeschublade gegartes Forellenfilet offenbart hingegen sowohl reizvollen Geschmack als auch die ideale, glasige (also saftige) Textur. Auf einem warmen Teller serviert, macht der lauwarme Fisch Freude wie sonst nie.

Pizza? Heikles, aber gutes Thema. Gerade die klassische neapolitanische Pizza mit ihrem dünnen Teig und dem bescheidenen Tomaten-Käse-Topping ist, wenn sie aus dem 450 Grad heißen Ofen geholt wird, viel zu heiß, aber kurz darauf bereits zu kalt und zäh. Beste Methode: Zu viert vier Pizzen hintereinander bestellen, diese jeweils vierteln und viermal hintereinander im perfekten Lauwarm-Modus verzehren.

Ethos dieser Küche, die keine Gedanken an die Inszenierung ihrer Gerichte verschwendet, sondern sich allein darauf konzentriert, das, was man macht, richtig zu machen.

Es war ein guter Moment, glücklich zu sein. In der lustigen, kolonial eingerichteten Bar «Boca Chica», die praktischerweise genau gegenüber meinem Hotelzimmer lag, empfing ich die Botschaft des Apothekers, dass ich jetzt nur noch im «7 Portes» Paella essen müsse, um ein einigermaßen komplettes Bild von der Kulinarik dieser Stadt zu bekommen.

An der Rezeption signalisierte man mir, dass nur noch eine *Junior Suite* frei sei, aber man komme mir mit dem Preis entgegen, indem das Frühstück nicht extra verrechnet werde.

Am nächsten Tag schaute ich mir im «Aquarium» am Hafen lebende Haie und Flügelrochen an, naschte im «La Txapela» ein bisschen Schinken, besuchte das Mirò-Museum, wo ich besonders den überdimensionalen Wandteppich bewunderte, den der Meister selbst für die Eröffnung des Hauses im Jahr 1975 geschaffen hatte, und besichtigte das legendäre Schwimmbecken auf dem Dach des Hotels «Majestic», das sich allerdings als schockierende Tränke für amerikanische Rednecks erwies, die schon am frühen Nachmittag mit den Gin Tonics anfangen.

Ich hatte seit vielen Jahren kultivierte Vorurteile gegen Paella gepflegt: Paella ist ein Unding, ein Abfalleimer für alles, was spanische Restaurants nicht mehr als es selbst aus der Küche schicken wollen, sondern mit Reis zukleistern, deftig würzen und auf diese Weise doch noch an den Mann bringen. Ich hatte Muscheln auf knallgelben Reispfannen gesehen, die aus dem Paläozoikum stammen, und Hühnerrippen, die, bevor sie in die Paellapfanne geworfen wurden, schon einmal abgenagt und ausgekocht worden waren.

Der Nachmittag im «7 Portes», in den ich an meinem letzten Tag in Barcelona hineinschlitterte, brachte meine Vorurteile ins Wanken. Ich hatte nicht reserviert, musste ein bisschen unter den Arkaden am Passeig d'Isabel warten, weil die Hütte voll war, und als ich schließlich mit einem Glas *Cava* feierte, dass ich endlich in der prächtigen Gaststube, wo Miró mit Picasso gegessen hat, Platz nehmen durfte, machte ich die Probe aufs Exempel. Ich bestellte beim Kellner mit der weißen Jacke und der schwarzen Fliege einen kleinen Salat mit gratiniertem Ziegenkäse und anschließend eine Paella – der Anblick zahlreicher Locals, die an weiß gedeckten Tischen saßen und aus glänzenden, schwarzen Pfannen Reis mit sonstwas spachtelten, durchströmte mich mit Vertrauen, das eine Minute später wieder vorbei war, aber da war die Bestellung schon aufgenommen.

Kurz: Die Paella war köstlich. Sie hatte nicht die sonnenblumengelbe Farbe der Tourismusprospekte, sondern ein tiefes, schmutziges Braun, das darauf zurückzuführen ist, dass in der Küche des «7 Portes» jede Menge Krustentierfonds zur Verfügung steht, in welchem der Reis gekocht und auf traumhafte Weise aromatisiert wird. Dazu kleine Stückchen von weißem Fisch, ausgelöste Scampi und ausgelöste Muscheln, die grandios mit der großzügig in den Reis geschnittenen Schweinsbratwurst harmonierten. Klar, dass diese Paella weniger elegant als deftig war, aber sie gab mir das Vertrauen in das Gericht zurück, über das Eckart Witzigmann einmal sagte: «Eigentlich gibt es bei der Paella kein No-Go, die Variationsmöglichkeiten sind unermesslich. Bei diesem Gericht kann jeder nach seiner geschmacklichen Façon selig werden.»

Ich war selig. Ich beschloss, bei nächster Gelegenheit selbst Paella zu kochen. Aber zuerst leerte ich die Pfanne bis auf das letzte Körnchen Reis, und dann musste ich mich schon ein bisschen sputen, um rechtzeitig zum Flughafen zu kommen. Ich brauchte noch ein bisschen Zeit, um die Postkarte mit der großen Paellapfanne auf der Vorderseite an den Apotheker zu adressieren und eine Briefmarke zu kaufen.

O, là, là, Berlin.
Die Stadt kann so unerträglich und so aufregend
sein. Ich entschied mich für aufregend.

Berlin

Spät am Abend gingen wir dann in die «Paris Bar». In Berlin in die «Paris Bar» zu gehen, ist ungefähr so originell, wie in Wien die «Loos-Bar» als Geheimtipp auszupacken, aber weil wir wieder einmal im «Savoy» abgestiegen waren, das drei Minuten von der «Paris Bar» entfernt ist, und weil die Bar im «Savoy» von Zigarrenrauchern in Beschlag genommen ist, sodass ich lieber bei strömendem Regen auf der Straße ein Bier aus der Dose trinke als in der Bar des «Savoy» ein Glas Champagner, gingen wir eben in die «Paris Bar».

Der deutsche Dramatiker Heiner Müller schrieb in den 8oer-Jahren über die «Paris Bar», wer hier eintrete, lasse jede Hoffnung fahren – dass er herauskomme, ehe es Morgen sei. So weit wollte ich natürlich nicht gehen. Ich dachte an ein Glas Weißwein, vielleicht an ein Stück Käse. Ich dachte nicht an Prominenz und Schick, an Künstler und Schauspieler, die notfalls auf dem Tisch tanzen, wenn der Rest der Hütte zu voll ist, um die Beine ausstrecken und den

Rumpf beugen zu können, und schon gar nicht dachte ich an die lange Geschichte der «Paris Bar», die einmal der verlässlichste Treffpunkt ganz Westberlins gewesen war und vor einigen Jahren einen Karriereknick hinnehmen musste, als die Finanz mit Steuerforderungen in Millionenhöhe auftauchte.

Wobei: Diese Geschichte ist zu abgedreht, um sie nicht zu erzählen. Die «Paris Bar» liegt an der Kantstraße, einer etwas öden Verkehrsader durch Charlottenburg, die zum Bahnhof Zoo führt. Die Leuchtschrift der Bar hatte schon immer etwas Glamour versprüht, aber weil in Berlin Glamour immer auch mit Abgerissenheit zu tun hat, fiel keinem Menschen der verstaubte Kastenwagen auf, der gegenüber dem Eingang der Bar geparkt stand. Der Kastenwagen stand tagsüber da und in der Nacht, wie das Auto eines Hippies, der sich rasch einmal für sechs Monate nach Indien verabschiedet hat, von der Sorte soll es in Berlin ja noch immer ein paar geben.

Aber der Wagen gehörte keinem Hippie, er war ein Dienstfahrzeug. In dem Wagen leisteten verschiedene Finanzbeamte Schichtdienst, indem sie von gegenüber penibel die Ankunft jedes einzelnen Gastes im Lokal vermerkten und während mehreren Monaten eine genaue Statistik darüber anfertigten, wie viele Menschen das Lokal betreten, wie viele Menschen das Lokal verlassen haben, wie viele Menschen also in der Zwischenzeit im Inneren des Lokals anwesend gewesen sein müssen. Dann verglichen sie ihre Beobachtungen mit der Steuererklärung der «Paris Bar»-Besitzer und kamen zum Schluss, dass die Gäste laut offizieller Abrechnungen bei Verlassen des Lokals an schwerer Dehydrierung leiden mussten.

Bald darauf kursierte die Nachricht, dass die «Paris Bar» wegen enormer Steuernachzahlungen pleite sei und geschlossen werde. Ich las in dieser Zeit einige rührende Nachrufe auf das Lokal, der böse «Bild»-Kolumnist Franz-Josef Wagner ließ die Grabmusik am lautesten scheppern: «Wenn eine Stammkneipe stirbt, dann stirbt ein Freund.»

Er hat eh recht. Nur sperrte die «Paris Bar» nie zu.

Ich ging damals recht häufig an der wunderbaren Leuchtschrift vorbei, vielleicht sogar aus Voyeurismus, um den Pappendeckel am geschlossenen Rollladen persönlich zu sehen, auf dem «wegen Scheißsteuer geschlossen» stehen würde oder so was. Aber da war kein Pappendeckel, und die Tür war auch nicht zu. «Wie zu Hause», dachte ich mir damals, «angesagte Katastrophen finden nicht statt.»

Stimmt nicht ganz. Die beiden Gründer des Lokals standen zuletzt vor Gericht, für sie ist alles andere als nichts passiert. Aber das Lokal brummt wie eh und je, ein paar Herrschaften, die sich im Hintergrund halten, haben Geld zugeschossen, seither ist es ein Zusatzspielchen, darüber nachzudenken, ob die «Paris Bar» tatsächlich Jonathan Meese gehört oder Otto Sander oder doch den Russen.

Ich nahm ein Glas namenlosen Schaumweins und war merkwürdig berührt davon, wieder einmal hier zu sein. Die Bar keine Bar, sondern eine Brasserie. Abgewohntheit in ihrer schönsten Spielart. Ganz schön viele Gäste, die ganz schön viel getrunken hatten. Noch immer hatten die Kellner einen französischen Akzent, was allein schon von vielen Gästen für arrogant gehalten wird. Außerdem sind sie arrogant, außer man weiß, wie man sie milde stimmt. Am besten bestellt man eine große Portion Blutwurst.

Ich hatte Borowski im Schlepptau, einen alten Westberliner, der persönlich dabei gewesen war, als John F. Kennedy seinen verlogenen Sinnspruch «Ich bin ein Berliner» abgesetzt hatte und der heute noch Tränen der Rührung darüber vergießen kann. Er hatte sich noch viele Jahre nach dem Mauerfall geweigert, nach Mitte zu fahren – «in den Osten», sagte Borowski abschätzig –, weil er allen Ernstes Angst hatte, er könnte dort irgendwelchen Stasi-Schergen in die Finger fallen.

«Wo», pflegte Borowski zu fragen, wenn er ein, zwei Gläser Champagner getrunken hatte, also täglich ab elf Uhr Vormittag, «sind sie denn hin, die Stasi-Schweine? So groß ist der Knast doch gar nicht, dass alle hineinpassen. Die Nazis sind ja alle nach Südamerika und grillen Steaks. Aber die Stasis? Glaubst du, die kochen in Russland rote Rüben? Die sind hier. Gottseidank drüben im Osten. Aber mich kriegen die nicht.»

Da ich Borowski samt seinen Verschwörungstheorien mochte und mag, kam ich in den Genuss, herauszufinden, wo er sich damals am liebsten vor der Stasi verbarg. So lernte ich das «Capriccio» im eleganten Grunewald kennen, den letzten Italiener Berlins, bei dem Harald Juhnke als jugendlich durchgehen würde, selbst in seinem gegenwärtigen Zustand. Da Borowski vom Wirt – «ee Dario», «tu Borowski, alter Gauner» – mit Handschlag begrüßt wurde, kam auch ich in den Genuss der Stammgastbehandlung, das bedeutet, jede Menge Pizzabrot, bevor die Vorspeisen kommen. Dafür kam ein herrlich kühler, erfrischender Rotwein, mit dem ich die gewaltigen Portionen an echten Vorspeisen hinunterspülte, eingelegte Tomaten, Oliven, jede Menge Pasta, bevor ich vor dem Hirschen mit Pflaumensauce kapitulierte. Helmut Kohl wohnte in der Nähe, sein Bild hängt auf dem Weg zum Klo in Gesellschaft von zahlreichen anderen Prominenten, Angela Merkel ist die jüngste von ihnen. Hier ist Berlin, wie Berlin in den 70er-Jahren gewesen sein muss: ein Reservat von Geld und Freiheit, Rückzugsort einer Welt, die es rundherum längst nicht mehr gibt. Kein Nostalgist kann sich leisten, das «Capriccio» in Grunewald nicht zu kennen.

Der Bruch in der Beziehung zwischen Dario und Borowski ereignete sich, als Borowski die Tochter des ungarischen Botschafters a. D. kennenlernte. Johanna war schön, klug und ehrgeizig, sie teilte mit Borowski die Liebe zum Champagner, und sie liebte den Osten.
So wurde ich Stammgast im «Borchardt».
Das «Borchardt» ist gar nicht so einfach ins Nicht-Berlinerische zu übersetzen. Zuerst einmal liegt es strategisch günstig, in Berlin Mitte, dem lebendigsten Viertel der sich herausputzenden deutschen Hauptstadt, eine Brasserie in den Räumen einer ehemaligen Textilwerkstatt. Ja, klar, im ehemaligen Osten. Johanna musste einiges an Überzeugungskraft aufbieten, um Borowski über den ehemaligen Checkpoint Charlie ins neue Zentrum Berlins zu lotsen.
Im «Borchardt» gibt es warmes Essen. Darüber hinaus verströmt das «Borchardt» eine eigenwillige Aura, wie sie in Zürich in der «Kronenhalle» und in Wien an guten Tagen im «Fabios» zu spüren

ist, jedoch im Maßstab 1:10. Das «Borchardt» ist tatsächlich vollgestopft mit wirklich echten Prominenten, die Kanzlerin hängt nicht am Weg zum Klo, sondern sitzt mit ihrer Entourage in einer Loge und futtert Schnitzel, für das das «Borchardt» berühmt sein will.

Darf ich aufzählen, wen ich sonst noch sah beim Mittagessen: Boris Becker und Frau, Rolf Eden, dessen Rolls Royce draußen vor der Tür in zweiter Spur parkte, Kai Diekmann, damals Chefredakteur der BILD-Zeitung, und seinen Kolumnisten Franz-Josef Wagner, dem noch immer die Tränen über den Abschied von der «Paris Bar» über die Wangen laufen, Anne Will, Sabine Christiansen und ein paar andere berühmte TV-Stars, die ich nicht kannte.

Entsprechend schwierig ist es, hier einen Tisch zu bekommen. Aber wenn Borowski ein Handwerk gelernt hat, dann ist es, jederzeit am richtigen Ort den richtigen Tisch zu bekommen – wenn man, tja, gern neben der deutschen Kanzlerin sitzt. Borowski will. Ich habe mich für ein Proseminar in Tischbesorgung bei ihm angemeldet.

In Folge musste ich miterleben, wie sich die Kanzlerin das Sardellenringerl, das als Dekorum des «besten Wiener Schnitzels der Welt» serviert wird, bis zum Schluss aufhob und dann als Krönung der Mahlzeit verzehrte.

Ich bestellte mir nur deshalb auch ein Schnitzel, um den Kellner darauf hinweisen zu können, dass man ein echtes Wiener Schnitzel ohne Sardelle serviert, und hätte sich nicht Borowski dazwischengeworfen, wäre es zwischen dem ignoranten Ober und mir zu einer handfesten Debatte gekommen, die Borowskis Stammplatzgarantie womöglich in Gefahr gebracht hätte. Aber Borowski pflückte mit Todesverachtung die Sardelle von meinem Teller – er ist normalerweise auch sardellenmäßig Vegetarier – und verschlang sie vor den Augen des Kellners, die triumphierend flackerten: «Ist doch das Beste am Schnitzel, Seiler ...»

Muss man gelten lassen von jemandem, der sein Lebtag noch kein Schnitzel gegessen hat – allerdings nur von so jemandem. Das Schnitzel selbst war ein Schatten der Legende, die es umgibt.

Wolfram Siebeck sagte mir einmal, dass er hier am liebsten Austern bestellt. «Austern können sie», bemerkte er trocken.

Es war unausweichlich, dass mich Borowski tags darauf ins «Grill Royal» schleppte. Das «Grill Royal» ist das «Borchardt» in Jung und Rock'n'rollig, und es liegt direkt an der Spree, was echt charmant ist. Angeblich ist Quentin Tarantino immer hier, wenn er in Berlin ist, er war aber gerade nicht in Berlin. Mich nervte die laute Musik und dass ein paar Typen, die bestimmt so prominent waren, dass sie einander mühelos erkannten, herumproleteten, als wären sie Peter Doherty und die Babyshambles. Vielleicht waren sie auch Peter Doherty und die Babyshambles nach einem Sprachkurs in Berlinerisch – «he Alter, den Wein kann doch kein Mensch saufen, bring einen kalten ...»

Da schloss ich mich freilich an. Und über das ernsthaft blutige Steak vom argentinischen Beef kann ich nur das Beste berichten. Die Pommes frites verleibte sich Borowski ein, dessen Eigenart, Fast Food mit besserem Champagner zu verzehren, irgendwann Schule machen wird, jedenfalls im «Grill Royal». Für hier ist diese Borowski-Diät wie geschaffen.

Gut, dass ich Borowski manchmal abschütteln konnte, dann streifte ich durch abgewohntere Ecken Berlins und genoss die Stadt in vollen Zügen. Trieb mich in Kreuzberg 61 herum, der etwas abgeschwächten Variante des wirklich harten Kreuzberg, eroberte mir augenblicklich tolle Italiener wie das «Vereinszimmer» am Viktoriapark, wo du einen wirklich guten Kaffee bekommst und auf Heurigenbänken ganze Vormittage draußen auf den prachtvoll breiten Trottoirs herumhängen kannst. Wenn du willst, wirst du nie lang allein herumhängen, denn Berlin ist eine Stadt der unbeschränkten Tagesfreizeit. In Zürich zum Beispiel kriegst du um Punkt 14 Uhr die schönsten Tische am Wasser (bloß nützen sie dir nichts mehr, weil dann kein Essen mehr serviert wird), in Berlin gibt es wie selbstverständlich überall Frühstück bis sechs.

Berliner sind in Berlin so selten wie Wiener in Wien, du bist schnell ein bisschen zu Hause, Teil der gewaltigen Fluktuation, die diese Stadt so schnell nach oben getragen hat und zwischendurch auch wieder in der Luft hängen lässt.

Zweimal um die Ecke vom «Vereinszimmer» befindet sich übrigens das winzige Eisgeschäft «Vanille & Marille», das Projekt eines ehemaligen Hotel-Patissiers, dem die Hochküche auf den Wecker ging und der die niedrige Miete des kleinen Seitenstraßengeschäfts zum Ausgangspunkt dafür nahm, den Stadtteil mit Eiscreme von einer Qualität zu versorgen, für die die Kollegen vom Wiener Schwedenplatz ihre Seele an den Teufel verkaufen würden. Nun gut, ich würde nicht ausschließen, dass in Kreuzberg so ein Deal tatsächlich besteht, die Berliner sind uns ja seit geraumer Zeit immer um eine Nasenspitze voraus …

Ich ließ mich von Locals natürlich auch durch die besseren Hütten der Stadt schleifen. Im inzwischen geschlossenen «Vau» gefiel mir der Hauptgang von der Taube so außerordentlich gut, dass ich mich wenige Tage später zu einer Verkostung deutscher Rieslinge ein zweites Mal im Souterrain einfand, das dauerte dann länger. Ich mochte die unprätentiöse Küche, die nichts anderes möchte, als intensiven Geschmack zu erzeugen, und ich mochte die Geschäftigkeit des Lokals, und es tut mir furchtbar leid, dass Kolja Kleeberg nicht die Geschäfte machte, die er hätte machen müssen.

An meinen Besuch bei Tim Raue kann ich mich kaum erinnern, außer dass die Gerichte auf dem Teller sehr kunstfertig aussahen. Wonach sie schmeckten, weiß ich nicht mehr – ich habe es mir zur Angewohnheit gemacht, bei Lokalbesuchen keine Notizen mehr zu machen, denn ich finde, dass ein Gericht, das man sich nicht merken kann, die Aufmerksamkeit nicht wert ist.

Nachdem ich die Sternehütten durchprobiert hatte, war mir vor allem eines klar: warum eine durchschnittliche Brasserie wie das «Borchardt» so erfolgreich ist und im übrigen sämtliche Berliner, die ich kenne, von ihren persönlichen Lieblingswurstbuden schwärmen. Nur ein paar Meter vom Konsumtempel KaDeWe steht der Imbisspavillon «Witty's», wo es für alle, die das einmal probieren wollen, das beste an Currywurst gibt, was Berlin zu bieten hat. Currywurst, Sie erinnern sich, ist ein traditionsreiches Junk-Gericht, dessen Vorkommen in Berlin seit 1949 dokumentiert ist, übrigens nicht allzu weit vom KaDeWe entfernt. Eine gewisse Herta Heuwer soll in ihrem Imbissstand an der Kantstraße damit begonnen haben, eine Brühwurst mit einer Sauce aus Tomatenmark, Currypulver und Worcestershiresauce anzubieten. Als sie in das Rotlichtviertel am Stuttgarter Platz umzog, hatte sie 24 Stunden am Tag geöffnet und beschäftigte 19 Verkäuferinnen, dann gab es schon Currywurstbuden in der ganzen Stadt. «Witty's» interpretierte die Currywurst neu, indem es seit 2003 ausschließlich auf Biozutaten setzt. Das macht Junk nicht zu Slow Food, aber die Wurst am pittoresken «Witty's»-Stand ist nicht überwürzt, sondern delikat und man bekommt einen Eindruck davon, warum so viele Gewürze für eine einzige Wurst einen Sinn haben können. Für Skeptiker wie mich ein Geschenk des Himmels.

Berlin ist eine weitgehend lockere Stadt, deren Größe und Bedeutung formelle Plätze hervorgebracht hat. Ich hatte jedoch nirgends das Gefühl, dass diese Plätze genuin wären, oder auch nur stimmig. Gutes Essen, das begriff ich bald, muss in dieser Stadt anderswo gesucht werden – wenigstens, wenn du es in angenehmer Atmosphäre verzehren möchtest und keine tadelnden Blicke riskieren willst, wenn du einmal laut lachst, zum Beispiel über die Beschreibung eines Gerichts auf der Karte – wie sich das Licht in einem Salzkorn bricht, das auf einer *Sabayon* liegt, in der Erdmandeln nussig gestimmt sind. Kein Scherz.

Dann traf ich Stuart Pigott zu einer kleinen Vorlesung über Riesling – nicht deutschen Riesling, wohlgemerkt, deutschen Riesling wohl auch, aber nicht nur. Stuart schlug für das Treffen das, Achtung, Wortwitz, «Weinstein» am Prenzlauer Berg vor, und obwohl mir der Name des Lokals ähnlich schlüssig vorkam wie der des Friseursalons «Haarscharf», wurde es ein denkwürdiges Treffen.

Stuart hatte eine Kühlbox dabei: Beute von gerade absolvierten Reisen. Darin fand sich zum Beispiel ein Riesling aus Amerika von der Oregon Riesling Alliance, eine Literflasche für vier Euro von Karsten Peter, etwas Wildes, Geheimnisvolles aus Australien, wir sprachen einen halben Abend lang, bis am Nebentisch – «Hallo, Stuart», «Oh, Ernie!» – Ernie Loosen auftauchte, selbst Legende des deutschen Riesling-Weinbaus, und wenn es bis dahin lustig gewesen war, dann wurde es jetzt sehr lustig.

Der Abend endete morgens. Zuletzt probierten wir Dr.-Loosen-Weine, an die sich nicht einmal mehr Dr. Loosen erinnern konnte – es war großartig, denn selbst die ältesten Rieslinge kamen frisch und aufrecht daher, es war eine Machtdemonstration deutscher Wertarbeit.

Als ich mich von Stuart verabschiedete, vergaß ich nicht, ihn zu fragen, wo er einen Freund in Berlin zum Essen hinschicken würde.

Er zögerte nicht eine Sekunde: «In die Kurpfalz-Weinstuben.»

Dort begegnete ich dem nächsten deutschen Bundeskanzler.

Nein, natürlich war Helmut Kohl nicht persönlich anwesend. Aber es gab «Pfälzer Saumagen», seine legendäre Leibspeise, und der Saumagen war eine Offenbarung, und dass es den Wein in Schoppengläsern gab, spielte gar keine Rolle, es war ein Hohelied des Deftigen und des Kraftgeschmacks, und zum ersten Mal teilte ich eine Leidenschaft mit Helmut Kohl.

Die Portion war natürlich nicht zu bewältigen, aber da machte ich nicht mit. Am Ende des Abends bettelte ich um das Rezept, wurde abgesnobbt, bettelte weiter, erregte Mitleid, hier ist es:

Zutaten: *750 g Schweine-Vorderschinken, 750 g magerer Schweinebauch, 750 g Kartoffeln, 1 kg Bratwurstfülle, 2–3 altbackene Semmeln, 4–6 Eier, Salz und Pfeffer, Muskat, Majoran und 1 Saumagen.*

Zubereitung: *Der Magen muss sich wie ein großer, dünner Gummihandschuh ohne Finger angreifen und darf keinen Eigengeruch mehr haben – der Metzger macht das schon. – Den Vorderschinken, den Schweinebauch und die Kartoffeln in ca. 1 cm große Würfel schneiden. – Die Kartoffelwürfel kurz kochen, damit sie etwas weicher werden. – Mit der Brät, 2–3 eingeweichten und ausgedrückten Semmeln und den 4–6 Eiern gut vermischen. – Mit Salz, Pfeffer, Muskat und reichlich Majoran gut abschmecken. Nun die Masse nicht zu prall in den Magen füllen, denn sonst platzt er. – Die drei Magen-*

öffnungen zubinden oder zunähen. In siedendem Salzwasser ca. 3 Stunden
ziehen lassen (das Wasser darf nie sprudelnd kochen!). — Abtropfen und am
Tisch in Scheiben schneiden. Mit Sauerkraut und geröstetem Schwarzbrot
servieren.

«So ist also Berlin», dachte ich mir, während ich quer durch Charlottenburg hinüber zur Kantstraße spazierte, um in der «Paris Bar»
noch einen Fernet zu nehmen, denn ein Fernet ist nach einem Saumagen genau das Richtige, noch richtiger ist vielleicht nur ein zweiter Fernet. «Du gehst auf die Suche nach der neuen Mitte von Berlin
und landest in einem deutschen Wirtshaus, das so aussieht wie vor
80 Jahren. Ist das nicht logisch? Ist das nicht beispielhaft?»

Es war beispielhaft. Als ich darüber nachzudenken begann,
ob auch ein Inder oder ein Chinese als finale Berlin-Station gelten
könnten, läutete mein Handy. Borowski.

«Was gibt's?»

«Du musst sofort in die ‹Paris Bar› kommen.»

«Bin am Weg. Was ist los?»

«Ich habe Johanna verlassen.»

«Bist du verrückt? Warum?»

«Wir fuhren mit dem Taxi ins ‹Borchardt›, und der Taxifahrer
schaute mich schon im Rückspiegel so merkwürdig an. Dann begann
er zu erzählen, dass er früher in Spandau Gefängniswärter war und
immer mit Rudolf Hess Schach gespielt hat – verstehst du?»

«Was soll ich verstehen?»

«Mann, bist du auf den Kopf gefallen? Die Stasi ist hinter mir
her. Ich bin sofort aus dem Taxi und zu Fuß zurück in den Westen
gelaufen. Johanna ruft mich ununterbrochen an, aber ich will sie
nie wieder sehen. Kannst du jetzt endlich kommen?»

Ich beendete das Gespräch und beschleunigte meinen Schritt.

auszugeben, denken Sie nicht mehr darüber nach. Nichts ist giftiger als der Gedanke, dass man gerade für ein Abendessen eine Summe ausgegeben hat, für die andere in die Ferien fahren (kurze Ferien, okay, aber Ferien). Warum die Summe so hoch ist, erklärt sich bei einem Blick in die Küche (viele, viele Köche) und auf die Zutatenliste. Sie haben mehr Freude am Essen, wenn Sie dieses Thema bereits abgehakt haben, bevor Sie sich für den Abend in Schale werfen.

4 — Ziehen Sie sich angemessen an. Wenn Sie ein schickes Restaurant besuchen, sollten Sie dort nicht auffallen: weder durch eine Aufmachung, als würden Sie später noch auf dem Opernball erwartet, noch durch eine Lässigkeit, die Ihnen plötzlich unangenehm ist. Sobald Sie im Restaurant anfangen, über die Kleiderordnung nachzudenken, wird zwangsläufig Ihre Aufmerksamkeit für das Essen darunter leiden.

5 — Lassen Sie Ihre Kompetenz zu Hause. Keine Frage: Sie wissen, was gut ist, was teuer ist, was angesagt ist. Aber ziehen Sie für einen Augenblick in Betracht, dass der Küchenchef das auch weiß. Machen Sie es sich also einfach und delegieren Sie den Sachverstand an die Gastgeber. Kann sein, dass selbst Sie

Wie man eine Mahlzeit im Restaurant genießt

1 — Wählen Sie das richtige Lokal. Wenn Sie Lust auf eine Pizza haben, sollten Sie nicht in die «Kronenhalle» gehen. Und wenn Sie sich auf klassische Küche

in kulturaffinem Rahmen freuen, dann ist «René's Kebapparadies» vermutlich der falsche Ort. Klingt banal? Eh, aber viele misslungene Mahlzeiten kranken daran, dass man mit falschen Erwartungen ausgegangen ist.

2 — Haben Sie keine Erwartungen. Wer ein Restaurant, das zum Beispiel gerade mit dem ersten oder zweiten MICHELIN-Stern ausgezeichnet wurde, genau deshalb besucht, darf sich nicht darüber beschweren, wenn er am Ende des Abends das unbestimmte Gefühl hat, nicht bekommen zu haben, was er sich vorgestellt hat. Wissen Sie warum? Weil Sie mit der Erwartung ausgegangen sind, etwas Besseres zu bekommen – so gut kann das, was man Ihnen vorsetzt, gar nicht sein.

3 — Denken Sie nicht über das Geld nach. Gute Restaurants kommunizieren auf Ihren Websites sehr klar, was einerseits das Menü kostet und andererseits die Weinbegleitung. Sie können also ziemlich genau kalkulieren, wie viel Geld Sie ausgeben müssen, um im Restaurant Ihrer Wahl ausführlich zu essen und zu trinken (oder zu Mittag schnäppchenmäßig einen Eindruck von der Kunst der Küche zu gewinnen). Sobald Sie sich entschieden haben, diese Summe

überrascht werden von einem geglückten Gericht, einer geglückten Kombination, einer geglückten Überraschung.

6 — Erklären Sie nicht dem Sommelier die Weinkarte. Lassen Sie sich die Weinkarte vom Sommelier erklären.

7 — Lassen Sie das Handy zu Hause (oder geben Sie es wenigstens mit dem Mantel an der Garderobe ab).

8 — Bewerten Sie eine Küche nach Ihren Höhepunkten, nicht nach Ihren Fehlern. Moderne Degustationsmenüs sind höchst komplexe Kreationen. Es reicht nicht, wenn Köche Klassisches pflegen, sie müssen die Grenzen des Bekannten und Erlaubten sprengen, damit sie Begeisterung ernten. Wenn das gelingt, kommt das einer Komposition gleich, die Sie nicht mehr aus dem Ohr bekommen. Aber wer komponiert ausschließlich Hits? Wenn Sie mit ein, zwei Geschmäckern auf der Zunge nach Hause gehen, von denen Sie inspiriert wurden – etwa die großartige, fein geschnittene Sellerie, die in brauner Butter gegart und mit mildem Obstessig veredelt wurde, wie im «Oaxen Krog» in Stockholm –, dann war der Abend auf jeden Fall ein Erfolg und wird Sie über den Tag hinaus bereichern (nach Abzug der Rechnung; aber über Geld, haben wir gesagt, sprechen wir heute nicht mehr).

Ein Ausflug auf eine Insel vor der Küste von Schweden, die aber zu Dänemark gehört und eine geheime Verbindung nach Kopenhagen unterhält. Dieser Verbindung ging ich nach.

Bornholm, Dänemark

Ich wollte Nicolai in Kopenhagen treffen, wo es mir gelungen war, im «Kadeau» einen Tisch zu reservieren, aber er hatte keine Zeit. Ich möge doch nach Bornholm kommen, richtete er mir spätnachts per E-Mail aus, auf die kleine Insel zwischen der schwedischen Südküste und den polnischen Ostseebädern, da könne er dann ein, zwei Stunden für mich freischlagen.

Also buchte ich einen Flug mit einer kleinen Propellermaschine von Kopenhagen nach Bornholm, einer Insel, die für den gehobenen dänischen Mittelstand ungefähr genau das ist wie Sylt für die Hamburger.

Nicolai Nørregaard, der doppelte Sternekoch, war hier aufgewachsen. Er hatte keine Kochlehre absolviert, sondern das Nötigste von seinem «food-verrückten Großvater» gelernt. Dabei war er so talentiert gewesen, dass er sich in seinen frühen Zwanzigern als Hochzeitskoch und Erntehelfer auf der Insel durchschlagen konnte.

Das Kochen lag ihm. Mit 27 gründete er das erste «Kadeau» auf Bornholm, eine Art gehobenen Imbiss an einem Ort von berührender, herber Schönheit, hoch auf einer Klippe über dem Sandstrand, links und rechts nur Dünen, Gräser und Sand.

Im «Kadeau» verarbeitete Nicolai ausschließlich regionale Produkte, die er mit jugendlichem Enthusiasmus verarbeitete. Dem Küchenstil lag die vom «Noma» ausgeborgte Vision einer nordischen Hochküche zugrunde, daraus – und aus der Freude am Tabubruch und der Improvisation – entstand, Nicolais Lieblingswort, «die Identität von ‹Kadeau›». Diese Identität brauchte einiges an Verfeinerung, um sich von «Schweinebauch mit Pistazien» zu den fein gestrickten, vielschichtigen Gerichten von heute zu entwickeln, bei denen oft kleinste Mengen raffinierter Zutaten für das «Bang!» sorgen, das Nicolai von einem guten Gericht erwartet.

2013, als sich «Kadeau Bornholm» als Geheimtipp etabliert hatte, eröffneten Nicolai und seine inzwischen beiden Partner «Kadeau Kopenhagen». Nach zwei Umzügen ist man an der Wildersgade 10 in Christianhavn, wie er sagt, «angekommen». Urbane Eleganz in Kopenhagen und die Strandlässigkeit in Bornholm haben das identische Genom.

Ich besuchte zuerst das neue Restaurant im Stadtteil Christianshavn, das hinter einer unscheinbaren Tür verborgen ist. Das Designstudio OEO hat elegante Möbel entworfen und präzis positioniert. Der Eingang führt durch die Küche. In der Lounge herrschte gehobene Wohnzimmeratmosphäre. Dann kam schon der Kellner, der meine Stimmung in Schwung brachte: Statt eines Glases Champagner brachte er freilich eine klare Muschelsuppe, die mich von tief unten mit Wärme erfüllte.

Klar, das Menü ist nordischer Regionalismus in Reinkultur, wird aber im «Kadeau» neu – und höchst komplex – kalibriert. Alle Produkte stammen von der 150 Kilometer von Kopenhagen entfernten Ostseeinsel. Das Team verarbeitet Gemüse, Fisch, Fleisch und Eingemachtes zu 21 Gängen, zu einem Tsunami an Aromen, Texturen und Überraschungen.

Die Gerichte wurden stakkato serviert. Sie waren selten größer als zwei, drei Bissen, manchmal scheinbar einfach (wie die eingelegten Zwiebeln), öfter von eigenwilliger, klarer Schönheit (wie die Islandmuscheln mit Elstar-Äpfeln, eingelegten Tannenzapfen und fermentiertem Weizen), bisweilen spektakulär (wie die unter dem Wellengang von hauchdünn gehobelten, unreifen Nüssen verborgenen Langostinos), manchmal auch von fast provokanter Schlichtheit (wie das grandiose, in brauner Butter gereifte und dann gegrillte Stück von der Schweineschulter mit schwarzem Knoblauch).

Ich hatte mir ein kleines Büchlein mitgenommen, um Notizen zu machen. Die Gerichte waren so komplex, dass ich mit dem Aufschreiben selten schon fertig war, wenn der nächste Gang sich im Anflug befand. Ursprünglich hatte der Sommelier eine Weinbegleitung – 1 Schluck Wein zu jedem Gang – vorgeschlagen, und einmal abgesehen davon, dass man so viel Wein erst einmal vertragen muss, schüchterte mich die zusätzliche Flut an Aromen ein. Ich entschied mich für eine Flasche Chardonnay aus dem Jura, eine Art Allzweckwaffe für den universellen Einsatz als Speisebegleiter. Sie brachte mich sicher über die Distanz, die 21 Gänge waren schneller serviert als anderswo sechs, sodass ich problemlos noch in der Bar gegenüber die zweite Halbzeit eines interessanten Championsleague-Spiels anschauen konnte.

Tags darauf flog ich nach Bornholm und ließ mich mit dem Taxi in den Süden der Insel, zum spirituellen Zentrum des «Kadeau», chauffieren. Nicolai und sein Team bereiteten gerade das Aufsperren vor: Am nächsten Tag würde das «Kadeau Bornholm» nach der Winterpause wieder öffnen. Alle Abläufe mussten neu geordnet, alle Vorräte aufgestockt, Menükarten geschrieben, Weinkarten aktualisiert werden.

Aber jetzt war Pause: Personalessen. An einem langen Tisch draußen vor dem Restaurant, das aussah wie ein Ferienhaus aus den 60er-Jahren, saß die gesamte Equipe und aß eine Pasta.

«Setz dich zu uns», sagte Nicolai, stand auf und holte einen Teller für mich. Dann stellte er mich den jungen Gesichtern vor, aus denen sein Team bestand und aus dem nur ein etwas älterer Herr hervorstach.

«Das ist mein Vater», sagte Nicolai, und während wir beim Mittagessen saßen, erfuhr ich dessen Story: Der ehemalige TV-Journalist war auf die Insel seiner Kindheit zurückgekehrt und in das Business seines Sohnes – und irgendwie auch seines Vaters, der eine Räucherei betrieben hatte – eingestiegen. Seither kümmert er sich um die großflächigen Gärten des «Kadeau», *fulltime*. Auch die Schwiegereltern helfen beim Sammeln und Einmachen von Wildpflanzen. Seiner Frau, die mit den beiden Kindern gerade einen Spaziergang machte, liegt Nicolai seit Jahren in den Ohren, nach Bornholm zu übersiedeln, bisher erfolglos. Sie liebt, sagt sie, Kopenhagen zu sehr.

Also pendelt Nicolai permanent zwischen Festland und Insel. Manchmal nimmt er das Schiff und das Auto, das dauert drei Stunden. Wenn es schnell gehen muss, steigt er ins Flugzeug (30 Minuten). Während der Sommersaison, wenn das «Kadeau» auf der Insel geöffnet ist, ist Nicolai regelmäßig in beiden Restaurants anwesend. Für sein Team hat er in Bornholm einen Bauernhof gekauft, wo Köche, Sommeliers und Kellner im Sommer «wie eine Hippiekommune» leben. Er selbst schlüpft dann lieber bei den Eltern unter. Dort sind die Ablenkungen nicht so groß.

Nach dem Essen nahm mich Nicolai auf eine Inselrundfahrt mit. Er zeigte mir alte Bäckereien, die geschlossen und wieder aufgesperrt haben, fuhr bei der Fischräucherei seines Großvaters vorbei, deren großer Rauchfang die Silhouette des ganzes Dorfes – vornehmlich Flachbauten – prägt. Er zeigte mir die Flächen, auf denen er das Gemüse und das Obst für die Restaurants kultivieren lässt – danke, Papa –, und er schwärmte vom typischen Geschmack der Inselprodukte, die, genau, «die Identität von ‹Kadeau›» ausmachen.

Freilich fand ich vor allem ein anderes Thema ganz besonders auffällig: wie unheimlich kompliziert jedes einzelne Gericht im «Kadeau»-Menü war. Kaum ein Gang kam so unkompliziert daher, dass man auf die Idee kommen könnte, ihn nachzukochen.

Nicolai atmete tief ein und nickte.

«Ich finde es blöd», sagte er dann, «wenn ein Gericht zum Beispiel einfach nur rot ist.»

Er findet es auch blöd, wenn «jedes Gericht leicht und balanciert» sein soll. Nicolai braucht oft bis zu sechs Öle für eine einzige Sauce, liebt das anspruchsvolle Webmuster einander ergänzender (und widersprechender) Geschmäcker. Kombiniert Adstringierendes mit *Umami*, frischt das Ergebnis mit Fruchtessigen oder Wildkräutertees auf, verleibt mit eingelegten Früchten oder Gemüsen «auch Wintergerichten das Aroma des Sommers» ein. Manchmal kommt die Säure und der Biss von unreif geerntetem Obst dazu, manchmal die schiere Tiefe des ausgereiften Produkts. Vordergründigkeit ist Nicolais Sache nicht. Er liebt den Zauber neuer, unerprobter Zusammenhänge (wie bei seinem Lammherz mit Blauschimmelkäse und eingelegten Rosen – *bang!*)

«Das Nordholmgefühl», sagt er jetzt, kann nur in dieser Vielschichtigkeit überzeugen. Klar, jedes Gericht muss in sich selbst perfekt sein, aber erst «das Ganze» – der Tsunami – «wird», sagt Nicolai, «zum dem Bild, das mir vorschwebt. Denn mich inspiriert vieles: Formen, Gerüche, Emotionen.» Das geografisch sensitive Narrativ bedingt die Umsetzung in Cinemascope. Sprich in 22 Gängen.

Man könnte meinen, dass sich die Platzhirsche von «Noma» und «Geranium» langsam von den doppelt mit MICHELIN-Sternen ausgezeichneten Restaurants von Nicolai Nørregard herausgefordert fühlen.

Aber Nicolai winkt ab. «Wir haben keine Feinde», sagt er. Als «Kadeau» sowohl in Kopenhagen als auch auf der Insel einen MICHELIN-Stern bekam, feierte man gemeinsam mit der vermeintlichen Konkurrenz.

«Wir sind», sagt Nicolai, «eine ziemlich große Szene», die nicht nur in Dänemark, sondern auch in Paris, Oslo oder Antwerpen ihre namhaften Verbündeten hat. Die Ziele für die Zukunft sind Nicolai entsprechend klar: «‹Kadeau› muss *fucking fantastic* sein.»

Das ist ein Winkel von Österreich, der viel mehr Schweiz ist als die Schweiz. Und das meine ich ausschließlich positiv.

Bregenzerwald

Ich betrachtete den Bregenzerwald aus der Vertikale. Das geht gut, seit «Das Schiff» in Hittisau neue Zimmer hat, in denen die Betten so aufgestellt sind, dass du im Liegen hinaus auf die Hügel siehst, auf den Schwung der Landschaft, die mild miteinander korrespondierenden Farben, die Harmonie dieser besonderen Gegend am Ende Österreichs – oder, wie die Bregenzerwälder meinen, ganz am Anfang.

Der Wald war schwarz. Die Hügel waren schwarz. Der Schwung der Landschaftssilhouette: schwarz. Irgendwas stimmte da nicht.

Ich schaute auf die Uhr. Es war Nacht, zehn vor drei. Das erklärte einiges. Ich hätte jetzt auch schlafen können, wenn ich nicht wach gewesen wäre. Aber wäre ich nicht wach gewesen, hätte ich auch nicht die Muße gefunden, zu kontrollieren, wie exakt die Möbeltischler hier gearbeitet hatten. Beeindruckend. Die Oberfläche des Holzes seidig und glatt, die Fugen parallel, wie aus dem Katalog für gelungene Maßarbeit. Andererseits: Wenn im Bregenzerwald etwas klar ist, dann, dass die Möbeltischler so exakt arbeiten wie die Steuereintreiber in Schweden.

Ich gähnte, um mir selbst irgendwie plausibel zu machen, dass es mitten in der Nacht war, also Zeit, müde zu sein. Aber dann musste ich auch schon wieder lachen, was Gift für meine Müdigkeit war, denn mir war gerade der Dicke eingefallen, der gestern Abend eine ganze Menge über den Zusammenhang zwischen Halbleitern und Kohlehydraten erzählt hatte – nicht, dass ich das Geringste davon behalten hätte – und seine Ansprachen an den ganzen Tisch stets so begann: Es sollten jetzt alle zuhören, denn er wisse etwas, *das wird jetzt alle interessieren.*

Ich machte mir eine Notiz in mein Traumbuch: «Selbstbewusstsein steigt proportional zum Körpergewicht». Dabei fiel mir auf, dass ich vermutlich doch nicht so wach war, wie ich eben geglaubt hatte, denn ich hielt die Sache tatsächlich für eine revolutionäre Eingebung, die das Ende der «Weight Watchers» besiegeln würde, mindestens.

Draußen im Schwarz des Waldes zeichnete sich jetzt ein Quadrat hellen, warmen Lichts ab, in dessen Mitte ein wie von Giacometti modellierter Schatten zu sehen war. Das war ich, der am Fenster stand und in die Nacht hinausstarrte. Das Giacometti-Element war der raffinierten Beleuchtung geschuldet, die in den neuen Zimmern des «Schiffs» installiert worden ist, denn ansonsten – das wird jetzt alle interessieren – haben die Bregenzerwälder Vorzüge ja einen Schlag ins Botero-Fach, sprich: es gibt reichlich und sehr gut zu essen.

Gestern Abend zum Beispiel, das fiel mir jetzt am offenen Fenster ein, war nach dem ohnehin schon üppigen Abendessen in der umwerfend schönen alten Wirtsstube des «Schiffs» noch eine Expedition in den Käsekeller auf dem Programm gestanden. Das traf sich zufällig mit der Tatsache, dass ein paar weltbekannte Winzer aus der Bündner Herrschaft anwesend waren und große Flaschen ihrer Hervorbringungen im Fach Pinot Noir aus dem Kofferraum holten. So ergab sich im Käsekeller ein kleines, spontanes Symposium, dessen Zweck die intensive Erörterung grenzüberschreitender Geschmacksprivilegien war. Passt jetzt der Pinot Noir aus Fläsch perfekt zum 18 Monate alten Alpkäse von der Vorderen Niedere? Oder doch umgekehrt?

Jetzt erinnerte ich mich auch wieder, wie mir der Dicke zu erklären begonnen hatte, wie so ein Alpkäse gemacht wird – theoretisch. Ich hatte dann Hans-Peter Metzler zu Hilfe geholt, den spannkräftigen Patron des «Schiffs».

«Weißt du praktisch, wie man Alpkäse macht?», fragte ich Hans-Peter. Damit meinte ich das Gegenteil von theoretisch, konnte mich aber wegen zu vielen Impressionen aus Fläsch nicht so exakt ausdrücken, wie ich mir das gewünscht hätte.

Hans-Peter schaute mich an, als hätte ich gerade wissen wollen, wie die merkwürdige weiße Flüssigkeit heißt, die aus dem Euter einer Kuh herausgepresst wird.

Er verstand mich doch nicht.

«Kann ich mir anschauen, wie der Käse gemacht wird?», fragte ich und fuchtelte mit den Händen, und Hans-Peter ging zuerst in Deckung und zückte dann sein Mobiltelefon. Immer, wenn ihm etwas zu langsam geht, ruft er irgendwo an, und dann geht es plötzlich schnell genug.

Als er ein kurzes Gespräch beendet hatte, nickte er mir fröhlich zu.

«Geht klar», sagte er. «Du kannst morgen auf die Alp zum Käsen.»

«Perfekt», sagte ich. «Wann?»

«Du wirst früh aufstehen müssen.»

Der Bregenzerwald ist ein Landstrich etwa 20 Kilometer östlich von Bregenz im Vorarlberger Zwickel zwischen Bodensee, Allgäu und Arlberg. Der Unterschied zu allen anderen Landstrichen Österreichs springt sofort ins Auge. Hier sieht die Welt aus, wie sie aussehen soll. Das hat zuerst einmal mit der Architektur zu tun. Die alten Bauernhäuser des Bregenzerwalds, die oft mehrere hundert Jahre alt sind, wurden vorbildlich in Schuss gehalten und restauriert.

Die 22 Ortschaften, in denen etwa 30 000 Menschen leben, wuchern nicht über ihre klassischen Grundrisse hinaus, sondern stehen kompakt und geordnet. Die Raumordnung ist aber keineswegs historistisch geprägt, sondern nach qualitativen Kriterien offen gehalten.

So konnte neben der Pflege der Altsubstanz auch dezidiert moderne Architektur entstehen, sofern sie sich den klassischen, handwerklichen Disziplinen verpflichtet sieht: einem außerordentlich hochstehenden holzverarbeitenden Gewerbe, grandiosen Zimmerleuten und Tischlern. Wenn man durch den Achraintunnel in den Bregenzerwald einfährt, wird man deshalb von einem merkwürdigen Gefühl erfasst. Während normalerweise auf zehn fragwürdige bis abstoßende Gebäude eines kommt, das mit seiner Struktur und Wahl des Materials überzeugt, ist es im Bregenzerwald genau umgekehrt. Hier kommt auf zehn gelungene Häuser vielleicht ein schlechtes, und selbst die schlechten Häuser fallen hier nicht ins Gewicht, weil ihre mangelnde Qualität nicht das kleinbürgerliche Selbstbewusstsein hat wie die in Leuchtfarben bemalten Einfamilienhäuser im Weinviertel oder dem Aargau – gibt es dort eigentlich jeweils einen Ausverkauf von slimegrün und atomkraftwerkgelb im Lagerhaus?

Hier jedoch Bauernhäuser, deren Formen aufgenommen und mit klaren Linien neu interpretiert wurden. Zubauten, die als Würfel oder Quader aus Holz gehalten sind und Eleganz und Harmonie verströmen. Gedankliche Sauberkeit und technische Perfektion ergeben auf diese Weise ein kulturell einzigartig gepflegtes Landschaftsbild.

Dieser lange Prolog führte mich direkt nach Hittisau im hinteren Bregenzerwald. Dort steht das Wirtshaus, dessen profunde Qualität nicht vom übergeordneten Qualitätsbegriff der gesamten Region zu trennen ist: Es heißt «Das Schiff», und der Artikel «das» im Namen ist mit Sicherheit der einzige Manierismus, den man dem Wirtshaus mit angeschlossenem Hotel vorwerfen kann.

Das Zentrum des Hauses ist die alte Stube, holzgetäfelt und niedrig. Hier gibt es Essen, das eine rare Mischung aus durchdacht und selbstverständlich ist: regional verwurzelt, aber von einem Qualitätsbegriff, der weit über den eines normalen Dorfwirtshauses hinausgeht (– und von denen stehen eine Menge im Bregenzerwald. Allein in Hittisau, 1849 Einwohner, gibt es fast 20 Gasthäuser, und das lässt sich nicht nur mit dem durchaus funktionierenden Tourismus erklären. Die soziale Infrastruktur ist erstaunlich unbeschädigt).

Also bedeutet «regional» nicht nur, was es traditionell hier gibt, sondern auch, was man sich angeeignet hat – und anzueignen vorhat. Hans-Peter Metzler, der Patron, ist ein entschlossener, genauso begeisterter wie begeisterungsfähiger Unternehmer, der sich inzwischen zum Präsidenten der Wirtschaftskammer wählen ließ, was für die Vorarlberger Wirtschaftskammer ein Segen ist. Er führte einige Jahre lang die «Käsestraße», eine Vermarktungsgemeinschaft für Vorarlberger Bergkäse, den Exportschlager des Bregenzerwalds, und es kann deshalb auch nicht überraschen, dass auf der Karte des «Schiffs» ein Käsemenü steht, in welchem das Thema allerdings ziemlich frei interpretiert wird, Fisch und Fleisch inklusive.

Schon auf der ersten Seite der Speisekarte werden die Produzenten vorgestellt, bei denen die Küche des «Schiffs» einkauft. Als ich vor dem Essen eine Runde ums Haus drehte, stolperte ich über die Einfassung des ausgedehnten Gemüsegartens, in dem das meiste an Salaten und Frischgemüsen, was die Küche verwendet, angebaut wird.

Interessant ist freilich der Regionalitätsbegriff der Metzlers. Der Patron definiert Regionalität nicht nur als das, was er in unmittelbarer Nähe seines Hauses vorfindet, sondern als das, was er vorfinden *könnte*. Zum Beispiel ermunterte er einen Gemüsebauern, für die nächste Saison Spargel anzubauen, ein Gemüse, das im Bregenzerwald keine Tradition hat, aber auf einer Höhe von 800 Metern möglicherweise interessante Ergebnisse erzielt.

«Regionalität ist», sagte mir Metzler, als der Dicke an unserem Tisch für einen Moment die Luft anhielt, «was wir vor Ort gemeinsam entwickeln.» Selten einen so klugen Satz gehört, der im Licht der Entwicklungen, die auf dem Architektur- und Handwerkssektor des

Bregenzerwalds bereits stattgefunden haben, nicht nach Utopie, sondern nach Programm klingt.

Wir aßen zum Abendessen ein «Grünes Menü» mit Spargeln und Forellen, mit *Eierschwammerln* in klarer Suppe und einem grandiosen Rhabarbertörtchen, dazu trank ich Riesling von Fred Loimer, dann nahm mich Hans-Peter Metzler an die Hand und zeigte mir das Haus, an dessen Ausbaustufen man die Entschlossenheit des Patrons direkt ablesen konnte.

Das historische Gebäude aus dem Jahr 1840 gab, blutrot geschindelt, den Takt vor. Dazu kam in den 1970er-Jahren ein Zubau des Hotels, der, streng genommen, wie eines der zehn weniger gelungenen Häuser aussieht, aber innen mit großer Liebe und formaler Strenge ausgebaut, begradigt und atmosphärisch umerzogen wurde. Ein schräg gestellter Zubau ans Hotel fügte dem Ensemble zuletzt sechs neue Zimmer hinzu. Jedes einzelne wurde einem Tischler der Region zur Ausgestaltung überlassen, und in einem davon stand jetzt ich und schaute ins Dunkel. Vielleicht lag ich auch im Bett und träumte, dass ich ins Dunkel hinausschaute.

Jedenfalls klopfte es vorsichtig an der Tür.

Tock. Tocktock. Tock.

Wer immer dort draußen stand, er meinte es gut mit mir. Das Klopfen flüsterte: Könnte sein, dass Sie mich nicht hören, weil Sie erst sehr spät schlafen gegangen sind? In dem Fall können Sie ruhig weiterschlafen, auch wenn wir gestern Abend ausgemacht haben, dass wir Sie wecken.

Ich war fast ein bisschen gerührt über so viel Einfühlungsvermögen in eine nachtschwere Seele.

Es wäre gar nicht nötig gewesen, dass jetzt jemand mit den Fäusten an die Tür hämmerte und mir so kryptisch wie grobschlächtig mitteilte: «Aufstehen, Käsetoast.»

Wer das war?

Das wird jetzt alle interessieren: Der Dicke natürlich.

Jetzt wusste ich, was ich die ganze Nacht nicht vermisst hatte.

Im Gegensatz zu mir war der Dicke nämlich nicht schlafen gegangen. Er hatte mitgehört, wie mir Hans-Peter Metzler einen

telefoniere: zwei Tage vor dem reservierten Termin, und am Tag selbst noch einmal.

Das erklärt natürlich einiges.

In den USA sind viele Gastronomen dazu übergegangen, nicht bloß Tische vorzumerken, sondern stattdessen Tickets zu verkaufen. Du bezahlst dein Essen, sobald du reservierst, und für den Fall, dass du nicht auftauchst, bleibt zwar ein Tisch leer, aber der Wirt nimmt keinen finanziellen Schaden.

Finde ich eigentlich fair – aber ich wollte eigentlich gerade erklären, warum mich das Reservierungswesen langsam entnervt (und damit, liebe Bekannte, meine ich nicht eure Anrufe und Mails: Meine Antwort ist eh immer dieselbe. Sorry, ihr hättet euch früher drum kümmern müssen).

Mich entnervt der Tonfall der Menschen, die das Telefon abnehmen, um meinen Wunsch nach einem Tisch geradezu pikiert abzuschmettern: «Wissen Sie, wir sind auf Wochen hinaus ausgebucht.» Ich will ja kein Date, ich will bloß essen.

Ich vermisse die Grandezza großer Gastgeber, die über die Fingerfertigkeit eines Trickspielers verfügen, wenn es darum geht, für einen hungrigen Gast irgendwie noch einen Platz zu organisieren: «Setzen

Warum ich gern ohne Reservierung essen gehe

In der Reisezeit erreichen mich immer wieder Mails oder Anrufe guter oder weitschichtiger Bekannter. Sie sind gerade irgendwo angekommen, wo auch der eine oder andere bekannte Koch seine Arbeit versieht.

Aha. Bevor ich ihnen noch guten Appetit wünschen kann, rücken sie mit dem wahren Grund ihres Anrufs heraus: Ob ich ihnen nicht dabei helfen könnte, einen Tisch im «Geranium», Kopenhagen, im «Maaemo», Oslo, oder im «El Celler de Can Roca», Girona, zu bekommen.

Diese Restaurants haben eines gemeinsam: Sie sind hochdekoriert und auf Monate, wenn nicht auf Jahre hinaus ausreserviert.

Die volle Bedeutung des merkwürdigen Wortes «ausreserviert» kenne ich übrigens aus eigener Anschauung erst, seit ich vor vielleicht zehn Jahren versuchte, einen Tisch im legendären «El Bulli», dem Hohetempel der Molekularküche, zu ergattern.

Das «El Bulli» hatte nur von Juni bis Dezember geöffnet, ich rief also Anfang Juni an, um mir für irgendwann, gern auch an einem zugigen Oktobermontag, einen Tisch zu bestellen.

Die Antwort der Rezeptionistin, mit der ich sprach, hat sich unauslöschlich in mein Gedächtnis eingegraben.

«Sorry, Sir», sagte sie. *«Not this season.»*

Seither ärgere ich mich. Ich ärgere mich wider besseres Wissen, aber trotzdem ärgere ich mich. Denn natürlich ist mir klar, dass jedes Restaurant ein vitales, nein, existenzielles Interesse daran hat, das eigene Haus möglichst bis auf den letzten Platz zu füllen, und zwar täglich. Der Inhaber eines Restaurants, das unter den Top Ten der ominösen «50 Best»-Liste geführt wird, erklärte mir einmal, dass sein ganzer Profit am letzten Tisch hänge, den er verkaufe. Sollte im Restaurant auch nur ein einziger Tisch frei bleiben, würden er und sein Team bereits in die Verlustzone abgleiten. Deshalb habe er auch eine eigene Bürokraft eingestellt, die jeder Reservierung hinterher-

Sie sich doch für einen Moment an die Bar, wir kriegen das schon hin ...»

Ich beobachte mich dabei, dass allein der Gedanke, irgendwo mit der Information abgespeist zu werden, dass leider alle Tische besetzt seien, eine gewisse Aggressivität in mir keimen lässt – und dass ich die Reservierungsmodalitäten von Spitzenrestaurants, wo am jeweils dritten Donnerstag des Monats Reservierungen für den übernächsten Monat möglich sind, als Verhöhnung empfinde: Ich will essen, nicht an einem Preisausschreiben teilnehmen.

Deshalb bin ich auch so begeistert von allen Restaurants, die einer ganz alten Regel folgen. Wer zuerst kommt, wird zuerst bedient: *No Reservations.*

Gutes Beispiel: Das wunderbare «Gamper» im Zürcher Kreis 4, Nietengasse 1. Dort gehst du essen und stehst niemals vor einem leeren Speisesaal, auf dessen Tischen kleine Kärtchen liegen, die dir mitteilen: Hau ab, Depp.

Ist ein Tisch frei, setzt du dich. Ist keiner frei, wartest du (sowohl Essen als auch Weinkarte sind jede Wartezeit wert).

Ich nenne das analoge Gastronomie. Und wünsche mir mehr davon.

Ausflug auf die Alp organisierte, und sich entschlossen, sein theoretisches Universalwissen, das selbstverständlich auch alles über die Alpkäserei inkludierte, bei einer Exkursion an Ort und Stelle auch den dort beschäftigten Praktikern zur Verfügung zu stellen.

Das Glück war, dass mir der unvergleichliche Hans-Peter neben dem offenen Kamin im Hotelfoyer ein kleines Frühstück vorbereitet hatte, das den Dicken ablenkte. Nur so viel: Der Dicke ist nicht zufällig dick, er isst auch sehr viel. Er aß meine Semmeln, meinen Schinken, er trank meinen Kaffee und meinen Orangensaft und dann schlief er in dem Stuhl, in dem ich eigentlich mein Frühstück zu mir nehmen sollte, ein. Ich weckte ihn nicht, obwohl ich versucht war, so freundschaftlich auf seinen Wanst zu klopfen, wie er an meine Tür geklopft hatte. Aber ich musste los, denn auf dem Plan, den mir Hans-Peter hinterlassen hatte, stand, dass ich mich beeilen musste, wenn ich Robert Troy rechtzeitig in Oberdorf antreffen wollte.

Ich kam also auf das Angebot des Dicken zurück, sein Auto zu nehmen, das er mir sicher gemacht hätte, wenn er nicht vorher eingeschlafen wäre. Er hatte sogar den Schlüssel schon für mich bereitgelegt, ich konnte ihn problemlos aus seiner Hosentasche fischen, ohne ihn aufzuwecken.

Das erste Stück Käse an diesem makellosen Tag kostete ich auf dem Rehenbergvorsäß etwas oberhalb von Egg. Die Holzhäuser und -ställe des Alpdorfs waren über den ganzen Hügel verstreut. Oben am Weg stand eine holzgeschindelte Kapelle, wo sich die 14 Familien, die hier leben, am Sonntag zum Rosenkranzbeten treffen. Anschließend nehmen sie ihren Frühschoppen, aber heute war leider nicht Sonntag. Der Blick über die Alm war so was von idyllisch, dass sich der Anflug schlechten Gewissens darüber, dass ich dem Dicken das Auto gestohlen hatte, sofort in der klaren Bergluft auflöste. Außerdem war der Käse der Hammer.

Der Alpkäse vom vergangenen Sommer war elf Monate alt, von zartem Gelb und cremigem, vielschichtigem Geschmack. Robert und sein Kumpel Nilsson, der Senn, schauten ein wenig befremdet zu, wie ich den Käse verkostete, was heißt verkostete, wie ich ihn verputzte, hinunterschlang, auffraß. Ich hatte ja kein Frühstück bekommen.

Nilsson sagte etwas, was ich nicht verstand. Es musste lustig gewesen sein, denn Robert und Nilsson kriegten sich gar nicht ein vor Lachen. Nilssons Sprache war eine lustige Mischung aus südlichem Portugiesisch und dem gutturalen Alemannisch der Bregenzerwälder. Er stammte aus Brasilien, hatte in Vorarlberg zuerst als Knecht gearbeitet, bis er sich zum Senn hinaufgearbeitet hatte, zehn Stunden Arbeit pro Tag, sieben Tage pro Woche. Kein Fernsehen, kein Internet, weil das Vorsäß nämlich zu allem Überdruss im Funkloch liegt. Senn ist kein moderner Beruf, sondern ein Handwerk, das von der Gewerkschaft verbotenes Durchhaltevermögen und esoterisches Fingerspitzengefühl verlangt. Die Milch hat nämlich Launen, und Nilsson muss auf die Milch aufpassen.

Stellt euch das folgende Gespräch minus einer Lautverschiebung und plus dem sympathischen *Sch-Sch-S*-Fehler eines indigenen Brasilianers vor. Ich hatte zwischenzeitlich das Gefühl, der Käse sei mit verbotenen Substanzen angereichert, aber es war bloß die intrinsische Konzentration, mit der ich zuhören musste und die meine Augen so hervortreten ließ wie jene von Mesut Özil.

Die Milch von den knapp dreißig Kühen, die auf dem Vorsäß weiden, ist jeden Tag anders als am Tag zuvor. Vielleicht, weil das Wetter wechselt, vielleicht, weil die Kühe an unterschiedlichen Orten geweidet haben, reagiert sie im Kessel geringfügig, aber doch spürbar unterschiedlich. Nilsson stand jedenfalls im Muskelshirt vor dem Kupferkessel, die Arme tief in der Milch, und prüfte, wie sich der frische Käse gerade anfühlte. Was er da spürte? Die *Sch-Sch-Sch-Truktur*. Mit geschlossenen Augen entschied Nilsson, wie lange er den sich verfestigenden Stoffen in der Milch noch Zeit geben sollte.

«Jedes Stück Bergkäse ist ein Einzelstück», erklärte mir Robert druckreif, das könne ich mir merken. Ein Stück Butter kann zum Beispiel intensiv nach Bärlauch schmecken, wenn die Kühe am Tag davor im Bärlauch geweidet haben, und auch jeder Laib Bergkäse ist nichts anders als eine Momentaufnahme: Was die Kühe gefressen haben; wie die Reifung angesprungen ist; welche Aromen sich dabei durchgesetzt haben. Winzer würden das «Terroir» nennen, das Gegenteil von, Verzeihung, *Indu-sch-sch-trialisierung,* deren Kernaufgabe darin besteht, stets das messbar gleiche Produkt herzustellen. Das geht hier nicht. Soll ich mir merken.

Ich sah Nilsson dabei zu, wie er fünf Käselaibe aus dem Kessel wuchtete. Ich kostete das frische Zeug, das mild und gummiartig schmeckte, und begriff, dass «Reifeprozess» kein leeres Wort ist. Ich zog mit Robert eine Runde über das Vorsäß, betrachtete die Holzhäuser, in denen sich Menschen und Tiere ihre Räume unter einem Dach teilen, und bewunderte die Aussicht auf so viele Grüntöne, wie die Eskimos Worte für «Schnee» haben. Dann machte ich mich auf den Weg hinauf zu Theresia Schneider und der Alpe Oberfalz, die sie bewirtschaftet, eine gute halbe Stunde Fußmarsch und die ideale Vorbereitung auf ein kleines Mittagessen.

Bei Theresia gab es *Seagen.* Die Schüssel stand auf dem großen, grau gescheuerten Tisch in der mächtigen Sennstube. Draußen bimmelten die Kuhglocken. Drinnen glänzte der Kupferkessel, in dem Theresia mit der Milch von heute morgen zwei Laibe Alpbergkäse zu je 30 Kilo hergestellt hatte. Georg, Theresias Mann, und einer der Buben saßen schon am Tisch.

Wir sprachen über Toni Innauer. Toni ist der berühmteste Bregenzerwälder ever, wenn man vom dichtenden Bauern Franz Michael Felder absieht, für den nicht nur Peter Handke eine Schwäche hat. Theresia erzählte, dass sie mit dem Toni Skirennen gefahren sei, damals in den 70er-Jahren, und ich dachte mir, wenn der Toni damals auch schon so ein Hänfling war wie heute, dann hatte er auf den Gleitabschnitten mit Sicherheit keine Chance gegen die Theresia.

Seagen ist übrigens das Schlussprodukt eines langen Sennenvormittags. Zuerst wurde die Butter und dann der Alpkäse gemacht. Dann schüttete Theresia etwas «saure Molke» in die frische Molke, die sich noch reichlich im Kessel befand, worauf das darin enthaltene Eiweiß ausflockte. Es verklumpte, bildete merkwürdige Strukturen, die wie Windungen eines riesigen, blütenweißen Gehirns aussahen, gebildete Menschen entdecken darin zuweilen die Rückansicht des großen Philosophen Franz Schuh.

Das war die Sennsuppe. Sie kam in warmer Molke auf den Tisch – und schmeckte gar nicht schlecht, sanft, süß, delikat, sie füllte den ganzen Mund mit ihrem Geschmack aus und erwies sich als erstaunlich nahrhaft. Ich löffelte mit den anderen um die Wette, es blieb nichts übrig. Theresia fütterte mich anschließend gleichwohl mit Brot und Butter und ihrem Alpkäse, der eine Offenbarung war in seiner Balance aus Milde, Cremigkeit und Kraft.

Theresia Schneiders Käse reift ohne unterstützende Kulturen. Wenn er gepresst ist, liegt er drei Tage in Salzlake, dann kommt er in den dunklen, kühlen Reifekeller hinter der Sennstube und bekommt die Zeit, die er braucht, um seinen typischen Geschmack auszuprägen. Ein Glück, dass Stephan Gruber, der KAES.AT-Marktfahrer, Theresia regelmäßig genug Käse abkaufen kann, dass es jeweils samstags auch am Nasch- und am Karmelitermarkt in Wien etwas davon zu kaufen gibt.

Satt stieg ich von der Alm Oberfalz ab und fuhr mit dem Auto des Dicken weiter nach Andelsbuch. Vielleicht sollte ich ihm kurz Bescheid sagen, dachte ich mir und schaltete mein Mobiltelefon ein. 16 Anrufe in Abwesenheit, merkwürdig. Wer konnte so dringend etwas von mir wollen?

Ich rief den Dicken an, um ihm zu sagen, dass seine Karre in Sicherheit war und er sich einen Preiselbeersaft auf meine Rechnung bestellen sollte. Aber er hob nicht ab. Dabei fiel mir ein merkwürdiges Brummen auf, das ich unter dem Beifahrersitz verortete. Ach, das Mobiltelefon des Dicken. Kein Wunder, dass er nicht abhob. Gleich neben seiner Geldtasche. Hatte er nicht irgendwas davon erzählt, dass er in Oberösterreich zu einem Vortrag erwartet werde? Komisch, was einem alles einfällt, sobald man ein bisschen an der frischen Luft gewesen ist.

Konfuzius sagt bekanntlich, dass, wer es eilig hat, einen Umweg machen soll. Er kennt den Sessellift von Andelsbuch auf die Vordere Niedere nicht. Als ich die Bergstation erreicht hatte, war ich alt und erleuchtet.

Ich traf Leo Feuerstein, der den merkwürdigen Spagat zusammenbringt, einerseits ein Gipfelgasthaus mit dem ganzen *Germknödel-Bernerwürstel*-Programm zu betreiben, und andererseits einen Bergkäse zu produzieren, der so sanft, rahmig und einschmeichelnd ist, dass ich dahinschmolz wie eine Fonduefüllung – ja, man sieht von hier hinüber auf den Appenzeller Alpstock, deshalb ist der Vergleich berechtigt.

Im Gasthaus vernichteten Kohorten von Ausflüglern Unmengen von *Radlern*. Viele von ihnen kombinierten ihre Lederhosen zu T-Shirts, auf denen «Woodstock der Blasmusik» stand. Gleich neben der kleinen Sennerei befand sich die Abflugswiese für die Paragleiter der «Flugschule Andelsbuch». Der Luftraum war voller merkwürdiger, bunter Vögel mit langen Nasen, während die Kuhglocken läuteten und die dunkel gefleckten Kühe nervös muhten, weil sie nicht wussten, ob sie nicht gleich vom Andenkondor geholt würden. Mein Blick schweifte weit über den Bodensee, über den Schweizer Alpstock und den Dunst des Allgäus.

Leo Feuerstein erzählte mir von den Kräutern, die das Aroma seines Käses prägen, von der speziellen Flora der Niedere: Huflattich, Frauenmantel, Alpen-Kuhschellen, Sumpfdotterblumen, Trollblumen. Die Butter war gerade goldgelb, weil die Kühe so viel Löwenzahn gefressen hatten. 35 000 Liter Milch ergeben 3500 Kilo Bergkäse, sagte mir Leo, und ich nahm mir vor, das Verhältnis auf der Talfahrt auszurechnen. Zeit genug für so eine komplizierte Rechnung würde ich haben.

Der Dicke war mir nicht böse. Er war, bis ich zurückkehrte, im «Schiff» aufopfernd gepflegt worden, nachdem ihn Hans-Peter schlafend im Foyer entdeckt hatte. Er hatte sogar einen Ausflug unternommen und war zu Fuß in die «Krone» gegangen, ein weiteres Prunkstück von Hittisau, und hatte dort ein, zwei *Seidel* MOHREN-BRÄU gezwitschert und unter dem Namen Seiler, Käsetoast Seiler, anschreiben lassen. Er hatte ja kein Geld. Von diesem Streich befeuert, hatte er sogar die zweihundert Meter Rückweg ins «Schiff» ohne Sammeltaxi geschafft.

Der Vortrag in Oberösterreich? Wegen Gallenkolik abgesagt. Kein Mensch würde die Plausibilität dieser Ausrede anzweifeln. Jetzt saß der Dicke an dem besten Tisch in der historischen Stube, ein weißes Handtuch über die gewaltige Wampe gebreitet, und teilte mir mit, dass demnächst die grandiosen Kässpätzle aufgetragen würden, zu deren Zubereitung er der Küche ein paar konstruktive Anregungen gegeben habe.

Kasnocken, Käsespätzle, Kässpätzle: Es gibt viele Namen für das alpine Nationalgericht. Hier jenes des Paznauner Spitzenkochs Martin Sieberer. Das wird jetzt alle interessieren.

Zutaten: *500 g Mehl (Type 480), 4 Eier, 2 dl Milch, Salz und Pfeffer, Muskatnuss, 50 g Butter, ½ Zwiebel, 150 g Sauerrahm, 1 dl Suppe, 250 g Almkäse, Röstzwiebel und Schnittlauch.*

Zubereitung: *Mehl, Eier und Milch schnell zu einem Teig zusammenrühren und durch ein Spätzlesieb in kochendes Salzwasser geben. Spätzle einkochen. — Sobald die Spätzle aufschwimmen, mit einer Schaumkelle herausnehmen und abschrecken. — Die in Würfel geschnittenen Zwiebeln in Butter goldgelb anschwitzen und die Spätzle darin durchschwenken. Geriebenen Almkäse dazugeben. Erwärmen, bis der Käse zu ziehen anfängt. — Sauerrahm und Suppe dazugeben und gut durchkochen lassen, abschließend abschmecken. In einer warmen Pfanne mit Röstzwiebeln und Schnittlauch anrichten.*

Am schönsten ist Manhattan,
wenn man es von Brooklyn aus betrachtet.
Und zwar auf Augenhöhe.

Brooklyn, New York

«Brooklyns bunteste Tätowierung ist Manhattan.»

Solche ewigen Sätze fielen mir, wenn ich das Gekrakel richtig entziffere, in der Bar des «Wythe»-Hotels ein, wo ich mich gegen Vorlage meines Führerscheins in Sicherheit gebracht hatte. Das «Wythe»-Hotel befindet sich in Williamsburg, was wiederum die derzeit schickste Neighborhood von Brooklyn ist, und ich kann feierlich schwören, dass die Aussicht auf die Skyline von Manhattan niemals schöner ist als bei Sonnenuntergang in dieser Bar mit dem etwas dramatischen Namen «The Ides», nachdem du anderthalb *Moscow Mules* erledigt hast. Das ist genau der Moment, bevor der letzte halbe *Moscow Mule* – Wodka, Ginger Beer und Lime – dich erledigt, und du tust gut daran, das Aufwallen deiner Gefühle so schnell wie möglich zu Papier zu bringen.

Weil, die Abendsonne taucht Manhattan in diesen magischen Glanz. Das neue World Trade Center erledigt hochtrabend und glamourös seine Pflicht als Ausrufezeichen New Yorks. Das Empire State Building ist immer noch das eleganteste Hochhaus der Stadt. Nur an der Madison Avenue ist ein so hohes und gleichzeitig schlankes Gebäude in den Himmel gewachsen, dass man auf die Idee kommen könnte, der Architekt habe beim LEGO-Spielen alle seine Steine mit vier Noppen zu einem einzigen Turm verbaut.

Was man so denkt, wenn sich das Abendlicht im *Moscow Mule* bricht, der jetzt – im Gegensatz zu mir – schon wieder gefährlich leer aussah. Ich dachte mir gerade, was wohl die tiefere Weisheit in dem Spruch sei, den der Chililaden gegenüber dem Hotel auf einem Schild hinaus auf die Straße gestellt hatte: *«If you don't like hot sauce your stupid»*. Überhaupt setzten diese Schilder, die meisten mit bunten Kreiden bemalt, große, undurchdringliche Wahrheiten in die Welt, wobei, Moment, etwas hatte ich verstanden: Das dicke Gesicht mit der blonden Tolle, das der Zeichner so kommentiert hatte: *«The Donald has never touched a drop of booze. Neither did Hitler»*.

Wenigstens hier kam ich nicht in schlechte Gesellschaft. Ich leerte den *Moscow Mule,* schon aus Antifaschismus und um mich als Kritiker von Donald Trump erkennen zu geben, und summte dazu *Back in the U.S.S.R.*

Und weil ich dann zum ersten Mal seit langer Zeit auf die Uhr schaute, bemerkte ich, dass ich mich sputen musste, wenn ich meinen Tisch in «Traif» rechtzeitig erreichen wollte. Ich verabschiedete mich von der Skyline, ließ mich noch einmal vom Chililaden gegenüber beleidigen – sorry, aber ich kann mit euren Säureattentaten nichts anfangen, ihr *Hot-Sauce*-Flaschen – und machte mich dann auf die Suche nach einem Taxi.

Weil, eines hatte ich in den Tagen in Brooklyn gelernt. Zwar schauen die Köche und die Kellner aus, als hätten sie bei der Tombola eines Tattoostudios alle den Hauptpreis gewonnen, aber deshalb sind sie nicht minder streng, was Pünktlichkeit bei Reservierungen betrifft. Auch die Hipster-Hütten, durch die ich gezogen war, haben in ihren Businessplänen die doppelte oder dreifache Abendbelegung ihrer wenigen Tische vorgesehen, sodass sie die halbe, dreiviertel Stunde, die hierzulande als akademisches Viertel akzeptiert wird, als Abweichung von der Norm betrachten und den Tisch sofort an den Nächsten, der fragt, weitergeben.

Und da ist immer ein Nächster, der fragt. Denn die bunten Gastronomen haben sehr wohl gelernt, dass akkurates Zeitmanagement dem Businessplan schmeichelt, dass es aber für beschissene Stimmung sorgt, wenn zum Beispiel der Barbereich des Restaurants – und, Freunde, fast jedes dieser Restaurants hat einen Barbereich – verödet und leer ist. Deshalb werden ein paar Tische für Reservierungen freigegeben, andere unterliegen der alten Regel: *First come, first serve.*

Auf diese Weise hatte ich mir zum Beispiel ein grandioses Abendessen im «Willow», 506 Franklin Avenue, eingefangen, direkt bei der Station der A- und der C-Line auf ihrem Weg von den Tiefen Brooklyns hinüber nach Manhattan. Ein winziges Lokal, Bistrotische, stylische Stühle, großes Schaufenster hinaus auf die Franklin, die Küche so groß wie ein Puppenhaus und das Essen so speziell und überzeugend, dass ich die New Yorker Mode der *Farm-to-table*-Kulinarik explosionsartig ernst zu nehmen begann. Es gab eine kalte Maissuppe mit Muscheltatar und gewürztem Schweinefett, Sommererbsen mit Zitronenschalen, *Kren* und Joghurt, eine geräucherte Makrele mit Wassermelone, Tequila und Chili, die besonders grandios war.

Scheiße, dachte ich mir schon nach den ersten Tellern, die Typen meinen es wirklich ernst. Zwar wird das Essen mit lässigem Schick angerichtet, aber die Ideen zu den einzelnen Gerichten sind messerscharf gedacht und gehen auch keinem Aufwand aus dem Weg. Die Makrele zum Beispiel, deftig und fleischig, war mit der süßen Eleganz der Wassermelone in perfekte Übereinstimmung gebracht worden, die Brücke zwischen Aromen wurde von der sanften Säure einer Meyer-Zitrone und dem Kick eines Schusses Tequila geschlagen, aromatisiert mit der Schärfe einer Chilischote. Das war, gemessen an der Winzigkeit der Hütte, schon ziemlich Hollywood.

Und es wurde nicht schlechter. Auch die Saubohnen mit Frischkäse, geriebener Zitronenschale und Lammfonds waren hervorragend, und der Wildschweinbauch mit Haselnüssen und Erbsen trug etwas Kräftiges, aber auch Elegantes zum Essen bei, bevor ich noch ein paar Scheiben vom 75 Tage lang gereiften Rindsfilet verzehrte.

Das «Willow» war übrigens der kleinere Zwilling von «The Pines» in Gowanus, 284 3rd Avenue, wo ebenfalls «moderne, amerikanische Küche» zelebriert wird, was der Sammelbegriff für diesen nur scheinbar unkomplizierten, eklektizistischen Küchenstil ist. Zwillings- und Drillingsauftritte von Restaurants sind hier die Regel. Sobald eine Hütte zu funktionieren beginnt, werden schon Ableger in Erwägung gezogen, und genauso schnell, wie ein gerade noch gehyptes Restaurant plötzlich verschwindet und einem anderen oder einem Barber-Shop oder einem Spezialgeschäft für scharfe Saucen Platz gemacht hat, vermehren sich erfolgreiche Konzepte und probieren neue Standorte aus.

Das «Willow» zum Beispiel hatte ziemlich tief in Brooklyn eine Lockvogel-Funktion übernommen. Rundherum war von Hipsteristan noch überhaupt nichts zu spüren. Da gab es Geschäfte für afrikanische Textilien, Reifen oder Alarmanlagen. Es ist noch nicht ewig her, dass selbst den Rändern von Brooklyn etwas Verruchtes und Gefährliches anhaftete, dieselbe Stimmung, die sich heute immer weiter nach Osten zurückzieht, dort aber durchaus massiv wird.

Sagen wir so: Zwei Tage nachdem ich auf der Terrasse des «Wythe»-Hotels als Aphoristiker debütiert hatte, las ich in der NEW YORK TIMES, dass bei einer Schießerei in Brownsville neun Menschen zu Schaden gekommen seien, zwei davon tödlich, und für einen anderen toten Mann in derselben Woche fehlten sowohl Mörder, Waffe als auch Motiv.

Nun ist Brownsville ein anderes Wort für den sozialen Hinterhof New Yorks. Im MOMA gab es dazu in Form der Ausstellung *Design and the Elastic Mind* Erklärungsansätze des «Spatial Information Design Labs». Die kreativen Datensammler zeigten auf einer eindrucksvollen Infografik, dass die am besten alimentierte städtische «Nachbarschaftseinrichtung» in Brownsville das Gefängnis ist. Allein für die Bewohner von 17 Blocks in Brownsville wurden im Jahr 2003 17 Millionen Dollar ausgegeben – dafür, dass man sie eingesperrt hat. Jedes Haus ist mit den aberwitzigen Kosten für seine eingeknasteten Bewohner bezeichnet, was diesen Straßenzügen in den Tiefen Brooklyns auch den so bezeichnenden wie zynischen Titel «*Million Dollar Blocks*» eingetragen hat.

Ich hatte in Crown Heights Quartier bezogen, einer Neighbourhood, die sich genau an der Wasserscheide zwischen Gentrifizierung und *Million Dollar Blocks* befindet. Im Westen grenzt Crown Heights an die Quartiere, die längst zu Manhattan aufgeschlossen haben. Prospect Heights, Park Slopes und Windsor Terrace, die Straßenzüge, die sich um den völlig unterschätzten Prospect Park gruppieren, strahlen teure Gemütlichkeit aus. In den Vorgärten stehen Laufräder aus Vollholz und schicke, dreirädrige Kinderwägen, hie und da sieht man auch ein Rennrad aus dem Wie-werde-ich-Hipster-Katalog. Bürgermeister Di Blasio wohnt hier, viele Familien sind von Manhattan hierher gezogen, und die Immobilienpreise haben sich längst in dieselbe von der Realität unberührte Umlaufbahn katapultiert wie drüben in Manhattan.

In Crown Heights teilen sich Schwarze, Kariben und Chassiden die Blocks, wobei es erstaunlich ist, wie homogen die einzelnen Straßen besiedelt sind. In meiner unmittelbaren Nachbarschaft hockten Rastas mit eindrucksvollen Dreads und rot-gelb-grünen Wollmützen auf den Stiegen zu ihren Brownstone-Houses. Ihre Zigaretten sahen groß aus und rochen süß, und aus den offenen Fenstern strömte das gleichermaßen monotone wie magische Eins-*zwei*-eins-*zwei* subalterner Reggaemusik. Zwei Ecken weiter befand sich ein netter, aber reichlich abgefuckter *Grocery-Store,* wo man Bier aus Brooklyn, Wasser in Flaschen, Obst jeder Farbe und Zeitungen in allen Sprachen kaufen konnte. Bei «Gloria's» gab es westindisches Huhn und gegrillten Kürbis, und wenn Ben es rechtzeitig aus dem Bett schaffte, gab es gegenüber im «Tinto» annehmbaren Kaffee, den ich aber lieber draußen auf der Nostrand Avenue zu mir nahm, weil sich Ben im Laden gern ein Frühstück aus verbrannten Kohlblättern zubereitete. Dass ich die lieb gewonnene Gewohnheit, bei «Tinto» auf der Straße zu sitzen und Crown Heights beim Aufwachen zuzuschauen, schließlich aufgab, lag nur daran, dass ein nervöser Taxilenker seinen gelben Chevy-Bus nur zwanzig Meter von mir entfernt mit Karacho in einen Strommast kutschierte, was ich kleinlicherweise persönlich nahm. Der Fahrer musste von der Feuerwehr aus dem Auto geschnitten werden, Ben machte das Geschäft seines Lebens und ich suchte mir, nachdem ich 24 Stunden später zu zittern aufgehört hatte, für die Zukunft ein Café in verkehrsberuhigter Umgebung (und fand es beim östlichen Eingang in den Prospect Park. Es hat wunderbare Granola und Gäste, die Simenon auf Englisch lesen).

In Brooklyn, nur zwanzig oder dreißig Straßenzüge westlich oder nördlich von den Million Dollar Blocks, findet vieles von dem statt, was wir in den nächsten Jahren als bahnbrechende, kulinarische Neueröffnungen feiern werden. Keine Branche zelebriert hier den eigenen Einfallsreichtum so hemmungslos wie die Gastronomie, und es ist eine schöne, wenn auch unübersichtliche Aufgabe, sich zwischen all den Bistros, Gastropubs und Minirestaurants zurechtzufinden, die in Williamsburg, Park Slope oder Prospect Heights aufsperren und sich ungehemmt vermehren.

Ich kam gerade noch rechtzeitig im «Traif» an, 229 South Fourth Street, die Musik war laut. Das Konzept des Lokals lautet ziemlich großherzig *Celebrating Pork, Shellfish & globally-inspired Soulfood*, aber ich war vor allem wegen des Kochs hergekommen, der lange bei Daniel Humm im «Eleven Madison Park» gekocht hatte, der glamourösen Dreistern-Hütte im Herzen von Manhattan. Er hatte also einen Ruf mitgebracht nach Brooklyn, aber auch Chuzpe.

Denn «Traif» bezeichnet im Jiddischen bekanntlich alle Speisen, die das Gegenteil von «koscher» sind, und wie um diesen Ansatz zu unterstreichen, ließ Jason Marcus, Eigentümer und Koch, auch ein herziges Schweinchen ins Glas seiner Eingangstür ätzen. Draußen, vor dem Restaurant, rattert der Expresszug von Manhattan nach Queens über die Brücke, und im Halblicht unter den Stützen treffen sich Chassiden, Punks und Hipster. «Traif» ist also ein Witz, der durchaus etwas wagt. Jason, der studierter Philosoph und selbst Jude ist, möchte also gerne die Rolle als *Bad Boy* mit Kochlöffel übernehmen, und zwar mit einiger Konsequenz. Für alle, die den «Traif»-Witz

bel, die dekonstruiert und wieder zusammengesetzt wird (und dabei nicht *L'art pour l'art* produziert), und spätestens da ist schon klar, dass diese Küche auf keine Kapriolen oder Kunststückchen angewiesen ist. Sie vertraut dem Geschmack ihrer Produkte. Die meisten stammen aus lokalem Anbau in Upstate New York oder von speziellen Vertragspartnern. Luxusprodukte werden nur sparsam eingesetzt, ein Löffel Kaviar garniert zum Beispiel die modifizierten und *yummie*mäßigen *Eggs Benedict*, ein Lobster mit Muscheln und Meeresfrüchten kommt zur Abwechslung im Südstaaten-Stil.

Die wahren Höhepunkte aber sind Kreationen wie der Salat aus Herzkirschen, Fenchel, geräucherter Ricotta und geschrotetem Roggen, der in seiner Transparenz und seinem gleichzeitigen Erfindungsreichtum etwas Genialisches hat. Oder das Herz einer, ja, Sonnenblume, die geschickt gedämpft wird und Aromen offenbart, die bis dahin nur besonderen Artischocken zugetraut wurde.

In dieser Küche ist ein Purist am Werk, der den Geschmack eines guten Stücks Gemüse vergöttert und demütig genug ist, ihm nichts hinzuzufügen, was diesen Grundgeschmack spektakulär verändern

Das beste Restaurant der Welt, manchmal

Das «Eleven Madison Park» in New York ist ein Restaurant, das seine Eleganz schon im Namen trägt. Es residiert an bevorzugter Adresse in Manhattan. Seine Räumlichkeiten sind von fast musealer Großzügigkeit. Hohe Fensterfronten holen das Bild der Weltstadt und das Grün des Parks in den Raum. Eine geschickte Linienführung bei den Sitzbänken ermöglicht es, den ganzen Raum im Blick zu haben und am eigenen Tisch trotzdem maximale Privatheit zu genießen.

Das Restaurant suggeriert seine Ansprüche sozusagen intuitiv, ohne dazugehörigen Trommelwirbel. Dass das «Eleven Madison Park» mit drei MICHELIN-Sternen ausgezeichnet ist und zwischenzeitlich sogar die «50 Best»-Liste von SAN PELLEGRINO angeführt hat, wird nicht einmal vermerkt. Das Restaurant sieht sich eben in erster Linie als Restaurant und nicht als Eventlocation oder Statusobjekt.

Die vorbereitenden Details sind längst geklärt. Es gibt nur ein Menü, Kostenpunkt 225 Dollar. Damit ist alles besprochen. Entsprechend unaufgeregt kann der Abend beginnen.

Es wird ein großer Abend. Es gibt kunstfertige Käsecookies zum Start, winzige Thunfisch-Spießchen mit Gurke, eine unglaublich schmackhafte, fingerlange Aubergine, die mit Bohnenpüree und Minze gefüllt ist und die Spannbreite von *Umami* und Säure spielerisch und weltgewandt auslotet, eine kunstfertig nachgebildete Tomate mit Basilikum und roter Zwie-

wurde. Von vierzehn Gängen erwiesen sich mindestens acht als außerordentlich (als letzter das Dessert von vier Schokoladen, bei denen man herausfinden musste, mit welcher Milch die jeweilige Schokolade gemacht wurde). Wahre Weltklasse.

Eine kleine Anmerkung verdient die Tatsache, dass der Chef dieses außerordentlichen Restaurants Schweizer ist. Daniel Humm ist im Aargau aufgewachsen, hat im «Baur-au-Lac» und anderen Hotelküchen seinen Job gelernt und kam über den Umweg von San Francisco, wo er im «Campton Place» arbeitete, nach New York. Er übernahm zuerst als *Executive Chef* das «Eleven Madison Park», das ihm inzwischen gemeinsam mit seinem Partner Will Guidara gehört. Dazu führt Humm das «NoMad», das eines der besten Bistros der Stadt ist und vom NEW YORK MAGAZINE für den besten Hotdog New Yorks gelobt wird.

Wie viel Schweiz im Weltklassemenü steckt? Vielleicht die ultimative Präzision, vielleicht auch das Unprätentiöse in der Präsentation. Von Humm lernt New York, wie man zeitgemäß kocht, ohne das Kochen ins Eventbusiness zu überführen. Wir können von Humm lernen, wohin Zielstrebigkeit und Selbstbewusstsein führen können: ganz nach oben.

nicht begreifen, gibt es noch eindeutigere Wir-sind-böse-Botschaften auf der Karte, zum Beispiel die politisch enorm inkorrekten Froschschenkel, die hier im *Buffalo-Style* serviert werden, mit groben Brotkrumen paniert (und, falls das jemand wissen möchte: köstlich!).

Als mich der Kellner fragte, ob ich für das Studium der Karte vielleicht einen Cocktail benötige, nickte ich nur etwas blöd. Denn ich hatte kein Wort verstanden. Die Lautstärke war in etwa so hoch wie in der Basstrommel von Keith Moon. Aber der Drink war gut, ich hatte angeblich einen *Thai Old Fashion* bestellt, der sich aus mit Thai-Tee aromatisiertem Rum, Eis von der Kondensmilch und einem Orangen-*Shrub* zusammensetzte und mit den beiden *Moscow Mules* eigenartig interferierte: Anstatt blöde vor mich hinzubrabbeln und die Spucke aus dem Mundwinkel rinnen zu lassen, fühlte ich mich mit einem Mal stocknüchtern, alert – und sehr, sehr hungrig.

Die Küche war direkt hinter der Bar. Drei tätowierte Typen schmissen den Laden, der bis auf den letzten Platz besetzt war (und, Tipp, draußen im Garten um einiges zugänglicher ist als im Restaurant selbst. Du verstehst zum Beispiel, was der Kellner zu dir sagt).

Weil ich selbst aber nicht mehr herumschreien wollte, machte ich mit meinem Bleistift, den ich im «Wythe»-Hotel mitgehen hatte lassen, Kreuzchen neben jedem Gericht, für das ich mich entschieden hatte. Das trug mir zwar einen düsteren Blick des Kellners ein, bewahrte mich aber vor Missverständnissen.

Die Gerichte wurden serviert, sobald sie fertig waren. Von einer Dinner-Dramaturgie im engeren Sinn merkte ich also nichts, aber ich hatte Spaß mit den panierten Froschschenkeln, ich mochte das außen knusprige und innen cremige Kalbsbries, ich war begeistert von den gebratenen Jakobsmuscheln, die auf einer Mischung aus Risotto und gegrilltem Mais serviert wurden. Die Hühnerleber auf Toast war jetzt nicht unbedingt eine Erleuchtung, aber das Thunfisch-Tatar auf einer frittierten Aubergine machte umso mehr Spaß, sodass ich den Kellner heranwinkte, auf den leeren Teller zeigte und sagte: «*One more.*»

«*No problem*», antwortete der junge Mann, drehte auf dem Absatz um und brachte mir noch einen *Thai Old Fashion*.

Davon ermutigt, wollte ich den Chef kennenlernen.

«Der ist nicht im Haus», beschied mir der Kellner.

«Freier Tag?», fragte ich.

«Nein, wir haben nebenan ein neues Restaurant eröffnet», sagte der Kellner strahlend.

«Einen jüdischen Japaner?», fragte ich, weil ich gerade unerklärlich witzige Einfälle hatte.

«Nein», sagte der Kellner, «du musst das ‹Shalom Japan› Ecke Fourth Street Rodney Street meinen, aber das gibt es doch schon fast ein Jahr.»

Dann setzte er mich darüber ins Bild, dass Chef Jason ein mexikanisches Restaurant eröffnet habe, wie es keinem echten Japaner jemals einfallen könnte.

Das glaubte ich ihm augenblicklich.

«Es heißt ‹Xixa›», sagte er, «und ist gleich nebenan. Wenn du noch Lust auf einen Cocktail hast: Sie machen herrliche Cocktails im ‹Xixa›.»

«Xixa» klang wie Shisha. Logisch, dass ich noch auf einen Absacker vorbeischaute. Im Vergleich zum «Xixa» war die Musik im «Traif» auf stumm geschaltet, aber die *Mezcal*-Auswahl war berückend und die gepresste Wassermelone passt bestimmt perfekt zu irgendetwas, schade, dass ich meine genauen Aufzeichnungen verloren habe. Aber der Abend war noch lange nicht zu Ende. Leider habe ich nur noch eine undeutliche Erinnerung daran, wie ich mit Chassiden tanzte, mit Rastas die Nebelmaschine anwarf und von einer großartigen Blues-Band dabei begleitet wurde, wie ich das beste Mundharmonikasolo meines Lebens ablieferte.

Oder so ähnlich.

Die Restaurants, bei denen ich in den nächsten Tagen vorbeischaute, hatten so lustige Namen, dass nicht einmal Berliner Friseure mithalten können. Sie hießen «Landhaus at the Woods» und «Fette Sau», «River Styx» oder «Bolivian Llama Party», was ziemlich sprechende Titel dafür sind, womit man sich die Unterlage für die Cocktails besorgt. Gehobenes, feines Essen bekam ich in der Weinbar

«The Four Horsemen», deutsch «Die apokalyptischen Reiter», 295 Grand Street, die dem Sänger der Band LCD Soundsystem, James Murphy, gehört. Das beschert der Hütte einiges an Starrummel und unangenehme Sensationstouristen wie mich. Die Küche setzt ganz ähnliche Akzente wie das «Willow», eklektizistisch und bunt, aber der fette, triefende *Lardo Iberico* mit den brasilianischen Nüssen überzeugte mich gänzlich. Ich ließ mich sogar dazu hinreißen, einen kalifornischen Naturwein zu bestellen, vermisste aber den inzwischen schon gewohnten poetischen Impetus, den mir die bunten Getränke mit auf den Weg gaben. Alles, was ich an diesem Abend schrieb, war meine Unterschrift unter die Abrechnung der UBER-Limousine.

Nun erklären dir alle Auskenner Brooklyns, dass du das wahre Ausmaß der Gastrorevolution erst erkennst, wenn du dich quer durch den Markt von Smorgasburg gefressen hast. Das ist der Hipstermarkt, der jeden Samstag an der Waterfront von Williamsburg stattfindet, ein «Woodstock der *Foodies*», wie die NEW YORK POST angemessen tiefstapelnd geschrieben hat. Mit Blick auf die Skyline versammeln sich hier Anbieter von veganen *Shishito*-Menüs, von Schnitzel-Sandwiches, die *Bamberg, Sweet Onion* oder *Grumpy Russian* heißen (und angeblich die beste Unterlage für den *Moscow Mule* sind), von glutenfreien und veganen NÜ-Burgern, aber auch von riesigen, handgeschnitzten Fritten und supermayonnaisigen Lobstersemmeln. Es gibt auch Schweizer Bratwürste und Akaziensirupexzesse, vernünftige Cheeseburger und *Shrubs* aus jedem Obst, das jemals geerntet wurde. Weil ich aber wie gesagt zu 70 Prozent Sensationstourist bin und zu 30 Prozent an die Weisheit der Vielen glaube, stellte ich mich automatisch hinten an der längsten Schlange an, die sich vor einem der Stände gebildet hatte. Der Stand hieß «Ramen Burger» und ich hatte insgeheim gehofft, dass es sich dabei um einen Titel wie «Leberkäs Pepi» handeln würde, der von einem burgenländischen Auswanderer namens Bürger nach Shanghai erzählt, wo er die Kunst der perfekten Nudelsuppe erlernt und auf den Hipstermarkt mitgebracht hat. Eine heiße Nudelsuppe wäre jetzt genau das Richtige.

Die Wahrheit war prosaischer. Es gab einen ziemlich fetten Hamburger, der jedoch nicht zwischen frische, an den Schnittflächen angegrillte *Buns* geklemmt wurde, sondern zwischen zwei gleichgroße Räder, die aus *Ramen*-Nudeln zusammengepresst worden waren. Wie ich später recherchierte, ist die Gastrokamarilla New Yorks begeistert über die transkontinentale Innovation. Ich hingegen überließ sie, nachdem ich mehr gekostet hatte, als mir wohltun würde, den Möwen und machte mich auf den Weg ins nahe gelegene «Wythe»-Hotel, um an der Bar zusammenzufassen, was ich inzwischen über die Gastronomie östlich von Manhattan wusste.

Vielleicht, dachte ich, nehme ich auch einen Cocktail.

Hier mein Bericht:

«Die Säulen des Gastropubs, wie es in Brooklyn auf Spitzenniveau zu besichtigen ist:

Erstens: Style. Die Einrichtung muss eigenwillig und gleichzeitig einladend sein. Stilrichtungen werden nach Kräften geschreddert und neu zusammengesetzt, *Industrial meets Nordic Design,* Architekturführer *meets* Strandmöbel, alles ist erlaubt, nur nicht die Feststellung: ‹sieht aus wie …›.

Zweitens: Qualität. Der Gestaltungswille der Einrichter wird nur vom Stilwillen der Köche übertroffen (und eventuell von deren Tattoo-Studios). Die Leidenschaft, mit der eine kalte Maissuppe mit Muscheltatar und gewürztem Schweinefett komponiert wurde, konkurriert mit der Produktexpertise, die den besten *Lardo Iberico* mit brasilianischen Nüssen kombiniert. Nichts, was nicht erlaubt, nichts, was nicht abgefahren genug sein kann. Für praktisch jedes Gericht gilt dasselbe wie für die Einrichtung: Verboten ist nur, dass man ein Gericht schon einmal so oder so ähnlich irgendwo sonst gegessen hat.

Drittens: *Legerezza.* Während in der Küche auf Hochdruck gearbeitet wird, versucht das Service den Eindruck größter Leichtigkeit und Verbindlichkeit zu vermitteln. Sharing ist sowieso Pflicht, alle Teller wurden gebracht, wenn der Koch damit fertig war. Die gewohnte Dramaturgie, dass es von der leichten Vorspeise über den Fisch bis zum Fleischgang permanente Steigerungen geben soll, ist abgeschafft. Kein einziges Restaurant in Brooklyn, wo die Teller nicht in die Mitte des Tisches gestellt wurden und der Kellner sein *«Enjoy»* an alle in der Runde schickte.

Viertens: Party. Das alles mit lauter Musik (Nein, noch lauter). Bloß keine *Fine-Dining*-Atmosphäre.

Deshalb auch fünftens: Es geht mit den Cocktails los, schweift dann zu Naturweinen ab, dann aber geht es mit den Cocktails wirklich los.»

Ende der Aufzeichnungen.

Nur ein rätselhafter Satz steht auf der Rückseite der Rechnung, die ausweist, dass ich mich aufopfernd um Getränke namens *Harvey Wallbanger* und *Dark and Stormy* gekümmert hatte:

«Manhattans bunteste Tätowierung ist Brooklyn.»

Ich wusste doch, dass an dem Satz etwas faul gewesen war.

Außerdem fand ich die Notizen der Kellnerin, die mir die nun wirklich essentiellsten Tipps für die nächste Woche in Brooklyn auf eine Hundert-Dollar-Note geschrieben hatte. Seid froh, dass man von *Harvey Wallbanger,* einer Mischung aus REYKA-Wodka, Orange und GALLIANO, nun wirklich keinen zweiten trinken kann. Sonst hätte sich der Hunderter samt der Liste mir nichts, dir nichts in Luft aufgelöst.

Hier, zum Rausreißen und Weiterrecherchieren, das Substrat meiner übermenschlichen Disziplin.

Best Ramen: «Okonomi», 150 Ainslie Street, Williamsburg
Best Farm-to-Table: «Faro», 436 Jefferson Street, Bushwick
Best Neighorhood Restaurant: «Concord Hill», 374 Graham Avenue, Williamsburg
Best Budget Bites: «East Wind Snack Shop», 471 16th Street, Windsor Terrace

Subject to change, hatte die Schöne dazugekritzelt: «Das alles kann sich täglich ändern.»

Diese Stadt platzt vor Schönheit.
Zeit, das Innenleben in Augenschein zu nehmen.

Budapest

Räume können sie in Budapest. Egal, ob du im «New York Café» ein kleines Bier trinkst oder im «Four Seasons» die Lobby bestaunst, ob du im «Book-café» eine überdimensionale Cremeschnitte in dich hineinschaufelst oder in der «Großen Markthalle» darüber nachdenkst, wer eigentlich die vielen Gänselebern essen soll, die hier an den Standeln verkauft werden – stets drehst du dich ungläubig im Kreis und bestaunst Räume von einer Großzügigkeit, die du das letzte Mal beim Besuch des Petersdoms erlebt hast oder im Palast des türkischen Sultans Erdogan, falls du dort schon einmal eingeladen warst.

Bücken musst du dich in Budapest nie.

Die zweite Erkenntnis: Die Stadt ist noch schöner, als du sie vielleicht in Erinnerung hast. Sie ist sogar atemberaubend schön, und die Dramaturgie, wenn du zum Beispiel mit dem Railjet am Bahnhof Keleti ankommst, könnte nicht besser sein. Der Bahnhof ist noch genauso k.u.k.-mäßig abgerockt, wie er das vor dem Fall des Eisernen Vorhangs war, und die Taxis sind klein und

unbequem, und du hast automatisch wieder den Gestank der Zweitakter
von damals in der Nase, so wie jeder Dachboden nach Kindheit riecht.

Aber sobald du dich in Richtung Zentrum bewegst, wird es langsam
weniger abgerockt und immer prächtiger, und die Falle der Schönheit schnappt
zu. Wenn du schließlich in der Prachtzone angekommen bist, die von Burg
und Fischerbastei oben in Buda geprägt wird und vom Parlament und den
schicken Hotels am Ufer von Pest, dazwischen die Donau und die großartige
Kettenbrücke, dann ärgerst du dich darüber, dass du die Nummer des Wiener
Bürgermeisters nicht eingesteckt hast, denn sonst würdest du ihn spätestens
jetzt, Blick auf das Wasser, anrufen und ihm den Slogan für die nächste Wahl
zuflüstern: «Die Donau, Michael, gehört in die Stadt und nicht raus nach
Albern.»

Ich werde alt. Wenn ich bequem sitze, komme ich auf Ideen. Den
Absatz von oben kritzelte ich mit Bleistift auf Büttenpapier, als ich
im «Four Seasons Gresham Palace» am Fenster saß und auf die
Kettenbrücke hinausstarrte. Doch, ich hatte etwas getrunken, die
Minibar war mit gehobenem Gift gefüllt. Vor allem aber hatten
mich die mitleidigen Rezeptionisten in ein Zimmer eingebucht,
das normalerweise Reisenden zur Verfügung steht, die ihre Hotel-
rechnungen nicht selbst bezahlen müssen, und ich, überrascht und
geschmeichelt, beschloss, vor dem Abendessen noch ein bisschen
zu wohnen und zu sinnieren. Zwei herrlich gepolsterte Lehnstühle
standen am bis zum Boden hinunterreichenden Fenster. Vom einen
sah ich die Burg, vom anderen die Fischerbastei, von beiden die
Kettenbrücke.

Das Ergebnis war erschütternd, siehe oben.

Das «Onyx» befindet sich direkt neben dem berühmten «Café
Gerbeaud», doch während man von jenem Prunkstück einen herrlichen Blick auf den Vörösmarty Tér hat, sah man vom Fenster des
«Onyx» aus gerade die beleuchtete Fassade der «Bank of China».
Die Ausstattung des Restaurants war so bemüht modern, dass ich
das schöne Wort «eklektizistisch» in mein Notizbuch kritzelte, das
ich am liebsten dann verwende, wenn ich viele verschiedene Stile

beschreiben möchte, die eigentlich nicht zusammenpassen, aber doch im Rudel auftreten. Lassen wir es dabei: Eine Bar aus Onyx war auch dabei und Plüsch und asymmetrische Skulpturen anstelle von Wänden.

Dann kam aber schon die Karte, und ich wählte selbstverständlich das «Hungarian Evolution Menu», das mir einen kreativen Umgang mit klassisch ungarischen Motiven wie Gänseleber, Gulaschsuppe und *Schomlauer Nockerln* versprach, und während ich noch darüber nachdachte, wie dieser Umgang wohl aussehen würde, kam als Vorgeschmack schon ein winziges *Blini* mit bemerkenswert würziger Salami, dazu Champagner. Kein schlechter Anfang.

Dann der erste Höhepunkt, ein Furmint aus Tokaj, von Zoltán Demeter, Jahrgang 2009. Der Wein war elegant und beredt, er begleitete kleine, weniger aussagekräftige Snacks – Langostinos, gebackenes Bries – bis zur Vorspeise aus köstlichem Wasserbüffelschinken mit Schwarzwurzel und roter Rübe und darüber hinaus zum Saibling mit Kürbis und Joghurt.

Was ich noch nicht wusste: In diesen Augenblicken fiel die Entscheidung darüber, wie ich die nächsten Tage verbringen würde. Denn die Gulaschsuppe aus der Küche von Szabina Szulló und Tamás Széll war nicht weniger als der Hammer. Nur ein kleines Tässchen, gekrönt von einem Raviolo, auf dem wiederum kleingeschnittene Staudensellerie, Schalotten, Gurken und eine Art Schupfnudel lagen, aber der Genuss war vollkommen. Bei der Suppe handelte es sich um eine *Consommé,* die mit Paprika rot gefärbt und entsprechend aromatisiert worden war, und diese Suppe verband sich mit dem samtig weichen Raviolo und seiner knackigen Bedeckung zu einem außerordentlichen Erlebnis, das mich beflügelte und beglückte. Wenn das die Evolution war, dann konnte sich die Evolution sehen lassen.

Nur der Wein war jetzt leer.

Der Hirsch mit Blutwurst war okay, und das «*Schomlauer Nockerl* des 21. Jahrhunderts», das den Abend abschloss, machte durchaus Spaß – es kam elegant auf Biskuitkrümeln und einer rumaffinen Schokosauce. Aber der Höhepunkt war die Gulaschsuppe gewesen, und es passte in mein Bild, dass sich der Koch Tamás Széll damit beim *Bocuse d'Or* eine lobende Erwähnung und einen Platz unter den Top Ten abgeholt hatte.

Später am Abend durfte ich noch ein paar Worte mit dem Koch wechseln. Er sagte merkwürdige, kryptische Dinge. Erstens, meinte er, wolle er diesen *Bocuse d'Or,* den validesten Kochwettbewerb der Welt, eines Tages nicht nur bewältigen, sondern gewinnen. Zweitens stelle er sich seine Zukunft nicht unbedingt im *Fine-Dining*-Bereich, sondern, warum nicht, zum Beispiel in einer Marktwirtschaft vor.

Ich dachte damals, dass der Kerl ein bisschen spinnert sei, was man ihm an Ende eines langen Arbeitstages mit Mittags- und Abendservice auch nicht übelnehmen dürfe. Aber ein paar Monate später erreichte mich die Nachricht, dass Tamás mit glänzenden Leistungen den *Bocuse d'Or* für sich entschieden habe, und wieder ein paar Monate später stand der spektakulärste Transfer der ungarischen Gastronomie auch in den internationalen Zeitungen: Tamás Széll habe das inzwischen mit zwei MICHELIN-Sternen ausgezeichnete «Onyx» verlassen und koche jetzt im «Stand 25», einem Kiosk in Budapests schönster Markthalle, siehe unten.

Später am Abend rettete ich einen Selbstmörder. Er war gerade im Begriff, die Kettenbrücke zu besteigen und mit einem Satz ins Wasser seinem Leben ein Ende zu bereiten. Die klassizistische Brücke ist bekanntlich eine Hängebrücke, und ihre Seile, an denen die Hänger befestigt sind, die ihrerseits die Fahrbahn tragen, sind so leicht zu besteigen, dass die Stadt Budapest, läge sie in Amerika, längst durch Sonne und Mond geklagt worden wäre vor lauter Selbstmördern, denen das zu einfach ging. Hmm, vielleicht auch nicht.

Ich kam jedenfalls gerade von meinem Dinner im «Onyx», das mich mit Schwung, aber auch Verantwortungsbewusstsein ausgestattet hatte, und sah, wie ein junger Mann mit einer Kamera in der Hand sich anschickte, das zwischen Gehsteig und Fahrbahn der Brücke befestigte Seil emporzuklettern.

«Hey», rief ich, «komm herunter.»

«Vegye kép», rief der junge Mann, «Köszönöm.»

«Das hat doch keinen Sinn», rief ich, schon etwas lauter, «mach doch keinen Scheiß.»

Er aber stieg langsam und bedächtig weiter hinauf.

«Nein!», schrie ich. Es klang schrill. Ein paar Passanten wurden auf mich aufmerksam und blieben stehen.

«*Vegye kép*», rief der junge Mann noch einmal. «*Köszönöm.*»

Ich fragte mein Smartphone, was *Köszönöm* heißen soll. Aber statt des erwarteten dramatischen Abschiedsgrußes erschien als Übersetzung bloß: «Danke». *Vegye kép* hingegen übersetzte mein schlaues Gerät mit «Ich mache ein Foto.» Der Kerl wollte sich also nicht nur umbringen, sondern sich dabei auch noch fotografieren und das Bild anschließend auf FACEBOOK stellen.

Aber so weit kam es nicht, denn inzwischen beobachteten so viele Menschen den Kletterer bei seinem Tun, dass er die Lust verlor und wieder herunterstieg.

«*Köszönom*», sagte ich.

Der Selbstmörder sagte gar nichts, sondern verschwand in der Finsternis der Nacht.

Am nächsten Tag trieb ich meine neu gewonnene Gulaschsuppenbegeisterung weiter. Ich lief kreuz und quer durch die Stadt und bettelte um Adressen. Der Tipp, es in der Großen Markthalle, dem *Nagy Vásárcsarnok,* zu versuchen, war nicht schlecht, denn die fußballfeldgroße Halle, stilistisch aus demselben Holz geschnitzt wie etwa die Franzensburg im Schlosspark Laxenburg, offenbarte tiefe Einblicke in die Seele ungarischer Marktstandler und -einkäufer. Es gab unendlich viele Fleisch- und Geflügelstände, an denen der Verdacht in mir aufkeimte, dass in Ungarn Gänse gezüchtet werden, die nur aus ihrer Leber bestehen. Außerdem belustigte mich, dass auf praktisch jedem Ladenschild die Beschreibung der Ware mit den Worten «*Friss és* ...» begann (ich werde zwar alt, bin aber deshalb nicht minder infantil. *«Friss és»* bedeutet «Frisch und ...» und wird meistens mit dem Wort *«fagyasztott»* ergänzt, was «gefroren» heißt; mir reichte *«friss és»* auch ohne Übersetzung. Ich finde so was lustig).

Natürlich gab es auch jede Menge Kneipen in der riesigen, von einer Galerie im ersten Stock umkränzten Markthalle. Dort konnte man Langos essen und Meterwürste und natürlich auch Gulaschsuppe. Aber die schmeckte so wie in der Bahnhofwirtschaft von Wörgl (wenn es dort noch eine Bahnhofwirtschaft gäbe).

Ich wanderte durch die Innenstadt. Herrliche Jugendstilbauten, viel H&M. Mir fiel auf, dass sich viele internationale Konzerne hier angesiedelt hatten, die es anderswo gar nicht erst versucht hatten, Stichwort: «Kentucky Fried Chicken». In der Fußgängerzone gab es überall Devotionalien der russischen Armee zu kaufen. Dieselben lebenden Statuen wie in allen anderen europäischen Hauptstädten harrten ihres Trinkgelds.

Ich spazierte an der Großen Synagoge vorbei, sie glänzte frisch renoviert. Im gesamten jüdischen Viertel sah ich keinen Juden, obwohl Sabbat war. Ich ging die Erzsébet krt. entlang und bewunderte die majestätischen Gebäude, manche von ihnen piekfein überholt, andere ein bisschen faltig und in Erwartung ihrer Überholung.

Der Grat zwischen sympathischer Abgerocktheit und übertriebener, falsch gemeinter Sorgfalt ist schmal. Ich machte im «New York Café» eine kurze Pause, um, bingo, eine Gulaschsuppe zu probieren, war sprachlos über das üppige, kathedralenmäßige Ambiente, in das irgendwelche Innenarchitekten, die besser etwas anderes studiert hätten, Möbel hineingebaut hatten, die bei irgendwelchen Planungssitzungen sicher als «heutige Akzente» missverstanden worden waren. Jetzt störten sie die Aura des Ortes. Sicher, das Café war noch immer eindrucksvoll mit seiner gewaltigen Raumhöhe, den Fensterbögen und flächigen Verspiegelungen, den Säulen und barocken, golden lackierten Verzierungen. Aber es verströmte auch den Charme eines Schlosses, das mit selbstbewussten Handgriffen in ein Gewerkschaftsheim verwandelt worden war.

Die Gulaschsuppe war deftig und gut. Es schwammen große Karotten- und Selleriestifte darin, kleine Teigwaren und gutes, mürbes Fleisch. Frisch gehackte Petersilie gab der Suppe die nötige Frische.

Borschtsch, das schönste Rot des Herbstes

Es gibt kaum eine bessere Gelegenheit, rot zu sehen: Borschtsch feiert das herbstlich Erdige und das Süß-saure, das heißt die bäuerliche Eleganz und den geschmacklichen Tiefgang, der sicher nicht am Boden des Tellers aufhört, sondern erst in den Kellern der eigenen Vorstellungskraft. Denn die aus roter Bete und im Idealfall aus allerhand merkwürdigen Zutaten hergestellte Suppe hat einiges zu erzählen.

Borschtsch gilt als russisches Nationalgericht (und hat seinen Cameo-Auftritt schon bei Klassikern wie Eisensteins *Panzerkreuzer Potemkin* abgeliefert), auch wenn der russische Foodhistoriker und Wodka-Experte William Pochljobkin Indizien dafür gesammelt

ein Getränk aus vergorenem Brot bezeichnet, das man in der Ukraine an jeder Straßenecke zu kaufen bekommt. Für den *Borschtsch* wird Brot oder Malz, Roggenmehl und *Kwas*-Hefe oder Sauerteig mit den roten Rüben vergoren: Das dauert und bedarf einiger Übung. Im Idealfall ist das Ergebnis von spritziger Frische, ergänzt die Süße der roten Bete um zitronige Noten und feinen Brotgeschmack.

Für den Fall, dass man den Fermentierungskurs auslassen möchte, aber nicht auf organische Säure verzichten, schlägt die ECONOMIST-Autorin Josie Delap vor, für die Würze des *Borschtsch* Tomatensaft unter einem Film von Öl auf der Oberfläche zu vergären – einen Winter lang.

Aber natürlich kann man auch Essig verwenden, auch wenn man sich gleichzeitig um eine wirklich herzhafte Brühe verdient macht. Eine mit Knochen und Rinderbrust angesetzte Suppe ist dafür sicher die richtige Wahl, auch wenn es Alternativen gibt: In Odessa wird der *Borschtsch* mit Fischsuppe angesetzt, und es gibt zahlreiche vegetarische Varianten – die aber nicht so herzhaft überzeugen wie eine gelungene Rindssuppe, die manchmal auch mit Speck angereichert wird – was wiederum mir zu deftig ist.

hat, dass die Suppe zur kulinarischen Hegemonie der Ukraine gehört.

Doch lässt sich der *Borschtsch* sicher nicht den beiden verfeindeten Nachbarn allein zuschreiben. Von Polen über Galizien, die Ukraine, Weißrussland bis ins Wolga-Gebiet zieht sich der sogenannte «*Borschtsch-Gürtel*», wo die Suppe im täglichen Leben eine bestimmende Rolle spielt, ob als Vorspeise wie in Russland und der Ukraine oder als eigenständige Mahlzeit überall sonst.

Darüber hinaus hat der *Borschtsch* internationale Karriere gemacht. Als der epochale Auguste Escoffier die Suppe bei russischen Emigranten kennenlernte, zögerte er nicht, seine veredelte Version davon im «Ritz» zu servieren. Mit den jüdischen Emigranten auf den Atlantikdampfern setzte auch der *Borschtsch* nach Amerika über, und es dauerte nicht lange, bis auch in den Catskill Mountains ein eigener *Borschtsch Belt* etabliert war.

Das Großartige an der Suppe ist die Balance zwischen süßen und sauren Aromen und dem herzhaften Grundgeschmack. Die Säure ist dabei das Schwierigste: Sie stammt klassischerweise von einer ostslawischen Spezialität namens *Kwas*, was im Allgemeinen

Zutaten: 400 g Suppenfleisch, Suppenknochen, 300 g Rote Bete (gekocht), 700 g Gemüse (Zwiebeln, Knoblauch, Lauch, Karotten, Weißkraut, Sellerie), 100 g Schweineschmalz, 2 EL Tomatenmark, 2 EL Essig, Pfefferkörner, Fenchelsamen, Lorbeerblatt, Salz, gemahlener Pfeffer, 1 EL geschnittener Dill, Saft roher roter Rüben und 1 Becher Sauerrahm.

Zubereitung: Suppenfleisch und Knochen mit 1,5 Litern Wasser aufkochen und sieden lassen. Schaum abschöpfen. Gekochte und geschälte Rote Bete und Gemüse in mundgerechte Stücke schneiden. Schweineschmalz erhitzen. Geschnittenes Gemüse zugeben, anschwitzen. Tomatenmark beifügen, mit Essig ablöschen. Das Gemüse zum Fleisch geben. Pfefferkörner, Fenchelsamen und Lorbeerblatt in einen Gewürzbeutel packen, einlegen und fertig garen. Danach Gewürzbeutel wieder herausnehmen und wegwerfen. Fleisch in Stücke schneiden und wieder in die Suppe geben. Mit Salz und Pfeffer abschmecken, Dill auf die Suppe streuen. Roten Rübensaft und Sauerrahm extra zur Suppe servieren. Viel Sauerrahm!

Der Borschtsch ist gelungen, wenn die Suppe eigentlich ein Eintopf ist. Der Holzlöffel soll jedenfalls aufrecht darin steckenbleiben. Wodka erlaubt, wenn nicht Pflicht.

Ich trank ein Bier dazu und zog weiter.

Ich weiß nicht, warum ich der Meinung gewesen war, dass es in Wien die schönsten Cafés der Welt gibt. Vielleicht, weil ich liebe, was mir nah ist. Vielleicht aber auch, weil ich auf die Propaganda der Wien-Besucher hereinfalle, die immer halb ohnmächtig sind, wenn sie auf einem Spaziergang durch die Stadt die heilige Dreifaltigkeit der Wiener Kaffeehäuser – Prückel-Sperl-Tirolerhof – abgeklappert haben und mir einreden wollen, so etwas gäbe es in keiner anderen Stadt der Welt.

Stimmt aber nicht. Ich marschierte maximal 20 Minuten vom «New York Café» hinüber auf die Andrássy út und kehrte dort im «Book Café» ein, dessen frühere Bestimmung es gewesen war, Ballsaal des Pariser Großwarenhauses (*Párisi Nagy Áruház*) zu sein. Die Budapester hatten das Haus liebevoll «Modehalle» genannt. Hinter der großartigen Jugendstilfassade befindet sich heute zwar eine Großbuchhandlung, durch deren Budapestensia-Abteilung man sich kämpfen muss, bevor sich himmelhoch der Saal des Cafés öffnet und eine Art von Bewusstseinserweiterung bewirkt: Kassettendecke, Kristalllüster, Wandverspiegelungen und jede Menge weltlicher Malereien an der Decke vermitteln dir imperialen Eskapismus.

Dem Sphärischen trat ich durch die Bestellung einer Cremeschnitte entgegen, und damit war der Tag gelaufen. Die Portion war so groß, dass ich den Gedanken an weitere Gulaschsuppen aufgab und stattdessen die wesentlichen Touristenattraktionen der Stadt abklapperte.

Ich marschierte über die Kettenbrücke und nahm die Serpentinen hinauf ins Burgviertel. Ich besuchte die Ungarische Nationalgalerie und die Matthias-Kirche, stieß bei jeder Gelegenheit auf Bildnisse von Romy Schneider alias Kaiserin Elisabeth, fragte mich, ob die Amis das potthässliche «Hilton»-Hotel als Trojanisches Pferd an die historische Stätte gebaut hatten, um den Eindruck vollkommener, historistischer Harmonie Kaugummi kauend zu stören, nahm in der «Disneyland»-Bar auf den Mauern der Fischerbastei einen Drink und wäre fast schon wieder in Laune gewesen, einen Imbiss zu nehmen, als mich im Basteiwirtshaus ein Kantinenduft empfing, der mir die Idee, noch eine Gulaschsuppe zu versuchen, plötzlich ranzig scheinen ließ.

(Wenn ihr es genau wissen wollt: Ich fuhr mit der Sikló-Standseilbahn wieder hinunter ans Donauufer und suchte das «Nobu» im «Hotel Kempinski» auf, wo ich etwas *Tuna Tataki, Yellowtail Sashimi* mit *Jalapeño* und *Toro Tatar* naschte und den sengenden Geschmack des pannonischen Paprikapulvers für einen Augenblick gar nicht vermisste, sondern die Segnungen des interkontinentalen *Fusion-Foods* gar nicht so schlecht fand.)

Am nächsten Morgen setzte ich meine Suche nach wahrer Gulaschkultur fort. Ich hatte abends noch ein bisschen Recherche betrieben und mir einen Tipp besorgt: Draußen im Stadtwäldchen finde an diesem Sonntag ein Fest statt, bei dem es Gulaschsuppe gebe, die sich von jeder anderen Suppe dadurch unterscheide, dass sie im angemessenen Gebinde zubereitet werde.

«Was meinen Sie mit angemessen?», hatte ich gefragt.

«Sie werden es mit eigenen Augen sehen», sagte mir der Informant, der geheim bleiben muss. Nur so viel: Er mixt exzentrische Gin Tonics an der Hotelbar.

Also machte ich mich auf den Weg ins Stadtwäldchen. Es befindet sich im 14. Bezirk Budapests am Ende der Andrássy út. Die Andrássy út ist nach Gyula Andrássy dem Älteren benannt, einem österreich-ungarischen Politiker, hieß aber auch schon Stalin-Straße, Straße der Ungarischen Jugend und Straße der Volksrepublik. Sie symbolisiert den Wandel, dem sich die Stadt regelmäßig unterziehen muss. Ich hatte einige Zeit, um über Veränderungen im Speziellen und im Allgemeinen nachzudenken, da die Andrássy út nicht nur als Metapher bedeutsam, sondern auch ganz schön lang ist – ich marschierte mir einen Satz Sohlen von meinen Nikes, bevor ich endlich am Heldenplatz ankam, wo mich fast ein *Hop-On-Hop-Off*-Bus überfuhr und mir ein Verkäufer mit mangelnder Menschenkenntnis ein Ticket für den Zoo andrehen wollte.

Hinter dem Heldenplatz erstreckt sich endlich das Stadtwäldchen. Es fiel mir nicht schwer, hinter einem entzückenden Eislaufplatz die Zeltstadt auszumachen, die der temporären Befriedigung kulinarischer Bedürfnisse diente. Etwas weiter hinten befand sich der berühmte Zoo und das mindestens so berühmte Restaurant «Gundel».

Also marschierte ich an einer Reihe von Buden vorbei, an denen es alle möglichen Formen von Fisch gab, getrockneten Fisch, Steckerlfisch, Fisch auf dem Holzkohlengrill. Dann stieß ich zu einer Ecke vor, an der sich in einer Reihe nicht weniger als zwölf Stahlzylinder von siebzig Zentimetern Durchmesser und einem Meter Höhe befanden, in denen eine rote Flüssigkeit blubberte.

«Halászlé», antwortete der voluminöse Standler, dessen T-Shirt mir verriet, dass hier eigentlich ein *«Halfesztivál»*, ein «Fischfest», ausgetragen werde, und ich begann mir bereits Sorgen zu machen, dass ich von meinem ursprünglichen Plan, Gulaschsuppe aus dem angemessenen Gebinde zu kosten, zugunsten einer ungeplanten Fischsuppe würde abrücken müssen.

Aber dann sah ich den Topf.

Stellt euch einen Topf in beliebiger Größe vor.

Meiner war größer. Er war genau so groß wie in den altmodischen Witzen, in denen schwarze Menschenfresser einen Missionar weichkochen. Darunter standen gleich zwei Bunsenbrenner, um den Topf – ich rechnete mir aus, dass er Platz für ungefähr drei Kubikmeter Inhalt haben musste – auf Betriebstemperatur zu bringen.

«Und das?»

Ich deutete auf den Kannibalentopf.

Der Standler grinste so breit, dass ich mehr über sein Gebiss erfuhr, als mir lieb war: *«Gulyásleves».* Gulaschsuppe.

Ich will nicht sagen, dass die Gulaschsuppe aus dem Stadtwäldchen ebenso delikat war wie die Evolutionsgulaschsuppe im «Onyx», aber sie packte mich mit ihrem Charme. Es musste ein halbes Rindvieh für diese Portion verkocht worden sein, ganz zu schweigen von den Eimern kostbaren, süßen Paprikapulvers, und ich lüge nicht, wenn ich nicht mit dem armen Teufel tauschen wollte, der die Aufgabe übernommen hatte, die Zwiebeln zu schneiden und den Knoblauch zu schälen.

Die Suppe hatte Substanz und Dichte. Sie duftete nach Paprika und Fleisch, und der Spiegel aus Fett, der sich schnell auf der Oberfläche bildete, wies darauf hin, dass es niemand notwendig gefunden hatte, das Fett abzuschöpfen, so ein Glück.

Es war knapp elf Uhr vormittags. Irgendwo machte sich eine Band bereit, um das Publikum, für das ein riesiges Festzelt aufgestellt worden war, zu unterhalten, aber jetzt lief noch eine alte Platte von den «Kinks» über die Boxen, «Waterloo Sunset», wie wunderbar.

«Schmeckt?», fragte der Standler, der plötzlich Deutsch konnte.

«Ja», hauchte ich. «Gut.»

«Ist noch zu früh», sagte der Standler. «Am besten ist die Suppe am Nachmittag, wenn schon alle gegessen haben. Muss mindestens zehn Stunden köcheln, damit sie wirklich gut ist.»

«Aha», sagte ich mit detektivischem Spürsinn. «Dann essen also Sie.»

«Dann esse ich», nickte mein Freund mit dem Gebiss.

Dann nahm er den Schöpfer, füllte mit geübtem Schwung den Suppenteller aus Metall, der allein ihm zu gehören schien, mit Gulaschsuppe und setzte sich an die Buddel seines Standes, um sich genüsslich darüber herzumachen.

«Aber jetzt», sagte er, «esse ich auch.»

Wo gibt es besseren Wein?
Wo machen sie besseren Senf?
Wo ist die Heimat des besten Käses?
Wo rührt mich ein Besuch auf
dem Bauernmarkt zu Tränen? Genau.

Burgund

Nachdem ich eine Runde über den Marktplatz von Beaune gedreht, mich in die historische Markthalle unter ihrer steilen, glänzenden Dachfläche gedrängt, Geflügel, Käse, Fleisch, Pasteten, *Foie gras* angesehen und betastet, Probierbissen bekommen und verzehrt hatte, suchte ich mir ein freies Plätzchen auf den Stufen des «Hôtel de Ville», setzte mich und begann zu weinen.

Die Tränen spritzten waagrecht aus meinen Augen. Sie liefen an der Innenseite meiner Brille hinunter. Mein Brustkorb kontrahierte sich krampfartig, ich konnte mein Schluchzen nicht kontrollieren. Ich hatte genug damit zu tun, Luft zu kriegen, dabei heulte ich wie ein wütendes Kind, bevor der konvulsive Schmerz sich in der Entspannung leisen Weinens auflöste, scheinbar nach innen gekehrt, aber noch immer von drängender, unwiderstehlicher Kraft. Es dauerte nicht lange, und mein weißes Hemd war auf der Brustseite klatschnass, startklar für den *Wet-Belly*-Wettbewerb.

Eine elegante Dame, die schwer an zwei prallvollen Einkaufsnetzen schleppte – ich sah Melonen, Pfirsiche, Salat, den fußballgroßen Umriss eines Huhns, dessen schwarze Beine aus dem Papier, in das es eingeschlagen war, herausragten und davon Zeugnis ablegten, dass die Dame wusste, was sie einzukaufen hat – blieb vor mir stehen.

«Was ist denn mit Ihnen los?», fragte sie, stellte ihre Taschen auf den Boden, und es fehlte nicht viel, und sie hätte mir mit der Hand über den Kopf gestreichelt.

Mich erfasste eine fremde Scham. Ich vergrub das Gesicht in den Händen und heulte lautlos weiter. Niemand würde mich sehen, wenn ich niemanden sah.

Ich hörte, wie die besorgte Frauenstimme gedämpft zu einer dritten Person sagte: «Der hat Liebeskummer», dann kam ihre dunkle, tröstende Stimme noch einmal näher und sagte zu meiner jammervollen Aura: «Hier. Das hilft.»

Ich hörte das Rascheln von Papier und spürte, dass etwas neben mich auf die Stufen gelegt wurde. Dann berührte mich die Hand der Trösterin leicht an der Schulter, bevor sich ihre Schritte im aufgeregten Rauschen des Marktvormittags verloren.

Dürfen Männer weinen? Die Frage hat mich schon immer amüsiert. Wie soll man zum Beispiel am Ende von E.T., wenn der hässliche, kleine Kerl endlich nach Hause darf, nicht weinen? Wer kann es aushalten, die wunderbare Händel-Arie *Lascia la spina* ... in der Low-Tempo-Version Cecilia Bartolis zu hören und dabei nicht automatisch nach dem Taschentuch zu greifen? Und welcher in unseren Breiten domizilierte Liebhaber guten Essens und Trinkens hält es aus, über den Markt von Beaune zu gehen und dabei an die Supermarktregale von zu Hause zu denken, wo der traurige Alltag aufgeschlichtet liegt?

Ich weiß, ich weiß. Wir leben für den Augenblick, und wer den Augenblick nicht genießen kann, ohne an das Morgen zu denken, wird bitter und kriegt Falten. Aber die Gedanken ließen sich nicht verscheuchen. Sie kehrten in einem Schwarm von Fragen zu mir zurück, umkreisten mich wie Mücken, waren lästig und stachen:

Wäre nicht auch für uns Mitteleuropäer ein besseres kulinarisches Leben möglich, zumal in einer Region, wo es so vieles gibt, nur nicht den Willen einer qualifizierten Mehrheit, wirklich gute Produkte zu kaufen, zu empfehlen und zu bezahlen? Warum legen wir bei unserem täglichen Einkauf nur Mindestmaß an und negieren die außerordentlichen Möglichkeiten, die wir in der Theorie vorfinden, um entsprechendes Gemüse, Obst, Käse, Wurst, Fleisch und Geflügel herzustellen?

Klar, hier in Frankreich hat das gute Essen Tradition, haben gute Erzeuger Tradition, weil anspruchsvolle Konsumenten Tradition haben. Aber wäre es nicht an der Zeit, mit unserer zukünftigen Tradition als Erzeuger und Genießer bester Produkte endlich anzufangen? Oder gibt es einen Grund, der dagegen spricht, Käse länger reifen zu lassen und Fleisch zu verkaufen, wenn es lang genug abgehangen ist? Das Brotbacken nicht den Industriebäckern mit ihren vereinheitlichten Backmischungen zu überlassen? Warum gelingt uns, was einige Protagonisten im Weinbau eindrucksvoll vorgezeigt haben, nicht bei der Erzeugung von Hühnern und Tauben, nämlich der Vorstoß in die Weltklasse? Warum ist ein toller Gemüsebauer wie Erich Stekovics ein Star und nicht einer von vielen, die einfach den richtigen Maßstab anlegen?

Ich spürte, wie der Kummer schon wieder meine Nebenhöhlen eroberte. Aber ich widerstand, schüttelte den Kopf mit der Entschlossenheit eines alten Silberrückens und wollte mich gerade auf meine zweite Runde über den Marktplatz machen – es ist die zweite Runde, die entscheidet, was eingekauft wird; die erste gilt bloß der Orientierung –, als ich das kleine Paket bemerkte, das noch auf der Stiege lag, wo ich gerade gesessen hatte. Der Inhalt war in hellblau gemustertes Papier eingeschlagen und mit einem glänzenden, dunkelblauen Band verschnürt.

Neugierig öffnete ich das Paket. Zum Vorschein kam ein kleiner, kastenförmiger Kuchen, oder war es ein Stück Brot? Ich entfernte das Papier und sog den kräftigen, würzigen Duft ein, den mein Geschenk verströmte. Es roch nach Honig, nach Zimt und Nelken, nach Pfeffer und Ingwer, aber es hatte auch ein erdiges, kräftiges Roggenaroma, eine rustikale Konstante, über der sich die exotischen Gewürze als federleichte Wolke materialisierten.

Ich setzte mich noch einmal auf die Stufen des Rathauses und bohrte mit den Fingern ein Stück aus dem Gewürzbrot, dem traditionellen *Pain d'Épices* dieser Region, und als die kräftige Kruste nachgab und das entspannte, luftige Innenleben des Brotes preisgab, kehrte das Lächeln zurück in mein Gesicht, und meine Synapsen begannen wieder so zu funktionieren, wie ich das von ihnen gewöhnt bin.

«Was», fragte mein Kleinhirn zum Beispiel laut und vernehmlich, «würdest du am liebsten zu diesem Brot essen?»

Mein Gaumen stand auf und suchte den richtigen Käsestand. Dabei hielten meine Augen Ausschau nach meiner Trösterin. Aber ich sah sie nicht mehr.

Trotzdem danke.

Die Bourgogne – je nach frankofoner Neigung nennen sie ihre Kenner «die» oder «das» Burgund, für mich ist beides okay, obwohl das «das» eindeutig korrekt ist – ist gebenedeit unter den französischen Landstrichen. Nirgendwo wächst besserer Wein, nirgendwo gibt es entschiedeneren Käse, und über die Rinder des Charolais und das Geflügel der Bresse muss man sowieso kein Wort verlieren – sie stehen synonym für Höhenflüge von Qualität.

Das Burgund, die Region, deren geografische Breite etwa mit jener der Steiermark übereinstimmt, besitzt das Privileg, dass sich hier gleich mehrere kulinarische Kraftlinien kreuzen. Ideale geologische und klimatische Voraussetzungen treffen auf die psychologische Disposition der Menschen, die hier leben und ihre Region so gut es nur geht in Lebensmittel übersetzen wollen. In Kombination entsteht auf diese Weise ein unglaublicher Reichtum an Ausdrücken – oder wie nennt man die Story, die eine Flasche Chambolle-Musigny zu erzählen hat oder ein frisch aus seiner Holzkiste befreites Stück *Epoisses*?

Es war ein irritierendes Gefühl, in einer eleganten, hügeligen Landschaft auf einer gut ausgebauten Straße durch Orte zu rollen, deren Ortsnamen man bereits so oft auf dem Etikett erstaunlicher Weine begegnet war. Gevrey-Chambertin, Morey-Saint-Denis, Chambolle-Musigny, Vougeot. Etwa so plausibel, als lägen im Burgenland die Ortschaften Pannobile, Imperator und Cuveé Quattro direkt nebeneinander.

In Vosne-Romanée fuhr ich von der Durchzugsstraße ab. Ich lenkte das Auto am Kirchturm vorbei und ließ es vor der Post stehen. Zwischen gut gepflegten Natursteinhäusern wanderte ich einen schmalen Weg, der Rue du Chateau hieß, auf den nach Westen ansteigenden Hügel hinauf. Bald hatte ich die Häuser des Ortes hinter mir gelassen und befand mich in einer ungewohnten Parklandschaft.

Die Weinberge, die auf diesem Hügel wachsen, hatten nichts vom wilden Wachstum oder der bäuerlichen Benützbarkeit anderer Weinregionen. Die Rebstöcke standen in einer Entfernung von vielleicht 80 Zentimetern Schulter an Schulter, auf Heckenhöhe geschnitten von merkwürdigen Mondfahrzeugen, von denen ich bereits einige am Straßenrand stehen gesehen hatte. Ihre Achsbreite war genau auf die Spuren zwischen den Stöcken abgestimmt, und der Fahrer saß auf der Höhe eines Hochrads, um das Vehikel sorgfältig über die wertvollen Kulturen steuern zu können und das Laub, das zu ungestüm wächst, in Form zu schneiden, ich würde sagen *à la Sanssouci*.

Vor der hüfthohen Begrenzungsmauer des nächsten Weingartens stand ein verwittertes Kruzifix. In das Mäuerchen war eine Steintafel eingelassen, auf der in schicken Versalien der Schriftzug «Romanée-Conti» eingraviert war, und neben dieser eleganten Verortung des Rebbergs, auf dem einige der teuersten Weine der Welt wachsen, wies man zur Sicherheit – und mit glaubwürdigem Nachdruck auf rotem Metall – darauf hin, dass der Eigentümer der Domäne zwar sehr froh sei, dass der Besucher hierher gekommen sei, um zu staunen und die Schönheit der Natur zu genießen, aber für den Fall, dass er die Trauben kosten wolle, solle er bitte mit Blitzschlag oder Atombombe rechnen. Selten habe ich eine so freundliche Aufforderung gelesen, dass man sich jetzt bitte schleichen soll.

Ich ließ meinen Blick über den benachbarten La-Tâche-Berg schweifen, und ich gestehe, dass ich die bereits gut entwickelten Trauben etwas beneidete. So jung und schon so teuer. So hier und doch schon so fort, in Japan, Amerika, Dubai, weiß Gott, wo das Geld wohnt, gegen das diese Trauben einmal im finalen Aggregatzustand eingetauscht werden.

Dann sah ich, wie viel Kupfer auf dem Laub lag, gerade erst gespritzt, um dem burgundischen Schreckgespenst, dem Mehltau, den Weg abzuschneiden. Das war der Moment, als ich wieder froh war, ich zu sein in meinem biodynamischen Solipsismus.

Ich spazierte den Romanée-Conti-Weingarten ab und ertappte mich dabei, die Schönheit und die Ruhe der Landschaft gar nicht richtig wahrzunehmen, weil die Zahlen in meinem Kopf einen viel zu großen Lärm machten. 700 Euro für eine Flasche vom Einfachen, 18 000 für eine Flasche vom Speziellen. Sag mir bitte noch jemand, dass er vor diesem Hintergrund über die Vorzüge des weißen Ooliths, des Premeaux-Kalksteins und der lehmig-kalkigen Schichten sprechen möchte, auf denen dieser Wein gedeiht und über deren Übersetzung in dessen geschmackliche Finessen.

Gleichzeitig war mir klar, dass ich dem Wein auch wieder unrecht tat. Was kann er dafür, dass sein Image jede Flasche so schwer macht, dass man sie fast nicht heben kann, um den Wein in ein Glas einzuschenken? Andererseits kann ich mich jetzt nicht zu einer Verteidigungsrede für den Romanée-Conti aufschwingen, weil ich ihn nicht gekostet habe, leider. Alle, die ein Interesse daran haben, mein Urteil zu hören, sollen eine Flasche an den Verlag schicken, Expertise kommt dann, ausgedruckt auf Büttenpapier.

Ich ging also zurück ins Dorf. Der Weg, den ich jetzt nahm, hatte auch einen bedeutungsvollen Namen, Rue du Temps Perdu, Straße der verlorenen Zeit. Im Gegensatz zum Wein kostet das Taschenbuch, dessen Titel der Straße den Namen geschenkt hat, nur 13 Euro. Proust.

Im «Lameloise» hatten sie die Hitze ausgesperrt, sodass die Kellner auch bei steilster Sonneneinstrahlung entspannt schwarz tragen konnten. Der Weg von Beaune nach Chagny, wo dieses traditionelle, von drei MICHELIN-Sternen geschmückte Haus am Hauptplatz steht, führte durch Pommard, Volnay, Meursault und Puligny-Montrachet, und so ähnlich sah auch die Weinkarte aus. Ich bestellte also mit bestem Gewissen einen Meursault von Coche-Dury, Jahrgang 2005, und weil man so viel Weißwein nicht ohne Unterlage trinken soll, entschied ich mich schnell für das Degustationsmenü. Damit war ich in guter Gesellschaft, sowohl an meinem Tisch als auch im Speisesaal, in dem bereits munter getafelt wurde.

Das Mittagsmenü:
Fraîcheur de tourteau & langoustines, citron & romarin
Nectar de tomates «cœur de bœuf»

Blanc de Saint Pierre cuit lentement, mousseline de seiche
Infusion de carottes au beurre persillé

Homard bleu & truffes d'été, la pince en parmentier
Le médaillon en robe et pommes de terre à la vapeur
Poitrine de pigeonneau rôtie au pralin de pain d'épices
Marmelade de cerises & girolles, polenta crémeuse torréfiée

Fromages frais & affinés

Dessert au choix

Es ging Schlag auf Schlag. Der Oberkellner, der an meinem eckigen Französisch sofort meine Provenienz festgestellt hatte und jedes potenzielle Missverständnis mit weichem, souveränem Deutsch zu kitten versuchte, führte mich gefühlvoll in die Usancen des «Lameloise» ein: Jedes Gericht hat die Größe einer Hauptspeise. Zurückgeschickt wird nichts. Schauen Sie sich bitte einmal um, sehen Sie einen einzigen Teller, auf dem auch nur ein Knochen in die Küche zurückgeht? Na eben.

Das sagte der Maître selbstverständlich in ganz anderen Worten, verbindlich und charmant. Er antwortete zum Beispiel auf die Bitte, für meinen Sohn kleinere Portionen zu machen: «Kein Problem, Monsieur. Unsere Teller sind nicht groß. Wir denken auch an die

Damen» – er ließ den Blick an den Nebentisch schweifen, wo eine drahtige Frau im ärmellosen Schwarzen gerade mit größtem Appetit die Taube verzehrte – «und wenn es Ihnen zu viel ist, lassen Sie es einfach stehen.» Jetzt zoomte sein Blick auf den Piccolo, der gerade die Teller eines anderen Tisches abräumte. Sie sahen aus wie blank poliert.

Der Wein kam, und mit den ersten Schlucken dieses Ur-Meursaults schwanden meine Zweifel, ob Taschenkrebs und Langusten, St. Petersfisch und Tintenfischpüree, Hummer mit Sommertrüffeln und die Taubenbrust mit der Polentacreme zu bewältigen sein würden, geschweige denn die Verheißungen des Käsewagens und die Desserts, von denen jenes für den *Amateur de chocolat,* den Liebhaber der Schokolade, im Status einer Legende steht.

Languste und Krebs waren hinreißend, veredelt von den südlichen Aromen von Zitrone und Rosmarin und einer auf kunstvolle Weise konzentrierten Tomatencreme, die dem Gericht seine Krone aufsetzte. Auch der Fisch – zwei faustgroße Stücke Saint Pierre, perfekt glasig gedünstet – war überzeugend und wurde von einer himmlischen Karottensauce begleitet, die sich mit der Petersilienbutter zu einer Delikatesse höchster Ordnung verband. Hätte ich die Sauce vielleicht nicht mit Weißbrot auftunken sollen, bis nichts mehr in der kupfernen Kasserolle war, in der sie serviert wurde?

Etwa an dieser Stelle des Menüs war von Hunger keine Spur mehr, obwohl ich wohlweislich nicht gefrühstückt hatte.

Der Meursault half mir, den Hummer zu bewältigen, dessen Fleisch in einem von perfekt gegarten Kartoffeln ummantelten Küchlein serviert wurde, sodass ich am liebsten laut applaudiert hätte. Dann war der Wein leer. Der Maître riet mir für den weiteren Verlauf unseres kleinen Mittagessens zu einem Gevrey-Chambertin von Armand Rousseau, und ich schlug ein.

Die Pause, bis die Taube serviert wurde, verging schnell, obwohl ich um Aufschub gebettelt hatte. Das Gericht wischte mein Zaudern augenblicklich vom Tisch. Die perfekt, also fast gar nicht gegarte Taubenbrust kam mit einem intensiven Kompott von Kirschen und Eierschwämmen, und wieder war es die Beilage, die auf

Pfandhaus bringen muss. Außerdem, um das angesichts der Ente-Preise nicht allzu sehr zu relativieren: Auch Weine für 40 Euro sind keine Billigweine, sondern zählen für mich zur Kategorie «Luxusprodukt».

Warum aber sind Weine zehnmal, hundertmal so teuer wie andere? Beide Ente-Brüder betonten, dass sie ihre Betriebe in größter Sorgfalt und mit einem maximalen Anteil an Handarbeit bestellen, dass die Erträge gering gehalten werden und nur das beste Traubenmaterial den Weg in die Flasche findet. Das glaube ich gerne, aber das ist auch bei zahllosen anderen Winzern der Fall, die für ihre Flaschen keine Fantasiepreise aufrufen. Und, interessant: Auch zwischen den Weinen von Arnaud und Benoît besteht preislich ein Unterschied, etwa Faktor fünf.

Was also macht den Unterschied aus? Selbstverständlich die Herkunft der Weine, ihre Sorte, Lage, die Kulturgeschichte des Weinbaus im Burgund, Koeffizienten, die allesamt in die anonyme Instanz namens Markt hineinwirken. Dieser Markt bildet nun, um mit der positiven Lesart zu beginnen, den Willen der Connaisseure ab, die bereit sind, für besonders guten Wein besonders gutes Geld zu bezahlen. Auf der negativen Seite wird der begehrte Wein

---

Macht sündteurer Wein Spaß (und warum nicht)?

Bei einer Verkostung von Weinen der burgundischen Kultwinzer Arnaud und Benoît Ente geriet ich in ein kolossales Dilemma, Quatsch, gleich in mehrere.

Es begann beim Geld. Ich bin nicht geizig, aber ich gehöre nicht zur Spezies der Menschen, über die ein gehobener Maßschneider einmal sagte: «Bei meinen Kunden spielt Geld keine Rolle.»

Bei mir spielt Geld leider durchaus eine Rolle, aber ich zögere nicht, damit gute, souverän und ethisch einwandfrei produzierte Lebensmittel einzukaufen. Auch Wein ist ein Lebensmittel, wenn auch ein besonderes. Einmal davon abgesehen, dass der Umgang mit alkoholischen Getränken besonderer Sorgfalt und Vorsicht bedarf, wie wir alle wissen, spielen auch die Preise bestimmter Weine total verrückt. Wer zum Beispiel einen Meursault 2016 von Arnaud Ente kaufen möchte, zahlt dafür einen Preis deutlich jenseits der 500 Franken – pro Flasche. Das Ernüchternde daran ist freilich, dass es die Weine selbst zu diesem Preis kaum irgendwo zu kaufen gibt. Denn, und das war die Essenz des Lageberichts, den der schüchterne und bescheidene Arnaud Ente vor der Verkostung abgab, sein Wein sei inzwischen auch zu einer Art Aktie geworden. Obwohl die überschaubaren Mengen des nur fünf Hektar großen Betriebs ausschließlich vertrauenswürdigen Händlern zugeteilt würden, könne man doch immer öfter den Weg einzelner Flaschen oder Kisten nach Asien verfolgen, wo in Hongkong oder Shanghai Rekordpreise für den Wein bezahlt werden, Preise, gegen die unsere 500 Franken plus wie ein Sonderangebot wirken.

Nun habe ich schon vor langer Zeit für mich selbst entschieden, für Wein keine Unsummen mehr auszugeben. Ich weiß, dass eine Obergrenze von 30 bis 40 Franken pro Flasche in den Augen echter Weinfreaks so kleinlich aussieht wie die Ansage eines Kunstsammlers, kein Werk anzuschaffen, das mehr als 150 Dollar kostet, sprich: Schnäppchenjäger. Aber das stimmt nicht.

Ich habe mit der Strategie gute Erfahrungen gemacht, vorzugsweise Weine zu kaufen, bei deren Genuss ich mir nicht überlegen muss, ob ich für den Ankauf einer zweiten Flasche meinen Computer ins zum ungetrunkenen Spekulationsobjekt, zur Ware ohne Seele. Schade.

Ich verkostete die Weine beider Ente-Brüder. Die Meursaults von Arnaud waren ziemlich grandios, soweit ich das beurteilen kann: das Wesen der Weinverkostung bringt es zwangsläufig mit sich, dass die Weine in kleinen Portionen ausgeschenkt werden, sodass für den Einzelnen nicht viel mehr bleibt als ein berauschender Duft, ein betörender Schluck, die Kontur einer Ahnung.

Wie der Wein also war? Eindrucksvoll. Vielversprechend. Aber was ist die überzeugendste Auskunft, die einem das eigene Innere gibt, nachdem man einen Schluck Wein gekostet hat? Dass man einen zweiten Schluck möchte, sodass man wahrnehmen kann, wie der Wein sich verändert, wie die Poesie seiner Herkunft und die Struktur seiner Aromen zusammenspielen, langsam ein Bild ergeben.

Zum Glück konnte ich eine Flasche Puligny-Montrachet 2016 von Benoît Ente ergattern, weit über meine Verhältnisse (90 Franken bei moevenpickwein.com), aber ohne den Computer in Zahlung geben zu müssen. Drittes Dilemma, ich weiß. Aber wirklich große Musik.

beiläufige Weise von der exorbitanten Qualität der Küche zeugte: eine cremige Polenta, deren Geschmack so tief, so innig war. Ich hatte keine Ahnung gehabt, dass aus Mais so eine Delikatesse entstehen kann.

Ich beugte den Kopf über das Gericht, und plötzlich stiegen mir wieder die Tränen in die Augen. Es war der Geruch des *Pain d'Épices,* der sich im Konzert dieser Aromen gerade vernehmen ließ, eine kurze, vertraute Sehnsuchtsmelodie.

Ich mache es kurz. Mein Sohn, der bis hierher beseelt mitgegessen hatte, konnte den Teller für den *Amateur de chocolat* nicht fertig essen. Damit ist einiges über die Wucht des Menüs gesagt. Ich selbst ließ mir den Vorschlag meiner Familie, nach dem Begleichen der Rechnung – das heißt nach einem Parcours ideenreicher Süßigkeiten und Karamellfallen, die den Kaffee begleiteten – augenblicklich ins Hotel zu gehen und eine horizontale Erholung anzustreben, durch den Kopf gehen.

Nach etwa vier Zehntelsekunden stimmte ich zu. Es war großartig gewesen, französisches Essen, wie französisches Essen sein soll. Hätte ich nur jeden Tag einen dieser Teller zu Mittag, meine Tage wären reicher.

Apropos Reichtum: Natürlich hat ein Menü im «Lameloise» seinen Preis. Aber für das Menü meines Buben, der immerhin mit Ausnahme des Hummers jeden Teller so wie ich serviert bekommen hatte, standen nur 25 Euro auf der Rechnung.

«Sie haben einen Fehler gemacht», sagte ich zum Maître.

Mit hochgezogenen Augenbrauen und einem selbstsicheren Ich-glaube-nicht-dass-wir-einen-Fehler-gemacht-haben-Monsieur-Lächeln kam er an den Tisch und kontrollierte die Rechnung.

«Ach das», sagte er und sah meinen Buben zärtlich an. «Das sind doch unsere Kunden von morgen.»

Ich fragte ihn, ob Kinder immer so wenig bezahlten.

«Selbstverständlich. Wir sind sehr kinderfreundlich. Wir wollen, dass Eltern ihre Kinder zu uns mitbringen. Das ist ein Restaurant, keine Kirche.»

Ich war beeindruckt. Seither erzähle ich die Story jedem Wirt, wo wir ein Familienmenü bestellen. Aber die Pointe ist irgendwie nie angekommen.

Als ich wieder stehen konnte, vertrat ich mir die Beine. Erwanderte die Côte d'Or und war beeindruckt von der Qualität der Architektur, von der historischen Präsenz der Weingüter. In vielen dieser Anlagen wird seit dem 13. Jahrhundert ohne Unterbrechung Wein gemacht, das darf auch bei echten Konservativen als «große Tradition» gelten.

Die Weingärten aufgeräumt und sauber. Die Orte wie in der Schweiz, von großer Ruhe und Ernsthaftigkeit. Der Respekt, der dem Burgund in der Welt entgegengebracht wird, hat auch die Herkunftsorte selbst beeindruckt. Reichtum selbstverständlich, Wohlstand eine Konstante. Eine Reise durch das Burgund ist wie das Gespräch mit einer Person, die weiß, dass sie sehr, sehr klug ist. Befruchtend natürlich, und ein Erlebnis jedenfalls. Aber im Zweifelsfall auch etwas anstrengend.

Gut, dass ich die Adresse der «Ruchotte» hatte. «La Ferme de la Ruchotte» ist ein kleiner Bauernhof im Hinterland der Côte d'Or, und wenn im Wald nicht immer wieder kleine Wegweiser stünden, die beruhigen, Nein, du bist nicht falsch, hätte ich bestimmt schon ein-, zweimal umgedreht, weil ich mir dachte, Nein, so weit weg von allem kann das nicht sein.

Ist aber. 20 Autominuten von Beaune. Als ich ankam, empfing mich ein schwarzes Schwein, das dort, wo ich das Auto fallen ließ, in einem Koben lebte und sein Leben offensichtlich genoss. Einige Natursteingebäude bildeten ein U, ich steuerte die Tür an, die offensichtlich ins Restaurant führte – wobei, Restaurant ist vielleicht ein zu großes Wort. Es handelt sich um eine Küche, vor der sich ein kleiner Gastraum ausstreckt, in dem ein langer Tisch steht, zwei kleine Tische sind abseits in Reserve.

Der lange Tisch war belebt. Eine Gruppe hungriger Franzosen, die von einem Mann angeführt wurde, der haargenau aussah wie Raymond Domenech, hatte sich gerade in die Weinkarte vertieft, und da auf dieser Weinkarte etwa 200 interessante Alternativen für die Abendgestaltung zu finden waren, musste ich ziemlich lang auf sie warten, denn Weinkarte gibt es in der «Ruchotte» nur eine – so wie es nur ein Menü gibt, einmal Vorspeise, Hauptspeise, Nachspeise, alles aus eigener Produktion und so bio, dass nicht einmal mehr gesagt wird, dass es bio ist, weil absolut selbstverständlich – und wer zum Beispiel keine Schnecken mag, bekommt dafür vielleicht mehr von der Hauptspeise. Das war an diesem Abend kein Fehler. Es kam ein in der Suppe serviertes, gekochtes Huhn mit Gemüse, das so saftig, kräftig und köstlich war, dass ich mir, obwohl ich bereits eine große Portion Schnecken verdrückt hatte, einen zweiten Teller füllen ließ.

Später, als ich über meinem Morey-Saint-Denis von der Domaine Dujac, Jahrgang 2005, auf den Käse wartete, kam das Glück zurück. Hier, im unverputzten Gastraum dieses abgelegenen Bauernhofs, schoss mir die Intensität, die diese Landschaft verströmt, ein wie eine Droge. Qualität als religiöse Selbstverständlichkeit. Jeder Atemzug eine Delikatesse.

Nebenan lärmten die Franzosen und verspeisten gerade ihren Käse mit Haut und Haaren. Als ich mein Stück bekam – es war ein Hartkäse mit unaussprechlichem Namen aus eigener Produktion – fragte ich, ob ich zufällig ein Stück *Pain d'Épices* dazu haben könnte.

Fréderic, Wirt und Koch in Personalunion, hob die Augenbrauen – und lächelte.

«Klar», sagte er.

Das Brot war wunderbar. Ich fragte Fréderic, wo er es kaufe.

Er musste lachen. «Kaufen?», fragte er. «Meines kann man nicht kaufen.»

Aber hier ist das Rezept:

Für eine Kastenform von 23 cm Länge: *455 g Mehl, 60 g Roggenmehl, 2½ TL Backsoda, 1½ TL gemahlener Zimt, 1½ TL fein gehackter Ingwer, ½ TL Salz, ¼ TL frisch geriebene Muskatnuss, ¼ TL frisch gehackte*

Gewürznelken, ¼ TL frisch gemahlener Pfeffer, ½ TL Aniskörner (ganz),
55 g Butter (auf Raumtemperatur), 1 großes Ei (auf Raumtemperatur),
340 g Honig, 1 EL fein gehackte Orangenzesten und 240 ml Wasser.

Zubereitung: Ofen auf 180 Grad vorheizen. Die Kuchenform buttern und
mit Mehl bestäuben. — Mehl, Roggenmehl, Soda, Gewürze und Salz in eine
Schüssel sieben. Aniskörner dazugeben. — Butter, Ei, Honig und Orangenzesten in einer anderen Form zusammenmixen. — Wasser dazugeben, dann
die trockenen Zutaten in drei Durchgängen dazugeben und sorgfältig vermischen. — Den Teig in die Form geben und 60 Minuten lang backen – oder
so lange, bis eine Nadel, die in das Brot geschoben wird, sauber wieder heraus-
kommt. Wenn das Brot an der Oberseite eine dunke Farbe annimmt, ist das
okay. — 10 Minuten abkühlen lassen, dann das Brot aus der Form nehmen.
Komplett abkühlen lassen, bevor man es aufschneidet.

Um die Ecke steht das Haus von Gabriel García Márquez, und von oben heizt die karibische Sonne. Kaum ein Ort, der schöner wäre als Cartagena. Darauf trinken wir, Señora Monica, einverstanden?

Cartagena, Kolumbien

«Macondo war damals ein Dorf von zwanzig Häusern aus Lehm und Bambus am Ufer eines Flusses mit kristallklarem Wasser, das dahineilte durch ein Bett aus geschliffenen Steinen, weiß und riesig wie prähistorische Eier. Die Welt war noch so jung, dass viele Dinge des Namens entbehrten, und um sie zu benennen, musste man mit den Fingern auf sie deuten.»

Ich hatte mir natürlich *Hundert Jahre Einsamkeit* auf den KINDLE geladen, als ich Cartagena ansteuerte, auch wenn ich den epochalen Roman von Gabriel García Márquez in zweifelhafter Erinnerung hatte. Beim ersten Lesen war er mir als zu lang, schwermütig und ausschweifend erschienen, ich hatte den Bahnsteig neundreiviertel nicht gefunden, von dem aus ich vielleicht in die magische Welt des Obersten Aureliano Buendía abgefahren wäre.

Aber seit ich wusste, dass das Macondo aus *Hundert Jahre Einsamkeit* eine reale Entsprechung hat, den Küstenort Cartagena, malerisch gelegen an der nordöstlichen Karibikküste Kolumbiens, las ich das Buch von Neuem, aufmerksam, und irgendwie aufgeregt. Klar, es gibt auch die Theorie, dass mit Macondo Aracataca gemeint sei, der Geburtsort von Márquez, aber diese Möglichkeit kam fürs Erste nicht in Betracht.

In *Hundert Jahre Einsamkeit* geistern so viele magische Figuren durch die Seiten, dass ich nicht ausschließen wollte, dass die eine oder andere gerade auf Urlaub in der realen Welt sein könnte. García Márquez hatte schließlich selbst in Cartagena gewohnt, wenn er nicht gerade mit Fidel Castro Tischtennis spielte oder in Oslo Nobelpreise entgegennahm. Ich würde mir sein Haus anschauen, hatte ich mir vorgenommen, mich mit dem Rücken an seine Mauern lehnen und die Augen schließen, um zu spüren, ob es etwas zu spüren gibt. Das war mein Plan A für Cartagena.

Ich hatte noch die Pläne B und C. Don Beda hatte mir schließlich ein paar Tipps mit auf den Weg gegeben, die sich auf wundersame Weise mit den Empfehlungen trafen, die Señora Monica mit auf die Reise genommen hatte. Señora Monica ist eine Stimmungsreisende, wie ich noch keine getroffen habe. Sie kontrolliert Hotels, die für einen Aufenthalt in Frage kommen, mit der Akribie einer Truppeninspektorin, die gerade Quartiere für den Generalstab in Beschlag nimmt. Sie wünscht alle Zimmer zu sehen, und wenn das Zimmer, das ihr als das beste erscheint, zufällig bereits besetzt ist, verfügt sie die Aus- oder Umquartierung der anmaßenden Gäste, die zuerst da gewesen sind. Ich kann jedem von euch empfehlen, in ihrer Gesellschaft zu reisen, denn da sie ohne jeden Zweifel das beste Zimmer kennt und für sich beansprucht, weiß sie auch, welches Zimmer das zweitbeste ist, und das bleibt, wenn ihr schnell und skrupellos genug seid, für euch.

Das zweitbeste Zimmer im Hotel «Quadrifolio» lag im Erdgeschoss des ehemaligen Kolonialhauses an der Carrera 5. Das Fenster eröffnete den Blick auf das kleine Schwimmbad, das in den kleineren der beiden Innenhöfe eingebaut worden war. Das Bett war groß, breit und besaß andeutungsweise einen Himmel, freilich ohne Stoff. Die Möbel waren von unaufdringlicher, aber ausgesuchter Schönheit. Das verschwenderisch große Badezimmer mündete in einen kleinen, privaten Hof, von dem aus man den Himmel sehen konnte.

In Wandnischen saßen kleine Figuren aus Holz. Ihre Gesichter waren schmal und schwarz, hohe Backenknochen, stechender Blick. Die eine Statuette, deren Aufgabe es war, das Bett nicht aus den Augen zu lassen, sagte, als ich das Zimmer bezog, laut und deutlich: «Don Christo, ich heiße Sie willkommen!» Keine Ahnung, wo der Typ Deutsch gelernt hat.

Plan B, das beste Hotel am Platz zu beziehen, war also erledigt, und ich neigte voreilig dazu, auch schon daran zu glauben, dass ich den ersten Grenzgänger zwischen Macondo und Cartagena kennengelernt hatte. Da sollte ich freilich noch eines Besseren belehrt werden.

Das Zimmer von Señora Monica war übrigens eine Pracht. Es lag im ersten Stock und kannte alle Spielarten des Halbschattens, wie er in der Karibik verbreitet und kostbar ist. Auch das konnte man ganz einfach auf die Genialität des José Arcadio Buendía zurückführen, wenn man die entsprechende Textstelle aus *Hundert Jahre Einsamkeit* kennt:

«José Arcadio Buendía, der unternehmungsfreudigste Mann, der je im Dorf gesehen worden war, hatte die Siedlung so geplant, dass man von jedem der Häuser den Fluss erreichen und mit gleicher Mühe Wasser schöpfen konnte, er hatte auch die Straßen so geschickt gezogen, dass in der Stunde der größten Hitze kein Haus mehr Sonne empfing als ein anderes. In wenigen Jahren war Macondo das ordentlichste und arbeitsamste Dorf von all denen, die seine dreihundert Einwohner bisher gekannt hatten. Es war wahrlich ein glücklicher Ort, in dem niemand älter als dreißig Jahre und in dem noch niemand gestorben war.»

Tatsächlich ist der Grundriss Cartagenas von den dicken, hohen, oben begehbaren Stadtmauern bestimmt, die die Form eines Pentagramm besitzen und die streng geometrisch organisierte Altstadt umgeben. Von der nördlichen Seite dieser Stadtmauer hat man einen großartigen Blick aufs Meer, woher warmer Wind weht. Eine riesige kolumbianische Fahne knattert, und ein vernünftiger Unternehmer hatte das dringende Bedürfnis, an dieser denkwürdigen Stelle zu stehen, aufs Meer hinauszuschauen und dazu einen Drink zu nehmen, klug antizipiert. Das «Café del Mar», tagsüber der prallen Hitze ausgesetzt und daher unbewohnbar, öffnet in den Zeiten der Dämmerung und serviert Bier, Cocktails und Snacks – und laute, pulsierende Popmusik, ein buntes, vielgestaltiges Paket an Stimmungen.

Es ist die Stunde, wenn draußen am Meer die Fischkutter ihre Funzeln einschalten, die Wolkenkratzer von der nahen Halbinsel Bocagrande Haltung annehmen und die Kirchen der Altstadt zuckerlrosa illuminiert werden, als hätte Jeff Koons persönlich das Beleuchtungskonzept besorgt. Ton in Ton defilieren ein Zuckerwatteverkäufer und die Abendrotwölkchen, und das erste Bier wird ohne Umschweife gegen das zweite eingetauscht, leicht und mit dem sublimen Geschmack von Zitronen, animierend und narkotisierend zugleich.

Denn es ist heiß. Es ist feucht. Auch wenn du nicht schwitzt, liegt ein feuchter Film auf deiner Haut, wobei das theoretisch ist. Du schwitzt nämlich hundertprozentig, und wenn nicht vor, dann sicher nach dem zweiten Bier.

Señora Monica wusste es wieder einmal besser. Sie bestellte Sprudel, kleine Einheiten, eiskalt, aber ohne Eis. Ich begriff zwar nicht, wie sie das anstellt, aber die Bedienung, zuständig für vielleicht zweihundert Sonnenuntergangstrinker, sah bereits am sich kräuselnden Schwung von Señora Monicas Lippen, dass sie ein neues Getränk wünschte, während die amerikanischen Backpacker noch immer verzweifelt versuchten, die Aufmerksamkeit der *Waitress* auf sich zu lenken.

Dann tauchten wir in den Abend ein. Er war bunt wie die Fassaden der Häuser, an deren Pforten gusseiserne Beschläge prangten, ein Poseidon, ein Seepferd, ein Krokodil – alles Chiffren für die Verbündeten der Gegenwelt, die diesem Haus zur Seite stehen. Die meisten Häuser hatten nur ein Stockwerk, nur manche ein zweites.

An der Art und Weise, wie im Oberstock die Balkone und Veranden getischlert sind, kann man erkennen, ob die Besitzer mit den Franzosen oder den Spaniern sympathisierten, erklärte mir Señora Monica. Keine Ahnung, wo sie sich diese Informationen wieder besorgt hatte.

Wir wollten im «La Vitrola» essen. Don Beda hatte mir gesagt, dass man nirgends besser esse als hier, er empfehle mir, jeden Tag im «La Vitrola» zu essen und nur die *Mojitos* woanders einzunehmen.

Ich schätze sein Urteil. Don Beda ist unbestechlich, er subtrahiert alle Reize wie Geschirr, Licht, Freundlichkeit des Personals und Bequemlichkeit des Sitzens von der Substanz dessen, was auf den Tisch kommt und bewertet den Saldo. Das Essen muss pur, schlank und transparent sein, sonst fällt es augenblicklich aus der Gnade. Das passiert oft, eigentlich fast immer.

Aber im «La Vitrola» gab es keinen Tisch. Obwohl die schöne Concierge aus dem «Quadrifolio» sich am Telefon sichtlich Mühe gab, fiel das Ergebnis negativ aus.

«Leider», sagte die Concierge. «Ausgebucht. Heute ausgebucht, morgen ausgebucht, übermorgen ausgebucht.»

«Trotzdem danke», sagte Señora Monica und seufzte: «Amateurin…»

«Was machen wir jetzt?», fragte ich.

«Was wohl», sagte Señora Monica. «Wir essen im ‹La Vitrola›.»

Das funktionierte so:

Wir schlenderten durch die Altstadt, gaben der enormen Bronzestatue von Fernando Botero, die auf der Plaza Santo Domingo eine liegende Nackte darstellt, einen Klaps aufs Hinterteil und bogen in die Calle Baloco ein, wo «La Vitrola» etwas abseits vom Geschehen in der Nähe der Stadtmauer liegt. Als wir ankamen, befahl mir Señora Monica, auf der Straße stehen zu bleiben und mich ruhig zu verhalten und betrat das Restaurant, wo sie ein livrierter Kellner in Empfang nahm. Dann schloss sich die Tür, ich ging zweimal auf und ab, ehe sich die Tür wieder öffnete und der Chef des Hauses nach mir rief: «Señor, Ihr Tisch ist fertig…»

Natürlich fragte ich Señora Monica, wie sie das hingekriegt habe, dass wir nicht nur einen Tisch, sondern den besten Tisch für sechs Personen bekommen hatten, von dem aus man einerseits das ganze Restaurant im Blick hat, andererseits auch die lang gestreckte Bar, wo gerade eine komplette Salsa-Band Aufstellung nahm, um sich für den Ansturm der Abendgäste zu formieren. Aber sie lächelte nur und ersparte mir die Abfuhr. Man muss sich zu helfen wissen, sagte das Lächeln. Wie man sich zu helfen wissen muss, verriet das Lächeln nicht.

Dann begann die Musik.

Die Band kam aus Kuba, sie spielte zum Aufwärmen *Chan Chan,* den Gassenhauer, den vor zwanzig Jahren der Buena Vista Social Club rund um die Welt geschickt hat.

Das ganze Lokal schien den Rhythmus ganz selbstverständlich zu inhalieren. Musik ist in Cartagena allgegenwärtig. Auf der Straße steuern dich zuweilen lustige, hagere Typen mit verkehrt herum aufgesetzten Baseballmützen an, schalten einen Lautsprecher ein, den sie unter dem Arm tragen, und beginnen über den Rhythmus zu rappen.

Ich verstand nichts außer «Cartagena» und «cool», aber das reichte für ein vernünftiges Trinkgeld. Wieder deutete alles auf Macondo: «Junge Männer und Frauen, die nur ihre eigene Sprache sprachen, schöne Menschenkinder mit olivfarbener Haut und klugen Händen, deren Tänze und Musik auf den Straßen einen Wirbel ausgelassenster Fröhlichkeit entfesselten.»

Zur Vorspeise gab es *Ceviche.* In Cartagena gibt es überall *Ceviche,* an mehreren Ecken der Stadt befinden sich *Cevicherien,* wo nichts anderes serviert wird als roher Fisch mit scharfem, fruchtigem Dressing, wobei sich nie voraussagen lässt, mit wie viel Schärfe der Koch seine *Leche de Tigre,* die Mischung aus Limette, Chili, Fischstücken, Gewürzen und Öl, anrührt, um seinem Fisch oder den Meeresfrüchten die richtige Würze mit auf den Weg zu geben.

Es gab rohen Thunfisch, rohen *Pulpo,* rohen Zackenbarsch, rohe Krabben. Dann aß ich zwei Portionen von der Avocado mit *Salsa Roja.* Dann die kleinen, knusprig frittierten *Pulpos* mit Tomaten und

Basilikum. Zur Hauptspeise wurde das Filet vom Mero, dem Zacken-barsch, in den verschiedensten Variationen angeboten, mit Kräutern, Weißweinreduktion, Ingwersauce und Garam Masala. Ich nahm es mit Langostinos und Krustentiersauce, das funktionierte gut.

Außerdem hatten die Typen von «La Vitrola» – auf Deutsch: Die Jukebox – ein Händchen für starke Getränke. Sie schüttelten die *Mojitos* nur so aus dem Ärmel, und ich muss zugeben, dass ich mich zunehmend wohl fühlte, tief in meinem Stuhl hockend, die Ärmel des weißen Hemds aufgekrempelt, die Sängerin der Salsa-Band im Visier, die gerade den nächsten kubanischen Gassenhauer anstimmte, und den lang anhaltenden Geschmack der etwas schar-fen Sauce auf dem Gaumen, die meinen Mero begleitet hatte.

Ich betrachtete die Bilder an der Wand. Sie zeigten Menschen, deren selbstgewisses Lächeln darauf schließen ließ, dass sie berühmt waren. Man sah Häuser, wie sie vielleicht in Cartagena, vielleicht aber auch in Havanna stehen konnten, und mir fiel die Geschichte ein, die Don Beda erzählt hatte. Im «La Vitrola» hatten sich stets alle getrof-fen, die woanders heftig abgestritten hätten, einander überhaupt zu kennen. Politiker, Militärs, Botschafter, Helden der Unterwelt.

Tatsächlich hatte sich dieses zur Diskretion verpflichtete Wissen in den Gesichtern der Kellner und Piccolos eingegraben. Es gibt nichts, was wir noch nicht gesehen haben, sagte ihr nachsichtiges Lächeln, das animierte mich natürlich, noch einen dritten *Mojito* zu nehmen.

Als ich etwas später zu mir kam, holte mich Señora Monica gerade aus dem Schwimmbad im «Quadrifolio».

«Du hast getanzt», sagte sie mir zur Erklärung, weshalb sie mich offensichtlich abgeführt und in den Pool gesteckt hatte. «Es war nicht zum Ansehen.»

In der Nacht träumte ich von fliegenden Eidechsen. In der Früh stand ich auf, bevor die Sonne aufgegangen war, und machte mich auf den Weg zum Haus von Gabriel García Márquez. Das Haus liegt hinter einer hohen, ziegelsteinroten Mauer direkt an der Stadtmauer von Cartagena, allerdings an einer Stelle, wo die Stadtauer niedrig und der Blick auf das karibische Meer unverstellt ist. Es ist eines der wenigen Häuser, deren Herkunft ganz offensichtlich nicht historisch ist. Terrassen und Veranden sind postmodern übereinandergestapelt. Auf dem Dach befindet sich eine mit Stahlgeländern gesicherte Terrasse samt Strohdach und Palme, sodass ich gar nicht anders konnte als mir vorzustellen, wie der große Schriftsteller und Moralist sich dort oben geräkelt hat, nachdem er aufgestanden war, seinen ersten Kaffee nahm, die erste Zigarette rauchte und den Blick über den vertrauten und doch stets neuen Horizontbogen des Ozeans schweifen ließ, jenes Ozeans, den auch ich gerade betrachtete.

Wie ich es mir vorgenommen hatte, ging ich zum Haus von García Márquez und lehnte mich an die Mauer. Dann schloss ich die Augen, um zu spüren, ob von der angenehm kühlen, ziegelsteinroten Mauer mehr ausging als bloß das kinetische Gefühl der Stützung.

«Buooh.»

Ich riss die Augen auf, weil mich ein metallisches Geräusch aus meinen Gedanken holte.

«Buohhwohwoh ...»

Das blecherne Geräusch verwandelte sich in eine Melodie. Die zarten Farben des frühen Morgens wurden von der Sonne aufgelöst, deren Strahlen just in diesem Moment die Stadtmauer erreichten. Dort stand ein junger Mann im gestreiften T-Shirt und übte Posaune. Er spielte eine schöne, sehnsuchtsvolle Melodie, die mich verzauberte. Dann setzte er, mitten im Melodiebogen, das Instrument ab, warf mir einen kecken Blick zu, lachte laut und verschwand.

In den Gassen hatten inzwischen fahrende Händler ihre Stände aufgebaut. Ich kaufte mir für ein paar Pesos eine Mango, die der Verkäufer kunstvoll schälte und in Stücke schnitt, bevor er sie mir in einem Plastikbecher überreichte.

Die Mango war reif und schmeckte süß und mollig. An anderen Ständen kochten die Verkäuferinnen Reis, der gezuckert und in Bananenblätter eingeschlagen wurde. An einzelnen Ständen, wo es Suppe gab, drängten sich die Menschen, die augenscheinlich auf

Wie viel Schärfe erträgt der Mann (und warum)?

Als ich mich zuletzt mit Martin Amis und seinem Roman *London Fields* aufheiterte – *London Fields* ist unter den vielen lustigen Amis-Roman vielleicht der lustigste –, blieb ich zum wiederholten Mal an der Stelle hängen, wo Keith Talent, der großartige Antiheld des Romans, in seinem Stammlokal «Retreat from Kabul» ein Curry bestellt. Keith hat den Köchen die Anweisung erteilt, das legendär scharfe Curry diesmal «nicht so fad» zu würzen. Folgsam bereiten sie eine Paste zu, die so diabolisch scharf ist, dass jeder Höllenhund damit zufrieden wäre – nicht aber Keith. Zwar bricht ihm schon nach dem ersten Bissen der Schweiß aus und seine Hand beginnt zu zittern. Aber während alle Köche und Kellner heimlich zusammengelaufen sind, um ihn beim Verzehr des Currys zu beobachten, bringt Keith zwischen gefühllosen Lippen nur den obligaten Kommentar heraus: «...bisschen fad.»

Die Stelle erinnerte mich an einen anderen Irren namens Hunter S. Thompson, dem ich freilich im

Erst Jahre später habe ich meine Einschätzung, dass Keith und Hunter ziemliche Macho-Trottel sind, wissenschaftlich untermauert gefunden. Der Evolutionsbiologe und Wissenschaftsjournalist Bob Holmes zitiert in seinem Buch *Geschmack* (RIEMANN-VERLAG) die Untersuchung *Personality Factors Predict Spicy Food Liking an Intake* von Nadia K. Byrnes und John E. Hayes, gemäß der die Präferenz besonders scharfen Essens bei Frauen auf «Sensationshunger» beruhe, bei Männern jedoch auf «Belohnungsempfindlichkeit». Hayes: «Bei Frauen verbessert es nicht den Sozialstatus, wenn sie das schärfste Chili essen. Bei Männern schon.»

Touché.

Ich mag scharfes Essen, aber ich bin nicht besonders an Schmerzen interessiert. Es ist aber spätestens seit 1997 erwiesen, dass die Wahrnehmung von Capsaicin, dem Wirkstoff, der die verschiedenen Chilisorten mehr oder weniger scharf macht, direkt mit der Wahrnehmung von übergroßer Hitze zusammenhängt. Verantwortlich dafür ist der Rezeptor TRPV1. Der findet sich nicht nur in der Mundhöhle, wo das Capsaicin relativ ungehindert zu ihm vordringen kann, sondern auch in inneren Schichten unserer Haut, wo er das Gehirn warnt, wenn wir gerade auf

richtigen Leben begegnet bin. Nachdem ich Hunter ein paar Tage in der «Woody Creek Tavern» in Colorado aufgelauert hatte – so funktionierte Journalismus, als es noch keine Handys gab –, sah ich ihn plötzlich an der Bar stehen und sprach ihn furchtlos an.

Er antwortete: *Ratatatatata*, indem er ein kleines Ding betätigte, das an seinem Gürtel hing und das Geräusch eines Maschinengewehrs in Originallautstärke erzeugte. Dann – ich kürze ab – machte er es zur Bedingung für ein Gespräch, dass ich eine der Chilischoten verzehre, die der Barkeeper auf einen Wink von Hunter aus dem Giftschrank zauberte und auf die Bar stellte.

«Nach Ihnen», sagte ich gewitzt, aber ich konnte gar nicht so schnell schauen, bis Hunter seine Schote heruntergeschluckt hatte. Jetzt war ich dran. Es folgte eine schmerzhafte Erfahrung, an der die «Woody Creek Tavern» genauso erfreut Anteil nahm wie das Personal des «Retreat from Kabul» an Keith Talents Curry-Mahlzeit, mit dem Unterschied, dass ich das Wort «fad» nicht über die Lippen brachte, weil ich nämlich gar nichts mehr über die Lippen brachte außer ein paar Bier in die Gegenrichtung, um das Feuer zu löschen.

eine heiße Herdplatte greifen oder mit bloßen Füßen über glühend heißen Sand gehen.

Aber wann ist ein Chili scharf – und wie scharf? Der Pharmakologe Wilbur Scoville entwickelte 1912 eine Skala dafür, die darauf beruht, den Extrakt von Chilis so lange zu verdünnen, bis die Versuchsperson keine Schärfe mehr schmeckt. Extrakte der milden Chilisorten Anaheim und Poblano müssen zum Beispiel 500- bis 1000-mal verdünnt werden: Sie haben 500 bis 1000 Scoville. Jalapeños haben etwa 5000, Cayennes 40000 und die tückischen Habaneros zwischen 100000 und 300000. Der *Carolina Reaper* hat sogar 2,2 Millionen Scoville, was – wie Bob Holmes genüsslich vergleicht – «der von polizeilich verwendetem Pfefferspray entspricht».

Klar, Keith Talent würde an dieser Stelle begeistert «hier» rufen und Hunter S. Thompson würde sich amüsiert nach mir umdrehen. Ich hingegen empfehle den sorglosen Gebrauch von Jalapeños oder maximal von kleinen Habanero-Abschnitten, auf jeden Fall ohne Samenkörner. Und wenn Sie jetzt etwas spöttisch lächeln und tonlos «Feigling» sagen, sind Sie erstens wahrscheinlich ein Mann und lesen dieses kurze Kapitel auf jeden Fall besser noch einmal.

dem Weg zur Arbeit waren. Wo die längste Schlange stand, frittierte der Verkäufer runde Fladen aus Maismehl im heißen Öl, dazu gab es Saft von vollreifen Melonen.

Ich streifte durch die Straßen Cartagenas und konnte die Melodie der Posaune nicht vergessen. Auf den Plätzen, die von riesigen, mehrstämmigen Bäumen überschattet wurden, waren die besten Plätze im Schatten schon besetzt. Alte Männer spielten Schach. Händler drängten sich mit ihren Wägelchen zusammen. Menschen schauten in die Luft oder lasen die Zeitung. Touristen checkten den Stadtplan auf ihren Handys. Es herrschte akustischer Waffenstillstand, vor allem, weil die Hip-Hopper mit ihrem Transistorschlagzeug noch nicht unterwegs waren.

Natürlich hatte Señora Monica eine Idee fürs Mittagessen. Im «Santa Clara», das seit ein paar Jahren zur SOFITEL-Gruppe gehört, gab es einen Innenhof, der weniger wie ein Garten, sondern eher wie ein notdürftig gezähmtes Stück Dschungel wirkte. Palmen, Bananenstauden und jede Menge exotischer Farne und Blumen belebten den Innenhof. Er wurde von einem bequemen Gang umgeben, dessen Boden geziegelt und pittoresk mit schweren Kolonialmöbeln vollgestellt war.

Dort gab es niedrige Tische und mit erdfarbenen Polstern belegte Bänke, wo die eleganten Kellner *Mojitos* servierten und perlende Getränke ohne Eis. Wenn man mit Señora Monica unterwegs ist, werden dort auch kleine Teller mit so wunderbarer gewürzter *Ceviche* serviert, dass man die im «La Vitrola» getrost vergessen kann.

Ich erzählte von dem Posaunenmann und ließ mich auslachen. In den Wipfeln der Palmen schrieen Papageien. Der frühe Nachmittag nahm Gestalt an – grüne Palmen, grüne *Mojitos* –, die sich nicht besonders von dem Traum von letzter Nacht unterschied, außer, dass es bunte Vögel waren, die durch das Grün flatterten, und keine glänzenden Eidechsen.

Cartagena ist eine Schönheit, deren Zauber aus der Balance zwischen Mystik, Historie und Farbenpracht besteht. Bogotá war schwarz gewesen, schwere Steinbauten, riesige Plätze, wuchtige Architekturen selbst im historischen Viertel, und das reiche Angebot an lateinamerikanischen Restaurants wurde von der Warnung überschattet, dass es später am Abend alles andere als sicher sei, allein durch die Straßen zu ziehen, eventuell noch benebelt durch den Genuss von einer Flasche Wein oder ein paar Bieren. Bogotá ist keine *Mojito*-Stadt. Die kolumbianische Hauptstadt liegt auf 2600 Metern. Die Temperaturen liegen immer an der Grenze zur Ungemütlichkeit.

Auch Santa Marta hatte wenig Charme gehabt. Die Ferienmetropole, von der aus Wanderungen in den Dschungel oder Expeditionen in die Bananenplantagen beginnen, ist nicht viel mehr als eine Ansammlung von Hochhäusern an einem karibischen Strand. Klar, um fünf Uhr früh kommen die Fischer vom Meer zurück und verkaufen ihren frischen Fang am Strand an die Einheimischen. Sie bevölkern den makellosen Sandstrand, solange die Sonne noch nicht über die Berge gestiegen ist und die Szenerie augenblicklich in ein Glutnest verwandelt.

Ich hatte mir in Bogotá das historische Viertel erwandert und einen Besuch im Goldmuseum gegönnt, das mit der Schönheit seiner aztekischen Exponate alle Vorstellungen sprengt. Ich hatte in Santa Marta Einblick in die Produktionsweise der Bananen gewonnen, die wir uns ohne einen Gedanken an Herkunft und Herstellungsweise täglich aus dem Supermarkt holen. Ich war auf den Sommersitz eines Plantagenbosses eingeladen worden, der ziemlich eindeutig nach James Bond aussah, und ließ mich von den Eskorten des Sicherheitsdienstes immer wieder daran erinnern, dass der Friede zwischen Regierung und den Rebellen der FARC noch sehr neu und noch nicht gefestigt ist.

Die Reise nach Cartagena war die Apotheose der Reise. Señora Monica hatte einen Kleinbus bestellt, mit dem wir die 400 Kilometer von Santa Marta nach Cartagena reisten, und weil sie wusste, wie die *Bluetooth*-Funktion des Autoradios zu bedienen ist, verschaffte sie uns zum Anblick unbevölkerter Küstenkilometer, Slums und Mangrovenwälder einen Soundtrack von Hubert von Goisern. Das sorgte für interkulturelle Grundierung.

Ich hockte inzwischen auf meinem Sitz in der letzten Reihe und studierte *Hundert Jahre Einsamkeit*. Irgendwie wusste ich, dass ich in Cartagena etwas Besonderes, etwas Unvergessliches erleben würde.

Abends gingen wir mit einer großen Gesellschaft ins «Donjuán». Es gab *Ceviche* vom Seebarsch und vom *Pulpo* mit gelben Paprika und frischer Kokosmilch, ein Gedicht. Auch das *Tataki* vom Rinderfilet mit Tamarinde und Ponzusauce hatte ziemlich Kraft. Dann nahm ich den gegrillten Seebarsch mit Zitronenrisotto und frischem Parmesan. Das Gericht hatte eine südeuropäische Aura. Juan Felipe Camacho, der junge Küchenchef, hat also nicht umsonst in San Sebastián bei Juan Mari Arzak gelernt. Er hat dessen Präzision karibisiert und füllt das schöne, abwechselnd mit schwarzen und weißen Kacheln gefliese Lokal, wo die Stimmung ohnehin hohe Wellen schlägt, mit handfester Qualität.

Als wir das Lokal gegen Mitternacht verließen, standen neue Hip-Hopper vor der Tür, die bisher besten, die wir gesehen hatten. Sie waren zu viert, und sie waren so eifersüchtig auf die Soli ihrer Kollegen, dass sie Gas gaben, als gäbe es kein morgen. Das ist in Cartagena, wo die Realität ein bisschen schief hängt, allerdings sowieso stets eine Option.

Die nächsten Tage verbrachte ich zwischen dem «Santa Clara» und den verschiedensten Futtertrögen. Einmal verköstigte ich mich an der Fritteuse einer bunt gekleideten Garköchin von außerhalb, die köstliche, mit Gehacktem gefüllte *Enchilladas* produzierte, ein anderes Mal aß ich bei «Juan del Mar» an der Plazuela de San Diego mehrere Portionen *Ceviche,* die auf Tellern in Fischform serviert wurden.

Und natürlich las ich weiter in *Hundert Jahre Einsamkeit*. Längst hatte ich das Hotel «Makondo» entdeckt, an dessen Fassade der Kopf von Gabriel García Márquez in grotesker Größe abgebildet war, samt einem für das Hotel brauchbaren Zitat: «*Ningún lugar en la vida es más triste que una cama vacía*» – «Kein Platz im Leben ist trauriger als ein leeres Bett». Ich bezog das vor allem auf die Vermieter von Betten, aber vielleicht hat es der große Gabo auch ganz anders gemeint.

Ich hörte Hip-Hopper. Ich nahm in jeder der zahlreichen Havanna-Bars einen *Mojito,* selbst in der, die draußen auf der Fassade einen lebensgroßen Lenin appliziert hatte. Ich saß mit den Einheimischen unter den vielstämmigen Bäumen auf den heißen, staubigen Plätzen und trank Cola oder Bier. Ich schaute Halbwüchsigen dabei zu, wie sie in der Mittagshitze Fußball spielten, und anderen, wie sie in einem Pavillon an der Stadtmauer Salsa tanzten. Ich las. Ich saß. Ich folgte dem Ruf von Señora Monica, wenn sie mich per sms ins «Santa Clara» befahl, um ihr bei ihrem Sprudelgetränk Gesellschaft zu leisten.

Als ich an meinem letzten Tag in Cartagena wieder einmal durch die Stadt streifte, ziellos, durstig und glücklich, an jeder Fassade eine Botschaft erkennend und längst per du mit den Figuren, mit denen ich im «Quadrifolio» das Zimmer teilte, fiel mir plötzlich auf, dass die Straßen voller waren als sonst. Auch waren nicht die üblichen Shortsträger mit ihren «Hardrock Café»-T-Shirts unterwegs, sondern Einheimische, die sich ganz offensichtlich herausgeputzt hatten. Sie trugen weiße Hemden und helle Hosen, manche hatten ihre Latschen und Flipflops sogar gegen geschlossenes Schuhwerk getauscht. Es hätte mich nicht gewundert, wenn die Menschenmenge die «Catedral de Santa Catalina de Alejandría de Cartagena de Indias» angesteuert hätte, diese große, kitschige Kirche, die sich der Formel-1-Fahrer Juan Pablo Montoya einmal gemietet hatte, um dort zu heiraten. Dem Vernehmen nach soll er der Catedral sogar eine Air Condition spendiert haben, damit das Gesicht seiner Braut beim Ja-Wort nicht von unschönen Schweißperlen verunziert wurde.

Aber die Menschen strebten in die entgegengesetzte Richtung, nicht ins Zentrum, sondern zur Stadtmauer, wo das Teatro Heredia steht. Aber auch das Teatro gab keine Vorstellung, sondern die Menschen gingen weiter zum ehemaligen Kloster La Merced, das inzwischen mehrere Universitätsinstitute beherbergt.

Vor La Merced war eine Absperrung aus Stahlrohren aufgestellt worden. Polizisten in strenger Uniform kontrollierten, ob die Menschen, die in den Innenhof des Klosters wollten, eine gültige Einladung hatten.

Ich hatte keine Ahnung, worum es ging, aber ich ließ mich mit den Einheimischen Richtung Kontrollposten treiben. Im Inneren von La Merced, so viel konnte ich sehen, nahm eine Militärmusik Aufstellung. Etwa zweihundert Stühle waren im Karrée aufgestellt. Zwischen dem Publikum und der Musik befand sich ein verhülltes Etwas, um das sich alles zu drehen schien. Das Gefühl, dass ich dieses Etwas auf keinen Fall versäumen sollte, wurde plötzlich drängend, auch wenn ich nicht wusste, wie ich mich an den breitschultrigen Polizisten vorbeischummeln sollte.

Als vielleicht noch vier oder fünf Menschen vor mir an der Reihe waren, begann die Musik zu spielen, etwas Feierliches, Beschwingtes. Die Menschen nahmen Haltung an. Es war die Nationalhymne Kolumbiens.

In diesem Augenblick spürte ich etwas Magisches: Ein Blatt Papier glitt von hinten in meine Hand. Als ich das Kärtchen überrascht anschaute, konnte ich meinen Namen lesen und die Überschrift: *Invitación*. Es war meine Eintrittskarte zu diesem Staatsakt. Ich drehte mich um, um mich bei dem merkwürdigen Geist zu bedanken, der das Unwahrscheinlichste Wirklichkeit hatte werden lassen, aber hinter mir stand kein Geist, sondern Señora Monica.

Natürlich sagte sie nicht, wo sie die Einladung herhatte. Sie sagte nur: «Beeil dich» und schubste mich zur Kontrolle, wo ich bereits an der Reihe war.

Wir kamen genau zurecht, als sich die Anwesenden, die die Hymne mit den Händen auf den Herzen mitgesungen hatten, wieder setzten. Wir hatten Plätze in der zweiten Reihe, vor uns Menschen mit Orden am Revers und andere mit feinen Gesichtszügen, der Auszeichnung, die ein Leben voller Interesse und Neugier verleiht.

Es folgten Reden. Ich verstand kein Wort, außer, dass hier jemand zur letzten Ruhe gebettet werde. Der Rektor der Universität, der im Hintergrund stand, hielt eine kleine Urne.

Erst als die Stele, in der die Urne beigesetzt werden sollte, endlich enthüllt wurde, begriff ich: Das war die Asche von Gabriel García Márquez, der 2014 in Mexico City gestorben war und immer davon gesprochen hatte, nach Cartagena zurückkehren zu wollen.

Heute war das der Fall. Die Hälfte der Asche war nach Hause gekommen. Mercedes Barcha, die Witwe von Márquez, saß in der ersten Reihe, neben ihren Söhnen Gonzalo und Rodrigo, Schriftstellern, Politikern, Prominenten – und uns. Nachdem die Urne ihren Platz gefunden hatte, wurde die Büste von Gabos Charakterkopf enthüllt, die Kate Murray, eine britische Bildhauerin, geschaffen hatte.

Dann schwebten von der Galerie der Universität Tausende gelbe Schmetterlinge, es war ein Bild, das allen Anwesenden ein magisches Lächeln aufs Gesicht zauberte, und mir fiel der Satz von Gabo ein, den ich gelesen hatte, bevor es mich nach Cartagena verschlagen hatte:

«Kaum war ich innerhalb der Festungsmauern, lag die Stadt im malvenfarbenen Sechs-Uhr-Abendlicht in alter Pracht vor mir, und das Gefühl überkam mich, wiedergeboren zu sein.»

Und ich war Zeuge dieser Wiedergeburt.

Zuerst regnet es, dann scheint die Sonne,
dann funkelt das Wasser, dann rauscht
der Wind durch die Gärten. Rosamunde Pilcher
hat Cornwall zum Paradies erklärt.
Widerwillig muss ich sagen: Sie hat recht.

Cornwall, England

Ich ließ das Auto auf dem öffentlichen Parkplatz von Port Isaac stehen. Jeder Ort in Cornwall hat einen öffentlichen Parkplatz, wo man das Auto stehen lässt, wahrscheinlich, weil die Gemeindefinanzen im Arsch sind und mit den Parkgebühren aufgefettet werden müssen.

Ich bedaure das. Kein Verkehrschaos wie in Italien, wo man ohne Eintrittskarte dabei zusehen darf, wie sich ein fetter, deutscher Mercedes in ein mittelalterliches Gässchen manövriert hat, das vorne und hinten zu eng für ihn ist, umgeben von zahlreichen Einheimischen, die gute Fluchttipps in einer Sprache parat haben, die der Lenker nicht beherrscht.

In Cornwall hingegen wirst du bereits durch ein Netz von meterhohen Steinmauern und Hecken geschleust, die das Straßennetz zu einer Art Kugelbahn machen, in der wir mit unseren Autos, die noch dazu das Lenkrad auf der falschen Seite haben, durchflippern müssen. Zwar sind auch diese Bahnen oft so eng, dass zwei erwachsene Fahrzeuge, die einander entgegenkommen, nicht ohne hektische Notbremsung des weniger Ortskundigen aneinander vorbeifahren können. Aber diese nervenaufreibenden Begegnungen geschehen ohne Publikum weit draußen in der Botanik. Und bevor man in den Kern eines der spätmittelalterlichen Fischerdörfer vorgedrungen ist, haben längst ein Fahrverbotsschild und der Hinweis auf den gebührenpflichtigen Parkplatz den Spaß im Keim erstickt.

Ich schlendere also von dem zugigen Parkplatz in Port Isaac in Richtung Dorf. Der Parkplatz liegt hoch über dem Meer, ich könnte ohne Weiteres davon schwärmen, wie hoch der Himmel ist und wie blau der Atlantik und wie rasant die weißen Wolken ziehen und dass dort unten in der Bucht ein paar skurrile Engländer baden gehen, weil sie Badeferien gebucht haben und die Tatsache, dass das Meer nicht viel mehr als zehn Grad hat, zur Sicherheit ignorieren. Kalender sticht Empfindung.

Ich könnte in einer ersten Beschreibung gleich so viel Rosamunde Pilcher-Klischees unterbringen, dass mich scharenweise Reiseführerverleger anrufen würden, damit ich ihnen noch mehr Deutsche, Schweizer und Österreicher nach Cornwall schaffe, nur kraft der verführerischen Bilder, die meine Schilderung von *Cottages* aus schwerem Stein, von sanften Hügeln und schroff abfallenden Küstenabschnitten im Kopf meiner Leser entstehen lassen.

Mach ich sicher nicht. Ich bin nämlich schlecht gelaunt. Trotz aller Versuche habe ich keinen Tisch im besten Restaurant Cornwalls bekommen, das hier, exakt hier, vielleicht fünfzig Meter Luftlinie von meinem geparkten BMW, in einem eher mittelprächtigen Häuschen untergebracht ist und wo Nathan Outlaw – der Mann heißt wirklich so, dabei ist er kein Westernheld – sein Stammrestaurant hat, nur Fisch, der an der Küste Cornwalls gefischt wird, jeden Tag ein neues Menü, zwei MICHELIN-Sterne. *The Waitrose Good Food Guide 2018* hat dieses Haus überhaupt zum besten Restaurant des gesamten Königreichs ausgerufen, und ich wurde vom Reservierungssystem abgekanzelt wie ein merkwürdiger, alter Onkel im Trenchcoat, der vor dem Kindergarten herumschleicht. Gerade, dass ich in «Outlaw's

Fish Kitchen», dem informellen Zweitlokal, das unten am Hafen von Port Isaac in einem Cottage aus dem 15. Jahrhundert untergebracht ist, noch einen Platz zum Mittagessen ergattern konnte.

Ich bin selten übellaunig. Aber jetzt wollte ich wenigstens wissen, warum. Ich steuerte vor dem Abstieg zum Hafen schnell noch den Eingang zum Restaurant «Nathan Outlaw» an, wo neben der Eingangstür die Speisekarte aufgehängt war. Die Gerichte klangen fantastisch: ein mild geräucherter Glattbutt mit Apfel; eine saure Makrele mit wildem Knoblauch; ein Seeteufel mit Speck, Lauch und Hollandaise; ein Steinbutt mit Herzmuscheln und Brokkoli; dann Käse und Dessert.

Die Speisekarte hing hinter schlecht entspiegeltem Glas. Ich konnte also beim Entziffern der Gerichte, die mir entgingen, mich selbst sehen, wie ich mit krummem Rücken vor dem Eingang in das beste Restaurant des Vereinten Königreichs stand und mir leid tat. Es war kein schöner Anblick. Aber er blieb nicht ohne Wirkung. Denn als ich bis zum Dessert vorgedrungen war – ich las von Birnen und Mandeltorte – öffnete sich die Tür und eine junge Frau trat heraus, grüßte und betrachtete mich mit einem milden Lächeln.

Ich dachte natürlich, dass jetzt der nächste Akt des Spiels Seltsamer-Onkel-vor-dem-Kindergarten auf dem Programm stand, aber die sympathische Frau fragte mich etwas Seltsames: «Haben Sie Hunger?»

Gerne hätte ich etwas Originelles geantwortet wie «Scheißt der Bär in den Wald?», aber mir fiel die Übersetzung gerade nicht ein. Also nickte ich bloß schüchtern, während die junge Frau, die sich jetzt als Restaurantleiterin von «Nathan Outlaw» zu erkennen gab, wundersame Worte sprach: «Uns hat gerade eine Absage erreicht, wir hätten also einen Tisch für Sie frei. Wissen Sie, normalerweise reserviert man bei uns bis zu drei Monate im Voraus ...»

«... ich weiß», rief ich zeternd, weil ich die schlechte Laune noch nicht ganz überwunden hatte, obwohl sich das Blatt gerade zu wenden schien, «ich versuche seit Wochen, einen Tisch zu bekommen ...»

«So ein Zufall», sagte die Restaurantleiterin nachsichtig. «Kommen Sie mit.»

Habe ich erwähnt, dass Cornwall schön ist? Dass der Atlantik eine bezaubernde Farbe hat und die Wolken wie ein Herde Schafe über den Himmel tollen? Sprach ich vom magischen Licht, das sich wie eine Kuppel über die satten, tiefen Farben des Uferlands wölbt und diese mit den Pastelltönen des letzten, sich auflösenden Morgennebels versöhnt? Wusstet ihr überhaupt, dass Cornwall mit seinen bezaubernden *Cottages* und mittelalterlichen Fischerdörfern der Schauplatz zahlreicher Epen der wunderbaren Erzählerin Rosamunde Pilcher ist, die ...

Nein. Schluss. Bevor ich mich ins Delirium stürzen konnte, kam der erste Gang, und er hielt, was er versprochen hatte. Der Glattbutt, direkt vor der Küste von Port Isaac geangelt, war zart und mild und nur von einem milden Räucherton eingefasst, was perfekt mit der Säure des Apfels und der erdigen Süße einer roten Rübe harmonierte. Auch die fleischige, leicht säuerliche Makrele, die danach kam, passte gut zur Säure einer mild eingelegten Zwiebel und der ahnungsvollen, aber nicht übertriebenen Aura des wilden Knoblauchs.

Zwischendurch kam die Restaurantchefin, die mir den Tag gerettet hatte, und fragte, ob ich nicht Lust hätte, eines der *Signature*-Gerichte von Nathan auszuprobieren: ein winziges Stück Steinbutt mit Safransauce.

Darf ich etwas ausholen? Ich benehme mich sonst in Restaurants gut, sehr gut. Ich respektiere die evolutionäre Verpflichtung, ein Mensch und kein Schäferhund zu sein, gebe beim Essen keine unartikulierten Geräusche von mir, benutze Messer und Gabel und schlucke hinunter, bevor ich den nächsten Bissen nachlege.

Aber bei diesem Gericht fiel mir das schwer. Der Steinbutt war perfekt, glasig, elegant – aber die Sauce: Die Sauce hatte, so viel war mir sofort klar, eine Armada von Meerestieren das Leben gekostet. Sie war mit größter Sensibilität eingekocht worden, das schon, aber nicht ohne eine regelrechte Materialschlacht verursacht zu haben. Sie war so köstlich, dass ich Schnappatmung bekam. Seither heiße ich bei Nathan Outlaw nur noch «The Red Snapper».

Die Portion war klein gewesen, aber trotzdem war ich nach dem Genuss erledigt. Meine Rezeptoren vibrierten. Die Sehnerven schickten merkwürdige kleine Quadrate Richtung Stammhirn, direkte Folge dessen, dass ich, während ich versuchte, der Tiefe der Sauce auf den Grund zu gehen, aus dem Fenster hinaus aufs Meer gestarrt hatte, wo die Sonne gerade einen triumphalen Parcours absolvierte.

«Das Rezept», stöhnte ich, als die Restaurantchefin mit einem triumphierenden Lächeln an meinen Tisch zurückkehrte, um den Teller, der sauber wie der Fressnapf eines hungrigen Schäferhunds war, wieder abzuräumen.

Freut euch nicht zu früh. Einfach wird das nicht.

Nathan Outlaws Safransauce (ergibt etwa 200 ml): *750 g gerösteter Fischfond (siehe unten), 250 g Krustentierfonds (siehe unten), 4 reife Tomaten, 2 Estragonzweige und 50 g ungesalzene Butter.*

Zubereitung: *Geben Sie alle Zutaten in eine Kasserolle. Aufkochen und köcheln lassen, bis der Inhalt auf etwa 200 ml eingekocht ist. — Alles in einen Mixer geben und drei Minuten lang durchmixen. Der Inhalt wird zu einer dicken Sauce emulgieren. Eventuell nachsalzen. Sofort servieren.*

Natürlich haben wir aber weder einen gerösteten Fischfond im Kühlschrank noch den richtigen Krustentierfond. Hier sind sie so, wie sie Nathan Outlaw sich vorstellt.

Gerösteter Fischfond (ergibt 500 ml): *1 kg Karkassen von Steinbutt, Glattbutt und Seezunge (gewaschen, alles Blut entfernt), Wasser zum Bedecken.*

Zubereitung: *Backofen auf 200 Grad vorheizen. Ein Backblech mit Backpapier auslegen und die Gräten darauf platzieren. 30 Minuten rösten, dann umdrehen und weitere 10 Minuten rösten. — Die gerösteten Gräten in eine Stielkasserolle geben und mit Wasser bedecken. Bei mittlerer Hitze zum Köcheln bringen und Schaum und Trübstoffe abschöpfen. 30 Minuten köcheln lassen und anschließend durch ein Sieb in eine andere Pfanne geben. Den Fond wieder erhitzen und langsam auf die Hälfte einkochen. — Vom Feuer nehmen und auskühlen lassen. Der Fond ist jetzt «ready to use».*

Krustentierfond (ergibt 500 ml): *1 kg gefrorene Garnelen in ihren Krusten, Olivenöl zum Kochen, 2 Zwiebeln und 3 Karotten (geschält und gehackt), 6 reife Tomaten (gehackt), 6 Knoblauchzehen (geschält und gehackt), fein gehackte Zesten und Saft einer Orange.*

Zubereitung: *Den Ofen auf 200 Grad vorheizen. Die Garnelen auf ein Backblech geben und 30 Minuten rösten. — Gleichzeitig das Olivenöl in einer großen Pfanne auf mittlerer Hitze heiß werden lassen. Zwiebeln, Karotten, Tomaten, Knoblauch und Orangenzesten fünf Minuten lang anschwitzen, bis sie leicht Farbe genommen haben. — Die fertig gerösteten Garnelen mit einem großen Messer hacken und in die Pfanne geben. Mit Wasser bedecken. Den Orangensaft dazugeben. Zum Köcheln bringen und etwa eine Stunde lang köcheln lassen. — Durch ein Sieb in eine andere Pfanne leeren. Wieder zum Köcheln bringen und auf die Hälfte einkochen. — Vom Feuer nehmen und abkühlen lassen. Der Fond ist jetzt «ready to use».*

Versteht ihr jetzt, warum ich einen Schweißausbruch hatte? Ich will es euch sagen: Weil ich wusste, dass es mich unendliche Mühen kosten wird, diese Sauce zu Hause selbst herzustellen. Und weil ich es mir nicht verzeihen würde, wenn ich es nicht wenigstens probierte.

Ja, ich nahm auch noch den deftigen Seeteufel mit Speck, Lauch und Hollandaise. Dann kapitulierte ich, weil ich wusste, dass nichts, aber auch gar nichts diese Safransauce übertreffen würde. Freilich wusste ich zu diesem Zeitpunkt noch nicht, dass in Cornwall gegen ein leichtes Völlegefühl mit Vorliebe einheimische Austern verabreicht werden, kleine, extrem fleischige Tierchen, zu denen es neben der obligaten Zitrone auch ziemlich scharfe Saucen gibt, deren zerstörerische Wirkung sich meinem kulinarischen Verständnis allerdings nicht erschließt. Ich machte es daher so: die scharfe Sauce in die *Bloody Mary,* und die Austern ganz klassisch mit Zitrone. Allerdings erst zum Abendessen.

Ich eroberte Cornwall von Osten nach Westen. Umgekehrt hätte ich ja auch ein Kriegsschiff gebraucht, um in Land's End anzulegen oder

darüber wacht, ob ich mein Besteck anständig halte und das Wasser aus dem richtigen Glas trinke.

Ich kann dem Sommelier sagen, dass ich meinen Weißwein wärmer und meinen Rotwein kälter haben will, ohne dass er mich von der Geschmackspolizei abführen lässt. Ich kann mitten im Menü ein Bier bestellen, wenn ich finde, es passt ideal zum Essen (oder wenn ich einfach eines trinken will), und ich kann ohne Umstände die Hauptspeise durch eine zweite Vorspeise ersetzen oder auch von der köstlichen Vorspeise eine zweite Portion bestellen – kein Mensch wird die Augenbrauen hochziehen und mir ohne Worte mitteilen, dass ein Gast dieses Etablissements eigentlich qualifiziert genug sein müsste, um zu wissen, was sich schickt und was, *pardon*, mein Herr, sicher nicht.

Die Gefahr, die in dieser Lockerung von Atmosphäre und Konventionen nistet, ist eine lässige Wurschtigkeit. Wenn schon die Kellner aussehen wie Wikinger, muss auch ich mir kein frisches Hemd anziehen. Wenn mich das Personal nicht so arrogant behandelt, wie es die Verkäuferinnen in PRADA-Boutiquen immer noch tun, dann darf ich getrost alle Mindeststandards an Höflichkeit unterschreiten.

Vademecum für den Restaurantbesuch

Es gab eine Zeit, als an den Eingängen eleganter Restaurants noch Krawatten ausgegeben wurden, falls ein Herr zufällig darauf vergessen hatte, sich eine umzulegen. Diese Zeit ist vorbei. Das ist eine Erlösung.

Oft ist die Stimmung in der Spitzengastronomie auch dann noch steif genug, wenn die Standardbekleidung der Herren aus Jeans und Sneakers besteht (die Damen ziehen sich interessanterweise unverändert elegant an; sie hatten allerdings beim Essen auch keine Atembeschwerden, weil der elende Schlips zu eng gebunden war).

Das soll jetzt kein Plädoyer für die völlige Aufgabe der Etikette im Angesicht des Esstisches werden, im Gegenteil.

Zwar bin ich der grundsätzlichen Meinung, dass ein Lächeln im Gesicht des Kellners weit wichtiger ist als das Dogma, wonach er mir jedes Stück Brot von links (oder war es von rechts?) vorlegen muss. Der Küchenchef Roland Trettl sagte einmal, ein Kellner, der ihn zum Lachen bringe, dürfe ihm dafür ohne Weiteres die Sauce über die Jeans (sehen Sie!) kleckern, er werde ihn trotzdem jedem ernsten Kollegen vorziehen. Ich neige dazu, Trettl recht zu geben, auch wenn ich das mit dem Hose-Ankleckern vorzugsweise selbst übernehme.

Nun verändert sich die Gastronomie gerade enorm. Die befrackten Kellner mit ihren quer über die Glatze gekämmten Haaren sind längst einer Generation von tätowierten Vollbartträgern gewichen, die so aussehen, als hätten sie in ihrem Leben noch nie «Sie» zu jemandem gesagt – was, wie sich schnell herausstellt, gar nicht stimmt, aber trotzdem eine (unter dem Strich lockernde) Wirkung auf das Erlebnis im Restaurant hat: Da ist nichts mehr, was mich einschüchtert. Da ist keiner mehr, der mit Argusaugen

muss nicht bitte und darf nicht danke sagen, sondern benehme mich wie beim Junggesellenabschied, nämlich ab dem neuralgischen Punkt, seit dem ich mich an nichts mehr erinnern kann.

Ich aber sage euch: Das ist grundfalsch. Gerade der Lockerung der ästhetischen Fesseln ist mit inniger, sorgfältiger Höflichkeit zu begegnen, damit die Haltung in Summe gewahrt bleibt. Der Respekt, den wir uns selbst von unseren Gastgebern erwarten, muss erwidert werden, lange bevor wir eine Meinung entwickeln, ob uns deren Darbietung gerade gefällt oder nicht. Schließlich geht es nicht mehr um Formalien: aufstehen, wenn die Dame vom Klo kommt; falten der Serviette, sobald man sie nicht mehr braucht; all dieser sinnentleerte Kram.

Stattdessen geht es uns ums Wesentliche: Wir haben uns, so der Subtext der Entschlackung, darauf geeinigt, dass wir einander nichts vorspielen. Der gastronomische Inhalt – das Essen, das Trinken, die Freundlichkeit aller Beteiligten – wird uns ungeschminkt und geradeaus präsentiert, und wir sollten darauf ungeschminkt und geradeaus reagieren: Mit allem Respekt, dass wir dieser informellen Abmachung gewachsen sind. Mit einem Lächeln auf den Lippen.

das Minack Theatre zu annektieren. Auf dem Weg von London nach Westen machte ich zuerst in Torquay Station, an der so genannten britischen Riviera, und nahm bei Simon Hulstone im «Elephant» einen ausgezeichneten Imbiss. Simon serviert Gemüse und Fleisch vom eigenen Bauernhof, aber auch ein fantastisches Couscous, um das Yotam Ottolenghi ihn beneiden würde, oder eine Tarte Tatin von der roten Rübe, die bei mir sofort in die Liste der irgendwann zu reproduzierenden Inspirationen einsortiert wurde.

Cornwall ist eine Grafschaft, die Englands südwestliche Spitze umfasst. Die Halbinsel ist von drei verschiedenen Gewässern umgeben, dem Atlantik, der Keltischen See und dem Ärmelkanal. Die Küstenlandschaft wird von hohen, schroffen Felsanstiegen geprägt, die sich mit zahllosen Buchten und weißen Sandstränden abwechseln. Das Klima ist auf britische Weise freundlich: Es ist feucht, aber niemals kalt. Die Winter sind, Folge des warmen Nordatlantikstroms, so mild, dass an windgeschützten Orten auch Palmen und andere mediterrane Pflanzen wachsen können.

Die klimatischen Besonderheiten haben Unmengen von exzentrischen Landbesitzern dazu inspiriert, monumentale Gärten anzulegen und diese mit subtropischen Pflanzen vollzustopfen. Ich besuchte einige davon. In den Lost Gardens of Heligan besichtigte ich schlafende Riesen und andere Fabelwesen (wie zum Beispiel die gigantischen Hausschweine, die im Nutzgarten im Schlamm lagen und friedlich schlummerten). In den Tremenheere Sculpture Gardens bestaunte ich den poetischen *Skyspace* von James Turrell, der dem Blick in den Himmel den passenden Rahmen gab, und in den wuchernden Trebah Gardens begriff ich endlich den Reiz der Hortensie: Es braucht viele davon, so viele, dass ein ganzes Tal gleichzeitig in Blüte steht: Dann verschlägt es sogar mir den Atem.

Ich besichtigte diverse Küstenstädte, Penzance, Porthcurno, aber auch den wunderbaren St. Michael's Mount, der dem normannischen Mont Saint Michel um nichts an Schönheit nachsteht. Die Burganlage hockt auf einem Felsen vor Marazion, wo das gigantische Spektakel der Gezeiten sichtbar wird. Der Wasserstand bei Ebbe und Flut unterscheidet sich um bis zu fünf Meter, sodass du bei Ebbe problemlos über einen Pfad im Sand hinaus zur Schlossinsel gehen kannst, während wenig später das Meer die Geschäfte des Fährboots befördert. In allen Läden gibt es kleine Heftchen, in denen die genauen Hoch- und Tiefstände des Wassers während der Saison verzeichnet sind, und es lohnt sich, diese zu studieren. Man wird mit spektakulären Bildern entschädigt, mit leeren Hafenbecken, in denen Segelschiffe und Fischerboote wie sich sonnende Robben auf der Seite im Schlick liegen und darauf warten, dass die Flut zurückkehrt.

In Marazion lernte ich dann auch endlich den Begriff «cornish» schätzen, der eigentlich nichts anderes als lokale, aus Cornwall stammende Errungenschaften bezeichnet, aber in meinem Kopf eine vage Ahnung von Popcorn heraufbeschwor. Ich aß nämlich in «Ben's Cornish Kitchen» – und Nein, ich belästige euch nicht noch einmal mit den Freuden des Parkplatzsuchens, die hier freilich besonders ausgeprägt sind, obwohl abseits des Ortskerns fußballfeldgroße Abstellflächen angelegt sind. Wir, die Blechlawine, sind größer.

Ben Prior bekocht das winzige Häuschen im Ortskern von Marazion ziemlich individualistisch. Er macht zum Beispiel seinen Käse selbst, kombiniert ihn mit in Safran eingelegtem Lauch und karamellisierten Zwiebeln, er liebt Pies, die er freilich klein und elegant ausfallen lässt und immer wieder mit einer exotischen Note: die Schweinepastete bekommt einen Hauch Zimt verpasst, das Lamm wird von einem Fenchelpüree begleitet, und das Dessert spiegelt die Erfahrungen, die Ben in Asien gemacht hat: Kokosnuss, Ingwer-Gelee, Kardamom-Eis und Koriander. Wenn man Ben fragt, was er empfiehlt, schüttelt er bedächtig den Kopf und fragt: «Magst du *Lobster?*» *Lobster* züchtet er nämlich selbst, sie sind frisch, zart und saftig.

«Eigentlich wollte ich nur Fish and Chips essen», sagte ich nach dem Hummer zu Ben. Das war gelogen, aber er traute mir offenbar keine Lüge zu: Wer so viel isst, kann kein ganz schlechter Mensch sein. Ich musste ihn mit allen Kräften davon abhalten, sofort in die Küche zurückzueilen und mir zum Abrunden meiner Mahlzeit noch eine Bonusportion Fish and Chips zu braten.

Natürlich holte ich mir meine Fish and Chips am nächsten Tag. Und am Tag drauf. Fish and Chips sind vielleicht nicht spezifisch *cornish*, aber ich kann bezeugen, dass ziemlich viele Pubs und Standeln ganz hervorragende Fish and Chips herstellen. Weiters kann ich euch ans Herz liegen, diese Fish and Chips nie – niemals! – mit Messer und Gabel zu essen, sondern direkt aus dem Papier, idealerweise auf irgendeiner Bank am Hafen sitzend, wo entweder die bunten Fischerboote schaukeln oder hilflos im Sand liegen, weil gerade Ebbe ist. Georg Danzer hat in seinem wunderbaren Song *Ruaf mi ned an* einmal an den Geschmack vom Leberkäse erinnert, der aus dem Zeitungspapier gegessen wird. In Wien habe ich ehrlich gesagt noch nie einen Leberkäse aus dem Zeitungspapier gegessen, aber in Cornwall gibt es die köstlichsten Fish and Chips immer aus dem Papier – ein ziemlich guter Fish-and-Chips-Brater namens Rick Stein druckt dafür sogar seine eigene Zeitung.

Zwischendurch besuchte ich Hinkelsteine und Kraftplätze, durchaus eindrucksvolle Orte, deren tiefe Rätselhaftigkeit mich anzieht, fragt nicht warum. So nahm ich lange Wanderungen durch eher öde Felder und Wiesen auf mich, um irgendwo einen Steinkreis aufzusuchen oder einen gewaltigen Steinblock, der wie von Zauberhand auf zwei anderen Steinen schwebt. Meine Kenntnis von Druiden und Zauberern beschränkt sich auf den Wirkungskreis von Miraculix aus den *Asterix*-Bänden, aber den keltischen Kultorten wohnt tatsächlich ein Zauber inne, auch wenn es nur der ist, dass mich das dringende Bedürfnis überkam, die nächste Portion Fish and Chips zu visualisieren.

Ich bin euch noch drei Dinge schuldig.

Erstens: das schönste Restaurant Cornwalls, nämlich das «Porthminster Beach Café» in St. Ives.

Zweitens: den idealen Imbiss. Er trägt den sprechenden Namen «Fresh from the Sea» und befindet sich in Padstow, vielleicht hundert Meter von «Nathan Outlaw» entfernt. Dieser Kiosk ist ein Wunder. Hier gibt es frischen Fisch, frische Austern, frischen Hummer, guten *Apple Cider* und ein paar Metallstühle draußen vor dem Geschäft. Ich bekam hier so köstliche Muscheln, dass mir die Tränen in die Augen stiegen – vielleicht auch, weil nur mehr vier Austern vorrätig waren, nur vier! Weil die Austern aus waren, nahm ich also den Hummer, den mir der Inhaber schnell auf seinem kleinen Herd zubereitete. Die Mischung aus einfachem, aber feinstem Essen und der Lässigkeit, mit der man es zu sich nimmt, macht diesen Ort absolut außergewöhnlich, und falls ihr zu den Menschen gehört, die gar nichts rührt: Die Rechnung wird euch beschämen, denn der Spaß ist nahezu geschenkt. Für mich gehört diese kleine Klitsche auf die Liste der coolsten Orte, wo ich jemals war.

Drittens: die nächste Portion Fish and Chips, fetttriefend und im Zeitungspapier. Bitte, gern geschehen.

Wir sprechen von einer Insel, die gleichzeitig ein Stadtteil von Stockholm und sein Gegenteil ist. Das gefällt auch einem Koch, der alles anders macht als alle anderen.

Djurgården, Stockholm

Am Anfang der beeindruckenden Geschichte von Magnus Ek und dem «Oaxen Krog», die aus dem Süden Schwedens über die Insel Oaxen im Landesinneren an den Strand von Djurgården in der schwedischen Hauptstadt Stockholm führt und voll von Überraschungen, Entdeckungen und kleinen Revolutionen ist, steht der Duft von Oregano.

Oregano gehört zur Familie der *Lamiaceae,* der sogenannten Lippenblütler. Ursprünglich trat die Pflanze bevorzugt im Mittelmeerraum auf, bis sie, bevorzugt in warmem Mikroklima und auf kalkhaltigen Böden, ihren Siegeszug durch ganz Europa antrat.

Auf der Insel Oaxen, etwa eine Autostunde südlich von Stockholm, kreuzten sich die Wege des aromatischen Krauts und von Magnus Ek. Das war nicht mehr als ein Zufall. Magnus wollte eigentlich mit seiner Frau Agneta Green im Süden Schwedens ein Restaurant eröffnen, hatte aber in einem Gastromagazin die Anzeige für ein Ausflugslokal im weiteren Einzugsbereich von Stockholm gesehen. Auf ihrer nächsten Reise nach Stockholm machten die beiden einen Abstecher auf die Insel Oaxen, ein völlig unbekanntes Plätzchen im Abseits aller urbanen Aufmerksamkeiten, und waren von der puren Schönheit, die sie dort empfing, erstaunt und berührt. Die Einsamkeit des Orts verstärkte das Spiel der Farben, der Spiegelungen im Fjord, der frischen Düfte und enigmatischen Geräusche. Das Paar sah sich an und sagte: «Warum nicht? Alle träumen doch vom Leben auf der einsamen Insel.»

Sie unterschrieben den Vertrag für das eher heruntergekommene Restaurant. In der Bucht vor dem Haus befand sich eine Marina. Segler und andere Bootsführer machten hier Station, das klang nach sicherem Basisgeschäft. Als Magnus und Agneta ein Jahr später die Möglichkeit bekamen, das Haus zu kaufen, griffen sie zu. Gleichzeitig machte die Marina Pleite.

Das Haus liegt auf einer kleinen Anhöhe über einer Bucht. Du siehst den Schwung der Uferlinie, das Tanzen des Wassers und den Wald, der sich hier ungestört ausbreitet. Hie und da tritt der rote Fleck eines Hauses oder einer Fischerhütte ins Bild. Auf der Insel selbst befindet sich ein kleiner Kalksteinbruch, und in hübschen Häusern mit Blick aufs Wasser leben vielleicht 60 oder 70 Menschen. Es gibt keine Brücke aufs Festland. Einmal pro Stunde setzt die Fähre über, auf der drei Autos Platz haben, die letzte abends um elf.

Magnus und Agneta reparierten das Haus und trafen unter dem Eindruck der bankrotten Marina eine Entscheidung. Sie würden hier kein bloßes Ausflugsrestaurant eröffnen, das nur Kaffee und Kuchen serviert, sondern ein *Fine-Dining*-Restaurant. Und sie würden dafür bloß auf lokale Lebensmittel zurückgreifen.

Vor allem dieser Teil der Entscheidung muss im Licht des Zeitpunkts gesehen werden, zu dem Magnus und Agneta ihn formulierten. Anfang der 90er-Jahre gab es den globalen Trend zur dogmatischen Regionalität noch nicht, und von einer *Nordic Cuisine* träumten noch nicht einmal Claus Meyer und René Redzepi, die Gründer des legendären «Noma». Mathias Dahlgren, heute einer der großen

Nordic-Küchenchefs am Platz Stockholm, arbeitete sich an seiner persönlichen Version der baskischen Küche ab, skandinavisches *Surf and Turf,* und die ersten *Foodies,* die damals noch Gourmettouristen hießen, spitzten gerade die Ohren, weil im Norden Spaniens ein gewisser Ferran Adrià ganz unwahrscheinliche Dinge mit seinem Chemiekasten anstellte.

Magnus Ek aber trat hinaus vor sein Haus, wo die Landschaft beginnt, und atmete den frühsommerlichen Geruch von Oregano ein. Er holte sein Körbchen, um etwas davon für seine Küche zu sammeln, und stieß, als er den Oregano erntete, auf Kräuter, die ähnlich aussahen, aber größere Blätter hatten und deren Geschmack in eine ganz andere Richtung wies. Sie besaßen Strenge, Schärfe und Ausdruckskraft, die Magnus augenblicklich mit dem sonderbaren, wunderbaren Ort identifizierte, wo er sich gerade befand. Er wollte mehr von diesem Ausdruck. Er wollte so kochen, wie ihn diese Kräuter aus dem Konzept brachten. Das Erstaunen über das Kraut neben dem Oregano war sein *heureka!,* und es stand am Anfang einer kulinarischen Karriere, in deren Focus die Übersetzung spezieller nordischer Nahrungsmittel in die höchste Ausformung von Kochkunst stand.

«Im Norden», sagt Magnus Ek, ein kleiner, feingliedriger Mann mit kahlgeschorenem Kopf und dunkler Hipsterbrille, «wachsen während einer kurzen Zeit im Sommer die besten Gemüse der Welt. Sie wachsen langsamer als im Süden. Sie wachsen auf einem anderen Boden. Sie werden nicht so groß. Sie müssen sich gegen ungünstige Witterung und Kälteeinbrüche durchsetzen. Viele der besonderen Aromen unseres Gemüses sind Schutzmittel gegen die Härten der Natur, wie sie unsere Pflanzen produzieren. Von diesem sehr speziellen Überfluss haben wir von Anfang an Gebrauch gemacht.»

Agneta und Magnus eröffneten den «Oaxen Krog» im Jahr 1994. Mit großen, weißen Steinen legten sie den Schriftzug «Oaxen» auf die Böschung vor dem Haus. Sie kauften ein Boot, das sie in ein winziges Hotel umbauten. Gäste kamen vor allem aus Stockholm und an den Wochenenden. Wenn das Wetter schön war, blieben manche Gäste über das Tuten der letzten Fähre hinaus und kampierten auf der Insel.

Magnus, der auf keine Lehrzeit bei berühmten Köchen oder Gastrounternehmern zurückblicken konnte, holte sich seine Inspirationen beim Vorhandenen: bei dem, was er in der Nähe an lokalen Lebensmitteln auftreiben konnte, und in Kochbüchern und Magazinen. Er servierte seinen Gästen zwei Menüs, eines mit «Bistro Food» und eines mit den Gerichten, die ihm in den Sinn kamen.

Es dauerte nicht lange, bis die Bistro-Gerichte von der Karte verschwanden.

«Ich fühlte mich keineswegs als Prophet», sagt Magnus Ek, «aber ich hatte das drängende Gefühl, dass ich anders kochen möchte als alle anderen Köche. Zu dieser Zeit war die spanische Küche sehr *trendy,* und speziell Ferran Adrià gab mir Zuversicht. Nicht, weil ich kochen wollte wie er, sondern weil er bewies, dass man kulinarische Grenzen sprengen kann.»

Der «Oaxen Krog» setzte in diesen Jahren den Ton für ein neues Verständnis von skandinavischer Küche, die eher grobschlächtig und von Heringen in jedem Aggregatzustand dominiert war – und blieb dabei völlig unbekannt. Erst als ein Stammgast einen Bekannten mitbrachte, der Marketingexperte war und mit dessen Hilfe es gelang, ein paar Journalisten auf die Insel zu bringen – nicht irgendwie; mit dem Wasserflugzeug! –, ging der Dreistufenplan von Magnus und Agneta langsam auf. Er lautete:

a) in ganz Schweden bekannt werden;
b) lokale Küchenlinie perfektionieren;
c) das ganze Jahr offenhalten können.

«An *c* sind wir gescheitert», sagt Magnus, «aber *a* und *b* haben wir hingekriegt.»

Mehr als das. Nachdem der «Oaxen Krog» mit euphorischen Bewertungen in den schwedischen Restaurantführer *White Guide* aufgenommen worden war, kam auch die internationale Food-Community auf die Spur des Geheimtipps von der Insel und platzierte das

Restaurant auf die «50 Best»-Liste von SAN PELLEGRINO, als eines der fünfzig besten Restaurants der Welt.

Aus dieser Zeit datiert mein erster Besuch im «Oaxen Krog». Hier meine Notizen von damals, nachdem mich das Taxi aus Stockholm irgendwo am Wasser abgesetzt und allein gelassen hatte:

«Plötzlich sehr still. Taxi im Wald verschwunden. Sanftes Gekräusel am Wasser, unentschlossene Windböen. Kein Boot. Kein Mensch. Beginnt zu regnen.

Die Bushaltestelle: eine bunt beschmierte Holzbaracke. Um halb soll die Fähre kommen, hat Agneta versprochen. Aber ich sehe weder Fähre noch Restaurant. Wenn du da bist, findest du uns gleich, hat sie gesagt. Hm. Es regnet stärker.

Drei Minuten vor halb löst sich ein Catarpillar mit Aussichtsbrücke von der Insel und steuert auf die Anlegestelle zu. Die Fähre.

Als wir auf der Insel ankommen, ist der Regenschauer vorbei. Nach links ein Wegweiser zur Kalkgrube. Ich frage einen Mann mit Seebärenmütze nach dem Restaurant. Restaurant? Er zuckt mit den Schultern. Wäre ein guter Gag, wenn ich auf der falschen Insel gelandet wäre.

Das Blau des frühen Abends wird dunkler. Wunderschöne Holzhäuser mit VOLVO-Kombi vor der Hütte (gibt es die nur im Doppelpack?). Dann bin ich schon auf der Kehrseite der kleinen Insel. Am Hang Lichter. Der ‹Oaxen Krog›. Also doch.»

Die Schrift in meinem Notizbuch wurde später, als es ans Essen ging, etwas krakeliger, was möglicherweise den Aperitifen geschuldet war. Aber die Begeisterung klebt noch im Pathos der Zeilen, mit denen ich, was mir da lange vor dem ersten Besuch im «Noma» widerfuhr, zusammenfasste:

«Im Gegensatz zum etwas biederen Outfit des Personals geht auf dem Tisch ein kulinarisches Feuerwerk ab, zwischendurch im wahrsten Sinne des Wortes. Nach einem Wachteleidotter mit Schweinsohrencrisp und einer nach Austern duftenden Apfelterrine mit großartigen, rohen Shrimps (und einer dicken, sämigen Mayonnaise mit Brotkrumen, *yummie*) kommt das Rehtatar unter einer Glasglocke mit einem brennenden Wacholderästchen: Sobald die Glocke aufgehoben wird, steigt der Rauch auf wie beim Ostergottesdienst, und das Fleisch hat das würzige Aroma des verglühenden Wacholderholzes inhaliert, leise und elegant, harmonisch und frei, wie selten etwas Geräuchertes auftritt. Der Geschmack des Fleisches ist tief und rot, der Wacholderrauch fügt ihm etwas Dringliches, Substantielles hinzu. Als Begleitung übrigens etwas Weißfischrogen, eingelegter Fenchel mit Minze und eine fantastische Mayonnaise von Pfifferlingen.

Es ist die zauberhafteste regionale Küche nördlich von Kopenhagen, die im ‹Oaxen Krog› zelebriert wird – mit der Souveränität gedanklicher Durchdringung und allen Effekten technischer Perfektion. Magnus Ek, der mit Agneta vor 16 Jahren das Restaurant eröffnete, nahm viele der dänischen Food-Dogmen vorweg, die derzeit weltweit abgefeiert werden. Seine Ambition bestand seit jeher darin, mit vorhandenen Produkten außergewöhnliche Gerichte zu kochen. Die Kreise, die er möglichst eng um die Insel Oaxen zog, brachten Zucchini aus Skilleby zum Vorschein, Hering von nebenan, Trüffel aus Gotland, Aquavit von zu Hause, Beute vom Fischmarkt in Stockholm und Knowhow über die besten Pilze, die im Wald auf den Bäumen wachsen.

Es kommen die Wangen vom Kabeljau mit einer Suppe von Saubohnen, samt Reisbrot und Eierbutter. Schließlich eine im Salzteig gebackene Sellerie mit getrüffelter Butter – vielleicht der deutlichste Hinweis darauf, wie diese Küche mit einem Handgriff das Spezielle am Gewöhnlichen herauszuarbeiten weiß. Ein Stück Sellerie, sonst maximal Nebendarsteller in einem Gemüsefonds, wird als Hauptfigur auf die Bühne des *Tasting Menus* gebeten – ein Gericht, das nicht nur die Philosophie des Kochs ausweist, sondern auch die Aufmerksamkeit im Auge des Betrachters schärft: Was ist jetzt noch zu erwarten, wenn schon ein Stück Sellerie der Hammer ist?

Zum Beispiel noch mehr Gemüse: bissfeste Zucchini-Stücke mit Bohnenpüree und knackigem Mangold, dazu ein Schuss Wacholderessig. Ein Stück Fleisch von der Wildente. Aber wieder ist die zur Begleitung abkommandierte Pilz-*Consommé* der eigentliche Star des Gerichts, dunkel und voller Abgründe.»

Streicher, Pauken, Schluss. Es gab noch zu trinken, und knapp vor elf, als die Fähre einmal kurz tutete, leerte sich das Restaurant schlagartig und eine Busladung zu elegant gekleideter Menschen hastete zum Caterpillar, um nicht im Wildkräuterbewuchs der Insel Oaxen ein kühles Nachtlager suchen zu müssen.

Im Herbst 2011, nach 17 Jahren, schlossen Magnus und Agneta den «Oaxen Krog» und gaben bekannt, dass sie nach Stockholm ziehen würden. Die Winter waren zu lang geworden, und selbst der Ruf, eines der 50 besten Restaurants der Welt zu sein, lockte bei Wind und Schnee nicht genug Gäste auf die Insel.

Vielleicht war es auch ein Anflug von Einsamkeit, ein Ermüdungsbruch. Jedenfalls kundschafteten Agneta und Magnus mögliche Standorte in der Hauptstadt aus. Über eine Freundin, die sich im Ruderclub stählte, erfuhren die beiden, dass auf Djurgården ein Wirt gesucht wurde – Djurgården ist so etwas wie Stockholms Central Park, die ehemalige Jagdinsel des Königs, ein Traum an Natur inmitten der Stadt, die in jedem ihrer zahlreichen Stadtteile eine andere Gestalt annimmt: die mittelalterliche Schöne auf Gamla stan, die industriell Robuste auf Södermalm, die großbürgerlich Elegante auf Östermalm, die feinsinnig Kunstbeflissene auf Skeppsholmen – und die üppige Grüne auf Djurgården, wo Magnus Ek nun im Sommer vor der Haustür seine Freunde, die Wildkräuter, findet und mutig und souverän in seine Gerichte einbauen kann.

Es war ein Glücksfall, dass Magnus und Agneta hier bauen durften, ihren Traum von einem Restaurant («Oaxen Krog») mit angeschlossenem Bistro («Oaxen Slip») am Ufer der schönsten Insel Stockholms verwirklichen konnten. Geschenkt, dass der «Oaxen» erst mit einem Jahr Verspätung an den Start gehen konnte. Heute ist der erstaunlich mächtige, gelbe Bau längst im Establishment der schwedischen Kulinarik angekommen, spätestens seit Magnus Ek im Frühjahr 2015 vom MICHELIN mit dem zweiten Stern ausgezeichnet worden war, was ihn auf eine Ebene mit dem kulinarischen Platzhirschen Mathias Dahlgren und dem genialischen Björn Frantzén hob, ein Platz, der ihm ohne jeden Zweifel zusteht.

Ich saß mit Magnus Ek am Nachmittag vor der MICHELIN-Präsentation in seinem Restaurant in Djurgården und sprach über das Ende der Einsamkeit und den kulturellen Kontext, in dem er im «Oaxen Krog» kocht.

«Für mich», sagte Magnus, «war der Abschied von der Insel super.»

«Warst du jemals wieder da?»

«Nein. Nicht, seit wir das Haus verkauft haben.»

«Warum nicht?»

«Ich weiß nicht. Ich möchte nicht. Wahrscheinlich hätte ich einen Kloß im Hals.»

«Und wie war die Ankunft in Stockholm?»

«Hätte besser nicht sein können.»

«Sehen die feineren Restaurants der Stadt euch nicht als Konkurrenz?»

«Nicht unbedingt. Wir Köche betrachten einander mit viel Respekt, und Stockholm ist eine Stadt, die zwar klein ist, aber doch ganz schön *busy*. Die Stadt verträgt viele gute Restaurants.»

«Spürst du, dass die *Nordic Cuisine* interessierte Menschen in den Norden zieht?»

«Mit der *Nordic Cuisine* ist das so eine Sache. Klar, der Aufstieg des ‹Noma› hat uns viel Rückenwind gegeben, auch wenn im ‹Noma› einiges geschah, was wir schon Jahre früher gemacht hatten. Aber es entstand Aufmerksamkeit, und von der profitieren wir natürlich.»

«Wie würdest du den Ausdruck *Nordic Cuisine* definieren?»

«Am liebsten gar nicht. Es gibt so viele *Nordic Cuisines*. Wenn ich nur zwei berühmte Restaurants vergleiche – das ‹Noma› in Kopenhagen und den ‹Fäviken› in Nordschweden –, sehe ich zwar viele Produkte, die wir alle brauchen, und Methoden, die wir alle anwenden – aber im Detail sind wir alle höchst unterschiedlich.»

«*Nordic Cuisine* ist also nichts Homogenes?»

«Nein, ganz und gar nicht. Klar, wir legen alle unser Gemüse ein und fermentieren es und machen es für die langen Winter haltbar. Aber das Essen, das darauf entsteht, könnte unterschiedlicher nicht sein.»

Bärlauch wird oft als Zeuge von Frühlingserwachen bezeichnet, als erste Ernte, als ebenso zartes wie willkommenes Pflänzlein wie Krokus und Narzissen.

Nicht für mich. Ich habe Bärlauch nie besonders gemocht. Dass die Pflanze mit Schnittlauch, Zwiebel und vor allem Knoblauch verwandt ist, bedarf keiner gesonderten Erklärung, aber während der Geruch von frischem, zerdrücktem Knoblauch etwas Würziges und Verführerisches hat, erscheint mir der Duft des Bärlauchs nur grobschlächtig und ordinär.

Schon beim Spaziergang durch die Parks und Stadtwälder, in denen der Bärlauch gedeiht und sich jedem, der ihn nimmt, an den Hals wirft, ist der Geruch aufdringlich und reißerisch, man entkommt ihm nur durch Flucht in die urbane Steinwüste.

In der urbanen Steinwüste tappen wir ihm aber erst recht in die Falle. Denn auf zahllose Wirte und Köche, Marktfahrer und Produzenten anspruchsvoller Lebensmittel wirkt der Bärlauch wie ein Aphrodisiakum: Sie lassen sich, beseelt vom Geiste des nahen Frühlings, dazu hinreißen, alle möglichen Speisen, deren Rezepte puristisch und erprobt sind, plötzlich mit Bärlauch zuzubereiten: Aufläufe und Pizza, Gnocchi und Pesto, selbst Brot, Salami und Muf-

Warum ich Bärlauch verabscheue

Das Wahrnehmungsvermögen des Menschen ist verblüffend. Angeblich sind wir in der Lage, eine Billion verschiedener Riechstoffe zu unterscheiden (eine

fins. Gute Kartoffelsuppen werden mit eingemixtem Bärlauch verdorben, mollige Pasta wird durch Bärlauchsaucen ungenießbar, selbst Frischkäse wird mit Bärlauch geimpft und aus der Balance gebracht. Auch Bärlauchchips habe ich schon gesehen, mit Salz, Pfeffer und unglücklicher Muskatnuss marinierte und im Ofen herausgebackene Bärlauchblätter. *Oh dear!*

Ich mag Bärlauch nicht, weil ich keinen Schwefel mag. Die frischen Bärlauchblätter enthalten *Allicin*, *Alliin* und *Methyl-L-Cysteinsulfoxid*. Diese Bestandteile sind für den stechenden Geruch und den scharfen, unbalancierten Geschmack des Bärlauchs verantwortlich und verderben im Frühjahr Tausende Essen.

Ich bin in meiner Abneigung nicht allein. Ameisen zum Beispiel weigern sich, die Samen des Bärlauchs auszutragen. Dafür haben sich die Schwebfliegen in die Blätter verliebt und legen darin ihre Larven ab.

Und doch, es gibt etwas, was noch alarmierender riecht als frische Bärlauchblätter: der Atem jener, die gerade einen frischen Bärlauchsalat verzehrt haben. Dabei gibt es doch fast eine Billion anderer Gerüche, für die wir uns entscheiden können.

Billion: Das ist die Zahl mit zwölf Nullen), auch wenn wir nicht in der Lage sind, uns alle zu merken (wir merken uns ja nicht einmal, wie viele Nullen eine Billion hat).

Noch bevor wir jedoch in die Verlegenheit kommen, uns einen Geruch merken zu müssen, wissen wir, ob wir ihn mögen oder nicht. Die Riechzellen in unserer Nase sind direkt via Nervenfasern mit dem *Bulbus olfactorius*, unserem primären Riechzentrum, verbunden. Sobald der Geruch rezipiert wird, verknüpft das präsemantische Gedächtnis seine Wahrnehmung mit dem visuellen System, sodass wir den (angenehmen oder unangenehmen) Geruch räumlich zuordnen und automatisch mit einem klaren Bild versehen. Um den Geruch benennen zu können, braucht es einen zweiten, semantischen Bezug.

Das heißt: Erst, wenn uns der grüne, aufdringliche Duft in die Nase gekrochen ist und uns zu einer ersten Abwehrreaktion, zum Beispiel einem hysterischen, riesenpudelmäßigen Schütteln des Kopfes gezwungen hat, verbinden wir ihn mit dem Bild, das wir gerade sehen: den ansonsten sehr geliebten Wochenmarkt. Und erst dann fällt uns das Wort ein, das die Störung bezeichnet: Bärlauch.

«Das ‹Noma›…»

«…macht zum Beispiel gar keine regionale Küche, sondern *Best-of-Nordic Cuisine*. Für mein Dafürhalten könnten die geografischen Unterschiede durchaus noch mehr inszeniert werden.»

«Wie meinst du: inszeniert?»

«Ich meine, dass auf die Purheit lokaler Geschmäcker noch mehr Rücksicht genommen werden soll. Die Präsentation ist für mich nicht das Entscheidende am Essen, ich habe *Gimmicks* und Tändeleien am Teller nie gemocht. Aber ich habe das Gefühl, dass das ehrliche Kochen wieder mehr Bedeutung bekommt. Die Präsentation entscheidet nicht mehr darüber, ob ein Gericht gelungen oder misslungen ist.»

Magnus Ek inszeniert seine Gerichte wie aus der Botanisiertrommel. Er setzt die Schönheit eines kahlen Astes ins richtige Licht, indem er darauf ein schmales Stück Rindfleisch platziert, das von einer Kombination aus Stangensellerie, Haselnüssen und altem, scharfem schwedischem Essig begleitet wird – das Motiv der Baumkrone kehrt später wieder, als Grundierung eines Tellers durch ein delikates Püree von Rauke und Bärlauch, auf dem eine gegrillte Schwarzwurzel und ein Stück vom fett gewordenen Herbstlamm liegen.

So verspielt und aufwendig manche dieser Teller sein mögen, am Ende lassen sie sich immer auf wenige Bestandteile zurückführen, auf Fisch, Meeresfrüchte und Fleisch aus Schweden (und ja, es gibt auch ein Stück Rentier, auf einem heißen Stein gegart und von einer Creme aus Rentierblut, Flechten, Pilzen und Preiselbeersaft begleitet) und das Gemüse, das der Norden zu jeder Jahreszeit hergibt, frisch oder aus der Vorratskammer.

An genau diesem Punkt schlägt Magnus auch die Brücke zu dem, was er an der traditionellen schwedischen Küche so liebt.

«Die schwedische Küche besitzt viele Bestandteile, die wild sind. Damit meine ich, dass sie nicht gezüchtet oder angebaut werden können, so wie viele Fische, Meeresfrüchte, Pilze oder Beeren.»

«Worin besteht denn die schwedische Tradition? In der Zubereitung oder im Sammeln und Finden der richtigen Produkte?»

«Der Kern unserer Tradition besteht im Konservieren dessen, was wir im Sommer finden. Das ist das Um und Auf.»

«Was bedeutet das für den klassischen Geschmack?»

«Dass sich Farbe und Textur der einzelnen Lebensmittel verändern, dass ihr Geschmack aber immer nur intensiviert wird. Lamm schmeckt nach Lamm. Rentier schmeckt nach Rentier. Jedes Produkt hat einen unverkennbaren Geschmack.»

«Wenn wir in Deutschland an die schwedische Küche denken, dann fallen uns vor allem *Kötbullar* ein – die Fleischbällchen aus der IKEA-Kantine.»

«Wirklich? Wir essen gar nicht so oft Fleischbällchen. In schwedischen Familien wird viel mehr Blutwurst, Speck und Hering gegessen – wobei sich da gerade etwas ändert, weil bekannt geworden ist, dass manche Heringe aus dem Baltischen Meer mit Schwermetallen kontaminiert sind ...»

«Habt ihr früher jeden Tag Hering gegessen?»

«Jeden Tag, ja. Aber heute ist es viel weniger geworden.»

«Wenn du die schwedische Küche auf einen speziellen Geschmack reduzieren müsstest: welcher Geschmack wäre das?»

«Das kann ich dir genau sagen. Meine Familie und ich waren in meiner Kindheit immer am Vänern, einem großen See im Landesinneren, in den Sommerferien. Dort hatten wir ein Haus am Ufer gemietet. Rundherum gab es unendliche Mengen von Preiselbeeren und Heidelbeeren. Die Beeren waren ganz klein und reif, sie hatten einen unvergleichlichen, intensiven Geschmack. Wir verkochten sie gemeinsam zu *Queen's Jam*. Eine bessere Marmelade wirst du nirgendwo finden.»

«Wo kann ich so eine Marmelade bekommen?»

«Nirgendwo. Die gibt es nur privat. Die Mutter meines *Sous-Chefs* lebt im Norden, die macht welche. Aber die ist für dieses Jahr leider schon verbraucht ...»

Um das Klischee vorwegzunehmen:
Der Bauch Italiens hat Auswirkungen auf
den Bauch seines Besuchers.
Sagen wir es deshalb mit der Band Wanda:
«Bologna, meine Stadt».

Emilia-Romagna

Natürlich klaubte der Zöllner ausgerechnet mich aus der Schlange der Heimkehrer, die erwartungsvoll durch den Korridor des Flughafens eilte, sich freute, die mitgebrachten Seidentücher, Schnapsflaschen und Playmobil-Polizisten an ihre Geliebten, Großeltern oder Enkel zu verteilen.

«Wo kommen wir denn her?»

Schon in diesem Moment wusste ich, dass wir keine Freunde werden würden. *Wir denn her.* Als ob nicht klar wäre, dass er gerade hinter der Spiegelwand herausstolziert war wie ein Flamingo auf Valium, während ich aus dem beneidenswerten *dort* im Gegensatz zum bemitleidenswerten *hier*…

«Bologna», sagte ich.

«Was haben wir denn mitgebracht?»

Einen Augenblick lang erwog ich, ob ich dem Gockel eine Lektion in Grammatik erteilen sollte, und zwar mit vollem Gewicht auf seiner Brust sitzend und ihm pädagogische Ohrfeigen verabreichend: Ich *(klatsch)* ist *(klatsch)* Singular *(klatsch)*. Wir *(klatsch)* ist *(klatsch)* Plural *(klatsch)*.

Aber ich musste nur eine Sekunde lang an die Folgen denken, an öde Runden im schattigen Hof des Straflandesgerichts, zerfledderte «Jack London»-Bände in der Gefängnisbibliothek, mein totes Handy und Steckrübeneintopf mittags und abends. Nein. Steckrübeneintopf war die Sache nicht wert. Über die Sache mit dem Handy muss ich bei Gelegenheit noch einmal nachdenken.

Ich setzte also mein obrigkeitsgläubiges Lächeln auf, das sich bei zahlreichen Führerscheinkontrollen schon bewährt hatte, und räumte meinen Plastiksack aus, der an der Sicherheitskontrolle in Italien für begeisterte Zustimmung gesorgt hatte.

Auf dem Tisch des Zöllners – oder war er ein Drogenfahnder? Warum kontrollierte hier überhaupt jemand? – nahm eine kleine Wohnlandschaft des guten Geschmacks Gestalt an.

Drei Flaschen *Aceto Balsamico tradizionale di Modena* in Handgranatenform samt dem ganzen unnötigen Verpackungsklimbim, der uns Kunden plausibel machen soll, warum 100 Milliliter einer dunkelbraunen, süßsauren Flüssigkeit zwischen 60 und 120 Euro wert sein sollen.

Ein halbes Kilo bester *Lardo,* weiß wie Schnee oder, wie ich fürchtete, durchsichtig wie eine Milchglasscheibe, weil ihm die sommerlichen Temperaturen in der Kabine des Fliegers nicht bekommen waren.

300 Gramm Schinken aus Langhirano.

Ein Kilo Parmesan von der Bio-Farm «Hombre» der Familie Panini – ja, der Familie, die ich persönlich wohlhabend gemacht habe, indem ich jedes einzelne Fußballer-Bildchen kaufte, das die durchtriebenen Paninis jemals in Umlauf gebracht haben.

Ein gefüllter Schweinsfuß namens *Zampone.*

Spätestens jetzt hätte ich erwartet, dass wir die Flughafenambulanz rufen.

Doch der Zöllner interessierte sich nur für den kleinen *Maserati Zagato Spyder,* dessen Bausatz ich nebenbei fürs Archiv aus einer

Spielzeughandlung gepflückt hatte. Ein kleines Fachgespräch unter Ahnungslosen, und ich konnte meine Schätze wieder einpacken.

Es ist nicht schwierig, auf dem kulinarischen Urmeter zwischen Bologna und Parma im Wirtshaus zu landen. Es gibt dazu keine Alternative. Das Italien, das wir kennen und schätzen, das Italien der pittoresken Marktplätze und Arkaden, der Campaniles, die lange, heilige Schatten werfen, und der sanften Hügel, an deren Hängen Olivenbäume Trost spenden, das Italien der unverbrauchten Sandstrände, der Umberto-Tozzi-Schmachtfetzen und Postkartenhimmel aus frisch verdampftem Espresso, der Chiantiflaschen im Korbgeflecht und der rot-weiß karierten Tischtücher im Strandlokal: Dieses Italien gibt es hier nicht.

Das heißt: Die Tischtücher gibt es schon, leider. Ansonsten: Ebene. Bauernhöfe. Agrarfabriken. Autoindustrie. Traktoren mit ausladenden Hüften, die selbst nagelneue FERRARI-Erlkönige aufhalten, die, schneeweiß verklebt und an den neuralgischen Stellen mit Styropor camoufliert, erste Ausfahrten rund um Maranello wagen. Das reicht, dass die in dreckigen FIAT Ritmos hinter dem Prototypen herjagenden Fotografen von TUTTOSPORT in komatöse Verzückung geraten.

Und Nebel. Habe ich schon den Nebel erwähnt, der in diesem Teil Italiens im Oktober einfällt und sich irgendwann im April wieder auflöst? Dieser Nebel ist nicht nur dafür verantwortlich, dass die schlimmsten Bausünden in der Agglomeration der größeren Städte Bologna, Parma, Modena unsichtbar bleiben. Der Nebel ist der Spiritus rector des Klimas, und das Klima ist die Grundlage dafür, dass nirgendwo in Italien italienischeres Essen zur Welt kommt als hier, abseits der Touristenströme, im agronomischen Herzland, in den Ställen, in den Silos, den Fässern, den Kellern, den Dachböden.

Jawohl, Dachböden. Ich musste viele Stufen steigen. Stufen führen auf Dachböden, und auf Dachböden liegen Fässer. Immer kleiner werdende Fässer aus verschiedenen Hölzern – Eiche, Kastanie, Esche, Wacholder, Maulbeerbaum, Kirsche – sind zu «Batterien» angeordnet, zu einer hochartifiziellen Verknappungsmaschinerie, an deren Ende sich die schweren, schwarzen Tropfen formieren, für die sich die Rauschgiftfahnder offenbar nicht interessieren.

Jedes Dorfgasthaus zwischen Reggina und Modena hat mindestens eine Essigbatterie auf dem Dachboden stehen, und weil ich so zufrieden war mit dem fantastischen *Orzo,* der Gerste mit roten Rüben (und Balsamico) oder dem Tatar vom Rindsfilet mit einer raffinierten, mayonnaiseähnlichen Marinade (mit Balsamico), weil ich dieser Begeisterung, so gut ich konnte, Ausdruck verlieh und zur Belohnung ein Stück zarter Zunge aufgetischt bekam (mit Balsamico-Sauce und ein paar Tropfen selbstgemachtem *Tradizionale)* und diese anstandslos verzehrte wie auch die auf dem Holzkohlengrill zubereiteten Stücke von der Schweinsleber im Lorbeerblatt (mit Balsamico), durfte ich die Stiegen hinauf, kommen Sie, *Signore,* sehen Sie, *Signore,* Das! Ist! Echter! Essig!

So kriegte ich täglich zwei bis drei Crashkurse in traditioneller Essiggewinnung verabreicht, und ich nahm so viel puren Essig auf weißen Plastiklöffeln zu mir, wie zuvor in meinem ganzen Leben nicht.

Das Wichtigste: Es gibt so einen *Aceto balsamico di Modena* und so einen. Der eine trägt das unscheinbare Attribut «tradizionale», der andere nicht, doch genau dieses Attribut trennt die Spreu vom Weizen, mit Brief und Siegel. Was ein *tradizionale* ist, entscheidet nämlich nicht der Produzent, sondern ein essigmäßiges Höchstgericht, das «*Consorzio Tutela Aceto Balsamico Tradizionale di Modena*». Diese respektable Vereinigung beschäftigt Tausende Verkoster, unter denen 156 legitimiert sind, von den Produzenten eingereichte Essigproben nach genau festgelegten Kriterien zu prüfen – Farbe, Konsistenz, Süße, Säure, Duft – und mit Punkten zu bewerten. Das unerreichbare Fernziel ist ein abstraktes Maximum von 400 Punkten, die jedoch nicht annähernd erreicht werden.

Überfluss und Mangel scheiden sich bei 240 Punkten. Nur Essige, die diese Punktezahl erreichen, dürfen sich «tradizionale» nennen und in den dafür vorgesehenen Handgranatenflaschen verkauft werden. Die Flaschen werden monopolistisch vom «Consortio» produziert. Die Traditionshüter überwachen sodann das Abfüllen des geprüften Produkts. Sie wollen sicherstellen, dass niemand Schindluder treibt und etwa Fusel für Gold verkauft (eine Praxis, die im weniger strikt kontrollierten Olivenöl-Business dem Vernehmen nach gang und gäbe ist).

Klar, der *Tradizionale* erzielt Apothekerpreise, das kann die Gier befeuern. Selbst große Produzenten wie die «Acetaia del Cristo» in San Prospero können am Ende des Jahres nicht mehr als ein Prozent der Menge an *Tradizionale* verkaufen, die sie an Traubenmost ernten und dem Verarbeitungskreislauf zuführen.

Der Reifeprozess, so erklärte es mir Erika Barbieri, die Inhaberin von «del Cristo» mit dem angemessenen Quantum Poesie, sodass selbst ich den Eindruck gewann, das Wesentliche verstanden zu haben, bestehe aus fünf wesentlichen Faktoren. Den richtigen Trauben. Dem richtigen Holz. Und Zeit, Zeit, Zeit.

Tatsächlich ist das Thema Geduld gut in den Bräuchen der eingeborenen Nebelitaliener verankert. Kommt ein Kind zur Welt, legen die Eltern eine Essigbatterie an. Sobald das Kind seinen eigenen Hausstand gründet, sagen wir optimistisch mit zwanzig, kann es seinen ersten eigenen Essig ernten, und sollte etwa eine unvermutete Schwangerschaft der Grund für die Hochzeit sein, ist eben die nächste Batterie fällig.

In der Theorie ist alles ganz einfach. Die Trauben – weiße *Trebbiano*- oder rote *Lambrusco*-Trauben, wie sie auf den eher unscheinbaren Stöcken der emilianischen Weingärten geerntet werden – kommen zuerst in die Presse, dann aufs Feuer. Vor großen Fässern zeigt das folkloristische Fotoalbum resche Frauen mit Kopftüchern, die mit langen Stöcken im brodelnden Traubensaft herumrühren, bis der Zucker des Mostes karamellisiert, das Gebräu auf die Hälfte eingekocht ist und in den ersten, vorsichtigen Schatten jenes Brauns schlüpft, das in zwölf bis fünfundzwanzig Jahren die Prätorianer des «Consorzio» anerkennend durch die Zähne pfeifen lässt.

Der Most wird ins erste, ins größte Fass gefüllt, mit etwas fertigem Balsamico und frischem Wein vermählt, friert sich durch den

Winter und tritt, sobald die Sonne die unisolierten Dachböden in ein infernalisches Fegefeuer verwandelt, den Fermentierungsprozess an. Flüssigkeit verflüchtigt sich. Nach einem Jahr wird ein Teil dieses ersten Konzentrats ins nächstkleinere Fass verbracht, Frost, Nebel, Fegefeuer, die nächste Ernte, das nächste Fass.

Damit sie verstehen, was Erika Barbieri unter «Zeit, Zeit, Zeit» versteht, machen Sie folgendes Geduldsspiel, um zu ermessen, wie lange es tatsächlich dauert, bis ein Essigbauer weiß, wie gut die Ernte im letzten Herbst war: Legen Sie dieses Buch zur Seite und schauen Sie auf die Uhr.

Jetzt warten Sie zwölf Jahre.

Erika stellte dann in einem geräumigen, von reich verzierten Urkunden für Hauptpreise bei allen wichtigen Verkostungen in ein Refektorium verwandelten Verkostungsraum die verschiedenen Geschmacksrichtungen ihrer *Tradizionales* vor. Die wichtigsten Unterschiede erklärten sich durch Holz und Alter. Ich sortierte weiße Plastiklöffel, betrachtete mehr Brauntöne, als ich bisher gekannt hatte – Guinessohne-Schaum-Braun? Kastanien-im-Regen-Braun? Etwas-zu-langgeschmortes-*Brasato*-Braun? – und machte mir fleißig Notizen. Mein Ergebnis: Kirschholz gibt dem alten Essig die perfekte, eleganteste Abrundung. Alter Essig ist einschmeichelnder; wenn er Qualität hat, behält er neben den Honigaromen auch seine kräftige Säure. Mit der traditionellen Mischung aller Holzaromen kannst du nichts falsch machen.

Eine Essigverkostung muss man sich vom Abenteuerwert übrigens so vorstellen, als nasche man mit anderen Erwachsenen einen Nachmittag lang Ahornsirup.

Etwas später am selben Nachmittag lernte ich Matteo Panini kennen.

Falls beim Namen «Panini» etwas klingelt, dann zu Recht: Es handelt sich um einen Sohn der legendären Klebebildchen-Dynastie, die von einem Zeitungsstand in Modena aus die ganze zivilisierte Welt eroberte.

Matteo Panini hat 1992 um ein 220 Hektar großes Grundstück einen Zaun gezogen und das Land zur biologisch-dynamischen Landwirtschaft namens «Hombre» erklärt. Etwa 500 Kühe weiden hier. Ihre Milch wird unpasteurisiert zu Käse verarbeitet. «Das einzige, was wir nicht selbst erzeugen, ist der Diesel für die Traktoren», sagt Matteo mit seinem charakteristischen, schmalen Lächeln, und führt mich in die Halle, wo der Parmesan gelagert wird.

Es ist eine riesige Halle, hoch und tief. Auf maßgeschneiderten Holzgestellen reifen hier 36 Kilo schwere Parmesanlaibe. 550 Liter Milch sind notwendig, um einem Laib sein Volumen zu geben. Die Dauer der Reife ist mit zwei Jahren bemessen, auf Wunsch darf es auch länger dauern.

Matteo lächelt schmal. Er glaubt an Alchimie (oder er sagt, dass er an Alchimie glaubt). Deshalb lässt er seine Kühe mit Musik beschallen, wenn sie gemolken werden. Dieselbe Musik erklingt 15 Tage später, wenn der Käse aus dieser Milch in die Lagerhalle verschoben wird. Der Käse hört zu. Musikalischer Käse.

Vor der Halle steht ein Mörser, in dessen Lauf Blumen stecken. Ein Schild bezeichnet die Maschine ganz sachlich als «Denkmal der menschlichen Dummheit». In einer Nachbarhalle befindet sich die größte private MASERATI-Sammlung Italiens.

Bevor Massimo zum Aufbruch mahnt, stattet er noch den Parmesan-Laiben, die unter seinem Namen reifen, einen Besuch ab. Mit einem kleinen Metallhämmerchen klopft er sie ab. Es ist die einzige Möglichkeit, ihre Entwicklung zu kontrollieren und mögliche Fehler hinter der Kruste zu entdeckten.

Tack. Takatack. Tack.

«Hörst du», sagte Matteo lächelnd. «Musik!»

Ich habe mir meinen eigenen Katechismus verordnet, er lautet: Es ist überall am schönsten. Noch einmal zum Nachbeten. Überall. Am. Schönsten. Daran glaube ich, außer ich bin gerade im Gotthardtunnel unterwegs. Es schmeckt mir auch überall am besten. So verliebte ich mich in Sizilien in den Nero d'Avola und in Rheinhessen in die Scheurebe.

Zwischen Spilamberto und Modena zweifelte ich am eigenen Wort. Okay, der Nebel war hilfreich bei Satz 1, aber was jetzt bewältigt werden musste, war ein tiefer Blick ins Glas, in dem der berühmteste Wein der Region lag, der die unteren Regale der Supermärkte in aller Welt beschwert und in meiner Erinnerung für die übelsten Varianten morgendlichen Erwachens verantwortlich ist.

Lambrusco. Frei übersetzt: die Plörre.

Gut, dass mich Rico Grootveldt schlauer machte.

Der Exportmanager der Kellerei «Chiarli» trug einen Mantel in so strahlendem Blau, wie man es nur tragen kann, wenn die Farbe Braun vollständig von den 10 000 Essigmachern der Region aufgebraucht wird. Er holte ein paar imposante Zahlen aus dem Kofferraum seines Passat – «Chiarli» liefert nicht weniger als 25 Millionen Flaschen Lambrusco an die unteren Supermarktregale in aller Welt –, aber dann lenkte er meinen Blick auf das mittelfristige Ziel seiner Önologen, auf den qualitativen Fernpunkt.

«Die Genießer erinnern sich an Lambrusco nur, wenn sie irgendwann mit Kopfweh erwacht sind», sagte Rico mit der weichen Ironie seines niederländischen Deutsch, und ich konnte ihm nicht widersprechen. Also nahm er mich bei der Hand und führte mich erst einmal in die Verarbeitungshalle der Kellerei in Castelvetro, dem, wie es etwas euphemistisch heißt, «kleinen San Gimignano» – ich würde eher sagen, Castelvetro ist San Gimignano minus die Türme –, dann servierte uns ein livrierter Kellner im Verkostungsraum fantastischen Schinken, aromatischen Käse und – erstaunliche Weine.

Nicht nur, dass der Lambrusco nicht notwendigerweise das tiefe, himbeersodafarbene Rot trägt, wie wir ihn kennen. Bleibt er nach der Pressung nicht mehrere Tage auf den Schalen liegen, kommt er elegant und frisch als Rosé in die Flasche, was ihm alles andere als schadet.

Außerdem hat «Chiarli» bei seinen Spitzenweinen jenes *amabile* wegredigiert, das einerseits im Markt so erfolgreich ist, andererseits mit seinen hohen Zuckerwerten die natürlichen Aromen des Weins erdrosselt.

Ich kostete ungläubig.

Rico lächelte wissend.

Mit geschlossenen Augen konnte ich den Rauch eines Feuers riechen, auf dem ein Stück Fleisch gegrillt wurde, es würde nicht Tag und nicht Nacht sein, aber ein kalter Lambrusco wäre sicher der richtige Wein.

Ich aß alles auf.

Ich trank alles aus.

Dann traf ich Frau Candida. Frau Candida trug einen weißen Kittel. Ihre dunklen Haare hatte sie unter eine leichte, weiße Mütze geordnet, sie strahlte. Sie stand in der kleinen Küche des erstaunlichsten Lokals, das ich auf meiner Reise durch die Emilia betrat, und es ist nicht nur erstaunlich, weil man es gebückt betreten muss, indem man hinter die Theke der «Salumeria Giusti» schlüpft, wo die Chefin, Frau Laura Morandi, *Lardo* und Schinken aus Langhirano verkauft. Der klandestine Weg führt durch die Küche, also direkt an Frau Candida vorbei, in die Gaststube, wo genau vier Tische stehen, vier Tische aus dunklem Holz, weiß gedeckt, altes Silber, aristokratische Selbstverständlichkeit mit Neigung zum bäuerlichen Selbstverständnis, und nur die voluminösen Riedel-Gläser gaben einen Hinweis darauf, dass hier nicht nur Vino di tavola ausgeschenkt wird.

Frau Candida machte Folgendes: Sie vermischte eine ansehnliche Menge Mehl mit in lauwarmem Wasser aufgelöster Hefe, salzte kräftig und knetete einen Teig. Sie griff zur SAN-PELLEGRINO-Flasche, die sie griffbereit an der Seite stehen hatte, wenn der Teig noch etwas Feuchtigkeit brauchte, fügte mutige Spritzer hinzu, dann knetete sie weiter.

Es war eine gymnastische Sensation, ihr beim Kneten zuzusehen. Frau Candidas perfekte Bewegung wurde bereits in den Unterschenkeln angelegt. Wie eine unaufhaltsame Welle rollte die wohldosierte Kraft den Körper empor und übersetzte sich über die Schultern in ein müheloses Spiel der Hände. Der Teig nahm fast von selbst seinen samtigen Glanz an. Frau Candida ritzte mit dem Stiel eines Löffels ein Kreuz in die Oberfläche, legte ein Geschirrtuch über den Topf und gönnte dem Teig eine halbe Stunde Ruhe.

Die «Osteria Giusti», Vicolo Squallore, 46, 41100 Modena, vier Tische, ein MICHELIN-Stern, ist ein Kristallisationspunkt, der Knopf am Bauch Italiens. In der *Salumeria* werden die Dinge gesammelt, die in der Wildnis der Landwirtschaft gedeihen, von Enthusiasten veredelt, von Fanatikern für gut befunden, von Heiligen sortiert werden. Im Stockwerk darüber wird auf einem Quadratmeter Holz Pasta gedrückt, gewalzt, gezogen und von Fingern, die keiner Unterstützung eines Blickes mehr bedürfen, in Form gebracht.

In der Küche passiert nichts anderes als in tausend anderen Küchen Italiens. Keine Umwege, keine Abschweifungen. Das Beste wird so behandelt, wie es das kollektive Bewusstsein Italiens verlangt. Hat nicht der etwas spinnerte Biologe Rubert Sheldrake in einem hellen Moment postuliert, dass, was ein Mensch weiß, sich auch allen anderen erschließt? Ich jedenfalls bete, dass im Wahrnehmungszentrum meines Gehirns bei Bedarf ein Akkord von Synapsen erklingt, die im Vicolo Squallore komponiert wurden.

Nur keine Kunst. Das Wasser für die Nudeln wird in Töpfen aus Aluminium heiß gemacht. In schweren, gusseisernen Pfannen schwebt das siedende Olivenöl, um … genau, der «*Gnocco fritto*»:

Zutaten: 1 kg Mehl, 5 TL Salz, 50 g Hefe (in lauwarmem Wasser gelöst), 100 g geschmolzene Butter (lauwarm) und nach Bedarf Mineralwasser mit Kohlensäure.

Zubereitung: Alle Zutaten zügig vermischen. Möglichst wenig verkneten, nur so viel, um einen glatten Teig zu erhalten. An einem geschützten Platz 30 Minuten unter einem Tuch gehen lassen. — Erneut durchkneten und mit dem Nudelholz 3 mm dick ausrollen, in Rechtecke teilen und in der Eisenpfanne in reichlich Olivenöl frittieren.

Frau Candida walzte den Hefeteig mit dem großen Nudelholz wenige Millimeter dick aus. Mit einem Teigrädchen schnitt sie etwa sechs mal acht Zentimeter große Rechtecke mit gezackten Rändern aus der Teigfläche. Auf dem Herd wartete die tiefe, schwarze Eisenpfanne mit dem siedenden, aber nicht sprudelnden Olivenöl.

wurde – was wiederum auf Anregung von Yotam Ottolenghi passierte, der eine verlässliche Adresse ist, wenn es darum geht, alte Gewissheiten auf den Kopf zu stellen. Diese «Tomatensauce» funktioniert so:

Zutaten: 4 EL Olivenöl, 2 Knoblauchzehen (gepresst), ½ TL Chiliflocken (ich hatte allerdings eine wirklich scharfe, frische Schote, die ich ersatzweise verwendete, was mit einem heftigen Schweißausbruch belohnt wurde), 2 Dosen Pelati, ¼ l Wasser, 4 EL Apfelessig (da nahm ich den Apfel-Balsamessig von GÖLLES, was eine gute Entscheidung war und die Farbe nachhaltig beeinflusste), 3 TL Salz und 2 TL Kreuzkümmel (gemahlen).

Zubereitung: Zuerst wird das Olivenöl in einem kleinen Topf erhitzt und der Knoblauch mit den Chiliflocken angeschwitzt (Achtung: Wenn das Öl zu heiß ist, verbrennt der Knoblauch ganz schnell). Dann kommen die restlichen Zutaten in den Topf, werden aufgekocht und bei mittlerer Hitze ohne Deckel 20 Minuten lang in Ruhe gelassen, dann mit Salz und Pfeffer abgeschmeckt – und geben, auch wenn sie im Original zum Beispiel mit einem Rindsfilet verspeist werden, eine großartige Begleitung zur Pasta ab, vorzugsweise Penne, eine neue, facettenreiche Art der Arrabiata.

Die besten Tomatensaucen von allen

Manchmal, wenn ich völlig vernagelt bin, soziophob, schlecht angezogen, keinesfalls gesellschaftsfähig, aber trotzdem Hunger habe, wanke ich in die Küche und koche Tomatensauce.

Tomatensauce kann ich blind kochen. Ich taste nach der Zwiebel, schneide sie in der Mitte durch, schäle sie notdürftig und lege sie in die Pfanne. Dann packe ich ein gehöriges Stück Butter zur Zwiebel, drehe das Herdfeuer auf und hole die Pelati, die immer – ich wiederhole: immer – vorrätig sind, um sie zur Zwiebel und zur bereits langsam zerlaufenden Butter zu geben, wo sie hingehören und jetzt für eine halbe, drei Viertelstunde in Ruhe gelassen werden, bevor ich ihnen noch ein bisschen Butter, Salz und Pfeffer verpasse.

Nun gibt es wohl wenige Speisen, die einerseits so einfach zuzubereiten sind und andererseits so mannigfaltige Gestalt annehmen können wie Tomatensauce. Im italienischen Regionenkochbuch *La Cucina* fand ich einerseits die *Sfricone* aus Apulien, die einzig mit Knoblauch, Chili und Salz zubereitet und traditionell als Dip für altbackenes Brot verwendet wird. Nichts dagegen zu sagen. Andererseits lachte mich die *Lombrichelli* aus dem Lazio an. Dafür braucht man 100 Gramm *Lardo*, eine halbe Zwiebel und eine Zehe Knoblauch, beides fein gehackt, eine Karotte, eine Stange Sellerie, ebenfalls fein gehackt, einen Chili und eine Dose Pelati. Zuerst wird der *Lardo* in Olivenöl angebraten, dann kommen Zwiebel, Knoblauch, Karotte und Sellerie dazu, bevor schließlich der Pfanneninhalt mit Pelati und Chili komplettiert und für eine Stunde auf dem Herd vergessen wird. Dazu: frisch gemachte, dicke Nudeln. Oder, wenn das zu mühsam ist, die *Maccheroni alla chitarra Nº 13* von DE CECCO.

Ich fand die *Lombrichelli* super. Aber beim nächsten Mal werde ich mich wieder von so viel Abwechslung erholen, indem ich ... (bitte oben wieder zu lesen beginnen).

Erst dann schaue ich in den Schrank, um nachzusehen, welche Pasta eigentlich noch da ist, und es passiert gar nicht selten, dass ich dann fluchend über die Straße in den Supermarkt laufen muss – ungeduscht, geduzt und ausgebuht, wie Max Goldt sagen würde – um mir ein paar *Spaghettini Nº 3* oder allenfalls *Linguine* zu holen, damit ich die Tomatensauce nicht mit dem Löffel essen muss oder aufs Brot schmieren.

Diese Tomatensauce aus dem Buch *Die klassische italienische Küche* von Marcella Hazan, die wie immer reich, mollig und sanft geworden ist, ist ein so überzeugendes Statement in Sachen Tomatensauce, dass ich aufgegeben habe, darüber nachzudenken, ob es vielleicht auch noch eine andere Möglichkeit gibt, Pelati und Pasta einer Verbindung zuzuführen. Wozu experimentieren, wenn eh schon alles perfekt ist? Ein Haus, in dem es sich so angenehm wohnt, braucht ja auch keine Renovation.

Blödes Bild: Denn unlängst drängte sich eine aufregende neue Farbe in mein Leben mit Tomatensaucen. Um genau zu sein, handelte es sich um ein etwas ins Braun stechendes Rot, das durch den großzügigen Umgang mit Apfel-Balsamessig verursacht

Als sie den ersten Gnocco ins Öl gleiten ließ, nahm das Wunder Gestalt an: das Rechteck wuchs, es wuchs über sich hinaus. Es nahm die Gestalt eines Kissens an, eines qualifizierten, zu Höherem bestimmten Luftkissens, und nur die Naht, die zackige Umrahmung des Umrisses blieb, was sie war.

Frau Candida lächelte fromm. Sie kennt die Gebrauchsanweisung für Wunder.

Sie ließ jeden *Gnocco fritto* etwas Farbe annehmen, sparte aber am dunklen Braun, das, wie wir wissen, für andere Genüsse reserviert ist, holte ihn dann aus dem Fett, tupfte ihn mit Küchentuch ab und errichtete auf einem großen, weißen Teller einen Stapel.

Es war kein Zufall, dass die Chefin just in diesem Augenblick ihren Kopf in die Küche streckte und mit einer Portion *Lardo* und einer Portion *Coppa* in der Hand Frau Candida ablöste, die sich nun den Canneloni mit gekochtem Schinken und Spinat widmete, die sie, als der Teig ruhte, vorbereitet hatte.

Der Speck schmolz auf der Oberfläche des heißen *Gnocco*. Die *Coppa* kräuselte sich. Frau Morandi stellte eine Flasche Rosé von «Chiarli» auf den Tisch.

«Du musst nur eines wissen», sagte sie im Tonfall mütterlicher Strenge, der Ironie und Pathos so vermengt, dass kein Schutzbefohlener mehr den Unterschied ausmachen kann: «Ich bin gewohnt, dass nur leere Teller in die Küche zurückkommen.»

Ich aß alles auf.

Ich trank alles aus.

Frau Laura war zufrieden mit mir. Als sie mich bei der Verabschiedung in der *Salumeria* fragte, was ich am liebsten mit nach Hause mitnehmen würde, sagte ich mit hoher, bis an die Belastungsgrenze aufgeblasener Stimme: «Das Rezept.»

PS: Satt und zufrieden liefere ich drei wesentliche Erkenntnisse nach.

1 — Es ist doch überall am schönsten, besonders hier.

2 — Verachtet mir das Schweinefleisch nicht.

3 — Versucht nicht, in der Emilia Romagna mehr als einmal täglich zu essen. Und haltet euch beim Frühstück zurück.

Die Anreise ist mindestens so wichtig wie die Vorspeisen. Für den Rest des Abenteuers sorgt Magnus Nilsson, mehr als ein Koch. Vorausgesetzt, du kommst nicht zu spät.

Fäviken, Schweden

Der Ort Fäviken liegt ziemlich hoch im Norden Schwedens, Provinz Jämtland, 63°26' nördliche Breite, nur drei Breitengrade südlich des Polarkreises. Das ist ein wenig abseits der urbanen Zivilisation, wenn man die zwanzig Kilometer entfernte, durchaus elegante Skistation Åre nicht als städtischen Außenposten werten möchte.

Genau genommen ist Fäviken längst kein Ort mehr, sondern eine Chiffre. Der abgelegene Weiler, wo früher Elchjäger ihre Beute zu Fondue verkochten, wird seit einigen Jahren vor allem im Zusammenhang mit dem schwedischen Koch Magnus Nilsson genannt, dem es gelang, das Anwesen auf die Liste der fünfzig besten Restaurants der Welt zu hieven und in ein begehrtes Ziel für die internationale Karawane der Food-Touristen zu verwandeln.

Seither schmücken sich die *Happy Few,* denen es gelingt, eine Reservierung für einen der zwölf Plätze des winzigen Restaurants zu platzieren, mit dem Abenteuer der beschwerlichen Anreise, die über Stockholm zum kleinen Regionalflughafen Östersund und von dort mit dem Taxi über Järpen in die weiße, meist eisige Pampa Jämtlands geführt hat.

Das viel größere Abenteuer wartet freilich im geheizten Innenraum des rot gestrichenen, typisch schwedischen Jagdhauses, Punkt sieben, sobald Magnus Nilsson die Tür aufsperrt und von seinen Gästen erwartet, dass sie sich vollzählig eingefunden haben, damit die Küche die ersten Snacks servieren kann. Fünf Minuten nach sieben wird die Tür zum Restaurant dann abgeschlossen.

Wer zu spät kommt, bleibt hungrig, allen Ernstes.

«Wir sind pünktlich», sagt Nilsson bärbeißig. Die langen Haare und der fleckige Bart des jungen Mannes führen auf eine falsche Fährte. Nilsson ist weder Hippie noch Hipster, sondern ein kulinarischer Fanatiker, der zu autoritärem Verhalten neigt.

Nilsson etablierte Fäviken ja nicht als x-beliebiges Spitzenrestaurant, sondern als Speerspitze des Neoregionalismus. Dafür brauchte er diktatorische Entschlossenheit und Konsequenz. Als er das Cockpit des Restaurants ursprünglich übernahm, ließ er sich noch aus Paris Fleisch und Gemüse schicken. Als er merkte, dass die Ware, die bei ihm ankam, nicht halb so gut war wie im «Arpège» oder «Astrance», wurde er nachdenklich.

«Es war insofern schwer, einen neuen Blick auf die Ressourcen zu werfen, als ich ja hier geboren bin und alles kenne», sagt mir Nilsson bei einem Gespräch in der «Fäviken»-Küche. «Hier ist ja immer alles da: die Butter, die Pilze, das Wild. In Paris hatte ich allerdings vor allem eines gelernt: ein gutes Produkt von einem exzellenten Produkt zu unterscheiden. Im «Arpège» waren sie Produktfanatiker, es wurde nur mit exzellenten Produkten gearbeitet. Ich kam also nach Schweden zurück und alles, was ich hier kaufen konnte, war scheiße. Lächerlich. Maximal guter Supermarktstandard, alles andere als inspirierend. Erst als ich zurück in den Norden kam, bemerkte ich, dass die Produkte von hier mindestens dieselbe Qualität hatten wie die in Frankreich. Und das begann mich zu interessieren.»

«Sie mussten die Qualität also ausgerechnet dort entdecken, wo Sie sich am besten auskannten?»

«Ganz genau. Bei den Dingen, die ich seit meiner Kindheit kannte. Sie waren nur nicht Teil meines Berufsleben gewesen. Aber ich merkte rasch, wie gut die Dinge waren. Butter, Sirup, das Fleisch. Wir hatten nur noch nicht genug davon, um ordentlich damit arbeiten zu können. Ich musste also bei den normalen Gastronomieversorgern zukaufen, war aber damit nicht zufrieden. Wir kümmerten uns aufmerksam um die Erzeuger, fanden neue und verzichteten zusehends auf Dinge, die hier nicht wachsen: Zitronen, Oliven und Ähnliches.»

Nilsson und seine Mitarbeiter machten sich schrittweise unabhängig von herkömmlicher Versorgung mit Nahrungsmitteln. In eigenen Gärten kultivieren sie Gemüse, das auch in den kurzen schwedischen Sommern reif wird. In den umliegenden Wäldern suchen sie nach Beeren, Früchten und anderen Pflanzen, die eine Rolle in einem anspruchsvollen Gericht übernehmen können. Jäger bringen Tiere des Waldes, vom monumentalen Elch bis zur kleinen Schnepfe. Nilssons Aufgabe als Koch begann sich fundamental zu verändern.

Stand ursprünglich die kreative Idee im Zentrum seines Tuns, die möglichst trickreiche Kombination von bekannten Aromen und Texturen, musste er jetzt die Aufgabe lösen, in der Spitzengastronomie völlig unerprobte Produkte zu verarbeiten.

Dafür tauchte Nilsson tief in die kulinarischen Wissenschaften ein, las sich die Grundlagen biochemischer Prozesse genauso an wie die historischen Grundlagen der nordischen Küche. Auf der Basis dieser Recherchen entstanden einige Jahre später zuerst das fundamentale *Nordic Cook Book* und dann das *Nordic Baking Book,* beide im PHAIDON VERLAG. Darin arbeitet Nilsson einerseits allgemeine Spezifika einer kulinarischen Tradition heraus, die stark von Kälte, langen Wintern, Fermentations- und Konservierungsprozessen geprägt ist. Andererseits macht er vergnügt auf die Unterschiede zwischen dänischen, isländischen, schwedischen und norwegischen Rezepten aufmerksam und zeichnet das Bild von verwandten, aber doch eigenständigen Kulturen – und natürlich sucht er die interessantesten Techniken und Handgriffe heraus, um sie zum richtigen Zeitpunkt selbst anzuwenden.

«Ich verbringe viel Zeit in der Küche», sagt Nilsson. «Ich bin ständig damit beschäftigt, besser zu kochen, meine Techniken zu verbessern. Dafür verschaffe ich mir eine enorme Menge an Information. Wir recherchieren. Wir sprechen mit Experten. Wir fragen immer wieder an der Universität nach. Erst auf der Basis von solidem Wissen arbeiten wir weiter und versuchen Produkte und Kombinationen zu finden, auf die sich diese Techniken anwenden lassen.»

«Geht Wissen und Anwendung denn Hand in Hand?»

«Nicht unbedingt. Manchmal haben wir eine Technik parat, aber es dauert noch ein Jahr, bis wir eine Idee haben, wie sie am besten angewendet werden kann.»

«Zum Beispiel?»

«Zum Beispiel mein Eidotter-Dessert. In Spanien gibt es ein klassisches Dessert, das traditionell von Mönchen und Nonnen gemacht wurde, die es verkauften, um ein bisschen Geld für das Kloster zu verdienen. Das Eidotter wird geschlagen und mit einem sehr dicken Zuckersirup vermengt, das Ganze kommt in eine Teighülle und wird wie ein Kuchen verkauft. Dabei passiert Folgendes: Der warme Sirup enthält weniger Wasser als das Eidotter. Wenn die Mischung abkühlt, versucht der Sirup den Wassergehalt auszugleichen und die Mischung wird dickflüssiger. Ich habe vor Jahren gelernt, dieses Dessert zu machen, hatte aber keine Verwendung dafür. Viel zu schwer.»

«Und dann?»

«Irgendwann nahm ich das ganze Eidotter und tauchte es in den Zuckersirup. Das Dotter enthält wie gesagt weniger Wasser als der Sirup, und die Natur sucht immer den Ausgleich: das Wasser migriert in das Dotter und der Sirup wird trockener. Die Kunst besteht darin, das Dotter genau so lange im Sirup zu lassen, bis sich eine richtiggehende Zuckerhaut um das Dotter gelegt hat, das innen jedoch noch flüssig ist. Es ist ein simples Beispiel dafür, wie aus dem Wissen um einen klassischen Vorgang etwas sehr Unerwartetes entstehen kann. So passiert das oft bei mir.»

«Sie kombinieren das Ei mit einem Kuchen, der Kiefernaromen verströmt. So holen Sie das spanische Dessert am Ende doch wieder nach Schweden.»

«Genau.»

Das Beispiel zeigt ziemlich genau, wie Nilssons Neoregionalismus funktioniert. Charaktervolle Produkte aus der unmittelbaren Umgebung werden einer neuen Verwendung zugeführt, indem traditionelle Methoden auf die Spitze getrieben oder durch bessere Ideen ersetzt werden.

Ein spektakuläres Beispiel dafür, zu welchen Ergebnissen das führen kann, ist Magnus Nilssons Umgang mit Fleisch. Statt wie jedes beliebige Restaurant Rindfleisch zu verkochen, das von einjährigen Mastkühen stammt – «uninteressant», sagt Nilsson –, probierte er das Fleisch von Milchkühen aus, die sechzehn, achtzehn Jahre alt waren und ihre Pflicht, Kälber zu nähren, längst hinter sich hatten. Deren Fleisch ist, so Nilsson, «ziemlich dunkel und geschmackvoll, aber auch von kräftiger Textur und ziemlich fett.»

Dieses Fleisch ließ er dann reifen. Es hing in einem Nebengebäude bei extrem niedriger Temperatur ab, vier Wochen, acht Wochen, vier Monate, acht Monate. Während dieser Zeit probierte Nilsson regelmäßig, wie sich das Fleisch verändert und welche geschmacklichen Ergebnisse der kontrollierte Verfallsprozess zeitigt.

«Reiner Fleischgeschmack», sagt Nilsson. «Fleisch hoch zehn.»

Gleichzeitig ließ er das Experiment wissenschaftlich begleiten. Wahrnehmungen wurden durch regelmäßige Messungen objektiviert. Auf das Menü schaffen es schließlich winzige, briefmarkengroße Fleischstücke, deren Geschmack von spektakulärer, fast schon käsiger Intensität ist. Dieser Fleischgang ist keine Manifestation exemplarischer Kochkunst, aber die exemplarischen Denkens: Anbraten kann dieses Stück Fleisch jeder Koch, der weiß, wie man einen Herd einschaltet. Es ist die Entscheidung für dieses Fleisch, die den größeren Zusammenhang im kleinen Umkreis markiert. Die Entscheidung entspringt den Faktoren Wissen, Mut und Konsequenz, Eigenschaften, die Magnus Nilsson befähigen, auf den Überfluss des globalen Warenkorbs zu verzichten und, umgekehrt, in der freiwilligen Selbstbeschränkung selbst Überfluss zu finden.

Diese Selbstbeschränkung verbietet zum Beispiel den Gebrauch von Zitronen. In Jämtland wachsen nun einmal keine Zitronen.

Säure ist aber ein fundamentaler Bestandteil jeder aromatischen Komposition. Nilsson probierte alle möglichen Ersatzstoffe aus, bis er schließlich bei Ättika landete, einem Höllending von Essig, scharf, böse, ätzend. Ättika ist Schwedens traditioneller Essig. Er wird aus Zellulose gewonnen, aus Abfällen der Papierindustrie.

«Ättika wurde in Schweden sehr populär, weil wir keinen Weinessig haben», sagt Nilsson. «Er schmeckt überall im Land gleich und wurde zu einem wichtigen Teil schwedischer Food-Kultur. Jedes klassische Einlegerezept funktioniert nur mit Ättika.»

«Aber für einen Nicht-Schweden schmeckt Ättika wie …»

«Elektrizität, ja. Als stünde die Zunge unter Strom. Ich mag den Geschmack gerne, aber ich wollte etwas Schärfe herausnehmen. Ich erinnerte mich daran, dass Sherryessig immer in Fässern ausgebaut wird, in denen Asche liegt – Asche reinigt den Essig, indem sich der Alkohol mit der Kohle verbindet. Ich nahm also den Strunk einer Fichte, brannte das Innere heraus und füllte den Essig hinein. Der Essig im Baumstamm verschwand zum großen Teil, also füllten wir nach. Der Teil, der im Holz blieb, zeigte deutliche Zeichen von Veränderung. Er wurde so mild, wie wir das geplant hatten.»

Fäviken ist, wenn man in der selbstbewussten Terminologie Magnus Nilssons bleiben will, eine kulinarische Verbesserungsanstalt. Hier zu essen ist nicht bloß Entertainment. Das Erlebnis schärft den Blick auf die Errungenschaften und Rätsel der Nähe. Fäviken bietet eine Gebrauchsanweisung, das Naheliegende ernst zu nehmen, indem man es eingehend studiert, ausprobiert, zur Blüte bringt, gleichzeitig die Lücken erkennt, benennt und sukzessive beseitigt.

Magnus Nilsson beschäftigt zum Beispiel ein ganzes Netzwerk an Lieferanten. Sie züchten nach seinen Vorgaben Enten oder Gänse, gewinnen auf traditionelle Weise Birkensirup oder kennen die Plätze, wo außergewöhnliche Pilze wachsen oder andere merkwürdige Dinge. «Die Auswahl der Dinge, die wir verwenden können, wird immer größer», sagt Nilsson. «Wir finden neues Zeug, und wir finden neue Möglichkeiten, es zu verwenden.»

Keine Zitronen?

«Nein. Warum auch?»

Ein paar Tage mit Andreas Caminada,
um die Frage zu klären, ob ein Mann,
der so gut aussieht und so viel Erfolg hat,
auch ein guter Koch sein kann. Achtung,
Spoiler: Ja.

Fürstenau, Graubünden

Andreas Caminada, drei MICHELIN-Sterne, vier GAULT-MILLAU-Hauben, führt in «Schloss Schauenstein», das am höchsten bewertete Restaurant der deutschen Schweiz. Ich kannte Caminada nicht, nur das Bild, das in der Öffentlichkeit von ihm kursiert. Gut aussehender, junger Mann, Werbeträger für zahlreiche Firmen, mulitpler *Shooting Star.*

So viel Marketingpower machte mich ein wenig skeptisch, als ich die Stiegen nach Schloss Schauenstein hinaufstieg. Sehr hohe Erwartungen, gebrochen durch ein allzu glattes Image.

Aber dieses flaue Gefühl hielt nicht lange an, es dauerte nur, bis Andreas Caminada persönlich auftauchte.

Es war später Vormittag. Caminada nahm mich in Empfang. Wir kamen ins Gespräch. Wir setzten uns draußen auf die Schlossterrasse, wo der warme Wind, der die Reben der Bündner Herrschaft so gern streichelt, für angenehme Wärme sorgte. Caminada verströmte keinen Hauch von Arroganz oder Eitelkeit. Er erzählte sachlich, beiläufig und nicht unwitzig aus der Geschichte des Hauses.

Als wir auf seine kulinarische Philosophie zu sprechen kamen, hatte er keine Lust aufs Theoretisieren. Er sagte bloß, dass er sich bei der Auswahl seiner Speisen und Produkte nicht von Dogmen leiten lassen wolle. Regionalität zum Beispiel sei für ihn eine Entscheidungshilfe, aber kein Ausschließungsgrund. Caminada betonte, dass es ihm keineswegs um Konzeptkulinarik gehe – er erwähnte René Redzepi und dessen *Nordic Cuisine* nicht, muss ihn aber gemeint haben –, sondern darum, dass in seiner «eher klassischen Küche» ein roter Faden zu erkennen sei. Noch wichtiger sei nur, sagte er, dass jedes einzelne Gericht, das er aus der Küche schicke, *yummy* sei: dass es richtig gut schmecke.

Das Wort passte auffällig schlecht in den eleganten, aufgeladenen Kontext des Schlosses. Aber es hat eine Schlüsselfunktion für das Verständnis von Andreas Caminada. Das wurde mir spätestens klar, als seine enorm verbindliche Brigade wenig später begann, mir die ersten Snacks zu servieren: ein Gurken-Macaron; eine mit Mais-Molke-Essenz gefüllte Kugel samt einem Happen Thunfisch; ein glasiges Stück Forelle mit Gurke; etwas Gänseleber mit Aprikose; eine Entenleber auf einem zitronigen Cookie mit Maiseis und einen überdimensionalen Hummerchip – Hummerchip! – mit einem Tupfen Mayonnaise.

Es war der Moment, in dem ich alle Vorurteile, die ich die Stiegen hinaufgeschleppt hatte, vergaß. Schon der süß-herbe Maisgeschmack des Aperó-Kügelchens, das man am Gaumen zerdrückt, war weniger ein zarter Händedruck als vielmehr ein kräftiger Schlag auf die Schulter. Wie auch bei den Geflügellebern gingen Salzigkeit, Süße und Säure, jeweils ziemlich hoch dosiert, ihre verblüffende Verbindung ein. Man darf sich, wollte man den Geschmack der Caminada-Küche in Kunstwerke übersetzen, keine geschmackvolle Gouache von Degas vorstellen, sondern eher die Farbenpracht der Landschaftsbilder von Ernst Ludwig Kirchner, plakativ, stark, zupackend – und auf attraktive Weise ein bisschen irre.

In perfektem Takt erreichten mich jetzt Speisen. Eine gebratene und marinierte Makrele mit Kohlrabi, Wasabi, Mayonnaise, Meringue und Radieschen; die ohnehin schon kräftigen Aromen der Makrele und der Radieschenscheibe wurden von etwas Essig noch einmal aufgetunt. Der Geschmack blieb am Gaumen stehen wie ein exzellenter Wein – nur schärfer, voluminöser. Senf und Blumenkohl gingen eine Mesalliance ein, die durch verschiedene Aggregatzustände wanderte.

Schließlich tauchte Caminada selbst noch einmal auf, um ein Gericht vorbeizubringen, das er erst ein paar Tage später auf die Karte setzen wollte: eine tiefgrüne Suppe aus frischen Kräutern – Estragon, Basilikum, Kerbel, Petersilie, Koriander, Bärlauch –, die er schockgefroren, pulverisiert oder gehackt und «ganz einfach», sagte er, mit Bouillon und etwas Sahne aufgemixt hatte. «Schmeckt doch nach Frühling», grinste er. Dann ließ er mich allein.

Ich war fast bestürzt, wie gut jede einzelne Speise schmeckte. Die Suppe zum Beispiel bot ein infernalisches Für-, Mit- und Gegeneinander von bitteren, scharfen und minzigen Aromen, die sich in der eleganten Grundwürze der Bouillon wild entfalten konnten. Ich notierte mir: «C. geht weit», und da hatte ich noch gar nicht die Forelle probiert, die mit rustikaler, erdiger roter Bete auf einem Lichtblitze aussendenden iPad serviert wurde – ein Präsentationsscherz, wie ihn auch Juan Mari Arzak in San Sebastián verwendet und auf den ich leichten Herzens verzichten könnte. Anders als bei Arzak war die Präsentation aber nicht die Hauptsache. Ich hätte diese Forelle auch von einem Bierdeckel gegessen und mich über den Mut Caminadas gefreut, jeden charakteristischen Eigengeschmack kunstfertig mit Salz oder Säure zu verstärken und auf diese Weise zu steigern, zuzuspitzen und über sich hinaustreten zu lassen – in mutiger, heikler Balance, die vertrauten Aromen am Rand des Wahrnehmungsspektrums und die gemeinsame Wirkung als Sensation in dessen Zentrum.

Es passierte exakt das, was der britische Schriftsteller John Lanchester in seinem Roman *Die Lust und ihr Preis* so hinreißend zusammengefasst hat. Es gibt, so Lanchester, geschmackliche «Kombinationen, deren Beziehung nicht lediglich komplementärer Natur ist, sondern von einer höheren Schicksalhaftigkeit zu künden scheint – von einem Geschmack, den nur Gott erfunden haben kann. Solche Kombinationen besitzen alle Eigenschaften einer logischen Entdeckung: Eier mit Speck, Reis mit Sojasauce, Sauternes mit Gänseleber, weiße Trüffeln mit Pasta, Beefsteak mit Pommes frites, Erdbeeren mit Sahne (...); für den leidenschaftlichen Erforscher der Sinne wird das erste Erleben jeder dieser Kombinationen Auswirkungen haben, die sich denen der Entdeckung eines neuen Planeten durch einen Astronomen vergleichen lassen.»

Ich saß also an meinem Tisch in Speisesaal zwei von Schloss Schauenstein und machte meine ersten Schritte auf dem Planeten Caminada. Ein kleiner Schritt für die Menschheit, zugegeben. Aber ein großer Schritt für mich. Außerdem notierte ich einen Tipp für Gott: Wenn du die Liste von oben fortschreiben willst, musste du hier bloß einen bisschen sparen und dann einen Lunch bestellen.

Ich beschloss, wiederzukommen.

Ein paar Monate später spazierte ich an einem Samstagmorgen mit Andreas Caminada durch die Innenstadt von Chur, wo in den engen Gassen ein herrlicher Wochenmarkt stattfindet. Caminada wurde regelrecht gemästet. Am Stand vom «Geißenhof» musste er ein Stückchen Käse probieren, bei den Jägern von der Hirschsalsiz, bei jedem zweiten Bauern vom Trockenfleisch, vom Schinken, von den Würsten. «Gut», sagte er auf Rätoromanisch, *«bun»*. Während er kaute und anerkennend nickte, sagt er auch manchmal «sehr gut». Hie und da ließ er sich etwas einpacken, danke, bitte. Er bewegte sich durch die Menschenmassen wie ein Politiker. Nur auf den Schnaps, der ihm angeboten wurde, verzichtete er lachend. Und gewählt werden wollte er auch nicht.

Natürlich wurde Caminada auf dem idyllischen Wochenmarkt von Chur als der Star wahrgenommen, der von den Seiten der Klatschpresse für einmal ins echte Leben hinuntersteigt. Einerseits. Andererseits vermittelt er jederzeit die Gewissheit, dass er sicher nicht auf den Seiten der Illustrierten zu Hause ist, sondern hier. Caminada, Jahrgang 1977, stammt aus Sagogn, absolvierte seine Kochlehre im

politischen Küchenkabinett (NOMOS VERLAG) profund und unterhaltsam zugleich dargelegt werden, sind überwältigend.

Volksvertreter unterwarfen sich der Diktatur des Gewöhnlichen freilich nicht seit jeher, im Gegenteil. Im antiken Rom wurden zu öffentlichen Anlässen Delikatessen aus allen Teilen des Imperiums – Hühner von der Insel Rhodos, Meerbarben aus dem Roten Meer, Kraniche von den Balearen, Käselaibe aus Gallien – zusammengetragen, um die Größe des Reichs und die Großzügigkeit des Gastgebers zu feiern. Im absolutistischen Frankreich war «Überfluss ein Zeichen von Machtfülle» (Yves Bizeul), was zu Verwerfungen führen konnte, wenn ein Hofschranze wie Nicolas Fouquet, Finanzminister Ludwigs XIV., sich herausnahm, ein Festmahl auszurichten, welches das des Königs an Üppigkeit und Delikatesse in den Schatten stellte. Ludwig ließ Fouquet für den Rest seines Lebens einkerkern.

Napoleon lud regelmäßig das diplomatische Corps politischer Gegner zum Essen, sodass der Jurist und Gastrosoph Brillat-Savarin weitblickend feststellen konnte, dass «Mahlzeiten (...) zu einem Regierungsmittel geworden» sind. Der Nationalismus des

Warum Politiker immer Bratwurst essen müssen

Wenn ein Politiker zeigen möchte, dass er einer von uns ist, beißt er in eine Bratwurst. Will er klarstellen, dass die Wahl der volksnahen Mahlzeit ihn nicht als berechnend und banal ausweist, gießt er ein Bierchen nach. Ein bisschen Spaß, Freunde, muss schließlich auch sein, ich bin ja nicht aus Holz. Stammt der Politiker aus einer Weinregion, lässt er sich ein Gläschen seines Lieblingsroten einschenken. Stammt er aus einem Bergdorf, trinkt er einen Schnaps – wenigstens, sobald der Fotograf des Wahlkreis-Anzeigers in der Nähe ist, und zwar selbst dann, wenn sein Lieblingsgetränk eine kindische Dose RED BULL ist und alles andere nur Dekor.

19. Jahrhunderts sorgte schließlich dafür, dass selbst entspannte Integrationskulinarik dazu gezwungen wurde, echte oder konstruierte Nationalgerichte aufs Podest zu heben, die seither von den Volksvertretern besonders geliebt werden müssen – ein Treppenwitz, dass ausgerechnet ein Faschist den Italienern in der Mussolini-Zeit die Pasta verbieten wollte. Sie förderte «den typischen ironischen und sentimentalen Skeptizismus» der Italiener. Aha.

Die Lektion ist gelernt. Volksvertreter haben zu mögen, was ihr Volk mag. Sarah Wagenknecht von der deutschen Linkspartei hatte enormen Erklärungsbedarf, als sie dabei erwischt wurde, wie sie in Strassburg Hummer aß. Umgekehrt ist freilich auch der Verzicht nicht jederzeit opportun: In Frankreich, dem Land, dessen Küche 2010 zum immateriellen Weltkulturerbe ernannt wurde, musste sich Premierminister Alain Juppé öffentlich dafür rechtfertigen, dass er nicht gerne esse, und zum Ausgleich ostentativ der «Bruderschaft der Liebhaber des Kalbskopfs» beitreten. Nur Altpräsident Valéry Giscard d'Estaing verstellte sich nicht. Seine Lieblingsspeise sei Rührei, sagte er. Mit Trüffeln. Zubereitet von Bocuse.

Mein Mann.

Während es Bilder von Volksvertretern mit Bratwürsten im Überfluss gibt, halten jene, die vielleicht etwas für anspruchsvolles und avanciertes, vielleicht aber auch nur gesundes und sorgfältiges Essen übrig haben, damit beflissen hinterm Berg. Die Neigung eines Bundesrats zu pochierter Seezunge und Weinen aus dem Burgund: erstklassige Munition für den politischen Gegner, der dem Bundesrat Snobismus und Abgehobenheit anhängen kann. Diese Erfahrung musste zum Beispiel Barack Obama machen, als er sich dabei beobachten ließ, wie er bei Spendendiners Rotwein trank – schon hatte der Kandidat den Spitznamen Snobama weg. Seine parteiinterne Konkurrentin Hillary Clinton ersparte sich die Häme, indem sie bei jeder Gelegenheit (und ohne ihre Verdrossenheit verbergen zu können) mit den von ihr umworbenen Cowboys ein BUD zischte. Helmut Kohl und sein Saumagen, Gerhard Schröder und die Currywurst, Ueli Maurer und das Buurezmorge: die Liste der Mächtigen, die sich am Imbissstand gemein mit dem kleinen Mann machen, ist lang.

Die Zwänge der «gustatorischen Symbole in der Politik», wie sie in dem von Ludmila Lutz-Auras und Pierre Gottschlich herausgegebenen Reader *Aus dem*

benachbarten Laax und arbeitete auf verschiedenen Stationen, als Pâtissier, Beilagenkoch und *Chef Tournant* in Klosters und Bregenz. Bei Claus-Peter Lumpp in Baiersbronn lernte er als Tournant seine erste Dreistern-Küche kennen. Bei Hans-Peter Hussong in Uetikon am See führte er als Küchenchef die erste eigene Brigade.

Als Caminada 26 war, ging er vom Zürichsee zurück nach Graubünden und machte sich selbstständig. Gemeinsam mit seiner damaligen Partnerin Sieglinde Zottmaier pachtete er das «Obere Schloss» in Fürstenau, 329 Einwohner, ausgestattet mit dem Stadtrecht und nach Selbstauskunft «die kleinste Stadt der Welt».

Das Schloss mit seinem markanten, viereckigen Turm stammt zum größten Teil aus dem 17. Jahrhundert. Als Caminada einzog, ließ er sich von dem kargen, aber ausdrucksstarken Gemäuer dazu inspirieren, seinen zukünftigen Gästen «ein Gesamterlebnis» bieten zu wollen. Er startete den Betrieb von «Schloss Schauenstein» mit vier Mitarbeitern. Sterne waren weder Ziel noch Thema. Das Schloss wurde komplementär zur klassischen Zeitlosigkeit der Räume modern möbliert. Am Eröffnungstag war die Personalnot so groß, dass Caminadas Vater Fridolin die Küche entern musste, um seinem Sohn beim Abwaschen zu helfen (seither kommt er jeden Samstag zum Essen).

Die Tage begannen um sieben Uhr früh und endeten nachts um drei. Nach vier Jahren verließ Sieglinde Zottmaier Betrieb und Beziehung – sie habe die Dekadenz der Gastronomie satt gehabt, schreibt sie auf ihrem Profil von permacultureglobal.com – und wechselte in die Landwirtschaft. Caminada brauchte drei Angestellte, um sie ersetzen zu können, und betont noch heute, wie wichtig Sieglinde für das Gelingen des Projekts gewesen sei. Im selben Jahr wurde er zum ersten Mal von GAULT MILLAU zum «Koch des Jahres» gewählt. Zwei Jahre später bekam er die Auszeichnung ein zweites Mal. Der MICHELIN gab ihm 2004 den ersten und 2007 den zweiten Stern. Seit 2010 sind es drei.

Caminada trägt ein T-Shirt, eng sitzende schwarze Jeans und Sneakers. Der Bart ist etwas länger geworden als früher, am Kinn sprießen graue Haare. Sein Gang ist aufrecht und elastisch, er könnte auch Sportlehrer sein. Er hat gute Laune, wie meistens. Wenn er mit den Einheimischen spricht, verströmt er etwas Warmherziges. Der Südtiroler Roland Trettl, der mit Caminada für dessen Gastpräsenz im «Hangar-7» in Salzburg zusammenarbeitete, sagt: «Andreas ist einfach authentisch. Du kannst ihn überall hinstellen, er bleibt immer er selbst.»

Nach dem Rundgang über den Markt musste Caminada in seinem Auto Platz machen. Der AUDI A5, fast schon ein Rennauto, war mit Kinderkram und sonstigen Habseligkeiten vollgestopft. Caminada hat geheiratet. Mit seiner Frau Sarah hat er zwei Söhne.

«Jetzt holen wir die beste Salsiz, die es gibt», sagte Caminada ungeachtet der Tatsache, dass im Kofferraum bereits ein Dutzend Würste lag. Über Staubstraßen holperten wir zu einem hoch gelegenen Bauernhof, an dessen Stallgebäude ein kleiner Hofladen angeschlossen ist. Herrlicher Blick über das Tal, im Hintergrund der verschneite Piz Beverin. Alles gut.

Nicht alles gut. Ein neuer Pächter hat übernommen. Es gab nur noch Restposten besagter Salsiz. Caminada kaufte alle. Zurück im Auto, fluchte er. Er hat es nicht gern, wenn er von seiner Versorgungskette abgeschnitten wird, auch wenn ein Stück Salsiz nichts ist, was er im Restaurant servieren würde: Er selbst macht keinen Unterschied zwischen Delikatessen erster oder zweiter Ordnung. Spontan fing er von alten Erdbeersorten zu schwärmen an, wie er im Garten des Schlosses neuerdings welche anbaut. Weich und sehr aromatisch müssen sie direkt aus dem Garten auf den Teller kommen, weil sie sonst zu Matsch werden.

«Braucht man mehr als das?», fragte er rhetorisch und fuhr sich mit der Zunge über die Lippen. «Vielleicht noch ein bisschen Rahm dazu.»

Der Mann muss John Lanchester gelesen haben.

Manchmal kann man Andreas Caminada auch beim Spielen zusehen. Dem Architekten Gion A. Caminada hat er ein eigenes Gericht gewidmet, eine Hommage an die Schlichtheit der Bündner Architektur. Dafür baut er aus Kalbsschwanzessenz, Rauchspeckparfait und Rollgerstevinaigrette ein kleines Dorf auf, dessen Häuser wie aus der Monopoly-Schachtel wirken und ein bisschen albern auf dem Teller stehen. Die Einzelteile schmecken freilich so gut, dass sich auch Gion A. Caminada die Pointe gefallen lassen wird.

Caminada ist kein Traditionalist, der am liebsten auf dem Holzherd kocht. Er verwendet Küchentechnik, wo sie ihm nützt. Das Zerlegen, die Dekonstruktion von Produkten, und eine Idee, sie neu zusammenzusetzen, hilft ihm dabei, seine Geschmacksideen durch verschiedene Texturen wandern zu lassen und sie doppelt, dreifach interessant zu machen. Solange das Ergebnis *yummy* ist, darf der Schockfroster genauso zum Einsatz kommen wie jedes andere *High-Tech*-Teil. Caminada macht keine Philosophie daraus: Er macht aber auch aus dem Gegenteil keine Philosophie. Er ist kein Theoretiker. Er schreibt keine Pamphlete. In Zeiten, wo viele Köche als Intellektuelle, Künstler oder politische Veränderer auftreten, mag dieser Pragmatismus nur wie ein Aspekt scheinen – aber es ist der zentrale Aspekt. Es muss schmecken – und es muss ökonomisch funktionieren.

«Schloss Schauenstein» liegt nicht im direkten Einzugsgebiet einer größeren Stadt. Zürich ist fast eineinhalb Stunden entfernt, Como zwei, Basel und Mailand zweieinhalb, Bern fast drei. Man fährt nicht schnell einmal zum Abendessen hierher. Täglich können maximal 60 Personen im Schloss essen (Lunch und Dinner zusammengerechnet), und die Rechnung geht nur auf, wenn diese Plätze auch tatsächlich besetzt sind. Die Präsenz in den Medien hilft Caminada, den Druck auf diese Plätze gleichbleibend hoch zu halten. Sein Status in der Öffentlichkeit verschafft ihm Spielraum. Caminada konnte sich seine Meriten nie damit verdienen, dass er eine Materialschlacht anzettelte. Die Unterstützung, die die Konkurrenz nicht braucht, holt er sich aber genauso pragmatisch von externen Partnern, wie er in der Küche Gebrauch von allem macht, was ein Gericht dynamisch, spitz, kraftvoll werden lässt. Er ist nicht nur ein moderner Koch, sondern auch ein moderner Unternehmer.

Blieb die Frage, ob das zweite Essen in «Schauenstein» noch einmal so ein Erweckungserlebnis sein konnte wie das erste. Ich hatte, ich gebe es zu, Angst, dass die Kugel aus dem Lauf sein könnte.

Aber das stimmt nicht. *Yummy* ist eine mächtige Kraft. Und den wirklich erschöpfenden Überblick über die Bündner Weine habe ich genau seit damals.

Sie machen hier die schönste Landschaft, die merkwürdigsten Messer, eindeutig die interessantesten Salsiz und herzerwärmenden Wein. Und das Beste: Es fand sich immer jemand, der mich einließ und noch ein Glas einschenkte.

Graubünden

Wenn du auf den Weinkarten der großen Restaurants die Franzosen hinter dir gelassen hast, kommt meistens eine sehr übersichtliche Seite mit dem Titel «Schweiz». Dort sind dann zwei Phänomene aufgelistet: erstens die Gantenbeins und zweitens die Summen, die ihre Weine kosten.

Ich muss jedes Mal vor Freude lächeln, wenn ich sehe, welche Preise die Pinot Noirs von Martha und Daniel Gantenbein erzielen. Noch mehr freue ich mich nur über den, der landläufig für ihren raren Chardonnay aufgerufen wird. Der sprachmächtige Schriftsteller Wolf Haas würde sagen: Dreistellige Zahlen nichts dagegen.

Das kommt so: Martha und Daniel Gantenbein machen seit 1982 Wein in Fläsch, in der sogenannten Bündner Herrschaft. Die Bündner Herrschaft ist in der Schweiz etwa so bekannt wie die Wachau in Österreich – die *Wáchau,* wie die erstsilbenfixierten Schweizer gerne sagen –, und die ursprünglich ungelernten Gantenbeins haben es geschafft, zum Synonym für diese außergewöhnlich hoch gelegene Weinlandschaft zu werden.

Das *Factsheet*: Die Bündner Herrschaft ist die nördlichste Ecke des Kantons Graubünden, das sogenannte «Tor zum Bündnerland». Ihr Zentrum heißt Maienfeld. Wenn du als Tourist hier aufschlägst, gibt es genau drei Möglichkeiten, wonach du suchst: die Gantenbeins, das Dreistern-Restaurant von Andreas Caminada oder deine in der Schweiz verschollene Kindheit. Denn in den Bündner Herrschaft hat die Schriftstellerin Johanna Spyri ihre *Heidi* leben lassen. Du erinnerst dich, Heidi: «Deine Welt sind die Berge!»

In genau diesen Bergen trieb ich mich jetzt herum. Das Wetter war großartig. Ich hatte mit dem Bus eine interessante Reise von Land-eck, Tirol, ins Engadin hinter mich gebracht, wo ich einen Zwischen-stopp in Guarda eingelegt hatte, dem Schauplatz eines anderen, legendären Schweizer Kinderbuchs, des *Sennenursli* (Handlung: ein Hirtenknabe bringt die Viecher auf die Alm, verliert welche, kommt deshalb zu spät nach Hause, alle in Sorge, aber am Schluss alles gut – *Heidi* könnte man ziemlich ähnlich zusammenfassen, *odr?*). Ich war verblüfft gewesen, von welch pittoresker Schönheit der Ort mit seinen gedrungenen Häusern mit den kunstfertig bemalten Fassaden ist. Ich besuchte den Schmied Thomas Lampert, der die eigenwilligsten Messer anfertigt, die ich je gesehen habe (Ausnah-me: Japan). Er arbeitet in einer Schmiede aus dem 17. Jahrhundert und bringt dort so feine, sensible Werkstücke hervor, dass sich nur die besten Wirte und Gastgeber damit schmücken dürfen.

Die «Fuschina da Guarda», wie die Schmiedewerkstatt des Dorfes auf Romanisch heißt, liegt am unteren Ortsausgang, dort, wo sich die Straße hinunter zum Bahnhof schlängelt, zu Fuß dauert der Marsch 40 Minuten. Die grobschlächtige Schmiedewerkstatt, Adresse: Fuschina 100, ist klein, grob und schmutzigweiß verputzt. An der Fassade hat der Schmied ein paar Dekorationen aufgehängt, zum Beispiel einen Schmied: Man sieht die aus Stahlstangen geform-ten Umrisse eines Männchens, das einen gewaltigen Hammer in der Hand hält und ein Stück Eisen auf dem Amboss anvisiert: eine eher schematische Gestaltung. Auf der anderen Seite der Eingangstür sind zwei aus Stahlblech getriebene Masken zu sehen, die eine lustig, die andere traurig, beide fein gedengelt. Über der Tür, bei der eine Verglasung zu Bruch gegangen ist, hängt das Schild «Fuschina» und der Hinweis darauf, wann das Haus gebaut wurde: 1836.

Seit damals, erzählt Thomas Lampert, der Schmied, hat sich an der Einrichtung nichts Wesentliches verändert. Die gemauerte Esse, erstaunlich klein, bildet das Zentrum des Gewölbes. Über ihren Schlund hat jemand mit Kreide einen Sinnspruch geschrieben: «Mehr zu hören als zu sagen / solches lehrt uns die Natur. Sie versah uns mit zwei Ohren. Doch mit einer Zunge nur.»

Von Guarda nahm ich den Zug nach Chur, erinnerte mich an ein legendäres Treffen mit dem Architekten Peter Zumthor, dem ich einmal beim Ausheben seiner Baugrube hatte zuschauen dürfen, und ein wenig später bummelte ich weiter Richtung Fläsch.

Die Gantenbeins waren mir nicht ganz unbekannt. Der österreichische Winzer Roland Velich hatte sie einmal zu einer legendären Weinverkostung in den Käsekeller von Egg im Bregenzerwald eingeladen, wo sie bei der After-Show-Party ernsthaft unter Beweis stellten, dass sie nicht nur herrlich Wein machen, sondern genauso herrlich Wein trinken können. Entsprechend herrlich geriet der Abend, und ich hatte vor, diesbezüglich Grundlagenforschung zu betreiben.

Das Weingut der Gantenbeins befindet sich am Rand von Fläsch. Es ist nicht zu übersehen, es hat sich zu einem veritablen Landmark-Building gemausert, das die Architekten Valentin Bearth, Andrea Deplazes und Daniel Ladner 2008 zugebaut haben (die Verbindung zur Architektur liegt in der Familie. Daniels Bruder Köbi ist Chefredakteur der Zürcher Architekturzeitschrift HOCHPARTERRE).

Der Ziegelbau ist ein Prototyp, den ein Computer berechnet und ein Roboter gebaut hat. So konnten an der Fassade Figuren und im Raum Lichtspiele entstehen, gleichzeitig sorgt der Lichtfilter für konstante Temperaturen und Sonnenlichtströme im Inneren.

Die Referenzgröße für die Weine der Gantenbeins ist das Burgund.

«Wir lieben», sagen sie, «die Mineralität großer Chablis, die fruchtige, schmelzende Kraft weißer Burgunder und unseren Chardonnay, der beides vereint.»

Diese Liebe äußerte sich unter anderem darin, dass die Gantenbeins, die in den 80er-Jahren auf den Rebbergen von Marthas Eltern ihre ersten Weine gemacht hatten, Mitte der 90er-Jahre Klone aus Frankreich einsetzten und sich endgültig von der etwas rustikaleren Methode verabschiedeten, wie in diesem privilegierten Landstrich landläufig Wein gemacht wurde.

Auch der Pinot Noir folgt diesem Muster, sucht das Filigrane und die Finesse der Vorbilder von der Côte-d'Or. Gutes Stichwort: Neben den inzwischen einigermaßen heiligmäßig präsentierten eigenen Weinen haben die Gantenbeins in ihrem privaten Keller eine Sammlung aus dieser Region des Burgunds, für die sich auch die Trüffelschweine der großen Weinhandelsfirmen interessieren würden – wenn sie eine Chance hätten, an die Schätze heranzukommen.

Aber die Gantenbeins sammeln nicht der Vollständigkeit halber, sondern um zu trinken. Wollten sie nämlich nur ihre eigenen Weine verzehren, hätten sie möglicherweise nicht genug. Sie produzieren auf einem Minimum an Fläche. Draußen auf dem Weinberg herrscht großartige Sicht auf die Flanken des Rheintals, ein Muster, das vom Schnee der Gipfelfelder über die Herbstfarben des Hochwalds in das Monochrome der Ebene führt. Fünf Hektar gehören dem Pinot Noir, ein Hektar dem Chardonnay. Auf 20 Ar wird schließlich noch ein Minimum an Riesling, Charakteristik Mosel, nicht Wáchau, gekeltert. Die *High-End*-Weine bekommen schließlich die berühmte unprätentiöse Verpackung. Nur ein kleines Etikett in blau (Pinot) oder gelb (Chardonnay), auf dem der handgeschriebene Schriftzug mit dem bekannten Namen und die nötigsten Informationen stehen, schmückt die dickwandige Burgunderflasche.

Alles andere darf als bekannt vorausgesetzt werden.

Im Windschatten der Gantenbeins hat sich in der Bündner Herrschaft eine nächste Generation talentierter Weinbauern etabliert. Unterschied zu Daniel und Martha: Sie sind keine Weltstars.

Der Wein

Die Schweiz ist ein kleines Land, und Pinot Noir ist eine große Rebsorte. Als «groß» gilt in der Weinbranche nicht allein, was gut schmeckt. Große Weine sollen einen komplexen, vielschichtigen Geschmack ausprägen, ein Geflecht delikater Aromen, eleganter Gerbstoffe und frischer, angenehmer Säure. Sie müssen in der Lage sein, den Ort ihrer Herkunft nachvollziehbar zu machen, eine Eigenschaft, die seit einiger Zeit mit dem etwas inflationären Begriff «Terroir» beschrieben wird.

Terroir umfasst dabei die spezifischen Eigenschaften von Böden und Klima, aber auch die Art und Weise, wie der Winzer diese symbiotische Beziehung pflegt. Bewässert und düngt er seine Reben? Ersetzt er alte durch junge Reben? Strebt er maximalen Ertrag an oder maximalen Charakter?

Rebstöcke, die älter als dreißig, vierzig Jahre sind, produzieren zum Beispiel weniger Früchte. Die Trauben werden kleiner und lockerbeerig, keine Spur mehr von den prallen Früchten der jungen Jahre. Alte Rebstöcke sind leicht an ihren knorrigen, vergleichsweise dicken Stämmen zu erkennen. Durch das Wurzelwerk, das Jahrzehnte lang Zeit hatte, sich im Boden breit (und tief) zu machen, gelangen ganz andere Informationen ans Licht als bei jungen Reben. Die Trauben alter Reben sind intensiver, haben mehr Charakter.

Pinot Noir ist eine launische Traube mit einer Geschichte, die bis zu 2000 Jahre zurückreicht. Als Heimat des Pinot Noir gilt das Gebiet zwischen dem Genfersee und dem Rhônetal. Aus Pinot Noir entstehen die großen Weine des Burgund, deren Finesse durch ein kühles Klima begünstigt wird. Die Pinot-Noir-Traube reagiert auf große Temperaturunterschiede – heiße Tage, kalte Nächte – mit der Ausprägung eleganter Düfte und Aromen, zum Beispiel nach Beeren, Gewürzen oder Nüssen, aber auch durch noble Zurückhaltung bei der Farbe.

Im Gegensatz zu den knallroten, dichten Weinen, wie sie in heißen Weinbaugebieten entstehen, sieht Pinot Noir gern ein bisschen blass aus. Das ist der Textur dieses Weins geschuldet, seiner taktilen Beschaffenheit: Pinot Noir kann samtig, fast seidig wirken, im Unterschied zu Weinen, deren extreme Süße und Fruchtigkeit ihnen die Beschaffenheit einer Kompottsauce verleiht, oft noch verstärkt durch das typische Vanillearoma französischer Eiche, der klassischen Barriques.

In der Regel entwickeln große Weine ihre ganze Brillanz erst nach Jahren, wenn Frucht, Gerbstoffe und Säure eine ideale Balance erreicht haben. Das ist der Moment, auf den alle Anstrengungen zulaufen und dessen Gelingen trotzdem nicht garantiert werden kann. Ich vergleiche den Genuss eines großen Weins mit dem Gelingen einer Aufführung an einem großen Theater: Es müssen so viele Einzelheiten zusammenpassen, damit der große Auftritt am Schluss die gewünschte Wirkung hat. Aber während im Theater am nächsten Tag die nächste Aufführung auf dem Programm steht, um einen missglückten Moment zu korrigieren, dauert es beim Wein ein ganzes Jahr, bevor der Winzer die nächste Chance bekommt.

Georg Fromm aus Malans wurde in der Schweiz bereits zum Winzer des Jahres gewählt. Das Weingut Ciprian aus Zizers ist vom Hobbyprojekt zum dezidierten Garagenweingut aufgestiegen. Christian Herrmann und Martin Donatsch aus Fläsch strahlen mit ihren Blauburgundern weit über die Region hinaus. Peter Wegelin vom Scadenagut in Malans experimentiert fruchtbar mit Syrah. Thomas Studach aus Malans fabriziert als One-Man-Show einen hervorragenden Pinot Gris und wundersam eleganten Pinot Noir. Andrea Davaz aus Fläsch macht neben seinem intensiven Pinot auch einen frischen Sauvignon blanc. Annatina Pelizzatti aus Jenins produziert wenige, besonders würzige Pinots. Das Schlossgut Salenegg in Maienfeld wartet mit durchaus altmodischen, fruchtigen, süffigen Blauburgundern auf.

Die Liste ließe sich fast beliebig fortsetzen, und ich hatte, nachdem ich von überall ein bisschen probiert hatte, ein etwas hohles Gefühl im Oberbauch.

Es brauchte einen halben Meter *Salsiz,* bis ich weiterarbeiten konnte.

Die Bündner Herrschaft ist ein Kompetenzzentrum des Schweizer Pinot Noirs. Von hier stammen die Weine, die außerhalb der Schweiz dafür sorgen, dass Schweizer Erzeugnisse im Konzert der internationalen Weinindustrie überhaupt wahrgenommen werden – und Nein, das bezieht sich nicht allein auf die Gantenbeins und ihre Ausnahmeweine.

Denn in der Herrschaft passieren gerade interessante Dinge. Einige der Winzer, die auf den insgesamt 420 Hektar der Gemeinden Fläsch, Maienfeld, Jenins und Malans Weinbau betreiben, gehen im Weinbau neue Wege, die man getrost als radikal bezeichnen kann. Sie haben die begründete Vermutung, dass die Veränderung der Produktionsmethoden ihre Weine um entscheidende Facetten besser machen könnten.

Zwei Ideen stehen im Mittelpunkt. Die erste betrifft die Bewirtschaftung der Rebberge, die in der Herrschaft mit wenigen Ausnahmen konventionell bearbeitet wurden. Seit einigen Jahren stellen einige der namhaften Winzer auf biologische Landwirtschaft um.

Konkret bedeutet das, dass sie auf den Einsatz von Düngemitteln und Pestiziden verzichten. Das ist gerade in einer Gegend wie der Bündner Herrschaft nicht gerade einfach. «Der Pilzdruck ist hoch», sagt Francisca Obrecht, die mit ihrem Mann Christian das Weingut Obrecht in Jenins bewirtschaftet, seit vier Jahren biologisch. Während ein konventioneller Betrieb das Auftreten von Pilzerkrankungen mit erprobter Chemie bekämpfen kann, behilft sich der biologische Betrieb mit Spritzmitteln wie Pfefferminz- und Schachtelhalmtee. Auch Kupfer und Schwefel kommen zum Einsatz, und die Quote der Handarbeit steigt enorm.

Die Natur revanchiert sich damit, dass Trauben und Wein eine «ganz andere Spannung» bekommen, wie Christian Obrecht sagt. Der Begriff «Spannung» ist in diesem Zusammenhang eine Metapher dafür, wie positiv sich der schonende Umgang mit der Natur auf das fertige Ergebnis auswirkt. Gleichzeitig beschreibt «Spannung» aber auch das subkutane Gefühl, mit dem die Bündner Biowinzer die Kapriolen der Natur beobachten, die Frostattacken, wenn der Wein gerade blüht, den Regen, wenn der Wein Sonne bräuchte, die

Trockenheit, wenn die Reben vor dem Verdursten stehen: Geht sich das aus? Muss ich eingreifen? Wie muss ich eingreifen? Spannende Fragen.

Die zweite zentrale Idee betrifft die Vergärung des Weins. Die Gärung ist der vielleicht heikelste Moment auf dem Weg der Verwandlung von Trauben in Wein. Sie beschreibt die komplexe Umwandlung von Glucose und Fructose, den Zuckerarten, die sich im Most befinden, in Alkohol. Verantwortlich für diese Umwandlung sind Hefen, Pilzkulturen, die sich durch die Abtrennung ausgestülpter Zellen vermehren.

Die Energie, die dafür nötig ist, beziehen die Hefen aus dem Zucker. Die Gärung ist vollzogen, wenn Fructose und Glucose vollständig verarbeitet sind. Auch die Temperatur hat einen entscheidenden Einfluss auf den Gärprozess. Je kälter es im Keller ist, desto langsamer vermehren sich die Hefen und desto länger dauert die Gärung.

Die Hefen, die diesen komplexen Prozess steuern, sind ursprünglich Bewohner des Weinbergs: Jeder Weinberg hat seine eigenen Hefekulturen, die jeweils die Gärung in Gang bringen, manchmal eruptiv, manchmal schleppend, manchmal verzögert, im schlimmsten Fall gar nicht.

Deshalb behelfen sich viele Winzer mit sogenannten Reinzuchthefen, natürlichen, aber im Labor gezüchteten Hefen, erhältlich in jedem Geschäft für Weinbauzubehör. Reinzuchthefen lassen die Gärung kontrolliert anspringen und sorgen für einen Wein, der mit großer Wahrscheinlichkeit ähnlich schmeckt, wie er auch in den Vorjahren geschmeckt hat.

Die spontane Gärung hingegen lässt dem Wein sozusagen die Freiheit, sich so zu entwickeln, wie es dem Ort, wo er wuchs, angemessen ist. Die Winzer, die nach dieser Methode arbeiten, können beschwören, dass die Feinheiten des Weins besser zum Vorschein kommen und die speziellen Charakterzüge des Fleckens Erde abbilden, wo die Reben wachsen, begünstigt vom Mikroklima, vom Wind, der permanent von den Bergen fällt, von der Kälte, die morgens wie flüssiger Honig über die Weinberge kriecht.

Essen im ewigen Zwischendurch

Wir sind permanent unterwegs. Wir fahren mit dem Tram zur Schule, mit dem Zug zur Arbeit, mit dem Flugzeug in die Ferien. Unser Zeitplan ist gedrängt. Verschiedene Untersuchungen kommen zum Schluss, dass von den regulären Mahlzeiten – Frühstück, Mittagessen, Abendessen – vor allem die beiden ersteren zunehmend «mobil» konsumiert werden, also während wir jedenfalls an keinem Tisch sitzen. Die «*To go*»-Kultur vieler Bäcker und Kioske, die Kaffee und Tee samt einem Brötchen oder einem Birchermüsli über die Gasse anbieten, geben über das Phänomen verlässlich Auskunft – so wie die Geruchsschwaden, die aus dem Päckchen des Sitznachbarn im Tram aufsteigen und ohne Worte davon berichten, dass dieser asiatische Nudeln mit Entenresten für eine Mahlzeit hält, die auch dieser frühen Stunde angemessen ist.

Aber bald darauf verzweifle ich dann eben doch über irgendeinem Schinken-Käse-Baguette, weil Schinken und Käse offensichtlich zu gleichen Teilen aus dem Abverkauf einer Zellstofffabrik gemacht wurden. Zur Kaschierung der nahezu identischen Textur hat jemand ein äußerst deftig schmeckendes Pesto auf das Brot aufgetragen, sodass du zum zweischneidigen Gefühl, deinen Hunger mit etwas Unangemessenem zu stillen, eine Portion Mundgeruch extra bekommst. Ganz zu schweigen von all den Tankstellen-*Tramezzini* mit Eiern, Mayonnaise oder Thunfisch, mit dessen Fischern GREENPEACE ganz sicher noch eine Rechnung offen hat.

Während wir also über Regionalismus, das kulinarische Erbe der Alpen, vegane Weltrettung, nachhaltige Viehzucht, Biogemüse und Naturschutz auf Demeter-Niveau fachsimpeln, befleißigen wir uns gleichzeitig und selbstverständlich einer Ernährung, die weiter von allen derartigen Idealen nicht entfernt sein könnte: Wer im Zug einen Sandwich isst oder auf der Langstrecke der SWISS einen heißen Imbiss nimmt, hat nicht die geringste Ahnung davon, was er sich da einverleibt – mit absolut derselben Selbstverständlichkeit könnte er die Billighühner vom Dis-

Der Geruch dieser Mahlzeiten stört mich genauso wie das sinnlose Geschwätz am Mobiltelefon. Mehr noch stört mich nur die Gleichgültigkeit, mit welcher das amorphe Etwas, das sich im Inneren des in Alufolie eingeschlagenen Futterballens befindet, vom Publikum in den Mund geschoben wird, achtlos, emotionslos, genusslos.

Ich sitze also neben einem ekligen Nudelfresser in der Bahn, ärgere mich darüber, dass er offenbar keinen Gedanken auf Nahrung verschwendet, die erstens schmeckt, zweitens frisch, drittens gesund ist und vielleicht auch noch auf vertretbare Weise produziert wurde – und stelle zu meinem Entsetzen fest, dass ich nicht darauf vorbereitet bin, die nächste und die übernächste Stunde zu überstehen, ohne selbst irgendetwas zu essen. Weil nämlich Hunger.

Vielleicht, und das wäre eine vergleichsweise gute Nachricht, kommt gleich der Wagen mit dem Instantkaffee und den Babypanettoni. Das lasse ich schon einmal als Frühstück durchgehen, wenn auch eher aus nostalgischen Gründen (ich liebe Panettone früher wirklich) und der unumstößlichen Wahrheit, dass Süßspeisen *on the go* nicht ganz so verheerend schmecken wie alles andere.

konter nach Hause tragen oder die Meterwürste vom Industrieschlächter. Kein Unterschied. Nada.

Hat hier jemand Streetfood gesagt? Kaum ein Begriff hat so eine paradoxe Karriere gemacht. Was wir in Südostasien mit folkloristischer Bewunderung betrachten (und vielleicht sogar kosten und für gut befinden, obwohl die Teller, von denen das köstliche, undefinierbare Curry gegessen wird, in einem Bottich abgespült werden, dessen Wasser den ganzen Tag nicht gewechselt wird), hat sich hierorts zu einem schicken Etikett für alle möglichen minderwertigen Mahlzeiten ausgewachsen, die an Menschen verkauft werden, die zur falschen Zeit am falschen Ort sind.

Nein, ich möchte nicht moralisieren. Oft genug esse ich unterwegs den Gammeltoast oder ein paar Würstchen und trage mein Scherflein dazu bei, dass ein Missverständnis zum einträglichen Normalzustand geworden ist. Aber ich habe nicht aufgegeben: Beim nächsten Mal werde ich dem Nudeln-mit-Ente-Fresser eine schöne Scheibe würzigen Greyerzers entgegenhalten samt ein paar Brocken Sauerteigbrot – nur damit klar ist, wer die Lufthoheit über dem Ausklapptisch besitzt…

Kein Wunder, dass die Befürworter spontaner Vergärung in der Regel ihre Weingärten auch biologisch oder biodynamisch bewirtschaften. Die biodynamische Landwirtschaft geht noch einen Schritt weiter, sie sieht eine ganzheitliche, nachhaltige Form der Feld- und Viehwirtschaft vor, die Teil der antroposophischen Lehre Rudolf Steiners ist und durch das «Demeter»-Prüfzeichen zertifiziert wird. Wissenschaftliche Erkenntnisse verbinden sich mit astrologischen und esoterischen Theorien, entsprechend angespannt ist das Klima zwischen Befürwortern der jeweiligen Produktionsmethoden. Die einen halten, um es überspitzt zu sagen, die anderen für spinnerte Romantiker; die anderen die einen für technokratische Kontrollfreaks.

Ich hatte keine vorgefasste Meinung, als ich mich auf meinen Weg durch die atemberaubenden Landschaften der Bündner Herrschaft machte. Ich traf Winzer, die mir ihre Rebberge zeigten, mich mit in ihre Keller nahmen und Weine kosten ließen. Die Weine hätten unterschiedlicher nicht sein können. Sie lösten ein gemeinsames Versprechen ein: Jeder Wein legt Zeugnis ab von seiner Herkunft – und noch viel mehr von der Persönlichkeit des Winzers, der mit der Summe seiner Handgriffe die Verwandlung vom Natur- zum Kulturprodukt steuert.

Zwölf der besten Winzer der Herrschaft haben sich 2005 zur Winzergruppe VINOTIV zusammengeschlossen, einem Mittelding aus Vermarktungs- und Gesinnungsgemeinschaft, in der die Facetten des modernen Weinbaus durchaus lebhaft und widersprüchlich diskutiert – und gelebt werden.

Über keine der oben beschriebenen Stellschrauben herrscht in der Gruppe Einigkeit. Martin Donatsch, der in fünfter Generation das Weingut Donatsch führt, bearbeitet zwar die Böden seiner Weinberge «seit Generationen» biologisch, setzt aber, wenn auch «denkbar sparsam», Pflanzenschutzmittel ein, wenn die Entwicklung der Trauben sonst gefährdet wäre.

Donatsch, ein selbstsicherer junger Mann, der sein Handwerk auf fast allen Kontinenten gelernt hat, gehört zu den Realos unter den Bündner Winzern. Sein Weingut ist – wie sämtliche Weingüter der Bündner Herrschaft – klein. Die Rebfläche beträgt gerade einmal sechs Hektar, und das Geschäft brummt. 95 Prozent der Donatsch-Weine werden in der Schweiz verkauft, zum größten Teil in der Spitzengastronomie. Für die restlichen fünf Prozent, die außerhalb der Landesgrenzen in den Handel kommen, werden zum Teil erstaunliche Preise erzielt. In Hongkong zahlt man für eine Flasche «Pinot Noir Unique» zum Beispiel nicht weniger als 380 Euro.

Aus ökonomischer Perspektive kann Donatsch niemand verübeln, wenn er auch im Keller auf Nummer sicher geht, seine Trauben mit Reinzuchthefen vergärt und die besten Lagen jedes Jahr im neuen Holz ausbaut. Er hat schlicht keine Lust auf Zufälle. Seine Weine – vergleichsweise muskulöse Weine von intensiver Frucht und Farbe – sind Markenprodukte. Das Haus – «wir sehen uns als internationale Domäne» – ist bekannt und durchgesetzt. Die verläßliche Reproduktion des eigenen Anspruchs ist die sinnvollste Geschäftsgrundlage.

Kollege Christian Hermann aus Fläsch, ebenfalls Realo, wenn auch mit weniger internationaler Strahlkraft, formuliert das etwas unverblümter: «Ich kann mir große Ausfälle schlicht und einfach nicht leisten.»

Denn die Innovation – biologische Bewirtschaftung, kreative Kellerwirtschaft – birgt immer auch Risiko. Das Weingut Georg Fromm zum Beispiel erlitt im Frühjahr 2016 leichte Frostschäden und wurde daraufhin von der Kirschessigfliege, einem gefürchteten Schädling, heimgesucht. Die biologischen Gegenmittel halfen nicht, essentielle Einbußen waren die Folge. «Man muss bereit sein, Verluste in Kauf zu nehmen», sagte mir Martin Fromm, und er versteht das durchaus als eine ideologische Angelegenheit: «Wir müssen unsere Flächen schließlich intakt an die nächsten Generationen übergeben. Das kostet manchmal etwas.»

Bei Christian Hermann, diesem vergnügten Skeptiker, hört der Spaß freilich auf, wenn er sieht, wie ein Viertel, ein Drittel einer Ernte verloren geht, obwohl es erprobte Gegenmittel gäbe, die «bloß aus ideologischen Gründen» nicht eingesetzt werden. Außerdem zweifelt er am ökologischen Fußabdruck der Biowinzer, die mit ihren Traktoren zwei-, dreimal so oft durch die Zeilen fahren müssen, um die Trauben mit Tee zu spritzen. Der Diesel? Die Erosion des Bodens? Was ist das für eine Rechnung? (Der Vollständigkeit halber sei erwähnt, dass in einigen biodynamischen Betrieben über Entwicklung und Anschaffung von Arbeitsgeräten mit Elektromotoren nachgedacht wird: Das Problem ist bekannt.)

Trotz seiner Skepsis ist Hermann den anderen vinotiv-Winzern in Interesse und Freundschaft verbunden. Gemeinsam haben sie eine *WhatsApp*-Gruppe aufgesetzt, um einander über die jeweils auftretenden Probleme und Entscheidungen zu informieren. Nach ein paar Rundgängen über die Weinberge der neuerdings biodynamisch arbeitenden Winzer winkte Hermann jedoch ab: «Ich bin nicht bereit, das meiner Seele anzutun.»

Roman Hermann – nicht verwandt und verschwägert mit Christian – ist der Obmann von vinotiv und durchaus bereit, seiner Seele alles Mögliche anzutun. Der Dreißigjährige weiß bereits sein halbes Leben lang, dass er Wein machen will. Auf Praktika in Neuseeland, Südafrika und den usa lernte er Methoden des Kelterns kennen, die so ziemlich das Gegenteil dessen waren, was er auf der Weinbauschule und daheim gelernt hatte. Er sah, dass der Wein viel länger auf der Maische, den ausgepressten Trauben, lag als zu Hause und auf diese Weise deutlich mehr Extrakte und Gerbstoffe erhielt. Er bekam erstaunt mit, dass in den Weingärten nicht mit Unkrautvertilgungsmitteln gearbeitet wurde, was traditionell geschieht, um keine Pflanzen zu dulden, die den Reben wertvolle Nährstoffe streitig machen.

Roman führte mich durch die Weinberge, die er von den Eltern übernommen hat und seither unter eigener Verantwortung bearbeitet, ja, anders als der Vater, und Nein, die Eltern sehen das sehr tolerant. Er zeigte mir die Stöcke, die der Frost im Frühjahr geköpft hat, Ertragsausfall 30 Prozent, und das ehemalige Fläscher Bad, wo die Familie eine kleine Weinschenke betreibt.

Zwischendurch erzählte er in Stichworten die Geschichte dieser Weinregion. Erste Erwähnung von Weinbau im Jahr 968. Hauptweinsorten Completer und Elbling, bis ins 17. Jahrhundert hinein (heute machen wieder einige Winzer Completer, unter anderem

Roman Hermann selbst, durchaus bemerkenswert; den Completer von Christian Obrecht empfand ich als echte Delikatesse, eine gewinnende Kombination aus Unverwechselbarkeit und Könnerschaft).

Anfang der 70er-Jahre dann Güterzusammenlegungen und Ausweitung der Rebzonen, die Grundlage für die heutige Struktur. Bis 1975 wurden die meisten Trauben der Bündner Herrschaft an eine Zürcher Genossenschaft geliefert, die selbst Wein daraus machte. Als die Genossenschaft vom einen aufs andere Jahr keine Trauben mehr kaufte, mussten die Winzer ihre Weine selbst zu keltern und zu vermarkten beginnen. Hauptsorten Pinot Noir und Riesling-Sylvaner, jene Weine, die das Kantonale Rebsortenverzeichnis für die Bündner Herrschaft vorsah. Erst Mitte der 80er-Jahre wurde das Verzeichnis liberalisiert und um Sorten wie Weißburgunder, Grauburgunder und Chardonnay ergänzt.

Auch Roman macht inzwischen mehr und mehr Biowein, auch wenn er sich nicht zumutet, seinen Betrieb auf einen Schlag umzustellen. Er geht Lage für Lage voran, Weingarten für Weingarten und minimiert das Risiko, das er sich finanziell zumuten will.

Der Mut zum Risiko – die Bereitschaft, für einen spannenderen Wein auch Ausfälle und mindere Erträge in Betracht zu ziehen – markiert die rote Linie zwischen den Weingütern der Bündner Herrschaft. Roman Hermann sagt: «Das Naturbewusstsein ist ein Generationenmerkmal», aber das stimmt nicht ganz.

Es sind nicht nur die Jungen, die gut ausgebildeten Winzer, die gerade ihre Betriebe übernehmen und die nächste Stufe des Weinmachens zünden. Einige Alte sind ihnen längst vorangegangen.

Louis Liesch zum Beispiel arbeitet seit mehr als 30 Jahren biologisch und ist ein lebendiger Referenzpunkt für alle Winzer, die um ein bis zwei Generationen jünger sind und gerade darüber nachdenken, in seine Fußstapfen zu treten. Aber auch Peter Wegelin, 65, stellt sein «Scadenagut» gerade auf Bio um und geht «dem Mehraufwand, auch nervlich» nicht aus dem Weg, auch wenn er sich längst auf seinen Lorbeeren ausruhen könnte. Der Quereinsteiger Jan Luzi, der das Weingut «Sprecher von Bernegg» betreibt, übernahm das seit 1750 betriebene Weingut von seiner Tante und machte «ganz unideologisch» Erfahrungen, die ihn zuerst «Demut» lernen ließen, «weil du gewisse Faktoren nie kontrollieren kannst», und dann entgegen seinen eigenen Plänen dazu motivierten, doch biodynamisch zu arbeiten.

Luzi konnte sich dabei auf die Erfahrungen seiner Kollegen stützen, die den Schritt schon vor ihm gegangen sind: Peter Wegelin, Christian Obrecht, aber auch die Gantenbeins – wiewohl keine Bio-Winzer – beantworteten alle Fragen, die er als Weinbau-*Rookie* hatte. «Ein paar Kollegen und ich haben eine Biogruppe gegründet», sagte er mir in seinem prächtigen, mächtigen Haus inmitten der Weinberge von Jenins, «die noch sehr viel offener miteinander umgeht als VINOTIV.»

Luzi, gelernter PR-Fachmann, erklärte mir diese unübliche Nachbarschaftshilfe eher unromantisch: «Die Kollegen geben gut Auskunft, weil alle ihre Weine gut verkaufen.» Tatsächlich hat kaum ein Weingut das Problem, seinen Wein an den Mann zu bringen. Der Absender «Bündner Herrschaft» funktioniert gut. Die Preise sind gut, Durchschnitt für die Schweiz, international Oberklasse. Es könnte viel mehr Wein verkauft werden, wenn es ihn nur gäbe.

Die feinsten, delikatesten Pinot Noirs der Bündner Herrschaft kostete ich im Weingut Fromm. Nach Jahren, in denen Georg Fromm zwischen Malans und Neuseeland gependelt war, übernehmen nun Marco und Walter Fromm zusehends den Betrieb und haben vor allem im Rebbau einiges auf den Kopf gestellt. Die Weinberge werden nicht mehr gedüngt, sondern mit Einsaaten aus Chinakohl, Ölrettich und verschiedenen Kleesorten behandelt, um die Biodiversität zu erhöhen. Die Weinstöcke werden, wie mir Walter Fromm sagte, «kaum mehr ausgelaubt, damit die Trauben nicht mehr überreife, exotische Noten bekommen».

Außerdem werden die Trauben früher gelesen und nicht mehr im Barrique, sondern nur im großen, gebrauchten Holz ausgebaut: Der Wein revanchiert sich mit Frische und Klarheit. Beim Pinot Noir Schöpfi etwa notierte ich mir, einigermaßen begeistert: «Duftet nach intensivem Gewürzbouquet. Hat straffe Säure, etwas Feuer und sehr viel Poesie.»

Aus dem Fromm-Haus drang, als ich diesen Wein kostete, laute Reggae-Musik. Der Blick aufs Tal, über die Weinberge, auf die gegenüberliegenden Gebirgsformationen; der Wein und seine glänzende Poesie: Sie rahmten einen perfekten Moment ein, und der Wein speichert diesen Moment und kann ihn reproduzieren. Für mich ist das eine bestimmende Eigenschaft des großen Weins.

Manche meiner besten Freunde sind Griechen.
Wegen ihnen musste ich mein liebstes
Vorurteil über Bord werfen:
Dass in Griechenland nur der Joghurt fett
ist und der Fisch trocken. Aber dann wurde
uns dieser Pulpo serviert ...

Griechenland

Als ich einmal über die, Achtung Ironie, Segnungen der griechischen Küche schrieb und zu dem Schluss kam, das Einzige, was den Griechen je eingefallen sei, sei der griechische Joghurt, provozierte das hämischen Szenenapplaus. Das ist immer so, wenn man die Vorurteile der anderen burschikos bedient.

Aber es gab auch Beschwerden. Ein junger Sternekoch, der einen griechischen Namen trägt, weil nämlich sein Vater aus Griechenland stammt und viele Jahre lang jede freie Minute mit seinem Sohn Konstantin in Kalamata verbrachte, richtete mir aus, das *Bashing* der griechischen Durchschnittstaverne sei billig. Wenn ich mit ihm in Griechenland unterwegs gewesen wäre, hätte ich freihändig etwas Erstaunliches über das sagenhafte Niveau der griechischen Küche schreiben können.

Oft bleiben solche Ansagen ja eher vage. Aber zuletzt fügte es sich tatsächlich, dass mich Konstantin Filippou zu einer *Fact Finding*

Mission einlud, die sich den besonderen Reizen und Herausforderungen Messeniens widmete, jener südwestlichen Region auf dem Peloponnes, wo die mykenische Kultur ihre Wiege hatte und wo heute gute Orangen, Zitronen, Mandeln, Feigen und vor allem Oliven angebaut und verarbeitet werden.

Mit im Tross war nicht nur der Küchenchef himself und seine wunderbare (und mit den Organisationsagenden betraute Frau Manuela), sondern auch Konstantins Algenlieferant Sotiris Lymperopoulos, der in Messenien als eine Art *Foodscout* arbeitet. Er holte uns gemeinsam mit der Olivenölproduzentin Cristina Stribacu am Flughafen ab und setzte sich hinter das Steuer eines mächtigen vw-Busses, den er zuweilen so auf Touren brachte, als hätte er Angst, am Strand wachse demnächst kein wilder Fenchel mehr. Dabei war genug von dem Kraut da und Wasser auch und Sonne sowieso.

Sotiris war nicht nur ein entschlossener Autofahrer, sondern auch ein guter Erzähler. Nicht nur, dass er uns immer wieder darauf hinwies, welches Wildgemüse er gerade am Straßenrand erspäht habe – es war sinnlos, einen Blick darauf erhaschen zu wollen, so schnell, wie wir unterwegs waren –, er zeichnete auch mit schnellen, prägnanten Strichen das Bild seines Landes, des angeblich so demoralisierten Griechenland.

Sotiris war allerdings gar nicht demoralisiert. Der 34-Jährige hätte durchaus eine konventionellere Karriere einschlagen können, als an der Küste nach Essbarem zu suchen und dieses auf schnellstem Weg der Spitzengastronomie in Paris und Wien verfügbar zu machen. Er hatte in Athen, wo seine Familie lebt, zuerst sein Ökonomiestudium abgeschlossen, war dann für zwei Jahre nach London gegangen und hatte an der Cranfield University ein Postgraduate-Diplom in Logistik erworben.

Anschließend, so lautete wenigstens der Plan seines Vaters, der eine Nachthemdenfabrik betreibt, sollte der Junge den Betrieb übernehmen. Aber als Sotiris nach einer ersten Stelle bei SONY EUROPE nach Griechenland zurückkehrte und sich um die Fabrik zu kümmern begann, bekam er klaustrophobische Gefühle: «Ich hatte plötzlich die unbestimmte Angst, dass ich die Fabrik nie mehr verlassen darf.»

Er kündigte. Der Vater war außer sich, zumal er gerade erst ein Haus verkauft hatte, um dem Buben das Studium in London zu finanzieren.

«Er hielt mich für einen Vollidioten», sagt Sotiris, «aber er unterstützte mich natürlich trotzdem.»

Sotiris wollte nach draußen, ans Licht, an die Natur. Er besorgte sich als Anzeigenverkäufer für ein Motorradmagazin so viel Geld, dass er einen ganzen Sommer lang nach Kreta surfen gehen konnte. Luxus war ihm fremd, er wohnte mit ein paar Kumpels unter einem Baum. Als es September wurde, ging er nach Pylos auf dem messenischen Festland. Dort hatten seine Großeltern gewohnt und er konnte ihr Haus benutzen. Er wurde zwischenzeitlich Veganer, und weil er am Markt und in den Gemüseläden nicht genug über das, was es da zu essen gab, erfuhr, begann er sich quasiwissenschaftlich für Gemüse zu interessieren.

Es war Teil unseres Plans, mit Sotiris Lymperopoulos auf Wildpflanzensuche zu gehen, so wie wir gern die Olivenölproduktion ein bisschen näher kennenlernen wollten – deshalb saß auch Cristina Stribacu im Bus, deren Öl Konstantin schon seit einiger Zeit in seinem Restaurant verwendet –, aber jetzt war dafür gerade ein ungünstiger Moment. Es wurden verschiedene Stimmen laut (unter anderem meine), dass es Zeit sei, etwas essen zu gehen.

«Okay», sagte Sotiris. «Ich weiß, wohin.»

«Wie lange fahren wir dorthin?», fragte Konstantin.

«Zehn Minuten.»

Das war, bevor wir begriffen, dass «zehn Minuten» keine exakte Zeitangabe ist, sondern ein Wort, das für Zeiteinheiten zwischen «bald» und «irgendwann» flexibel eingesetzt werden kann.

Sotiris jagte den vw-Bus also irgendwo hinter Pylos über enge Bergstraßen hinauf in die Berge, um uns, wie er verlautbarte, in einer Taverne namens «Trichordo» abzuliefern, die alles habe, was man von einer griechischen Taverne verlangen könne.

«Was ist so besonders an der Taverne?», fragte ich neugierig.

«Nichts. Nichts ist besonders», antwortete Sotiris. «Das ist ja das Besondere.»

Das musste er natürlich erklären. Hier, in der winzigen Ortschaft Mesochori, werde so gekocht, wie man auch zu Hause esse. Das sei im Übrigen der Grund, warum in den meisten Tavernen keine authentische Hausmannskost zu bekommen sei – kein Mensch gehe in die Kneipe, um Gerichte zu essen, die man zu Hause ohnehin regelmäßig vorgesetzt bekommt. In der Kneipe wünsche man sich etwas Besonderes – und damit befinde man sich augenblicklich abseits jener Qualitäten, um die es uns ja gerade geht, wenn wir in Griechenland sind und so essen wollen wie die Griechen.

Sotiris hatte Zeit, bei seiner Erklärung weit auszuholen. Zehn Minuten vergingen, noch einmal zehn Minuten, und als wir nach weiteren zehn Minuten schließlich ankamen, war die Stimmung gerade dabei, ins Fatalistische umzuschlagen.

Das Haus war aus Natursteinen gebaut. Eine steile Außenstiege ohne Geländer führte hinauf in den Gastraum, wo außer uns niemand war. Zuerst standen am Tisch ein paar Bierflaschen, dann zwei Weinkrüge mit einem einfachen, aber sympathischen Rosé, dann kamen in rascher Folge Kleinigkeiten: zuerst mit Tomaten und Käse überbackenes Weißbrot, fantastische Oliven, ein weicher, würzige Feta, der im Vergleich zum salzigen Industriekäse, den wir uns hie und da aus dem Supermarkt holen, von sämiger Eleganz war, ein Teller mit köstlichem, bitterfein gekochtem Grünzeug, aus dem nur die Zichorien einwandfrei zu identifizieren waren, dann eine grandiose Eierspeise, in der sich wilder Spargel und Ei genau die Waage hielten (anschließend kam noch eine Eierspeise mit Tomaten, die fast genauso gut war) und schließlich der Höhepunkt: das Lamm mit den Artischocken, gemeinsam geschmort und für jeden Anwesenden genau als letzter Happen bemessen. Es war in Summe ein unaufgeregtes, aber großartiges Essen.

Ich muss zugeben: meine These, dass Griechenland nur Joghurt kann, war mit diesem Abend hinfällig. Ich nahm also alles zurück, was ich gegen die griechische Küche vorgebracht hatte. Aber eines wollte ich schon wissen.

«Wie viele von diesen Tavernen gibt es hier?», fragte ich Sotiris. Sotiris antwortete entschieden: «Drei.»

«Hier im Dorf?»

«Nein. In ganz Messenien.»

Das war der Zeitpunkt, die Telefonnummer des «Trichordo» in das Notizbuch zu schreiben: 0030 6945 428699.

Wir fuhren dann zurück nach Pylos (zehn Minuten), wo Konstantin es sich nicht nehmen ließ, beim Fischhändler vorbeizuschauen und seiner Bewunderung für das reiche Angebot an Brassen und Muscheln, an Krustentieren und Tintenfischen Ausdruck zu verleihen. Natürlich schaut er sich Fische mit den Fingern an, und weil der Fischhändler darin die angemessene Kompetenz seines Kunden erkannte und ihm einen Blick auf die eben eingetroffene Ware ermöglichte, war ein bisschen Zeit übrig, um draußen am Hafen eine Runde mit Sotiris zu drehen.

Sotiris erteilte mir eine kleine Lektion in griechischer Geschichte, als wir den Palast von Nestor umrundeten und Sotiris die Seeschlacht von Navarino wiederaufstehen ließ, jenes mystische Gefecht, das im Griechischen Unabhängigkeitskrieg 1827 hier stattgefunden hatte.

Ich war darauf vorbereitet, aber Sotiris hakte bei diesem Stichwort nicht ein: Er sieht, anders als seine aktuelle Regierung, Griechenland nicht in einem neuen Unabhängigkeitskrieg. Wenn er Unabhängigkeit schätzt, dann seine eigene. In das Gejammer über die Auswirkungen der Finanzkrise auf Europa und speziell Griechenland wollte Sotiris partout nicht einstimmen.

Nachdem sich Sotiris als Veganer einiges an Wissen über Wildpflanzen angeeignet hatte, kam er auf die Idee, mit den speziellen und außergewöhnlichen Produkten, die man in Griechenland buchstäblich am Straßenrand findet, eine Art Business zu gründen. Zwar isst Sotiris inzwischen auch wieder Fleisch, bestreitet aber einen großen Teil der Ernährung seiner Familie mit Wildpflanzen: wilder Spargel, wilder Fenchel, Gemüsedisteln und -malven und vieles mehr.

«Ich bin nicht nur ein guter Sammler», sagt er, «sondern auch ein guter Verkäufer.»

Sotiris nahm einen Schritt vorweg, der im Griechenland der Finanz-krise zu einem gewissen Trend wurde: Junge, gut ausgebildete Urbanisten verlassen die Stadt, um am Land billiger, selbstbestimm-ter und frei von ökonomischen Zwängen leben zu können. So traf er auch seine spätere Frau, eine Anwältin, die ihre Kanzlei nach zwölf Jahren geschlossen hatte, um am Meer zu leben. Die beiden haben heute eine zweijährige Tochter. Seine Frau betreibt ein kleines Yoga-Studio und Sotiris hat ein Unternehmen namens «radiki» gegründet, der griechische Name der Zichorien.

Es brauchte viel Hartnäckigkeit, bis der Koch eines nahen Luxusresorts zum ersten Kunden von «radiki» wurde. Dann fand Sotiris interessierte Abnehmer in Athen und reiste auf deren Vermitt-lung mit einer Kühlbox voller Warenproben nach Paris. Als Pascal Barbot vom «Astrance» sich erstaunt über die hohe Qualität der exo-tischen Wildpflanzen zeigte, sah Sotiris Licht. Inzwischen verkauft er Wildpflanzen und Zitrusfrüchte an mehr als zwanzig Küchen-chefs in Paris und beschäftigt sechs Angestellte und 40 Freelancer.

Konstantin kam strahlend aus dem Hinterzimmer des Fisch-händlers. «Heute», rief er, «gibt es Oktopus», und er schwenkte den Plastiksack, im dessen Innerem sich ein außerordentlich hübsches Exemplar der Gattung *Coleoidea* befand, groß genug, um uns alle und noch ein paar andere Menschen satt zu machen.

Schnell entwickelte sich eine Diskussion darüber, wo man den Oktopus zubereiten lassen könne. Denn einerseits, sagte Konstantin, sei es nun wirklich keine Kunst, einen Oktopus angemessen auf der Holzkohlenglut zuzubereiten – aber andererseits sei es auch nicht so einfach, dass man das schöne Teil – wieder vergewisserte er sich mit den Fingern der perfekten Spannung im Fleisch des Kopffüss-lers – jedem anvertrauen könne.

Wieder wurde Sotiris konsultiert. Der hatte eine Idee für den richtigen Ofen. Er telefonierte kurz – habe ich schon angemerkt, dass Sotiris oft kurz telefoniert? – und fixierte das Abendessen in einer Fischkneipe in Marathopolis, die nicht allzu weit von unserem Hotel entfernt lag, dem eindrucksvollen «Costa Navarino».

«Wie weit?», fragte Konstantin.

Der Kuchen, der die Sonne aufgehen lässt

Ich mag Süßigkeiten, und sie mögen mich. Es bedurfte einer tiefgreifenden Anstrengung, um die Idee aus meinem Alltag zu eliminieren, dass mir zum Beispiel jetzt, nachdem der Einstieg in diesen Text aufgeschrieben ist, ein MARS-Riegel zusteht, oder sagen wir: ein Bissen vom MARS-Riegel, den Rest genehmige ich mir, wenn die Seite fertig ist.

Können Sie den Fehler erkennen? Natürlich ist es völlig unmöglich, von einem MARS-Riegel einmal abzubeißen und ihn dann bis zu *irgendeinem* anderen Zeitpunkt liegen zu lassen. MARS-Riegel sind wie

Dieser Gedanke prägt meinen Umgang mit Süßigkeiten so wie die Gewissheit, dass Fett und Zucker nicht gesund für mich sind. «Die Zahl der Menschen, die an Fettleibigkeit und verwandten Krankheiten sterben», sagte der Universalhistoriker Yuval Harari unlängst in einem Interview, sei «weitaus höher als die Zahl der Menschen, die durch menschliche Gewalt umkommen. Zucker ist heute gefährlicher als Schießpulver.»

Ja, eh. Aber hie und da brauche ich doch etwas Süßes, und weil ich für klare Regelungen bin (siehe oben, Stichwort MARLBORO), erlaube ich mir grundsätzlich keine Süßigkeiten, die es am Kiosk oder im Supermarkt zu kaufen gibt, sondern suche entweder eines meiner Lieblingseisgeschäfte auf oder stelle in der eigenen Küche etwas her, das mein Belohnungszentrum aktiviert, aber meinen kulinarischen Prinzipien nicht widerspricht.

So kam ich auf diesen Kuchen, der drei hervorstechende Eigenschaften besitzt. Erstens: Er schmeckt köstlich. Zweitens: Er ist kinderleicht herzustellen. Drittens: Die entscheidende Ingredienz ist, aufgepasst, nicht Butter, sondern Olivenöl – der Kuchen besitzt also auch einiges an Originalität.

Zutaten: 5 Eigelb, 4 Eiweiß, ½ TL Salz, 170 g Zucker, 180 ml mildes Olivenöl, 2 EL Zitronensaft, 120 g Mehl und 2 EL Zitronenzesten. Und 1 TL Zucker für die Kruste.

Zubereitung: Den Ofen auf 175 Grad Ober- und Unterhitze vorheizen. Eine Springform von 20 cm Durchmesser mit Backpapier auslegen und mit Öl einfetten. Die Eigelbe mit 110 g Zucker cremig mixen. Dann langsam, unter ständigem Mixen, wie beim Mayonnaisemachen, erst das Öl und dann den Zitronensaft einrinnen lassen. — Jetzt mit einem Holzlöffel das Mehl und die Zitronenzesten dazumischen. Nicht schlagen, nur locker verrühren. Eiweiß mit dem Salz schaumig schlagen, dann den restlichen Zucker dazugeben und weitermixen, bis der Eischnee hübsche Spitzen zieht. — Den steifen Schnee in kleinen Portionen, langsam und sorgfältig unter den Teig mischen – je lockerer dieser jetzt ist, desto lockerer wird auch der Kuchen. Den fertigen Teig in die vorbereitete Form geben, mit 1 EL Zucker bestreuen und ca. 45 Minuten lang backen. Wenn die angezuckerte Oberfläche bricht und sich ein bisschen hebt: alles gut. Senkt sich beim Auskühlen wieder ab. — Der Duft, der aus dem Ofen strömt, ist die erste Belohnung. Aber eines darf ich versprechen: Der Geschmack – zitronig, mediterran, fein gewebt – kann noch viel mehr, und wir haben diese Belohnung verdient, nicht wahr?

Crack (oder jedenfalls so, wie ich mir Crack vorstelle). Sie locken dich mit ihrem ordinären, derben Geschmack, und selbst wenn du diesen Geschmack – zu süß; zu fett; zu grobschlächtig – ehrlich verachtest, kannst du dich ihm nicht entziehen, weil er tief in das Belohnungszentrum deines Gehirns eindringt. Alles, was du von deinem Gehirn hörst, ist «mehr, mehr», und wer wäre ich, um meinem Gehirn, das unendlich viel komplexere Tätigkeiten beherrscht als ich selbst, zu widersprechen?

Die beste Therapie gegen das Aufessen des MARS-Riegels ist also, ihn gar nicht erst zu besitzen. Am Kiosk vorbeizugehen und keinen MARS-Riegel zu kaufen, ist, finde ich, ein guter, wenn nicht der beste Anfang. Ich kenne das Muster von vielen Bekannten, die aufgehört haben zu rauchen. Sobald sie nach Monaten oder Jahren der Nikotinabstinenz auf die Idee kommen, dass am Abend die eine oder andere Zigarette Freude machen könnte, fallen sie augenblicklich zurück in die alten Muster und zünden sich die erste MARLBORO an, kurz bevor sie aufwachen. Die Gewissheit, dass man auf ein Laster verzichten kann, bedeutet eben nicht, dass man es unter Kontrolle hat.

«Zehn Minuten», sagte Sotiris.

Das Essen in Marathopolis war einwandfrei. Die Kneipe hieß «Maistrali» und servierte Muscheln und Rotbarben, herrliches Gemüse und anständigen Weißwein aus der Gegend.

Nur der Oktopus gelang nicht, und als der Wirt die entsprechende Reklamation von Konstantin mit, sagen wir, Gleichmut quittierte, sah ich zum ersten Mal, dass dieser durchaus über das Talent verfügen würde, aus der Haut zu fahren.

Die Krise wurde mit weiteren Fischen und Nachtischen beigelegt. Aber wann immer ich Konstantin in den nächsten Tagen dabei ertappte, wie er in eine unbestimmte Ferne starrte und dazu leicht den Kopf schüttelte, wusste ich, dass er es nicht fassen konnte, dass man einen so guten Oktopus so an die Wand fahren kann ...

Am nächsten Tag gingen wir mit Sotiris Wildpflanzen suchen. Diese Pflanzen und ihre ungebändigte Aura gehören zu den spirituellen Komponenten, mit denen Konstantin Filippou seine Gerichte im Restaurant unterfüttert, so wie er das Mediterrane gern mit dem Kontinentaleuropäischen verbindet und daraus Anregungen für Gerüche, Geschmäcker und Texturen schöpft, um sie dann auf seine Weise zu Gerichten zu montieren.

Was Sotiris hier sammelt, taucht sicher nicht eins zu eins auf der Karte von Konstantin Filippou auf. Aber auch wenn die Fundstücke nur winzige Komponenten sind, braucht sie Konstantin dennoch, um die Architektur seiner Gerichte vollständig und tragfähig werden zu lassen. Um es jetzt einmal pathetisch zu sagen: Die Spurenelemente von Meeresfenchel oder Seetang, die Konstantin Filippous Gerichten als Akzente dienen, nehmen etwas von dem besonderen Licht mit, das hier an der Küste schräg einfällt, zum Beispiel, wenn Sotiris sich anschickt, das Vulkangestein nach Beute abzusuchen.

Sotiris interessierte sich vor allem für die Zonen, aus denen sich das Meer gerade erst zurückgezogen hatte. Hier wächst Seetang, ein begehrtes Gut. Weiter oben, von der Gischt nur besprüht, gibt es Meerfenchel und Queller, auch Meeresspargel genannt. All diese

Pflanzen sind nicht nur für den gelernten Veganer interessant, sondern auch für die gehobene Gastronomie in Athen, Wien und Paris.

Mit routiniertem Blick untersuchte Sotiris die pittoresken Steinformationen mit ihren Löchern, Pfützen, Schattenbuchten und Grenzzonen. Es war ein guter Tag. Es gab jede Menge Meerfenchel, er trennte die langen, rundköpfigen Blätter mit einem scharfen Messer vom Stein und schob sie in das dafür vorgesehene Fach seiner Tasche. Seetang war schwerer zu finden, dafür entdeckte Sotiris nur ein paar Meter höher im sandigen Boden unzählige Stauden wilden Knoblauchs. Der Geschmack der jungen grünen Triebe war von umwerfender, milder Würze. Für heute ließ er den Knoblauch stehen. Er würde ihn am nächsten Tag ernten, um dieselbe Zeit.

Abends aßen wir wieder in einer Taverne in den Bergen. Die zehn Minuten, um dorthin zu kommen, dauerten fast eine Dreiviertelstunde, aber das Essen war es wert. Es gab Grünzeug in allen Variationen, wilden Knoblauch, Käse, gebackene Eier und auch einen Teller mit halbierten und gegrillten Singvögeln, die vermutlich nur unter Umgehung zahlreicher EU-Gesetze gefangen worden waren. Wir verhielten uns gesetzeskonform und schauten, dass das Zeug rasch vom Tisch kam.

Am nächsten Tag schipperte uns der VW-Bus durch ein prächtiges Land, dessen Charakter von weitläufigen Olivenplantagen und kleinen Dörfern geprägt ist, die nur dann touristische Einrichtungen inkludieren, wenn sie direkt am Meer liegen. In Filiatra, einem Städtchen mit knapp 6000 Einwohnern, holten wir Cristina ab, sie war bereit, uns ihre Olivengärten zu zeigen.

Aber das ging nicht so schnell, wie wir uns das vorgestellt hatten. Denn Cristinas Mutter fand, dass wir, und vor allem natürlich Konstantin, ein bisschen verhungert aussehen, kein Wunder, wenn uns niemand etwas zu essen gibt.

Es gab also erst einmal einen Teller mit *Galopita,* frisch gebackener griechischer Pannacotta, und die war schlicht und einfach der Hammer.

Kann man *Galopita* ohne Kaffee trinken?

Na eben.

Und weil wir dann ein bisschen ins Sprechen kamen und über Olivenöl im Allgemeinen und über Cristinas Olivenöl im Speziellen diskutierten, mischte sich Cristinas Mutter insofern ein, als sie mit einem kurzen Ruf ankündigte, dass jetzt eine Zwischenmahlzeit fällig sei, und so lernte ich endlich die griechische Spezialität *Trachana* im Originalzustand kennen, jene kleinen, säuerlichen Teigwaren, die aus Mehl und fermentierter Schafmilch geknetet, durch ein grobmaschiges Sieb geschabt, in mehreren Etappen in der Sonne getrocknet und anschließend in Wasser und Tomatensaft gekocht werden.

Das war eine Art Déjà vu. Bei Konstantin Filippou gibt es schließlich auch *Trachana,* als Füllung von kleinen Weinblättern, die als Snacks serviert werden, aber eines kann man mit Sicherheit sagen: Bei Cristinas Mutter sind die *Trachana*-Portionen größer. Das Säuerliche verbindet sich mit dem Molligen, köstlich, und weil wir bei der Begrüßung nicht die ganze *Galopita* aufgegessen hatten, gab es anschließend noch ein Stück zur Nachspeise, und nach der Nachspeise gab es natürlich noch einen Kaffee, und nach dem Kaffee beschlossen wir, jetzt schnell in die Olivenhaine aufzubrechen, weil sonst wahrscheinlich schon der nächste Kuchen fertig wäre.

Olivenöl ist in der Region von Kalamata ein kostbares Gut, und nicht erst, seit auf der italienischen Halbinsel ganze Ernten ausgefallen sind und die Preise für Öl weltweit in die Höhe schnellen. Olivenbäume, die meisten von der autochthonen Sorte *Koronèiki,* lassen ganze Landstriche in den eleganten Farbnuancen zwischen grün und grau schimmern und sorgen seit Jahrhunderten für einen gewissen bäuerlichen Wohlstand.

Auch Cristinas Familie produziert seit Generationen Olivenöl. Ihr Vater hatte von seinem Vater einen kleinen, friedlichen Olivenhain namens Voulieraki geschenkt bekommen, auf dem genau 19 Bäume stehen. Die Bäume mit ihren pittoresken Ästen sind zwischen 300 und 500 Jahre alt. Auf dem Boden wachsen Gras, Kräuter und Wildpflanzen, anders als in manchen benachbarten Gärten, wo die Eigentümer alles, was sie für Unkraut halten, mit Pflanzengift auslöschen.

Als kleines Mädchen kam Cristina fast täglich mit ihrem Vater auf dem Pferdewagen hierher und lernte, die Selbstverständlichkeit und die Schönheit dieser Landschaft wahrzunehmen. Sie sagt, dass sie möglicherweise damals ihren Sinn für Proportionen und Farben entwickelte, der sie später dazu motivierte, Kunstgeschichte zu studieren. Sie absolvierte ihr Studium in Florenz und lernte dort die Begeisterung kennen, mit der das toskanische Olivenöl betrachtet wurde. Auch diese Begeisterung brachte sie zurück nach Griechenland, denn sie bemerkte, dass sie das Talent hatte, die Qualität von Olivenöl sehr treffsicher zu beurteilen.

Ihre Freunde und Kollegen nennen Cristina Stribacu «die Nase». Sie nimmt Qualität, Alter, Beschaffenheit und natürlich mögliche Defekte des Öls treffsicher wahr. Sie unterscheidet, wie lang und bei welcher Temperatur ein Öl gepresst wurde, ob das Wasser, mit dem die Mühle gereinigt wurde, frisch war oder bereits gebraucht, ob ein Öl metallisch schmeckt oder sauer, weil es zu lang an der Luft gewesen oder dem direkten Sonnenlicht ausgesetzt war.

«Als ich die ersten Wahrnehmungskurse für die Beurteilung von Olivenöl machte», sagt sie, «merkte ich schon, wie vertraut mir die meisten Gerüche waren. Ich hatte bereits in meiner Kindheit gelernt, wie Oliven bei der Ernte riechen. Ich kannte den Duft von einem Korb Oliven, der vergessen worden war und zwei Tage in der Sonne gestanden hatte. Ich wusste, wie Oliven riechen, wenn sie gepresst werden, und wie sich dieser Duft mit jeder Minute verändert.»

Wir spielten das durch.

Wir probierten unterschiedliche Öle mit unterschiedlichen Gerüchen, Typizitäten und Fehlern. Es war lustig, aber es war auch nicht ganz leicht, und es rückte die Souveränität, mit der Cristina agierte, in ein beneidenswertes Licht.

Dann fuhren wir endlich zum Garten Voulieraki, einem Winkel, von dem die Kitschmaler das Paradies abgezeichnet haben müssen. Dort machte gerade eine große Schafherde Pause, samt

Lämmern, was wiederum bei manchen von uns zu Mutmaßungen darüber führte, wie man diese am besten zubereiten könnte.

Cristina erzählte, wie sie nach ihrer Rückkehr aus Italien die Krise in Griechenland erlebt hatte, katastrophale Wirtschaftslage, Arbeitslosigkeit, mangelnde Perspektiven; dass sie die direkte Ansprache eines Bekannten gebraucht hatte, der die allgemeine Depression mit einem einzigen Blick auf die Landschaft und das Klima torpedierte: «Schaut euch um», hatte er gesagt. «Ihr lebt in einer Traumlandschaft. Lasst euch nicht einreden, dass es eine Krise gibt. Überlegt euch, welches Potenzial in dieser Region vorhanden ist. Seid froh, dass ihr hier leben dürft. Macht etwas draus.»

Das habe ihr eingeleuchtet, sagt Cristina lächelnd, bevor sie ihren programmatischen Satz loswird: «Für Pessimismus bin ich sowieso nicht geeignet.»

Sie gründete mit ihrem Bruder die Firma LIÁ – sie hatte als Kind nicht *elaiólado* sagen können, griechisch für «Olivenöl», sondern bloß *Liá* – übernahm die Olivengärten der Eltern, kaufte neue Gärten und pflanzte Hunderte eigene Bäume aus. Sie entwarf einen neuen Markenauftritt und optimierte die Produktion. Ihre Oliven werden zum Beispiel schneller vom Baum in die Mühle gebracht und kürzer gepresst als bisher, die Temperatur beim Pressen darf keinesfalls höher als 24 Grad werden.

Es geht dabei um Geschmacksnuancen, sicher. Es geht aber auch darum, eine neue Kultur der Produktion zu etablieren, die sich von den Traditionen durch ein bisschen mehr Sorgfalt und ein bisschen mehr Genauigkeit abhebt, auch wenn das manchmal zu schmerzhaften Verwerfungen führt.

Als sie ein alter Olivenbauer als «dummes Mädel mit einem *Notebook*» verspottete, weil sie ihre Oliven nicht bis auf den letzten Tropfen auspresst, fuhr ihm Cristina zum Beispiel furios über den Mund.

«Du glaubst, es ist wie beim Sex», fauchte sie, «dir ist nur wichtig, dass am Schluss möglichst viel rauskommt. Mir ist das, was dazwischen passiert, mindestens so wichtig.»

Unwahrscheinlich, dass der Alte Cristina noch einmal schwach anredet.

Wir fuhren dann in einer großen Schleife durch die Olivenhaine zurück nach Filiatra, wo Sotiris mit einer Lieferung von neuem Grünzeug wartete. Cristinas Mutter hatte inzwischen aus Gries, Zucker und Olivenöl einen Kuchen namens «Halvas» zubereitet, den man am besten lauwarm isst.

Also setzten wir uns an den Tisch und aßen, stöhnten vor Freude, und dann aßen wir weiter.

Hier spielen die Schrammeln.
Hier dichten die Dichter.
Und ein paar Unverdrossene machen den
besten Gemischten Satz der Welt.

Grinzing, Wien

Grinzing ist ein Ort oder ein Zustand, je nachdem. Der Ort befindet sich im eleganten Wiener Gemeindebezirk namens Döbling, dort, wo die Stadt langsam in die Weinberge hinaufklettert. Der Zustand hingegen hat, tja, mit der Wirkung des hier gekelterten Weins zu tun: In Heurigen und Buschenschanken sprechen zahllose Gäste diesem Wein vergnügt zu, oft zu den Klängen der Schrammelmusik, die den passenden Begleittext kennt: «*Wer net singt, der hat kein Herz im Leib / Wer net trinkt, hat ein schwachen Verstand.*»

Wien ist die einzige Großstadt der Welt, auf deren Terrain Weinbau von nennenswertem Ertrag stattfindet. Auf den Hügelausläufern des Wienerwalds, den seit Jahrtausenden bewirtschafteten Hängen des Kahlenbergs, des Nussbergs und des Bisambergs, wächst Wein und wird in den Kellern der traditionellen Winzerdörfer gekeltert. Insgesamt beträgt die Weinbaufläche Wiens nicht weniger als 622 Hektar.

Stammersdorf und Jedlersdorf sind berühmt für ihre Kellergassen. Ein Winzerhaus steht dort neben dem anderen und lädt zu sogenannten «Kellerpartien» ein, von vielen Wienerliedern emphatisch verklärte Weinverkostungen. Sievering, Neuwaldegg und Neustift am Wald zelebrieren ihre Weinkultur eher dezent für Eingeweihte.

Der berühmteste Winzerort von allen ist Grinzing. Grinzing ist so berühmt, dass Busladungen von Touristen hier der Wiener Gemütlichkeit auf den Grund gehen wollen und dass es eine ganze Menge Geschick braucht, um zwischen Klischees und Touristenfallen dort zu landen, wo das Heurigenbüfett sorgfältig zubereitet wird und der Wein der Rede wert ist.

Dieser Wein hat in den letzten zehn, zwanzig Jahren Karriere gemacht, nachdem er die längste Zeit einfach nur eine Selbstverständlichkeit im täglichen Leben gewesen war. Das Weinwissen der Wiener beschränkte sich bis vor Kurzem auf die Unterscheidung von Rot- und Weißwein, und statt nach Jahrgängen wurde danach gefragt, ob der Wein aus aktueller Ernte stamme, ein «Heuriger» sei, oder «alt».

Aber die qualitativen Quantensprünge, die Österreichs Weinbau nach dem Weinskandal 1986 unternommen hat, machten auch vor Wien nicht halt. Eine neue Generation von Winzern entdeckte vor allem die Reize des Gemischten Satzes, einer spezifischen Eigenart des Wiener Weinbaus.

Gemischter Satz wird aus den Trauben eines Weinbergs gekeltert, auf dem die verschiedensten Traubensorten – Grüner Veltliner, Riesling, die Wiener Hauptsorten, aber auch Sauvignon blanc, Neuburger, Gewürztraminer, Rosenmuskateller, insgesamt bis zu zwanzig Traubensorten – in generöser Unordnung nebeneinander gedeihen, gleichzeitig geerntet und verarbeitet werden. Die Mischung gibt dem Wein seinen eigenwilligen, ungezähmten Charakter, der inzwischen geschützt und gezielt vermarktet wird.

Ursprünglich war der Gemischte Satz eine Sicherheitsmaßnahme der Wiener Winzer. Sie pflanzten unterschiedliche Sorten, damit, ganz egal, welche Wetterkapriolen eine Saison schlug, immer wenigstens ein Teil der Trauben reif wurde. So war garantiert, dass Jahr für Jahr ein brauchbarer Wein entstand.

Längst haben einige Wiener Kellereien einen ruhmreichen Aufstieg zur internationalen Marke hinter sich. Fritz Wieninger ist der Branchenprimus, das Weingut «Mayer am Pfarrplatz» des ehemaligen Werbegurus Hans Schmid hat die meisten Flächen, und der «Wiener Gemischte Satz» ist eine geschützte Marke, die geschickt promotet, präsentiert und prämiert wird.

Das passt zur rasanten Kommerzialisierung der Heurigenorte, die ja auch zum Opfer des eigenen Erfolgs geworden sind. Traditionell ist der Heurige ja ein Weinbetrieb, der nur temporär geöffnet hält und den eigenen Wein ausschenkt. Dazu reicht man kalte Speisen, die sogenannte «Unterlage»: Wie soll man sonst großzügig Wein trinken, wenn man nichts im Magen hat?

An der Frage, ob die «Unterlage» auch warm sein darf, scheiden sich übrigens die Geister (und ein Schelm, wer bei dieser Differenzierung an übereifrige K.-u.-k.-Bürokraten denkt): Ein Heuriger, der warmes Essen serviert, ist ein Gasthaus und braucht eine entsprechende Lizenz. Nur wenn die Küche kalt bleibt, ist der Heurige wirklich ein Heuriger.

Grinzing ist längst voll mit Heurigen, die eigentlich ein Gasthaus sind. Aber das fällt kaum jemandem auf. Die Traditionen des Wiener Weinbaus sind schleichend in den Hintergrund getreten, und es braucht Menschen mit frischem Blick, die sich dieser Traditionen bemächtigen, um sie einfühlsam in die Gegenwart zu heben.

Die Winzerin Jutta Ambrositsch stammt zum Beispiel gar nicht aus Wien, und auch das Weinmachen hat sie erst *by doing* gelernt. Aber die frühere Grafikerin fand Anfang der 2000er-Jahre solchen Gefallen an Grinzing und den nahen Weinbergen, dass sie den Eindruck gewann, selbst Hand anlegen zu wollen, um – noch einmal Anton Kuh – «die Ursäfte der Wiener Hügel» in Flaschen abzufüllen.

Ambrositsch streunte durch das Mukenthal und über den Reisenberg, wie zwei der Grinzinger Rieden an den Flanken des Kahlenbergs heißen. Sie betrachtete aufmerksam die oft kreuz und quer in die Hänge gezirkelten Zeilen mit Grünem Veltliner, Riesling und anderen Trauben. Sie lief über den Nussberg und die «Eiserne Hand» und notierte, wo ein Weingarten offensichtlich umbewirtschaftet war. Zu dieser Zeit gab es noch reichlich verwilderte Rebberge, das Wiener Weinwunder lag noch weit in der Zukunft.

Jutta Ambrositsch setzte sich mit Ferdinand Hengl, dem Obmann des Grinzinger Weinbauvereins, in Verbindung und deponierte ihren Wunsch, einen Weinberg zu pachten.

«Gib mir einen Nachmittag», sagte er. «Dann hast du deinen Weinberg.»

So einfach ging es dann doch nicht, denn die bäuerliche Sturheit, wenn es um die Weitergabe von Land geht, herrscht natürlich auch in Wiens grünen Außenbezirken. Aber weil Hengl die begeisterte junge Frau nicht mit leeren Händen gehen lassen wollte, verpachtete er ihr eben ein paar Zeilen des eigenen Weingartens, sodass Ambrositsch im Jahr 2004 eine erste Ernte von ein paar Hundert Flaschen Wiener Riesling einfahren konnte.

Dann intensivierte sich die Geschichte langsam, aber stetig. Hie und da bekam Jutta Anrufe und Hinweise auf Weinberge, die zu haben wären. Sie vergrößerte ihren Betrieb um ausgesuchte Flächen im Mukenthal, auf dem Reisenberg, auf dem Nussberg. Heute beträgt die Gesamtfläche ihres Betriebs, der über das gesamte Wiener Weinbaugebiet verstreut ist, etwa sechs Hektar.

Es sind privilegierte Arbeitsplätze. Während sie ihre Reben abschreitet, genießt Jutta Ambrositsch einen spektakulären Blick über die Stadt, die von hier oben wie eine amorphe, graue Fläche wirkt, aus der ein paar große, schwarze Blöcke herausstechen, das Allgemeine Krankenhaus, der Bahnhof Wien Mitte, die Skyline am Wienerberg. Die Donau durchschneidet das urbane Feld und füllt es mit Glanz. Von nirgendwo sieht Wien so still aus, so poetisch, so märchenhaft. Es kann nur sein, dass sich an dieser Stelle Edgar einmischt, der Terrier von Jutta Ambrositsch, dem es grundsätzlich missfällt, wenn die Chefin verträumt in die Weite schaut. Edgar lehnt Stillstand ab, und das teilt der Terrier mit seiner Falsettstimme auch mit.

Es gibt Fotografien von Grinzing, auf denen das Dorf rund um die Pfarrkirche Zum Heiligen Kreuz malerisch und friedlich aussieht, ein Winzerdörfchen in pittoresker Umgebung. Dabei hatte der Ort, dessen Name zum ersten Mal im 12. Jahrhundert erwähnt wurde, eine durchaus wechselhafte Geschichte und wurde mehrmals dem Erdboden gleichgemacht. Türkenbelagerungen, Feuersbrünste und die Pest taten das ihre. Ende des 19. Jahrhunderts, als Grinzing der Millionenstadt Wien einverleibt wurde, lebten in dieser Vorstadt gerade 1400 Menschen.

Inzwischen sind die verträumten Ensembles der einstöckigen Winzerhäuser nicht nur von schreienden kulinarischen Angeboten, sondern auch von Luxus durchwirkt. An Grinzings besten Adressen, dem Schreiberweg, der Himmelstraße, der Krapfenwaldgasse, tritt Wiens Wohlstand, der sonst eher beiläufig gelebt wird, ungefiltert, manchmal sogar ein bisschen ordinär auf. Neben glamourösen efeubewachsenen Villen, wo einmal Staatsoberhäupter oder berühmte Schauspieler gewohnt haben, finden sich heute Architekturen wie aus dem Katalog für James-Bond-Bösewichter, und es kursieren dazu passende Geschichten. Vladimir Putins Leibarzt habe eine der schönsten Villen mit Fernsicht über die Stadt gekauft, sie komplett aushöhlen lassen und mit Hubschrauberlandeplatz und Operationssaal ausgestattet, falls der Chef einmal ein medizinisches Problem hat. Putin ist ja in Grinzing kein Umbekannter. Er hat bei einem Wienbesuch einmal eine Rebe für den «Club der Grinzinger» gestiftet, die jetzt in einer Reihe mit den Reben von Barack Obama, Thomas Gottschalk und Peter Alexander steht. Intention des Clubs ist es, Grinzing vor Bauspekulanten zu schützen, was in diesem Zusammenhang etwas paradox wirkt. Die Hintergründe aber sind bedrohlich.

Denn nichts schmückt Wiens alten und neuen Geldadel mehr als eine Adresse in Grinzing. Ein Prachthaus an exponierter Lage, das Österreichs früherer Bundeskanzler Bruno Kreisky – selbst ein Grinzinger Anwohner – einmal dem König von Jordanien als Exilstätte überlassen hatte, ist inzwischen über mehrere Umwege an einen Industriellen gefallen, und wie es zu Baugenehmigungen für manche millionenschwere Protzfestungen gekommen ist, möchte man gar nicht wissen.

An besonders schönen Orten kollidieren Grinzings Reichtum und seine Weinseligkeit. Ein Winzerhaus, das mitten in den Weinbergen steht, wo nur praktizierende Winzer wohnen dürfen, ging an einen Schönheitschirurgen – allerdings nur unter der Auflage, dass der regelmäßig «aussteckt», das heißt, sein Privathaus als Buschenschank der Allgemeinheit öffnet. Das ist jedes Mal ein kleines Volksfest.

Jutta Ambrositsch hat es nicht so mit Volksfesten. Sie eröffnete, als sie genug Wein dafür hatte, eine «Buschenschank in Residence», das heißt: an fremdem Ort. Zuerst war das ein altes Kamaldulenserkloster in Sievering, seit einigen Jahren ist es ein aufgegebener Heurigenbetrieb der Familie Hengl, direkt dort, wo die Straßenbahnlinie 38 vom Wiener Schottentor in Grinzing ankommt. Dort exerzieren Ambrositsch und ihr Mann Marco Kalchbrenner vor, wie eine Buschenschank im Idealfall aussehen kann: Mit sorgfältig ausgesuchten Speisen – selbstverständlich kalt – Geselchtem, Zunge, Schinken, Schweinsbraten, Frischkäse, herrlichem Brot, und natürlich den kristallklaren Weinen von Ambrositsch, die so sprechende Namen tragen wie Grüner Veltliner Reisenberg, Gemischter Satz Glockenturm oder Sieveringer Ringelspiel.

Anfangs wurde die Ankunft von Jutta Ambrositsch in Grinzing misstrauisch betrachtet, vielleicht auch weggelächelt. Aber inzwischen hat sich ihre «Buschenschank in Residence» jeweils zum Treffpunkt der *Locals* entwickelt, und auf den Stehplätzen vor der Theke finden angeregte Gespräche statt. Über den Wein, über das Essen, über die Musik: über die sensible Mischung kulinarischer und kultureller Komponenten, aus denen ein gelungenes Heurigenerlebnis nun einmal zusammengesetzt ist.

Vielleicht ist es Zufall, dass in Grinzing an manchen Orten wieder aufmerksamer ausgesteckt wird, das Heurigenbüfett sorgfältiger bestückt und die Musik nicht den übelsten Kitschschrammlern überlassen, sondern den Feingeistern des neuen Wienerlieds. Aber vielleicht hat es auch damit zu tun, dass sich jemand sensibel dafür interessiert hat, Grinzing, den Ort, mit Grinzing, dem Zustand, in Übereinstimmung zu bringen.

Niemand wird dieses Buch zur Seite legen, höchstens, um mit einem Taschentuch seine Tränen zu trocknen.

Was das mit einem Besuch in einem guten Restaurant zu tun hat? Ein gutes Essen zu genießen ist exakt derselbe Ausdruck von Kultiviertheit wie ein Besuch in der Oper oder ein kluges Gespräch, das nicht einfach vor sich hinplätschert, sondern dir etwas abverlangt: interessante Assoziationen, scharfe Gedanken, den Mut, etwas Unkonventionelles zu denken und auch auszusprechen, auf die Gefahr hin, widerlegt, angefochten und herausgefordert zu werden.

Ein gutes Essen zu genießen verlangt uns, wie der Autor Bob Holmes in seinem anregenden Buch *Geschmack* ausbreitet, ebenso viel ab: «Die Geschmackswahrnehmung beansprucht überproportional große Hirnregionen. Wer ein Stück Käse, ein Glas Wein oder einen Keks konsumiert, lässt dabei mehr Hirnregionen arbeiten als bei jeder anderen Tätigkeit. Geschmack spricht unseren gesamten Wahrnehmungsapparat an: Wir schmecken, riechen, fühlen, hören und sehen ihn.»

Und wir sammeln Erfahrung, wir lernen. Der Künstler André Heller spricht in diesem Zusammen-

Warum es sich lohnt, teuer essen zu gehen

Manchmal wollen mir Menschen erklären, warum sie keine guten Restaurants aufsuchen. Geld ist dabei fast immer ein Argument, und stimmt schon, kein Spitzenrestaurant serviert seine Menüs zum Preis von ein paar Hamburgern.

Aber meistens steht das Finanzargument nicht allein. Es kommt in Begleitung des Hinweises, dass man die Qualität eines guten Essens eh nicht ästimieren könne, weil man nämlich a) kein Feinschmecker, b) kulinarisch ungeübt oder c) sowieso ein bisschen heikel sei. Deshalb, so die Konjunktion, sei der Verzicht auf ein gutes Essen kein Akt puren Geizes, sondern entspringe der Einsicht, dass man im übertragenen Sinn die Sau sei, vor die man Perlen streue.

hang gern von «Verfeinerung», und es ist wahrscheinlich kein Zufall, dass dieser Begriff auch in der Kulinarik gerne angewendet wird. Man verfeinert ein Kartoffelpüree mit einem Extralöffel Butter, eine Kürbissuppe mit Sahne oder einem Schuss Kernöl, ein Stück sanft gegrillte Kalbsleber mit einem Tropfen *Aceto balsamico tradizionale*.

Die wichtigere Verfeinerung findet aber in uns selbst statt. Sie kreiert die Bereitschaft, am kulturellen Leben teilzunehmen. Dazu gehört, einer schwärmerischen Melodie zu verfallen oder einem heiteren Gedicht. Aber auch, zu wissen, ob eine Tomate reif ist oder nicht, wann ein Pfirsich am besten schmeckt oder wie ich ein Stück Fisch zubereiten muss, damit es saftig und aromatisch auf den Teller kommt und nicht in der Pfanne ein zweites Mal umgebracht wird.

Das ist übrigens auch die Antwort auf die Feststellung, dass gutes Essen einfach zu teuer sei: nicht unbedingt. Ein Stück Schwarzbrot, frische Butter, etwas gereifter Gruyère, ein Glas Birnencidre von der «Cidrerie du Vulcain»: Kultiviertheit beginnt nicht dort, wo rechts unten die hohen Preise stehen.

Sie beginnt mitten in uns. Es gibt keine Ausreden, ihr zu entsagen.

Dieser Selbstcharakterisierung misstraue ich zutiefst.

Denn sie besagt nicht weniger als: Sorry, Leute, verschwendet keine Zeit auf mich; ich bin ein grober Klotz.

Natürlich kenne ich das Muster aus anderen Zusammenhängen. Zum Beispiel behaupten Menschen gern, dass sie keine gute Hi-Fi-Anlage brauchen, weil sie die Unterschiede eh nicht hören.

Diese Einschätzung halten sie so lange aufrecht, bis sie zum ersten Mal erleben, wie *Sgt. Pepper* klingt, wenn die Platte auf einem LINN-SONDEK-Laufwerk abgespielt wird.

Oder sie verweigern den Gang ins Museum, weil sie nichts von Kunst verstehen.

Man muss aber nichts von Kunst verstehen, um zum Beispiel von den farbenprächtigen, verzweifelten Gemälden Ernst Ludwig Kirchners zutiefst berührt zu sein.

Und wer mir sagt, dass er keine Geduld habe, ein Buch zu lesen, der soll gefälligst Deborah Feldmanns autobiografische Teufelsaustreibung *Unorthodox* in die Hand nehmen und in die verstörende Lebenswelt von New Yorker Chassiden eintauchen:

*Stell dir vor, eine großartige Köchin nimmt
dich in der Welthauptstadt des herzhaften
Essens an die Hand und führt dich
an die interessantesten Theken der Stadt.
Stell dir vor: Genau das ist mir passiert.*

Hongkong

May Chow steht vor einer Gänsebraterei in Hongkong Central und
winkt uns zu. Es hat ungefähr 35 Grad bei einer Luftfeuchtigkeit von
80 Prozent. Wären die Hochhäuser, die hier in den Himmel wachsen,
Mahagoni- oder Paranussbäume, dann würde das Bild zu meinem
untrüglichen Gefühl passen, mitten im Regenwald angekommen
zu sein.

Das Gute daran, nicht im Urwald, sondern in Hongkong Central
zu sein, ist die Tatsache, dass May eine kultivierte Idee hat.

«Ihr habt sicher Hunger», sagt sie, und ohne auf eine Antwort
zu warten, führt sie uns zweimal um die Ecke, wo sich das «Yat
Lok», eine Art Garage mit Garküche, befindet. Gebraten wird Gans.
Wie oft in Hongkong lässt das äußere Erscheinungsbild des Lokals
zu wünschen übrig. Die Hütte ist grell beleuchtet, rundherum ver-
spiegelt und mit allerhand Zetteln beklebt, auf denen chinesische
Geheimnisse stehen. Natürlich verstehe ich gar nichts, außer die

zahlreich angebrachten roten Kleber des GUIDE MICHELIN, der das «Yat Lok» mit einem Stern ausgezeichnet hat. Das ist irritierend, aber Nein, nicht wegen der dampfenden Gans mit der knusprigen Haut, die gerade an unseren Tisch geliefert wird. Die ist ein Gedicht. Das Fleisch ist zuerst mit Honig mariniert, dann angetrocknet und gebraten worden, und von dieser Geschichte erzählt jeder einzelne Bissen.

Ich bin irritiert, weil ich gerade lerne: Auf welchem Tisch du deine Sterneküche servierst, ist in Hongkong völlig egal. Außerdem kannst du dir abschminken, für die Supergans eine Superrechnung zu erwarten. Sie kostet ein paar Zerquetschte, und weil ich ja gekommen bin, um zu lernen, bestelle ich noch eine Portion, um zu trainieren, wie man die Haut am Gaumen so laut knacken lassen kann, dass May anerkennend mit der Zunge schnalzt.

Es gelingt. Vielleicht wollte May aber auch nur die Kellnerin darauf aufmerksam machen, dass sie noch das Huhn in einer Reisweinsauce mit Ingwer bringen soll und dann den knusprigen Schweinebauch, zum Abschluss die Geflügelsuppe mit Nudeln. Dazu gibt es Reis und Hongkong-Eistee mit Zitrone, und die Klimaanlage trocknet mit kaltem Wind den Schweiß auf meiner Stirn.

May Chow ist übrigens ein Star. Nicht nur, dass sie im vergangenen Jahr zur besten Köchin Asiens gewählt worden ist, sie betreibt inzwischen drei Restaurants in Hongkong, absolviert regelmäßige Auftritte im FOOD NETWORK, lebt zusammen mit der einflussreichen Agenturbetreiberin Samantha Wong ein mindestens halböffentliches Leben und versprüht, wo immer sie gerade ist, umwerfend gute Laune, zu der sie mit ihrem kehligen Lachen auch gleich den Soundtrack liefert.

Auch ihre Biografie hat Star-Appeal. May stammt ursprünglich aus Toronto, studierte in Boston, lernte kochen, zog nach Los Angeles, wurde Privatköchin von James Cameron, bis sie 2009 nach Hongkong übersiedelte und bei Alvin Leungs «Bo Innovation» anheuerte. Nach ein paar weiteren Stationen kam sie auf die Idee, die ihre Karriere durch die Decke gehen ließ. Auf dem Island East Market verkaufte sie kleine, blasse *Bao Buns,* die wie Burger aussahen und sich augenblicklich größter Beliebtheit erfreuten. Bald eröffnete sie ein ständiges Lokal namens «Little Bao» in Hongkongs Soho District. «Little Bao» war von Anfang an überlaufen, und als sich die Gelegenheit bot, stellte May dem unterhaltsamen Imbiss ein etwas gehobeneres chinesisches Restaurant namens «Happy Paradise» zur Seite.

Ich hatte May übrigens im «Steirereck» kennengelernt, als sie für eine Gelinaz-Fiesta im Mühltalhof nach Österreich gereist war. Sie hatte sich schon ein paar Tage lang von Konstantin und Manuela Filippou eingewöhnen lassen, und weil das wechselseitig Spaß gemacht hatte und in der Verteilung von Einladungen nach Kalamata und Hongkong kulminierte, wanderte ich Richtung Dominikanerbastei, um mir bei Konstantin Mays Kontakt und ein Empfehlungsschreiben abzuholen.

«Empfehlungsschreiben?»

Konstantin schaute mich fragend an.

«Wozu brauchst du ein Empfehlungsschreiben?»

«Weil ich in Hongkong Geleitschutz brauche», sagte ich, nur umständlicher.

«In dem Fall», antwortete Filippou, «komme ich mit.»

Wir befanden uns also jetzt auf einer Gruppenreise, und May schritt mit einem kleinen Schirmchen voran und erklärte uns diese aberwitzige Stadt.

Hongkong ist eine glänzende Metapher für die Dynamik der Wirtschaft und die Energie des Konsums. Die Büro- und Wohnhaustürme auf beiden Seiten des Victoria Harbour repräsentieren Stolz und Wohlstand. In Hongkong Central, dem Herzen der Sonderverwaltungszone, erstrecken sich die Logos großer Luxusmarken über ganze, großformatige Fassaden, mächtig und überdimensional. In den stets verstopften Straßenschluchten sind so viele MASERATIS und FERRARIS unterwegs, dass die Menschen zusammenlaufen, wenn sie einen VW Golf sehen. Für die Fußgänger wurden eigene Brückensysteme errichtet, auf denen sie dem Straßenverkehr sicher ausweichen – und ungestört von Shopping Mall zu Shopping Mall finden.

Erst in den etwas höher auf den Hügeln oder abseits von Hongkong Central gelegenen Bezirken der Innenstadt entwickelt sich ein gemächlicheres Stadtleben. Zwischen den Schaufenstern der Boutiquen oder Antiquitätenhändler ist auch der eine oder andere windschiefe Eingang in einen buddhistischen Tempel zu sehen, aus dessen Innerem aromatische Schwaden vom Rauch abbrennender Räucherstäbchen wehen.

Entlang der Schlagader aus Rolltreppen, die Hongkong Central mit den auf dem Hügel gelegenen Wohnbezirken verbindet, haben sich auch noch ein paar kleine Märkte und Essensstände gehalten, an denen Kleinigkeiten verkauft werden: getrocknete Würste, gebratene Wachteln, Teller mit *Congee,* Fruchtsäfte, das merkwürdige Gemisch aus Tee, Kaffee und Kondensmilch, das hier einigermaßen populär ist. Aber die fliegenden Lokale, die früher die Innenstadt beherrschten, sind auf dem Rückzug. Die Stadtverwaltung setzt nach dem Vorbild Singapurs auf ein sauberes – ein sehr sauberes – Stadtbild. An die Stelle von improvisierten Essensständen mit traditionellem chinesischem Essen treten immer mehr schicke Cafés, in denen man Latte Macchiato schlürfen kann oder einen Aperol Spritz.

Fast alle Hotelketten mit großen Namen unterhalten in Hongkong große und höchst luxuriöse Häuser, und traditionell befinden sich dort die besten und prächtigsten Restaurants der Stadt. May erzählte ein paar lustige Geschichten über die Spezialstockwerke in den Superhotels, wo die großen Stars durchgefüttert werden, berieselt von ihrer Lieblingsmusik, mit eigenen *Restrooms,* damit es auf dem Klo zu keinem Auflauf kommt, weil Justin Bieber Pipi macht.

Viele dieser Hotelrestaurants präsentieren als Patrons Starköche und westliche Küchenkonzepte. Das elegante Weltläufige ist ein Leitmotiv Hongkongs, dieser reichen, aberwitzigen Stadt, die sich jeden Abend an ihrer eigenen Oberfläche berauscht, dem spektakulären Lichtermeer, das sich im Wasser des Victoria-Hafens spiegelt.

Wir saßen also in der «Aqua-Bar» im 30. Stock des «One Peking Buildings» in Kowloon, um uns ebenfalls an der Ansicht des Hafens zu berauschen, und weil wir schon dabei waren, tranken wir auch ein bisschen Hongkong-Bier, naschten Wasabi-Nüsse und sortierten unsere Pläne.

Einig waren wir uns darin, dass wir so viel essen wollten, wie in uns hineinpasst. Das eröffnet Möglichkeiten, setzt aber auch Limits. Mehr als zweieinhalb Mahlzeiten pro Tag sind ohne Folgeschäden nicht möglich, wenn man nicht über das entsprechende Gegengift verfügt. Konstantin entschied sich als erprobter Selbstheiler für Americano, ich wählte Gin Tonic, und ich kann vorausschicken, dass diese Präventivmaßnahmen sich als äußerst wirksam erwiesen.

Einig waren wir uns auch sowieso, dass wir die aus Paris importierten Dreistern-Restaurants auslassen würden. Stattdessen wollten wir ausprobieren, was die besten chinesischen Adressen zu bieten haben. Außerdem hatte uns May ein paar Überraschungen versprochen, wir waren neugierig.

Auf eigene Faust tranken wir Sake im «Yardbird» und naschten etwas frittierte Hühnerhaut, gebratene *Sot-l'y-laisse* und Spieße vom Hühnerhackfleisch. Sake und Huhn: Das ist bereits das Konzept dieses ungeheuer lässigen Lokals in einer Straße, wo in zahllosen Geschäften getrocknete Fische jeder Art und Herkunft verkauft werden. Die Trockenfische dienen, erzählte mir mein Freund Stanley ein paar Tage später, zur chinesischen Selbstmedikation. Jedem Tier wohnen gewisse Heilungskräfte inne, man muss sie nur zu extrahieren wissen.

Wir extrahierten aus dem «Yardbird» erstklassige Stimmung, auf deren Kamm wir durch das schwüle Dunkel des frühen Abends zu «The Chairman» surften, wo May ein Menü für uns vorbestellt hatte.

«The Chairman» gilt – aber das erfuhren wir erst später – als modernes chinesisches Restaurant. Wir hätten es vermutlich für ein Bollwerk der kantonesischen Tradition gehalten. Das Menü begann mit einem frittierten *Taro Cake,* der mit geräucherter Ente gefüllt war, ein *Mjammjamm*-Hammer zu Beginn. Es folgte der *Rock Lobster* in der *Congee* mit Fischbrühe und Spinatblättern, nicht nur gut abgeschmeckt, sondern auch von idealer Konsistenz, bissfest, an der metaphysischen Grenze zum Samtigen. Der gedämpfte *Gruper,* ein etwa 30 Zentimeter langer Salzwasserfisch, der unter einem Berg Zwiebeln begraben auf den Tisch kam, war mit *Lardo* und getrockneter Mandarinenschale veredelt. Das sorgte für grelle Kontraste – und nahm ein Hauptmotiv der kantonesischen Küche auf, die für ihr Bekenntnis zum Deftigen, manchmal sogar Brachialen berühmt ist.

Das nächste Gericht war für mich der Höhepunkt des außerordentlichen Menüs: ein Taschenkrebs mit den denkbar zartesten Reisnudelblättern und einem gereiften *ShaoXing*-Wein in der Sauce. Ich wartete, bis Konstantin die Sauce mit dem Finger aus dem Teller zu entfernen begann, um es ihm nachzumachen. Irgendwie hatten wir Angst, dass vorzeitig Schluss sein könnte mit dieser Einführung in eine chinesische Küche, wie wir sie noch nie genossen hatten.

Aber es kam eh noch ein Huhn mit grünem *Szechuan*-Pfeffer, Chili und karamellisierten Schalotten, nicht ausgelöst, wie es in China üblich ist, sondern fest am Knochen. Als dann der Schweinebauch-Eintopf mit schwarzen *Jujube*-Datteln, eingelegtem Pilz und fluffigen *Buns* serviert wurde, nickten wir anerkennend, wie gut May uns einzuschätzen wusste.

Aber es war noch immer nicht Schluss. Jetzt gab es Gemüse: *Chinese Kale,* lange, grüne Stängel mit Fischpaste, Ingwer und Knoblauch, eine unverhohlene Aufforderung an unsere Mägen, den Verdauungsprozess anzuwerfen. Schließlich wartete noch eine voluminöse Schüssel mit *Sticky Rice* und Krabbenfleisch, Frühlingszwiebeln und untergerührter Sauce auf uns.

Wir machten sie fertig. Sonst hätten wir auch kein Dessert bekommen, und das waren Geleewürfel mit *Hawthorne Jelly* (das so ähnlich wie Sanddorn schmeckte), Roter Dattel-Pudding und eine Mandelsuppe.

Jetzt, als der Tisch zum wiederholten Mal abgeräumt wurde, sprach der Kellner plötzlich Englisch.

«May sagen, ihr gut essen.»

Wir nickten, zahlten und schleppten uns durch den Dschungel zurück ins Hotel.

Ein Hotel ist Heimat auf Zeit, und ich meine, dass das Grund genug ist, um bei der Wahl seiner Unterbringung sehr sorgfältig zu sein. Ein Hotel hat die Funktion einer Schleuse zwischen der Innenwelt des Reisenden und der Außenwelt, die ihn einhüllt, einer Außenwelt, die oft genug irritierende Gerüche verströmt und beängstigende Laute von sich gibt.

Wenn man unbedingt eine Lawine an Geld ausgeben will, kann man es sich natürlich leicht machen und ein Zimmer bei einer der weltumspannenden Luxushotelgruppen reservieren, egal, ob sie jetzt «Park Hyatt» oder «Mandarin Oriental», «Shangri-La» oder «Intercontinental» heißen. Diese Häuser, da kann man sicher sein, werden den Kulturschock des Reisens mit Bequemlichkeit und tröstlichem Service abmildern, wenn sie ihn nicht überhaupt ausradieren und zum Verschwinden bringen.

Deshalb pfeifen manche Menschen auch ganz offensiv auf die Bequemlichkeit eingeführter Orte. Sie wohnen, wenn sie reisen, in den kleinen Absteigen der Bahnhofsgegend und bilden sich ein, dass der mangelnde Komfort so etwas wie Authentizität bedeutet. Die Generation, die ihre ersten Reiseerfahrungen als *Couchsurfer* hinter sich gebracht und dabei mehrheitlich gute, zuweilen aber auch ziemlich abtörnende Erlebnisse gesammelt hat, findet bei AIRBNB ein weites Feld an entsprechenden Erfahrungsmöglichkeiten.

Ich kann sowohl den Grandhotels als auch dem Couchsurfen etwas abgewinnen. Am liebsten aber habe ich Hotels, von denen es leider viel zu wenige gibt: Häuser von überschaubarer Größe, die nicht unbedingt dort liegen, wo *Guccipradahermes* zu Hause sind, sondern vielleicht Fast-Food-Lokale oder Geschäfte, bei denen man selbst beim besten Willen nie etwas kaufen würde (weil man auf Reisen zum Beispiel keine Bürogrünpflanzen oder Badezimmerfliesen braucht).

Es sind Hotels, die vielleicht nicht allen Anforderungen genügen, an denen sich Hoteltester abarbeiten müssen, vielleicht sind ihre Foyers auch klein und ihre Lobbys überschaubar. Aber dafür stellen Sie unter Wahrung des nötigen Komforts Kontakt zwischen dem Draußen und dem Drinnen her, dem Neuen und dem Rückzugsort, und sie beweisen dabei vor allem eines: Charakter.

Der Charakterort, den wir uns ausgesucht hatten, lag in Wanchai, also ein bisschen abseits des allergrößten Trubels, wobei der Trubel in Hongkong ja sozusagen Architektur gewordener Normalzustand ist.

Das Hotel heißt «The Fleming». Es wurde mir doppelt empfohlen: einmal vom Exiltiroler Christian Rhomberg, der in Hongkong den legendären «Kee Club» gegründet hat und jetzt im neuen Kulturquartier von Central, einer von HERZOG & DE MEURON umgebauten ehemaligen Polizeistation, ein chinesisches Grand Café namens «Madame Fu» aufgesperrt hat. Die zweite Empfehlung kam, richtig, von May.

«The Fleming» hat 66 fein geschnittene Zimmer, eine winzige Lobby und ein italienisches Restaurant im Erdgeschoss, das abends bei Bedarf in eine Bar umfunktioniert wird. Draußen Verkehr, Karaoke-Restaurants, zwielichtige Shows, zwei Häuserblöcke weiter fährt die doppelstöckige Straßenbahn nach Central, und obwohl der Eingang ins Haus nur ein schwarzer Korridor ist, hebt er die Laune und signalisiert: Hey, gute Adresse.

Können Sie sich vorstellen, worüber wir sprachen, als wir im «Fleming» angekommen waren und uns an die Bar verfrachtet hatten? Wir sprachen über das Paradoxon der nachträglichen Prophylaxe, und dass nach diesem Essen *ein* Americano/Gin Tonic keinesfalls ausreichen werde.

Dann wurde es spät.

Wir stellten uns beim in Hongkong weltberühmten *Dim-Sum*-Shop «Tim Ho Wan» im Keller des riesigen IFC-Einkaufszentrums, wo auch die Flughafenbahn ankommt, in die Schlange und warteten eine Stunde, bis wir endlich an unserem Tisch saßen. In Hongkong stehen die Menschen gerne Schlange, jedenfalls, wenn sie an deren Ende eine Mahlzeit erwartet, die einen gewissen Zauber hat und nicht zu viel kostet. *Dim Sum* sind da eine hervorragende Idee.

Dim Sum heißt «ein bisschen Herz». Der Name spielt darauf an, dass die berühmten Teigtaschen ursprünglich von Hausfrauen entwickelt wurden, die ihre Reste zu Füllungen verarbeiteten und diese «mit ein bisschen Herz» in Teig packten und zum Tee servierten. Erst als das *Dim-Sum*-Essen weithin populär war, öffneten die ersten Lokale, die sich der Kunst der Hausfrauen annahmen – und sie perfektionierten.

Jedes Gericht wird erst zubereitet, wenn die Bestellung in der Küche eingetroffen ist. Nichts wird auf Verdacht oder auf Vorrat produziert. «Es geht nur um die Zeit im Dampf», hat mir Mak Pui Gor einmal erklärt, der mehrere preisgekrönte *Dim-Sum*-Lokale besitzt, unter anderem auch das «Tim Ho Wan»: «Deshalb braucht jede *Dim-Sum*-Station einen Spezialisten.»

Der *Dim-Sum*-Meister bestimmt die Rezepturen der einzelnen Gerichte und variiert sie je nach saisonalem Angebot. Aber an jeder der traditionell sechs Stationen steht ein *Sous-Chef,* der die optimale Garzeit überwacht und persönlich dafür sorgt, dass jedes Gericht seine perfekte Konsistenz bekommt.

Wir fädeln uns also in das Kinderzimmerinterieur des «Tim Ho Wan» ein, Sitzkomfort wie in der *Economy*-Klasse eines Ferienfliegers, und bestellen, was das Zeug hält. Bald kommen Berge von *Dim Sum,* aber wir fürchten uns nicht. Durch die Haut der Teigtaschen schimmert die Füllung aus glasigen Shrimps und das Grün von Frühlingszwiebeln. Der Reisteig ist straff und elastisch, er präsentiert seinen Inhalt mit einer Attitüde von Verschämtheit und Verkündigung.

Wir essen. Halten inne. Nicken schweigend. Essen weiter. Teigtaschen, die mit Schweinefleisch gefüllt und von einer chinesischen Wolfsbeere gekrönt sind. Eine Reisteigrolle mit Leber. Eine Rindfleischkugel, die in eine Haut aus seidigem Tofu eingeschlagen ist. Schließlich die frisch gebackenen, unglaublich süßen *Buns* mit ihrer Füllung aus gegrilltem Schweinefleisch. Das fast schon penetrant Süße ist Ouvertüre und Kontrapunkt zu dem saftigen, bissfesten Fleisch, und die Kombination dieser kräftigen Aromen und starken Würze tritt auf wie die chinesische Küche selbst, laut, plakativ und ziemlich unterhaltsam.

Natürlich ist das nicht unsere letzte *Dim-Sum*-Mahlzeit. Wir essen *Dim Sum* bei einer anderen Filiale von «Tim Ho Wan» in Mong Kok und sie sind mindestens so gut (und wir stehen mindestens so lang an). Wir essen *Dim Sum* in einer regelrechten Massenausspeisung in Causeway Bay, in einem unansehnlichen Lokal namens «Din Tai Fung», und die Teigtaschen sind elegant und deliziös. Wir essen bloß deshalb nicht mehr *Dim Sum,* weil wir dann keine Zeit hätten, etwas anderes zu essen.

Zwischendurch traf ich meinen Freund Stanley. Als Stanley hörte, dass ich nach Hongkong komme, hatte er mir per WHATSAPP einen Stundenplan durchgegeben, der genau vermerkte, wann er mit mir wo zu sein vorhatte.

Er holte mich in Wanchai ab und sagte: «Wir müssen raus aus der Stadt. Du siehst aus, als hättest du schon viel zu viele Teigtaschen gegessen.»

Wir fuhren über schmäler werdende Straßen nach Lantau Island, wo wir mit einem kleinen Boot einen Ausflug unternahmen und die absurde Baustelle der Brücke besichtigten, die seit 2018 Hongkong und Macau miteinander verbindet. Das Besondere an dem Mammutprojekt ist, dass die himmelhohe Brücke in der Mitte des Meeresbeckens hinunter in einen Tunnel führt, der das Meer frei macht für die gigantischen Transportschiffe mit ihren Containertürmen, die nicht unter der Brücke durchpassen würden. Die Verbindung Hongkong–Macau wird also Autofahrern mit Höhenangst genauso etwas zu bieten haben wie solchen mit Klaustrophobie.

Stanley zeigte mir den Tian-Tan-Buddha, die gigantische Buddah-Statue bei Ngong Ping, dann willigte er ein, mir etwas zu essen zu geben. Wieder steuerten wir einen buddhistischen Tempel an, diesmal das Ling Yan Monastery. Dort gab es für ein paar Münzen Mittagessen, selbstverständlich vegetarisch und, wie es bei buddhistischen Tempelmahlzeiten üblich ist, ohne die Geschmacksverstärker von Knoblauch und Zwiebelgewächsen.

Es war ein herzerwärmendes Essen. Eine pürierte Bohnensuppe, Bambussprossen mit Lotuswurzeln und Pilzen, gebratener Tofu, Pilze mit Paprikaschoten und Ananas. Ich aß alles auf, weil mir Stanley mit dringlicher Stimme mitgeteilt hatte, dass die Gastgeber im Tempel erwarten, dass alles, was man bestellt hat, auch seiner

Verwendung zugeführt wird. Essen zurückzuschicken sei nicht möglich. Also fühlte ich mich nach der leichten, aber sehr umfangreichen vegetarischen Mahlzeit, als hätte ich gerade eine Schneise durch das gesamte Angebot des «Tim Ho Wan» geschlagen. Aber ich durfte sicher sein, die Götter auf meiner Seite zu haben.

Ein ganz besonderer Augenblick gelang, als wir in May Chows «Happy Paradise» den Empfehlungen der Chefin folgten. Wir hatten tags zuvor im «Little Bao» das Gesamtverzeichnis der witzigen, grellen *Bun*-Kreationen durchprobiert – kleine, blasse *Burgerbuns* mit Schweinebauch, *Fish Tempura* oder frittiertem *Szechuan*-Huhn, aufgerüstet mit mazerierten Zwiebeln, Gurken und einer Sauce, die auch beim zweiten Waschgang hartnäckig Zeugnis für ein Essen ablegt, das schnell verzehrt und nebenan, in der auf 15 Grad heruntergekühlten Celebrity Bar «The Old Man», nachbesprochen werden musste, bis sich die 15 wie 25 Grad anfühlten.

Mays chinesisches Bistro «Happy Paradise» ist da ein anderes Kaliber. Die Hütte ist von den bunten, grellen Farben einer Wandinstallation aus Neonröhren durchflutet. Aus den Boxen strömte ziemlich laute, ziemlich coole Musik, und May, die ein enges, schwarzes T-Shirt mit dem «Happy Paradise»-Logo trug, servierte, was die Karte hergab:

Eine kalte, gedämpfte Eiercreme mit Ingwer, *Okra* und Schalottensaft. Sauerteigwaffeln mit *Bottarga,* Zwiebeln und Schnittlauch. Salatstämme mit zu Nudeln geschnittenem Tintenfisch und junger Kokosnuss. Rindszungensalat mit scharfem Soja, *Jicama,* eingelegtem jungem Ingwer und einer Sauce von angebratenen Schalotten. Sautierte Garnelen mit gebratenem Kürbis, einem dichten, köstlichen Fond, getrocknetem Garnelenrogen und Krabbenöl. Muscheln mit weißer Pfeffersauce, chinesischer Sellerie und Koriander. Das scharfe, panierte *Szechuan*-Hühnchen.

Am Schluss kam die in Tee gedämpfte und dann gegrillte Taube. Sie war knusprig, köstlich gewürzt und so appetitlich duftend, dass bald nur noch ihre letzten Hinterlassenschaften auf dem Teller lagen: Hals, Kopf und Krallen.

Aber statt die Reste wegzuräumen, setzte der Kellner zu einem kleinen Referat über verborgenen Geschmack an. Bei der Taube zum Beispiel befinde sich der beste Bissen genau hinter dem Schnabel.

«Hinter dem Schnabel?»

Ja, sagte der Kellner. «Das Hirn.»

«Und wie ...», fragte ich etwas eingeschüchtert.

«Schnabel knacken und saugen», sagte der Kellner.

Da ein Vogel nur ein Hirn hat, überließ ich meinem Sitznachbarn den Vortritt. Er hätte mich sonst auch in die Hand gebissen.

Jetzt öffnete er den Schnabel der Taube so weit, bis es knackte, beugte sich dann über sie, als wolle er sie küssen, dann saugte er wie an einem überdimensionalen Joint – und bekam einen ziemlich verklärten Blick.

«Süß», sagte er, und ich dachte zuerst, er meint die bestandene Mutprobe, aber er meinte den Geschmack besagten Bissens. Er wechselte einen tiefen Blick mit dem Kellner. Der Blick enthielt alles: Danke, du Fuchs; gern geschehen, mein Freund. Ohne dass wir einen bestellt hätten, bekamen wir zur Verdauung den unglaublich steifen *5 spices Gin and Tonic*.

Manchmal saßen wir abends an der Bar des «Fleming». Manchmal saßen wir in anderen Bars, vorzugsweise sechzig bis hundert Meter über dem Straßenniveau, Blick auf den verschwenderisch illuminierten Hafen und die Skyline, die ihm Halt gibt, nur durch eine Glasscheibe vom Abgrund getrennt, mit den Gedanken beim offensichtlichen Verschwimmen von Wirklichkeit und Fantasie.

Tagsüber streunten wir durch Wan Chai, Causeway Bay und Kowloon. Es verschlug uns bis nach Mong Kok: Stanley nahm uns mit auf einen erstaunlichen Blumenmarkt, und an einem Abend führte er uns durch ein Labyrinth von Autobahnbrücken in ein japanisches Büfett in einem Lokal namens «Noah's Arc», das nicht nur so hieß, sondern auch aussah wie ein Schiff.

Die besten Americanos / Gin Tonics bekamen wir im «Ronin», einer japanisch grundierten Gastrobar, die hinter einer namenlosen Tür verborgen war, sodass ich zwar zum vereinbarten Zeitpunkt an

sich selbst aussuchen kann. Dafür muss man den Braten selbst zubereiten. Das ist so einfach wie erfolgversprechend, jedenfalls wenn Sie beim Metzger ein mindestens zwei Kilo schweres Stück vom Bioschwein ergattern, inklusive Rippen und Schwarte.

Bevor Sie an Salz und Knoblauch denken, kochen Sie den Bauch, Schwarte nach unten, eine Viertelstunde lang in etwa drei Zentimeter hohem Wasser. Anschließend schneiden Sie mit Ihrem schärfsten Messer die weich gewordene Schwarte etwa einen halben Zentimeter tief ein, in parallelen Streifen oder, wenn Ihnen das besser gefällt, im Karo- oder Rautenmuster.

Gleichzeitig setzen Sie sie in dem Bräter, in dem der Braten gleich in den Ofen kommt, die Sauce an. Der Fernsehkoch Tim Mälzer, dessen Schweinebauchkompetenz ich blind vertraue, tut das mit 500 Gramm Hühnerklein, die in Olivenöl dunkel geröstet werden. Sobald die Farbe ansprechend ist, wird das Öl durch ein Sieb abgegossen, Knochen und Hühnerklein kommen mit grob gewürfelten Zwiebeln und beliebig vielen Knoblauchzehen zurück in den Bräter, dazu ein großzügiger Spritzer Tomatenmark und ein Esslöffel Kümmelsaat, und ja, jetzt duftet die Küche

Die Ballade vom Schweinebauch

Das köstlichste Stück Fleisch, das man zu einem Braten verarbeiten kann, ist der Bauch des Schweins.

schon nach Verheißung. Bevor im Bräter etwas anbrennt, löschen sie seinen aromatischen Inhalt mit wahlweise einer halben Flasche Rotwein oder einer Flasche Malzbier ab, auf jeden Fall mit zwei bis drei Esslöffeln Rotweinessig.

Dann wird der Schweinebauch gesalzen, auf den Saucenansatz gesetzt, Fleischseite nach unten, und für zweieinhalb Stunden vergessen. In den kleinen Pausen, wenn der Duft Sie in die Küche holt, bepinseln Sie die Schwarte mit kaltem Salzwasser. Nach zweieinhalb Stunden nehmen Sie den Bräter aus dem Ofen und setzen den fast fertigen Schweinebauch auf ein Backblech. Die Sauce wird mit einem Glas Wasser gestreckt und durch ein Sieb abgegossen, mit Augenmaß entfettet und mit Salz abgeschmeckt.

Der Braten kommt zurück in den Ofen, unter den Grill. Mit Vollgas von oben wird jetzt die Kruste hergestellt, die Standarte jedes Bratens. Aufgepasst, das geht sehr schnell. Wer sich in Vorfreude auf die Mahlzeit bereits ein Siegerbier einschenkt und nicht darauf achtet, was im Ofen vor sich geht, erlebt möglicherweise ein schwarzes Wunder.

Den Braten in Scheiben schneiden und sofort servieren. Spaß garantiert.

Dabei handelt es sich vorzugsweise um die gut und sichtbar mit Fett durchwachsenen Stücke vom Brustkorb, was selbstverständlich die Rippen und das diese umgebende, zarte Gewebe inkludiert.

Klar, man kann den Schweinebauch auch so essen, wie das an vielen Orten der gehobenen Gastronomie gerade getan wird: zuerst langsam gekocht, raffiniert gewürzt und anschließend hauchdünn geschnitten, um mit der aromatischen, millimeterdünnen Scheibe Fleisch sozusagen das Gemüse zu würzen.

Das ist aus verschiedenen Gründen *en vogue:* Das Fleisch ist wegen seines hohen Fettgehalts besonders geschmacksintensiv. Gleichzeitig ist die Verwendung von Schweinebauch aber auch ein Statement. Wer Schweinebauch verwendet, wendet sich von der Edelteil-Philosophie altmodischer *Fine-Dining*-Restaurants ab und markiert Zeitgenossenschaft und Kennerschaft. Viele gute Köche lieben Schweinebauch aufrichtig, aber sie wagen es nicht, ihren schlanken, heiklen Gästen mehr zuzumuten als einen Hauch davon.

Ich finde, dass man Schweinebauch frisch aus dem Ofen verzehren soll, und in Portionen, die man

der vereinbarten Adresse war, aber den Eingang nicht fand, während Konstantin mit dem untrüglichen Instinkt des Gastronomen längst am langen Counter saß und sich *americano*-mäßig einen gewissen Vorsprung verschaffte.

Wir aßen im «Ronin» übrigens prächtig. Der kanadische Koch Matthew Abergel, der das Lokal auf die «50 Best»-Liste Asiens gekocht hat, erwies sich als echter Feinmechaniker des Abschmeckens und produzierte die wahrscheinlich gelungenste Synthese von Tradition und Modernität. Er schickte uns einen raffinierten Salat von Seetang und Gewürzen, dann eine *Shigoku*-Auster mit Kumquatessig und *Yuzu*, die von einem eingelegten und pochierten Kumquatstückchen gekrönt war. Vier Fische kamen nur leicht veredelt als *Sashimi* – eine Bernsteinmakrele mit Sesam, eine *Saba*-Makrele, eine lokale und eine *Itoyori*-Seebrasse, alle charaktervoll in ihrer Konsistenz und dem mit wenigen Handgriffen perfekt zur Geltung gebrachten Geschmack. Eine Masse aus Jakobsmuscheln und *Ebi*-Shrimps war in ein Shisoblatt eingeschlagen und als *Tempura* frittiert, und dünne Scheiben vom *Kagoshima Beef* – unerhört rosa, unerhört marmoriert – wurden elegant mit *Maitake*-Pilzen, einem Eidotter und dem hauchdünn *julienne* geschnittenem Weiß einer japanischen Winterzwiebel angerichtet, während ein robustes *Dashi* für Halt und Kontrast sorgte.

Gleichzeitig kümmerte sich der Bartender mit fanatischer Aufmerksamkeit um uns. Er wählte mit strengem Blick den richtigen *Sake* aus, rührte noch einen *Americano* an – den besten *Americano* übrigens, den irgendwer in Hongkong je angerührt hat – schenkte Wasser in eisgekühlte Gläser ein und erinnerte uns mit der aristokratischen Schwere seiner Bewegungen daran, dass Gastgeberschaft zwar ein Privileg, aber auch eine majestätische Pflicht ist.

Ich mochte das Essen im «Ronin» sehr. Fast hätte ich es auf Platz eins meiner internen Hongkong-Hitparade gesetzt, hätte May Chow nicht ihre Freundin Agnes Chee gebeten, für uns ein Menü im «Seventh Son» zu bestellen. «Seventh Son» ist ein Traditionsrestaurant in Wanchai, das kantonesische Küche in Reinkultur zelebriert, einmal mehr übrigens in Räumlichkeiten, die für jede Staatsratssitzung der DDR einen würdigen Rahmen abgegeben hätten.

Die Klimaanlage ließ schmerzhaft kalte Luft einströmen. Das Licht war gleißend hell wie in einem Operationssaal. Aber das Essen war eine einzige Party.

Sämtliche Gerichte waren herausragend. Sie wurden sukzessive aufgetragen und auf unserem großen Drehtisch um die Welt geschickt. Die Party begann mit *Dim-Sum*-Teigtaschen, die mit Krabben und Schweinefleisch gefüllt waren. Dann kamen Reisrollen mit einer chinesischen Broccoliart, von der vor allem die Stängel Verwendung finden.

Dann der erste Höhepunkt: gekochte und marinierte Schweineohren, die wie eine Blume angerichtet wurden und die leichte Säure des mit Essig versetzten Kochwassers reflektierten. Den Schweinsohren folgte gegrillter Aal, über den Alice eine interessante Geschichte erzählte. Die Zuchttiere werden, bevor sie gefischt werden, zwei Tage nicht gefüttert, damit ihr Fettanteil sinkt.

Dabei hatte der Koch durchaus ein Faible für Fett. Er grillte einen ganzen Schweinenacken und schnitt ihn anschließend in lange Streifen, die unterschiedlich fett, knusprig und salzig waren.

Dann kam ein zweiter Höhepunkt, der den fanatischen Hang der Chinesen zu interessanten Texturen deutlich macht. Ein Teigwürfel war mit Suppe getränkt worden, bis er keine Flüssigkeit mehr aufnehmen konnte. Dieser Suppenwürfel kam dann in den Tiefkühler. Anschließend, als er fest war, wurde er paniert und frittiert, sodass er außen knusprig und innen von einer merkwürdigen Zwischenkonsistenz war, weder fest noch flüssig. Ich mochte das. Andere am Tisch ekelten sich vor der undefinierbaren Konsistenz.

Jetzt kam das spektakulärste Gericht: ein Spanferkel, dessen Leben maximal ein paar Tage lang gedauert haben konnte. Die Haut war in kleine Rechtecke geschnitten, sodass man sie jetzt – heiß, salzig und knusprig – abnehmen konnte und mit weichen, weißen Teigrechtecken von passender Größe – sie waren aus *Bun*-Teig gebacken, der sich ganz ähnlich anfühlte wie der Teig von Tramezzini – zu Sandwiches zusammengelegt und verzehrt werden. Als Komplementärgeschmäcker dazu standen eine tiefschwarze, aus Meeresfrüchten reduzierte XO-Sauce auf dem Tisch und etwas saures Gemüse.

Das Schwein war mariniert, gekocht und schließlich am Spieß gegrillt worden. Es wurde jetzt Schicht für Schicht verzehrt, zuerst die Haut, dann die hauchzarte Fettschicht mit dem zarten Muskelfleisch, wobei uns Agnes davor warnte, «den Magen zuzumachen», denn der Chef – mit dem gemeinsam sie ein Standardkochbuch der kantonesischen Küche geschrieben hatte – war noch lange nicht fertig mit uns.

Er schickte uns gekochte und dann frittierte Taubeneier mit Broccolistängeln und weißen Bambuspilzen, und wieder war die Konsistenz der springende Punkt: Die Eier sahen aus wie kleine Schwämme. Sie fügten sich mit den schlüpfrigen Pilzen zu einem Ensemble der Zwischenkonsistenz. Die Chinesen fahren voll darauf ab, und wir machten uns langsam damit vertraut.

Aber das Eiergemüse war nur die Ouvertüre zum nächsten Hauptgericht, denn der Chef hatte noch eine Ente für uns eingebraten, gegrillt und glaciert. Weil ihr fragt: Der Kopf war dabei, aber der Schnabel war abgeschnitten, und es kam nicht zum *Kiss of Death* wie im «Happy Paradise».

Das Menü endete mit einer köstlichen Suppe mit Tofuhaut und samtigen Nudeln. Direkt aus dem Dämpfer kamen dann rote Dattelwürfel, das erste von drei Desserts. Das zweite waren Törtchen mit einer Enteneiercreme und am Schluss die schwarze Sesamrolle, wie das passende Satzzeichen, das diese großartige Erzählung chinesischer Kochkunst beendet.

Als wir später an der Bar wieder mit paradoxer Prophylaxe beschäftigt waren, schlug ich vor, wir könnten uns doch ausrechnen, wie viele Gerichte wir pro Tag gegessen hätten.

«Vergiss es», antwortete Konstantin traurig und bat den Kellner um ein paar Nüsschen. «Der Schnitt war vielleicht ganz okay. Aber unter dem Strich war es viel zu wenig.»

Das war der Moment, als wir uns entschlossen, nicht zurück nach Wien zu fliegen, sondern die Gegenrichtung anzusteuern.

Ich fuhr nach Kolumbien, um endlich mal eine reife Banane zu essen. Ich sah Millionen davon. Reif war keine einzige. Dafür lernte ich einen netten Drogenhund kennen.

Kolumbien

Auf die Banane können wir uns verlassen.

Seit kompetente Kunden die Saisonalität entdeckt haben, ändert sich das Angebot in der Obst- und Gemüseabteilung hysterisch. Die Kunden schnüffeln an Melonen, quetschen Zwetschgen und hinterlassen ihre Fingerabdrücke auf Pfirsichen. Aber die Banane pflücken sie einfach aus dem Regal und nehmen sie mit.

Denn die Banane ist immer da. Sie sieht immer gleich aus, gleicher Umfang, gleiche Krümmung, gleiche Farbe. Sie ist, wie es der Experte formuliert, «vollgelb ausgefärbt», idealerweise an den Spitzen noch etwas grün. Zwar schmeckt die Banane sogar noch ein bisschen besser, wenn sich auf der Schale braune Punkte gebildet haben, weil dann die enthaltene Stärke in Zucker umgewandelt wurde. Aber dann sieht sie nicht mehr so gut aus.

Der größte Vorteil der Banane besteht darin, wie einfach sie zu essen ist. Man muss sie nicht waschen, nicht zubereiten, nur schälen und verzehren. Das Fruchtfleisch bietet keinerlei Überraschungen, weder besonders positive, zum Beispiel überdurchschnittliche Süße oder feinstoffliche Konsistenz, noch besonders negative wie unreife Geschmacksneutralität oder unangenehme Mehligkeit.

Banane schmeckt in der Regel wie Banane. Etwas Besseres lässt sich über eine Frucht gar nicht sagen, wenigstens aus der Sicht derer, die sie verkaufen. Ein Pfirsich schmeckt nämlich keineswegs immer wie ein Pfirsich, und eine Melone auch nicht.

Dass die Banane ausreichend viel Vitamine, Mineralstoffe und Eiweißbausteine enthält, zahlt darüber hinaus auf ihren guten Ruf ein. Bloß, dass sie so viele Kohlehydrate enthält, macht figurbewusste Kundinnen und Kunden ein bisschen skeptisch, aber nicht besonders.

Tatsächlich gibt es im riesigen Angebot der Supermärkte kein Produkt, von dem mehr verkauft wird als von der Banane. MIGROS und COOP verkaufen pro Jahr mehr als 25 Millionen Kilo, das sind insgesamt zwei Drittel dessen, was in der Schweiz pro Jahr an Bananen gegessen wird. Das bedeutet, dass jeder Schweizer pro Jahr fast zehn Kilo Bananen zu sich nimmt, im Winter ein bisschen mehr als im Sommer, vollgelb ausgefärbt, grüne Spitzen, stabiler Geschmack.

Ich auch. Wahrscheinlich zwölf Kilo, vielleicht auch fünfzehn, manchmal eines an einem Tag.

Aber ich wusste kein bisschen, wo diese Banane eigentlich herkommt, wie sie wächst, wer sie pflückt, wie es kommt, dass jeden Tag neue, vollgelbe Bananen im Supermarkt meines Vertrauens am Haken hängen.

Das war, bevor ich mich auf den Weg nach Kolumbien machte, um diesen Fragen nachzugehen.

Santa Marta liegt an der kolumbianischen Karibikküste, tausend Kilometer nördlich von Bogota, knapp hundertfünfzig östlich von der grünen Grenze nach Venezuela. Hier macht man in Hochhäusern am Strand Urlaub oder hat ein Ferienhaus. Wenn man zufällig Carlos Vives ist und gerade mit Nationalheldin Shakira ein Duett aufgenommen hat, dann holen einen auch ein paar Hundert kreischende Menschen am Flughafen ab.

Rund um Santa Marta wird intensiv Landwirtschaft betrieben. Von der asphaltierten Straße, die Richtung Nordwesten führt, zweigen kleine Staubstraßen ab, die ins wuchernde Grün führen. Palmen, Bananen, Mangobäume. Mangobäume, Bananen, Palmen. Uniformierte checken, wer die Einfahrten passieren darf. An ihren Hüften hängen gut sichtbar ziemlich eindrucksvolle Kanonen.

Ich bin Teil einer Delegation, die von MIGROS SCHWEIZ zusammengestellt wurde. Nach langer Zusammenarbeit mit CHIQUITA will die MIGROS ihre Bananenversorgung auf eine neue Basis stellen. Leitende Angestellte, angeführt von MIGROS-Chef Herbert Bolliger persönlich, unternehmen einen Lokalaugenschein, um ein avanciertes, vom WORLD WILDLIFE FUND (WWF) ausgearbeitetes Projekt einem Reality-Check zu unterziehen.

Das Modell sieht auf 32 Projektfarmen in Kolumbien und Ecuador 120 spezifische Verbesserungen vor. Die Plantagen müssen die auf nachhaltige Produktion zielenden Bestimmungen der RAINFOREST ALLIANCE erfüllen. Der Gebrauch von «hochtoxischen Pestiziden der Klasse 1A und 1B» nach der Einordnung der WHO ist verboten. Für die Plantagen darf in den letzten zehn Jahren kein Wald in Farmland umgewandelt worden sein. Insgesamt verpflichten sich die teilnehmenden Farmen auf über 300 Einzelmaßnahmen, die sowohl die ökologische als auch die soziale Situation in der Bananenproduktion verändern sollen. «Mit dem Projekt», so der Beipacktext der MIGROS, soll «ein tiefer Wandel in der landwirtschaftlichen Praxis und Politik erreicht» werden.

Die MIGROS will so ihr Profil als ethisch anspruchsvolles Unternehmen schärfen, und ich kriege die Gelegenheit, Dinge zu sehen, die Journalisten in der Regel nicht zu sehen bekommen.

Die erste Farm heißt «Finca Samy». Der Fahrer hat den SUV zwanzig Minuten lang durch einen Tunnel aus hochstämmigen Palmen und Bananenpflanzen geprügelt. Vor dem Tor bleibt er abrupt stehen.

Ein Farmmitarbeiter verteilt Gummistiefel und Haarnetze. Wir müssen durch eine Art Seuchenteppich stapfen, hinter dem ein weiterer Wächter mit umgehängtem Gewehr wartet. Unter einem auf hohen Stützen stehenden Dach arbeiten etwa zwanzig bis dreißig Menschen an der Reinigung und Verpackung von Bananen. Alle tragen Haarnetze und Gummistiefel. Aus einem Lautsprecher wummert laute Salsamusik.

Ich habe schon den ersten Schweißausbruch, als wir aus dem Bus steigen. Die Hitze umgibt uns wie ein nasser Schwamm, und ich bereue aufrichtig, mir nicht irgendetwas angezogen zu haben, wo man die Schweißflecken nicht sieht, zum Beispiel einen Neoprenanzug.

Das Produktionsareal wird von einer massiven grünen Wand umgeben. Die drei bis vier Meter hohen Bananenpflanzen bilden einen dichten Wald. Ihre riesigen Blätter, die sich ein bisschen wie Gummi angreifen, lassen kaum Licht auf den Boden dringen. Die Erde ist nass, dafür sorgt das Bewässerungssystem. Die Stiefel quatschen. Es riecht nach ANTI-BRUMM, weil niemand Bekanntschaft mit Moskitos und dem Zika-Virus machen will.

In den Kronen der Pflanzen sind blaue Plastiksäcke über die Fruchtstände gestülpt, die einerseits dafür sorgen, dass die jungen Bananen nicht von Insekten beschädigt werden. Andererseits beschleunigt das Mikroklima im Sack auch das Wachstum, und schnelles Wachstum ist natürlich ein entscheidender Faktor für die Wirtschaftlichkeit der Plantagen. Die Bananenpflanze entwickelt sich in nur 32 Wochen vom Setzling zum erntereifen Stamm. Neben den Pflanzen, deren Früchte demnächst geerntet werden, treiben schon die Nachfolger aus, zwanzig bis dreißig Zentimeter hoch. Sobald der neue Stamm nach 20 Wochen seine endgültige Höhe erreicht hat, kennzeichnen die Plantagenmitarbeiter ihn mit Bändern in einer bestimmten Farbe. Exakt zwölf Wochen später werden die Früchte dieser Farbe dann geerntet.

Wir schlagen uns durch den Bananenwald, dessen Codes ich jetzt entziffern kann. Hier wird nächste Woche geerntet, im nächsten Quadrat in zwei Wochen. Wenn ich nicht aufpasse, werde ich auch gleich geerntet, meine Wangen sind genauso rot wie die Schleifen an den gerade fälligen Bananen und das Hemd klebt mir am Körper wie der feuchte, blaue Plastiksack, in dem ein Bananenbüschel steckt.

Die Erntehelfer steigen jetzt auf eher provisorischen Leitern so hoch in die Kronen der Bananenstauden, dass mich ein leichtes Schwindelgefühl erfasst. Sie entfernen mit ihren Macheten die beschattenden Blätter und prüfen mit Schablonen den Durchmesser – «das Kaliber» – der noch knallgrünen Bananen, die – von unten nach oben wachsend – in einem massiven Büschel zusammenhängen. Haben die Bananen an der dicksten Stelle die gewünschten 24 Millimeter, trennen die Erntearbeiter, *zwasch,* mit scharfer Klinge das Büschel vom Stamm. Sie treiben einen Haken durch die Schnittstelle, hängen die schweren Bananenbüschel an eine Kette und lassen sie auf den Boden gleiten.

Durch die Hohlwege zwischen den Pflanzungen ist eine primitive, aber funktionale Seilbahn aufgebaut. Ihr Drahtseil führt auf verschlungenen Wegen durch die ganze Plantage, was irgendwie spielzeugmäßig aussieht, aber eine essentielle Erleichterung ist. Die Arbeiter können die geernteten Büschel samt Kette ans Drahtseil hängen und Richtung Verarbeitung schicken, wo die Bananenbündel von pulsierender Salsamusik empfangen, gewaschen, zerteilt und für den Transport an den Bestimmungsort reisefertig gemacht werden.

Irgendwie berührt mich der Moment, wo die Arbeiterinnen mit ihren Gummischürzen das gewaschene Bananenbüschel aus dem Wasser fischen und den Schnitt setzen, der die Bananen portioniert. Denn dieser Schnitt, jetzt frisch und elastisch, später dunkel und verklebt, bleibt als konkrete Erinnerung an die geleistete Handarbeit erhalten, bis das Bananenbündel später am Haken im Supermarkt hängt. Dieser Schnitt speichert das Lächeln derer, die ihn gesetzt haben, die Hitze, die Salsamusik, wenigstens in meiner Erinnerung.

Es hat übrigens einen guten Grund, warum die Aufpasser an der Einfahrt der Plantage so viel Wert darauf legen, dass die Besucher ihre Schuhe desinfizieren und sich das lächerliche Haarnetz aufsetzen. Bananen sind das Produkt einer globalen Monokultur und entsprechend anfällig für Infektionen.

Lektion 1: Die mit Abstand am meisten verbreitete Bananensorte heißt *Cavendish.* Sie bekam ihren Namen vom sechsten Herzog von Devonshire, der sie bereits 1830 in seinem Garten anpflanzte, und wird auf den meisten Bananenplantagen der Welt angebaut. Der «Bananenpapst» der MIGROS, den ich später in Gossau treffe, sagt, er habe noch nie eine andere Banane als die *Cavendish* in der Hand gehabt.

Die *Cavendish* ist robuster als andere Sorten. Sie wächst niedriger und lässt sich in engerem Abstand pflanzen. Vor allem aber ihre Beständigkeit gegen Pilzinfektionen führte dazu, dass sie alle anderen Sorten, vor allem die früher sehr verbreitete *Gros Michel* oder die Jamaika-Banane, als Standardgattung ablöste.

Neuerdings entpuppt sich diese Entscheidung als Problem.

Lektion 2: Zwei Pilzarten namens *Tropical Race 4* und *Black Sigatoka* bedrohen die *Cavendish*-Plantagen und zeigen ziemlich verheerend die Verletzlichkeit von Monokulturen auf. Die Stauden der *Cavendish* vermehren sich vegetativ, durch die Ausbildung von Schösslingen. Die Schösslinge sind daher mit der Mutterpflanze genetisch identisch und können – anders als Pflanzen, die sich durch Befruchtung und Samenbildung vermehren – kaum Resistenzen gegen die Pilzattacken entwickeln.

Das erklärt die Alarmbereitschaft am Plantageneingang. In Mozambique, Australien und auf den Philippinen sind zahlreiche *Cavendish*-Plantagen schon dem Pilzbefall zum Opfer gefallen, und die weltweite Reisetätigkeit – vor allem von Bananendelegationen – beschleunigt die Verbreitung der Fungizide enorm.

Deshalb bemühen sich die Experten der Fruchtmultis auch um Gegenmaßnahmen gegen die massive Bedrohung. «Wir arbeiten vor allem an der gentechnischen Veränderung der *Cavendish*», sagt Renato Acuna, der Südamerikachef des Fruchtmultis DOLE, ziemlich unbefangen. Renato ist seit 30 Jahren im Business. Er hat, da bin ich mir ziemlich sicher, das Pokerface erfunden. Es gibt nichts, was er noch nicht gesehen hat, und mit der Skepsis des europäischen Publikums gegen gentechnisch veränderte Lebensmittel wird er bestimmt auch noch fertig werden. Der *Cavendish* werden «Resistenzgene» eingebaut. Auf meine Frage, wie er das den europäischen Kunden vermitteln möchte, zuckt Renato die Schultern.

«Sonst gibt es eben keine Bananen mehr.»

Kolumbien exportiert pro Jahr mehr als 1,5 Millionen Tonnen Bananen und ist damit hinter Ecuador, den Philippinen, Costa Rica und Guatemala der fünftgrößte Bananenexporteur der Welt. In die EU und die Schweiz exportiert nur Ecuador mehr Bananen. Abgewickelt werden diese Lieferungen durch die großen multinationalen Fruchthandelsunternehmen CHIQUITA, DEL MONTE, DOLE und einige andere.

Die Multis arbeiten mit lokalen Produktionsfirmen zusammen. Santa Marta ist der Firmensitz von TECBACO. TECBACO gehören zahlreiche Plantagen selbst, mit anderen Plantagenbesitzern arbeitet das Konglomerat eng zusammen. Ihr Partner ist die in Kalifornien ansässige DOLE FOOD COMPANY, das mit 34 000 Mitarbeitern und einem Umsatz von 4,5 Milliarden Euro derzeit größte Obst- und Gemüsehandelsunternehmen der Welt.

«Bei uns bestellt man nicht ein paar Tonnen Bananen», sagt Johan Linden, President von DOLE, der auch Teil der Delegation ist. «Bei uns bestellt man Schiffe voller Bananen.»

Nur, damit das mal gesagt ist.

Linden ist ein tropenfester Schwede. Selbst bei inzwischen 40 Grad und einer Luftfeuchtigkeit von hundert Prozent schwitzt er kein bisschen. Sein Hemd ist staubtrocken und akkurat gebügelt. Ich stehe Linden wie ein nasser Sack gegenüber und wünsche mir gerade nichts mehr als zu wissen, wie er das hinkriegt. Oder ein trockenes Hemd.

Linden hingegen will vor allem wissen, ob die MIGROS-Delegation den weit fortgeschrittenen WWF-Bananen-Deal, den DOLE abwickelt, in naher Zukunft finalisieren wird. (Sie wird. Wenige Wochen nach der Ende Mai absolvierten Inspektion entscheidet sich die MIGROS dafür, den in der Ostschweiz begonnenen Modellversuch per Ende September auf die ganze Schweiz auszuweiten.)

Die Entscheidung für die WWF-Bananen passt gut in die Strategie der MIGROS, ihren Kunden zum einzelnen Produkt auch einen ethischen Mehrwert mitzuliefern. Johan Linden goutiert das, auch wenn er findet, dass sich das Konzept erst durchsetzen muss.

Nächste Lektion: Die wichtigste Erfindung für den Bananenhandel ist aus Pappe. Die Bananenkiste aus Wellpappe mit ihrer genormten Größe von 24×54×39 Zentimetern hat das Bananengeschäft regelrecht revolutioniert. Bis in die 1950er-Jahre wurden noch ganze Bananenstauden auf die Kühlschiffe verladen, was die druckempfindlichen Früchte nicht goutierten, sodass sie häufig verdarben. Erst die Bananenkiste machte es möglich, dass die einzelnen Bananenfinger schonend verpackt und verschifft werden können. Und dass sich das Bananengeschäft in die aktuellen Dimensionen entwickelte.

Noch immer gibt es kaum Konkurrenz für die Kiste, auch wenn sie nach Gebrauch oft weggeworfen wird. Die MIGROS entwickelte deshalb Mehrwegkisten aus Kunststoff, um aus der Abfallfalle zu entkommen. Seither sind ihre Bananen beim Verpacken schon mit freiem Auge zu erkennen.

Die TECBACO hingegen erzeugt konventionelle Bananenkisten. In einem Seitenflügel ihres Hauptquartiers ist eine Kartonfabrik untergebracht, die unter ohrenbetäubendem Lärm Karton erzeugt, Kisten bedruckt und bis unter das Dach stapelt. Jederzeit ist Erntezeit.

Gleich nebenan erinnert eine Madonna mit wehmütigem Blick daran, dass vor einigen Jahren ein Guerillakommando der FARC dieses Gebäude gestürmt und mehrere Menschen erschossen hat, darunter den damaligen Vorsitzenden des Unternehmens.

Das erklärt unter anderem die vielen Gewehre und Typen mit Stiernacken und ausgebeulten Sakkos. In Kolumbien herrschte fast ein halbes Jahrhundert Bürgerkrieg zwischen Armee, rechten Paramilitärs und linken Guerillagruppen. Selbst nach dem im August 2016 erklärten Frieden zwischen FARC-Rebellen und der Regierung ist die Sicherheit von Produktion und Handel ein omnipräsentes Problem. Gepanzerte SUVs und bewaffnete Sicherheitskräfte gehören zur Grundausstattung der ansässigen Unternehmen.

Der Treibstoff des Problems ist Kokain. Trotz energischer Bekämpfung durch die Regierung werden in den abgelegenen Dschungelgebieten Kolumbiens nach wie vor Unmengen von Kokain produziert. Die ehemaligen Guerillagruppen und Paramilitärs haben

Das beste Chili con Carne aller Zeiten

Ursprünglich ist das *Chili con Carne* eines jener Eintopfgerichte, wie sie jede kulinarische Kultur kennt: Gulasch, Curry, Chowder, Cassoulet – *you name it*. Das *Chili con Carne* stammt aus der nicht gerade großen Tradition der Tex-Mex-Küche, wobei gleich mehrere amerikanische Bundesstaaten (Texas, Arizona, New Mexico) den Anspruch anmelden, dass die würzige, oft ziemlich scharf gewürzte Eintopf aus Fleisch und Bohnen auf ihrem Territorium erfunden wurde.

Ich möchte die Recherche, ob das wahre Chili aus Albuquerque oder San Antonio stammt, gern einem Forschungsteam von NATIONAL GEOGRAPHIC überlassen. Selbst dieses wird nicht mehr ans Tageslicht fördern, als dass jedes Chili anders als das nächste ist: Verarbeitet wird, was es gerade gibt. Das klassische Chili ist im Grunde ein sättigendes Resteessen mit Schärfekick, nicht mehr.

Außer natürlich, ein großer Koch zeigt uns die richtigen Handgriffe. Dann wird unser Chili zu einem Muster an Eleganz und Molligkeit. Außerdem führt ein bisschen besser kennenlernen, miteinander ins Gespräch kommen und Sympathie füreinander entwickeln. Diese Stunden – rechnen Sie mit etwa drei – gehören natürlich auch Ihnen, wenn Sie in der Küche stehen, Fleisch schneiden, Knoblauch schälen und halbierten Paprikaschoten dabei zusehen, wie sie unter dem Grill Blasen werfen und schwarz werden, damit man sie besser schälen kann. Samstagnachmittage eignen sich besonders für die Zubereitung dieses Chilis. Wer Charakter hat, serviert es erst am Sonntag. Aber wer hat schon Charakter?

Zubereitung: Rindfleisch waschen, trocken tupfen und von Knochen und Sehnen befreien. Fleisch in 1 cm große Würfel schneiden. Lardo klein schneiden. Zwiebeln, Knoblauch und Staudensellerie ebenfalls. – Kreuzkümmel sehr fein hacken (was für ein Geruch in der Küche!). Jalapeños halbieren, entkernen und in feine Streifen schneiden. Kidney-Bohnen abgießen. Rote und gelbe Paprika schälen und in kleine Würfel schneiden (am besten schält man Paprikaschoten, indem man sie im Backofen bei maximaler Temperatur grillt, bis sie schwarz werden und Blasen werfen; dann steckt man die Schoten in Plastiksäckchen und lässt sie abkühlen, sie lassen sich jetzt leicht die Haut abziehen). – Rind-

uns das Chili, das ich meine, auf bezaubernde Weise die paradoxe Eigenschaft vor, dass es mit jedem Aufwärmen noch besser wird als beim letzten Mal, sodass man angehalten ist, auf keinen Fall zu wenig davon zu kochen. Ich multipliziere deshalb alle Mengenangaben des Rezepts, das ich für das beste Chilirezept der Welt halte, gern mit zwei (wofür man allerdings schon einen Topf von respektabler Größe braucht).

Zutaten (hier in der Originalmenge, die ich mit Vorliebe verdopple; Witzigmann behauptet, es mache acht Leute satt, ich sage: maximal fünf):

1 kg Rindernacken mit Fett marmoriert, 100 g Lardo, 2 rote Zwiebeln (80 g), 4 kleine Knoblauchzehen, 100 g Staudensellerie, ½ EL Kreuzkümmel, 2 Jalapeño-Schoten, 500 g Rote Kidney-Bohnen aus der Dose, je 1 rote und gelbe Paprikaschote, 1 EL Chilipulver, 2 dl COCA-COLA, 600 g Tomaten aus der Dose, 3,3 dl dunkles Bier, 2 EL Tomatenmark, 1½ EL Rinderbrühe, 1 l Rinderbrühe, Salz und Pfeffer, Majoran, Koriander, Oregano, 1 TL Worcester- oder Teriyakisauce und 1 Bouquet garni.

Das Wichtigste neben guten Zutaten ist Zeit: Zeit, die das Chili braucht, damit sich alle Ingredienzien

fleischwürfel salzen und pfeffern und in einem Schmortopf in sehr heißem Olivenöl von allen Seiten gleichmäßig anbraten, bis sie Farbe haben. Dann mit Mehl bestäuben, aus dem Topf nehmen und beiseitestellen. — Lardo im Schmortopf mit Zwiebeln, Knoblauch, Staudensellerie, Jalapeños andünsten. Rindfleisch wieder hinzugeben, salzen, pfeffern, Tomatenmark zufügen und mit dem Chilipulver bestreuen, bis der Topfinhalt eine schöne, rote Farbe angenommen hat. Mit Cola und Bier aufgießen und die Flüssigkeit fast einkochen lassen (das dauert; es duftet; man kriegt Hunger). Mit den Tomaten auffüllen, Bouquet garni dazugeben, wieder einkochen lassen. — Das Fleisch mit heißer Rinderbrühe (der Liter ist eher zu großzügig bemessen, aber man behält die Suppe in Reserve) bedecken und etwa 2 Stunden köcheln lassen, bis das Fleisch weich ist. (Ich stelle den Topf am liebsten in den Ofen und lasse ihn bei 120 Grad vor sich hin schmoren. Auf eine Viertelstunde mehr oder weniger kommt es dann auch nicht mehr an.) — Zum Schluss Kidney-Bohnen und die gewürfelten roten und grünen Paprika unterheben. Alles scharf mit Salz, Pfeffer, Majoran, Koriander, Oregano und Worcester- oder Teriyakisauce würzen und nochmals 20 Minuten köcheln lassen.

Am besten, seufz, schmeckt das Chili aufgewärmt.

die Ideologie über Bord geworfen und kontrollieren lieber Produktion und Handel von Koks.

Auch auf den Bananenplantagen ist das Thema allgegenwärtig. Große Schilder mit drastischer Grafik fordern die Mitarbeiter auf, die Finger vom Drogenschmuggel zu lassen. Die Strafen sind rigid. Schon auf den Besitz von einem Gramm Koks stehen Gefängnisstrafen. Wer auf der Plantage etwas Verdächtiges bemerkt, wird auf den Plakaten aufgefordert, sofort die Polizei zu verständigen.

Vor allem die Verpackungsbereiche stehen unter Beobachtung. Hier stapeln muskulöse, junge Männer die schweren Bananenkisten in die gekühlten Container. Sie müssen über ihren T-Shirts rote Westen tragen, auf deren Rücken Nummern stehen wie bei einer Fußballmannschaft. Das soll helfen, verdächtige Personen zu identifizieren, die sich beim Verpacken auffällig benehmen oder falls während derer Schicht etwas in die Exportware geschmuggelt wurde. Die staatliche Drogenfahndung kontrolliert den Verpackungsbereich jeder einzelnen Plantage mit permanent laufenden Kameras. Nicht einmal die Plantagenleitung kann die Kameras abschalten.

Noch intensiver ist die Überwachung auf dem Containeryard in Santa Marta. Hier werden die Container, die aus Antwerpen nach Kolumbien zurückgekommen sind, gewaschen und für den nächsten Transport vorbereitet. Im Verladeraum des Containeryards, wo die Bananen angeliefert und reisefertig gemacht werden, hängen regelrechte Kamerabüschel von der Decke, die jeden Winkel im Blickfeld behalten. Auf hohen Masten montierte Außenkameras behalten lückenlos das Verladegelände im Auge.

Die Bilder laufen in einem Container zusammen, wo eine Securitymitarbeiterin fünf Flatscreens mit je sechzehn Kamerapositionen kontrolliert. Auf dem Tisch liegen mehrere Handys, damit sie jederzeit die Polizei erreichen kann.

«Wer glaubt, dass er hier unentdeckt bleibt, muss doch ein Idiot sein», sage ich.

Sie nickt, ohne ihren Blick von den Screens abzuwenden.

«Passiert trotzdem etwas?»

«Alle zwei Wochen.»

Der Hafen von Santa Marta ist ein Hochsicherheitstrakt. Am Eingang die üblichen Bewaffneten. Ein Polizist kontrolliert mit einem langen Spiegel, ob auf der Unterseite der einfahrenden Autos etwas Verdächtiges befestigt ist. Jeder Wagen muss durch den VACIS-IP6500-Scanner, das brandneue und leistungsstarke Röntgengerät, das LKWs samt Ladung durchleuchten kann. Die Hafenmanagerin kriegt sich gar nicht ein vor Begeisterung über diesen Rolls Royce der Sicherheitstechnik. Als ich sie nach «Facts & Figures» des Hafens frage, liefert sie mir zuerst die Spezifikationen des Scanners, mit dem sie die Schmuggler endlich an den Eiern hat.

Trotzdem wartet in der DOLE-Koje, wo die Container für die Schweiz reisefertig gemacht werden, bereits die Drogenpolizei. Die fix und fertig gepackte Ladung muss ausgeräumt und auf dem Asphalt neu gestapelt werden, damit der hibbelige Drogenhund alles beschnüffeln kann.

«Denk an deine Familie!», steht auf einem Plakat an der Wand, mit dem die Hafenarbeiter gewarnt werden. Oder, über dem Bild eines mit Handschellen gefesselten Verhafteten: «Möchtest du etwa so enden?»

Auf einem fünfzig Meter hohen Mast rotiert die neue 360-Grad-Kamera der Hafengesellschaft, mit der man bis in die letzte Ecke des Hafens sieht. Ihr Zoom arbeitet so brillant, dass man sehen kann, ob sich der Lastwagenfahrer, dem man gerade beim Ausladen über die Schulter schaut, anständig rasiert hat.

Aber kein Mensch rasiert sich hier anständig.

Interessant, dass die Banane, wie wir sie kennen, nichts mit dem grünen, harten Ding zu tun hat, das hier in den Bauch riesiger Containerschiffe verladen und auf eine zwei bis drei Wochen lange Reise über den Atlantik geschickt wird. Überhaupt spielt die Banane in der Öffentlichkeit Kolumbiens eine eher untergeordnete Rolle. Die Straßenhändler verkaufen Mangos oder Cola, und wenn man irgendwo auf einem auf der Straße ausgebreiteten Tuch ein paar Bananen sieht, dann stammen die aus dem Hintergarten eines lokalen Bauern und sind sicher keine *Cavendish*.

Eine Frage, die ich mir gestellt hatte, kann ich also nicht beantworten: Wie schmeckt eine Banane, wenn sie unter der Tropensonne ausreift?

Antwort: Sie reift nicht unter der Tropensonne aus.

Stattdessen wird die Banane, sobald sie von Santa Marta auf die Reise nach Antwerpen geht, auf dreizehn Grad heruntergekühlt und in eine Art «Schlaf» versetzt. Sie stoppt die Ethylen-Synthese, den chemischen Prozess, der das Reifen von Früchten begleitet.

Im Schlaf schaukelt die Banane über den Atlantik, im Schlaf wird ihr Container auf dem 152 Quadratkilometer großen Hafen von Antwerpen auf die Bahn umgeladen und schließlich Richtung Schweiz geschickt, wo die MIGROS dem Bedarf ihrer Kunden angemessene, voluminöse Bananenreifereien eingerichtet hat.

Während dieser etwa vierwöchigen Reise verändert sich am Reifezustand der Banane praktisch nichts. Das ist einerseits gut so, andererseits bedarf es nun einer speziellen Prozedur, um die Entwicklung wieder anspringen zu lassen. Der Banane reicht es nämlich nicht, wenn die Außentemperatur sukzessive wieder auf Tropenniveau gebracht wird. Die Banane ist ein Spießer. Sie mag keinen Stress, und sie mag keine abrupten Veränderungen.

Ein Staplerfahrer bringt die Paletten, die im Verteilzentrum von der Schiene geholt wurden, in eine der zehn Bananenzellen, die der MIGROS in Gossau zur Verfügung stehen. Jede fasst 24 Tonnen Bananen. In Dierikon, Schönbühl und Genf gibt es weitere Reifereien.

Die nächste Auskunft kommt für mich überraschend, denn eigentlich ist die Banane hier in einer Umgebung angekommen, die minutiöse Disposition verspricht.

«Was jetzt passiert, ist schwer zu planen», sagt Christoph Rutz, der seit 27 Jahren in der Reiferei arbeitet und sich dabei den Titel «Bananenpapst» erarbeitet hat. Rutz ist ein drahtiger Mann, dem das wissende Lächeln des Experten ins Gesicht geschrieben ist, auch wenn dieses Wissen darin besteht, dass man über etwas Lebendiges wie die Banane nie ganz genau Bescheid wissen kann.

Sicher ist, dass die Banane jetzt den «Kick» bekommt. Sie wird mit Ethylen begast. Das Pflanzenhormon regt die pflanzeneigene Ethylenproduktion wieder an und löst den unterbrochenen Reifeprozess wieder aus. In der Reifekammer wird jetzt eine Temperatur zwischen 14 und 18 Grad eingestellt. Ob es die konkrete Banane zu diesem Zeitpunkt lieber wärmer oder kühler hat, liegt im Ermessen des Bananenpapstes.

Ermessen, bitteschön. Nicht messen. «Was jetzt passiert», sagt Rutz, «kann man nicht messen. Man muss es fühlen. Spüren.»

Daher kann Christoph Rutz auch nicht analysieren, warum die eine Banane schnell und die andere langsam reift. Er muss ihr zusehen, antizipieren, wie sich die Farbe vom jugendlichen «Grün» (Stufe zwei auf der Farbskala der MIGROS) über «Mehr gelb als grün, Stufe vier» und «Gelb mit grünen Spitzen, Stufe fünf», in Richtung jenes «Vollgelb, Stufe sechs» entwickelt, das die Kundschaft erwartet, und ob diese Veränderung vier, sechs, acht oder sogar zehn Tage braucht, was die maximale Reifespanne ist, der eine Banane unterzogen wird.

Doch das ist nicht die einzige Herausforderung. Denn die Kundschaft kümmert sich weder um die Temperatur in den Reifekammern noch um das Ermessen des Bananenpapstes. Kann sein, dass plötzlich der Bedarf explodiert und die Bestellungen aus den Filialen hereinprasseln, dass man mehr Bananen braucht als geplant und dass in der Reiferei Tricks ausgepackt werden müssen, damit die Knickarm-Kommissionier-Roboter des Verteilzentrums so viele Bananen wie bestellt in die Auslieferungsboxen wuchten können.

Es ist zum Beispiel nicht möglich, sagt Rutz, die Temperatur einfach auf 30 Grad hochzudrehen und die Reifung turbomäßig zu beschleunigen. Dann würde die Banane platzen, regelrecht explodieren. 18 Grad sind das absolute Maximum.

Umgekehrt, wenn die erwarteten Bestellungen ausbleiben, lässt sich der wiederbegonnene Reifungsprozess auch nicht einfach stoppen, indem man die Banane wieder auf Kühlschranktemperatur hinunterkühlt: Das quittiert unsere Lieblingsfrucht mit hässlichen, grauschwarzen Verfärbungen.

Und nichts ist der Kundschaft so wichtig wie die Farbe der Banane. Ihr Vollgelb ist Programm. Es erzählt die Geschichte der Banane nicht so, wie sie wirklich war, sondern so, wie wir sie hören wollen. Sonnig. Verlässlich. Und bitte immer gleich.

*Irgendwie ist Kopenhagen der Mittelpunkt
der kulinarischen Welt. Das bedeutet:
Die Stadt verblüfft mich jedes Mal aufs Neue.
Weil sie sich dauernd neu erfindet.*

Kopenhagen

Kopenhagen verändert sich. Vom Nyhavn, dem touristischen Herzstück des alten Zentrums, wurde eine Fahrradbrücke über das Hafenbecken in den Südosten gebaut. Dort, auf der anderen Seite des Wassers, befand sich in einem alten Speichergebäude an der Strandgade 93
das Restaurant, das nicht nur die kulinarischen Selbstverständlichkeiten Kopenhagens auf den Kopf gestellt hat: das «Noma».

Korrektur: Es befindet sich nicht mehr dort. Als hätte René
Redzepi, Gründer und Chef des stilbildenden Hohetempels einer
radikal regionalistischen Küche des Nordens, keine Lust darauf, den
Luftraum vor seinem Restaurant mit all der neuen Laufkundschaft
zu teilen, vollzog er den Umzug seines Restaurants nach Christiania.
Dort, im ehemaligen Hippieparadies, hat sich das «Noma» als
«Bauernhof» neu verpuppt: Inzwischen gibt es im Restaurant, über
das so viel geschrieben wurde wie über kein anderes, ein zugespitz-
tes Programm mit drei Saisons, in denen ausschließlich Fisch und

Schalentiere, Gemüse oder Wild, Pilze und Beeren serviert werden. Tausendschaften interessierter *Foodtraveller* raufen sich um Reservierungen. Das Restaurant ist auf Monate hinaus ausgebucht.

Natürlich bemühen sich besagte Tausendschaften auch um Einlass ins Nationalstadion, wo Skandinaviens erstes Dreistern-Restaurant untergebracht ist: das «Geranium». Waren das «Geranium» und sein begabter Chef Rasmus Kofoed vor wenigen Jahren noch qualifizierte Geheimtipps, so hat sich das anfangs noch als eher originell eingeschätzte Restaurant nun in den unbestrittenen Brennpunkt skandinavischer Kochkunst verwandelt.

Die Speisen im «Geranium» sind verständlicher geworden, sie lassen sich auch ohne philosophischen Beipacktext verstehen und genießen. Es gibt etwa ein Kunstwerk von flach geschnittenem, weißem Spargel mit Zitronenverbene, ein farbloses Schälchen mit Tomatenwasser und Schinkenfett, *Lobster* mit Milch und einem Saft von fermentierten Karotten und Sanddorn, es gibt Schwertmuscheln mit Sauerrahm und Petersilie, grandiose Babyshrimps samt Schale in einem Tässchen mit Seehasenkaviar und einer Sauce von der getrockneten Auster. Um die klassische Dramaturgie zu wahren, wird im Ablauf von nicht weniger als 27 Gängen sogar eine Hauptspeise serviert, ein Stück vom Schweinehals mit Birne und eingelegten Kiefernnadeln (und anschließend kommt vorschriftsgemäß auch die übliche Lawine der Desserts und Sweets, logisch).

Auch die inzwischen weltweit kopierte Kombination von skandinavischer Schlichtheit (der Einrichtung) und ästhetischer Wildheit (des Personals) findet man im «Geranium» nicht. Die Tische sind mit gestärkten Tischtüchern gedeckt. Der Sommelier (und Teilhaber) Søren Ledet hat den Bart gestutzt und seine Ärmel heruntergekrempelt, sodass man die farbenfrohen Tätowierungen nicht mehr sehen kann. Das obligate Angebot an Naturweinen ist um eine Liste großer, klassischer Weine aus Frankreich, Spanien und den USA (Stichwort: Screaming Eagle; in großen Gebinden!) ergänzt worden. Die Köche, allen voran Chef Rasmus Kofoed persönlich, servieren einzelne Gerichte mit ausgesuchter Höflichkeit. Sie vergessen dabei nicht einmal, den zweiten Arm auf den Rücken zu legen, als hätten sie gerade ihre Ausbildung in einem Schweizer Benimminstitut hinter sich gebracht.

Man muss die rasanten Veränderungen in der Gastronomie Kopenhagens und ihre weltweite Strahlkraft ein bisschen sortieren, um zu begreifen, dass diese Rückkehr zu den Konventionen, wie sie im «Geranium» gerade vorexerziert wird, eine Art von Konterrevolution darstellt. Denn die größte (und bleibendste) Leistung des «Noma» bestand gerade darin, die erstarrten Konventionen der Spitzengastronomie zu filetieren und neu zu erfinden. Erst das «Noma» machte es gesellschaftsfähig, dass ein Restaurant mit unverhohlenem Ehrgeiz und unbestrittener Expertise auf so manches verzichtet, was dem Sternefresser ans Herz gewachsen war: Tischwäsche, verputzte Wände, gestärkte Servietten, uniforme Edelprodukte, servile Kellner, formelhafter Ablauf jeder Mahlzeit; das «Noma» hatte stattdessen eine Botschaft anzubieten, die man entweder als fruchtbare Selbstbeschränkung (nämlich ausschließlich auf Produkte des Nordens) verstehen konnte oder als kulinarische Anarchie: Plötzlich liefen Köche mit langen Bärten und bunten Armen aus der Küche ins Restaurant und brachten Dinge, von denen man nicht gewusst hatte, dass man sie überhaupt essen kann: Flechten, Moose, merkwürdige Algen, manchmal sogar Tierchen, die noch nicht tot waren, oder Gerichte von einer Simplizität, die man als radikale Reduktion interpretieren konnte – oder als schiere Banalität.

Das «Noma» polarisierte – und entfachte gleichzeitig weltweite Wirkung. Die Lässigkeit, mit der große Küche dargeboten wurde, war beispiellos. Sie inspirierte eine ganze Generation von Köchen und Gastrounternehmern, auf das bisher für unabdingbar gehaltene Chichi der Spitzengastronomie zu verzichten. Der strikt regionalistische Kurs des «Noma» löste in Europa (*Cuisine alpine*) und Nordamerika (*Farm to table*) eine ganze Welle an neoregionalen Küchenkonzepten aus, wobei diese nirgendwo so dogmatisch durchgezogen wurden wie in Kopenhagen selbst, der Hauptstadt der Bewegung.

Gleichzeitig war Kopenhagen bis zur Eröffnung des «Noma» im Jahr 2005 eine kulinarische Brache gewesen. Aber bald nach dessen kometenhaftem Aufstieg zur Weltsensation (wozu einerseits die sozialen Medien und andererseits die «50 Best»-Liste ihren Teil beitrugen) eröffneten in Kopenhagen neue Lokale von inspirierten, erlebnishungrigen Gastronomen. Oft lieferte die rohe, dogmatische Kraft des «Noma» die Energie für die Initialzündung – manchmal war es aber auch der kontrapunktische Wunsch nach Eleganz, Feinheit und technischer Brillanz, wie sie Rasmus Kofoed verkörperte, der 2005 das erste «Geranium», damals noch an anderem Standort, eröffnete und dreimal am Bocuse-d'Or-Wettkochen teilnahm, bis er den Titel schließlich gewann.

Christian F. Puglisi zum Beispiel hat sein Restaurant «Relæ» sozusagen aus einer Rippe des «Noma» geschnitzt. Der gebürtige Sizilianer war jahrelang unter René Redzepi Küchenchef des «Noma» gewesen, nachdem er sein Handwerk unter anderem im «El Bulli» gelernt hatte. Er verließ das «Noma», um auf eigene Rechnung «eine erfinderische, intelligente Küche zu machen, die auf einfachen Produkten von höchster Qualität beruht».

Tatsächlich situierte Puglisi sein «Relæ» an einer Ecke von Kopenhagen, die bis dahin kulinarisch noch nicht vermessen gewesen war, der Jægersborggade weit draußen hinter dem pittoresken Assistens-Friedhof, wo man das Grab von Hans Christian Andersen besuchen oder vor jenem von Søren Kierkegaard in schweres Brüten verfallen kann. Puglisi versteckte seine großen Ambitionen hinter einer eher bistromäßig wirkenden, unformellen Einrichtung, die freilich alle Stücke spielt: Erst wenn man an einem polierten, eleganten Holztisch sitzt, bemerkt man die intelligenten Einbauten, die das Besteck für den ganzen Abend verbergen.

Das «Relæ» ist kein vegetarisches Restaurant, aber es pflegt einen geradezu libidinösen Umgang mit Gemüse. Ein Snack bestand zum Beispiel aus einer glänzenden, schimmernden Sauerkleewurzel, die mit dem saftigen Fleisch einer eingelegten Mirabelle und einem Blatt vom Schild-Sauerampfer kombiniert wurde. Das Gericht war augenscheinlich simpel und offerierte doch Aromen und Texturen, die sich auf verblüffende Weise zur Delikatesse verbanden.

Gerne lädt Puglisi, der eher ernst und introvertiert wirkt, zu durchaus humorvollen Verwirrspielen ein. Auf einem Teller befand sich zum Beispiel ein Objekt, das einem Blätterteigteilchen aus der klassischen Pariser Patisserie zum Verwechseln ähnlich sah, sich jedoch als kunstvoll bearbeiteter Kürbis erwies. Besonders gefinkelt war der Pastagang, hervorragende, geschmeidig-saftige Ravioli mit weißen Trüffeln, wobei der Teig aus gedämpfter und virtuos arrangierter Sellerie bestand. Höhepunkt der Camouflage war das «Beefsteak» von der roten Bete, das aussah wie sehr kurz gebratenes, rotes Fleisch – und nach der entsprechenden Bearbeitung durchaus auch dessen Deftigkeit versprühte, aber immer noch das erdig süße Aroma der Rübe als Fundament behielt.

Das Menü enthielt auch eine Auster (die mit dem Weiß vom Lauch serviert wurde) und eine *Consommé* von geräucherter Lammbrust, es zelebrierte also kein vegetarisches Dogma. Im Zentrum stand die große Kunst von Puglisi, seinen Gemüsegerichten ein Maximum an Geschmack abzuverlangen und diesen kraftvoll in Szene zu setzen. Klar, man kann das als Echo zu der Küchenphilosophie des «Noma» sehen, aber auch als energetische, eigenwillige Charakterleistung.

Auf der anderen Seite des Spektrums macht gerade Søren Selin Karriere. Er eifert in den altehrwürdigen Katakomben des Restaurants «AOC» (das Haus stammt aus dem 17. Jahrhundert) der finessenreichen Küche des «Geranium» nach. Selin, der in Paris («Le Relais Louis XIII», «Jules Verne») gearbeitet hatte und die Küche des «AOC» seit 2013 führt, lässt keinen Zweifel daran, dass ihm voller Geschmack und küchentechnische Finesse wichtiger sind als gastrosophische Revolutionen. Er kombiniert Gurke und Auster auf einem Bett aus Dill, serviert ein Brioche und geriebenen Käse mit eingelegten Rüben und Blüten, kredenzt ein dünnes Omelett mit Beef Tatar, Rote-Bete-Pulver, Sauerrahm und Sprossen und weist den Gast an, das alles «zu einer Zigarre» zu drehen und zu verspeisen.

Interessanter ist die neue Kartoffel, die im Stroh gegart wird und mit einer Creme von der braunen Butter und Seehasenrogen kommt, wobei ziemlich klare, bekannte Aromen mollig – und sogar ein bisschen spektakulär – kombiniert werden. Das vielleicht beste Gericht aus dem Menü ist das Filet von der Rotzunge, das an den mächtigen Gräten serviert wird und mit den Fingern gegessen werden muss. Der Fisch ist köstlich – und gleichwohl fühlt man sich in der eleganten, fast einschüchternden Umgebung des «AOC» als Fingeresser fast ein wenig deplatziert. Gut, dass es zum mit Blüten geschmückten Langostino wieder ein Besteck gibt, sodass man das *Dashi* vom geräucherten Knochenmark in aller Ruhe auslöffeln kann. Nach zwei Fleischgängen (Bries mit Sellerie, Lammrücken mit Spinatsauce) kommt man leicht ins Grübeln: Ist es wirklich das kleine Menü (*«den lidt mindre»*), das man da bestellt hat?

Das «AOC», das gewiss enorme ästhetische Ansprüche vertritt und von klassisch orientierten Gästen entsprechend hoch geschätzt wird, strahlt auf seine Art die gleiche konterrevolutionäre Eleganz und Vornehmheit wie das «Geranium» aus. Die Atmosphäre sagt: Hier wird Essen ernst genommen, mein Freund – und dieses Versprechen wird auch konsequent eingelöst.

Das könnte natürlich auch zum Umkehrschluss animieren: Sobald ein Restaurant sich an der permanenten Kippe zur Party befindet, kann es mit dem Essen nicht weit her sein.

Stimmt natürlich auch nicht, jedenfalls nicht in Kopenhagen. Zum Beispiel ist die Musik im «Radio», einem weiteren Lokal des «Noma»-Gründers Claus Meyer, so laut, dass man geneigt ist, den Stuhl zur Seite zu schieben und ein Tänzchen zu wagen. Aber wenn das Essen kommt, setzt man sich gern wieder. Es gibt vergleichsweise große Teller, zum Beispiel mit gegrilltem Lachs, Gurke und Malz, einen köstlichen Gang mit Jakobsmuscheln, dehydrierten Karotten und jeder Menge Sauerrahm oder ein in lange Fäden gerissenes Stück Kalb mit herzerweichend würziger Sauce.

Die Preise für das Essen im «Radio» (es hat seinen Namen von der nahen Konzerthalle des dänischen Rundfunks) sind im übrigen äußerst moderat. Auch das ist ein Alleinstellungsmerkmal.

Denn das Essen in Kopenhagen ist zwar gut, aber auch teuer. Sehr teuer. Mahlzeiten im «Studio» oder im «Kadeau», zwei Restaurants, die man auf einem guten Mittelweg zwischen der Entschlossenheit des «Noma» und der Kunstfertigkeit des «Geranium» verorten kann, kosten gut und schnell mehr als dreihundert Euro pro Person, vor allem, wenn man den Sommeliers freie Hand gibt (das gleiche gilt klarerweise auch für die hoch dekorierten «Geranium», «Noma» und «AOC». «Relæ» ist um eine Spur günstiger). Die zweite Hürde auf dem Weg zum unmittelbaren Geschmackserlebnis ist die mangelnde Verfügbarkeit der Tische. Ohne Tischreservationen geht gar nichts, und es empfiehlt sich, die Reise nach Kopenhagen mehrere Monate im Voraus zu planen, wenn man sicher gehen will, dass man an den Orten seiner Wahl nicht bloß auf die «Fully booked»-Nachricht stößt.

Der ständige (und nicht abflauende) Bedarf an Tischen hat mehrere Gastronomen dazu motiviert, neben den Haupthäusern, die im Zeichen des aufwendigen und messerscharfen Fine Dining stehen, auch niederschwellige Bistros zu eröffnen, die zwar von derselben Food-Philosophie getragen werden, diese aber weniger aufwendig, zugänglich – und günstig präsentieren.

So kann man in «Manfreds» eine Idee davon bekommen, wie brillant im Schwesterbetrieb «Relæ» mit Gemüse umgegangen wird, am besten, indem man die sieben kleinen Teller (Chef's Choice) zum Lunch bestellt. Bei «No2» (programmatischer Name, nicht wahr?) ist die «AOC»-Equipe darum bemüht, in einem Glashaus am Hafen feine, sorgfältig gemachte Fisch- und Fleischspeisen zu servieren (Makrele mit grünen Erdbeeren, Shrimps mit Spargel und Hühnerhaut), die insgesamt etwas entspannter ankommen als im Haupthaus.

Das «Pony» kommt aus der Hand der ehrgeizigen Jungs von «Kadeau» und liefert unangestrengte, aber großartige Speisen ab: Makrele mit Karotten, Fenchel und Sesam, Hühnerbrust mit Spargel, Senf, Hühnerhaut und Wasserkresse. Der «Almanak» wiederum ist das Walk-in-Lokal im pittoresken «The Standard»-Gebäude am Hafen, direkt gegenüber dem «Noma», wo das «Studio» ehrgeiziges

Fine Dining abliefert, während es auf der Terrasse des «Almanak» den ganzen Tag feine Sandwiches und *Smørrebrød* gibt, allerdings mit einem Twist: Das Brötchen mit dem Schweinenacken ist zum Beispiel mit einer Meerrettichemulsion veredelt, und die Shrimps kommen mit einer gegrillten Zitrone, die zu kosten ein unvergessliches Erlebnis ist.

Natürlich ist die Nordic-Food-Revolution an der traditionsreichsten Sparte dänischer Gastronomie nicht spurlos vorbeigegangen. Zwar kann man bei «Ida Davidsen» oder «Told & Snaps» noch immer Brötchen essen wie damals (nämlich mit Bergen von Shrimps oder Tatar und Zwiebeln, was regelmäßig in die Entlastung des Stoffwechsels mittels Aquavit mündet), aber auch manche Brötchenschmierer haben die Zeichen der Zeit erkannt. Das «Skte Annae»-Restaurant bietet *Smørrebrød 2.0* an und meint damit zum Beispiel das Brötchen mit Rindszunge und Meerrettich oder den frisch gebratenen Fisch auf Toast mit *Lobster*-Dressing. Bei «Amanns» gibt es köstliche Autorenbrötchen mit mariniertem oder gereiftem Hering, mit Shrimps und Spargel oder, besonders zu empfehlen, mit neuen Kartoffeln, Pfeffermayonnaise, Schnittlauch und Lauchasche. Auch jenes mit Beef Tatar, Rhabarber und Estragon sollte keinesfalls übersehen werden. «Amanns» hat übrigens eine Filiale am Flughafen Kastrup. Sein wunderbares *Smørrebrød* eignet sich also durchaus auch für den tränenreichen Abschiedsimbiss.

Natürlich macht es besonderen Spaß, in Kopenhagen Wein zu trinken. Es macht allerdings nur dann Spaß, wenn man nicht mit vorgefassten Meinungen seinen Schoppen bestellt und selbst ganz genau weiß, was man wann und wozu trinken möchte. Darauf sind die Weinkeller und -kellner Kopenhagens nicht eingerichtet. Im Gegenteil, Kopenhagen ist das lebendige Zentrum eines Phänomens, das uns gerade allerorten begegnet und etwas verwirrend mit dem Begriff «Natur» beginnt (als ob alle anderen Weine im Labor gemacht würden): Naturweine sind das bestimmende Thema sämtlicher Sommeliers der Stadt, je Natur, desto besser.

die Profis sowieso nur auf ihr Fingerspitzengefühl, sowohl beim Prüfen des rohen Stücks als auch bei der Beurteilung, wie gut ein Steak schon gebraten ist oder ob es noch ein paar Sekunden braucht.

Ich verstehe das. Ich schaue mir Dinge liebend gern mit den Fingern an, ob es ein Möbelstück ist oder das Revers einer Jacke, den Rand eines Glases oder den Rücken eines Buches. Beim Essen ist das nicht anders, und obwohl ich das Hantieren mit Messer und Gabel einwandfrei beherrsche, übermannt mich nicht nur beim Verzehren eines Stücks Brot das Bedürfnis zuzugreifen.

Ich liebe es zum Beispiel, Saucen mit dem Finger zu kosten. Ich will zusehen, wie mein Zeigefinger den Saucenspiegel auf dem Teller teilt und die Sauce in Verlegenheit bringt: Wie viel Anstrengung kostet es sie, die Lücke zu füllen? Wie elastisch ist sie, wie dicht ist ihre Textur? All das gibt Auskunft darüber, wie diese Sauce gekocht wurde, und auf diese Information möchte ich, egal ob mich ein Oberkellner mit den Augen eines Zuchtmeisters anstarrt, nicht verzichten. Ganz zu schweigen davon, dass es auf atavistische Weise Spaß macht, einen Hühnerknochen abzunagen oder den Kopf einer Garnele auszusaugen – damit

Das schönste Besteck sind die Hände

In dem berauschend guten Roman *Das Leben des Vernon Subutex* gesteht die französische Schriftstellerin Virginie Despentes ihrem strauchelnden Helden eine Atempause zu. Vernon, früher Plattenhändler, jetzt delogiert und nur noch mit einer Tasche von Habseligkeiten durch die Wohnungen seiner früheren Freunde unterwegs, von Couch zu Couch, hat gerade einer Freundin, die bereit war, ihn ein paar Tage durchzufüttern, ein paar Bücher und eine goldene Uhr geklaut und sie versetzt. Jetzt, mit ein bisschen Geld in der Tasche, steht er irgendwo an der Bar, hört

wir das ungestraft tun können, stellt man uns ja auch ein Schälchen mit lauwarmem Wasser auf den Tisch, in dem wir die Finger abspülen können. Warum aber sollte uns dieses Vergnügen versagt bleiben, wenn wir den Rest einer Dessertcreme mit dem Finger erfassen wollen oder die köstlichen Reste der Panade, die sich vom perfekt soufflierten Wienerschnitzel gelöst haben?

Diese sinnliche Kontrolle, die Erweiterung unseres Geschmackssinns mit den Fingern, funktioniert natürlich auch im negativen Sinn. Der Schinken-Käse-Toast, den man uns spätabends in der Bar als Henkersmahlzeit zugesteht, schmeichelt mit seinen Röstaromen primär unseren Rezeptoren. Aber unsere Finger wissen mehr, wenn sie das warme Stück Weißbrot betasten, das sich angreift wie die Verpackung einer Sendung von AMAZON.

Vernon Subutex steht in der Bar, hört Johnny Cash und trinkt Bier, und ich verstehe den Funken von Optimismus, der ihn dabei wärmt: Der eiskalte, vom Kondenswasser nasse Hals einer offenen Bierflasche greift sich wie ein Versprechen an, welches das Bier selbst gar nicht einlösen kann. Die Finger aber wissen es besser.

Johnny Cash, trinkt Bier und stopft sich mit den Händen irgendwelches Junkfood in den Mund, bevor die nächsten Katastrophen über ihn hereinbrechen.

Abgesehen davon, dass ich die vage Sehnsucht verspüre, in jeder Bar herumzustehen, wo sie Johnny Cash spielen, habe ich großes Verständnis dafür, wenn jemand das Besteck zur Seite schiebt und ein Gericht, das vor ihm steht, mit den Händen begreifen möchte (okay, Suppe ist eine Ausnahme).

Köche tun das ununterbrochen. Wenn sie angelieferte Produkte begutachten, kommt zur optischen und olfaktorischen Kontrolle von Gemüse, Fleisch oder Fisch selbstverständlich die taktile Kontaktaufnahme, ohne die eine Beurteilung der Qualität gar nicht möglich wäre. Tomaten zum Beispiel, die gerade noch gekühlt waren, brauchen Zeit, um auf Betriebstemperatur zu kommen und ihren typischen Geruch zu verströmen. Sie müssen betastet werden. Fisch kann durchaus prächtig aussehen, belastbare Auskunft über seine Frische gibt aber erst die Druckprobe mit dem Finger: Sobald diese im Fisch eine Delle hinterlässt, die nicht mehr verschwindet, sollte man – *haha*, Wortwitz – die Finger davon lassen. Und was die Beschaffenheit von Fleisch betrifft, verlassen sich

Das führt dazu, dass neben interessanten Entdeckungen (großartige, biodynamisch erzeugte Rieslinge aus Deutschland, erstaunliche Cuvées aus der Südsteiermark, fantastische Chardonnays aus dem Jura) auch jede Menge Weine angeboten werden, deren wichtigste Qualifikation zu sein scheint, dass man noch nie von ihnen gehört hat. Weine aus Südfrankreich, aus Spanien, Weine aus dem Burgund, Ungarn, viele Weine aus Österreich.

Es ist ein interessantes und überzeugendes Spiel, durch Kopenhagen von Weinbar zu Weinbar zu wandern und auszuprobieren, was in der Naturweinszene gerade als *Dernier Cri* gilt. Da die Innenstadt, wo viele der schönsten Bars domiziliert sind, im Sommer eine permanente Partyzone ist, kann man sich auf grandiose Stadterlebnisse gefasst machen, im späten Glühen der Abendsonne, ein schönes, trübes Glas Wein in der Hand, interessante Musik im Hintergrund, die Silhouette der Innenstadt im Schattenriss und stets ein Sommelier in der Nähe, der das Gefühl hat, man sollte vielleicht noch ein Glas probieren.

Als Flaschenpost aus Kopenhagen also noch schnell die interessantesten Weinbars der Stadt:

1 — «Ved Stranden 10»: Weinbar mit dem herrlichsten Tresen der Stadt, Schwerpunkt österreichische Weine. Herrlicher Bordsteingarten am Ufer des Kanals. Dauerparty. (vedstranden10.dk)

2 — «Terroiristen»: Weinhandlung mit Ausschank, gleich um die Ecke von «Relæ» und «Manfreds». Damit Sie wissen, wo es sich angemessen herumstehen und den Tag vertrödeln lässt. Hochinteressante, zuweilen verwegene Entdeckungen, kleine, gute Speisen. (terroiristen.dk)

3 — «Malbeck Vinoteria»: Auf argentinischen Wein spezialisierte Weinhandlung in einem ehemaligen Pub in Vesterbro. Laute Musik, stets Hochbetrieb, interessante, selbst importierte Weine aus Südamerika. No Reservations, einfach hingehen. (malbeck.dk)

4 — «Vinhanen»: Schöner Laden etwas nördlich vom Zentrum, wo aus fünf großen Fässern Wein ausgeschenkt – und stets diskutiert – wird. Dazu gibt es Käse und Brot, Reservationen werden nicht angenommen. Originell und vergnüglich. (vinhanen.dk)

5 — «Paté Paté»: Mediterran angehauchtes Bistro in einer ehemaligen Pastetenfabrik im ehemaligen Schlachthausviertel. Großartige Champagner- und Cavaauswahl, spanische und südfranzösische Gerichte. Reservierung wichtig (auch ein Spaziergang durch das Quartier empfiehlt sich, samt Kurzbesuch in der benachbarten «Kødbyens Fiskebar», einem Fischlokal, das auch den gezielten Besuch wert ist). (patepate.dk, fiskebaren.dk)

PS: Wer Dänemark kurzfristig verlassen möchte, nimmt den Zug von Kopenhagens Hauptbahnhof nach Malmö und reist in weniger als einer Stunde in die Hauptstadt Südschwedens. Malmö ist das Ziel vieler dänischer Gastronomen, die sich an ihren Schließtagen in einem Restaurant namens «Bastard» treffen, um Erfahrungen auszutauschen, Wein zu trinken – und das enorm deftige, interessante und verblüffende Bistroessen von Küchenchef Andreas Dahlberg zu genießen. Das «Bastard», rund um eine unendlich lange, hufeisenförmige Bar gebaut, witzige Kunst an den Wänden, Ausgelassenheit in der Luft, repräsentiert puren Spaß an kräftigem Essen und lauter Unterhaltung. Ist den Abstecher zweifellos wert, und über «Die Brücke», gigantische Hauptdarstellerin in der gleichnamigen Schwedenkrimi-Serie, rumpelt man leibhaftig auch einmal.

Das ist eine Liebeserklärung an ein Wirtshaus in Zürich. Vielleicht sogar mehr: an jedes Wirtshaus, das diesen Namen verdient.

Kreis 5 «Alpenrose», Zürich

Ein gutes Wirtshaus ist eine geheimnisvolle Zentrifuge, eine Zeitmaschine. Du gehst als junger Mann hinein und kommst als alter Mann heraus. Wissen Sie, sagst du einmal zur Wirtin, ich hab jetzt einen Job ganz in der Nähe, das wird toll, und dass es dann in Wirklichkeit gar nicht so toll ist, musst du gar nicht erzählen, weil man es daran erkennt, mit wem du kommst und wie oft und mit welchem Gesicht. Stolz erscheinst du nach einer langen Pause zum ersten Mal mit deinem Baby, hältst es für selbstverständlich, dass es ausgiebig bewundert wird, und ein bisschen später lädt dich das Baby, weil es erwachsen geworden ist, zum ersten Mal seinerseits auf *Pizokel* ein und ihr teilt eine Flasche Rotwein, und das Baby zahlt.

Die «Alpenrose» sperrt zu. Warum berührt mich das so? Warum berichten die Wirtinnen Katharina Sinniger und Tine Giaccobo, dass sich schon im Frühsommer, als die Ankündigung der finalen Sperrstunde die Runde gemacht hatte, Menschen, die sie gar nicht so gut kannten, mit Tränen in den Augen von ihnen verabschiedeten? Dass sich an der Bar, dort, wo man die Rechnung bezahlt oder allenfalls noch ein letztes *Herrgöttli* nimmt, Dramolette abspielen, deren Pointe auf den unvermeidlichen Kloss im Hals zielt, auf eine Umarmung, die vielleicht persönlicher ist als die Beziehung, die man zum Menschen in Wahrheit hatte?

Natürlich werden die Schmorbraten und das gebratene Gemüse, die *Pizokel, Malfatti* und Schupfnudeln, die Zitronenravioli und das Ragout vom Puschlaver Lamm, die *Caramelchöpfli* und Schoggischnitten dem Quartier, dem Kreis, der Stadt fehlen. All diese Gerichte werden sogar schmerzlich fehlen.

Auch dass es Wein für jede Stimmung gab, hat sein Gewicht, klar. Die Wirtin Katharina Sinniger kannte für alle Gelegenheiten die richtige Flasche aus der Schweiz. Am Anfang hatte man noch misstrauisch nachgefragt, ob man nicht ersatzweise etwas Molliges, Breitschultriges aus Italien haben könne oder aus dem befreundeten Nachbarland Frankreich, aber nachdem die Wirtin immer wieder etwas Feingestricktes, Helläugiges aus dem Thurgau oder dem Zürcher Oberland aufgetischt hatte, das überraschend, Nein, sensationell gut gewesen war, hatte man sich dieser Grille der Wirtin gefügt und trank Schweizer Wein. Man trank ihn erst auf Bewährung, dann gern, und schließlich begann man ihn sogar ein bisschen zu lieben, so wie man die Wirtin zu lieben begann, wenn sie auf die Frage, welchen Wein man zum Schmorbraten nehmen solle, pfiffig über den Brillenrand lächelte und sagte, da hab ich was.

Aber reicht das alles aus, um einen Gast, der in all den Jahren ein paar Mal da gewesen ist, zu motivieren, beim Abschied einem ihm fremden Menschen um den Hals zu fallen, ihn eine Sekunde lang zu drücken, wie man sein Kind drückt, das man gehen lassen muss? Ist die Tatsache, dass Wirtsleute ihren Job gut machen, ein plausibler Grund dafür, dass man ihnen im wahrsten Sinne des Wortes nachweint? Entspringt die Emotion, die man bei dieser Verabschiedung spürt, dem objektiven Verlust?

Die «Alpenrose» ist, um den großen Joseph Mitchell und dessen Porträt des New Yorker Originals «Old Mr. Flood» zu paraphrasieren, «keine einzelne» Beiz; «in ihr vereinigen sich Züge verschiedener alter» Beizen, die in der Schweiz ihr Dasein fristen und in denen wir unsere Zeit verbringen.

Wir weinen also um unsere eigene Kultur und die Lebenszeit, die vergangen ist, seit wir zum ersten Mal durch diese Tür hereinkamen, die Dimensionen des Raums vermaßen und den zupackenden, glasklaren Duft nach Essen (wobei sich dazu wahrscheinlich ein paar blaue Rauchschwaden von der MARLBORO-Fraktion gemischt haben, die man jedoch gern vergisst und stalinistisch aus der Erinnerung tilgt) mit weit geöffneten Nüstern aufsogen? Erinnern wir uns daran, dass damals die Zukunft noch glänzte, wenigstens unsere, oder haben wir inzwischen gemerkt, dass Zukunft kein Guthaben ist, von dem wir beliebig viel abheben können?

Als ich die «Alpenrose» zum ersten Mal besuchte, nistete ich mich sofort in der unübersehbaren Schönheit des Lokals ein. Traditionelle, sorgfältig gepflegte Holzvertäfelungen an den Wänden, mannshohe Doppelstockfenster, klassische Beizentische. Manche Tische waren weiß gedeckt, andere zeigten stolz ihre Oberfläche (die Wirtinnen erzählten mir später, dass es billiger gewesen sei, Tischblätter aus Sperrholz weiß einzudecken als neu schreinern zu lassen, allein das sei der Grund für die weißen Tischdecken gewesen, man habe es eigentlich lieber währschaft).

An der Wand hingen bunte Dinge, die ich nicht verstand, aber die zweifellos hierher gehörten, Blumenbilder, alte Reklameschildchen. Über das Schild mit dem protestantischen Schriftzug «Hüpftanz verboten» musste ich schmunzeln. Auf dem Balken, der den Speisesaal von der Eingangshalle trennt, entzifferte ich den in Fraktur geschriebenen Slogan: «Ob Heide, Jud oder Christ. Herein, was durstig ist.» Von der Ironie dieser ökumenischen Einladung fühlte ich mich angesprochen.

Zuerst ging ich in die «Alpenrose» nur, um gut zu essen. Es gibt solche Funktionsgaststätten, du bekommst, was du bestellst, nicht mehr, nicht weniger. Bald aber ging ich in die «Alpenrose», weil mir etwas anderes ebenso viel zu bedeuten begann wie die Speisen auf dem Teller, auch wenn diese ohne jeden Zweifel alles ausstachen, was man in einer schweizerischen Quartierbeiz ohne aufgestellte Servietten bestellen konnte.

Da war auch das Licht, das warm durch die hohen Fenster fiel und Muster auf dem Holzboden zeichnete. Das Lächeln der Wirtin, die mich erkannte, aber meinen Namen noch nicht wusste (oder sich den Gruß per Namen, mit dem Wirte ihre Gäste adeln, für später aufhob. Auch das gehört übrigens zu den Feinheiten guter Gastgeber, dass sie wissen, wann sie ihren Gästen die richtige Portion Vertraulichkeit zumuten. An manchen Orten wirst du viel zu schnell wie ein Stammgast behandelt, und selbstverständlich nimmst du mangelnde Balance störend wahr; an manchen Orten – wie der von mir einseitig geliebten «Kronenhalle» – braucht es ein Rechnungsvolumen von 100 000 Franken oder einen Auftritt bei *Top Model,* um beim Maître für einen Schimmer des Wiedererkennens zu sorgen – beides unerreichbar). Und da war das Nicken anderer Gäste, die man am selben Ort schon einmal gesehen hat und mit denen man ungeschaut etwas gemeinsam hat, nämlich eine Meinung: Man isst hier gut, nicht wahr? Und schön ist es auch, bis bald, wir sehen uns.

Kein Ort bündelt Biografien besser als das Wirtshaus. Ich sah Menschen an ihrem Tisch sitzen, und ich konnte sofort ihre Lebensgeschichten decodieren. Plötzlich hat der Typ, der sonst immer mit unmöglichen Cargohosen aufmarschiert ist, lange Hosen an und glattrasierte Wangen, und er säuft nicht Paulbier mit seinem Kumpel, sondern Wein mit einer jungen, adretten Frau, die ihn verdächtig lächelnd mustert und ihrerseits gerade einen Film ablaufen lässt (ich kann ihn wie eine Denkblase im Comic direkt über ihrem Kopf schweben sehen): Wie wäre denn so ein Leben mit dem da? *Ach. Seufz.*

Über einem anderen Tisch an einem anderen Tag ziehen dunkle Wolken auf. Dort sitzen zwei Gesichter, die einander so gut kennen, dass sie sich nicht mehr verstellen müssen. Sie verhandeln Elementares, du merkst es daran, dass sie vom Essen, das freundlich wie immer serviert wird, eher belästigt als aufgeheitert werden. Als wenig später die eine aufsteht, ein paar kleine Scheine auf den Tisch wirft und nur der Wirtin einen Abschiedsgruß zuflüstert, ist man Zeuge eines Ermüdungsbruchs geworden. Wortlos wandert ein klares Getränk an den halb verwaisten Tisch, mehr Zuwendung wäre zu viel. Mir fällt dazu das geniale Gedicht von Theodor Kramer ein, auch wenn das Getränk nicht stimmt und der Mann eine Frau ist:

> «*Wann immer ein Mann trifft auf einen,*
> *der im Winkel sitzt, stumm und allein,*
> *so schuldet, so sollte ich meinen,*
> *er ihm ein Glas Bier oder Wein.*
>
> *Bis die Augen nicht unstet mehr wandern*
> *und sich aufhellt das bittre Gesicht;*
> *dies schuldet ein Mann einem andern,*
> *aber zuhören muss er ihm nicht.*»

Beim nächsten Besuch dann die Auskunft: Ja, die beiden haben sich wirklich getrennt, hier, vor Publikum.

Die Wirtinnen und die Lebensgeschichten ihrer Gäste in Mahlzeiten. Tauffeier, Maturafeier, Verlobungsfeier (ein- und derselben Person). Gäste, die immer weniger essen und eines Tages nicht mehr kommen, nie mehr kommen. Stammgäste, die nach einem Knatsch im Nirwana des Draußen verschwinden. Prominente, die zuerst ihre Bedeutung im Gesicht tragen und erst später ihr eigenes Gesicht.

Die Zentrifuge der Zeitmaschine springt an. Erinnerungen aus dem Inneren der Gaststube kochen hoch. Betroffenheiten, Schnurren und Triviales mischen sich auf aberwitzige Weise, und du kannst hören, wie die Wirtin einmal Auskunft über dich selbst geben würde, Nein, ich weiß auch nicht, der ist schon lange nicht mehr da gewesen. Oder: Schauen Sie, da drüben sitzt er ja, nur seine Haare sind ein bisschen grau geworden.

Wirte sind Freunde auf Zeit, so wie das Wirtshaus temporäre Heimat ist. Sie sind da, wenn man sie braucht, und wir brauchen sie ja nur selten, damit sie unseren Liebeskummer mit einem Glas Schnaps lindern. Meistens brauchen wir nur ein bisschen mehr Sauce oder ein Stück Brot, im schlimmsten Fall haben wir das Portemonnaie vergessen und müssen für diesmal anschreiben lassen – in diesem Fall empfiehlt es sich übrigens, wenn die Wirtin unseren Namen doch schon einmal gehört hat.

Meine Bilanz mit der «Alpenrose» ist ausgeglichen normal und erschütternd persönlich. Ich lernte auf Tisch sechs einen Kollegen kennen, mit dem ich heute eng befreundet bin. Wir hatten uns nicht von ungefähr in der «Alpenrose» verabredet, und seither haben wir so viel Zeit wie möglich an der Fabrikstrasse verbracht (von den 19 800 kg Pizokel, die Tine Giaccobo während 22 Jahren in der Küche geknetet hat, haben wir sicher 20 verzehrt, jeder von uns).

Ich wurde mitgenommen in die Beiz, dann brachte ich Leute mit in die Beiz, manchmal in kurzen, manchmal in langen Abständen. Die Wirtinnen waren immer da. Den beiden gelang das paradoxe Kunststück, völlig resistent gegen kulinarische Zeitgeist-Dogmen zu sein und trotzdem mit ihrem Qualitätsgespür Zeitgenossenschaft zu beweisen. Trends gingen an der «Alpenrose» spurlos vorüber. Nur die erprobte, ausgewogene Philosophie blieb, Einfaches maximal gut zuzubereiten. Und natürlich diese massive Menschlichkeit. Wenn ich jemand nach einem Konzept für ein neues Wirtshaus fragen würde: Es wäre dieses.

Dabei kann ich nicht einmal behaupten, dass ich Stammgast war. Dieses Etikett verdienen die Gäste, die buchstäblich jede Woche einmal zur selben Zeit am selben Tisch sitzen und die Speisekarte studieren, um sich aus dem Vertrauten das Überraschendste auszuwählen. Wenn es Gelegenheitsstammgästen wie mir schon so schwer fällt, Abschied von der Beiz zu nehmen, wie geht es denen?

Ich war mit vielen Freunden in der «Alpenrose». Allen leuchtete die Wirtschaft mit ihrem speziellen Charakter ein, zum Glück. Eine Beiz, wohin man Menschen einlädt, ist auch ein kleiner Nebenschauplatz deiner eigenen Seelenlandschaft, und du bist nicht nur Gast, sondern auch Gastgeber.

Einer dieser Freunde, mit denen ich hier gebratene Perlhühner abnagte, lebt nicht mehr. Hinter den Tischen, wo wir damals hockten, kann ich noch den Schatten sehen, den er damals warf. Die Beiz wird ihrer Aufgabe als Zeitmaschine jedes einzelne Mal gerecht. Aber wenn die Zeitmaschine im stumpfen Licht jenes nahen Sommertags demontiert wird, werden sich auch die dort gespeicherten Erinnerungen auflösen und transzendieren.

Allein meine eigenen Erinnerungen kleben wie ein imaginärer Firnis an der Holzverschalung dieser Wirtschaft. Darüber und darunter liegen die unzähliger anderer Gäste. Die Beiz ist im Endeffekt ja nichts anderes als die Summe all dessen, was hier gelacht und geliebt und gefeiert und geträumt und gestritten und gelästert wurde. Es gibt Kneipen, deren Bilanz diesbezüglich tief im Groben steckt, vielleicht sind die Stammgäste auch entsprechend froh, wenn der Wirt eines Tages ohne Angaben von Gründen den Schlüssel zweimal umdreht und verschwindet.

Aber hier ist das anders. Die Leute, denen es gelungen ist, ein letztes Mal einen Tisch zu reservieren, sitzen lange nach dem Essen noch auf den grün gestrichenen Stühlen, lassen den Kopf in den Nacken fallen und versuchen, sich die «Alpenrose» einzuprägen, Detail für Detail, so wie man ein Gedicht auswendig lernt oder ein Lied, zum Beispiel *Scenes from an Italian Restaurant* von Billy Joel:

> «*A bottle of white, a bottle of red*
> *Perhaps a bottle of rose instead*
> *We'll get a table near the street*
> *In our old familiar place*
> *You and I, face to face, mmm*»

Mmm.

Eine Erforschung der Kaiserstadt mit Kaiseki-Magie, Matcha-Zauber und dem einen oder anderen Clash of Cultures.

Kyoto

Kyoto hat Schuhgröße 36. Das ist natürlich nur eine oberflächliche Schätzung, aber ich kann mit Sicherheit sagen, dass meine Füße der Größe 46 sowohl vorne als auch hinten um ungefähr zwölf Zentimeter über die Holzpantoffeln hinausragten, die mir im «Ryokan Genhouin» vor die Tür gestellt wurden.

Ein *Ryokan* ist ein klassisches japanisches Gästehaus. Das «Genhouin» ist ein besonders klassisches japanisches Gästehaus. Es liegt am Rand der alten Kaiserstadt, gleich um die Ecke des berühmten «Wegs der Philosophen», umgeben von einigen der bemerkenswertesten Tempel und Schreine Kyotos, wobei ich dazu sagen muss, dass es in Kyoto etwa tausend bemerkenswerte Tempel und Schreine gibt.

Es bedarf einiger Erklärungen, warum ich mich in die Pantoffeln der Größe 36 gezwängt hatte. Die wichtigste: ich musste. Denn die Regeln des Aufenthalts im *Ryokan* sehen zum Beispiel vor, dass die Schuhe des Gastes draußen vor der Eingangstür ausgezogen werden, weil aus Gründen der spirituellen Hygiene nur die dafür vorgesehen Holzpantoffeln namens *Geta* verwendet werden dürfen. Das betrifft die halböffentlichen Zonen des *Ryokan,* also alle Bereiche, die nicht mit Tatamimatten ausgelegt sind. Tatamiräume werden barfuß oder, noch lieber, in Socken betreten, und zwar in den typisch japanischen Socken mit der abgezirkelten großen Zehe, sodass man problemlos in die flipflopartigen Bastschlappen schlüpfen kann, die hier gern getragen werden. Sowohl Socken als auch Bastschlappen kann man praktisch überall kaufen. Die größte verfügbare Größe ist 41. Wenn du den Verkäufer fragst, ob es die Socken auch in deiner Größe gibt, nickt er begeistert, betrachtet dich aufmerksam, verleiht seiner Begeisterung mit gutturalen Lauten – «Ooh, ooh» – Ausdruck und lässt dich blöd sterben, weil es natürlich keine Socken in deiner Größe gibt, nur ist der Verkäufer zu höflich, dir diese Information zuzumuten.

Jetzt besagt die Regel des *Ryokan,* dass du im Privatbereich keinesfalls Schuhe tragen darfst, im öffentlichen Bereich aber unbedingt Schuhe tragen musst. Eine weitere Ausnahme regelt die Benützung der Toiletten. Vor den Toiletten stehen neue Schlappen, die ausschließlich auf der Toilette getragen werden dürfen. Keine Schuhe auf den Toiletten: schweres Foul. Noch schlimmer ist nur eines: Wenn du mit den Kloschlappen zurück Richtung Zimmer stöckelst, weil du vergessen hast, sie wieder gegen die richtigen Schlappen zu tauschen.

Stellt euch das Gesicht meiner Rezeptionistin ungefähr so vor, als hätte sie gerade gemerkt, dass ihr vergessen habt, euch irgendetwas anderes anzuziehen als Pantoffeln der Größe 36.

Ich halte mich so lange beim Wesen des *Ryokan* auf, weil der Umgang mit Förmlichkeiten für die Bewältigung der japanischen Gastfreundschaft von entscheidender Bedeutung ist. Allein die Vorstellung, ein Restaurant einfach zu betreten und sich umzuschauen, ob es vielleicht einen freien Tisch gibt, ist so absurd, wie mit den falschen Pantoffeln vom Klo zu kommen. Die maximale Freiheit für den Gast besteht darin, sich am Ende einer langen Schlange anzustellen, die

dazugeschlagen werden, was die eh schon teure Mahlzeit noch einmal um einen Drittel teurer macht.

Sobald mir jemand die Hintergründe erklärt, bringe ich ja für das Phänomen selbst ein gewisses Verständnis auf. Aber wenn mich jemand fragt, ob es mir sympathisch ist, dass ich die Preise, die ich auf der Speisekarte lese, selbstständig um den Faktor x auf den Endpreis hochrechnen muss, nicht unbedingt.

Das Problem dabei ist für mich vor allem die nur scheinbare Freiwilligkeit meiner Entscheidung, Trinkgeld zu geben. Sie hat ursprünglich den Charakter einer Gratifikation, einer Abgeltung von Leistungen, die über das normale Maß hinausgehen. Das umfasst natürlich auch die Möglichkeit, eine nicht so überzeugende Dienstleistung nur zu bezahlen und die Gratifikation stecken zu lassen, was aber zum moralischen Dilemma wird, sobald man weiß, dass die Menschen, die dich bedienen, nur mit deiner Gratifikation die Miete bezahlen können.

In der idealen Welt bräuchte es kein Trinkgeld

Ich bin nicht kleinlich, wenn es darum geht, Trinkgeld zu geben, aber eine Reise durch Japan hat mich etwas Interessantes gelehrt. In Japan ist es unüblich, sogar verpönt, Trinkgelder zu geben. Jeder Kellner, der die Rechnung bringt, würde nicht verstehen, warum sein Kunde ein paar Münzen oder gar einen Schein liegen lässt, und ihm bis auf die Straße nachlaufen, um das Geld, das der Kunde vergessen haben muss, wieder zurückzugeben.

Ich musste mich erst daran gewöhnen, mir selbst ein paar nebbiche Yen-Münzen herausgeben zu lassen, aber sobald ich mit dieser kulturellen Eigenart vertraut war, begann sie mich positiv zu berühren, die

Ich bin unzählige Male in die Fallgruben gestürzt, die dieses komplizierte System zwangsläufig hervorbringt. Ich habe viel zu viel Trinkgeld gegeben, wo eigentlich keines erwartet wurde, und starrte in die weit aufgerissenen Augen von Menschen, die

und schließlich auf ganz natürliche Weise zu entspannen. Jede Dienstleistung – ob es jetzt eine Taxifahrt oder das Bestellen einer Mahlzeit ist – hat ihren Preis, und dieser Preis ist weder verhandelbar noch eine Aufforderung, ihn zu interpretieren und um einen gewissen Prozentsatz freiwillig zu übertreffen. Das Motiv der Freiwilligkeit ist dabei sowieso doppelbödig, worüber die Miene jedes Taxifahrers beredt Auskunft gibt, wenn dein freiwilliger Aufschlag nicht mit seiner Vorstellung von Angemessenheit übereinstimmt.

Hinter der japanischen Methode steckt vor allem eines: Dienstleister und Gastronomen setzen ihre Preise so fest, dass sie ihre Angestellten vom erzielten Umsatz fair bezahlen können. Dabei hilft ihnen, dass der Katalog der Lohnnebenkosten und Abgaben nicht annähernd so lang ist wie in Europa oder Amerika, wo das Prinzip, einen kleinen Basislohn um den Faktor Trinkgeld aufzubessern, für die Angestellten von buchstäblich existenzieller Bedeutung ist.

Deshalb kommt es zum Beispiel in den USA regelmäßig zur paradoxen Situation, dass zu den Preisen, die auf der Speisekarte stehen, noch Steuern und obligatorisches Trinkgeld, ein Tipp von 15 bis 20 Prozent,

das Gefühl hatten, ich würde ihnen mit meinem unverhältnismäßigen Tip ein unmoralisches Angebot machen. Noch viel öfter scheiterte ich natürlich, wenn das, was ich für angemessen hielt, als Zumutung empfunden wurde, da gibt es durchaus Menschen, die aus ihrem Herzen keine Mördergrube machen.

Ich habe generell den Richtwert von zehn Prozent im Kopf, aber gelten die auch in einem besseren Lokal, wenn eine Rechnung eh schon drei- oder vierhundert Franken ausmacht (oder aber gerade dort?). Und was mache ich bei kleinen Summen, wenn ich zum Beispiel 3,80 aufrunden will? 4,00 sind irgendwie schäbig. 5,00 eigentlich zu viel. Auf 4,50 aufzurunden finde ich wiederum peinlich. Also was ist nun die richtige Lösung?

In Japan ist die richtige Lösung, den Preis zu bezahlen, den die Rechnung ausmacht, und ich würde mir wünschen, dass diese Methode auch in Europa Schule macht. Sie entwaffnet die Protzer, begnadigt die Geizigen und nimmt dem Vorgang des Bezahlens alle Emotionen, die ihm anhaften, aber nicht zustehen. Ein kleines Schrauben an der Kalkulation und die Rechnung stimmt für uns alle, immer und überall.

sich vor jeder satisfaktionsfähigen *Ramen*-Bar bildet, und dort zu warten, bis man nach einer guten Stunde endlich an die Reihe kommt.

Die Bar war in etwa so *fancy* wie ihr Namen: «No Name Ramen Shop». Im Souterrain eines Bürohauses untergebracht, fiel helles Tageslicht auf ihre puristische Betonkonstruktion mit ihren stets besetzten acht Sitzplätzen und den im Vorraum situierten Bänken, wo sich die nächsten zehn Aspiranten auf einen Sitzplatz setzen durften. Dorthin drang man vor, nachdem man in der Schlange eine halbe, dreiviertel Stunde gewartet hatte. Hier befand sich auch der Automat, wo man seine Bestellung aufgab: Hühner- oder Schweinesuppe, extra *Soba*-Nudeln, das obligate weich gekochte Ei, eine extra Scheibe Schweinebauch. Das Geld dafür, 800 bis 1200 Yen, also zehn, zwölf Euro, wirft man direkt in die Maschine ein. So kommen die Köche nicht in Verlegenheit, sich mit etwas so Schmutzigem wie Geld herumschlagen zu müssen. Stattdessen können sie sich darauf konzentrieren, hinreißende *Ramen*-Nudeln in einer ebenso hinreißenden, dichten und heißen Hühnersuppe zu servieren.

Apropos Formalitäten: Diese Nudeln werden von den Locals mit beeindruckender Geschwindigkeit aus der Suppe gefischt und unter Absonderung lauter Schlürfgeräusche verzehrt. An einem mitteleuropäischen Mittagstisch der 50er-Jahre hätte es dafür wahrscheinlich eine links und eine rechts gesetzt, aber als ich mir das Vorgehen von einem Fachmann erläutern ließ, klang es plausibel: Die Nudeln sind nur während der ersten zwei, drei Minuten von der erwünschten festen, aber noch immer seidigen Konsistenz. Danach schmecken sie für feine japanische Gaumen verkocht, eine Einschätzung, die ich nach ein paar Portionen *Ramen* zu teilen begann. Es gilt also, die Nudeln so rasch wie möglich aus der Suppe zu befreien, was aber schwierig ist, weil sie extrem heiß sind. Die Nudeln müssen daher auf dem Weg von der Suppe in den Mund gekühlt werden, was nur durch den Fahrtwind schnellen Ansaugens möglich ist. Die dabei entstehenden Geräusche werden von der Gesellschaft billigend in Kauf genommen und gelten im weitesten Sinne als Billigung der dargebotenen Qualität.

Ich verliebte mich sehr schnell in Kyoto, besonders nachdem ich den *Ryokan* verlassen und gegen das wunderbar entspannte «Hyatt Regency» eingetauscht hatte, wo mir Washio Mitsuko ein schönes Eckzimmer zuwies. Nicht, dass mir das Gästehaus mit seinen hellhörigen Reispapierwänden und zwänglerischen Bekleidungsvorschriften nicht gefallen hätte. Vor allem der klassische japanische Garten mit seiner harmonischen Anlage, den gebürsteten Kieswegen und der pittoresken Pflanzenwelt, die auf spielerische Weise in Szene gesetzt wurde, versetzte mich fast in Hypnose. Aber der allgegenwärtige Duft nach Jahrgangstatami und jahrzehntealtem Staub wies mich darauf hin, dass es für jeden von uns die geeignete Allergie gibt, und vertrieb mich. Außerdem war es zwischen der Rezeptionistin und mir nach dem Vorfall mit den Kloschlapfen eh nicht mehr so, wie es gewesen war.

In der wunderbaren Seventieshalle des «Hyatt Regency» genoss ich den einen oder anderen Drink, der den Staub aus dem *Ryokan* wegspülte. Ich machte mich auf Erkundungen durch die schachbrettartig angeordnete Altstadt, spazierte dem Kamo River entlang und begann zu spüren, dass Kyoto von bewaldeten Hügeln umgeben in einer Talsenke liegt, die nur nach Südwesten offen ist, Richtung Osaka, der großen Hafenstadt, deren Lichter man an klaren Tagen von Kyoto aus sehen kann.

Kleine, traditionelle Häuser, maximal zwei Stockwerke hoch. Enge Straßen, die sich Fußgänger, Fahrradfahrer und die Autofahrer mit ihren Miniaturvans teilen. Zahllose Menschen in Kimonos, die sich die Freiheit herausnehmen, in bunten Mänteln und dicksohligen Pantoffeln der Größe 36 durch die Stadt zu stöckeln. Zahllose interessante Handwerksbetriebe, wo man Taschen, Papier oder Schreibwaren von unbeschreiblich attraktiver Qualität besichtigen kann – idealerweise in dieser Reihenfolge, weil man dann zuerst die Tasche einkauft und dann Papier und Schreibwaren.

Außerdem ist Kyoto ein kulinarisches Zentrum Japans. Vor allem die traditionelle *Kaiseki*-Küche ist tief verwurzelt, aber auch die vegetarische Tempelküche, wie man sie an ausgesuchten Orten in

Perfektion bekommt. So lernte ich zum Beispiel die Freuden des *Yuba,* der Tofuhaut kennen, nachdem ich an einem Sonntag gemeinsam mit hunderttausend anderen den berühmten goldenen Tempel Kinkaku-ji besucht hatte.

Der Tempelbesuch war trotz Überpopulation etwas Besonderes, weil sich die Massen geschickt auf dem großen Areal verteilten. Der Restaurantbesuch im vegetarischen Restaurant «Ajiro» war etwas Besonderes, weil ich in einem großen Lokal allein in einer Kammer saß. Zwar konnte ich aus anderen Kammern hören, dass es sie erstens gab und dass zweitens auch dort gut gelaunte Gäste anwesend sind. Aber ansonsten wurde ich mit dem Gemüse, das für mich vorbereitet war, alleine gelassen.

Ich hätte fast das Racletteeisen für den Tofu vergessen. Dabei handelt es sich um eine rechteckige Einrichtung mit Heizrippen, in die Sojamilch gegossen wird. Dann schaltet die Chefin – sie kommt mit so wenigen englischen Worten aus wie Bob Dylan mit Gitarrenakkorden – die Hitze ein und nach gewisser Zeit bildet sich auf der Milch eine Haut, die in der japanischen Küche eine besondere Bedeutung hat: *Yuba.* Diese Haut darfst du dann mit einem kleinen Werkzeug abschöpfen und essen. Das gibt einen molligen, zarten Geschmack, der die nacheinander aufgetragenen Gemüsegerichte – es gibt alles, nur keine Zwiebelgewächse – fein konterkariert und schmückt. Weil ich in einer Klosterküche in der Nähe von Hongkong eine entsprechende Erfahrung gemacht hatte, aß ich alles auf. Nicht, weil ich so viel Hunger hatte, sondern aus Respekt vor der Köchin und dem Weltfrieden.

Als mich die Chefin das nächste Mal in meiner Einzelzelle besuchte, schlug sie die Hände über dem Kopf zusammen. Ich entnahm der willkürlichen, aber aufgeregten Komposition ihrer englischen Worte, dass sie mich für einen guten Esser hielt, um nicht zu sagen, für maßlos. So weit kann dich ein Übermaß an Höflichkeit bringen. Ich glaube, den Rest meines Tofus hatte die Chefin als Abendessen für ihre sechsköpfige Familie eingeplant.

Ein anderes vegetarisches Essen war gar nicht vegetarisch, sondern nur sehr abgelegen mitten im Wald. Ich hatte mir einen anderen

Tempel angeschaut, den Nonomiya-Schrein, in dessen Garten ich mir regelrecht wünschte, ein Mönch zu sein, um hier, an diesem stillen Ort den Wechsel der Jahreszeiten zu verfolgen und meditierend zu begleiten. Scheiterte an der mangelnden Verfügbarkeit von Meditationskleidung der europäischen Größe XL.

Das Restaurant namens «Shouraian» konnte nur zu Fuß erreicht werden. Der Weg führte durch eine Allee aus überdimensionalem Bambus. Das hätte sehr majestätisch gewirkt, wären nicht unzählige japanische Teenies wie Pandabären durch den Forst gehüpft und hätten Selfies gemacht, eine Kulturtechnik, für die Pandabären einfach zu faul sind.

Von der Allee führte ein schmaler Pfad Richtung Fluss, und fast hätte ich die Abzweigung zu meinem Ziel verpasst, einem kühn in die Böschung gebauten Haus mitten im Wald, hoch über der Biegung des Flusses.

Auch hier bekam ich, nachdem ich folgsam beim Eingang die Schuhe abgeben hatte, ein Einzelzimmer und eine Grundversorgung mit atemberaubend gutem grünem Tee und erstaunlichen Tofugerichten. Dann kam das Menü, das ich telefonisch vorbestellt hatte – soll heißen, die Concierge hatte es telefonisch vorbestellt, ich hatte nur Ja und Amen gesagt. So funktioniert die Buchung von Restauranttischen. Entweder du kümmerst dich lange im Voraus um eine Reservierung in einem der berühmten *Kaiseki*-Lokale oder du übergibst die Sache der Concierge in deinem Hotel. Die dritte Möglichkeit ist natürlich die, die ich von meiner bewunderten Kollegin Monica Glisenti gelernt habe: Du tauchst persönlich dort auf, wo du unbedingt essen möchtest, und weißt genau, ob du herrisch oder mitleiderregend auftreten musst.

So kam ich zu einem Essen im «Toriyasa», dem einzigen Lokal Kyotos, wo nicht entweder an einer Bar oder im *Chambre séparée* diniert wurde. Es gab *Sukiyaki,* also Huhn in allen möglichen Spielarten, samt einer *Hot-Pot*-ähnlichen Suppe zum Schluss. Es war gut, aber noch besser war die Aussicht über das Flussbett mit seinen zahllosen Lichtern und Lampionen, die ich von der Terrasse des «Toriyasa» aus betrachtete, eingehüllt in den feuchten, schwülen Kokon des japanischen Sommers, froh über den leisen Windhauch, der von den Hügeln herabschwebte und die Hitze ein bisschen erträglicher machte.

Ich besuchte die Sojasaucenfabrik «Sawai Shoyu Honten» in der Nähe des Kaiserpalasts. Dort werden Sojabohnen und Reis nach traditioneller Methode in großen Fässern fermentiert und vier verschiedene Saucen auf der Skala zwischen sehr salzig und frisch (weil mit etwas *Yuzu* verschnitten) hergestellt. Man lernt dort zum Beispiel, dass KIKKOMAN nicht der Höhepunkt der Sojasaucenentwicklung ist.

Nicht weit davon entfernt befindet sich das großartige Geschäft «Honda Miso Honten», das ausschließlich *Miso* verkauft. Ich glaube, ich verbrachte einen halben Tag vor den Vitrinen, wo die verschiedenen frischen Pasten wie im Eisgeschäft ausgestellt werden. Seither haben sich ein paar neue Favoriten in meine Küche eingeschlichen, und weil es so großartig schmeckt, teile ich hier gleich einmal das Rezept: Auberginen mit *Miso*.

Zutaten: *2 Auberginen, 2 EL helle Misopaste (Shiro Miso), 2 EL heller Balsamicoessig, 2 EL Sojasauce und 1 EL Honig.*

Zubereitung: *Den Ofen auf 200 Grad vorheizen. Auberginen halbieren und ihr Inneres tief und rautenförmig einschneiden. Dann mischt man aus Misopaste, Balsamicoessig, Sojasauce und Honig eine dicke Paste, mit der die Auberginen bestrichen werden – die Paste muss tief ins Fruchtfleisch eindringen, es lohnt sich, die Melanzane zu massieren wie ein Kobe-Beef, was den positiven Nebeneffekt hat, dass man sich immer wieder die Finger abschlecken muss. Anschließend werden die marinierten Teile mit der Schnittfläche nach oben in den Ofen verfrachtet und für 20 Minuten allein gelassen. — Anschließend nimmt man sie aus dem Ofen, bestreicht sie mit dem Rest der Paste, wenn man will, streut man auch ein paar Sesamkörner darüber und stellt die Grillfunktion des Backofens ein. Dann schaut man zu, wie sich die Oberfläche zusehends verändert und tanzend karamellisiert, hat aber gleichzeitig im Blick, dass nichts verbrennt. Kann man mit dem sehr, sehr dünn geschnittenen Grün der Frühlingszwiebel servieren, mit etwas Chili oder, falls vorhanden, mit Bonitoflocken: Die werden auf die heißen Auberginen gestreut, und wie sie tanzen!*

Überhaupt fiel mir, je länger ich durch Kyoto streifte, desto klarer die Ausschließlichkeit auf, mit der hier Kulinarik gedacht, praktiziert und gelebt wird. Die japanische Kulinarik wird von Spezialisten gemacht. Generalisten haben einen schweren Stand. Niemand würde in einer Sushi-Bar ein *Tonkatsu*-Schnitzel bestellen oder in einem *Tonkatsu*-Restaurant irgendetwas anderes als ein paniertes Schweinsschnitzel. Ein Misogeschäft verkauft *Miso* und nicht auch noch Bonitoflocken dazu, weil das bestimmt jemand braucht, der *Miso* einkauft. Die Bonitoflocken gibt es beim Spezialisten für getrockneten Fisch, und er kann dir stundenlang auseinandersetzen, welches *Dashi* aus der Kombination welcher Misosorte und welcher *Katsuoboshi,* Bonitoflocken, angerührt wird, wo das jeweilige *Dashi* geografisch hinressortiert und welche Speisen es am besten begleitet.

Das kann durchaus etwas Zwanghaftes haben, wie der Kollege Julien Walther auf seinem Blog *Trois Etoiles* beschrieb. Walther hatte sich Tische in den wichtigsten *Kaiseki*-Restaurants organisiert, allesamt Dreisterner, wobei das europäische Prinzip der Restaurantbewertungen für eine brauchbare Vermessung der japanischen Spartenbetriebe aus naheliegenden Gründen nur unzureichend geeignet ist. Ergebnis der Tour war jedenfalls, dass Walther an fünf aufeinanderfolgenden Tagen in wechselnden Einzelzellen oder, wenn er Glück hatte, an der Küchenbar saß und exakt dieselben Speisen wie am Tag davor und am Tag nachher serviert bekam. Angesichts der Tatsache, dass jedes dieser Menüs zwischen 300 und 400 Euro kostet, stieg er entnervt aus dem Reihenversuch aus, bevor er ihn vollständig erledigt hatte.

Ich aß mein *Kaiseki*-Menü bei «Kikunoi». Den Tisch hatte ich Monate davor von zu Hause aus bestellt und selbstverständlich sofort bezahlt. Wobei sich «einen Tisch bestellen» so einfach anhört, als müsse man nur den Reservierungscomputer anwerfen, und schon sitze man am Tag seiner Wahl am Ort seiner Wahl.

So läuft das hier nicht. Ich musste ein Ansuchen mit mehreren Terminvorschlägen meiner Wahl abschicken, gemeinsam mit meinen Kreditkartendaten, und erfuhr Folgendes: Falls meinem Antrag Folge geleistet wird, kriege ich den Termin zugewiesen und das Geld wird sofort abgebucht. Wenn nicht, wird nur eine geringe Summe für die zwischengeschaltete Agentur fällig. Als dann die Nachricht kam, ja, ein Tisch bei «Kikunoi» ist für Sie reserviert, *dear Mr Sailor,* kam gleich die nächste Anweisung in Form eines Verhaltenskatalogs. Ich hätte pünktlich zu sein. Bei Verspätung von mehr als 15 Minuten wird der Tisch neu vergeben. Keine Handyfotografie. Kein Handy auf dem Tisch. Keine Parfums, weil sie das aromatische Erlebnis verändern könnten.

Botschaft: Eine *Kaiseki*-Mahlzeit ist eine ernste Sache. *Kaiseki* bezeichnet ein mehrgängiges Menü aus vielen festgelegten Gerichten, die aus sorgfältig ausgewählten Produkten hergestellt und in ästhetischer Vollkommenheit präsentiert werden. *Kaiseki* ist die kulinarische Königsdisziplin, eine Tradition, die weit zurückreicht und zen-buddhistische Ursprünge hat.

Als ich dem Chef des «Schwarzen Kameel», Peter Friese, von dieser Reservierung erzählte, strahlte er vor Freude. So was gefiel ihm. Außerdem durchschaute er sofort die psychische Disposition des reisenden Restaurantbesuchers: «Du wirst es lieben. Weil, du wirst nicht das Gefühl haben, dass du schon bezahlt hast. Du wirst nur das Gefühl haben, dass du nicht zahlen musst!»

Er hatte eins zu eins recht. Genau so war es. Aber vorher wurde mir noch der schönste Teller meines Lebens serviert.

Der schönste Teller meines Lebens war kein Teller, sondern ein Eisblock. Ein Eisblock von der Größe eines großzügig bemessenen Schminkkoffers, aus dem die Köche des «Kikunoi» mit ihren handgeschmiedeten Messern eine Vertiefung herausgeschnitten hatten. In dieser Vertiefung lagen jetzt die kalten Sobanudeln, mariniert mit einer poetischen Sauce und ergänzt von perfekt leuchtenden, geschälten und blanchierten Garnelen, dem Kopf eines Shitake-Pilzes, etwas *Myoga,* Ingwerblütenknospen, Gurkenscheiben und Tofu. Vollkommene Pracht.

Auch die anderen Gerichte, die in strenger Reihenfolge serviert wurden, waren atemberaubend schön. In Lampionblüten versteckte Sushi, auf Lotusblättern angerichtete *Sashimi,* die in einer Auberginenschale servierte Misosuppe, der puristische Aal, das überwältigend zarte Kobebeef, schließlich der traditionelle Reis, in den gebackener Fisch eingerührt wird.

Eine Kellnerin, die lang in Amerika gelebt hatte, führte mich durch den Abend. Sie sprach entsprechend gut englisch und hatte Humor, das war eine unerwartete Bereicherung angesichts der vielen Mahlzeiten, die sich selbst erklären mussten.

Nur einmal fiel ihr das Gesicht herunter, nämlich als ich nach dem ersten 2 cl-Fläschchen *Sake* ein zweites bestellte.

«*That is*», sagte sie zögernd, «... *unusual.*»

War mir egal, ich wollte trotzdem noch ein Glas Sake.

«*Very unusual*», antwortete die lustige Kellnerin und betrachtete mich in etwa so entsetzt, als wäre ich mit den Pantoffeln vom Klo gekommen. Aber nachdem ich diesen Schock schon einmal verdaut hatte, gelang es mir auch diesmal, und die Qualität des Sakes entschädigte mich für die erlittenen (oder sollte ich sagen: zugefügten) Qualen.

Kyoto war gut zu mir. Ich erlebte im Restaurant «Tenyu» die Freuden einer kompletten *Tempura*-Mahlzeit, deren Höhepunkt ein aus Algenstreifen geformter Stern war, der mit dem besten Seeigel meines Lebens gefüllt und anschließend durch den Tempurateig gezogen und frittiert wurde. Als mir Tanja Grandits einmal erzählt hatte, sie habe in Japan nirgends lieber gegessen als in den besten Tempuralokalen, war mir noch nicht klar gewesen, wie unendlich zart der Backteig sein kann und in welch fulminante Wechselwirkung mit Gemüse, Fisch oder Krustentieren er tritt. Einmal mehr überzeugte mich die Idee der Spezialgastronomie, und nach wie vor ist mir nicht klar, warum es, von wenigen Ausnahmen abgesehen, keine Nachahmer bei uns gibt, die die Kunst, ein Wiener Schnitzel zu braten, um nur dieses auf der Hand liegende Beispiel zu nennen, auf die Spitze treiben.

Ich spazierte kreuz und quer durch die atemberaubend schöne Altstadt. Besuchte eine Ausstellung der großen Yayoi Kusama. Aß bei «Hafuu» ein schmelzendes Sirloinsteak aus Kobe, probierte bei «Ippodo» Matchatee, der so stark war, dass mein Herz bis zum Hals schlug, und erlebte schließlich meinen nächsten ultimativen Kyoto-Moment, als ich in einem Eisgeschäft in der Nähe des Königspalasts nicht weniger als neun verschiedene *Matcha*-Eissorten in der Vitrine sah.

«Was ist der Unterschied?», wollte ich wissen.

«Intensität», antwortete die Verkäuferin.

«Welches empfehlen Sie?»

«Das dunkelste. Es schmeckt am intensivsten nach Grüntee.»

Ich nahm das Dunkelste und bekam eine Kugel in einem hübschen, schwarzen Becher.

Aber als ich gleich davon probieren wollte, zuckte die Verkäuferin zusammen.

«Warten Sie», sagte sie, und wies mir einen Stuhl im Foyer des Geschäfts an.

«Bitte im Sitzen essen.»

Dann verbeugte sie sich und blieb stehen, bis ich das Eis bis auf den letzten Rest vertilgt hatte.

Wie man leben muss: mit leichter Kleidung, Fertigkeiten als Muschelöffner und Eingeweihter in die Kunst des Cassoulet. Willkommen in Frankreichs Süden.

Languedoc

Ich schlenderte über den Markt von Olonzac und suchte den Stand mit den berühmten Ziegenkäserollen. Aber ich fand ihn nicht. Ich fand komische T-Shirts mit Slogans, die offensichtlich Franzosen auf Englisch für Chinesen getextet hatten («*You never wok alône*») und nachgemachte CROCS. Ein Stand mit Basttaschen war fein sortiert, ich entschied mich voller Vorfreude auf einen ergiebigen Einkauf für ein 85-Liter-Gebinde aus hellem Geflecht mit sonnenstudiobraunem Ledergriff, aber außer einem langen Tisch, auf dem Knoblauchlake verkauft wurde, in der Oliven schwammen, entdeckte ich bloß Textilien, selbst gemachte CDs und einen Tennisplatz, aber keine Lebensmittel.

In tiefster Not erinnerte ich mich daran, dass ich Journalist bin, dessen goldenes Handwerk darin besteht, Dinge, die auf den ersten Blick verborgen sind, ans Tageslicht zu fördern. Ich recherchierte. Gut, dass die ledergriffbraunen Girls mit den Nabelpiercings und den

Plateausohlenturnschuhen, die hinter dem Oliventisch standen, ein ebenso beseeltes Französisch sprachen wie ich. Sie schickten mich zurück zum Start, dort, guter Tipp, möge ich noch einmal fragen.

Ich drängte mich also gegen den Strom der CD- und Oliveneinkäufer zurück Richtung Hauptplatz, bewunderte aus dem Augenwinkel die Prachtexemplare unverzagt alt gewordener Hippies, die in der «Brasserie des Sports» lustig riechende Zigaretten rauchten, dann bemerkte ich das schmale Gässchen, das vom Zeitschriftenladen neben dem Siegerdenkmal in eine pittoreske Natursteinlandschaft führte.

Von dort kam ein Mann, dessen Silhouette uns mitteilte, dass er gerade etwas Beneidenswertes erlebt hatte. Er trug eine helle Hose und Espandrilles. Sein weißes Hemd war nur nachlässig zugeknöpft und hing über die Hose. Der Mann lächelte, lächelte ein souveränes, aufbruchsbereites Lächeln, das von seinen weit geblähten Nasenflügeln betont wurde, ein Sinnbild der Sinnlichkeit und der Instinktsicherheit, auch wenn er schwer zu tragen hatte. Schief kam er aus dem Gässchen, schulterschräg, und seine unverkennbare Freude steckte mich an, denn in seiner linken Hand befand sich dasselbe Prachtexemplar von Basttasche, wie ich es mir gerade angeschafft hatte, und der einzige Unterschied bestand darin, dass seine Tasche voll war, schwer wie ein ungehobener Schatz, und meine war leicht wie die Hoffnung.

Aber jetzt wusste ich: Es wird dir an nichts fehlen. Du wirst den Mann mit den Ziegenkäserollen finden.

Die Region Languedoc-Roussillon ist ein apartes Stück Frankreich, mehr als das, sie ist Frankreich, wie wir uns wünschen, dass ganz Frankreich wäre, wenn wir etwas zu sagen hätten. Stellen wir zum Beispiel der Provence den Côte-d'Azur-Wahnsinn nicht in Rechnung oder vergessen wir, wenn wir durch die Bistros in den besseren Arrondissements von Paris gestreift sind, was uns ein herrlicher, ganz normaler Abend am Schluss gekostet hat. Herrlicher Gedanke: eine Blutwurst, ein kleiner Bordeaux, und wir könnten daheim noch die Miete bezahlen.

Außerdem hilft es natürlich, sich der komplizierten Herstellungsmethode von Champagner mit einem gewissen Einfühlungsvermögen zu widmen. Der bereits einmal vergorene Grundwein (in der Regel Chardonnay oder weiß gekelterter Pinot Noir) wird mit Hefe ein zweites Mal vergoren. Dadurch entsteht Kohlensäure. Die Flaschen werden monate-, oft jahrelang gereift, gerüttelt (damit die Reifung gleichmäßig passiert), schräg gestellt (damit die Hefe in den Flaschenhals rutscht), degorgiert (der Flaschenhals wird schockgefroren, damit die dort angesammelte Hefe entnommen werden kann). Das dadurch entstehende Defizit wird mit der *Dosage* ausgeglichen, einer sagenumwobenen, zuckerhaltigen Geheimflüssigkeit aus den Kellern des jeweiligen Hauses, das aus gereiftem Wein bestehen kann, aus Weinbrand oder einer kruden Mischung davon. Mir ist am liebsten, wenn der Hersteller *sans Dosage* meldet, weil zu aufdringliche, zu süße *Dosage*-Aromen die Mühen der Herstellung oft zunichtemachen.

Die Grundannahme, dass Sprudel gleich Sprudel ist, hat mit der Wahrheit also ungefähr so viel zu tun wie die Gleichung, dass ein Anzug ein Anzug oder ein Schuh ein Schuh ist. Champagner ist ein maßge-

Wie ich lernte, Champagner zu trinken

Es gab eine Zeit, als ich mich weigerte, Champagner zu kaufen. Er war mir zu teuer. Für die – fangen wir sicherheitshalber im Keller der Champagnerpreise an – 35 bis 40 Franken, die eine Flasche Industriesprudel kostet, kann ich mir schließlich schon einen annehmbaren Chardonnay von der Côte d'Or leisten oder auch einen Barolo von einem kleinen Gestüt.

An dieser Gleichung hat sich nichts verändert. Trotzdem weigere ich mich nicht mehr so dogmatisch, tief in die Tasche zu greifen und die Kohle für Champagner auszugeben, weil ich nämlich in der Zwischenzeit ein bisschen was über dieses Getränk dazugelernt habe.

Das bezieht sich nicht unbedingt (aber auch) auf das mehrfach geübte Faktum, dass Champagner schneller als jedes andere alkoholische Getränk seine Wirkung entfaltet. Diese animierende Beobachtung ist übrigens nicht nur subjektiv gestützt, sondern sogar wissenschaftlich. Eine im NEW SCIENTIST veröffentlichte Untersuchung der UNIVERSITÄT SURREY bestätigte, dass die Perlen des Champagners die Aufnahme des Alkohols in die Blutbahn beschleunigen, womit das reiche Bouquet von dessen Wirkung auf den Organismus – Heiterkeit, Verlangen, Ekstase, Streitsucht – schneller zur Geltung kommt.

Das Wanken meiner Ablehnung hat vielmehr damit zu tun, dass ich inzwischen in den Genuss von wirklich gutem Stoff gekommen bin, von Champagner, der eine skandalöse Balance zwischen elegantem, feingewirktem Geschmack und animalischer Wirkung besitzt. Das Wort «skandalös» möchte in diesem Zusammenhang übrigens so verstanden wissen, wie es zum Beispiel in Zusammenhang mit dem «skandalösen Talent» eines Peter Doherty verwendet wird, dessen Songs zwischen Wohlklang, grandiosen Melodiewendungen, intelligenten Zeilen und dem ständig drohenden Absturz jene Art von Skandal heraufbeschwören, die mir im Champagner-Kontext passend scheint. Hören Sie sich mal den Song *I Don't Love Anyone (But You're Not Just Anyone)* an, dann wissen Sie sofort, was ich meine.

fertigter, von Können in zahllosen Arbeitsschritten hergestellter Anzug, während zum Beispiel der bloß mit Kohlensäure versetzte Prosecco («Prosecco oder Champagner?» – «Mir egal. Hauptsache Sprudel. Und kalt, haben Sie verstanden!») das H&M-Produkt unter den Schaumweinen ist. Oder, um nicht anzüglich zu werden: der Sneaker in der Damenschuhabteilung.

Hier fünf Flaschen, für die es sich lohnt, tiefer in die Tasche zu greifen (alle zu beziehen über den Champagner-Großhandel ZÜRCHER-GEHRIG, www.the-champagne.ch). Sie stammen von eigenwilligen, entschlossenen Winzern, die es verstehen, die oben beschriebene Balance am besten in Flaschen abzufüllen.

1 – Egly-Ouriet, Grand Cru Millésime, 99,00 CHF (mein Lieblingschampagner)

2 – Bonnaire Grand Cru Blanc de Blancs, 37,00 CHF (*Best Buy!*)

3 – Jacquesson Avize Champ Caïn 2005, 150,00 CHF (für hohe Feste)

4 – Larmandier-Bernier Vieille Vigne de Levant 2008, … (skandalös, siehe oben)

5 – Eric Rodez, Zero Dosage, 55,00 CHF (Bio und Einzelstück)

Eine weitläufige, hügelige Landschaft, aus der mittelgroße, intakte Dörfer herauswachsen, streckt sich westlich der Rhône bis hinunter zu den Pyrenäen, und wo immer der Wald aufhört, fängt der Weinberg an. In der Appellation «Couteaux de Languedoc» wachsen vor allem Syrah und Grenache, dieses Weinbaugebiet ist das größte des Landes, es hat das Glück, noch immer unterschätzt zu werden. Die Fama sagt, dass jahrelang viele Bordeaux-Weine hier gewachsen sind, weil findige Winzer sonnensatte Trauben aus dem Corbières an ihr linkes oder rechtes Ufer spedieren ließen. Inzwischen wissen die Auskenner Bescheid, dass das Pays d'Oc erdige, muskulöse Weine erster Ordnung produziert, und wer etwa die charakterstarken Weine Siziliens oder Apuliens schätzt, wird auch hier fündig werden, aber hallo.

Der Erste, in dessen Arme ich lief, war der Muschelmann. Er hatte einen Tapeziertertisch vor sich aufgefaltet, auf dem nicht mehr als zwei Behältnisse Platz fanden. Im einen türmten sich metallisch glänzende, dunkelschwarze Miesmuscheln, im anderen Austern im algenverschmierten Camouflagelook.

Der Muschelmann brauchte keine zwei Zehntelsekunden, um mich samt meiner nagelneuen Basteinkauftasche zu erkennen.

«Wie gefällt es Ihnen bei uns?», fragte er in makellosem Deutsch, «wie lange dauern Ihre Ferien noch?»

Ich blickte an mir herunter. Helle Hose, *Espandrilles*. Ein weißes Hemd, das mir über den Gürtel hing, wobei, okay, es war bis zum Kragen zugeknöpft.

«Zwei Kilo Muscheln», antwortete ich auf Französisch, obwohl ich wusste, dass es sinnlos war, den Herren täuschen zu wollen, «sind sie auch frisch?»

«Mein Lieber», war die staubtrockene Antwort in akzentfreiem Deutsch, «ich bin wegen Ihnen heute um vier Uhr früh aufgestanden. Um fünf dachten die Muscheln noch, sie könnten sich für heute Abend zum Pizzaessen verabreden. Tja...»

Er setzte die Pause perfekt:

«Mögen Sie Pizza?»

Gerade als ich mich darüber ärgerte, dass ich den Witz gar nicht schlecht fand, kam eine ältere Dame mit zu grell geschminkten Lippen des Weges, nickte dem Muschelmann zu und beschrieb mit ihrer arthritischen rechten Hand einen kleinen Kreis über dem Korb mit den Muscheln. Der Muschelmann nickte, klaubte einen voluminösen, weißen Plastiksack aus dem Off und füllte ihn sukzessive mit seinem klappernden, schwarzen Inhalt, bis der Sack gerade noch zugebunden werden konnte, dann füllte er den nächsten, dann gab es keine Muscheln mehr.

Der Muschelmann schaute mir hellblau in die Augen: «Pizza mit Austern?»

Es war der richtige Augenblick, um mutig zu sein.

Ich nickte. Mit meiner rechten Hand beschrieb ich einen kleinen Kreis über dem Korb mit den Austern. Der Muschelmann schenkte mir ein anerkennendes Lachen, dann griff er nach den weißen Plastiksäcken.

Ich fühlte mich beflügelt und souverän. Erst als ich den dritten und letzten Sack mit Austern in meiner Tasche verstaut hatte, fragte ich den Muschelmann, ob er zufällig wisse, wie man die Teufel aufkriegt.

Er zögerte kurz.

Dann hatte ich einen neuen Freund.

Zum Beispiel Narbonne. Narbonne ist keine große, nicht einmal eine besonders schöne Stadt des Languedoc, etwa in der Mitte zwischen Montpellier und Perpignan, aber die Hallen in der Stadtmitte, gleich am Kanal, sind im besten Sinne unwahrscheinlich. Ich hatte das Glück, besagte Hallen *with à little help of my frìends* besuchen zu können, das heißt, ich war im Besitz einer mit Kugelschreiber auf einen umgedrehten Einkaufszettel gezeichneten Karte, auf der die wesentlichen Punkte für den perfekten Einkauf bereits vermerkt waren.

Links vorne der Stand mit den Biotomaten. Schräg gegenüber der Bäcker mit den unglaublichen Flûtes, wiederum auf der anderen Seite der Herr mit den Pasteten und anderen Weichwaren. Als ich dort wie aufgetragen nach Gänseleber fragte, säbelte mir besagter

Herr eine substanzielle Tranche von besagter Ware ab, ich möge mich doch selbst überzeugen, ob sie etwas tauge ... ja, sagte ich, ja, und die Gänseleber war gut, und teuer war sie auch. Ich schätze, ein Stück in der Größe eines iPods kostet so viel wie ein iPod, aber nichts gegen Musik. Die Leber schmeckte ungefähr so, wie Felix Mendelssohn-Bartholdy komponierte, voluminös, lieblich, romantisch, mit ziemlich viel Schmelz.

Im Mittelgang der richtige Gemüsehändler, laut Plan zu erkennen an seiner grotesken Tochter (es war der Stand, dem ich mich mit dem größten voyeuristischen Impetus näherte – leider war die Tochter entweder nicht grotesk oder nicht da, das Gemüse war einwandfrei).

Rechts hinten die Fischabteilung, die nach der Tagesform zu beurteilen sei – darf ich bereits die *Bouillabaisse* vorwegnehmen, deren Ingredienzien ich hier besorgte? Die Uh-Ah-Bitte-noch-ein-bisschen-*Bouillabaisse?*

Die Fischhändler gegenüber vom Schwertfisch-Fischhändler, der es sich zur Aufgabe gemacht hat, täglich mit einem frischen Schwertfisch-Schwert für *Corporate Identity* zu sorgen, hatte eine Fischsuppenmischung vorbereitet. Drachenkopf, Meersau, Heringskönig, Meeraal, Rotbarbe und Languste. Es war das der Auftakt zu einem der schönsten Abende, die ich je hinter dem Herd verbracht hatte.

Wir folgten Bocuse, siehe Seite 216 der deutschsprachigen Taschenbuchausgabe. Ich verliebte mich in Gebrauchsanweisungen wie «... hat man zufällig Seezungengräten oder Steinbuttköpfe zur Hand, so gibt man diese mit in den Fonds», sie zeugen von veritablem Zutrauen in die Kundschaft.

Die Suppe gelang. Hätten wir uns – nach langer und hitzig geführter Diskussion, denn Bocuse hielt sich in dieser Frage bedeckt – dafür entschieden, die Gräten im Voraus zu entfernen, wäre es ein Dreistern-Essen gewesen. So war es ein Dreistern-Essen minus Fingerarbeit.

Der Muschelmann hielt mich zur Aufmerksamkeit an. Erstens den Fleischmann nicht verpassen, es handle sich um den mit der Frisur, falls mir an einem schönen Kalbskotelett gelegen sei. Zweitens den Imker unter dem Marktplatzdach nicht auslassen, dessen «Lou Buch del Pepi» sei einer der wenigen Honige, der diesen Namen verdiene. Schließlich – «Ziegenkäserollen» presste ich zwischen schmalen Lippen heraus, und der Muschelmann hielt inne.

«Ach so», sagte er, und wechselte von Deutsch auf Französisch.

Natürlich trieb ich mich in den Restaurants der Region herum. Natürlich folgte ich den Wegweisern zu den Sternen zwischen Carcassonne und Beziers. Aber das Versprechen der Märkte wurde nirgendwo überzeugend eingelöst, also konzentrierte ich mich auf den richtigen Einkauf, das richtige Rezept, die richtige Übersetzung in das, was das Land zu bieten hat, in das, was das Land liebt. Das große Wort, das allerorten gesprochen wurde, lautete: Wer das Languedoc kennenlernen will, soll gefälligst eigenhändig ein *Cassoulet* zubereiten.

Es handelt sich dabei um das Gulasch des Südens. Es wird aus Bohnen, magerem und fettem Schweinespeck, eingemachtem Gänsefleisch und relativ viel Knoblauch zubereitet, dieser roh und/oder in Form von Knoblauchwurst, diese gleichfalls roh, falls sich jemand bereits aufs Naschen beim Kochen freut.

Cassoulet gibt es in jeder Autobahnraststätte, jeder Strandkneipe, jedem Marktplatzcafé.

Ich probierte vorsichtig. Eintöpfe sind Risikofaktoren. Aber ich erkannte das Potenzial. Hatte Ideen zur Verfeinerung, kurz: Ich traute mir etwas zu. Lud Konfidenten und Zugewandte in die prächtigen Essgemächer des «Chateau d'Agel», wo ich mich wegen der gut zu handhabenden Küche eingemietet hatte, und riskierte meinen Ruf.

Falls Sie sich gerade fragen, wo Sie eingemachtes Gänsefleisch herkriegen. Mein Freund Bocuse hat in dieser Angelegenheit klare Vorstellungen:

«Die [fette, ausgenommene, gerupfte, abgeflämmte] *Gans der Länge nach in zwei Hälften teilen und alles Fett um Magen, Därme und Hinterteil auslassen. Das Fett bei milder Hitze zu einem klaren Schmalz auslassen. Die Leber beiseitelegen und für eine andere Zubereitung vorsehen.*

Die beiden Hälften jeweils wiederum quer teilen, sodass vier gleichmäßig großen Stücke entstehen, zwei Stücke mit Flügeln und Brust und zwei Stücke mit den Schenkeln und Karkasse. Das ganze Knochengerüst jeweils daranlassen. – Die Gänseviertel [mit einer Mischung aus Salpeter, Zucker, Thymian, Gewürznelke, Lorbeerblatt und reichlich Meersalz] *einreiben und 24 Stunden durchpökeln lassen.»*

Damit sind wir bei Punkt eins angelangt. Es folgt eine wissenschaftliche Abhandlung über die Mischung von Gänse- und Schweineschmalz und ihre Wirkung auf das mürbe zu machende Gänsefleisch.

Ich gebe zu, dass ich die eingemachte Gans bei Mendelssohn-Bartholdy in Narbonne besorgte. Alles andere machte ich selbst.

Weiße Bohnen einweichen.

Mit Schweinespeck auf- und einkochen.

Schweinsnacken im Gänseschmalz anbraten, bis er braun ist, dann Zwiebeln und Knoblauch nachschießen.

Im Sud die Gänseteile samt der Knoblauchwurst eine Stunde lang kochen. Anschließend eine Suppenterrine schichtweise mit Bohnen und Fleisch befüllen, Semmelbrösel darüberstreuen, Gänseschmalz darüberträufeln und – wieder bei «milder Hitze» – zwei Stunden im Ofen durchziehen lassen.

Dann kostete ich.

Es war.

Es war.

Es war misslungen. Zu fett.

Beim Mann mit der Frisur traf ich die Kollegin vom Olivenschalter wieder, sie machte gerade Pause. Das Kalbskotelett war aus, ich nahm Stelze, es war ein Erlebnis.

Der Imker erklärte mir ausführlich, warum er keine Kilogläser mehr abfülle. Weniger Bienen, weniger Honig, und so wenig Bienen wie dieses Jahr habe er noch nie erlebt, wobei, er sei erst 84.

Der Honig freilich, ein Gottesbeweis.

Dann der Käsemann. Er verkaufte Ziegenkäserollen. Frische, eine Woche alte, zwei Wochen alte.

Ich fragte ihn, ob er kein zweites Produkt habe?

Wie bitte, antwortete er.

Er hatte einen groben Schädel, ich muss es so sagen, und ich hätte mich nicht gewundert, ihn bei den anderen Hippies in der «Brasserie des Sports» anzutreffen, aber der Käse war … sagen wir so, die Käsewägen in unseren Spitzenhütten müssen sich anschnallen.

Ich marschierte vom Marktplatz zurück zum Hauptplatz. Meine Tasche war schwer, ich schleppte sie schulterschräg. Ich suchte das Auto. Über der Frage, was ich mit vier Kilo Austern und zwölf Rollen Ziegenkäse beim Abendessen anstellen sollte, hatte ich völlig vergessen, wo der Parkplatz war.

Weil ihr fragt, was die Konfidenten zum *Cassoulet* sagten.

Sie sagten: Bravo.

Ich hatte meinen Handarbeitseintopf unauffällig entsorgt und dafür drei Dosen *«Cassoulet au Confit de Canard»* aus der nahe gelegenen Kooperative «L'Oulibo» in Bize-Minvervois geholt, beherzt geöffnet und gewärmt.

Noch nie, hörte ich, sei ein *Cassoulet* so «transparent» dahergekommen, so «bukolisch».

Ich verbeugte mich schüchtern.

Dann trug ich den Ziegenkäse auf.

Wissen Sie, welches Gesicht man macht, wenn man merkt, dass man gerade panierte Schweinsohren gegessen hat? In Lissabon wird diesbezüglich eindeutig gelächelt.

Lissabon

Irgendwas stimmt doch nicht in Lissabon.

Kein GUCCI, kein PRADA, keine komischen Handelsketten mit überall demselben Glumpert in den überall gleich aussehenden Schaufenstern. Stattdessen ein bisschen abgerockte Fassaden herrschaftlicher Häuser, schnurgerade Boulevards, altmodische Schuhläden, Straßencafés, Schokoladegeschäfte, in denen es auch Portwein zu kaufen gab, alten Portwein, 10 Jahre gereift, 20 Jahre gereift, Jahrgangsportwein aus den 70ern, aus den 60ern, und dann standen ein paar Flaschen herum, die so staubig waren, dass man nicht mehr erkennen konnte, seit wann sie im Regal herumgammelten. Ungefähr so muss man sich die Marketingeinfälle portugiesischer Detailhändler vorstellen.

Ich bin übrigens kein hoffnungsloser Sentimentaliker. Ich finde nicht alles, wie es früher war, besser als heute, und zweimal pro Jahr gehe ich sogar zu STARBUCKS und esse einen *New York Cheese Cake,* danach weiß ich jeweils ein halbes Jahr, warum die Amerikaner so fett sind.

Aber durch Lissabon zu schlendern, ist ein Abstecher in die Zeit, als noch nicht jede europäische Hauptstadt aussah wie jede andere, als STARBUCKS noch nicht die Welt erobert hatte, die Amerikaner noch nicht so fett waren, und ich fand, ich gebe es gern zu, dass das eine gute Zeit war. Außer man brauchte dringend einen Mantel von PRADA oder einen *Caramel Macchiato*.

Vor dem Abendessen wollte ich einen Spaziergang machen. Ich ging bergauf, bis ich schwitzte, genoss einen Augenblick lang die fantastische Sicht hinunter auf die Mündung des Tejo, ein breites, majestätisches Meerbecken, das von allerhand Linienbooten durchkreuzt wird, bis das Wasser ein Muster trägt wie ein Kreuzworträtsel, dann ging es schon wieder bergab, und ich rutschte mit meinen Ledersohlen auf den durchgetretenen, speckigen Steinen der Straßen, und jeder Blick nach links und rechts, in die sogenannten Adern des öffentlichen Lebens, zeigte eine Dorfstraße, einen Kinderspielplatz, einen Tummelplatz staubiger Hunde, tausend kleine Charakterecken, die in Summe eine Großstadt ausmachen, eine Großstadt mit Falten an den Augenwinkeln und nicht zu viel Schminke auf den Wangen.

Schon ging es wieder bergauf.

Lissabon liegt auf sieben Hügeln, steilen Hügeln.

Als ich auf der Praça da Figueira ankam, hatte ich Durst. Das konnte niemanden überraschen, der sah, wie mir das Hemd am Rücken klebte. Dass die Portugiesen es schaffen, trotz dem dauernden Rauf und Runter elegant und trocken zu bleiben, ist mir ein Rätsel. Vielleicht liegt es daran, dass sie, statt zu gehen, jeden Meter mit den gelben Straßenbahnen der Linie 28 fahren, hübschen, zugigen Vogelhäuslen auf Schienen. Vielleicht gehen sie aber auch einfach nur sehr langsam.

Das «Palmeira» wuchs in das dunkle Erdgeschoss seines Hauses wie der Stollen eines Bergwerks. Die Theke war lang und aus Stahl, der an vielen Stellen schon blind gescheuert war. Den Fußboden und die Wände hatten fleißige Hände vor langer, langer Zeit aus bunt bemalten Kacheln zusammengesetzt, und dass das «Palmeira» so surreal, so aberwitzig, so verführerisch strahlte, lag einzig und allein an der fantastischen Beleuchtung, wie wir sie früher in den Bahnhofsbüfetts italienischer Kleinstädte kennengelernt haben: reines, unverfälschtes Neonlicht.

Zahlreiche Herrschaften lehnten an der Theke und lasen Zeitung oder studierten die Eingeweide ihres Biers. Sie hatten schöne, grüne Gesichter. Bergwerksgesichter. Neonbergwerksgesichter.

Ich bestellte ein SUPERBOCK, das Bier, das die Portugiesen so inbrünstig lieben, dass sie es in großen Kartonkisten in die Hinterzimmer ihrer Läden in der Schweiz und Deutschland liefern, zur Heimwehertränkung.

Das Bier, nicht zu kalt, wenig Kohlensäure, war genau, wie ich es mag. Nichts schlimmer als die Biere, die nach einem kräftigen Schluck vor lauter Prickeln sofort wieder bei der Nase herauskommen. Dazu das kühle Lüftchen, das zur geöffneten Tür hereinwehte, das grüne Licht, der sachte aufsteigende Duft von, ja, wovon?

Die Wirtin kam mit einem Metalltablett voller frittierter Krapfen aus der Küche, um sie in die Vitrine neben der Bar zu sortieren.

Augenblicklich fiel mir ein, was mir zur Perfektionierung dieses schönen, frühen Abends noch gefehlt hatte: ein heißer, frittierter Krapfen, wie er zufällig gerade vor mir in der Vitrine lag.

Ich packte mein bestes Portugiesisch aus, zeigte mit dem Finger zuerst auf mein leeres Glas Bier, dann auf die Vitrine und sagte «obrigado», was streng genommen «Danke» und nicht «Noch ein Bier und so einen Krapfen» heißt, aber die Wirtin verstand mich, sie schenkte mir sogar ein anerkennendes Lächeln, das ich als Lohn für meine Bemühungen gern entgegennahm.

Der Krapfen sah etwa so aus wie eine Krokette in einem gutbürgerlichen, deutschen Restaurant, wo dem Koch die Hand ausgekommen ist. Ich untersuchte den über dem Teller aufsteigenden Dampf mit weit geöffneten Nüstern und stellte aus den Augenwinkeln fest, dass der Mann, der neben mir sein Glas Rotwein und die Sportzeitung studierte, mich unverhohlen anstarrte.

Da ich weder Messer noch Gabel zu meinem Imbiss bekommen hatte, nahm ich das heiße Ding in die Hand und biss beherzt ab.

Es war … heiß, sehr heiß. Ich weiß nicht, wie laut ich geschrieen habe, aber die Aufmerksamkeit der Thekennachbarn gehörte mir.

Alle starrten mich an. Es ist nicht ganz einfach, eine Krokette zu verspeisen, wenn dich alle anstarren, vor allem, wenn die Krokette gar keine Krokette ist, wenn statt der gewohnten, flaumig bis styroporartigen Erdäpfelfüllung ein deutlich anders beschaffenes Innenleben aus der Panierummantelung heraustropft, zum Beispiel auf deine Hosen.

Aber ich schaffte es. Ich aß das Ding. Ich aß das Ding auf. Ich aß das Ding auf, ohne genau zu wissen, was ich da eigentlich aß – kräftig gesalzene Panier, ja, aber woraus bestand das Innenleben, das ein bisschen schmalzig aussah und auch so ähnlich schmeckte, aber doch deutlich mehr – Biss? hatte.

Der Sportzeitungsnachbar hatte seinen Blick nicht von mir abgewendet, und weil die drängende Frage, was ich mir gerade einverleibt hatte, offenbar deutlich in meinem Gesicht zu lesen stand, nahm der Kerl seine Hand vom Bierglas und fasste sich mit Daumen und Zeigefinger ans eigene Ohrläppchen und begann es ostentativ zu reiben.

Ohr. Ich hatte ein paniertes Schweinsohr verzehrt.

Der Typ begann ungeniert zu grinsen.

Du wirst mich nicht schocken, Alter, dachte ich mir. Du nicht.

Hob die Hand und bestellte noch eins.

Ich erholte mich unter einer Palme.

Genau genommen hatte ich mich in mein Zimmer im fabelhaften Hotel «As Janelas Verdes» zurückgezogen, in ein Zimmer, von dem aus ich dem Tag über dem Tejo dabei zugesehen hatte, wie er sich langsam in das Glitzern südlicher Nächte verwandelte. Und dass auf dem Schreibtisch eine Karaffe mit Portwein stand, aus der ich mich nach Gutdünken bedienen durfte, trug dazu bei, dass ich langsam wieder in Stimmung kam, etwas zu mir zu nehmen, doch, selbst etwas Paniertes.

Aber vorher schlief ich bis morgen.

Dann holte ich Rat an der Rezeption ein, wo ich das beste Mittagessen Lissabons einnehmen könnte, und die schickte mich quer über die Straße in das ehemalige Marianumkloster, in dem sich seit 1880 das «York House» einquartiert hat, ein feines, charmantes Hotel, das um ein Restaurant mit einem hübschen Garten ergänzt wird, in dessen Mitte ein Palme steht.

Ich nahm unter der Palme Platz.

Die Sonne wärmte, ich legte die Jacke ab.

Der Küchenchef kam persönlich an meinen Tisch.

«Fisch oder Fleisch?»

«Fisch.»

«Ich habe eben eine Lieferung Seebarsch bekommen. Darf ich den Fisch etwas glasig braten? In Olivenöl? Ich weiß, in Portugal ist das nicht unbedingt üblich, aber der Fisch ist vor zwei Stunden noch im Meer geschwommen, es wäre schade, die Frische des Fleisches durch zu viel Hitze auszulöschen ...» (der Mann sprach wirklich so!)

«Von mir aus Sushi.»

(Diese Bemerkung trug mir einen aufmerksamen Blick des Chefs ein, den ich nicht genau interpretieren konnte, aber ich glaube, es war Anerkennung).

«Mögen Sie Spargel?»

«Spargel?»

Es war Februar.

«Spargel von wo?»

«Von hier, Señor. Wissen Sie, es ist warm bei uns.»

Das stimmte. Sonst wäre ich vermutlich nicht in Hemdsärmeln unter einer Palme gesessen.

Wir unterhielten uns noch ein bisschen über die trockenen Weißweine Portugals, sodass ich nicht umhin konnte, ein Warenmuster zu bestellen, einen Alvarinho aus der Nähe von Monção, und ich muss sagen, dass er ausgezeichnet mit dem schönen Wetter harmonierte. Ich konnte mich während des Wartens auf den Fisch durchaus mit dem Gedanken anfreunden, in Lissabon ins Kloster zu gehen.

Der Seebarsch war perfekt, im Olivenöl schonend auf der Haut gegart. Das Fleisch war fest und schmackhaft, ausgezeichnet in seiner Qualität, unvergleichlich in dieser Frische.

Der Chef hatte ganze Arbeit geleistet: Er hatte den Barsch nicht interpretiert, er hatte ihn moderiert.

Große Küche.

Also nahm auch ich, wie die Locals, die Linie 28, um mir Lissabon anzuschauen. Ich war begeistert über die offenen Fenster, die es erlaubten, dass ich wie in einem Cabrio, Ellenbogen aus dem Fenster hängend, durch die Stadt sausen konnte, und ich weiß gar nicht, wie es die kleinen Triebwagenwaggons hinkriegen, dass sie so abrupt beschleunigen können. Haben die 1000 PS? Die Damen mit den Locken und den Fliegerbrillen, die in schicker Uniform am Steuer saßen, machten sich jedenfalls einen Spaß daraus, FERRARI mit einer Schulklasse auf dem Rücksitz zu spielen.

Weil ich vergaß, auszusteigen, kam ich, gleich bei der Endstation über den sieben Bergen, in den Genuss eines Spaziergangs über den Cemitério dos Prazeres, den «Friedhof des Vergnügens».

Merkwürdiger Name, dachte ich, ließ mich aber belehren, dass die Nekropole auf einer ehemaligen Vergnügungswiese errichtet worden war und deshalb so hieß. Die Grabstellen bestanden aus kleinen Häuschen, an deren Wände Regale montiert waren, in welche, von außen deutlich sichtbar, die Särge eingeschlichtet werden. Der Freudenfriedhof, dachte ich schaudernd, würde eine fantastische Kulisse für einen geschmackvollen Zombiefilm abgeben. Aber ich würde ihn lieber im Kino anschauen als live.

Ich beruhigte mich gleich gegenüber dem Friedhofseingang in einer prächtigen 60er-Jahr-Kirche, der «Igreja de Nossa Senhora Auxiliadora», wo ich bestimmt die merkwürdigste Heiligenfigur meines Lebens zu Gesicht bekam: einen schlanken Mann mit enggeschnittenem Anzug, Fliege, Bankbeamtenfrisur und einem großen Kreuz in der rechten Hand. Der Heilige der Gemeindebediensteten?

Ich musste zurück zu den Lebenden. Der Schaufensterdekorateur einer kleinen Bar mit Garküche half mir dabei. Er hatte ein

Wir Affen am Grill

Gibt es eigentlich einen spezifischen Grund, warum Männer, wenn sie eines Grills ansichtig werden, diesen seltsamen, abwesenden Blick bekommen, den sie sich früher nur vor den Schaufenstern unerschwinglicher Automarken und, natürlich unbeobachtet, im Pornokino gestatteten, nachdem das Licht ausgegangen war? Welche atavistischen Reflexe bemächtigen sich unserer Imagination, sobald die Kohle glüht und die Luftsäule über dem Grillkessel zum Tanzen bringt?

Bitte jetzt von Hinweisen auf das Jagen und Zubereiten von Mammuts zu verzichten. Ich habe längst öffentlich erklärt, dass ich von Paläodiäten jeder Form nichts halte und dass ich der Evolution durchaus dankbar dafür bin, mir beim Gemüsehändler meines Vertrauens einen Kilo Tomaten kaufen zu können, die ich dann auf dem Herd zu Sauce Rost zu werfen, weil der plötzliche Temperaturunterschied sich unvorteilhaft auf die Konsistenz des jeweiligen Kotelets auswirkt (Lammkotelets wurden und werden für den Anschauungsunterricht bevorzugt). Kaum hatten wir herausgefunden, das Fleisch zuerst Zimmertemperatur annehmen zu lassen, bevor wir es auf der sorgfältig heruntergebrannten Glut der veredelnden Maillard-Reaktion zuführten, war jede Mahlzeit vom Grill doppelt so erfreulich wie die vorher. Und nachdem wir einmal ausprobiert hatten, Lammracks im Ganzen zu grillen und erst anschließend in mundgerechte Portionen zu schneiden, wussten wir, dass es umgekehrt besser ist: Zuerst die Koteletts schneiden, dann auf die Hitze damit, zwei Minuten später ist das ideale Lammkotelett so weit, und wenn jemand die Geduld aufbringt, noch fünf Minuten zu warten, um sich nicht zu verbrennen, dann ist das, mit ein bisschen Maldon-Salz, Zitrone und gemörsertem Knoblauch veredelt, sehr wahrscheinlich eines der besseren Lammkoteletts, die man auf Erden bekommen kann. Der Rauch, das Fett, das Salz, die Säure, die Schärfe: Sie arbeiten auf dem Grill willig zusammen, wenn wir sie nur lassen.

verarbeite, um sie mit einem halben Kilo *Spaghettini* und ein paar Basilikumblättern in ein herrliches, allseits beliebtes Abendessen zu verwandeln.

Nein, natürlich habe ich nichts gegen Grills, einige meiner besten Freunde sind welche. Jahrelang arbeitete ich mich an dem improvisierten Barbecue meiner Nachbarn ab, die einen höhenverstellbaren Rost über einer von Backsteinen vorschriftsmäßig eingezäunten Feuerstelle montiert hatten – sie sind, nur weil ihr fragt, höchst erfolgreiche Architekten, die können so was –, gemeinsam sammelten wir wertvolle, rauchige Erfahrungen.

Zum Beispiel lernten wir, dass es keinen Sinn hat, *alles* zu grillen. Ich kann das sagen, denn wir grillten alles, nicht nur Fleisch, Geflügel und Fisch, nein auch Gemüse und sogar Salat. Darf ich sagen, dass das mit dem Salat keine gute Idee war, auch wenn wir gemeinsam am Tisch saßen, uns zunickten und bekräftigten, dass es ein fast schon genialer Einfall gewesen war, den schönen Blattsalat zuerst mit Olivenöl zu beträufeln, dann zu versalzen und schließlich zu verbrennen?

Wir lernten, Lektion zwei, dass es sinnvoll ist, Fleisch nicht direkt aus dem Kühlschrank auf den

Klar, für den Fortgeschrittenenkurs braucht es da ein kleines Update an der Hardware (ich selbst habe mir ein etwas smarteres Gerät besorgt, wie üblich das Günstigste vom besten Hersteller. Mit dieser Maxime beim Einkauf von Küchengeräten bin ich bis dato sehr gut gefahren). Um zum Beispiel das Grillen dicker Fischtranchen nicht zur Lotterie werden zu lassen, empfiehlt es sich, über mehr Informationen zu verfügen, als dass der Grill eh heiß ist.

Die vielleicht wichtigste Information jedoch ist, dass sich die Geschichte wiederholt. Auch auf den Supergrills mit Temperaturkontrolle und Selbstreinigungsfunktion werden Karotten und Zucchini nicht besser als in der Pfanne, und wenn das Gemüse, das wie für den Grill geschaffen ist, nämlich der grüne Spargel, nicht mehr Saison hat, dann empfehle ich, die Beilagen eher in der Küche zuzubereiten und nicht am offenen Feuer, vor allem den Salat, den Salat auf jeden Fall.

Grillen ist nämlich eine Kulturtechnik, die ungefähr so viel Selbstbeschränkung braucht wie das Fahren mit einem schnellen, luxuriösen Auto. Wer die Power nicht beherrscht, fliegt zwangsläufig aus der Kurve.

Spanferkel so appetitlich ausgestellt, mit hochgezogenen Mund-winkel und geschlossenen Äuglein vermittelte es mir den Eindruck, dass es, wenn schon über den Jordan, dann wenigstens an die rich-tige Destination gegangen war, willkommen im Schaufenster der Freude. Ich bedankte mich beim Ferkel, indem ich es verzehrte. Andächtig und ein bisschen durcheinander, was in Lissabon genau wem Spaß macht.

Für den Abend brauchte ich noch eine Adresse. Ich rief eine Bekannte in Wien an, die beste Beziehungen nach Portugal unterhält, und bat sie um einen Insidertipp. Beim Gespräch fiel mir auf, dass sie nicht genau wusste, mit wem sie gerade sprach, gleichzeitig aber nicht fragen wollte, wer sie so burschikos und selbstverständlich angeru-fen hatte. Das machte zwar Spaß, aber ich bemühte mich höflich, mit pointierten, aufschlussreichen Bemerkungen dafür zu sorgen, dass meine Bekannte von der Peinlichkeit erlöst wurde, mich fragen zu müssen, wer zum Teufel ich eigentlich sei.

Als ich sie dann ein paar Wochen später in Wien traf, gestand sie mir, dass sie bis zum Schluss nicht gewusst habe, wen sie an diesem Abend in den «Mercado do Peixe» geschickt hatte.

Das war ich, meine Liebe. Und danke auch für den Tipp: Du hattest ganz recht, als du sagtest, dass gerade mir dieses Restaurant gefallen würde.

Der Architekturhistoriker Kenneth Frampton beschreibt in einem Ausatz den Ofen äußerst poetisch als «das Herz des Hauses». Wenn das stimmt, dann hat der «Mercado do Peixe» ein Sportlerherz.

Das Lokal ist um einen riesigen, zwei mal drei Meter großen Holzkohlengrill angelegt. Die Gaststuben sind weitläufig und durch Stufen und Mauerbögen in verschiedene Sektionen unterteilt. Auf einem Mäuerchen, auf silbernen Tabletts nett drapiert, liegt der frische Fisch: Sardinen, Wolfsbarsch, Seebarsch, Krustentiere, ein Steinbutt.

Dieser Fisch wird über der Glut zubereitet. Eine andere Gar-methode ist zu Recht nicht vorgesehen.

Dazu liefert die Küche Erdäpfel in der Schale mit Olivenöl. Aus dem Kühlschrank kommt der leichte, fruchtige Weißwein.

Es ist eine Freude zu sehen, wie wenig es oft braucht, um das Beste aus den Möglichkeiten zu machen.

Ich probierte natürlich auch Lissabons Nummer-eins-Adresse aus, das «Eleven» im modernen Business-Bezirk, und ich hatte die Freude, mit wunderbarer Aussicht über das nächtliche Lissabon dinieren zu dürfen, was sich Küchenchef Joachim Koerper ausgedacht hatte. Bei aller Kreativität: Auch hier war es der frische Fisch, der in Erinnerung blieb, und das unendlich aufmerksame Service der Schwadron bemühter Kellner.

Aber das Herz dieser Stadt schlägt nicht für die luxuriösen Ideen. Lissabon sitzt lieber im Café, trinkt rabenschwarzen Espresso und denkt darüber nach, warum die Zeit so langsam vergeht. Dazu vielleicht die eine oder andere pieksüße Überraschung, eventuell auch ein Gläschen Port.

Ich probierte Hörnchen und fantastische, mit Rahm gefüllte Törtchen in der «Pastelaria Mexicana».

Aß Kuchen im «Café Nicola» (wo ich mir den Kopf darüber zermarterte, wie ich es schaffen könnte, einen der großartigen Stahlrohrstühle zur Tür hinauszuschmuggeln und irgendwie nach Hause zu befördern; ein Gedankenspiel, über das die eine oder andere Stunde erstklassig verstrich).

Im «Noobai Café» versetzten mich die Farben der Wände (ein selten gelungenes Türkis) und der 240-PS-Kaffee in Ekstase. Die äußert sich an diesen Orten darin, dass man noch ein bisschen sitzen bleibt und eventuell noch einen Kaffee bestellt, wenn das Herz wieder aufgehört hat, bis zum Hals zu schlagen.

Ich trank Tee und aß Mandelgebäck in der «Pasteleria Sala de Cha Versailles», einer in ihrer glänzenden Normalität so beruhigenden Traditionshütte, dass man schon beim ersten Besuch die Bridgekarten auspacken möchte, auch wenn man, wie ich, gar nicht Bridge spielen kann.

An einem lauen Abend saß ich auf der Straße vor dem «Café a Brasileira» und las, trank SUPERBOCK-Bier aus der Dose und wunderte mich, dass der Typ hinter mir sich kaum bewegte. Erst als ich aufbrach, begriff ich, dass der Typ aus Bronze gegossen war. Lissabons berühmtester Poet Fernando Pessoa (1888–1935) kehrte zu Lebzeiten gern und lang im «Brasileira» ein, um seinen *Saft* zu trinken, Wassergläser voller Absinth.

Es gibt 1600 Cafés in Lissabon, und erst im letzten, das ich besuchte, weil ich es mitten in der Stadt permanent übersehen hatte, stieß ich endlich auf die Trophäe, die es mir erlaubte, ein echtes Stück Lissabon mit nach Hause zu nehmen: den *Bolo-Rei* der «Confeitaria Nacional» auf der Praça da Figueira.

Der *Bolo-Rei* ist ein Festtagskuchen. Amerikanische Feinschmecker würden ihn *rich* nennen, was ich hübscher finde als «schwer». Der festliche Hefeteig wird nämlich mit Mandeln, Walnüssen, Pinienkernen und allerhand kandierten Früchten aufgerüstet, die Oberfläche bunt geschmückt und süß glaciert.

Der *Bolo-Rei* ist ein Gedicht, die optimale Begleitung zu einem Herzschlag-Espresso. Er schmeckt hinreißend, und er ist schön: Ich ließ mir ein Exemplar einpacken, und ich trug es mit aller Vorsicht durch Zoll- und Sicherheitskontrollen, behütete es vor den Gefahren verschiedener Flugzeugkabinen und war stolz und froh, das Päckchen bei meiner Ankunft in Wien-Schwechat unversehrt in die richtigen Hände übergeben zu können.

Ich hoffe, der Taxifahrer, auf dessen Rückbank wir den *Bolo-Rei* vergessen haben, hatte Spaß damit.

Mein Bekannter Pessoa sagte dazu das einzig Richtige: «Einen Mann der Tat erkennt man daran, dass er nie schlecht gelaunt ist.»

Ich tröstete mich also mit diesem Rezept:

> Für den Teig: *1 kg Mehl, 100 g Zucker, 200 g Butter, 5 Eier, 50 g Hefe, 2 cl Portwein, 250 ml Milch, 1 TL Salz, 50 g kandierte Kirschen, 50 g Orangeat, 50 g gemahlene Pinienkerne, 50 g gemahlene Walnüsse, 50 g Korinthen und 50 g Sultaninen.*

Für den Belag: *Staubzucker, 1 Eigelb und 100 g kandierte Früchte (Feigen, Ananas, Kirschen).*

Zubereitung: *Die Hefe in 125 ml lauwarmer Milch mit der Hälfte des Salzes verrühren und an einem warmen Platz gehen lassen. — Mehl, Zucker, Butter, Eier, Portwein, den Rest von Milch und Salz zufügen und zu einem Teig kneten. Ein zweites Mal gehen lassen. — Früchte dazugeben, durchkneten und ein drittes Mal gehen lassen. —Eine dicke Rolle daraus formen, auf ein Backblech als Kranz mit ca. 30 cm Außendurchmesser auslegen. Gefettetes Backpapier darunter nicht vergessen. —Trockenfrüchte auf dem Teig verteilen, mit Eigelb den Teig und die Früchte bepinseln. Wichtig!! In die Mitte eine Tasse stellen, damit der Teig nicht absinkt und zu einem Klumpen wird. Eine halbe Stunde bei 180–200 C° backen. Etwas abkühlen lassen und mit Staubzucker bestäuben.*

Das Zentrum abseits des Zentrums: London und sein cooler Osten, Partys in meinem Hotel, feinste Küche im Industrielook und ein paar Orte für die ewige Merkliste.

London, East End

Meine Freundinnen Tine und Katharina, gut geeichte Brückenschlägerinnen zwischen den Segnungen des Alten und den Verlockungen des Neuen, hatten mich vor dem «Ace Hotel» in Shoreditch gewarnt, und es war mir aus mehreren Gründen unangenehm, dass ich vergessen hatte, warum.

Denn ich stand gerade vor dem «Ace Hotel» an der Shoreditch High Street, das Sternchen auf meiner personalisierten GOOGLE-MAPS-Seite hatte mich schnurstracks hierher geführt, und als ich zur Sicherheit noch einmal nachschaute, fand ich in meiner Tasche nicht nur die Wegbeschreibung, die ich in Paddington nach der Ankunft des Heathrow-Express wie ein Irrer gesucht hatte, sondern auch die Buchung. Mit dem sicheren Gespür des Traumwandlers war ich unter allen Möglichkeiten einer Unterbringung in East London auf direktem Weg dorthin gegangen, wo die Auskennerinnen gesagt hatten: Finger weg.

Aber eigentlich gefiel mir die Hütte gar nicht schlecht. Zwar war ich in der ziemlich vollen Halle der Einzige, der nicht wie ein Individualist gekleidet war, was ich mir selbst als vitales Zeichen von Individualität auslegte, und die Musik war laut, aber ziemlich gut, keine musikalischen Funktionsflächen, sondern Songs mit Melodien und einem gewissen Hang zum Absturz, also genau, was ich liebe (Stichwort: Mark Lanegan et al.). Außerdem behandelten mich die *Stewards* am *Check-in-Counter* ausgesprochen höflich und zuvorkommend, wahrscheinlich, weil sie schon lange niemanden mehr über fünfzig gesehen hatten.

In der Halle Batterien von Menschen, die an ihren Macs saßen und ihre Augen in den virtuellen Raum richteten. Im Nebenraum ein Café namens «Bulldog Edition», in das ich mich gleich einmal hineinquetschte, um einen Kaffee zu trinken und ein fettes Croissant zu verzehren, was ich mir nämlich im Flugzeug aus offensichtlichen Gründen versagt hatte.

Das Croissant war gut, aber der Kaffee … der Kaffee war sehr gut, richtig gut, erstaunlich gut. Augenblicklich war ich wach genug, um festzustellen, dass der Laden von den Typen der SQUARE MILE COFFEE ROASTERS betrieben wurde, die ihre Kaffeebohnen aus Kolumbien, Nicaragua, Brasilien, Burundi und Äthiopien importieren, freilich saisonal, also frisch nach der Ernte, und im Übrigen das abgefahrenste Equipment für Filterkaffee im Angebot haben, das ich je gesehen habe.

Warum mich Katharina und Tine vor diesem Laden gewarnt hatten?

Keine Ahnung.

London ist eine Stadt, deren Takt höher ist als der Flügelschlag eines Kolibris, und dessen Flügel bewegen sich im Hubschraubermodus immerhin 60 bis 90 Mal pro Sekunde. Wann immer ich nach London komme, ist die Stadt eine andere, hat eine neue Silhouette, neue Wahrzeichen, neue Rückzugsgebiete. Eigentlich habe ich mir vorgenommen, nicht allzu große Sprünge zu machen, sondern für ein paar Tage in einer Ecke zu bleiben, die in den letzten Jahren eine dramatische Wandlung durchgemacht hat, nämlich im Osten von London, in den Stadtteilen Hackney und Shoreditch, die etwas nördlich der City of London liegen, wo sich die Banker mit Pfundnoten die Nase schnäuzen, und von Whitechapel, wo die gleichnamige Gallery eine Oase in einem wuchernden Großstadtschungel ist, hässlich, laut, angestrengt, wunderbar.

East London war lange eine Arbeitergegend, das Favoriten von London, um es wenigstens den Wienern zu erklären. Aber dann fand das Wunder der Gentrifizierung statt, das wohl zweischneidig ist, weil es alte Strukturen zerschlägt, aber auch erstaunliche Kräfte freisetzt, die von kreativen Menschen gebündelt und in Form gebracht werden. Das wollte ich mir anschauen, ausführlich und mit der Lupe. Der saisonale Kaffee war ein guter Anfang.

Das Erste, was mir auffiel, war erstaunlich gute, freestylige Typografie. Wer auch immer hier ein Business aufsperrt, kennt einen guten Grafiker, der sich um den Auftritt und die Webpräsenz kümmert, sodass selbst Genres, die eher unsexy sind, wie Haushaltsschwämme oder vegane Gesichtsmasken, daherkommen wie weltbekannte Buchhandlungen oder neue *Farm-to-table*-Restaurants.

Apropos, natürlich musste ich irgendwo etwas essen.

Zum Glück hatte ich eine Reservierung für den Lunch im «Lyle's», einem Geheimtipp, der unglücklicherweise auf der «50 Best»-Liste aufgetaucht ist, was reservierungstechnisch eher erhöhten Planungsbedarf bedeutet.

«Lyle's» liegt um die Ecke vom «Ace Hotel», gegenüber einer Containerstadt, in der du alles von Surfbedarf bis zu vernünftigen Cocktails bekommst.

(Stichwort Cocktail: Jetzt erinnere ich mich wieder, warum ich das «Ace-Hotel» blind gebucht hatte. Im Schwesternbetrieb von Palm Springs, in der Wüste von Nevada, hatte es Cocktails von einer Qualität und Größe gegeben, die jeden Abend sehr schnell in ein Fest verwandelt hatten; das war's gewesen; und ja, ich bin schwach.)

Das Restaurant befindet sich im «Tea House», Ziegelgebäude, riesige Industriefenster, Blick auf den Boxpark und die Gleise der Hochbahn. Umso erstaunlicher der Kontrast zum freundlichen, unverspielten Inneren des Restaurants. An der Bar saßen Menschen, die auf andere Gäste warteten, und tranken dazu Wein, der offen ausgeschenkt wurde, es war ein Ex Vero II von Werlitsch aus der Südsteiermark.

Die Gerichte wurden auf der Karte nur kursorisch angekündigt, zum Beispiel so: Bittersalat, Zitronatzitrone, Berkswell – dabei handelte es sich um einen extrem ausbalancierten Salat von leicht bitteren Endivienblättern, geröstetem Sauerteigbrot, hauchdünnen Scheiben von der Cedri-Zitrone und einem großzügig über die Blätter geschabten Hartkäse aus den West Midlands.

Das war ein guter, ein köstlicher Beginn, aber es ging noch besser weiter: Denn der Kellner hatte mir den Heringsmilchner mit Blutorangen ans Herz gelegt, und für diesen Tipp bin ich ihm bis heute dankbar. Die Fischinnereien waren voluminös und fleischig. Sie kamen mit Kapern, etwas geröstetem Brot (ja, schon wieder: Zum Glück hatte ich mich nicht gleich am Anfang mit dem deliziösen Sauerteigbrot vollgestopft) und dünn geschnittenen und dann getrockneten Scheibchen von der Blutorange. Deren konzentrierter Geschmack, der sich erst nach und nach am Gaumen entfaltet, ging mit dem Molligen der Heringsinnereien eine genialische Allianz ein, von Salz und Säure der Kapern genial konterkariert.

Nach den gegrillten Muscheln bestellte ich gleich zwei Desserts. Das eine, *Ewe's Milk, Fennel & Citrus,* holte mich fast von den Beinen: Die süßsäuerliche Creme aus Schafmilch war von einer in Stücke gebrochenen Waffel bedeckt, auf die wiederum ein Sorbet aus Fenchel und Zitrusfrüchten gebröselt war. Das Dessert sah aus wie mit knallgrünen Semmelbröseln bedeckt und schmeckte, ja, paradiesisch.

Unter diesem Eindruck ließ ich mir zum Kaffee auch noch eine kleine Portion vom Schokoladekuchen mit Sanddorn kommen, der meinen Eindruck abrundete: Hier wird echtes Essen hergestellt, keine Laubsägearbeit, relativ dogmenfrei und offen für Ungewöhnliches.

«Wenn du einmal etwas gesehen hast, das so gut ist, wie es sein kann», sagt James Lowe, der Gründer und Küchenchef des «Lyle's», «dann kannst du es eh nicht mehr anders machen.»

Heringsmilchner mit Blutorangen: Ja, das ist so etwas.

Zielgruppe dieses Restaurants sind nicht die Geschäftsesser der City, die für irgendwelche spektakulären Gerichte unendlich viel Geld ausgeben wollen, Hauptsache Fleisch, sondern die Jungen und Beweglichen aus der Nachbarschaft, die sich Essen wünschen, das sie genießen, und Produkte, auf deren Herkunft sie sich verlassen können. Du brauchst kein kulinarisches Wörterbuch, um zu verstehen, was James Lowe meint, und du brauchst auch nicht das Einkommen eines Investmentbankers, um seine Mahlzeiten bezahlen zu können.

Ich fühlte mich gestärkt, als ich hinaus auf die Straße trat, wo von der falschen Seite ein Bus daherkam und meinen Herzschlag auf die Flügelfrequenz eines Kolibris beschleunigte.

Shoreditch befindet sich genau an der Demarkationslinie zwischen alter Schäbigkeit und neuem Schick. Ich äugte in eine ganze Reihe von Schaufenstern, die interessante Variationen blauer Sakkos, Jeans und weißer Turnschuhe präsentierten, was in etwa der angesagten Kleidung in diesem Stadtviertel entspricht, fast schon uniformmäßig – und da ist ja gar nichts dagegen einzuwenden, außer man steht auf gelbe Sakkos, was auf mich nicht zutrifft.

Ich lief bei «Sunspel» vorbei und bei «Labour and Waite», dem mit Sicherheit schönsten Geschäft für Gartenwerkzeug und Handwerkerbekleidung, das ich je betreten habe. Ich wanderte nach Süden zum Old Spitalsfield Market, verirrte mich dort in eines der besten Zeitschriftengeschäfte, die ich je betreten habe, weshalb mir die Erinnerung an die nächsten beiden Stunden fehlt. Ich weiß nur, dass ich mich dann schwer bepackt auf den Rückweg zum Hotel machte, wo ich am Abend – um meinen frühen Flug zu erreichen, war ich bereits um halb fünf Uhr früh aufgestanden – etwas zeitiger ins Bett gehen wollte, ich hatte ja noch einiges vor die Tage.

Nur einen Abstecher an die Brick Lane gestattete ich mir: Ich wollte gern einen Bagel bei «Beigel Bake», der legendären «Brick Lane Bakery» abholen und erfuhr, dort angekommen, dass ich diese Idee nicht allein gehabt hatte. Ich fand mich in einer bis weit auf die Straße reichenden Schlange von Menschen wieder, die darauf warteten, eine große Portion *Salt Beef* samt Gurke zwischen frische Bagelhälften geklemmt zu bekommen, und als ich fragte, ob die Schlange zu jeder Tageszeit so lang sei – «Beigel Bake» hat täglich 24 Stunden geöffnet – erhielt ich die kühle Antwort, gerade sei hier eh nichts los.

Der Imbiss war deftig und gut. Er erfüllte mich mit der richtigen Bettschwere.

Wie gut ich heute schlafen werde, dachte ich mir auf dem Weg zum «Ace Hotel», und es würde mich nicht wundern, wenn ich bereits das etwas dümmliche Lächeln im Gesicht getragen hätte, wie es kleine Kinder haben, wenn sie gerade getrunken haben und an der Brust der *ooom* summenden Mutter langsam ins Nirwana dämmern.

Aber als ich zu meinem Hotel kam, stand vor der Tür eine Schlange wie gerade bei «Beigel Bake». Nur die Girls waren viel aufgedonnerter und die Typen ganz offensichtlich gedopt. Für einen Moment war ich unsicher, ob ich mich am richtigen Ort befand, aber die Tür war ganz offensichtlich dieselbe wie die, durch die ich vor ein paar Stunden das Hotel verlassen hatte, und als ich irgendwen in der Schlange fragte, was denn hier um Himmelswillen los sei, kriegte ich freundlich, aber doch im Tonfall von jemandem, der einem begriffsstutzigen Hilfsschüler beibringen muss, dass zwei mal drei sechs ist und nicht vierundzwanzig, die Auskunft, dass hier Party sei: «Das ist das ‹Ace-Hotel›. Hier ist jeden Abend Party!»

Jeden Abend Party. *Jeden Abend Party.* Jetzt fiel mir wie Schuppen vor den Augen, wovor mich Tine und Katharina gewarnt hatten. Super Hotel, hatten sie gesagt. Aber die Irren tanzen die ganze Nacht.

Als ich mich in die Halle gedrängt und als Hotelgast zu erkennen gegeben hatte, wehte mich die Lautstärke der Tanzmusik fast wieder aus dem Foyer. Ich hatte einen Schweißausbruch. Wie würde ich bei diesem Unwetter an Sound bloß schlafen können?

Ich nahm den Lift in den siebten Stock, wo sich das Deluxe-Zimmer befand, das ich gebucht hatte. Das Zimmer empfing mich mit einer Umarmung aus Schweigen. Keine Spur von Lärm, von Unruhe, von Party. Dafür eine super bestückte Minibar.

Ich schmiss mich aufs Sofa, machte ein Bier auf und schickte eine SMS an Katharina und Tine.

«In welchem Stock habt ihr damals im ACE gewohnt?»
Die Antwort kam prompt.
«Im zweiten.»
Direkt über dem DJ-Pult.
«Super Idee», schrieb ich. Dann schaltete ich das Handy aus und überließ mich der Stille der Nacht und dem Prickeln des Biers.

Ich frühstückte bei «Rochelle Canteen», wo Margot, die Frau von *Nose-to-tail*-Guru Fergus Henderson, den ehemaligen Fahrradverschlag einer Mädchenschule in ein wundervolles, kleines Restaurant umgewandelt hat. Ich war hier schon einmal um den gesamten Arnold Circus geirrt, ohne den Eingang in den richtigen Garten zu finden, weil es Margot mit der Diskretion ein bisschen übertrieben hatte. Der Hinweis auf ihr Restaurant war, sagen wir, etwas versteckt angebracht. Inzwischen lehnt ein Schild vor dem Eingang, auf dem in besonders schönen Buchstaben steht, dass man hier am richtigen Ort ist, doch, doch.

Ich aß selbst gemachtes Granola mit Früchten und Joghurt und ein getoastetes Schwarzbrot mit Eierspeise und trank tiefschwarzen Tee dazu. Wenn das Wetter es erlaubt, werden hier die Tische hinaus in die Wiese gestellt, und wer beim Lunch ein Gläschen Wein trinken möchte, muss sich den Wein mitbringen oder bei «Leila's Shop» gleich um die Ecke besorgen – «Rochelle Canteen» hat keine Alkohollizenz, worauf man vom freundlichen Menschen, bei dem man telefonisch reserviert, auch gleich hingewiesen wird.

Beim Frühstück kam ich allerdings ohne Alkohol aus, wiewohl ich Menschen sah, die eine Flasche «Larmandier-Bernier» aus ihrer Umhängetasche zauberten, weil sie Champagner zum späten Frühstück für das einzig Richtige halten.

Anschließend (und ohne mich bei den Champagnertrinkern einzuschmeicheln) spazierte ich ohne echtes Ziel nach Norden, schaute mir das wirklich interessante «Museum of the Home» an und ließ mich durch Antiquitätengeschäfte und Skateboardmodeläden treiben, bis mir auffällig viele Menschen begegneten, die große Blumensträuße dabeihatten.

Der Sherlock in mir kombinierte: Kein Zufall. Also folgte ich ihrem Kielwasser, bis das Treiben immer dichter wurde: Da war ich praktisch schon am Columbia Street Flower Market angekommen, einem so bunten, so wundervollen Markt in einer hübschen Vorstadtgasse, dass mein Herz fast wieder kolibrimäßig zu schlagen begann. Ein Blumenstand neben dem anderen, mir fiel natürlich sofort H. C. Artmanns wundervolles Gedicht ein, das jetzt leider nur für Freunde des Wienerischen zu dekodieren ist, und zwar, indem man es laut liest:

> *i mechad me diaregt fia dii*
> *en a blumanschdandal fazauwan*
> *alanech und grod nua fia dii*
> *med haud me und hoa me fazauwan*
> *en a schdandal foi duipm und rosn*
> *foi draureche astan und nökn*
> *en suma r en heabst und en winta*
> *bei dog und bei nocht one z wökn*
> *(...)*

Gerade, als ich mir überlegte, ob ich mich an die Ecke von Columbia Road und Gosset Street stellen und den kulturlosen Briten ein bisschen österreichische Dialektdichtung nahebringen sollte, begann ein rothaariger Gitarrist *Beatles*-Lieder zu spielen und trieb mir mit seiner umwerfenden Version von «Michelle» gleich einmal die Flausen aus dem Kopf.

Im Nu war die Straße voll von begeisterten Menschen. Sogar aus dem schönen, grün gekachelten Quartierpub «Birdcage» strömten die Trinker heraus, um dem unscheinbaren Typen zuzuhören. Später erreichte mich am anderen Ende des Marktes das Gerücht, es habe sich um Ed Sheeran gehandelt.

Aber ich bin mir nicht sicher, ob das stimmt. Denn ich verschwand ja kontrapunktisch im Bauch des «Birdcage», wo Plätze frei geworden waren, um mir einen kleinen Imbiss zu genehmigen, namentlich einen Teller von *«The Best Fish & Chips»*, und ich muss zugeben, sie waren wirklich ganz ausgezeichnet, auch wenn mich

Wie halte ich das Weinglas (und warum)?

Das russische Staatsfernsehen ging nicht gerade zimperlich mit der englischen Ministerpräsidentin Theresa May um, als sich diese zuletzt ärmellos beim Bankett des Bürgermeisters sehen ließ. Zuerst konnte es Dmitry Kiselev, Präsentator der Nachrichtenshow *Vesti Nedeli*, nicht lassen, das, zugegeben, etwas gewagte Kleid mit dem Outfit von Femen-Aktivistinnen zu vergleichen. Aber dann hatte er auch noch etwas an ihren Tischmanieren auszusetzen.

Kiselev fand die Tatsache, dass Theresa May das vor ihr stehende Weinglas etwas grobschlächtig mit allen fünf Fingern am Kelch angriff, um einen tiefen

hat, sondern auch beim ohnehin meist viel zu warmen Rotwein. Zweitens klingt das Glas beim Anstoßen besser. Und drittens sind die Fingerabdrücke, die man zwangsläufig auf dem Kelch des Glases hinterlässt, genauso unelegant wie die Reste von Lippenstift an dessen Rand. Immerhin übernimmt der Lippenstift die Funktion einer Signatur und hält etwaige Schnelltrinker davon ab, auch noch das Glas der Nachbarin zu leeren, bevor der Kellner kommt, um endlich nachzuschenken.

Also ja, Frau Ministerpräsident: Leider hat Herr Kiselev recht, wenn er Ihre Art zu trinken für einen – jetzt müssen Sie sich auch noch ein französisches Wort anhören – *Fauxpas* hält.

Auf die Frage, welches Glas welchen Wein am besten zur Geltung bringt, gibt es keine so eindeutige, sondern sehr, sehr ausführliche Antworten. Manche Glashersteller haben sich mit Spezialisten der Hals-Nasen-Ohren-Anatomie zusammengetan, um aus Weinbeschreibungen und der Beschaffenheit von menschlichem Geschmacks- und Geruchswahrnehmungsapparat Gläser für jede spezifische Traubensorte zu designen. Es kann durchaus Spaß machen, die Ergebnisse dieser Forschungsarbeiten auszuproprobieren, vor allem, wenn zu Testzwecken ansprechende Weine in die Gläser gefüllt werden.

Doch in der Regel kommen die allermeisten Weine sehr gut zur Geltung, wenn sie in einem dünnwandigen Glas serviert werden, dessen Öffnung grösser ist als die durchschnittliche Champagnerflöte. Übrigens auch Champagner, danke, dass Sie fragen. Ich trinke Champagner ausschließlich aus Weißweingläsern, und auch wenn es manchmal schmerzt, beim Nachschenken ziemlich schnell «Danke» zu sagen, sollte dieses Glas maximal zu einem Drittel gefüllt sein, wie Guy Woodward, der frühere Herausgeber des DECANTER, anmerkt. Nur dann lässt sich der Wein ohne große Anstrengung schwenken und entlässt seine Aromen an die Außenwelt, wo wir sie als Bouquet wahrnehmen.

Übrigens gilt alles, was die Beziehung von Wein zu Glas betrifft, auch für andere Getränke. Ich trinke Bier mit Vorliebe aus dem Weinglas, aber auch etwas komplexere Fruchtsäfte wie reinsortig gepressten Apfel- oder Birnenmost.

In diesem Sinne: Prost. Nur eines noch: Haben Sie eine Ahnung, von wem die Fingerabdrücke auf meinem Glas stammen?

Schluck daraus zu nehmen, absolut *shocking*. Und er fühlte sich als Vertreter des Bildungsfernsehens bemüßigt, der Ministerpräsidentin auszurichten, dass man «in respektablen Gesellschaften» das Glas bitteschön am Stiel angreife.

Man könnte Frau May natürlich darüber hinaus vorwerfen, dass sich in ihrem Glas Rotwein befand und keine farblose Flüssigkeit, deren Quantität man in Russland nach Gramm bemisst. Außerdem ist dokumentiert, dass die Ministerpräsidentin das Glas nach dem Genuss des Weins zurück auf den Tisch stellte und nicht über ihre Schulter an die Wand der Guildhall schleuderte.

Trotzdem ist die Glas-Etikette durchaus eine ernsthafte Überprüfung wert. Hat es denn überhaupt einen tieferen Sinn, Weingläser am Stiel anzugreifen (abgesehen davon, Dmitry Kiselev eine Gallenkolik zu ersparen)? Und welche Gläser sollen es überhaupt sein, die man so «respektabel» in die Hand nimmt?

Die Antwort auf die erste Frage ist einfacher als auf die zweite. Ja, es ist durchaus sinnvoll, ein Weinglas am Stiel zum Mund zu führen. Erstens wird der Inhalt nicht durch die Wärme der Hand temperiert, was nicht nur bei kühlem Weißwein nachteilige Folgen

zwischendurch der Gedanke quälte, ich sollte mir vielleicht doch noch zwei, drei Lieder von dem Typen anhören, der draußen auf der Straße gefeiert wurde, als wäre er Ed Sheeran, vielleicht, weil er es tatsächlich war.

Gestärkt drängte ich mich durch die Marktgasse. Hinter den Ständen verbargen sich Zeilen interessanter Geschäfte und Kneipen. Die Bäckerei «Lily Vanilli» (genau lesen, Folks!) hatte so prächtige Torten im Angebot, dass sogar ich als legendärer Antitortist fast schwach geworden wäre. Das Pub «The Royal Oak» strahlte eine solche Schönheit und Gelassenheit aus, dass ich Ed Sheeran sofort vergaß. Vor dem «Campania», einem im Viertel bekannten Italiener, reversierte ein indischer Chauffeur seinen schweren Benz mitten in der Menschenmenge, was die italienische Inhaberfamilie motivierte, geschlossen auf die Straße zu stürmen und ihm einander widersprechende Hinweise zu geben, wie er die waghalsige Aktion am besten zu Ende bringen könnte.

Das war schön. Ich fühlte mich zu Hause.

Ich ging jetzt die Hackney Street entlang, passierte den Hochbahn-Bahnhof «Cambridge Heat» und steuerte zuerst den Regent's Canal und dann den Victoria Park an, der mir bis dahin völlig unbekannt gewesen war, mich aber sofort überwältigte: Dieses Leben! Diese Schönheit! Diese Coolness! Diese extravagante, multinationale Normalität!

Und natürlich, aber das wusste ich erst eine halbe Mahlzeit später, dieses unglaubliche Gartenrestaurant namens «Pavilion Café», das unter einer geschwungenen Kuppel direkt am Wasser steht, am Ententeich, den Familien aus aller Welt mit Booten befahren, um das Wochenende zu genießen.

Hier hatte ich ein Erweckungserlebnis. Denn bekanntlich sinkt die Qualität von Essen indirekt proportional zur Schönheit der Lage eines Lokals. Je großartiger die Umgebung und die Aussicht – so lautete jedenfalls die Summe meiner bisherigen Beobachtungen –, desto nachlässiger gehen die Wirtsleute mit ihren Gästen um. Denn die kommen sowieso, weil die Lage so spektakulär ist.

Als der Teeimporteur Rob Green und der Wirt Brett Redman den «Pavilion» im Victoria Garden übernahmen, hatten sie freilich einen ganz anderen Plan. Sie wollten ein Quartiercafé etablieren, das nicht nur gut liegt, sondern auch kulinarische Qualitäten bietet, die der Schönheit des Orts angemessen sind oder sie sogar übertreffen.

Im «Pavilion» gibt es nicht nur die gewohnt sorgfältige Auswahl an Kaffees aller Art (und Chai aus Sri Lanka – das gesamte Küchenteam stammt von da). Es gibt kleine Köstlichkeiten wie gegrillten Spargel mit *Cashew Taragon* auf Toast oder geräucherte Makrele mit Erbsensalat und jede Menge guter Brownies und Kuchen.

Und schön ist es unter der Kuppel des «Pavilion»-Pavillons. Erst später erfuhr ich, dass der Victoria Park mehrmals zu Englands schönstem Park gewählt worden war – da hatte ich meine Stimme aber längst abgegeben.

Ich nahm die Overground von «Cambridge Heath» und fuhr zurück an die Shoreditch High Street. Ich wollte noch den Brick Lane Market besuchen, drängte mich also durch ein paar Industriebrachen hinüber zur Brick Lane – *remember?* «Beigel Bake»! – und fand mich in einer extraterrestrischen Duftwolke wieder, die alles auf der Skala zwischen *Dim Sum* und *Tandoori Chicken* enthielt, natürlich auch vegane Burger und glutenfreies Sauerteigbrot und Schokolade ohne Zucker und Wein ohne Alkohol. Die Zeitgenossen in den großen Städten haben ja eine gewisse Vorliebe für den Verzicht entdeckt, wie es Hanya Yanagihara in ihrem epochalen Roman *Ein wenig Leben* beschreibt: «Wem es heutzutage ernst war mit seiner Kunst, der nahm keine Drogen. Das Prinzip Genuss war etwas für Beatniks, Abstrakte Expressionisten, Op-Art und Pop-Art-Künstler gewesen. Heute rauchte man vielleicht ein bisschen Gras. Wer sich ganz ironisch geben wollte, zog vielleicht ab und zu mal eine Line Koks. Aber das war auch schon alles. Es war die Ära der Disziplin und Enthaltsamkeit und nicht der Inspiration, und darüber hinaus war Inspiration auch gar nicht mehr mit Drogen gleichzusetzen. Niemand, den er kannte und respektierte (...), nahm irgendetwas: keine Drogen und auch keinen Zucker, kein Koffein, kein Salz, kein Fleisch, kein Gluten, kein Nikotin. Sie waren Künstler im Gewand von Asketen.»

Als ich gerade eine sauscharfe Bohnenpaste kostete und ein durchsichtiges Bier dazu nahm, fiel mir ein, dass ein bisschen Askese mir vielleicht auch gut tun würde. Schließlich hatte ich heute Abend einen Tisch im «St. John Bread & Wine» bestellt, bei jener Filiale von Fergus Hendersons Kulthütte, die an der Commercial Street direkt gegenüber dem Old Spitalsfields Market liegt.

Wie auch das Stammlokal an der St. John Street ist das «Bread & Wine» von berückender, unaufdringlicher Schönheit. Kleine Holztische, ein gekachelter Fußboden, Wein- und Wassergläser auf den Tischen, eine weiße Serviette, fertig. An einer kleinen Theke kann man Brot kaufen, viele Locals kamen während des Abendessens von der Straße herein, holten ein duftendes Sauerteigbrot, tranken ein Glas Rotwein im Stehen, verabschiedeten sich lächelnd und gingen heim, um sich ihr Abendessen zu machen.

Ich hingegen ließ es mir nicht nehmen, das einzige Gericht zu bestellen, das im «St. John» seit der Eröffnung ununterbrochen auf der Karte steht: das geröstete Knochenmark mit dem Salat von Petersilie und Kapern. Nachdem ich noch ein paar Austern geschlürft hatte, schleppte ich mich zurück ins «Ace», wo die Party selbstverständlich voll im Gang war, mich aber nicht mehr erstaunen oder gar stören konnte. Codewort: *Floor seven.*

Ich blieb noch ein paar Tage in East London und verließ den Stadtteil nur, um mir den neuen Zubau zur «Tate Modern» anzuschauen (Fazit: eindrucksvolle Besucherterrasse, vor allem, wenn es darum geht, den Nachbarn in ihre Millionärsappartments zu glotzen; ich kann mir nicht vorstellen, dass die an Wert zugelegt haben, seit der spektakuläre Turm von HERZOG & DE MEURON steht).

Ansonsten trieb ich mich in dem Viertel herum, das mir immer besser zu gefallen begann. Shoreditch und Hackney repräsentieren die Aufbruchsbereitschaft der echten Weltstadt, die Experimentierfreudigkeit, selbst aus den abgelegensten Ideen etwas zu machen, was vielleicht bald Weltgeltung haben wird, ein profundes Selbstverständnis von der eigenen Kreativität und einer ungebremsten Freude an Experimenten.

Ich aß Huhn mit Rollgerste im «Towpath Café», am Ufer des Regent's Canal. Ich schlürfte Suppe und verzehrte Mengen an *Paia do toucinho*, gerollten Schweinebauch, in der winzigen «Taberna do Mercado», dem Joint Venture von Nuno Mendes und seinem Küchenchef Antonio Galapito, die sich ganz unscheinbar gleich gegenüber dem «Bread & Wine» befindet. Ich trank Kaffee und aß einen bezaubernden *Amalfi Lemon Cake* bei «Violet» am Wilton Way, und holte mir einen Sandwich mit frisch gebratener Makrele bei der Fischhandlung «Fin & Flounder» am Broadway Market. Dort beweinte ich, dass ich in Ermangelung einer Kochmöglichkeit keinen Fisch mit nach Hause nehmen konnte, denn das Angebot war seelenvoll, großartig und verführerisch.

Kurzes Memo an Tine und Katharina: Ich glaube, ihr habt mit euren Einwänden gegen die Unterkunft doch recht gehabt. Ein bisschen. Nicht für mich übrigens, ich war mit meinem hübschen, coolen Zimmer auf *Floor seven* fein raus.

Eines Abends trat ich allerdings nicht direkt den Rückzug in mein Superior an, sondern kroch langsam in die Party hinein, die wie immer am *Ground Floor* stattfand, überließ mich fast unwillkürlich der Musik – der Typ am DJ-Pult spielte Parov Stelar, nächster Exportschlager Österreichs neben dem Wein von Werlitsch – und beobachtete mich etwas später selbst dabei, wie sich mein lockeres Herumstehen samt Bierflasche in ein rhythmisches Verschwimmen mit der Umgebung transformierte, und noch später, als ich mit den beiden Damen zu tanzen begann, die ganz offensichtlich schon im Bett gewesen waren und ins Foyer gekommen waren, um zu fragen, ob die Musik nicht ein bisschen leiser auch ginge.

«Nein», sagte ich, «auf keinen Fall. Das ist Parov Stelar! Muss man laut hören!»

«Ach so», sagten sie.

«Ja», bekräftigte ich.

Dann wurde weitergetanzt.

Ich habe eine vertrauliche Frage:

Wart das etwa ihr?

Meine Stadt.
Im Wendekreis des Risottos.

Mailand

Als der Grieche und ich durch Mailand wanderten, um uns den «Bosco verticale», die Hochhäuser mit den hängenden Gärten, in echt anzuschauen, sprachen wir bald einmal übers Essen.

«Wir könnten», sagte der Grieche schmatzend und sah dabei ein bisschen unappetitlich aus, «in die ‹Trippa› gehen und die Kutteln essen ...»

Leider musste ich ihn unterbrechen. Zwar lässt sich der Grieche nicht gern unterbrechen, aber ich hatte ein schlagendes Argument.

«Wir sind schon gestern in der ‹Trippa› gewesen und haben die Kutteln gegessen. Und vorgestern waren wir auch in der ‹Trippa› und haben die Kutteln gegessen. Außerdem hat die ‹Trippa› heute Ruhetag, und ich will endlich einmal einen Risotto bekommen, wenn ich schon in Mailand bin.»

Ich liebe das Essen von klassischen Gerichten an Originalschauplätzen.

Schmollend keifte der Grieche zurück: «Du mit deinem Risotto. Ich höre immer nur Risotto. Wie oft willst du eigentlich noch Risotto essen?»

«Ich will genauso oft Risotto essen wie du deine Kutteln. Wenn du es genau wissen willst.»

Das war tief empfundene Wahrheit, die sich freilich in der unübertrefflichen «Trattoria Trippa» nicht umsetzen ließ, weil auch ich den Kutteln nicht widerstehen kann, wenn ich einmal einen Tisch in der Via Giorgio Vasari 1 ergattert habe – hört ihr die Warnung? Hier ist es immer voll, man muss rechtzeitig reservieren –, selbst wenn auf der Karte ein fabelhafter Risotto samt gegrillter Markscheibe steht. Aber so behutsam geputzte und sanft geschmorte Kutteln wie hier gibt es kaum irgendwo, also muss man die Kutteln essen, auch wenn man eigentlich Risotto will. Manche Dinge sind leider nicht zu ändern.

Jetzt begann die Unterlippe des Griechen leise zu beben, das hieß, ein Wutausbruch stand unmittelbar bevor. Schließtage von Lokalen, die er mag, bringen den Griechen zur Weißglut, und die Idee, mit mir an einem Tisch zu sitzen und von mir zum Schweigen aufgefordert zu werden, damit ich in absoluter Ruhe meinen Safranrisotto ohne gar nichts verzehren kann, heiterte ihn auch nicht auf. Viel zu oft war er mir schon mit dem Sermon auf die Nerven gegangen, dass der beste Risotto einer Portion *Trachana,* einer griechischen Teigware aus getrockneter und gesäuerter Ziegenmilch, hoffnungslos unterlegen sei, und auf diese Predigt hatte ich gerade überhaupt keine Lust.

Prophylaktisch sagte ich also: «Und komm mir nicht auf die Idee, dass wir heute Abend zu irgendeinem italienischen Griechen gehen könnten, um dort *Trachana* zu essen. Ich verabscheue *Trachana.* Ich esse heute Risotto.»

Teil eins stimmt übrigens gar nicht, ich mag *Trachana* sehr gerne. Aber nicht hier, sondern in Messenien bei Cristina Stribacus Mutter, aber das ist eine andere Geschichte (Seite 273).

Der Grieche aber hatte genug gehört. Kindisch, wie er nun einmal ist, fühlte er sich in seinem Nationalstolz getroffen, drehte auf dem Absatz um und entschwand in Richtung Porta Garibaldi, während ich die letzten Meter zu den Zwillingstürmen zurücklegte, die der Architekt Stefano Boeri für ein äußerst wohlhabendes Publikum in die etwas öde Stadtbrache gestellt hatte.

«Bosco Verticale» ist ein spektakuläres Projekt, das schon. In die Terassenlandschaften der über hundert Meter hohen Häuser wurden Hunderte Bäume und Sträucher verpflanzt, die nicht die großzügigen Balkone der Wohnungsinhaber schmücken, sondern die Fassaden überwuchern und den Häusern ihr charakteristisches, elegant-archaisches Aussehen geben.

Ich betrachtete die vielfach preisgekrönte Architektur mit einer Mischung aus Staunen und Abscheu. Klar, im Vergleich zum Hundertwasserhaus in Wien war das hier ein Fortschritt, aber was für eine Art von Fortschritt? Nicht nur, dass die Bepflanzung der Fassaden fast ein Jahr dauerte, es brauchte dafür auch einen Stoßtrupp von gärtnernden Kletterern und schussfesten Haustechnikern. Ein aufwendiges Schlauchsystem, das durch das ganze Haus verlegt ist, sorgt für die Bewässerung der Pflanzen, und man mag sich nicht vorstellen, wann die ersten Wasserschäden die Eigentümer der schicken Appartments vor eine Belastungsprobe stellen. Die Gärtner, die permanent mit der Pflege des wuchernden Grüns beschäftigt sind, müssen mit einem auf dem Dach positionierten Kran abgeseilt werden, damit sie aus der Luft ihrer Arbeit nachgehen können. Wenn hier irgendwer von einem ökologischen Mustermodell spricht, hat er nicht verstanden, dass man für ökologische Mustermodelle keine Symbole braucht, sondern multiplizierbare Ideen.

Ich beruhigte mich im «R.E.D.-Café» im Erdgeschoss des nahen UNI-CREDIT-Hochhauses. Das ist eine voluminöse Buchhandlung des Verlagshauses FELTRINELLI, in dem man – muss ich das in Italien überhaupt noch dazusagen? – hervorragend Kaffee trinken kann. R.E.D. steht für «Read Eat Dream», also gestattete ich mir ein *Cornetto* mit Vanillecreme und träumte eine Stunde lang über abgefahrenen Bildbänden, die mich über längst vergangene Designtrends und Mailänder Innenhöfe ins rechte Bild setzten.

Einer dieser Patios, der zum wahrscheinlich bekanntesten *Departement-Store* der Stadt gehört, befand sich gleich um die Ecke, also verließ ich das architekturmodellhafte Ambiente der Bahnhofsüberbauung an der Porta Garibaldi und begab mich durch ein Spalier teurer Turnschuh- und Jeans-mit-Löchern-Geschäfte auf den Corso Como, wo auf Nummer 10 die kühnen Träume sämtlicher Menschen mit einem Mindestinteresse an Mode wahr werden, Stichwort: Meterweise Klamotten von VETEMENTS zu Apothekerpreisen.

Ich beschied mich damit, in dem kühlen, grünen Innenhof – dessen auf den *Pawlatschen* postierte Oleander- und Efeuwälder den Namen «Bosco verticale» viel mehr verdienen als das Hochhaus um die Ecke – Kaffee und Wermut zu trinken. Aus einem unsichtbaren Lautsprecher strömte der unvergleichliche Trompetensound von Miles Davis, ich erkannte das Album «+19», diese phänomenale Zusammenarbeit von Davis und Gil Evans, und ich hätte mir keinen schöneren Ort vorstellen können, um mich von der Musik und vom Wermut in eine schwebende Hochstimmung versetzen zu lassen.

Um die Ecke vom Corso Como befindet sich Italiens erstes Kompetenzzentrum für kulinarische Kultur, das Kaufhaus «Eataly», wo auf drei Stockwerken eine ganze Menge dessen, was wir an italienischem Essen lieben, eingekauft werden kann: Pasta, Reis, Wein, Bier, Kaffee, Gewürze, Öl und Essig, Eis und Schokolade, Liköre und Grappa, Käse, Wurst, Fleisch und Fisch, und selbst wenn man ein Romantiker ist und das Kleine, Übersichtliche dem Großen, Konzentrierten vorzieht, wird man hier von der schieren Menge und Klasse des Angebots beeindruckt sein.

Es dauert ziemlich lange, bevor man sich einen Überblick verschafft hat, was das Angebot alles umfasst – allein die verschiedenen Mozzarella-Sorten; die unförmigen Würste; die Schinken aller möglichen Reifegrade –, und gleichzeitig drücken sich in den verschiedenen Restaurants, die an jeder Ecke irgendetwas Spezielles servieren, zahllose Gäste herum, und der Geruch nach frischem Essen hängt in der Luft wie eine Einladung. Es wundert mich nicht, dass dieses Gastronomiekonzept so erfolgreich ist, dass es in allen möglichen italienischen und europäischen Städten multipliziert wird.

Zum Essen wollte ich dann doch nicht bleiben, ich hatte nämlich ein paar hundert Meter von hier einen Tisch in der «Antica Trattoria dela Pesa» reserviert. Das Lokal war zu einiger Berühmtheit gekommen, weil der spätere vietnamesische Staatschef Ho Chi Minh, der ja gelernter Koch war, eine Zeitlang hier gearbeitet hatte. Noch immer stehen in den Gasträumen der Trattoria kleine Büsten des Revolutionshelden herum, was mich zuerst ein wenig verunsicherte: War der Chef dieser Hütte ein unbeirrbarer Achtundsechziger? Sympathisierte er mit den Roten Brigaden?

Der Kellner klärte das schnell und nachsichtig auf. Er legte mir das *Cotoletta Milanese* ans Herz, das gerade in vierfacher Ausführung am Nebentisch verzehrt und abgenagt wurde. Aus der goldenen Panier ragte selbstverständlich der Knochen heraus, wir wissen ja, dass sich direkt am Knochen das Beste vom Fleisch befindet.

Aber ich wollte Risotto, und ich bekam Risotto. Der Risotto kam satt und goldgelb aus der Küche, dampfend und kernig, cremig, aber nicht fett. Jedes Reiskorn glänzte wie sonst nur die Augen der Kinder, die an der Hand eines großen Fußballstars ins San-Siro-Stadion einlaufen dürfen.

Ich machte ein Foto vom Risotto und schickte es an den Griechen. Keine Ahnung, wo er sich gerade herumtrieb. Er verfügte über die rätselhafte Fähigkeit, ohne Anlass zu verschwinden, dafür jedoch genau dort aufzutauchen, wo man ganz sicher nicht mit ihm rechnet. Ich musste nur darauf warten, seine Abwesenheit als Befreiung zu empfinden. Ziemlich wahrscheinlich, dass er genau dann als Fotobombe in mein perfektes Bild laufen würde.

Ich mag Mailand. Mailand ist laut, Mailand ist schmutzig, die Luft ist nicht besonders gut, und die öffentlichen Verkehrsmittel tun, was sie wollen. Die große Übersetzerin und Kochbuchautorin Alice Vollenweider erzählt in ihrem Klassiker *Italiens Provinzen und ihre Küche* die Anekdote, dass die Mailänder nur deshalb so fleißig sind, weil sie nichts haben, was sie zum Nichtstun verleitet: «Kein Meer, keinen See, keinen Fluß, keine Berge, nicht einmal einen Hügel. Nur ein schlechtes Klima.»

Vielleicht hat gerade die Abwesenheit von Ablenkung dafür gesorgt, dass Mailand sich selbst darum gekümmert hat, Orte zu schaffen, deren Zauber einen Fluss oder einen Hügel vergessen lassen. Ich meine jetzt nicht die weltkulturellen Baudenkmäler, den Dom, das Castello Sforzesco, auch nicht die monumentale Stazione Centrale, die ein Echo der Grand Central Station in New York sein sollte und von Mussolinis Baumeistern zu einem Monument faschistischer Ästhetik umgestaltet wurde, eindrucksvoll, aber auch ein bisschen irre.

Was ich meine sind vielmehr die zahllosen Cafés und Bars, die Feinkostgeschäfte und Eissalons, die Trattorien und Imbissstuben, die zum Eskapismus einladen, zur Flucht aus dem Strom von Pflichten und Geschäften, von den Tätigkeiten, die zahllose Herren in dunkelblauen Anzügen und Damen in Kostümen verrichten, bevor sie die Plätze der Stadt fluten und mit offenem Kragen und zurückgeworfenem Haar den ersten Aperol oder Spumante nehmen.

Manche, wenn sie zum Beispiel ich sind, entscheiden sich auch für einen Wermut, nachdem sie ihre Kreise durch die Innenstadt gezogen, Hinterlassenschaften aus der Römerzeit bewundert haben, staunend vor Barockportalen und neoklassizistischen Palästen gestanden sind und in der berühmten Galleria Vittorio Emanuele II. an der Piazza Duomo das erste PRADA-Geschäft bestaunt haben.

Dort, in den Galerien, saß ich also, immer noch satt von meinem Mittagessen – habe ich zugegeben, dass ich Nachschlag bestellt habe? – und bewunderte das Farbenspiel, das mein Campariglas mit dem glänzenden Eis und der leuchtenden Zitronenschale auf der dunkelblauen Tischplatte der bunten «Motta Bar» aufführte. Der Kellner brachte mir Chips und kleine Pizzastücke, die ich herrisch ablehnte, bevor ich sie logischerweise zusammenfraß.

Ich wiederholte die Übung heiter, zumal ich noch etwas Zeit bis zum Abendessen hatte. Dann noch einmal. Und ein weiteres Mal. Ich musste nicht weit gehen, weil ich gedachte, im selben Haus, nur zwei Stöcke höher, mein Abendessen einzunehmen. Im «Spazio», dem Spinoff des Dreistern-Restaurants von Niko Romito, verdienen sich junge, vielversprechende Köche im Namen des Meisters ihre Sporen, das wollte ich sehen.

Aber als ich pünktlich um acht in das spektakuläre, puristisch eingerichtete Lokal trat, Blick auf den Dom und in die Galerien, sagte mir die erstaunte Concierge: «Verzeihung, Signore Seiler. Aber Sie sind schon da.»

Rein technisch gesehen, hatte die Frau recht. Der winzige Tisch, auf dem das Kärtchen mit meinem Namen stand, war besetzt. Der Mann, der unter meinem Namen und im Besitz meiner Kreditkartennummer schon zu tafeln begonnen hatte, bunte Pasta, zartes Kalbfleisch, vor allem aber in Gesellschaft einer atemberaubend schönen Italienerin, war jedoch eindeutig nicht ich selbst, sondern jemand, der mich gut kannte und in Besitz meiner Reservierungsdetails war.

Der Grieche gab sich freilich nicht die geringste Mühe, die doch etwas anmaßende Situation aufzuklären. Er beschränkte sich darauf, mir mit einer beiläufigen Handbewegung zu bedeuten, dass ich bitte verschwinden möge, er werde das demnächst regeln, nur bitte nicht jetzt. Ja, wir kennen uns so gut, dass wir das per Handbewegung besprechen können, und mir spielte in die Karten, dass ich nach eineinhalb Kilo Chips und einen halben Quadratmeter *Pizza bianca* eh keinen Hunger mehr hatte.

Zur Sicherheit ließ ich aber meine Kreditkarte sperren. Allzu triumphal sollte der Abend für den Griechen auch nicht ausklingen.

Die nächsten Tage waren großartig. Ich aß in einem kleinen Lokal namens «Pastamadre» an der Porta Romana eine hinreißende Creme von frischen Saubohnen, panierten Sardellen und einem *Fritto misto* mit Bittersalaten, gut und günstig. Bei «Aromando» beeindruckte mich die makellose *Fifties*-Ästhetik und die Kleidung des Inhabers mehr als die etwas zu verspielten Speisen. Das Brot zum Beispiel wurde in kleinen Rex-Gläsern serviert, und die Ravioli mit *Burrata* waren mir zu süß und zu *fancy,* und schon begann sich mein eingebauter *No-Bullshit*-Detektor nach der «Antica Trattoria dela Pesa» zu sehnen. Im «Ratana», einer zeitgenössisch coolen Version der klassischen Trattoria mit schicken Weinregalen und Bistrotischen aus Metall, bekam ich zuerst eine wunderbare *Pappa al Pomodoro,* dann musste ich probieren, was den enigmatischen Titel «Risotto anni '80» trug: kleine, zarte Erbsen in Sahne, zentrifugiert und roh, hausgemachter Prosciutto, dazu eine Reduktion von Schlagobers und Muskatnuss. Das konnte was, auch wenn es mit einem Risotto, wie ich ihn liebe, nur den Namen gemeinsam hat.

Außerdem schaute ich mir natürlich die neu eröffnete FONDAZIONE PRADA an, das Kulturgelände neben den Gleisen des alten Bahnhofs an der Porta Romana. Rem Koolhaas hat das Gelände einer Destillerie aus dem Jahr 1910 auf zugleich spektakuläre wie lässige Art zu großzügigen Ausstellungsflächen umgebaut. Der neue Turm in der bahnseitigen Ecke des Areals ist schon jetzt ein neues Wahrzeichen Mailands, und das mit Blattgold belegte vierstöckige Spukhäuschen, in dem Objekte von Louise Bourgeois und Robert Gober zu besichtigen sind, hat genug *Bling-Bling* für ein Jahrzehnt.

Ich trieb mich einen ganzen Tag lang in den verschiedenen Ausstellungen herum, das war unterhaltsam und inspirierend, und als ich schließlich in der «Bar Luce» saß und mir dachte, woran erinnert mich bloß dieser in Pastellfarben und Art-Deco-Andeutungen gehaltene Raum, fiel mir das «Grand Hotel Budapest» aus dem gleichnamigen Film von Wes Anderson ein, und als ich dann las, dass tatsächlich der unübertreffliche Austattungskünstler Anderson die wunderschöne, ständig etwas überfüllte Bar eingerichtet hat, gratulierte ich meinen Assoziationen sehr ergriffen. (Vielleicht war es aber auch andersrum, und ich schaute mir *Grand Hotel Budapest* erst nach meinem Besuch in der «Bar Luce» an. Die Geschichte wäre zwar weniger eindrucksvoll, aber vielleicht mehr wahr.)

Weil ich auch das neue Verlagshaus von FELTRINELLI an der Porta Volta noch nicht gesehen hatte, das die Schweizer Überstars HERZOG & DE MEURON dort geplant hatten, ließ ich mich wieder in die Viale Pasubio treiben. Das hatte einen erstaunlichen Nebeneffekt: Gleich gegenüber der Glasfassaden des Verlags- und Bürohauses befindet sich die «Antica Trattoria dela Pesa», und was hätte ich anderes tun sollen, als dort noch einmal den endgültigen Risotto zu essen, diese Lieblingsspeise zu memorieren, um sie zu Hause einigermaßen würdig selbst herstellen zu können?

Zwiebelschneiden als Lebensschule

Manchmal, wenn ich mein Gemüsemesser zur Hand nehme und mich anschicke, eine Zwiebel klein zu hacken, zieht das Leben vor meinem geistigen Auge vorbei. Anderen passiert das angeblich, wenn sie einen Autounfall haben oder beim Klettern vom Felsen fallen – mir genügt ein Blick auf die Vollkommenheit der mittelgroßen, gelben Zwiebel, die vor mir auf dem Schneidebrett liegt, perfekt in ihrer Rundung, gut gekleidet von ihrer spröden Außenhaut, vielversprechend im zarten Duft, den sie verströmt und der gleich, wenn nämlich die Zwiebelstücke im Öl-Butter-Gemisch angeschwitzt werden, meine Küche in eine Raumkapsel der Sinnlichkeit verwandelt.

Aber so weit ist es noch nicht. Leider. Zwischen dem Plan, die Zwiebel zuerst sorgfältig zu entkleiden und sie anschließend mit geordneten, schnellen Schnitten *à la* Gordon Ramsey in einen übersichtlichen Hügel schneeweiß glänzender Stücke zu verwandeln, liegt: die Realität. Das Leben.

Wie oft habe ich mir schon die gelehrten Gebrauchsanweisungen für das Zerkleinern von Zwiebeln durchgelesen und die betreffenden YOUTUBE-

dann werde ich während des ganzen Tages immun gegen Ablenkungen und die Verlockungen der schönen Sinnlosigkeiten sein. Aber kaum habe ich das Besteck ausgeräumt, fällt mir ein, dass ich jetzt das neue Neneh-Cherry-Album hören möchte und warum habe ich um diese Tageszeit schon sechs neue Mails? Und was mache ich mit diesen sechs Gabeln in meiner Hand?

Ich schärfe das Messer und beginne von vorn. Häute die Zwiebel und stehe dabei schon vor dem nächsten Problem. Soll ich die äußerste Schicht der Zwiebelblätter gleich mit der Schale entsorgen oder widerspricht das der Ökonomie der Achtsamkeit? Die äußersten Zwiebelblätter sind trocken und an den Rändern dürr, pfeif auf Achtsamkeit, auf *Leaf to Root*, weg damit. Endlich liegt die Zwiebel so nackt und weiß vor mir auf dem Brett, wie sie in Gordon Ramseys Fernsehküche zur Welt kommt, und ich kann mit scharfem Messer beginnen, meine Fertigkeiten im geometrischen Zerlegen der Zwiebel unter Beweis zu stellen.

Schon beim zweiten Schnitt zerfällt die Zwiebelscheibe, die eigentlich bis zum Schluss das Ganze zusammenhalten sollte. An meinem Messer kleben dünne, halbe Zwiebelspalten, und zu allem Überdruss erweist sich der Duft dieser Höllenzwiebel nicht mehr als sanft und vielversprechend, sondern als tränentreibend, und jetzt stehe ich da, halte in der einen Hand das Messer mit den an der Klinge klebenden Zwiebelteilen und reibe mit der anderen Hand, die bisher die Zwiebel gehalten hat, meine tränenden Augen.

Das ist, natürlich, der Moment, wo alle feinen Pläne Makulatur sind. Ich lege das Messer irgendwohin, wo ich es gleich nicht mehr finden werde, und rase ins Badezimmer, um meine Augen auszuwaschen, die ich gerade mit Zwiebelsaft imprägniert habe. Dann kehre ich in die Küche zurück, ärgere mich, weil ich das Messer nicht finde, und wünsche mir insgeheim eine Packung vorgeschnittener, tiefgekühlter Zwiebeln im Kühlschrank, die ich jedoch aus ideologischen Gründen strikt ablehne. Also hacke ich wild entschlossen, planlos, aber hochmotiviert, die Zwiebel so lange, bis sie so aussieht wie die Zwiebel, die Gordon Ramsey in zwölf Sekunden klein geschnitten hat.

Zwiebelschneiden und mein Leben. Ständiger Verbesserungsbedarf.

Tutorials angeschaut. Klar, mit einem gewissen geometrischen Grundverständnis ist es überhaupt kein Problem, zuerst vertikale und dann horizontale Schnitte so zu setzen, dass ein Teil der Zwiebel den Rest zusammenhält, während diese Schicht für Schicht, Schnitt für Schnitt in ordentlich abgezirkelte Partikel zerfällt.

Warum aber löst sich dieser klare, einfache Plan stets nach den ersten Schnitten in pure Anarchie auf? John Lennon muss Zwiebeln geschnitten haben, als er in einem Lied für seinen Sohn diese Zeile verpackte: «*Life is what happens to you while you're busy making other plans.*» Schon der erste Schnitt, der die Knospe der Zwiebel entfernen soll, gelingt nicht wie geplant, das Messer rutscht an der Schale ab. Ich habe vergessen, die Klinge zu schärfen. Hätte ich wissen können, aber ich war mit den Gedanken woanders, nämlich bei diesem ominösen Versprechen der durch die Gehirnforschung aufmunitionierten Alltagspsychologie, dass die volle Konzentration auf jeden banalen Handgriff das Gehirn positiv beeinflusst und die Konzentrationsfähigkeit unterstützt. Soll heißen: Wenn ich in der Früh die Geschirrspülmaschine aufmerksam ausräume und nicht an alles Mögliche andere denke,

Als ich glücklich in der kühlen Gaststube saß, vibrierte mein Handy. Der Grieche schickte mir ein Foto von Kutteln. Er war also noch *in town,* und das war ein Annäherungsversuch. Aber ich war noch nicht so weit. Die Niederlage aus dem «Spazio» war noch nicht vernarbt.

Außerdem hatte ich Wichtigeres zu tun. Denn gerade kam mein Risotto, der alle Qualitätskriterien erfüllte, die Alice Vollenweider so formuliert hat: «Einen guten Risotto erkennt man schon optisch: Er ist goldgelb, glänzend und dickflüssig, wobei aber Reiskorn für Reiskorn getrennt daliegen und *al dente* gekocht sein müssen.»

Ich aß mit geschlossenen Augen. Mein Handy vibrierte noch einmal. Ich schaltete es aus und aß meinen Risotto ehrfürchtig auf, ich kalibrierte sozusagen mein Zentralnervensystem für jeden zukünftigen Genuss dieser ewigen Speise. Erst als das letzte Echo des warmen, tiefen Geschmacks verklungen war, öffnete ich meine Augen wieder und bestellte den Espresso, der jetzt die einzig richtige Antwort auf jede Frage war.

PS: Zu Hause versuchte ich den Importrisotto zuerst auf die Art von Marcella Hazan. Sie weiß bekanntlich immer Bescheid. Die Hazan verweist darauf, dass der Mailänder Risotto nicht nur mit großzügigen Mengen von Safran zubereitet wird, sondern auch mit gewürfeltem Rindermark, das ich mir gleich einmal beim Metzger besorgte. Außerdem kochte ich aus zwei Hühnerkarkassen nach Tine Giaccobos Rezept (Huhn mit kaltem Wasser aufkochen, Zwiebel, Sellerie und Karotte und ein paar Pfefferkörner dazugeben, 90 Minuten köcheln und dann gemeinsam kalt werden lassen) eine wunderbare Hühnersuppe, um gerüstet zu sein.

Ich gab also das gehackte Mark mit etwas Butter in die Pfanne und ließ es schmelzen. Roch gut, schmolz aber nicht so wie geplant: Vom Mark blieben kleine, dunkle Partikel zurück, die auch beim späteren Kochen des Reises nicht verschwanden. Mein Glück war also von Beginn an getrübt, so wie später der Risotto, der okay schmeckte, wenn auch weit entfernt von perfekt.

Ich gab zwei Esslöffel klein gehackte Schalotten, die ich Zwiebeln vorziehe, in die Mischung von Butter und Mark, ließ sie glasig werden, ließ den Carnaroli-Reis dazurieseln und verbrachte die nächste Viertelstunde gleichzeitig rührend und heiße Hühnersuppe nachgießend. Dann gab ich den klein gehackten Safran, den ich in etwas Suppe verrührt hatte, dazu und freute mich daran, wie die kleinen roten Fäden ihre Arbeit taten und den Reis goldgelb färbten. Wären nicht die grauen Markkrümel gewesen, ich wäre einigermaßen zufrieden gewesen.

Beim zweiten Versuch folgte ich der Empfehlung Roland Trettls, der bei jeder Gelegenheit erzählt, dass ihn seine Frau nur wegen seines Risottos geheiratet habe. Trettl verwendet kein Knochenmark, nur Butter, und er tut etwas sehr Mutiges: Er gießt die gesamte Suppe – für 450 Gramm Reis etwa 1,2 Liter Suppe – auf einmal hinein. Dann stellt er den Wecker auf fünfzehn Minuten und lässt den Topf in Ruhe.

Ich kannte diese Situation bisher nur von der Zubereitung von Milchreis: dass ich vor dem Reistopf stehe und den Reis nicht sehe, also nur darauf hoffen kann, dass er am Ende des Kochvorgangs wieder zum Vorschein kommt.

Als nach zehn Minuten noch immer kaum Reis, sondern nur Suppe zu sehen war, wurde ich unruhig. Aber ich befolgte Trettls Anweisung hündisch und bekam fünf Minuten später als Ergebnis einen sehr guten, etwas suppigen Risotto, dem ich wie oben mit dem Safran seine strahlende Farbe verpasste.

Beim dritten Mal fing ich wieder von vorne an, merzte aber einen Fehler aus: Ich schmolz nämlich das Rindermark extra in einer Kasserolle und goss es durch ein Sieb zur Butter in den Risottotopf: glasklares Ergebnis. Dann verfuhr ich wie oben beschrieben, und es wurde gut, ganz ohne die grauen Störfaktoren im Reis, und mein neurotisches Rühren (sorry, Herr Trettl) führte zu einem erstaunlich cremigen Ergebnis.

Bonustrack: Ich hackte den Safran nicht nur, sondern rieb ihn noch mit den Fingerspitzen in die Suppe, mit der ich den Risotto färbte und finalisierte.

Schmeckte gut, sah super aus.

Der Reis sowieso. Meine Fingerspitzen aber auch.

Italien ist überall am schönsten, am allerschönsten allerdings dort, wo Schönheit und Normalität etwas miteinander haben. So wie hier in den Marken, abseits des Touristenstroms. Und zum Soundtrack von Paolo Conte.

Marken

Als ich in Apiro angekommen war und am falschen Platz auf die Agentin wartete, die mir den Schlüssel für mein Haus übergeben sollte, schaute ich mich aufmerksam um, kniff die Lippen zusammen und begann zu schimpfen.

«Was hast du dir eigentlich dabei gedacht...», sagte ich stinksauer, «...dass wir seit acht Jahren nicht in Italien waren?»

Der Typ mit den ADIDAS-Trainingshosen, der gerade aus seinem PIAGGO Ape stieg, schaute mich kurz und prüfend an, bevor er befand, dass ich wahrscheinlich ein ganz normaler Irrer sei, über den man sich nicht weiter aufregen muss. Die beiden Frauen, die auf viel zu hohen Hacken in den Supermarkt stöckelten, bemerkten mich auffällig nicht. Das Geschwader von alten Säcken, das gegenüber vor der Bar hockte, Zucker in leere Kaffeetassen rührte oder das dritte erste Glas Weißwein kostete, lachte auf diese spezielle Weise, dass du nicht genau weißt, ob sie nicht gerade über dich lachen.

Meine Laune stieg.

«Du bist wirklich ein Depp», sagte ich.

Keine Antwort.

«Verantwortungslos.»

Schweigen.

«Wie konntest du mir das nur antun? Acht Jahre kein Italien? Keine Piazza? Kein anständiger Kaffee? Keine beschwipsten Italiener?»

Darauf fiel mir – weil ich ein Selbstgespräch führte, war ich ja für Fragen *und* Antworten zuständig – zu meiner Verteidigung nur ein passendes Zitat von Eric Burdon ein: «*When I think of all the good times that I wasted – having good times.*»

Das saß. Ich beruhigte mich. Irgendwann klärte sich auch der Irrtum mit dem Treffpunkt auf, sodass ich mir den Schlüssel zu meinem Haus im nächsten Ort holen konnte und über einen gefährlichen Feldweg zu einem umgebauten Bauernhaus gelotst wurde, das eine eigne Kapelle besaß, in der ich ein Stoßgebet an Abundantia, die Göttin des Überflusses, absetzen konnte und danke sagen, dass ich endlich wieder im schönsten Land der Welt angekommen war.

Apiro liegt mitten in den Marken. Das ist die Provinz zwischen der Emilia Romagna im Noden, Umbrien im Westen und den Abruzzen im Süden. Ihr müsst euch nicht gleich auf den Reiseführer stürzen, dort steht über Apiro nichts Spezielles vermerkt, eigentlich gar nichts. Dabei ist der Ort bemerkenswert, wie die meisten, namenlosen Orte Italiens bemerkenswert sind: 2000 Einwohner, historisches Zentrum, hohe Stadtmauern, zwei Kirchen und eine Piazza im Zentrum, eine zweite an seiner Tangente (dort wo ich mich gerade *keppelnd* zum Gespött meiner selbst gemacht habe).

Und, jetzt kommt's: Auch wenn die Bilder in der Kirche und die Qualität ihres Grundrisses vielleicht nicht den hohen Anforderungen der Kunsthistoriker entsprechen und die Trüffelschweine vom CONDÉ NAST TRAVELLER wahrscheinlich keine Luxus-Boutique-Hotels hinter dem tausend Jahre alten Mauerwerk entdecken werden, ist der Ort nichts weniger als: großartig.

Denn er entspricht eins zu eins der italienischen Realität, die auch in den scheinbar modernen Zeiten so viel Schönheit und Qualität inhaliert hat, dass mich, wenn ich wieder daheim Gemüse oder Fleisch einkaufe, eine unerbittliche Sehnsucht quält.

In Apiro sehe ich zuerst den Supermarkt namens «Vital», der von außen aussieht wie ein A&O im, sagen wir, hintersten Weinviertel. Aber dieser hier hat eine Gemüseabteilung, wo mir sofort eine Fachkraft zur Seite springt, als ich die Pfirsiche begrapschen will, und das emphatisch für mich erledigt; die mir eine überdimensionale Wassermelone filetiert wie einen Fisch; die mir sagt, dass ich keinesfalls vergessen soll, ein paar von den gewaltigen Fleischtomaten mitzunehmen, weil die nämlich gerade auf dem Höhepunkt ihres Geschmacks seien; und danke, bitte, gern geschehen.

Die Verkäuferin hinter der Käsetheke lächelt schon. Sie erkennt Typen wie mich mit geschlossenen Augen. Zeigt auf den einen und den anderen Käse, schneidet frische Ricotta mit schmatzendem Messer in Tortenstücke und packt angesichts der Tomaten in meinem Wagen gleich eine *Burratta* dazu, weil was soll ich denn mit all den Tomaten, wenn ich keine *Burratta* habe?

Und als ich sie nach den *Salsicce* frage, die fett und prall und hellhäutig neben dem Käse liegen, beugt sich sich ein bisschen vor und sagt: «Die sind gut, unsere *Salsicce*, ja. Aber geh hinüber zu ‹Paccusse›, da haben sie bessere.»

Als ich nach meinem Einkauf ordnungsgemäß hinüber zu «Paccusse» gehe, der Metzgerei gleich neben dem Supermarkt, liegen dort tatsächlich unglaublich schöne – eben noch ein bisschen schönere – *Salsicce* in der Vitrine, wo im Übrigen nicht das Überangebot herrscht, wie wir es von den heimischen Fleisch- und Wursttheken kennen. Es gibt die *Salsicce*, es gibt eine fabelhaft aussehende *Bistecca* am Stück, es gibt eine Rindsleber und ein großes Stück von der Schulter. Mehr hat «Paccusse» heute nicht, also kaufe ich zur Sicherheit sämtliche *Salsicce*, weil ich vorhabe, mich mit einem großen Topf Bolognese gegen alle Eventualitäten zu wappnen – dass Bolognese mit dem Brät von *Salsicce* deutlich interessanter schmeckt als mit Faschiertem, setze ich als bekannt voraus.

Zutaten: *1 EL Olivenöl, 45 g Butter, 85 g gehackte Zwiebeln,
3 Stangen Staudensellerie (gehackt), 4 mittelgroße Karotten (gehackt),
350 g (eigentlich: gehacktes Rindfleisch; aber bei mir eben)* Brät
*von der Salsicca, Salz und Pfeffer, 2,5 dl Vollmilch, 2,5 dl Weißwein,
frisch geriebene Muskatnuss, 500 g Pelati (klein geschnitten),
550–675 g Pasta, 1 EL Butter für die Pasta und frisch geriebener Parmesan.*

Zubereitung: *Öl, Butter und Zwiebeln in den Topf geben, anschwitzen.
Gemüse dazugeben. Garen lassen, bis alles mit Fett überzogen ist, dann das
Fleisch dazugeben, mit der Gabel zerkrümeln, salzen und pfeffern. Garen,
bis es nicht mehr rosa aussieht, sondern Farbe gezogen hat. — Milch dazugeben und einkochen lassen, mit etwas Muskatnuss würzen. — Wein dazugeben und einkochen lassen. Dann die Tomaten in den Topf geben und die
Hitze verringern. Die Sauce darf nicht mehr kochen, sondern nur simmern.
Mindestens drei Stunden kochen. Mit Salz abschmecken. Dazu Spaghetti
und Parmesan.*

Soll nicht heißen, dass ich nicht essen gehe. Okay, da ich ein paar
mehr *Salsicce* eingekauft habe, koche ich erst einmal die doppelte
Menge Bolognese, wie oben im Rezept angegeben, sodass immer
ein Happen Sauce da ist, wenn ein kleiner Hunger sich ankündigt.
Dass Bolognese am besten schmeckt, wenn man sie lauwarm mit dem
Löffel isst, ohne den Umweg über die Pasta, dürfte ja auch bekannt
sein.

Aber weil Apiro zwar eine großartige Bar hat – schräg gegenüber der Kirche, wo sonst –, wo der Kaffee großartig ist und die
Dolce süß sind, aber daneben nichts, was in meinem Lieblingsführer
Osterie d'Italia lobend erwähnt wird, schaue ich mir doch die Gegend
ein bisschen genauer an.

Wenn ihr inzwischen bemerkt habt, dass ich offenbar nicht die
geringste Lust habe, das High-End-Koordinatensystem des *Michelin*
zu durchforsten –, ihr habt recht. Weil ich empfinde es als die größte
Zumutung, in Italien ein sogenanntes *Fine-Dining*-Restaurant aufzusuchen, nachdem ich einschlägige Erfahrungen bei Massimo
Bottura in Modena und Enrico Crippa in Alba gemacht habe, zwei

Dreistern-Hütten, die auf der Glatze Locken drehen, um irgendwas Besonderes hinzukriegen, was am Ende ja doch nur in der Theorie gelingt, weil die simple, normale Trattorienküche, wie sie in ganz Italien vom Aostatal bis Sizilien gepflegt wird, das Herz mehr wärmt als alle küchenartistischen Einfälle.

Deshalb sehe ich auch davon ab, bei meinem Ausflug ans Meer nach Senigallia zum Beispiel den einen Zweisterner «Uliassi» oder den anderen Zweisterner «Madonnina del Pescatore» aufzusuchen. Stattdessen folge ich dem Ratschlag des SLOW-FOOD-Führers und checke mich bei der Trattoria «Vino e cibo» ein, gleich hinter dem Rathaus an der Piazza Roma – und bin so verzückt wie auf der Piazza von Apiro, als mich die alten Säcke, meine Freunde, so freundlich auslachten.

Das hier ist ein Lokal, wie man es sich schöner nicht ausdenken könnte. Schmucklose Möbel, die einfach auf die Straße gestellt sind. Statt einer Speisekarte eine große Tafel, auf der mit Kreide die Tagesgerichte aufgeschrieben sind: Thunfischtatar mit weißem Sesam und grünen Tomaten. Tomatenbrot (eigentlich: dickes, getoastetes Weißbrot mit Tomaten). Ein Salat vom *Sepia* mit Karotten, Zucchini und Datteltomaten (von dem gleich noch zu reden sein wird). Kabeljau aus dem Ofen mit Auberginen. *Maltagliati* (hinreißende, fast romantisch zarte Pasta) mit *Baccalà*. Guter Wein zu Preisen, für die du dir in der Schweiz gerade einmal ein Glas von außen anschauen darfst. Ein Patron mit Bart und kurzen Hosen, der dir das Gefühl gibt, er hat auf *dich* gewartet, auf *dich* und nicht auf irgendwen sonst (ein Gefühl, das jeder andere im vollen Lokal übrigens auch hat).

Befremdlich nur, dass in ganz Senigallia Hundertschaften von Menschen in *Fifties*-Gewand herumlaufen, an denen man sich vorbeischieben muss, und an jeder Ecke ein DJ Little Richard spielt oder Elvis. Das ist einem Festival namens «Jamboree» geschuldet und hat mehr Fans, als die Gastronomie des für jeden Ansturm gerüsteten Küstenorts verträgt. Wenn du zum Beispiel von deinem Tisch aufstehst, um dir die Hände zu waschen, sitzen sicher zwei *Hillbillys* da, wenn du zurückkommst, dann heißt es die Ellenbogen ausfahren.

Das «Vino e cibo» ist für mich das prototypische italienische Lokal, wie ich es liebe. Jeder Handgriff sitzt, jeder Scherz kommt an, und die scheinbar einfachen Speisen sind von einer Präzision, wie sie nur durch die berühmten 10 000 Stunden Übung erreicht werden kann, die der Schriftsteller Malcom Gladwell als Grundlage für jede außerordentliche Leistung voraussetzt.

Natürlich esse ich alles.

Aber wegen des *Sepia*-Salats storniere ich den Tisch, den ich irgendwie aus Pflichtgefühl doch noch in der «Madonnina del Pescatore» bestellt habe, und kehre tags darauf ins «Vino e Cibo» zurück, wo ich empfangen werde, als nähme ich seit zwölf Jahren an jedem Samstag das Mittagessen hier ein.

Und weil ich in meinem Leben nur zweimal einen so zarten, feinen und eleganten *Insalata di seppie* gegessen habe, natürlich lauwarm und schmeichelweich und ideal abgeschmeckt, habe ich mir vom Küchenchef Riccardo Rocatori, einem tätowierten Knecht mit dem stiernackigen Aussehen eines Türstehers und dem feinen Händchen eines Uhrmachers, zur Sicherheit das Rezept geben lassen.

Zutaten: *800 g frische Seppie, 200 g Karotten, 200 g Zucchini, 500 g Datterini* (Datteltomaten)*, Öl, Salz, Zucker, Olivenöl, Fiochi di Sale und etwas geriebene Zitronenschale.*

Zubereitung: *Frische Seppie putzen. Man verwendet nur den Körper, nicht die Minitentakel. Körper in kochendes Wasser werfen, dann das Feuer runterdrehen und zehn Minuten köcheln lassen. — Karotten und Zucchini putzen und in möglichst schmale, sechs bis acht Zentimeter lange Streifen schneiden. Dann 20–30 Sekunden in kochendes Wasser werfen und blanchieren. Anschließend in Eiswasser abschrecken. — Datterini werden im Ofen bei 190 Grad mit Öl, Salz und Zucker 40 Minuten gebacken, bis sie karamellisiert sind. Dann werden sie gemixt und durch ein Sieb gestrichen. Die in sehr feine Streifen geschnittenen Seppie auf dem Teller anrichten. Das Gemüse dazulegen. Darüber Olivenöl geben, Fiochi di Sale und etwas geriebene Zitronenschale. Zwei Minuten stehen lassen. Dann die Salsa di datterini dazugeben. Mit zwei, drei Blättern Basilikum garnieren.*

Ich fahre kreuz und quer durch die Gegend. Sitze auf Piazzen, esse Gebäck aus dem Papier und trinke mehr Kaffee als George Clooney auf allen Fernsehschirmen. Lasse mir in der «Osteria San Rocca» in Mondavio sogar eine Pizza servieren, während ich ins Land hineinschaue. Trinke guten, kühlen Verdicchio. Kehre wieder einmal nach Urbino zurück, die kurzfristige Hauptstadt Italiens, die von so atemberaubender Schönheit ist, dass ich ganz aufs Essen vergesse und meine Reservierung in der «Trattoria del Leone» verpasse, weil ich mich von den Fresken im Oratorio S. Giovanni nicht losreißen kann, die sämtliche Wände der Kapelle bedecken und in denen ich nicht nur versteckte Pointen der Brüder Lorenzo und Jacobe Salimbeni aus Sansevero entdecke, die das Werk im 15. Jahrhundert ausgeführt haben, sondern auch eindrucksvoll gegenwärtige Muster, wie sie auch von Josef Frank stammen könnten (vielleicht war er ja einmal hier, kann ja sein). Bei «del Leone» sagen sie mir zwar, dass sie schon zu haben, aber einen Teller Tagliatelle mit Salbeibutter bekomme ich trotzdem noch.

Ich fahre von Ort zu Ort, einer ist schöner als der andere, Mauerwerk, Türme, Balkone, *centro storico, Alimentari, Macelleria*. An vielen Orten stehen die metergroßen Ankündigungen zu großen Fressfestivals, wo ganze Orte in Wirtshäuser verwandelt werden mit fünfzig Meter langen Tafeln, an denen es nur Pasta mit Wildschweinsauce gibt oder irgendwas mit Auberginen, je nachdem, worauf sich die Dörfer spezialisiert haben. Das ist, was ich an Italien so liebe: Dass keiner ein Aufhebens davon macht, wie großartig das Land selbst in seinen Schattenbuchten ist, wie tief die Schönheit, die Harmonie, das Bekenntnis zur Qualität im Land und seiner Kultur verwurzelt sind.

Als ich unterwegs nach Jesi bin, um mir ein bisschen Wein zu besorgen, schalte ich das Autoradio ein. Zwischen den unvermeidlichen Werbeflächen ertönt plötzlich die Stimme meines alten Freundes Paolo Conte (dass ich sein Freund bin, weiß Conte nicht. Aber dass er meiner ist, steht seit zwanzig Jahren fest). Er singt das Lied, das für mich die heimliche Hymne Italiens ist. Es stammt aus dem Jahr 1979, aber für mich beschreibt es wie kein anderes den besonderen

Schwebezustand, wenn der Sommer gerade noch da ist und in seinen hellsten Momenten so tut, als finge er noch einmal von vorne an, Schulschluss, Ferien, endlose Abende mit Wein und Musik, der achtlose Griff zum dünnen T-Shirt, weil es für alles andere zu heiß ist. Dabei ziehen schon die Wolken auf, die den September bringen.

Das Lied heißt *Gelato al limon*. Es beginnt so:

> «*Un gelato al limon, gelato al limon, gelato al limon*
> *Sprofondati in fondo a una città.*
> *Un gelato al limon è vero limon – ti piace?*
> *Mentre un'altra estate passerà*»

Schon diese erste Strophe packt alles in pure Poesie: das Dahinziehen eines weiteren Sommers, das heißgeleuchtete Labyrinth der Stadt – und natürlich den Geschmack, der das alles in sich trägt wie kein anderer Geschmack: den Geschmack der Zitrone, einer guten Zitrone, mit Obers und Zucker und der nötigen Kälte zusammengerührt zum Hochamt der vergehenden Jahreszeit.

Conte hatte seine größte Zeit in den 80er-Jahren. Sein Hit *Azzurro* ging in der Version von Adriano Celentano durch die Decke und wurde erst viel später auch von Conte selbst gespielt. Auch *Gelato al limon* wurde ursprünglich vom Cantautori-Duo Lucio Dalla und Francesco de Gregori ziemlich brachial in die Welt gestemmt, auf einer gemeinsamen Tour, die unter dem Titel *Banana Republic* auf Schallplatte veröffentlicht ist. *Gelato al limon* nimmt darauf die Gestalt eines ungezogenen Rocksongs an, und mich verwundert es nicht, dass sich Conte irgendwann kopfschüttelnd ans Klavier setzte und das Lied endlich so spielte, wie es gespielt gehört.

Diese Version hörte ich im Radio zwischen Ancona und Jesi, Contes Geschichten vom Anfangen und Aufhören, von verschwitzten Nächten in tristen Absteigen und Koffern voller Probleme; und wenn er in die Mollkaskade des Schlusses einbiegt, der weißichwievielten Wiederholung des Refrains *gelato al limon / gelato al limon / gelato al limon,* macht mich das melancholisch, weil ich weiß: Das Lied kann ich bald wieder hören. Aber auf den nächsten Sommer müssen wir noch lange warten.

Mich überkommt eine grenzenlose Sehnsucht nach Zitroneneis. Also besorge ich mir in Jesi nicht nur anständigen Weißwein bei den *Produttori,* sondern leiste mir auch ein Stück *Hardware,* das ich schon immer haben wollte: die Eismaschine von DONVIER, dieses altmodische, sympathisch simple Artefakt, das es gestattet, mit ein bisschen Geduld und Handarbeit feines, frisches Eis zu machen, dessen Genuss genauso schnell und flüchtig ist wie jener der letzten Sommertage.

Die DONVIER besitzt einen Kühlzylinder, der eine Nacht lang im Tiefkühler auf Betriebstemperatur gebracht werden muss, und ein Rührwerk, mit dem angefrorene Speiseeismasse händisch zu Creme gerührt wird (und ja, ich weiß, dass die Elektrizität schon erfunden ist und dass gute Eismaschinen zu akzeptablen Preisen zu haben sind; aber: Ich will keine elektronische Version von «*Gelato al limon».* Ich will die richtige).

Da ich kein Sorbetto möchte, das mit Wasser hergestellt wird, entscheide ich mich für das cremige, italomäßige Setup, wie es in dem immer wieder wertvollen Kochbuch aus dem «River Café» notiert ist:

Zutaten: *3 unbehandelte Zitronen, 200 g feiner Zucker, 450 ml Schlagobers und ½ TL Salz.*

Zubereitung: *Von einer Zitrone wird die Schale abgerieben, dann werden alle drei ausgepresst. Der Zitronensaft wird mit den abgeriebenen Schalen und dem Zucker verrührt, dann mit dem gesalzenen, geschlagenen Schlagobers vermischt. Entsprechend der Ausrüstung wird die Masse cremig gefroren.*

Zu Hause lade ich mir zuerst das Lied aufs Handy und lasse Paolo Conte über die mitgebrachte *Jambox* das Haus füllen. Dann wird die Maschine ausgepackt, und der Anlauf zum Hochamt dieses italienischen Sommers ist gemacht. Weil die Metalltrommel der Eismaschine aber erst richtig kalt werden muss, halte ich mich in der Zwischenzeit an den Resten meiner Bolognese schadlos, diesmal sogar mit Spaghetti.

Apiro liegt etwa 150 Kilometer von Amatrice entfernt. Als in der Nacht auf den 24. August 2016 ein Erdbeben der Stärke 6,2 die zentralitalienische Stadt Amatrice zerstört und Hunderte Menschen in den Tod schickt, sind die Vorbereitungen für die jährliche «Sagra degli Spaghetti all'Amatriciana» praktisch abgeschlossen. Seit 50 Jahren begehen die Einwohner von Amatrice am letzten Wochenende des Augusts ein Dorffest, zu dem Touristen und Einheimische aus der ganzen Umgebung anreisen: Sie servieren traditionell ihre lokale Spezialität in unfassbaren Mengen.

Hier ist das die berühmte *Pasta all'Amatriciana*. Die Sauce wird aus Zwiebeln, *Guanciale* (Wangenspeck) oder *Pancetta* (Bauchspeck) und Tomaten zubereitet, denen eine getrocknete Chilischote Feuer macht.

Zutaten: *2 EL Öl, 15 g Butter, 1 mittelgroße Zwiebel (gehackt), 1 Scheibe Pancetta (in kleine Rechtecke geschnitten), 1 Dose Pelati, 1 rote Chilischote (gehackt), 450 g Pasta, 3 EL Parmesan und 2 EL Romano.*

Zubereitung: *Zwiebel im Öl-Butter-Gemisch gelb anschwitzen. Pancetta dazugeben, eine Minute anschwitzen, umrühren. Gehackte Tomaten, Chilischote und Salz dazugeben und im offenen Topf 25 Minuten sanft köcheln lassen. Mit Salz und Chili abschmecken. — Pasta in der Sauce wenden, dann beide Käsesorten hinzufügen und alles gründlich mischen. — Dann auf die Bank gehen und die Spende für den Wiederaufbau von Amatrice abschicken. Großzügig sein, wie mit dem Käse.*

Um die Kombination dieser Sauce mit den korrekten Teigwaren wogt ein unauflösbarer, zutiefst italienischer Richtungsstreit: Ist es okay, die *Amatriciana* mit Spaghetti zu essen, oder kommen dafür, wie Dogmatiker behaupten, ausschließlich *Bucatini* infrage, voluminöse, regenwurmdicke Röhrennudeln?

Marcella Hazan, bekanntlich die oberste Instanz in italienischen Geschmacksfragen, neigt selbstverständlich zur Dogmatik: «Wer *all'amitriciana* sagt, denkt sogleich an *Bucatini*. Die beiden gehören zusammen wie Romeo und Julia.»

Die Spaghetti-Etikette

Wie man richtig Spaghetti isst, wusste der Vater von Gay Talese ganz genau. Wenn sein Sohn, der später zu einem stilbildenden Reporter des *New Journalism* werden sollte, im New Yorker Restaurant «Venice» zur Vorspeise Spaghetti mit Muschelsauce bestellte, verwendete der baseballbesessene Bub dafür seine Gabel und einen Esslöffel, «den ich wie einen Fanghandschuh einsetzte, um herabgefallene Muschelstücke aufzuklauben und zugleich meine Gabel zu stabilisieren, während ich eifrig versuchte, die Spaghettifäden zu festen, ordentlichen Spulen zu drehen».

Das gefiel dem Vater nicht. Er war ein italoamerikanischer Maßschneider, konservativ bis in die Knochen, und sein Stilbewusstsein beschränkte sich nicht nur auf den Schnitt der Dreiteiler und Pelzmäntel, die er in seinem Atelier herstellte, sondern auch auf profane Dinge wie den angemessenen Verzehr von Pasta: «Er verwendete stets nur eine Gabel, mit der er die Nudeln dann auf kunstvolle Weise aufzwirbelte, ohne dass auch nur eine davon herabbaumelte, wenn er sie zum Mund führte.»

Jede andere Methode hielt Joseph Talese, der

Muschelsauce bestelle, erschrecke ich, sobald der Kellner mit meiner Bestellung in die Küche unterwegs ist, vor meiner eigenen Courage. Schließlich trage ich ein blütenweißes T-Shirt oder Hemd, und einmal abgesehen von den Haltungsnoten beim Essen möchte ich nicht, dass meine breite Brust jedem, der es nicht wissen will, Auskunft darüber gibt, was es heute zu Mittag gab.

Tischmanieren sind auf dem Rückzug. Es gehört nicht mehr zum bürgerlichen Kanon, aufrecht auf seinem Stuhl zu sitzen, die Ellenbogen nicht aufzustützen, von außen nach innen das richtige Besteck zu wählen und mit dem ersten Bissen zu warten, bis alle am Tisch das Essen vor sich stehen haben.

Gute Tischmanieren sind für keinen Distinktionsgewinn mehr gut. Selbst in besseren Restaurants, deren Besuch hingegen durchaus als Distinktionsmittel funktioniert, wird auf eine Weise gegessen, die mit dem bürgerlichen Kanon nichts mehr zu tun hat. Reiche Menschen, die Messer und Gabel wie einen Faustkeil halten, sind keineswegs die Ausnahme von der Regel, und sie werden nur übertroffen von manchen Kindern, deren Ernährungsgewohnheiten so eigenwillig sind, dass ihre Eltern froh sind, wenn sie

das Spaghetti-Essen noch in seiner süditalienischen Heimat gelernt hatte, für falsch. Besonders missfiel ihm jedoch der Gebrauch eines Löffels: «Nur Leute ohne Manieren essen ihre Spaghetti auf diese Weise – oder Leute, die keine Ahnung haben, wie die meisten Amerikaner oder jene Amerikaner italienischer Abstammung, die *Cafoni* [Bauerntrampel] sind – in Italien jedoch würde kein kultivierter Mensch in der Öffentlichkeit je einen Löffel dafür benützen.»

Also wies er seinen leidgeprüften Sohn, der schon im maßgeschneiderten Dreiteiler zur Schule gehen und sich dafür von den Kommilitonen verspotten lassen musste, an, zu üben: «Eines Tages wirst du es hinbekommen.»

Ich bewundere die poetischen Tischmanieren von Joseph Talese, auch wenn ich sie nur aus der Prosa seines Sohnes kenne (die Geschichte «Ein Sonntag zu Kriegszeiten» erschien im Band *High Notes*). Es ist eine hohe Kunst, komplizierte Tätigkeiten leicht und selbstverständlich aussehen zu lassen, und der Verzehr von Spaghetti, noch dazu, wenn diese mit ausreichend viel Sauce serviert werden, fällt sicher in dieses Fach. Wenn ich zum Italiener gehe und mir, sagen wir, heißhungrig einen Teller Spaghetti mit

überhaupt etwas essen. Ob sie für ihre zu Brei geschnittenen Spaghetti am Schluss die Gabel, den Löffel oder ihr wasserfestes Handy verwenden, ist völlig gleichgültig.

Mir gefällt diese Entwicklung nicht. Angemessene Tischmanieren haben einen kulturellen Wert, sie adeln und verfeinern uns. Nur damit wir uns richtig verstehen: Ich plädiere keineswegs für ein Comeback der bleiernen Zeit am Wirtshaustisch, für die zwingende Jacke und Krawatte (obwohl ich glaube, dass das formelle Dinner bald ein Comeback feiern wird, als Gegenbewegung zum Turnschuh-*Fine-Dining*, wie es derzeit flächendeckend betrieben wird).

Ich sehne mich nur danach, dass jemand weiß, wie er die Gabel halten muss, damit Spaghetti und Muschelsauce nicht nur heftig geliebt, sondern auch würdig verzehrt werden können.

PS: Die Pointe der Geschichte von Gay Talese zielt übrigens darauf, dass am Nebentisch Joe DiMaggio seine Spaghetti mit Muschelsauce isst, der berühmteste Baseballstar seiner Zeit: «Sein Mund öffnete sich, und alle um ihn her lächelten – ich eingeschlossen –, als er seine Gabel durch die Luft wirbelte und völlig unverfroren in einen großen Silberlöffel senkte.»

Das ist also die Ansage, obwohl die Hazan auch «Penne, *Rigatoni* oder *Conchiglie*» für «nicht schlecht» befindet, wenn auch keinesfalls für Romeo und Julia, höchstens für eine tolerable, heimliche Liebschaft. Spaghetti sind indiskutabel.

Man kann sich diesen Streit lebhaft vorstellen. Einander gegenüber sitzen Italiener über vollen Tellern und reden mit vollen Backen übers Essen, laut, schnell und aufgeregt.

Spaghetti? Undenkbar!

Bucatini? Viel zu dick!

Noch ein Glas Wein? Selbstverständlich.

Für ein paar Euro kann man beim Dorffest die berühmte *Amatriciana* auf Vorrat essen, und wer am falschen Ort die Frage nach Spaghetti oder *Bucatini* stellt, kommt mit Sicherheit in den Genuss ernsthafter Missionsarbeit. In diesem Jahr, ausgerechnet zum 50. Jubiläum des Dorffestes, kann dieses große Fest nicht stattfinden.

Das Erdbeben hat den Stadtkern zerstört, seine unglaubliche, üppige Schönheit ausradiert, unendliches Leid über die Bewohner gebracht, Betretenheit bei den Verschonten erzeugt, die aus der Ferne fassungslos die Bilder des gerade noch pittoresken Ortes studieren. Der Schutt. Die klaffenden Löcher. Die Toten. Die Erschöpften. Die Verzweifelten. Alle, die versuchen, einen Sinn in dieser sinnlosen Prüfung zu erkennen.

Es ist die Zerstörung all dessen, was wir an Italien lieben: Wie die Menschen in der Schönheit ihrer historischen Umgebung das Jetzige feiern, ohne dafür den Rhythmus ihres gewohnten Lebens zu opfern, Kaffee in der Bar, Mittagessen zu Hause, Aperol auf der Piazza, Einkaufen in den seit Generationen eingesessenen Lebensmittelgeschäften, zwischen denen man auch im kleinsten Dorf die Wahl hat. Zwei Metzger, einer besser als der andere. Beim einen holt man die *Salsicce,* beim anderen die *Porchetta,* wenn sie am Donnerstagabend frisch aus dem Ofen kommt. Zwei *Alimentari,* der eine hat die bessere Ricotta, der andere den länger gereiften Parmesan, aber auch die nicht ganz so gute Ricotta ist noch immer weit besser als das homogenisierte Zeug, das PARMALAT zu uns in den Norden schickt.

Und die Gespräche: Über nichts kann man in Italien so gut sprechen wie übers Essen (außer vielleicht über Fußball); wie lang man die *Tagliata* brät – «sicher nicht länger als 30 Sekunden auf jeder Seite, versprich es mir!» –; wie man aus Ricotta und *Melanzane* eine Pastasauce macht – «das Geheimnis ist das Öl, nur das Öl!» –; welche Pasta man zur *Amatriciana* isst ...

Wenn wir uns also an dieses Rezept halten, ist es eine Form von ökumenischer Andacht. Wir denken an Amatrice, indem wir uns sorgfältig eine *Amatriciana* zubereiten und uns für Spaghetti und *Bucatini* entscheiden, zuerst die einen, dann die anderen.

*Marrakesch hat etwas durch und durch
Zauberhaftes: die Stimmung,
die Klänge, die Düfte. Aber am Abend,
zur Essenszeit, wird alles anders.*

Marrakesch

Als ich im *Souk* von Marrakesch, vielleicht zehn Minuten von der Djeema el Fna entfernt, die Orientierung verlor, hatte ich nach einem kurzen Moment der Verzweiflung die buddhistische Eingebung, mich ins Hier und Jetzt fallen zu lassen.

Ich trug ein weißes Hemd, das mir am Körper klebte. Meine Jeans fühlten sich schwer und steif an, und die maßgefertigten Schuhe, die mir ein Schuhputzer gerade so kunstfertig auf Hochglanz poliert hatte, kamen mir vor wie die Hufe eines Haflingerhengsts. Es war heiß, bestimmt 40 Grad. Schleppt irgendjemand bei 40 Grad sein Tweedsakko durch den *Souk?* Trägt irgendjemand polierte Maßschuhe? Ich schon.

Ihr müsst mich verstehen. Mein Gepäck war nicht angekommen, und im Koffer lagen all die Kleidungsstücke, die ich mit dem Fernwehoptimismus eines grauen Oktobertags in meinem Koffer verstaut hatte, T-Shirt, Sneakers, leichte Chinos, gleich mehrere Badehosen, was man halt so braucht bei 40 Grad. Aber nachdem ich eine unendlich lange Zeit mit dem *Lost-Luggage*-Agenten der ROYAL AIR MAROC verbracht hatte, der mit großem Gleichmut die Formulare ausfüllte, die für den Fall, dass ein Koffer nicht ankommt, signiert und gestempelt werden müssen, hatte ich nun das Bedürfnis, alles, was ich besaß, auch bei mir zu haben, in Griffweite, und das verwandelte mich in den schwitzenden, klebrigen Körper, der nicht wusste, wo er war, und nur noch einen einzigen Wunsch hatte: gebt mir eine *Djellaba*.

Eine *Djellaba,* das wurde mir in diesem Augenblick klar, war die Antwort auf alle Fragen, jedenfalls auf alle relevanten Fragen, die mich in diesem Augenblick quälten: Was tun gegen die Hitze? Wohin mit den Händen? Neue Abflüsse für den Schweiß?

Noch hatte ich mir keine Meinung gebildet, ob die marokkanischen Herren, die in ihren bodenlangen Gewändern an mir vorbeieilten, manchmal im Eilschritt, einen turmhoch mit Sesselrahmen beladenen Esel im Schlepptau, manchmal aufreizend langsam, weil sie sich vom Genuss des eben verzehrten pieksüßen Pfefferminztees erholen mussten, elegant aussahen oder ärmlich, authentisch oder pittoresk, gut oder schlecht. Inzwischen finde ich, dass die *Djellaba* ein geeignetes Instrument für ästhetische Demokratie ist – alle sehen in diesem Tuch gleich aus. Gut aus, oder jedenfalls nicht schlecht. Alle sind beflügelt von der Kühlung, die jeder Schritt von unten nach oben fächelt.

Voller Neid betrachtete ich die Männer in ihren Kutten. Sollte ich mich tatsächlich meiner feucht geschwitzten Kleider entledigen und in eine *Djellaba* schlüpfen? Würde ich mir nicht unendlich peinlich sein?

Darauf wusste ich eine Antwort: selbstverständlich. Aber ich beschloss, über den Schatten imaginierter Peinlichkeiten zu springen, die kulturellen Hürden zugunsten meines physischen Wohlergehens zu überwinden, denn, jetzt einmal ehrlich, wer würde in den engen Schleifen des *Souks* von Marrakesch daran Anstoß nehmen, dass ein baumlanger Mitteleuropäer in einer *Djellaba* sich durch die Menge kämpft, bestens getarnt dadurch, dass ihm die Hitze eh längst den Teint eines Berbers ins Gesicht gezaubert hat?

Ich kann jedem empfehlen, etwas Peinliches zu tun, sofern es Kühlung bedeutet. Es ist ein interessantes, ein wenig verruchtes Gefühl, je nachdem, wie man das mit der Unterwäsche hält. Ich entwickelte binnen Minuten einen Blick dafür, ob der jeweilige Passant unter seiner *Djellaba* Unterhosen trug oder nicht. Du kannst es in seinen Augen sehen. Er kann es in meinen Augen sehen.

Für meine Kleider von damals, als ich noch ein eleganter Mitteleuropäer war, kaufte ich einen Seesack. Anstelle meiner Lederschuhe, die ich in den Sack gestopft hatte, besorgte ich mir Badeschlapfen, die angeblich von NIKE stammten, aber hier für ein paar Euro zu haben waren, sodass ich davon Abstand nahm, mir ein Echtheitszertifikat vorlegen zu lassen. Jetzt war meine Ausrüstung komplett, ich konnte mich darum kümmern, einen Weg dorthin zu finden, wo mich Allah in den nächsten Stunden haben wollte.

Marrakesch ist ein Mythos. Die Millionenstadt im Südwesten Marokkos hat nicht nur eine fast tausendjährige Geschichte als umkämpftes Zentrum verschiedener Herrschaftsdynastien zu bieten und ein reiches Angebot fantastischer mittelalterlicher Architektur und Stadtplanung. Marrakesch ist ein Ort, dessen Zauber aus einer Vermengung grober Gegensätzlichkeiten steigt. Schmutz und Pracht. Armut und Überfluss. Geschichte und Gegenwart.

Auf dem Djeema el Fna, dem Hauptplatz von Marrakesch, blühen die Geschichten. Wenn sich auf dem weitläufigen Platz, dem berühmtesten ganz Afrikas, eine Traube von Menschen bildet, die mit aufgerissenen Augen dem einen, der in ihrer Mitte sitzt und mit heiserer Stimme spricht, zusieht, an seinen Lippen hängt, gleichzeitig loslacht oder gleichzeitig durch die Zähne pfeift, dann ist ein Geschichtenerzähler von Qualität am Werk. Die Qualität seiner Geschichten bestimmt sein Einkommen. Er setzt sich auf einen Teppich, sein einziges Arbeitsgerät, und erzählt los, und je nachdem, ob die Geschichte spannend ist oder nicht, bleiben die Menschen stehen, lassen sich fangen und greifen nachher, wenn die Pointe erzählt ist, in ihre tiefen Taschen, um ein paar Dirham zu bezahlen für die Unterhaltung, die sie gerade genossen haben.

Vielleicht sind die Geschichtenerzähler ein gutes Beispiel dafür, wie sehr Marrakesch aus der Zeit gefallen ist – aus unserer Zeit jedenfalls. Die Stadt ist betriebsam und eng, sie brummt. Aber das Brummen hat eine andere Melodie als in den europäischen Metropolen, wo das Sounddesign von APPLES iPhones inzwischen für die schleichende Angleichung Londons an Paris und Antwerpens an Basel gesorgt hat. In Marrakesch ist der Blick der Betriebsamen nicht solipsistisch auf das Display ihres Smartphones gerichtet. Vielleicht sucht der Blick die richtige Abzweigung im *Souk,* um tiefer einzudringen in das Labyrinth der Werkstätten und Miniaturgeschäfte, der Touristenfallen und Schatzkammern. Vielleicht versucht er auch, den Blick eines anderen einzufangen und so die Verbindung herzustellen, die es braucht, um Schuhe putzen, ein paar Pantoffel zu verkaufen, eine Runde durch die *Medina* führen zu dürfen. Ein Geschäft vorzuschlagen, einen Preis zu verhandeln, einen Abschluss feiern zu können.

Ich schlappte, jetzt einwandfrei belüftet, irgendwohin, und ich sah wunderbare Dinge. Ich sah Schmiede, die in kleinen Höhlen, die sie Werkstatt nannten, auf dem Boden saßen und Drähte zu wunderschönen Lampenrahmen bogen. Ich sah Färber, die von Kopf bis Fuß die Farbe angenommen hatten, die in den Bottichen stand, in die sie Tücher und Stoffe tauchten. Ich ließ mir von schwarzafrikanischen Hexern ihre Falken und Chamäleone zeigen, die Kräfte besitzen sollen, deren Spezifika ich mit meinem minderwertigen Frankoarabisch nicht kapierte. Ich stöberte in Hosentaschengalerien, in denen fantastische Masken und naive Bilder ausgestellt waren. Ich trank einen Liter Pfefferminztee, während ich mir Teppiche zeigen ließ, die eine Pracht waren, Kelims jeder Größe in fantastischen Farben und Mustern, beidseitig verwendbare, zentimeterdicke Berberteppiche, und ich überlegte mir schon, ob ich mich nicht unter meine *Djeballa* in Teppiche einwickeln könnte, um den Grenzübertritt unauffällig zu gestalten ... man kommt auf wunderliche Ideen, wenn man, jetzt ist es raus, keine Unterhosen anhat.

Natürlich kam ich auch in Sektionen des *Souks,* wo es zu essen gab. An einem Stand, vor dem sich eine dicke Traube von Marokkanern gebildet hatte, holte ich mir ein warmes Fladenbrot, das der Verkäufer grinsend aufschnitt, um ein hartes Ei und eine blitzschnell zerteilte Tomate in die entstandene Öffnung fallen zu lassen. Außerdem deutete er auf einen Kessel, in dem ein Ragout aus allem schmorte, zweifelsfrei konnte ich nur ein paar Hühnerkrallen identifizieren. Dafür war es mir aber noch zu früh am Tag.

Das Brot war gut, knusprig und warm. Gestärkt marschierte ich weiter, vorbei an Nischen, in denen Schmuck hergestellt wurde, an Plätzen, wo früher Sklaven verkauft worden waren, durch Gässchen, in denen es nach Kreuzkümmel roch, der in Zylinderform aufgeschichtet war, hinein in Durchgänge, wo Taschen und Pantoffel von der Decke hingen, da wusste ich, dass ich jetzt nur noch den Mofafahrern folgen musste, die mit einem atemberaubenden Tempo durch die Menge pflügten, prophylaktisch hupend, damit alte und junge Weiber, behände und träge Touristen, Krüppel, Esel und ich zur Seite springen. Ich pflügte auf der Bugwelle mit, dann war ich wieder unter freiem Himmel und sah den Turm der Koutoubia-Moschee, 77 Meter hoch, fast 900 Jahre alt, aus groben Sandsteinblöcken errichtet, und, als hätte er auf mich gewartet, begann der Muezzin zum Gebet zu rufen.

Er rief mit rauer, aber sanfter Stimme, ein bisschen, als hätte Zucchero auf Prediger umgesattelt. Der Ruf war von wilder Schönheit. Ich blieb stehen, um nichts von der hypnotischen, fast melodiefreien Wirkung zu verpassen, schaute mit offenem Mund in den Himmel über Marrakesch, als sich eine Hand auf meine Schulter legte und eine mir bekannte Stimme fragte: «Bist du's, Seiler?»

Was hätte ich antworten sollen?

Ich war's. Hätte mir jemals jemand vorhergesagt, ich würde auf dem belebtesten Platz Afrikas einen eleganten österreichischen Grafen umarmen, ohne dabei Unterwäsche zu tragen, ich hätte ihn gebeten, zu schweigen. Aber schon schob mich der Graf wieder auf Armlänge von sich weg, ohne jedoch die frisch manikürten Hände von meinen Schultern zu lösen, und unterzog mich einer ausführlichen Musterung.

«Was soll ich sagen ... sieht gut aus», sagte er, Meister der Ironie. «Sag nichts», sagte ich.

Er selbst trug eine leichte, etwas zerknitterte Leinenhose, Sneakers von NEW BALANCE und ein weißes Polohemd von LACOSTE. Was man eben so trägt im Süden.

Bevor er zu lachen begann, fiel mir ein, was ich ihn fragen musste, um das Gespräch nicht entgleisen zu lassen.

«Wo kriegen wir hier was Vernünftiges zu essen?»

«Ach so», antwortete der Graf.

Dann starrte er in etwa dorthin, wo sich die Stimme des Muezzins gerade in Luft aufgelöst hatte, und sagte nach zehn Sekunden Wartezeit: «Lass uns ins ‹Café de la Poste› fahren. Aber vielleicht möchtest du dich vorher umziehen.»

Das «Café de la Poste» ist eine prächtige Erinnerung an die Zeit, als die Europäer in Marrakesch noch Tropenhelme trugen. Das Café liegt in der Neustadt, mit dem Taxi nur ein paar Minuten von der Medina entfernt. Es entfaltet über einem schwarz-weiß gekachelten Fußboden mit Möbeln aus dunkel gestrichenem Bambusrohr die ganze Eleganz und Kühle einer vergangenen Epoche. Nicht nur, dass die wichtigsten französischen Zeitungen ausliegen, man serviert auch einen anständigen *Salade Niçoise* oder ein kontinentales Frühstück, bei dem keine Wünsche offen bleiben.

Ich trank einen Kaffee, der Graf nahm Tee. Er hatte recht.

«Was tust du in Marrakesch?», fragte ich ihn schließlich, als wir im temperierten Inneren des Cafés unsere Bestellungen aufgegeben hatten.

«Ach», sagte er – an dieser Stelle fiel mir wieder ein, wie tief viele mitteleuropäische Aristokraten das leise Jammern über die Zustände in ihr Konversationsmuster eingebaut haben – «mir ist der Winter zuwider.»

«Willst du sagen, dass du während des ganzen Winters hier bist?»

«Nein, nur bis nach Weihnachten. Dann fahre ich nach Guatemala. In Marrakesch hat es im Jänner ja kaum einmal 30 Grad.»

Dann erzählte er mir, dass er bis dahin im «Riad El Fenn» eine kleine Suite bezogen habe, die *trés agréable* sei, ich könne mich gern selbst davon überzeugen.

Ich musste ein bisschen darüber nachdenken, wie die Begriffe «Suite» und «klein» zusammenpassen, bis mir einfiel, dass es vermutlich nicht viele Suiten gibt, die jemandem «groß» vorkommen, der in der Steiermark ein ganzes Schloss bewohnt, wiewohl, ein «kleines» Schloss, wir wollen nicht übertreiben …

Der Graf sortierte im Kopf die Verpflichtungen der nächsten Tage, eine Tätigkeit, die ihn in etwa so schlau aussehen ließ wie mich, während ich dem Muezzin zugehört hatte.

«Morgen kann ich nicht», sagte er und nannte einen Namen der europäischen Hocharistokratie mit Zweitwohnsitz in Marrakesch, wo er morgen zum Abendessen erwartet werde, große Küche und Trancetänzerin inklusive, und übermorgen, «ach», da müsse er ein bisschen außerhalb in die Kasbah von Bekannten, die sich um den Garten von Yves Saint Laurent kümmern, «da kann ich auch nicht».

Aber, er stellte den Blick wieder scharf auf mich, sein Gegenüber: «Wo isst du heute?»

Ich hob überfordert die Schultern.

«Marokkanisch oder französisch?», fragte der Graf.

«Marokkanisch», antwortete ich, und er klatschte vor Freude über meine Antwort in die Hände.

«Exzellent», sagte er, «ich besorge uns einen Tisch im ‹Al Fassia›.»

Wir hätten den Termin im «Al Fassia» um ein Haar versäumt, weil ich mich, als ich den Grafen im «Riad El Fenn» abholen wollte, zuerst in der Medina verlief und dann, benommen von so viel Schönheit, in seiner weitläufigen Suite. Das Haus, das Richard Bransons Schwester Vanessa gehört, zeigte von außen nicht mehr als eine kleine Tür in einer hohen Mauer.

Als ich schließlich begriffen hatte, dass diese Tür tatsächlich der Eingang in ein Hotel sein sollte, in dem der Graf, mein *Role Model* für avancierten Snobismus, absteigt, war das Licht über der Medina schon röter und wärmer geworfen, und das weiße Hemd, das ich mir bei ZARA gekauft hatte, trug bereits wieder Spuren meines Zu-spät-Kommens.

Durch einen langen dunklen Gang stolperte ich ins Innere des Hauses. An den Wänden prangten satte, kräftige Farben, und am Ende des Ganges der erste von drei Höfen, Licht, Pflanzen, ein verwegen gemusterter Steinboden, das Gluckern eines Brunnens und, geschmackvoll in die Nischen geschmiegt, gepolsterte Sitzgelegenheiten in den verschiedensten Farben.

Der Graf. Er ist sonderlich. Aber was schön ist, weiß er.

Seine Suite lag hinter einem Säulengang, hatte einen Aufgang auf das Dach, von dem aus man die gesamte Medina überblickte, und ein eigenes Tauchbecken, in dem der Bursche saß und gerade einen Drink nahm. Ich war höflich genug, nicht zu fragen, den wievielten.

«Schau dich um», sagte er, und ich schaute mich um.

Das erdige Rot, in dem sämtliche Häuser Marrakeschs gestrichen sein müssen, wurde durch die untergehende Sonne noch kräftiger, tiefer. Im Süden zeigte sich das Atlasgebirge, dessen Gipfel weit über 4000 Meter hoch sind. Die dunstigen Umrisse waren von unterschiedlichen Farbtönen in Grau und Blau. Während im *Souk,* durch den ich gekommen war, das Treiben auf seinem hektischen Höhepunkt war und das Feilschen der Händler, das Rufen der Eseltreiber und das Hupen der Mopedfahrer für die entsprechende Tonspur sorgten, wölbte sich über dem Dach des «El Fenn» eine Kuppel der Ruhe. Von irgendwoher strömten angenehme Gerüche über die Terrasse. Der Drink, den ich bekam, war stark und klar.

Es war schon dunkel, als wir in das Restaurant aufbrachen, von dem der Graf versprach, dass es nirgendwo bessere marokkanische Küche gäbe als hier. Nicht weit vom «Café de la Poste» entfernt, stiegen wir aus dem Taxi und wurden von einem freundlichen Piccolo im hellen Anzug ins Innere des «Al Fassia» geführt, wo uns ein Lächeln empfing, das stets in ein lautes Gelächter umzuschlagen drohte. So kamen wir zu unserem Platz, *harhar,* zur Karte, *harhar,* zur Bestellung.

Das «Al Fassia» ist ein Restaurant, das nur von Frauen geführt wird. Allein der Türsteher ist ein Mann, und der Graf klärte mich darüber auf, dass überall im Land Kooperativen wie diese aufblühen, wo sich Frauen solidarisieren, die es satt haben, ihren Männern den Dreck hinterherräumen zu müssen und dafür auch noch ihren Launen ausgesetzt zu sein.

Im «Al Fassia» äußert sich das in der lückenlosen Bewirtung durch in helle Uniformen gekleidete Frauen. Manche trugen ein weißes Kopftuch, andere hatten bloß die Haare aufgesteckt.

Das Gelächter fragte den Grafen, ob er das Menü «wie immer» beginnen wolle.

«Ach», antwortete der Graf. Das hieß ja.

Nach wenigen Minuten wurde also eine Batterie von kleinen Tonschüsselchen aufgetragen, in denen sich «marokkanische Salate» befanden. Mit Kreuzkümmel gewürzte, marinierte Karotten. Lauwarme, in kleine Würfel geschnittene Lammleber. Ein süßer Tomatensalat. Gurkenpaste mit Petersilie. Herzhaft gewürzte Rote-Rüben-Stückchen.

Ich begriff sofort, wie vorzüglich die Küche des «Al Fassia» war, und ich begriff im selben Moment, wo die Schwerpunkte guter marokkanischer Küche liegen: es geht nicht um Schnickschnack, sondern um die Substanz, den tiefen, echten Geschmack jedes Gerichts, nicht um sein plakatives Auftreten im Dienst einer übergeordneten Schärfe oder Würze. Gewiss, der Kreuzkümmel ist ein Spezifikum, aber kein Dogma. Und Schärfe ist ebenfalls erwünscht, aber bloß in einer Dosis, auf der andere Aromen aufbauen und sich entfalten können, niemals vordergründig, nicht zerstörerisch, stets im Dienst des vielschichtigen Ganzen.

Es dauerte nicht lange, bis die zwölf oder fünfzehn Schüsselchen leer waren, gesäubert von Gabeln und anschließend von aristokratischen Fingern, zu Recht, wie mein bürgerlicher Zeigefinger bestätigen kann.

Jetzt wollte ich das Huhn mit Oliven und Zitrone, das Wiener Schnitzel der marokkanischen Küche. Der Graf, der ein wenig verschnupft darüber war, dass ich nicht die Lammschulter mit Mandeln und Rosinen mit ihm teilen wollte, die es nur für zwei Personen gab, bestellte die Doppelportion kurz entschlossen für sich allein.

Das Huhn kam in der *Tajine,* dem traditionellen Schmortopf der Nordafrikaner mit seinem nach innen geschwungenen Deckel, der aussieht wie ein schlampig aufgestelltes Beduinenzelt. Es war in Teile zerlegt und umgeben von einem dichten Geflecht aus geschmorten Zwiebeln, eingelegten Zitronenstücken und schwarzen Oliven. Der Saft, den das Huhn beim Schmoren gelassen hatte, war in das Gemüse eingezogen und beförderte einen runden, komplexen Geschmack, der von der Säure der Zitronen angeheizt und von der partiellen Schärfe des Pfeffers abgerundet wurde.

Der Graf schlug inzwischen seine Zähne in das Lamm, ich musste mich beeilen, um noch ein paar der weichen, süßen Mandeln zu bekommen und eine Ahnung davon, wie beherzt gewürzt das Fleisch war, ein aromatischer Grenzgang am Dreiländereck zwischen Süße, Schärfe und Wunderlichkeit.

Zwischendurch stattete uns das Gelächter kurze Stippvisiten ab. Seine Trägerin hatte alle Hände voll zu tun. Das Restaurant war nicht nur einmal, sondern gleich zweimal gebucht, erste Abendschicht von halb acht bis halb zehn, zweite Abendschicht im Anschluss. Jeder Tisch war an diesem Abend doppelt besetzt. Nur unserer nicht, das hatte sich der Graf ausbedungen.

«Sie können meinen Freund nicht gehen lassen, bevor er das süße Couscous versucht hat», flötete er. Das Argument verfing. Wir durften bleiben. An einem Nebentisch für vier nahmen zwei Paare, die sich jeweils auf ein abendliches *Tête-à-tête* eingestellt hatten, grimmig nebeneinander Platz.

Weil das Couscous sich vielleicht einsam gefühlt hätte auf unserem Tisch, orderte der Graf auch marokkanische Crêpes, die gut ins Bild passten. Wir aßen also Crêpes, Couscous, schließlich mit Couscous gefüllte Crêpes, diese Erfindung dürfen wir uns, falls sie sich durchsetzen sollte, auf die Fahnen heften.

Hier das Rezept für den süßen Couscous. Es gibt eine Ahnung davon, wie delikat etwas auf den ersten Blick enorm Einfaches sein

Das Gedächtnis der Zitrone

Großartiger als der Geruch frischer Zitronen ist nur der blasse, vornehme Duft von Zitronenblüten. Dieser hat sich allerdings, ein Affront gegen uns Bewohner des unterkühlten Alpenbogens, mit dem Süden verbrüdert, mindestens aber mit den Betreibern von Orangerien, die dem Genuss des Zitronenblütenaromas in der Regel unter Ausschluss der Öffentlichkeit frönen.

Natürlich macht es auch Freude, eine wohlgeformte, kräftige Zitrone in die Hand zu nehmen, entschlossen ihre Schale zu reiben und sie dann andächtig zur Nase zu führen. Die ätherischen Öle erzählen jetzt frank und frei ihre Geschichte, manchmal laut, manchmal leise, je nach Sorte der Zitrone, je nach deren Reife.

Oft mündet diese erste Kontaktaufnahme zum Duft der Zitrone in die Verwendung von schwerem

Gerichte wie das berühmte, in der *Tajine* geschmorte Huhn mit Zitrone gar nicht möglich, und auch wir tun gut daran, immer das eine oder andere Glas mit Salzzitronen zur Hand zu haben. Ich kann zum Beispiel wärmstens empfehlen, eine Lammkeule einmal nicht mit Tomaten und Wurzelgemüse zu schmoren, sondern mit Salzzitronen, Sellerie, Weißwein und Hühnerfonds – das Gericht, das sonst eher behäbig und hüftschwer daherkommt, hat plötzlich einen elfenhaften, verblüffenden Auftritt, dessen Charme sich niemand entziehen kann, schon gar nicht, wenn draußen die Sonne scheint und ein frischer Weißwein darauf wartet, entkorkt zu werden.

Natürlich kann man die Salzzitronen im Spezialitätenhandel einkaufen (z.B. über biber.ch, da kosten drei Stück der empfehlenswerten Greenplan-Zitronen allerdings ein Vermögen von 15,90 Franken). Oder aber man krempelt die Ärmel hoch und nimmt die Sache selbst in die Hand.

Zuerst braucht man die richtigen Zitronen, idealerweise solche mit dünner Schale.

Für zehn kleine, unbehandelte Zitronen braucht es nicht mehr als 200 Gramm Meersalz (man kann auch Lorbeerblätter und die eine oder andere Zimt-

Geschütz: Ottolenghi-Kochbuch aus dem Regal gepflückt, in Höchstgeschwindigkeit grünen Spargel gegrillt, diesen mit mildem Feta bedeckt, gesalzen, gepfeffert und dann, endlich, die Zitronenreibe zur Hand genommen: 500 Gramm Spargel werden mit nicht weniger als der geriebenen Schale einer ganzen Zitrone bedeckt. In diesem Moment hält der Frühling alle Versprechen, die er uns in den langen Wintermonaten gemacht hat.

Nun ist der Gebrauch roher Zitronenschalen (so wie der von einfach durchgepresstem Knoblauch, womit wir wieder bei Yotam Ottolenghi wären) ein großartiges, aber auch brachiales Mittel zur Geschmacksoptimierung. Manchmal, vor allem bei länger garenden Speisen, bedarf ein Gericht aber auch der Tiefenkraft von Zitronen, und da wird die Sache schon etwas heikler. Denn dann sind frische Zitronen möglicherweise nicht die richtige Wahl, wir müssen also einen Umweg gehen.

Dieser Umweg führt uns zum Beispiel nach Marokko. Dort werden Zitronen gesalzen und in Lake eingelegt, worauf sie sich binnen weniger Wochen in eine Universalwaffe der nordafrikanischen Küche verwandeln. Ohne Salzzitronen wären großartige

stange verwenden, aber das ist Geschmackssache; ich nehme nur das Salz).

Jetzt muss das Einmachglas (entweder eines mit einem Liter Inhalt oder zwei von je einem halben Liter) sterilisiert werden. Dafür kommen Glas und Deckel bei 100 Grad für 20 Minuten in den Backofen, während der Einmachring in einer Schüssel mit kochendem Wasser bedeckt wird.

Anschließend werden fünf Zitronen ausgepresst, der Saft kommt auf die Seite. Die restlichen Zitronen müssen an einem ihrer Enden kreuzweise eingeschnitten werden, sodass man die Früchte weit aufklappen kann, ohne dass sie aber auseinanderfallen. In diese Öffnung wird ein Teelöffel Meersalz gefüllt, anschließend bringt man die Zitronen wieder in Form. Alle Zitronen ins Glas geben und übereinanderschlichten. Dann das restliche Salz (und allenfalls Zimt und Lorbeerblätter) dazugeben, den Zitronensaft hineingießen und das Glas mit Wasser aufgießen. Luftdicht verschließen, dunkel und kühl aufbewahren.

Nach vier Wochen sind die Zitronen so weit. Falls Sie, wie ich, schon etwas früher wissen wollen, wie die Dinger schmecken: gut, sehr gut, delikat, ausgezeichnet.

kann, wenn man es mit etwas Sorgfalt, Hingabe, Butter und Orangenblütenwasser zubereitet:

Für die ganze Familie: *1 kg Couscous, 200 g abgezogene Mandelkerne, 3 dl Milch, 1 Zitrone, Staubzucker und Zimt zum Garnieren, etwas Orangenblütenwasser (zum Aromatisieren der Milch), 75 g Butter und 1 EL Erdnussöl.*

Zubereitung: Den Couscous in einer großen, runden Schale ausbreiten und mit ein wenig Wasser und 1 EL Öl vermischen, dann in den Siebeinsatz der Couscoussière schieben [hier stehen alle, die kein solches Trumm, ein zweiteiliges Set auf Wassertopf und darauf aufgesetztes Sieb, in dem der Couscous gedämpft wird, vor einem Problem. Tatsache ist, dass das Dämpfen die angemessene Zubereitungsform für Couscous ist. Die Körner garen auf diese Weise schonender als bei der Zubereitung im kochenden Wasser. Also entweder den ohnehin vorhandenen Dampfgarer verwenden, eine Couscoussière im Orientshop anschaffen oder eine Behelfskonstruktion aus einem voluminösen Sieb, das auf einen nur halb mit Wasser gefüllten Topf aufgesetzt wird, anfertigen und den Anweisungen weiter folgen]. In der unteren Kasserolle der Couscoussière 4 dl Wasser mit Zitronenspalten zum Kochen bringen. — Das Gefäß mit dem Couscous auf die Kasserolle mit dem kochenden Wasser setzen und, sobald Dampf austritt, 20 Minuten kochen lassen. Den Couscous wieder in die Schale geben, umrühren und ein Drittel der Milch und Butter hinzufügen. Kurz ruhen lassen, wieder in den Einsatz geben und weitere 20 Minuten kochen lassen. Den Couscous noch einmal in die Schale füllen, wie oben mit einem Drittel Milch und Butter vermischen und weitere 20 Minuten kochen lassen. — In der Zwischenzeit die Mandeln in einer Pfanne mit einem Spritzer Öl rösten, abtropfen lassen, mit dem Schaumlöffel herausnehmen und auf Küchenkrepp legen. Den Couscous auf einer Arbeitsplatte aufhäufen, mit Butter und der restlichen Milch vermischen und dann aufhäufen. Die Couscous-Kuppel mit Puderzucker und Zimtmotiven dekorieren und in der Mitte die gehackten Mandeln platzieren. Dazu mit Orangenwasser aromatisierte kalte Milch reichen.

Während der Graf in den nächsten Tagen seine standesgemäßen Besuche bei Baron Dings und Graf Bums absolvierte, in Palästen

Gänseleber in sich hineinschob und schwarzhaarigen Damen dabei zusah, wie sie sich in die programmierte Ohnmacht tanzten, streifte ich durch die *Medina* von Marrakesch und aß auf der Straße.

Ich aß reife Orangen, die mit Zimt bestreut waren, und war glücklich. Ich aß Gemüseeintopf aus der großen Pfanne und war glücklich. Ich ließ mir Orangen auspressen und sah nobel darüber hinweg, dass der Saft mit Wasser gestreckt wurde, er schmeckte immer noch passabel.

Abends betrachtete ich das tägliche Wunder von Marrakesch, die Verwandlung der Djeema el Fna von hell zu hell. Tagsüber ist der dreieckige Platz leer – wenn man von ein paar Tausend Menschen absieht, die sich um die Geschichtenerzähler scharen, boxenden Buben zuschauen oder den Schlangenbeschwörern, die mit ihren Flöten die Kobras in Stimmung bringen.

Aber sobald das Licht rot und träge wird, rücken die Garküchen an. Sie kommen aus dem Nirgendwo, ein paar Handgriffe, und plötzlich steht eine Küche auf dem Platz, eine zweite, die zehnte, die hundertste, rundherum Bänke und Tische, und schon beginnt es zu dampfen über der Djeema el Fna, weißer Rauch steigt auf, der aus tausend Gerüchen besteht, viele davon fein und raffiniert, manche zu schwarz oder fremd für einen wie mich.

Ich konnte mich nicht dazu durchringen, Fisch zu essen. Dazu schienen mir die Theken im *Souk,* wo der Fisch wohl herstammte, zu abenteuerlich. Sie verzichten auf Eis, und wenn du wissen willst, welcher Fisch hier verkauft wird, musst die erst den Schwarm Fliegen verscheuchen, der ihn gerade besetzt hält.

Aber das Huhn war gut, das in allerlei Kombination mit Gemüse im Topf schwamm, würzig und weich, und wenn ich die Angebote all jener angenommen hätte, die neben mir saßen und die Mahlzeiten wählten, deren Zutaten sich nicht auf den ersten Blick erschlossen, dann wüsste ich jetzt auch, wie man die Nasenflügel des Rinds zubereitet und die Hoden des Lamms, die Schnecken des Meers und die Schwarte des Hammels. Aber mir fehlte der kühle Blick des Grafen, der im Sud jedes Kessels die Welt, wie sie sich dreht, erkennt. Und wenn ich spätabends in mein Hotel kam, das bezaubernde «Les

Jardins de Koutoubia», hatte ich regelmäßig noch Lust, ein paar der *Ka'ab al Ghazal,* der Gazellenhörnchen, zu naschen, die man mir auf dem Zimmer bereitgelegt hatte, oder die *Ghriba* mit Nüssen, würzige, bezuckerte Walnussküchlein.

Ich traf den Grafen kurz bevor ich abreiste.
Er kontrollierte, ob ich an den richtigen Plätzen gewesen war.
«Hast du die Schnecken auf der Djeema el Fna probiert?»
«Nein.»
«Feigling.»
«Ich weiß.»
«Warst du im *Souk* beim Innereiengrill?»
«Nein.»
«Ein Muss.»
«Zeigst du mir den Weg?»
«Ach. Ich bin leider verabredet.»
Er meinte den Pool auf seinem Dach, ich bin sicher.
«Aber das ‹Maison Maroc›», hechelte der Graf. «Warst du dort?»
«Nein ...»
«Du musst wiederkommen. Zu Ostern. Dann ist es hier sowieso am schönsten. Versprochen?»
Versprochen.
Versprochen, falls bis dahin mein Koffer aufgetaucht ist.

Kleiner Ort, großer Koch.
Unterwegs mit Massimo Bottura.

Modena

Als Massimo Bottura seinen SAAB vor der «Osteria francescana» parkt, hat er es eilig. Es wird schon dunkel, das Abendgeschäft beginnt in einer Stunde und es ist noch jede Menge zu tun. Massimo wirft die Autotür zu, eilt zum Eingang, doch dann hält er inne: Hat er nicht etwas Wichtiges, das Wichtigste vergessen?

Er hastet zurück zum Auto, kriecht in dessen Rückraum, fischt ein alusilbernes Artefakt mit fünf Zentimeter hohem Rand und abgegriffenen Henkeln hervor.

«Diese Pfanne», ruft Bottura triumphierend, «muss ich meiner Mama zurückbringen! Sie hat mir eine *Crostata* gebacken.»

Crostata gehört zum italienischen Weltkulturerbe, UNESCO bitte herhören. Ein Kuchen aus Mürbteig, belegt mit Fruchtkonfitüre, in Modena vorzugsweise mit *confettura di amarena*, Kirschmarmelade. Es geht um Nuancen. Wie knusprig der Teig ist. Wie süß der Belag. Es geht ums Wesentliche.

Massimo grinst. Dann sagt er wie bestellt den Satz, den in dieser Situation jeder einzelne Italiener männlichen Geschlechts sagen würde, außer seine Schwiegermutter stünde gerade neben ihm: «Meine Mama macht die beste *Crostata* der Welt.»

Nun ist das Loblied auf die Küche der Mama nichts Außergewöhnliches, italienische Männer lieben das Essen von zu Hause oft so innig, dass sie sich weigern, auszuziehen.

Doch Massimo ist schon ausgezogen. Außerdem ist er einer der besten Köche Italiens, und seine «Osteria francescana» in der Altstadt von Modena ist ein Tempel, ein Pantheon für das kulinarische Hochamt, zwischenzeitlich sogar zum besten Restaurant der Welt hochgejazzt.

Aber die Kirche muss im Dorf bleiben. Nichts gegen die *Crostata* von Massimos Mama.

Als Massimo Bottura über die Philosophie seiner Küche spricht, ruft er immer wieder seine Mutter als Zeugin auf, auch wenn er gerade nicht ihre Pfanne in der Hand hält. Seine Erinnerungen an die frühe Jugend, an das Glücksgefühl, in eine Semmel zu beißen, die Mama dick mit Mortadella belegt hatte, kehren als Inspirationen in die Spitzenküche zurück, wo es darum geht, neue Wege zu finden, um alte Ziele zu erreichen.

Bottura lernte das Handwerk des Spitzenkochs bei Alain Ducasse in Frankreich und Ferran Adrià in Spanien, den wahrscheinlich innovativsten und kunstfertigsten Köchen ihrer Generation. Er kombinierte die außergewöhnlichen Zubereitungsmethoden, die er in ihren Küchen kennengelernt hatte, mit seiner eigenen, bodenständigen kulinarischen Fantasie, die immer wieder auf das Land, aus dem er stammt, zurückkam, auf das, was in einem Radius von 30 Kilometern rund um Modena wuchs, lebte, produziert wurde.

Er liebt sein Land. So kocht er.

Bottura entwirft Salat in Pillenform, Risotto in der Zungenkruste oder *Crème brulée* aus Parmesan, das ist Teil eines Gericht, das «Parmesan in fünf Reifegraden und fünf verschiedenen Konsistenzen» heißt. Den Käse dafür bezieht er bei Matteo Panini. Sein Ehrgeiz, nur mit den allerbesten Produkten, mit dem optimalen Rohstoff kunstvoll umzugehen, machte ihn, ohne dass er es gewollt hätte, zum Volkshelden, zum Botschafter seiner Stadt, seiner Region. Wenn Bottura Reisen durch Italien, durch Europa antritt, um seine Kunst vorzuführen, steht auch Modena im Rampenlicht.

«Dessert?», ruft Massimo aus der Küche. Es ist eine rhetorische Frage, denn ohne meine Antwort abzuwarten schickt er jetzt die Süßspeise an meinen Tisch, die er als *Zuppa Inglese* bezeichnet, ein Dessert, das es vor zwanzig Jahren noch bei jedem Italiener außerhalb Italiens gab, während es heute nur noch in seinem unmittelbaren Herkunftsland, der Emila-Romagna, serviert wird.

Die *Zuppa Inglese* ist die Nichte des Tiramisù: ein mit blutrotem *Alkermes*-Likör beträufeltes Biskuit mit Schokolade und Schlagsahne, aber Massimo hat es dekonstruiert: Schokolade, Eis und Biskuit liegen getrennt voneinander in kühnen Formen unter einer aus *Alkermes* angefertigten Geleéfolie. Allein der Blick auf den Teller macht klar, dass sich Massimo Bottura nicht von Kochbüchern inspirieren lässt, sondern in der großen Welt der Kunst nach Formen und Farben sucht.

Mein Lieblingsgericht aus der Küche Massimo Botturas? Das Magnumeis von der Gänseleber mit Haselnüssen und *Aceto balsamico*. Von der *Crostata* seiner Mutter durfte ich ja nicht probieren.

Es gibt eine Methode, Scampi wirklich frisch zu essen. Sehr, sehr frisch. Außerordentlich frisch. Dafür empfiehlt sich eine Reise an die Kvarner Bucht – und ein bisschen Überwindung.

Mošćenička Draga, Kroatien

In Mošćenička Draga, einem Fischerdorf an der Kvarner Bucht, eröffnete ein ehemaliger Seemann namens Ed Salomon in den 6oer-Jahren ein Fischlokal. Er nannte es «Johnson», weil er den 36. Präsidenten der USA, Lyndon B. Johnson, so bewunderte. Das «Johnson» ist in einem etwas grobschlächtigen Einfamilienhaus im Grünen untergebracht, zehn Minuten zu Fuß von der Marina entfernt, wo es Rummel gibt und als Formel-1-Autos maskierte Tretboote vermietet werden. Hinter dem «Johnson» steigen steil die Hügel der Učka auf, und von den Hügeln der Učka fällt auch der tröstliche, kühle Wind herunter, der die heißen Sommerabende auf der Terrasse des «Johnson» so erträglich macht, als Sekundant des kühlen Malvazija, klarerweise.

Das «Johnson» hat eine Spezialität: frischen Fisch.

Klingt banal, zumal kein Mensch im Restaurantbusiness je zugegeben hätte, dass der Fisch auf der Karte irgendwas zwischen nicht *soo* frisch und gerade noch nicht verdorben ist, aber ihm «Johnson» verstehen sie beim Thema Frische keinen Spaß.

Es gibt «Fisch des Tages», das ist, was der Fischer mit seinem MITSUBISHI Colt vorbeigebracht hat. Heute. Gerade eben. Dieser Fisch wird kurz auf den Grill gelegt oder roh, als *Ceviche* serviert, mit Zitronensaft mariniert und mit Meersalz gewürzt. Basta. Oder, stimmt, mit Pasta.

Es gibt auch Scampi. ... vielleicht gibt es Scampi. Denn es wird zusehends schwieriger, die prächtigen, blassen Exemplare aufzutreiben, die hier an der Kvarner Bucht als exzellent, als Delikatesse gelten, als vitale Antithese zu den Zuchtgarnelen aus aller Welt, deren mehlige Konsistenz und deren neutraler Geschmack sich mit Analogkäse und Pferdefleischlasagne um den Titel des eindrucksvollsten kulinarischen Irrtums raufen.

Hier gibt es Scampi, wenn der Fischer welche gefangen hat. Er fängt sie mit Fallen vor der Kulisse einer verspielten Felsenlandschaft, die steil und bewaldet aus dem Meer aufsteigt, holt sie an die Wasseroberfläche und bugsiert sie in eine unscheinbare Wanne aus Plastik. Die Wanne ist klein und rund, vielleicht 40 Zentimeter im Durchmesser und 15 Zentimeter hoch. Wenn sie zur Hälfte gefüllt ist, ist der Fang gut. Sind weniger Scampi in der Wanne, dürfen nur ein paar Stammgäste damit rechnen, dass Dragan oder Dean, die beiden Jungs, die seit 1996 das «Johnson» führen, auf die Frage nach Scampi zustimmend nicken. Alle anderen Gäste müssen sich mit einem bedauernden «Vielleicht morgen» bescheiden.

Was hier etwas pauschal «Scampi» heißt, gehört zur Ordnung der «Zehnfußkrebse», zur Familie der «Hummerartigen» und zur Art des «Kaisergranats».

Die Viecher sind bis zu 20 Zentimeter groß und leben in einer Tiefe von 20 bis 40 Metern in selbstgegrabenen Höhlen, die sie nur einmal pro Tag verlassen, um Nahrung zu holen – oder in die Falle ihrer Jäger zu tappen. Ihr Körper ist langgestreckt und in *Cephalothorax*, Kopfregion, und *Abdomen*, Delikatesse, unterteilt. Die Kopfregion ist von einer schützenden Schale namens *Carapax* bedeckt, unter der die Beine des Tiers und zwei ungleiche Scheren herausragen. Die größere der Scheren heißt «Knackschere», sie ist mit großen, runden Zähnen bewehrt, aber auch die kleinere Zange kann beim Fischer, dessen Finger ihre Bekanntschaft macht, zu abrupt hochgezogenen Augenbrauen und wütenden verbalen Reaktionen führen.

Im «Johnson» werden Scampi natürlich auch für die Laufkundschaft zubereitet, für die Reisenden, die von den K.u.k.-Villen in Opatja und den dunklen Silhouetten der malerisch im Mittelmeer liegenden Inseln Cres und Krk angezogen werden. Dafür kommen die Tiere aus der Plastikwanne direkt auf den Grill, wo sie sterben und in dreißig, vielleicht vierzig Sekunden über dem Holzkohlenfeuer ein leichtes Raucharoma annehmen, ansonsten aber auf beeindruckende Weise sie selbst bleiben: frisch, saftig und von dem spezifischen, süßlich-maritimen Geschmack, der Milliarden von Krustentieren jedes Jahr das Leben kostet.

Wir empfinden diesen Geschmack als «elegant» und irgendwie «luxuriös», kombinieren ihn vorzugsweise mit Mayonnaise oder prickelnden Getränken, und wir haben uns landläufig daran gewöhnt, dass wir in der Fischhandlung oder im Supermarkt bloß das schmackhafte Teil des Tiers, sein Abdomen, den von Kopf, Füßen, Schalen, Scheren und Navigationsinstrumenten befreiten Rest des Tiers bekommen, oft genug bleich und tiefgefroren in Schachteln oder Säcke sortiert.

Haha, sagen die Typen vom «Johnson» zu solchen Abziehbildern des wahren und echten Geschmacks und schütteln den Kopf. Nicht hier. Ha. Nicht wir.

Außerdem geben sie dir, wenn du in der richtigen Begleitung das Restaurant betreten hast, den Hinweis, dass du die Scampi auch so essen könntest, wie Scampi ihrer Meinung nach gegessen gehören: roh.

Es ist keine neue Erfindung der «Johnson»-*Brothers,* Fisch roh zu essen. Die Sushi-Kultur ist inzwischen ja schon in die *Take-Away*-Vitrinen mittelmäßiger Supermärkte vorgedrungen. Aber es ist definitiv ein spezielles Angebot, rohe Scampi so, *mhm,* frisch zu verzehren.

«Such dir einen aus», sagt Dragan, der mit der Wanne an unseren Tisch gekommen ist.

Ich schaue in die Wanne. Ich blicke in die schwarzen, nierenförmigen Augen von einem Dutzend Scampi, die alle ein bisschen unruhig sind und zappeln. Ich kann es ihnen nicht verdenken.

«Nun?», fragt Dragan.

Ich zeige auf einen prachtvollen Kerl mit enorm ausgeprägter Knackschere.

«Okay», sagt Dragan, «nimm ihn dir.»

Wie, nimm ihn dir?

Bei Dragan, der im Gegensatz zu mir schnell schaltet, fällt der Groschen.

«Du hast Scampi noch nie so gegessen?»

Ich weiß noch immer nicht genau, was er mit «so» meint, und schaue ihn zur Sicherheit zutraulich und etwas blöde an.

«Du isst deinen Scampi roh. Das heißt, du nimmst ihn aus der Wanne und reißt ihm den Kopf ab. Dann isst du ihn.»

Jetzt zögert Dragan ein bisschen, als er das Knackwerkzeug meines Favoriten betrachtet.

«Wenn du's zum ersten Mal machst, such dir lieber einen Kleinen aus.»

Und wie zur Demonstration greifen die beiden ortskundigen Begleiter, die mich ins «Johnson» eskortiert haben, mit ihrer linken Hand in Dragans Wanne, packen je einen Kaisergranat am Nacken, wenn man das so sagen kann, ignorieren das Zappeln der Beinchen und das Suchen der Scheren nach einem Widerstand, dem man noch einmal weh tun könnte, dann kommt schon die rechte Hand und trennt den *Cephalothorax* vom *Abdomen,* und nach dieser finalen Entscheidung haben auch die Scheren nichts mehr zu packen, sie erschlaffen und werden auf den großen Teller gelegt, den Dragan vorausblickend auf unseren Tisch gestellt hat, für die Reste.

Dazu kommen die Chitinpanzer, die nun links und rechts von mir abgeschält werden, damit das helle, rötlich-weiße Fleisch der eben geschlachteten Viecher endlich zum Verzehr bereit ist.

«Zitrone?», fragt Dragan.

«Ach was», sagen die Kenner.

«Jetzt du», sagt Dragan.

Wenn der letzte Tag anbricht...

Gern höre ich dem großen Fergus Henderson dabei zu, wie er, als Essenz all dessen, was er auf dem großen Abenteuerspielplatz des Wirtshaustisches jemals erlebt hat, den Wunsch nach seiner letzten Mahlzeit so formuliert:

«Zuerst Seeigel. Roh. Nur aufschneiden und sofort essen.»

fertigt hatte, nur, um das Tortenstück mit dem Kommentar «viel zu wenig Kirsch» mit einem gefühlten Viertelliter aus der bereitstehenden Schnapsflasche zu übergießen. Wenn ich, denke ich mir, davon vielleicht ein Stück bekommen könnte...

Fergus imaginiert jetzt das Finale:

«Ein paar Zigaretten», sagt er, und auf seinen Wangen beginnt eine Ahnung von Transzendenz zu leuchten, «dann müsste die Musik von Wilson Pickett anfangen zu spielen, damit ich betrunken tanzen kann, bis es vorbei ist...»

Ich finde, es hat etwas Tröstliches, über eine letzte Mahlzeit nachzudenken, weil es ja im Grunde nichts anderes ist, als über die nächste Mahlzeit nachzudenken, wenn man diese so spektakulär wie nur möglich gestalten möchte. Anthony Bourdain zum Beispiel, um im Dunstkreis des «St. John»-Restaurants zu bleiben, erklärt den dortigen *Signature dish*, das gebackene Knochenmark mit Petersiliensalat, zu seiner imaginierten Abschiedsmahlzeit, und wenn ich selbst mich auf dieses Spiel einlassen muss, nun...

Zuerst müssen es Scampi aus der Adria sein, namentlich aus einem in der Kvarner Bucht domizilierten Fischerdorf namens Mošćenička Draga, frisch und noch lebend angeliefert und vielleicht zehn Sekunden auf dem Holzkohlengrill gegart, dazu nicht mehr als Weißbrot und Zitrone, davon allerdings reichlich. Die Flasche Vitovska von Vodopivec wird nicht reichen, da brauchen wir eher zwei.

Dann – und an dieser Stelle darf im Hintergrund bereits die Rummelplatzmusik von Richard Hawley einsetzen, *Tonight the Streets are Ours* – liegt ein großer Laib *Comté* bereit, burgundischer Kuhhartkäse, der mindestens zwei Jahre im Reiferaum verbracht hat, eher noch drei, und davon säbeln wir – ich nehme meine letzte Mahlzeit sicher nicht ohne Begleitung ein – uns davon so viel hinunter, wie es uns gefällt und berauschen uns am Schmelz und Salz dieses großartigen Produkts, das wir gern mit demselben Wein hinunterspülen, wie das Fergus tut.

Bis es schließlich Zeit ist, die Mahlzeit mit frischen Erdbeeren der Sorte Mieze Schindler zu beenden, zu denen es so viel Schlagrahm gibt wie noch nie. Dann Siebecks Schwarzwälder Kirschtorte.

Und dann fangen wir wieder von vorne an, weil morgen kann die letzte Mahlzeit schon wieder ganz anders aussehen.

Fergus legt den Kopf schief und versinkt in Erinnerungen, die gerade so stark und großartig sind, dass sie durch eine Wiederholung nicht entehrt, sondern komplettiert werden.

«Dann hätte ich gern einen Ziegenkäse und etwas roten Burgunder.»

Ja, denke ich mir, da ist was dran. An Ziegenkäse und rotem Burgunder ist immer was dran, auch wenn Ziegenkäse nicht Ziegenkäse und roter Burgunder nicht roter Burgunder ist; aber selbst mit einer zwei Wochen alten Ziegenrolle, die im Kern noch feucht und mollig ist, wäre uns geholfen, und wenn der rote Burgunder zum Beispiel eine Dorflage aus Gevrey-Chambertin wäre, dann, nun, an der letzten Flasche muss man ja nicht unbedingt sparen.

Fergus ist aber noch nicht fertig.

«Anschließend», sagt er, und die Erinnerung an Käse und Wein verblasst sofort ein bisschen, «Schokoladeeis und *Eau de Vie*.»

Das erinnert mich abrupt an die unübertreffliche Weise, wie der deutsche Großkritiker Wolfram Siebeck seine Schwarzwälder Kirschtorte zu trinken pflegte (Sie haben richtig gehört). Siebeck probierte von der Torte, die eine befreundete Bäckerei für ihn maßge-

Ich suche mir ein Opfer mit winzigen Scheren aus, hebe das Tier aus der Plastikwanne, achte nicht auf das Zappeln der Beine, obwohl man das, ohne den Krebs zu vermenschlichen, ohne Weiteres als eine Manifestation passiven Widerstands interpretieren könnte, dann mache ich es wie die anderen, nehme den Kopf zwischen Daumen, Zeige- und Mittelfinger und trenne ihn vom Körper.

Es geht leichter, als ich gedacht hatte. Ein paar Tropfen einer Flüssigkeit, die ich nicht interpretieren kann, spritzen auf den Teller. Ein paar Handgriffe noch, dann stecke ich mir das geschälte Stück Scampi, das vor zwanzig Sekunden noch gelebt hat, in den Mund – und schließe die Augen, um die Woge an Geschmack zu genießen, die dem Gaumen zum Zentrum meiner ganzen Wahrnehmung macht und das merkwürdige Gefühl, gerade getötet zu haben, wegdimmt.

Das Fleisch ist von einer mürben, einladenden Elastizität und schmeckt – süß. Frisch, nach Fisch, nach Gischt, klar, aber vor allem erstaunlich süß, eine Süße, die mit Zucker oder vertraut schmeckenden Süßstoffen nichts zu tun hat, sondern wie ein bestimmender Grundton das Orchester der Begleitaromen durchdringt. Dieser süße Geschmack bleibt in meinem Mund stehen, auch als ich das Stück Scampi schon längst geschluckt habe, und ich denke an nichts anderes, als möglichst schnell den Rest vom Fest nachzuschieben, so unverschämt ist dieser Geschmack und so köstlich.

Geschichten vom Töten von Tieren sind heikel, sie fallen in der Regel beschämend auf den zurück, der sie erzählt. Die grässlichste ist wohl die bekannte Story von den europäischen Kolonialherren, die in Afrika das Hirn aus den Schädeln noch lebender Menschenaffen löffeln. Die Geschichte kursiert, seit ich mich erinnern kann, und ich habe keine Ahnung, ob sie stimmt oder ob sie bloß ausgedacht wurde, um auf besonders drastische Weise verabscheuenswürdiges menschliches Verhalten zu illustrieren.

Im «Johnson» hingegen werden bloß geringfügig ein paar Grenzen verschoben, ich würde sagen, um drei, vier Meter, denn so weit ist die Küche von unserem Sitzplatz auf der Terrasse entfernt. Keinem Menschen, ausgenommen all jenen Vegetariern und

Veganern, die in dieser Diskussion dauerhaft die besseren Karten haben, würde es einfallen, sich über die Tatsache zu echauffieren, dass lebendige, zappelnde Scampi in die Küche getragen werden und tot auf einem Teller wieder heraus, garniert mit Knoblauch, Zitrone und Petersilie.

Es geht allein um die Veranschaulichung der Transition vom Leben zum Tod. Dass eine Delikatesse, bevor sie zu dieser erklärt wird, erhebliches Erregungspotenzial hat, erkannte – und inszenierte – der Koch des Kopenhagener Spitzenrestaurants «Noma», René Redzepi. Er servierte in seinem notorisch ausgebuchten Lokal als Teil des großen Menüs lebendige nordische Garnelen auf Eis und wies die Gäste an, die von der Kälte notdürftig betäubten Tiere in die dazu gereichte Sauce zu tauchen und anschließend mit einem oder zwei Bissen zu verzehren.

Man wusste ohne hinzusehen, wo im Restaurant besagter Teller gerade serviert wurde. Die Gäste – immerhin Menschen, die monatelang darauf gewartet hatten, Flechten, Schnecken und alle möglichen unbekannten Pilze, Beeren und Blätter andächtig zu verzehren – quittierten die Ankunft der zuckenden Tierchen mit ungläubigem Gelächter, zuweilen auch mit teenagermäßigem Kreischen. Viele schickten den Gang zurück, andere wiederum warfen sich atavistisch in Pose – ich! Jäger! – und futterten die Garnelen des ganzen Tisches.

Sicher ist: Redzepis Garnelen waren nicht halb so gut wie die Scampi im «Johnson». Aber sie machten Schlagzeilen, weil der schlaue, permanent im Schlaglicht der Öffentlichkeit stehende Koch sich auf die reflexartigen Reaktionen der Tierschützer eine schlagende Antwort zurechtgelegt hatte. Für ihn, sagte Redzepi, mache es nicht den geringsten Unterschied, ob eine Garnele von einem Mitarbeiter in der Küche oder von einem Gast im Speisesaal getötet werde.

Dann verwies er auf die wahren Probleme im Umgang des Menschen mit seinen Tieren, die zum Verzehr bestimmt sind: Massentierhaltung, Fast Food, Billigfleisch. Ein weites Feld, in das auch die systematische Unkenntlichmachung von Fleisch als ehemaliges Tier fällt und die Verdrängung des Tötens in hermetisch abgeriegelte Schlachthöfe an der Peripherie – oder wenigstens hinter die Türen der Restaurantküche, wenn man Scampi schon umbringen muss, bevor man sie isst.

Wie ich mich fühle, als wir die Wanne leer gemacht haben?

Okay. Es ist ein Flirt mit dem Tabu, klar, aber ich habe keine Sau erschießen müssen, wie das ein Freund getan hat, der die alte Forderung «Wer Tiere isst, muss sie auch selbst töten können» ernst nehmen wollte. Außerdem haben wir eine Menge Malvazija getrunken.

Der zweite Griff nach einem lebenden Scampi war bereits sicherer als der erste, und beim dritten habe ich die Technik des Von-schräg-hinten-Zugreifens, um dem Wirkungskreis der Scheren zu entgehen, bereits verinnerlicht.

Das Fieber des Jagens flacht ab, aber die Beute schmeckt so gut, wie sie schmecken kann, und die Sensation dieses Geschmacks lässt nicht nach, nicht beim zweiten, nicht beim dritten, nicht beim vierten Mal, und dann bleibt uns sowieso nichts anderes übrig, als eine weitere Flasche Malvazija zu bestellen und auf das Geräusch eines MITSUBISHI Colt zu warten, der vielleicht noch heute Nacht Nachschub bringt.

Die Münchner selbst glauben ja irgendwie, dass sie schon Italiener sind, mit Brauereien statt Pastafabriken. Stimmt natürlich nicht, auch wenn es in München viele erstaunlich gute Italiener gibt. Das kulinarische Herz Münchens schlägt dort, wo die Weißwurst so ist, wie sie sein muss, und der Schweinsbraten die richtige Kruste hat. Und natürlich im «Tantris». Daran führt kein Weg vorbei.

München

Ich tat wirklich alles, um mir die richtigen Voraussetzungen zu erwerben. Meine Münchner Freunde hatten bereits vor ein paar Wochen den Tisch im «Tantris» bestellt, was, wie ich bestätigen kann, nicht immer einfach ist.

Das «Tantris» ist eine Legende. Das 1971 gegründete Restaurant in einem Gewerbegebiet von Schwabing wurde vom Schweizer Architekten Justus Dahinden gebaut, vom dänischen Designer Verner Panton eingerichtet und seither optisch nicht mehr verändert. Die *Seventies*-Kugellampen, der dicke, orangefarbene Teppich, mit dem die Wände des Betonschalenbaus ausgeschlagen sind, die Möbel, die aus der Zeit gefallen zu sein scheinen und das «Tantris» doch so unverkennbar und gegenwärtig machen. Seit einem Vierteljahrhundert wird das «Tantris» von einem meiner liebsten Köche geführt, vom Wildschönauer Hans Haas, der das Haus von Eckart Witzigmann und Heinz Winkler, den großen deutschen Hochküche-

Pionieren, übernommen hatte und seither mit ruhiger Hand als Hort klassischer, moderner Küche durch die Stromschnellen der kulinarischen Trends führt.

In meiner Reisetasche verdrückte sich etwas Fesches zum Anziehen, damit ich zwischen den Panton-Möbeln im «Tantris» nicht allzu taufrisch daherkäme, und außer dem Frühstück hatte ich nichts im Bauch.

München, die Stadt der Herumhetzerei. Gerade noch, dass man sich im «Schumann's» am Hofgarten ein Spritzgetränk einschießen kann und mit den hier am stammgästesten Bekannten darüber lamentieren, dass das alte «Schumann's» natürlich etwas ganz andres war, schon holten mich die Freunde ab, die wissen, wo noch ein freier Tisch steht. Sie warnten mich vor weiteren Aperitifen, um den ungestörten Ablauf des Abendprogramms sicherzustellen.

Es wurde wundervoll. Meister Haas, der legitime Erbe von Eckart Witzigmann, ließ es krachen (und ich sage nur der Ordnung halber, dass es die gedämpften Forellen waren, die bleibenden Eindruck hinterließen. Haas fand das auch. Er überschlug sich in der Schilderung dieses einen, einzigen, einzigartigen Forellenzüchters am Stadtrand von München, der – «es ist das Wasser, mein Freund! Diese Fische schwimmen im besten Wasser der Welt, deshalb schmecken sie so unglaublich!» – ein kleines Wunder in die Zivilisation gestemmt hat).

Wir tranken deutsche Weine, weil meine Freunde dachten, dass ich von deren Qualität überzeugt werden müsste, dabei bin ich so vom deutschen Wein überzeugt, dass die Österreichische Weinmarketing-Gesellschaft ganz schön Munition auffahren müsste, um mich wieder auf ihre Seite zu bringen – okay, das ist etwas übertrieben, aber substanziell wahr, denn bloß noch ein etwas überheblicher österreichischer Patriotismus befeuert die Argumentation, dass die österreichischen Rieslinge keine Konkurrenz zu fürchten haben. Ich sage nur: Dr. Loosen, Riesling Spätlese, Erdener Treppchen. Damit beschlossen wir die Sitzung. Es war halb drei. Ich sagte ja bereits, dass ich für die richtigen Voraussetzungen einiges zu investieren bereit war.

Ich erwachte den Umständen entsprechend vergnügt. Meine Freunde von gestern Abend hatten mich in ihr Gästezimmer verfrachtet und gaben nun, als ich wieder bereit war, ihnen zuzuhören, ihrer freudigen Verwunderung darüber Ausdruck, dass ich bei ein paar Schlussbieren im «Schumann's» Krethi und Plethi in die Arme gefallen sei.

Aha.

Was ich denn so lange mit dem Bürgermeister besprochen habe?

Tja, Freunde, das wüsste ich auch gerne.

Helft mir: welcher Bürgermeister?

In diesem Augenblick hatte ich eine Erscheinung. Ich sah ein fußballgroßes Geschirr näherkommen, Nein, ich konnte es spüren, die innere Wärme, die das rätselhafte Teil auratisch umgab, auf meinen Fingerkuppen, die ich der Wärme entgegenstreckte ...

Es war der Moment für die Weißwürste.

Wir fuhren hinaus zum Großmarkt, parkten das Auto in der Kochelseestraße und betraten eines der wunderbarsten Lokale, das ich je in meinem Leben besucht habe.

Die «Gaststätte Großmarkthalle», grobe gelb gestrichene Fassade, *Schanigarten* mit Blick auf den Parkplatz und die Marktindustrie, wird seit ein paar Jahren von den Geschwistern Gabi und Ludwig Wallner betrieben. Die Gäste würdigen deren Sorgfalt bei der Verarbeitung von Schweinen, Kälbern und Rindviechern in der hauseigenen Metzgerei, indem sie das Haus schlicht in «den Wallner» umgetauft haben.

In der Gaststube – ist es ein Saal? Nein, eine wohlproportionierte Wirtshausausdehnung für nicht mehr als 280 Besucher – gut gebrauchtes Holz an den Wänden, der Bayer lehnt sich bekanntlich gern einmal an, einfache Stühle und Tische, Rauchverbot ist hier auch noch keines, aber über dem Dunst der Herrschaften, die es vorziehen, etwas anderes als Marmeladesemmeln zu frühstücken, schwebt dieser kräftige Geruch nach gutem, sauberen Fleisch, nach kräftiger Suppe – und Bier, natürlich, wir sind in München.

Auf Geheiß vom Heavy Herman und Lovely Lily, meinen Münchner Freunden, die zu diesem Zeitpunkt längst die Vormundschaft über mich übernommen hatten, bat ich die kernige Kellnerin, die selbstverständlich im *Pop-up*-Dirndl steckte, um drei «Weißwürscht» und ein Weißbier.

Sie nickte, verschwand, kehrte zurück, knallte uns die Biere auf den Tisch und informierte: «*D'Würscht dauern.*» Also fügte ich mich in mein Schicksal und stieß an, einmal auf das München, an das ich mich erinnern konnte, einmal auf jenes, das schemenhaft im Begriff war, zu mir zurückzukehren, einmal auf die «Gaststätte Großmarkthalle». Das *Seidel* war leer, bevor die Würste geliefert wurden, wir brauchten mehr Bier.

Die Erstaufführung der Münchner Weißwurst datiert der Legende nach auf den 22. Februar 1857, Rosenmontag, Höhepunkt der Faschingszeit. An diesem Tag gingen Sepp Moser, dem Wirt des am Marienplatz ansässigen Gasthauses «Zum ewigen Licht», die Schafsdärme aus, in die er seine Kalbsbratwürstchen abzufüllen pflegte. Ein Lehrling, losgeschickt, um Ersatz zu besorgen, kam mit falscher Ware zurück. Statt Schafs- brachte er Schweinsdärme, die bekanntlich viel zu groß und zäh sind, um Bratwürste zu umhüllen. Sepp Moser musste nun rasch entscheiden. In der Stube saßen bereits die hungrigen Gäste, die nach ihren Würsten verlangten. Er füllte also die Kalbsbrät kurz entschlossen in den Schweinedarm, garte die Würste jedoch nicht wie gewohnt in der Pfanne, weil er fürchtete, der Schweinsdarm werde die Hitze nicht heil überstehen. Stattdessen brühte er die Würste in heißem Wasser, blass und durchsichtig wurden sie serviert – und die Gäste reagierten mit hochgezogenen Augenbrauen und ohne Widerspruch. Die ungewohnte Feinheit, die spezielle Textur, das lockere Innenleben gefielen, sie wollten mehr davon.

Es ist bloß eine Story, aber wir spüren, so könnte es gewesen, und es möge bitte sehr wirklich wahr sein. Braucht nicht jedes spezielle Gericht seine spezielle Geschichte?

Verlässlich das Rezept. Weißwürste werden aus Kalbfleisch, Schweinerückenspeck und gekochter Schweineschwarte hergestellt und mit Petersilie, Zitrone und Zwiebeln, eventuell auch mit

Muskatnuss, Kardamom und Ingwer gewürzt. Sie werden, wichtigste Regel, nicht gekocht. Stattdessen bringt man in einem Topf kräftig gesalzenes Wasser zum Kochen, nimmt den Topf vom Feuer, legt die Weißwürste hinein und lässt sie zehn Minuten lang ziehen. Anschließend sollten die Würste mit dem heißen Wasser in eine Suppenschüssel gefüllt werden und unversehens auf den Tisch kommen. Dazu: süßen Senf, frisch gebackene Brezen und ein Weißbier.

Ich kann bestätigen, dass auch das zweite Weißbier zu den Wallner-Würsten passte, als sie endlich auf dem Tisch standen. Es war eine (lassen Sie mich noch einmal Luft holen), es war eine Offenbarung. Der Geschmack der Wurst von einer ungekannten Eleganz, die frischen Noten im Aroma ergänzten das weiche, breite Fundament, und unelegant an der ganzen Sache war bloß ich, als ich versuchte, mit meinem Besteck das Innere der Wurst nach Außen zu fördern. Stellen Sie sich einen Schimpansen vor, der mitten im Urwald mit Messer und Gabel eine Banane verzehrt. Ich. Leider.

«*Zuzln* musst du», sagte mein Vormund. Er meinte, ich möge die Wurst in die Hand nehmen, aufbeißen und unter Verbreitung von Geräuschen aussaugen. Ich warf einen Blick in die Runde. Am Nebentisch Herren im Blaumann, sichtlich auf Brotzeit-Pause, eben fischte einer seine Weiße aus der Schüssel. Ein kurzer, vertikaler Messerschnitt durch den Äquator der Wurst, eine selbstverständliche Drehbewegung mit der Gabel, und das Innere lag frei. Nein, zum *Zuzln* konnte ich mich nicht überwinden.

«Egal», sagte mein Vormund. «Solang du nur die Haut nicht frisst.» Er lachte. «Weil *des* machen nur die Schwaben. Die schenken *ned amoi a Schweinsheidl* her.»

Ich schloss die Augen. Ich war im Paradies. Am Tisch neben mir saßen drei Japaner und fraßen die Haut.

Kurzer Nachtrag zur Wallner'schen Weißwurstbewusstlosigkeit: Selbst an einem Ort der entwickelten, strengen bayrischen Küchenregeln wie bei Wallner ist das Gesetz, Weißwürste nur bis zwölf Uhr

Mittag zu servieren, außer Kraft. Die Regel bezog sich wohl darauf, dass rohes Kalbfleisch allzu schnell verderben könnte und deshalb der zunehmenden Tageswärme nicht auszusetzen sei, aber inzwischen haben sie auch in München ein paar Kühlschränke.

Zweiter Nachtrag: Heavy Herman schwatzte Frau Wallner ein Paket mit drei Paar Weißwürsten ab, mit denen im Gepäck, frisch eingeschweißt, ich die Rückreise antrat. Zu Hause besorgte ich mir eine ganz ordentliche Laugenbrezel, eine Flasche Schneider Weißbier, und setzte den Topf mit dem Salzwasser auf. Dann rief München auf dem Festnetz an, ich ließ die Küche für ein paar Minuten aus den Augen und anschließend sahen meine wertvollen, spezialimportierten Würste aus wie verzweifelte Doppelkopfoktopusse. Selbst die rasende Freude meines Hundes über die unverhoffte Zwischenmahlzeit konnte meine Trauer nicht mindern, und der sofort eingeleitete Feldversuch, welche Wiener Weißwurst Wallner'schen Ansprüchen genügen könnte, blieb ergebnislos: keine der Warenproben konnte in den Bereichen Textur und Raffinesse des Aromas mit den Münchner Vorbildern mithalten.

Ich musste mich also an den kalten Schweinsbraten halten, den mir Meister Haas mit auf den Weg gegeben hatte.

Schweinsbraten ist, um es auf Deutsch zu sagen, ein Münchner *Signature Dish*. Es gibt Schweinsbraten, wo immer man ein Bräuhaus betritt oder einen Biergarten. Oft gibt es Knödel dazu, manchmal Krautsalat, und meistens ist der Schweinsbraten auch ziemlich okay. Aber grandios, atemberaubend ist er nur selten.

Haas wiederum ist unser Mann fürs Grandiose, Atemberaubende. Es fügt sich gut, dass er nicht nur eine Neigung zum Bodenständigen hat, sondern es als Fundament seines Könnens betrachtet. Er kann mit leuchtenden Augen von der Speckknödelsuppe erzählen, die er auf einer Tiroler Alm bekam und die so «überragend» war, dass er sich gleich eine zweite bestellte. Der Schwager eines Freundes macht Weißwürste, die ihn umhauen, er hat schon für Silvester vorbestellt (die vom Wallner, siehe oben, sind auch sehr gut, findet Haas, aber nicht ganz so gut wie die, deren Herkunft leider geheim bleiben muss. Herrschaftswissen).

Zutaten: *1½ kg schweres Stück vom Halsgrat, Salz und Pfeffer, Kümmel, 3 Zehen Knoblauch (durch die Presse getrieben), 1 kg gehackte Schweinsknochen, 500 g Kartoffeln (geschält und geviertelt), 6 Karotten (geschält, ganz), 2 Zwiebeln (geschält und geviertelt) und eventuell eine Knolle Fenchel (in Achtel geschnitten).*

Zubereitung: *Sein Gelingen hängt schon einmal davon ab, welches Stück Fleisch verwendet wird. Haas nimmt ein anderthalb Kilo schweres Stück vom Halsgrat, vom «Schopf», wie er als Tiroler sagt, weil es fett genug ist. Ein «besseres», weniger durchzogenes Stück, etwa vom Karree, läuft im Ofen Gefahr, auszutrocknen. Um das Fleisch zu würzen, braucht es Salz, Pfeffer, Kümmel und durch die Presse getriebenen Knoblauch. Damit soll das gute Stück zärtlich eingerieben werden. — Den Ofen auf 140 Grad vorheizen. In eine Kasserolle kommen gehackte Schweinsknochen, geviertelte und geschälte Kartoffeln, geschälte, ganze Karotten, geschälte, geviertelte Zwiebeln, vielleicht auch eine in Achtel geschnittene Knolle Fenchel. Der Schweinsbraten wird auf dem Rücken in die Kasserolle gelegt, das heißt, auf die Fettschicht, die sich in etwas mehr als zwei Stunden zur Kruste verwandelt haben wird, das sekundäre Geschlechtsmerkmal des Schweinsbratens. Aber zuerst wird noch Wasser in die Kasserolle gefüllt, etwa zwei Zentimeter hoch, die Fettschicht muss komplett bedeckt sein. Der Braten wandert jetzt in den Ofen, das Fleisch wird in regelmäßigen Abständen übergossen. — Erst nach eineinhalb Stunden wird das Fleisch umgedreht. Die Schwarte ist jetzt völlig aufgeweicht und unansehnlich. Skeptiker recherchieren an dieser Stelle gewöhnlich die Nummer des Pizzaservice. Für sie hat Hans Haas ein kleines, technisches Antidepressivum zur Hand, aber erst am Ende des Textes, als Amulett für alle Fälle. — Wer in seiner Kruste eine Struktur möchte, soll seine Signatur jetzt ins aufgeweichte Fett ritzen, Hans Haas tut es nicht. Die Hitze im Ofen wird auf 160 Grad erhöht, die Schweinsbraterei geht in ihr Schlussdrittel. Der Braten muss jetzt durchgaren, ohne seine Feuchtigkeit zu verlieren. Er sitzt, Schwarte nach oben, auf Knochen und Gemüse und verwandelt sich zusehends in das, was man sich zu Beginn der Prozedur ausgemalt hat, der Duft nach Kümmel, Knoblauch und Mittag befeuert die Vorfreude auf das demokratische Münchner Stammgericht, das die Reichen genauso lieben wie die Armen, die Feinschmecker wie auch die Brotzeit-*

jäger. — Wenn die Kruste nach weiteren 40 bis 45 Minuten noch nicht so aussieht, wie sie soll, darf die Temperatur auf 170 Grad erhöht werden. Es sind die Minuten, in denen der Speck rote Blasen zu werfen beginnt und seinen Glanz gegen das Schimmern eines blinden Spiegels eintauscht. Erst wenn es so weit ist, darf der Braten aus dem Ofen. — Er rastet jetzt auf einem Teller. Zudecken oder gar in Alufolie einwickeln ist nicht nötig, sagt Hans Haas, eher kontraproduktiv, weil die Spannkraft von Fleisch und Kruste darunter leidet. Das Gemüse wird aus dem Bratensaft gefischt, die Knochen werden weggeworfen, der durch ein Sieb gegossene Saft mit einer sehr fein geriebenen, rohen Kartoffel abgebunden und noch einmal erhitzt. Der Braten ist fertig, und weil er erstens so frisch ist, wie er sein kann, und zweitens bei schonender Hitze zubereitet wurde, erfüllt er die Kriterien der hohen Küche genauso wie die Idee des edlen Wilden.

Die beste Beilage zum Schweinsbraten sind übrigens die im Saft gekochten Gemüsestücke und Kartoffeln. Aber auch ein Krautsalat findet die Zustimmung von Hans Haas.

Bier natürlich, malzig, frisch und so viel wie nötig.

Vielleicht die Aussicht auf einen Nachmittag, an dem nicht mehr allzu viel los ist.

Ja. Der Trick. Sollte aus irgendeinem Grund die Kruste nicht wie eine Kruste aus dem Ofen kommen, sondern wie ein glänzender Gummi, weiß Hans Haas Abhilfe. Man nehme eine Pfanne, erhitze Olivenöl stark, sodass es fast schon zu rauchen beginnt, und übergieße den Gummi langsam, vollständig und sehr, sehr vorsichtig mit dem Öl. Sobald man damit fertig ist, ist der Gummi kein Gummi mehr, sondern eine Kruste, die man mit gebührendem Erzeugerstolz aufschneiden und präsentieren darf.

PS: Eines Tages durfte ich mit Eckart Witzigmann ins «Tantris» essen gehen. Kein anderer Koch hat in der deutschen Gastronomie mehr bewegt als er. Er hatte drei MICHELIN-Sterne in der Münchner «Aubergine» und wurde vom GAULT MILLAU zum «Koch des Jahrhunderts» ernannt, eine Ehre, die außer ihm nur Paul Bocuse, Frédy

Allerdings bin ich gerade draufgekommen, dass diese Antwort Unsinn ist.

Warum schmeckt das Bier aus der Flasche so gut?

Ich schwanke gerne zwischen einem Verhalten, das mich augenblicklich als genuinen Snob ausweist, und der einzig möglichen Alternative: dezidierter Lässigkeit. Variante eins ist einfach. Ich gehe in die, sagen wir, «Lugano Bar» und bestelle ein Bier. Der Bartender, Absolvent von Stufe zwei der Coolness-Akademie, schiebt mir ein Fläschchen BROOKLYN über den Tresen. Seine Serviceleistung besteht darin, dass er die Flasche öffnet und die Mundwinkel eine Zehntelsekunde lang zucken lässt, bitte, gern geschehen, sechs Franken.

Variante zwei ist anspruchsvoller und führt zu erstaunlichen Komplikationen.

Zwar zeigt sich das frisch eingeschenkte Bier im Glas von seiner besten Seite, sieht mit seiner Schaumkrone hübsch aus, perlt angeregt und lässt sich auch auf eine Weise anfassen (am Stiel nämlich), dass die Wärme meiner Hand nicht unmittelbar die Temperatur des Biers ansteigen lässt. Aber der Geschmack, den ich auf diese Weise besser zur Geltung bringen möchte, entfaltet sich nicht besser, als wenn ich dem Stammesmissbrauch des Bartenders folgen würde, die Flasche direkt an die Lippen setzen und dann Vollgas.

Es ist ja allgemein bekannt, dass wir Geschmack vor allem mit der Nase wahrnehmen. Die etwa 400 Geruchsrezeptoren, die in der Riechschleimhaut sitzen, nehmen ungleich mehr Aromen wahr als die dafür weniger geeigneten Zonen auf der Zunge. Das ist auch der Grund, warum Weinkenner (und Bier-aus-dem-Glas-Trinker) ihren Rüssel so tief ins jeweilige Glas stecken: Sie wollen die Finessen des Getränks mittels Geruchsrezeptoren decodieren.

Allerdings gibt es zwei verschiedene Arten des Riechens. Die eine, bei der die Geruchsmoleküle mit

Denn ich sage: «Kann ich ein Glas haben, bitte?»

Bartender: «Was?»

«Ein Gla-has!»

«Ein Wa-has?»

Man muss sich den Dialog selbstverständlich in Kombination mit dem ohrenbetäubenden Soundtrack vorstellen, der aus den Lautsprechern der «Lugano Bar» strömt. Die Irritation des Bartenders jedoch ist nicht nur einem akustischen Verständnisproblem geschuldet. So wie der befrackte *Maître* im Gourmetrestaurant pikiert wäre, wenn ich mir einen tiefen Schluck Schampus direkt aus der Flasche genehmige, begreift der Bartender nicht, warum der Dude im komischen Rollkragenpullover unbedingt ein Glas haben will.

Und zwar nicht irgendein Glas. Und schon gar kein Bierglas – ich verabscheue nämlich die korpulenten Humpen und anorektischen Stangen, ich trinke mein Bier mit Vorliebe aus dünnwandigen Weingläsern von nicht zu geringem Volumen, und falls mich jemand fragt warum – zu dieser Form unangemessener Intimität würde sich der Bartender freilich nie hinreißen lassen –, antworte ich: «Wegen des Geschmacks.»

der Atemluft durch die Nasenflügel vordringt, heißt «orthonasal». Die andere, bei der die Moleküle sozusagen einen Umweg machen und erst nachdem wir sie bereits in den Mund genommen haben, durch den Rachenraum zur Riechschleimhaut gelangen, heißt «retronasal».

Während die orthonasale Wahrnehmung also dafür zuständig ist, uns auf Dinge vorzubereiten, die wir zu uns nehmen wollen (oder vor ihnen zu warnen), versorgt die retronasale Wahrnehmung über den Umweg der Riechschleimhäute vorzugsweise jene Gehirnregionen, die für die Geschmacksanalyse zuständig sind.

Außerdem sind besagte 400 Geschmacksrezeptoren nicht beliebig auf der Riechschleimhaut verteilt, sondern in vier bis fünf Zonen. Die Geruchsmoleküle, die wir orthonasal zu uns nehmen, treffen also auf andere Rezeptoren als die, die den retronasalen Weg eingeschlagen haben.

Das Bier, von dem ich jetzt einen tiefen Schluck aus der Flasche nehme, entfaltet also sein volles Aroma erst, wenn ich zufrieden ausatme.

«Ach so, ein Glas», sagt der Bartender.

Ich aber antworte: «Vergiss es.»

Girardet und Joël Robuchon zuteil wurde, den Giganten. Witzigmann ist Autor von mehr als vierzig Büchern, bis heute für sein außergewöhnliches Talent, Geschmäcker zu einem Erlebnis zu kombinieren, gefragt und bewundert.

Mein Verbindungsoffizier zu Witzigmann ist Roland Trettl, der viele Jahre als *Executive Chef* für den «Chef», wie Witzigmann in der Branche kurz und bündig heißt, gearbeitet hatte, in Japan, auf Mallorca, zuletzt elf Jahre im «Hangar-7». Mit Trettl hatte ich das Buch *Serviert: Die Wahrheit* geschrieben, in dem dieser die Konventionen der Spitzengastronomie aufs Korn nimmt – und eine Lanze für Witzigmann bricht, «den größten Chef von allen». Trettl hatte auch zwei Jahre im «Tantris» gearbeitet, sodass sich das Essen als gigantomanische Familienzusammenkunft gestaltete, mit mir als Anhängsel – und gleich einmal bei Champagner begann, nämlich in der Küche. Während der Betrieb für das Abendgeschäft ruhig und geordnet anlief, standen wir hinter dem Pass, hungrig, schnell vom Schaumwein befeuert, während Haas, der unaufgeregte Grundsympath, mit Witzigmann, dem «Chef», sofort über die Qualität spezieller Langostinos zu diskutieren begann, bevor man Einigkeit darüber erzielen musste, wo man im «Tantris» am besten sitzt.

Wir fanden unseren Platz. Es kam ein spezielles Menü. Das Kartoffel-Lauch-Püree auf brauner Butter mit weißen Trüffeln war einfach, aber genial. Der Sommelier Justin Leone, bei Grant Achatz in Chicago ausgebildet und der bunteste Hund seiner Branche, servierte speziellen Weißwein aus der Wachau, las die Reaktion darauf an Witzigmanns Miene ab: «Ist das okay, Chef?» War okay.

Es war eine Reise durch die klare, pure Klassik von Hans Haas. Es gab Krustentiere und Jakobsmuscheln, Brioche und Gänseleber, ein gebackenes Ei mit schwarzen Trüffeln, Filets vom Reh. Ich aß mit doppeltem Vergnügen. Erstens war das Essen brillant, zweitens spiegelte sich die Brillanz in Witzigmanns Gesicht und drittens in der Körpersprache des Personals, das die Zufriedenheit des «Chefs» persönlich nahm und reflektierte.

Der Abend endete – bei Champagner. Dann bei Champagner. Am Schluss Champagner.

Wenn etwas gut ist, brauche ich alles, nur keine Abwechslung. Eine Geschichte über Tajarin, Carne Crudo und Barolo.

Piemont

Ich sagte: «Nein, das kannst du nicht ernst meinen.» Aber der Apotheker meinte es sehr ernst, und wer bin ich, dass ich jemandem, der sich etwas sehr, sehr wünscht, seinen innigen Wunsch abschlage?

Also gingen wir an diesem makellosen, metallisch blauen Tag zum zweiten Mal Mittagessen, nachdem wir um Punkt zwölf auf der Terrasse der «Osteria Veglio» unweit von La Morra eine verhaltene Portion *Tajarin* zu uns genommen hatten, die gelb wie ein Kanarienvogel gewesen war und von einer derart sinnlichen Konsistenz, dass ich für einen Moment daran dachte, ein Patent auf die Verwendung piemontesischer Eiernudeln als Aphrodisiakum anzumelden. Aber das vergaß ich schnell, weil gleich darauf dieser Teller mit *Carne Crudo* serviert wurde, mit dem Messer in winzige Teile geschnittenes, rohes Rindfleisch, das mit alchemistischen Tricks in eine Substanz äußersten Wohlgeschmacks verwandelt worden war, über der sowohl der Apotheker wie auch ich sinnierend in den Luftraum über den

Hügeln der Langhe starrten. Von außen mochten wir vielleicht etwas absturzgefährdet wirken, zumal wir die Nudeln mit einem leichten, kühlen Pelaverga aus Verduno begleitet hatten, seinerseits einem Getränk, dem beschwingende Kräfte nachgesagt werden, und das *Crudo* mit einem etwas kräftigeren Wein lokaler Herkunft, aber wir waren bei der Sache und bei nichts als der Sache.

Was heißt es, im Piemont bei der Sache zu sein, oder, um genauer zu sein, in diesem gebenedeiten Landstrich zwischen Alba und Bra, wo die Weine Barolo und Barbaresco heißen dürfen und die Wirte daran gewöhnt sind, dass man etwas mehr als einen Fitnessteller bestellt? Es heißt, die unübertrefflichen Hervorbringungen dieses Landes entsprechend zu würdigen, und was bringt das Piemont so außerordentlich hervor, wenn nicht Speisen und Getränke?

Damit wären wir wieder bei den *Tajarin,* diesen appetitlichen Eiernudeln, die von den Köchinnen im Backoffice der Trattorien mit der Hand bereitet, anschließend in elegante Streifen geschnitten, kurz ins kochende Wasser geschwenkt und glänzend von der Butter, mit der die Nudeln geschmalzen sind, aufgetragen werden, gelb wie der Orient, selbstbewusst wie Garibaldi, geschmeidig wie ein Gespräch knapp vor Mitternacht. Dazu gibt es traditionell einen Fleischsugo oder auch Steinpilze, und dieses «oder» war es, das den Apotheker quälte.

Schließlich hatten wir für piemontesische Verhältnisse extrem früh zu Mittag gegessen, was dem schieren Hunger geschuldet war, der einer misslichen Frühstückssituation entsprang. Für diesen extremen Hunger war der Verzehr der paar Nudeln und des bisschen Fleisches im «Veglio» tatsächlich kein maßgeschneidertes Äquivalent, und als der Apotheker sah, dass auf der gar nicht so weit entfernten Terrasse des «Bovio» noch Menschen saßen, die ganz offensichtlich bedient wurden, sah er mir in die Augen.

«Nachschlag», befahl er, und seine Nasenflügel waren gebläht wie die eines Stiers, der auf seiner Weide einen Spieler des FC Liverpool erspäht, und ich antwortete schüchtern, «Nein, das kannst du nicht ernst meinen», aber dann verengten sich die Pupillen des Apothekers auf eine Weise, die mir nicht gefiel, weil ich nicht wusste, wie hoch der Flutpegel des Adrenalins tatsächlich stand. Aber ich musste nur «okay, okay» zischen, und schon entspannte sich seine malmende Kiefermuskulatur und wir bogen in die Einfahrt zur Edeltrattoria ein, wo zu einer Zeit, die zu Hause eindeutig als Nachmittag identifiziert würde, noch ein reges Mittagstreiben herrschte, in das wir uns als Vertreter des sybaritischen Fanclubs zu stürzen beschlossen.

Alle waren freundlich. Die vom Apotheker ängstlich vorgetragene Frage, ob wir auch alles, was auf der Karte stand, bestellen durften, wurde mit einem lächelnden «Selbstverständlich» beantwortet, worauf wir zu diskutieren begannen, ob unser zweites Mittagessen aus Vorspeise, Pasta *oder* Hauptspeise oder aus Vorspeise, Pasta *und* Hauptspeise bestehen sollte. Diese heikle Entscheidung hielt uns angesichts der Diskrepanz zwischen körperlichem Zustand und dem atemberaubenden Angebot auf der Speisekarte in Atem und führte zu Diskussionen – der Wortwechsel verstummte jedoch in dem Moment, als die Kellnerin fragte, ob ein Blick in die Weinkarte gefällig sei.

Vielleicht muss ich den Apotheker doch ein bisschen besser vorstellen. Er wird nicht etwa so genannt, weil er pharmakologisch so beschlagen wäre, sondern weil er über einen nahezu medizinischen Geruchssinn verfügt. Er liebt Wein. Seine Kenntnis des Gegenstands wird nur übertroffen von der Leidenschaft, mit der er verkostet, und der Fähigkeit, Weine jeder Herkunft analytisch zu erfassen und zu erklären. Dass ich mich seiner Gegenwart im Piemont versichert hatte, war reiner Selbstschutz. Schließlich hatte ich vor, einige der besten Winzer des Planeten zu besuchen, deren irdischer Aufenthaltsort sich nicht allzu weit entfernt von dieser Terrasse befand, und das würde ich im Windschatten des Apothekers tun, dessen Wege auf Erden unerklärlich waren, aber mit Sicherheit in die wertvollsten Keller Italiens, Frankreichs und Spaniens geführt hatten, ganz zu schweigen von denen Deutschlands, Österreichs und Ungarns.

Aber ich sah ihn nicht mehr. Ich sah bloß noch die Weinkarte, hinter der sich etwas bewegte wie ein alter Jude über der Thora.

Ich hörte, unterbrochen von deutlichen Schmatzlauten, die mich unsicher werden ließen, ob wir etwa schon ein *Hors d'œuvre* serviert bekommen hatten, das Brummen eines Karpatenbären, der gerade einen Bienenstock ausgeräumt hat.

«Du», stöhnte der Apotheker *(brumm, brumm)*, «hier sind wir richtig!»

Und weil wir feiern mussten, dass wir hier richtig waren, bestellte er, *brumm brumm,* eine Flasche Champagner, deren Herkunft zwar nichts mit diesem Landstrich zu tun hatte, deren Inhalt jedoch einiges dazu beitrug, dass wir mit der Welt im Allgemeinen und mit uns im Speziellen zufrieden sein konnten. Es war, damit das zu Protokoll gegeben ist, eine Flasche Egly-Ouriet Grand Cru, und sie erleichterte uns die Entscheidung für das «und» und gegen das «oder». Deshalb legte der Apotheker auch so viel Wert darauf, dass die Flasche 98er «Cascina Francia», der legendäre Lagenbarolo von Giacomo Conterno, auch schon bereitgestellt werde für das, *brumm brumm,* Hauptgericht.

Wir waren übrigens nicht die Einzigen, die bis zum Abendservice sitzen blieben. Wir waren auch nicht die Einzigen, die sich nach den *Tajarin* mit Steinpilzen noch eine winzige Portion *Crudo* nachservieren ließen, bevor schließlich dieser alles krönende Teller mit der, *brmmmmm,* gekochten Kalbszunge kam, die von einer grünen Sauce aus Sardellen, gekochten Eiern und allerhand Kräutern umgeben war, einer Kombination, die ein Renaissancemensch kurzerhand als die «pure Harmonie» beschrieben hätte – und weil keiner da war, musste es ich tun.

Wir tranken übrigens nicht einfach so. Wir bereiteten uns auf den nächsten Tag vor. Unsere Planung – und eine gehörige Portion Glück und Protektion – hatten nämlich ergeben, dass wir einen Tag vor uns hatten, der uns mit der Billie Holiday, der Ella Fitzgerald und dem Keith Jarrett der Weinwelt zusammenbringen würde: in der Früh war das Treffen mit Maria Teresa Mascarello angesagt, zu Mittag waren wir mit Gaia Gaja zum Essen verabredet, Nachmittag und Abend waren für das Treffen mit Roberto Conterno reserviert. Wer hätte da die Vorfreude nicht in ein mit geschlossenen

Augen genossenes Bouquet eines feurigen, gleichwohl eleganten Barolos gekleidet und die Nervosität verklingen lassen wie den letzten Akkord eines Pianokonzerts ...

Das Piemont ist ein berühmtes Weinbaugebiet, aber kein einfaches. Die wichtigste Traube neben *Dolcetto* und *Barbera,* aus denen einfachere Weine hergestellt werden, heißt *Nebbiolo.* Aus Nebbiolo-Trauben entstehen, je nach Lage des jeweiligen Weinbergs, die Weine, die als Barolo oder Barbaresco in den Handel kommen. Die Abbaufläche ist strikt begrenzt. Im Barolo-Gebiet um die Orte Barolo, Monforte d'Alba, La Morra, Serralunga d'Alba und Verduno gibt es etwa 1200 Hektar Weinberge. Das Barbaresco-Gebiet rund um Barbaresco, Neive und Treiso ist noch etwas kleiner.

Aus Nebbiolo-Trauben wird kein zugänglicher Wein gekeltert. Junge Nebbiolo-Weine präsentieren sich oft verschlossen und schwierig, man könnte auch sagen: bockig. Sie brauchen Zeit, um ihre vielfältigen Aromen und die elegante Struktur entfalten zu können und die heftigen Bitterstoffe einzubinden. Barolo wird daher mindestens zwei Jahre im Fass und ein weiteres Jahr in der Flasche gereift, bis er auf den Markt kommt, zuweilen noch länger. Bei Barbaresco dauert die durchschnittliche Reifung um ein Jahr kürzer.

Die Komplexität des piemontesischen Weins und seine Sperrigkeit standen einer großen Karriere lange im Weg. Die Kundschaft wollte molligere, süßere Weine, die kein Rätsel aufgaben. Ende der 80er-Jahre gab es gerade einmal zwölf Erzeuger, die zusammen etwa 100000 Flaschen Barolo füllten. Als der Weinguru Robert Parker die Region entdeckte und einige Barolos aus dem Jahr 1990 mit Höchstnoten bewertete, erlebte die Weinproduktion einen sagenhaften Aufbruch. Die Produktion verzehnfachte sich. Der Siegeszug der «Barolo-Boys» begann.

In Monforte d'Alba sind die «Barolo-Boys» noch immer Legende, wir kamen, als wir die «Trattoria della Posta» suchten, an Transparenten mit diesem Schriftzug vorbei. Historisch handelt es sich bei den *Boys* um eine Generation von tatkräftigen Männern, die wussten, wie sie das Licht, das die Parker-Bewertungen auf sie warf, zu nützen hatten. Sie modernisierten die Produktion, arbeiteten statt mit den traditionellen großen Holzfässern mit kleinen *Barriques,* die dem Wein sofort eine andere Geschmeidigkeit verpassten und ihn zugänglicher machten, süßer, runder, mit abgeschliffenen Kanten, die Gerbstoffe wegredigiert. Namen wie Domenico Clerico, Elio Altare, Paolo Scavino und Luciano Sandrone wurden geläufig und Chiffren für die neue, coole Generation an Barolo-Winzern.

Kaum vorzustellen, dass diese inzwischen global bekannten Winzer noch vor zwanzig Jahren kleine, behelfsmäßige Weingüter bewirtschafteten. Die rustikalen Klitschen der 90er-Jahre haben sich inzwischen in ansehnliche Châteaus *(Sandrone)* oder regelrechte Flughafenterminals verwandelt, in denen Wein produziert und verkauft wird *(Clerico)*.

Aber das Pendel schlägt zurück. Der ganz große Boom der Barolo-Weine ist vorbei, weil mit dem Erfolg auch die Preise in die Höhe geschossen waren, und zwar in Bereiche, über die selbst Winzer aus dem Bordeaux und Burgund anerkennend mit dem Kopf nicken können.

Gleichzeitig aber kristallisierte sich auch eine Bewusstseinsänderung beim Publikum heraus. Waren die schweren, tiefroten Weine, die vor allem nach Beerenkompott und Marmelade schmecken (– um das etwas pointiert zu formulieren –), während der Gründerzeit des piemontesischen Weinbaus eine Garantie für gute Absätze, geraten neuerdings wieder die Betriebe in den Fokus der Weinliebhaber, die nicht aufgehört haben, so zu arbeiten, wie sie immer gearbeitet hatten – Stichwort «Traditionalität».

Wer im Barolo-Gebiet traditionell arbeitet, ist bereits im Weinberg auf den ersten Blick zu sehen: die jungen Triebe des Weins werden gemäß der traditionellen Lehre nicht abgeschnitten, sondern um den höchsten Draht gewickelt, der die einzelnen Stöcke verbindet. Der Stock danke das, so die Begründung, mit weniger Stress und verbesserter Versorgung seiner Trauben – ein Detail in der Pflege der Stöcke, an das geglaubt werden kann oder auch nicht.

Ein entscheidender Unterschied zwischen modernem und traditionellem Weinmachen besteht in unterschiedlichen Kellerphilosophien. Traditionell wird der aus den Trauben gewonnene Most spontan vergärt, zum Beispiel in Gärständern aus Holz oder Beton, um anschließend in großen, alten Holzfässern zu reifen, bis seine Zeit gekommen ist. Moderne Barolo-Weine bekommen ihre Dichte und Textur durch Mostkonzentration (obwohl das, wie wir bei unseren Kellerbesuchen erfuhren, immer nur die Nachbarn machen, man selbst aber natürlich nicht) und anschließende Reifung im neuen oder nur selten gebrauchten Holz, das für die Vanillenoten zuständig ist (oder, wie der Apotheker manchmal ganz objektiv meint, für die Gummibärliaromen).

Verwirrend an diesen verschiedenen Philosophien ist nur, dass die «Traditionalität» rhetorisch zusehends an Terrain gewinnt, also zum Verkaufsargument wird. Immer mehr Kunden wünschen sich, wenigstens theoretisch, Weine, die den Charakter des Bodens, auf dem sie wachsen, idealtypisch ausdrücken. Aber nur wenige Weine tun genau das, während ihre Erzeuger die schönsten Worte und Redewendungen finden, um ihr Produkt zu etwas zu erklären, was es in Wahrheit gar nicht ist.

«Terroir» sagen und «Technik» meinen, ist ein nicht nur im Piemont verbreitetes Vexierspiel, das bei Licht betrachtet jedoch nur an eines appelliert, nämlich an das Selbstbewusstsein des Konsumenten, sich den Wein auszusuchen, den er wirklich mag, und dabei nicht den Versprechungen zu glauben, die auf dem Etikett stehen oder im Beipacktext. Schließlich ist es am Ende ganz einfach, auch wenn die Branche Nebelbomben wirft und mit von langer Hand kreierten Images hantiert: Im Glas ist immer nur ein bisschen Wein, und wer seine Sinne beisammen hat und nicht vor lauter Ehrfurcht vor bekannten Etiketten kapituliert, wird mit genau den Weinen Freude haben, die ihm entsprechen.

Um neun Uhr früh standen wir vor dem kleinen Haus im Zentrum des Ortes Barolo, an dessen Fassade das kleine Messingschild mit dem gut eingeführten Namen befestigt war: Mascarello, Maria Teresa.

Sie öffnete selbst, eine kleine, drahtige Frau mit gewinnendem Lächeln und einer neugierigen Freundlichkeit. Die Neugier drückte dabei nichts anderes als ihr lässiges Understatement aus: Schön, dass ihr da seid. Aber was wollt ihr eigentlich von mir?

Gleich hinter der Eingangstür stand ein großer Holztisch, auf dem ein paar Flaschen und ein paar Gläser aufgestellt waren. Eine Flasche stach heraus. Die Etiketten der Mascarello-Weine sind nicht besonders auffällig, bis auf das eine, das dem alten Bartolo Mascarello, Maria Teresas inzwischen verstorbenem Vater, Ruhm und Krach eingebracht hatte. 1999 hatte der knorrige Alte mit Filzstift «No barrique no Berlusconi» auf sein Etikett geschrieben und auf Nachfrage getrotzt, er könne seine Weine nennen, wie er wolle, zum Beispiel auch Leckt-mich-am-Arsch. Damals war es alles andere als *en vogue,* Barolo nicht im neuen Holz reifen zu lassen, und Berlusconi hatte noch ein Jahrzehnt an der Spitze Italiens vor sich.

Bartolos Weingut war in diesen Jahren so etwas wie das kleine, gallische Dorf. Die 30 000 Flaschen, die er produzierte, schlug er los, aber während andere Winzer ihre Anbaugebiete vergrößerten und ihre Erfolge in schwere Autos übersetzten, blieb Bartolo Mascarello bei seinen Leisten und machte Wein, wie er schon immer Wein gemacht hatte. Die Trauben aller vier verschiedenen Lagen wurden gemeinsam vergoren, das stärke den Charakter des Weins. Bartolo hielt auch den separaten Ausbau von Lagenweinen für Teufels Beitrag zu Gottes Werk. Auf diese Weise hielt er sich gerade über Wasser, hatte genug zu trinken und sagte jedem, der es hören wollte, was er von den neuen Zeiten und ihren Errungenschaften hielt. Als er 2005 an die ewige Weinbar abberufen wurde, übernahm Maria Teresa die Geschäfte und setzte das Werk, das ihr Vater so konsequent begonnen hatte, ebenso konsequent fort.

«Vielleicht», sagte Alan Manley, ihr amerikanischer Berater und Dolmetscher, «sind die Weine sogar noch konsistenter geworden.» Dann korrigierte er sich: «Nein. Ganz sicher.»

Wir schauten uns den winzigen Betrieb an. Wir sahen die Betongärständer mit dem kindischen Relief, das eine Traube und ein Glas zeigt. Wir stiegen einen Halbstock ins Souterrain, wo eine Handvoll großer Holzfässer steht, in denen die Weine des Hauses – etwas Dolcetto, etwas Barbera, viel zu wenig Barolo – lagern.

«Wollt ihr probieren?», fragte Maria Teresa.

«Doch. Warum nicht?», antwortete ich, worauf mich der Apotheker anstarrte wie einen lebenslänglich verurteilten Mörder – hatte meine Antwort nicht den Hauch eines Zweifels offen gelassen, dass wir hier, in diesem Keller, eventuell *nicht* kosten wollten?

Aber wir kosteten, und wir kosteten nicht am großen Esstisch, sondern direkt im Keller, Maria Teresa kletterte wie eine Gams auf die riesigen Fässer aus slawonischer Eiche und entnahm ihnen Proben von Weinen, die erst in ein, zwei, drei Jahren auf den Markt kommen würden (was auch dann nicht mehr bedeutet, als dass man drei Flaschen davon kaufen kann. Größere Mengen gibt Maria Teresa nicht her. Sie will, sagt sie, dass viele Menschen etwas von ihrem Wein haben, nicht nur Großkunden, die sich den Ankauf einer ganzen Ernte leisten können. Man kann nicht sagen, dass nach dem Tod von Bartolo ein Rechtsruck durch das Weingut gegangen wäre).

Der Wein hatte Feuer und Kraft, ohne jedoch an seinen Muskeln zu schwer zu tragen. Die Gerbstoffe waren dominant. Aber die Eleganz, die Würze und das differenzierte Bouquet, das in den kommenden Jahren im Fass in Balance mit den Tanninen kommen wird, waren deutlich zu erkennen.

Im Keller war es plötzlich ruhig. Maria Teresa saß auf dem drei Meter hohen Fass und hinterfragte den Wein mit geschlossenen Augen und undefinierbaren Geräuschen, die sie beim Schmecken absonderte. Alan lächelte sein Sphinxlächeln. Ich versuchte, die Kräuteraromen zu dechiffrieren, die mir über dem reichen Kirschduft entgegenkamen, Salbei, Rosmarin, was war da gleich noch, als mein Blick auf den Apotheker fiel, der gerade die braunrote Farbe des Weins im Gegenlicht prüfte, das schräg durch ein Kellerfenster fiel, und ich wünschte mir, fasziniert von diesem Anblick, von ganzem Herzen, dass er seine Frau jemals so verliebt angeschaut hat wie das Leuchten dieses Barolos, freilich eines der besten seiner Gattung.

Irgendwann war leider auch diese Meditationsstunde zu Ende und wir mussten gehen. Wir waren in Barbaresco zum Mittagessen verabredet.

Barbaresco ist von Barolo 30 Kilometer weit entfernt, aber der Sprung von Maria Teresa Mascarellos Weinkeller in das Fürstentum, zu dem der Betrieb Angelo Gajas während nur einer Generation geworden ist, könnte größer nicht sein. Gaja ist ein Synonym für Barbaresco. Gaja ist ein Synonym für die oberste Spielklasse italienischen Weins, für Weine, über deren Preis, wie hoch er auch sein mag, nicht mehr diskutiert wird. Wo Gaja ist, ist oben: eine Gleichung, die in Barbaresco umso anschaulicher stimmt, als die Familie Gaja das Castello von Barbaresco erworben hat, jenes Gebäude, das neben dem Turm die Silhouette des am Bergrücken gelegenen Ortes prägt.

Aber Gaia Gaja, die inzwischen die Geschäfte von ihrem berühmten Vater Angelo übernommen hat, war das Gegenteil einer versnobten Fürstin, die zur Audienz empfängt. Sie trug kurze Hosen und war vor allem gut aufgelegt. «Wollt ihr das Weingut sehen?», fragte sie rhetorisch, und war schon unterwegs, weil sie zwar gute Laune, aber nicht allzu viel Zeit hatte, Turin, Flughafen, Geschäftsreise: Ihr täglich Brot, sagte sie, als *Global Player* in einer globalisierten Weinwelt sei sie zwangsläufig ein bis zwei Wochen pro Monat unterwegs, Präsentationen, Verkostungen, Messen, Interviews. Macht mir Spaß. Ich bin jung. Ich hab Kraft.

«Dort oben», sagte Gaia (welch praktisch ausgesuchter Vorname: Mutter Erde, und keine Verwechslungsgefahr) und zeigte auf ein kleines Fenster im obersten Stock des Gaja'schen Privatgebäudes, das den Hof des Weinguts überragt, «wurde mein Großvater geboren»: der Pionier, der das Imperium gegründet hat. Der Hof steht seit 1859 auf diesem Platz. Den Gajas gehörte ein Teil, vor allem aber eine Taverne, in der sie den eigenen Wein ausschenken konnten.

Das, sagte Gaia, sei ein wesentlicher Grund, warum die Familie den Weinbau nicht aufgegeben habe wie viele andere Produzenten im Dorf.

«Und», fragte der Apotheker, «habt ihr am Geburtsort des Großvaters einen kleinen Altar aufgestellt?»

«Haha», antwortete Gaia. «Dort ist jetzt die Privattoilette meines Vaters.»

ist so konditioniert, dass pflanzliche Bitteraromen auf Unreife oder giftige Inhaltsstoffe hinweisen können.

In ihrem interessanten Buch *Eating on the Wild Side* kommt die amerikanische Autorin Jo Robinson zu dem Schluss, dass die reflexartige Ablehnung des Bitteren weitreichende Folgen hat. Zwar essen wir regelmäßig Gemüse – aber nicht unbedingt das, welches unser Körper wirklich braucht. Parker weist darauf hin, dass wilde (und bittere) Gemüse oft ein Vielfaches an speziellen Nährstoffen enthalten – und dass der industrielle Gemüseanbau regelrecht versessen darauf ist, möglichst süßes Gemüse zu züchten, jedenfalls aber die störenden Bitteraromen möglichst weit in den Hintergrund treten zu lassen.

Ich gebe zu, dass ich Puntarelle auch essen würde, wenn sie dieselben Gesundheitswerte wie ein Kranz Cervelat hätten. Ich liebe die Balance aus Bissfestigkeit, aus vollen Aromen und dem kleinen, schrägen Störmoment, den man freilich richtig inszenieren muss.

Für mich gibt es keine besseren Weggefährten für Puntarelle als frischen Knoblauch und Sardellenfilets. Wenn Sie zwei bis drei geputzte Puntarelle haben, sollten sie diese erst einmal wässern, damit

Der Geschmack des Winters

Wenn es einen Geschmack gibt, der die Wintersaison sanftmütig einmoderiert, dann ist es jener italienischen Bittergemüses. Während ich noch redlich

die kräftigsten Bitterstoffe ausgeschwemmt werden. Gleichzeitig hacken Sie eine Knoblauchzehe und vier bis sechs Sardellenfilets klein und vermengen diese sorgfältig mit Olivenöl, Essig und dem Saft einer Zitrone zu einer Vinaigrette, die sie mit Salz und Pfeffer abschmecken (mehr Pfeffer als Salz, denn die Sardellen sind ohnehin schon ziemlich salzig).

Die Puntarelle abtrocknen und in Scheiben schneiden. Etwas Olivenöl in einer Pfanne erhitzen, eine weitere Zehe Knoblauch durch die Presse drücken und im Olivenöl anschwitzen – allein der Geruch nach dem frischen Knoblauch, der jetzt die Küche erfüllt, ist die Übung wert. Nach zwei bis drei Minuten – lassen Sie den Knoblauch nicht braun werden, das erzeugt Bitternoten, die Sie nicht mögen – geben Sie die Puntarelle ins Olivenöl und lassen sie bei komfortabler Temperatur so weich werden, wie es Ihnen am besten behagt: Ich mag sie am liebsten, wenn sich ihre Textur genau zwischen roher Knackigkeit und glasigem Schmelz einpendelt.

Mit dem Dressing vermischen und lauwarm auf den Tisch stellen. Das Gericht ist wie ein Konzert: mollig, salzig, warm, interessant und außergewöhnlich. So kann es für mich Winter werden.

damit beschäftigt war, dem Sommer nachzuschmecken, immer wieder *Spaghettini Nº3* mit gedünsteten Tomaten zu kochen und mir jeden Tag beim Eissalon abwechselnd eine Kugel Pistazien- oder Schokoladeeis zu holen, um sie im Licht der Nachmittagssonne wehmütig wegzuschlecken, sah ich am Markt die ersten Puntarelle.

Puntarelle sind gute Verbündete, wenn es draußen kühler wird. Die Korbblütler aus der Familie der Zichorien stammen vorwiegend aus Mittel- und Süditalien, werden aber auch in unseren Breiten immer öfter angebaut. Puntarelle sind nicht eigentlich schön. Sie verbergen ihren Schatz – die im Inneren der Pflanze verwachsenen, fingerdicken Hohlkörper – hinter einen Gewucher aus Blättern, die stark an Löwenzahn erinnern.

Wenn ich nach dem Putzen ein Stückchen von den Puntarelle abschneide, um zu kosten, wie bitter sie denn nun sind, bin ich immer wieder erstaunt: Tatsächlich, sie sind ziemlich bitter, und für einen Augenblick blitzt die alte Skepsis auf, die wir automatisch gegenüber bitteren und sauren Pflanzen entwickeln. Diese Skepsis ist tief in der Geschichte der menschlichen Ernährung verankert. Unser Unterbewusstsein

Wie auf Stichwort glitt die riesige Metallschiebetür auf, die das Weingut zur Straße hin abschließt, und Angelo Gaja brachte, verspiegelte Sonnenbrillen auf der Nase, seinen AUDI nach Hause.

Barbaresco war vor Gaja stets im Schatten Barolos gestanden. Gaias Großvater hatte sich damit aber nicht abfinden wollen. Als 1958 eine Flasche Barolo zum ersten Mal den Rekordpreis von 1000 Lire erreichte, verlangte Gaja für seinen besten Wein 1200 Lire. Zu diesem Zeitpunkt hatte er bereits 100 Hektar bester Lagen zusammengekauft. Im Gegensatz zu den Verkäufern glaubte er nämlich daran, dass das Barbaresco-Gebiet eine Zukunft habe. Schon 1937 hatte er dafür gesorgt, dass der Name «Gaja» auf den Etiketten größer gedruckt wurde als die Denominazion «Barbaresco».

«Er hat das Image von Gaja kreiert», sagte Gaia. «Er wusste, was *Branding* ist, bevor es *Branding* überhaupt gab.»

Angelo übernahm 1961. Er sorgte dafür, dass neben den klassischen piemontesischen Trauben auch Chardonnay und Cabernet Sauvignon angebaut wurde. 1978 begann er, seine Weine im *Barrique* auszubauen. Er verarbeitete einzelne Lagen einzeln und vermarktete sie als Sorí Tildin, Costa Russi, Sperss, Sorí San Lorenzo. Er eroberte mit Weinen, die internationalen Flair verströmten, die Herzen von Kunden, die das Piemont bis dahin nicht der Rede wert gefunden hatten. Er hatte Erfolg. Er holte die Weine aus Barbaresco aus dem Schatten derer aus Barolo. Er wurde zuerst zum Protagonisten, dann zur Legende. Über den Sorí San Lorenzo wurde ein Buch geschrieben, über Gaja gleich mehrere.

Gaia führte uns in den Bauch des Weinguts, mehrere Stockwerke in die Tiefe, wohin die Produktions- und Lageranlagen über die Jahre konsequent ausgewuchert hatten. Der nächste Umbau, sagte sie, stehe bevor: Platzprobleme, *as usual*.

Es war klinisch sauber. Es roch nach Eiche. Neben zahllosen Barriquefässern standen auch große, neue Fässer des oberösterreichischen Fassproduzenten Stockinger Spalier. Von oben fiel das Licht raffiniert durch die Kellerstockwerke und beleuchtete ein abstraktes Holzkunstwerk, das aussah wie aus der Schule von Fritz Wotruba.

Der Keller war eindrucksvoll. Der Maßstab war groß, größer, am größten. Man konnte mit freiem Auge erkennen, wie viel Wert bei Gaja auf jedes Detail gelegt wird. 70 Angestellte, eigene Versuchsanstalt, schillernde Geschichte, blendende Zukunft. Gaia verabschiedete sich mit einem Bonmot: «Jede Entscheidung», sagte sie, «wird bei Gaja demokratisch getroffen:»

Sie schob lächelnd eine Pause nach dem Doppelpunkt ein.

«Angelo hat das letzte Wort.»

Dann musste sie los, zum Flughafen. Eine Verkostung der Weine sei im Schloss bereitet, das Mittagessen anschließend in der «Trattoria Antica Torre». Dann war sie weg, und wir nahmen das Castello in Augenschein, das Angelo Gaja von Bruno Giacosa gekauft hatte, dem Großmeister aus Neive.

«Noch nie einen spektakuläreren Verkostungsraum gesehen», sagte der Apotheker, der bei Gott schon viele Verkostungsräume gesehen hat. Er hatte recht. Das Schloss bestand ausschließlich aus eindrucksvollen Zimmern mit großartiger Aussicht über Ort und Weinberge, die dafür eingerichtet waren, in Ruhe die Weine des Hauses verkosten zu können.

Wir probierten Aktuelles und Älteres, durften bis in die 80er-Jahre zurückblättern und gewannen einen bleibenden Eindruck, warum Gajas Weine unverändert so überragende Erfolge feiern.

Die Weine haben Klasse, aber sie überfordern dich nicht. Sie pochen auf ihre Qualitäten, verlieren aber den Geschmack ihres Publikums nicht aus den Augen. Sie sind nicht widerspenstig, aber auch nicht brav oder naiv. Sie folgen ihren eigenen Maßstäben. Sie halten, was sie versprechen.

Es war schon zwei Uhr vorbei, als wir in der Trattoria «Antica Torre» ankamen und uns nachträglich eine Unterlage für die fulminante Weinprobe verschafften. Ja, *Tajarin*. Logo, *Crudo*. Die Küchenequipe des «Torre» war bereits für Gastspiele nach Amerika ausgeflogen worden, um an ausgesuchten Plätzen, wo die Schätze der piemontesischen Küche gefragt waren, vorzuführen, was Pasta sein kann, wenn sie so ist, wie sie sein soll.

Ich war nicht unzufrieden, aber im Wettstreit der Konsistenzen spielten die *Tajarin* aus Barbaresco nicht um den Titel der SERIE A mit wie jene des «Veglio». Dafür war die Sauce schmackhaft und kräftig, und die Portion, die uns auf den Tisch gestellt wurde, hätte auch für acht Personen gereicht. Muss ich dazusagen, dass wir sie komplett verputzten? Dazu hatte Gaia einen Barbaresco 09 aufmachen lassen.

«Es soll uns nie schlechter gehen», stöhnte der Apotheker, dabei hatten wir heute noch jede Menge vor.

Als uns Roberto Conterno in seinem Haus in Monforte empfing, fragte er nicht, ob wir etwas trinken wollten. Er griff einfach in den Kühlschrank und holte ein paar Flaschen seines Lieblingsbiers von G. MENABREA & FIGLI heraus, dann lächelte er, schlug die Beine übereinander, nahm einen tiefen Schluck und sagte: «*Aaaaaaahhhh.*»

Das war ein passendes Motto für alles, was jetzt folgen sollte.

Roberto Conterno ist, um es so plakativ wie nötig zu sagen, ein Weltstar. Er hat den Betrieb seines Großvaters Giacomo Conterno mit äußerster Sorgfalt zu höchster Blüte geführt und damit das Motiv aufgenommen, das dieser vorgegeben hatte. Von Giacomo stammt die Idee, Weine von größter Haltbarkeit und maximaler Finesse zu keltern, dessen besten er nach seinem Heimatort Monforte d'Alba «Monfortino» nannte. «Monfortino» steht für einen Barolo, der nur in besonders guten Jahrgängen überhaupt unter diesem Etikett auf den Markt kommt, für das Paradebeispiel eines Weins, wie Giacomo proklamierte, das Maximum dessen, was Boden und Jahr hervorbringen.

1961 übergab Giacomo den Betrieb an seine Söhne Giovanni und Aldo. Die beiden wurden sich nicht darüber einig, wie das Weingut in die Zukunft geführt werden sollte. Aldo verlangte es nach Modernität, Giovanni wollte den Ideen des Vaters treu bleiben. 1969 machte sich Aldo selbstständig und bekam den Erfolg, den er sich gewünscht hatte, während das Stammhaus klein blieb und weiter die Feinheit forcierte. Seit 1988 arbeitete Roberto Conterno an der Seite von Giovanni im Betrieb. Seit dessen Tod im Jahr 2004 führt der schlanke, feingliedrige Mann das Weingut «Giacomo Conterno» weiter, erweiterte es um wenige, kleine Weingärten in herausragender Lage und verschrieb sich mit aller Sorgfalt dem Projekt weiterer Verfeinerung.

Überflüssig zu sagen, dass die Weine von «Giacomo Conterno» so teuer sind wie Flugtickets nach Übersee, dass sie aber auch doppelt so teuer sein könnten, ohne dass die hartgesottenen Fans (mit ebenso hartgesottenem Einkommen) auf ihren Cascina francia, eine der Einzellagen, oder den Monfortino verzichten würden.

Irgendwann stiegen wir dann in den Keller hinunter. Roberto ging voran und hielt die drei ZALTO-Gläser wie einen Blumenstrauß vor sich. Der Keller war geräumig und mit großen Holzfässern locker gefüllt, die meisten zwischen 50 und 55 Jahre alt. Es war still. Unsere Schritte klangen wie die von Eindringlingen. Die indirekte Beleuchtung malte den Weinkeller wie das Schiff einer Kathedrale aus, und Roberto tat nichts, um diese Anwandlung von Feierlichkeit zu konterkarieren. Er ließ Wein in unsere Gläser laufen, danke, bitte, er tupfte den Zapfhahn mit einem weißen, weichen Tuch ab, und widmete sich dann selbst intensiv dem Studium dessen, was der Wein gerade zu erzählen wusste.

Wenn wir Fragen hatten, antwortete Roberto. Wenn wir damit beschäftigt waren, brummend in die Aromatik der Weine, die er zur Verkostung ausgesucht hatte, einzudringen, schwieg er.

Wir probierten Barbera 2011 aus dem neuen Weingarten Cerretta und Cascina Francia. Wir probierten Nebbiolo 2008 und 2009 von der Cascina Francia. Wir probierten Barolo 2010 von Cerretta und 2008 von der Cascina Francia.

Ich erspare euch die Weinbeschreibungspoesie, nur so viel: Es war ein Hochamt. Es wurde geschwiegen. Es bestand überhaupt kein Zweifel, dass diese Weine an Eleganz, Kühle und Tiefe nicht zu übertreffen waren, selbst wenn sie bis zu 14 Prozent Alkohol enthielten, gewöhnlich ein Ausschließungsgrund, hier das Ergebnis außerordentlich feingliedriger Arbeit im Weingarten und größter Geduld im Keller.

Ich sah mich um. Es war nur ein Weinkeller, aber die Engel sangen. Der Apotheker betete über seinem ZALTO-Glas den zwölften Rosenkranz. Ich schaute auf die Uhr. Wir waren seit drei Stunden damit beschäftigt, sechs Weine zu verkosten, und es war nicht langweilig geworden.

Zum Abendessen, das wir passenderweise im ehemaligen Kloster San Maurizio einnahmen, das inzwischen vom legendären Guido da Costigliole bewirtschaftet wird, nahm Roberto übrigens noch eine Flasche Monfortino aus dem Jahr 1985 mit, damit wir eine Ahnung davon bekämen, wie der Wein schmeckt, wenn er ein bisschen Zeit gehabt hat, zu reifen. Er sagte tatsächlich: «Ein bisschen Zeit.»

Ich sage: Ich habe vergessen, was wir gegessen haben. Aber der Wein war ein religiöses Erlebnis.

Tags darauf hatte der Apotheker, der beim Genuss des Monfortino Tränen in den Augen gehabt hatte, die Idee, dass wir in Alba in das dortige Sternerestaurant gehen könnten. Nirgendwo habe ich überzeugender gelernt, dass die italienische Küche strukturell zu gut ist, als dass man sie nach allen Regeln der Kunst in Hochküche verwandeln könnte. Geht schief. Führt zu vorgetäuschten Oliven und Fischfilets in Blattgold, Dingen, die niemand braucht und die man sicher nicht essen möchte.

«Siehst du», sagte der Apotheker auf dem Heimweg, «wie gut, dass wir das ‹Veglio› nicht ausgelassen haben. Aber wir sollten in Monforte unbedingt noch ins ‹della Posta› gehen, schon aus Tradition. Was meinst du?»

Er wollte gar nicht wissen, was ich meine. Er wollte ins «della Posta» und deshalb fuhren wir auch, ohne dass ich eine Antwort geben musste, nach Monforte und parkten das Auto auf dem ziemlich zugeparkten Hauptplatz.

Auf einer Hauswand waren die Todesanzeigen affichiert. «Aldo Conterno, di 80 anni». Wir neigten den Kopf und grüßten.

Die «Trattoria della Posta», deren Eingang jahrelang die Titelseite jedes Piemont-Führers geschmückt hatte, war übrigens nicht mehr da. Geblieben war nur die Hälfte des Schriftzugs und eine Höhle, in der es Pizzaschnitten aus der Mikrowelle gab, aber auch den wertvollen Hinweis, wohin das schöne Wirtshaus übersiedelt sei: zwei Kilometer weiter, an der Straße nach Roddino, nicht zu übersehen.

Das Haus, italienischer 70er-Jahre-Barock. Die Gastfreundschaft, nicht zu überbieten. Die Wirtin sah uns einfach an den spitzen Gesichtern an, dass wir dringend etwas zu essen brauchten.

«Einen Salat», sagte der Apotheker mit erhobenem Zeigefinger. «Ich nehme heute einen Salat. Ich will nicht wieder» – er betrachtete sorgenvoll die Wölbung unter seinem Hemd – «so üppig essen.»

«Okay», stimmte ich zu. «Ich auch.»

Der Salat kam nach einem großartigen Teller mit *Uovoli,* roh marinierten Kaiserlingen. Er entpuppte sich erstens als Missverständnis, weil zweitens als Insalata Russia, als Mayonnaisesalat, wie man ihn vereinzelt zu Weihnachten isst, allerdings ohne den Vorsatz, anschließend noch einen Teller Pasta zu verzehren.

Ich verdrehte die Augen.

«Erstklassiger Salat», sagte der Apotheker und verzehrte auch das, was ich auf dem Teller zurückgelassen hatte.

Am Nebentisch saß übrigens Giovanni Trapattoni. Aufgeregt schwatzend spachtelte er einen Kilo Pasta.

Als ich die Chefin fragte, ob sie mir ein Autogramm organisieren könnte, antwortete sie lachend: «Der Herr ist ein anderer. Aber er sieht *Trap* wirklich sehr ähnlich.» Ich ärgerte mich, dass ich meinem fußballbegeisterten Sohn bereits eine angeberische SMS geschickt hatte: Esse mit Trapattoni zu Mittag. Er hatte sofort geantwortet: «Lass dir ein Autogramm geben.» Das konnte ich mir jetzt selbst schreiben.

Die *Tajarin: Brummbrumm.* Nahezu perfekt. Um einen Hauch weicher als die Idealpasta in La Morra, aber erste Liga, kein Zweifel, mit guten Chancen, sich für die nächste Runde zu qualifizieren.

*In Prag wohnen die Geister in
den Wirtshäusern. Man muss sie nur aus
der Flasche befreien. Dazu gibt es Schinken
und Buchteln.*

Prag

Eigentlich wollte ich nur nachschauen, was die vielen Leute hier so interessant finden, und jetzt habe ich dieses Bier in der Hand. Ehrlich, ich habe nicht einmal im Traum daran gedacht, ein Bier zu bestellen. Aber wer kann sich wehren, wenn aus der weiß gekachelten Wand einer Metzgerei, in deren kleinem Verkaufsraum sich Dutzende Menschen drängen, ein Kupferrohr von nicht einmal einem Zentimeter Durchmesser herauswächst, aus dem eine goldgelbe Flüssigkeit rinnt – klar halte ich das Glas drunter, das mir der Mann hinter der Buddel in die Hand gedrückt hat. Dazu sagte er mir, das mit dem Essen dauert leider noch ein bisschen, es ist Hochbetrieb, du siehst ja selbst...

Stimmt, das mit dem Hochbetrieb sehe ich selbst. Ich sehe aber auch die vier Meter lange Vitrine, in der interessante Stücke vom Rind und vom Schwein liegen, dazu Würste in diversen Formen und Farben. Über der Theke hängt die Tafel, auf der die Preise vermerkt sind, und etwas weiter vorne, mit zwei silbernen Ketten an der vier oder fünf Meter hohen Decke befestigt, baumelt das schwarze Schild mit den weißen Steckbuchstaben, wie wir es aus den Amtsstuben des Prädigitalzeitalters kennen.

«Jídlo objednávejte zde» steht hier in Versalien. «Order food here».

Die Metzgerei heißt «Naše Maso» und befindet sich an der Dlouhá, mitten in Prags Altstadt, nicht weit von der Moldau entfernt und genauso wenig weit vom Mittelalter, das auch heute noch hinter jeder Ecke Prags überfallsartig ausbrechen kann, besonders nachts.

Aber jetzt ist zum Glück Mittag. Essenszeit. Die Metzgerei, wo schöne Stücke von tschechischen *Chester*-Rindern und *Přeštice*-Schweinen verkauft werden, verwandelt sich in ein Büfett. Was auch immer der Kundschaft gefällt, wird aus der Vitrine gepflückt, auf den Grill geworfen oder in einem der dampfenden Kessel gewärmt. Außerdem ist die kleine Metzgerei berühmt für ihren Hotdog. Ich kann bezeugen: zu Recht. Denn weil ich mein Bier nicht auf nüchternen Magen trinken will, überbrücke ich die Zeit, während der mein prächtiges, großzügig geschnittenes Rib-Eye-Steak sich fauchend an die Hitze des Grills gewöhnt, mit einem Hotdog plus scharfem, englischem Senf.

Mir bleibt ein bisschen Zeit, mich umzuschauen. An der Wand hängen ein paar Rindfleisch-Cuts, in Öl gemalt. Ein überdimensionales Weideschwein in Schwarz-Weiß. Ein Rind und die Landkarte seiner Teile. Die tschechische Flagge, weiß-rot-blau. Auf der Theke stehen Sandwiches, die in der Mitte gut drei Zentimeter *Pastrami* einklemmen. Eine Ankündigung macht darauf aufmerksam, dass es an jedem Montag, Dienstag, Mittwoch im «Naše Maso» auch Abendessen gibt, «*Butcher's choice*» sozusagen, alle Gäste finden sich an einem gemeinsamen Tisch ein und essen, was sie kriegen.

Klingt ein bisschen italienisch, denke ich mir, während direkt aus der Wand das nächste Bier in mein Glas rinnt. Aber als ich Martin Plachý, einen der Inhaber, nach freien Plätzen für die nächsten Abende frage, lächelt er nur nachsichtig. Bitte früher fragen.

«Naše Maso» war übrigens nicht die einzige Metzgerei in Prag, wo mich das Gefühl übermannte, doch, genau, stimmt, so und nicht anders muss eine moderne Großstadtmetzgerei aussehen. Das zweite Musterbeispiel für ein Hybridunternehmen zwischen Fleischverkauf und Imbiss befindet sich ebenfalls ganz in der Nähe der Moldau, allerdings ein paar Brücken stromaufwärts dort, wo Frank Gehrys dekonstruktivistische Hochhäuser so schief miteinander tanzen, dass sie den Namen «Ginger & Fred» bekamen, nach Fellinis gleichnamigem Epos über zwei alte, windschiefe Künstler. Das Geschäft trägt, wie frühere Kader der Kommunistischen Volkspartei sicher bemängelt hätten, den «internationalistischen» Namen «The Real Meat Society», und tatsächlich präsentiert sich der Laden mit seinen großen Schaufenstern gut gelaunt in der neuen *Lingua franca*: «Meat Loaf! Porchetta! Czech Ham! Hot Sandwich next door!» Nur ein kleiner Hinweis auf der schicken Schultafel vor dem Geschäft bietet die Verortung: «100% České Maso» – hundert Prozent tschechisches Fleisch.

Als ich die zwei, drei Stufen ins Geschäft hinunterstieg, empfing mich ein großartiger Duft. Der Metzger hatte gerade einen voluminösen Schweinsbraten aus dem Ofen geholt, den er sehr früh am Morgen eingebraten haben musste, und er konnte in meinen Augen lesen, dass ich davon ein Stück probieren wollte. In der Vitrine lagen die makellos zugeputzten, für den Verkauf vorgesehen Fleischstücke. In den Eisschränken hinter dem Verkaufsraum reiften Schweinehälften und riesige Rindfleisch-Cuts, einige ganz offensichtlich schon länger.

Aber meine Aufmerksamkeit wurde vom jungen, vorschriftsgemäß tätowierten Metzger in Anspruch genommen, der nämlich damit beschäftigt war, die Semmel, die zu meiner Schweinsbratenscheibe gehörte, anzutoasten und mir, Spezialität des Hauses, ein Schälchen mit Apfelmus dazu zu reichen. Als er merkte, wie gerührt ich dreinschaute – angetoastete Semmel! Apfelmus! –, bekam ich sogar noch ein Stück knuspriger Bratenkruste extra. Der Mann wusste, dass es bei mir gut aufgehoben war, und quittierte das vernehmliche *Sgnagg-Sgnagg* meiner Kauwerkzeuge mit einem großzügigen, zugewandten Lächeln.

Längst ist Prag keine Ostblockstadt mehr, vielmehr eine kräftig durchgelüftete, an manchen Stellen hipsterisierte, auch vom Massentourismus nicht im Stich gelassene Prachtkapitale. Als ich auf der Jirásek-Brücke herumlungerte und überflüssigen, aber interessanten Gedanken nachhing, verglich ich im Kopf die ehemaligen Kronstädte der Habsburger-Monarchie.

Klar ist Wien von allen die kompletteste Stadt. Aber dem Zentrum fehlt das Wasser. In Budapest hingegen teilt die Donau die Stadt spektakulär und plakativ, Burg rechts oben, Parlament links unten. Diese selbstverständliche Schönheit wird nur vom Akkord der alten Brücken übertroffen, die in Prag die Moldau überspannen. Deren Wasser trennt die Altstadt Prags vom Kleinufer, über dem sich der Hradschin, diese monumentale Burg aufrichtet, aus dem Geschichtsunterricht bekannt durch den Prager Fenstersturz, mit dem 1618 der Dreißigjährige Krieg begann.

Ich betrachtete den Hradschin aufmerksam und entschloss mich, ihn den anderen Touristen zu überlassen. Stattdessen wollte ich nachsehen, was aus dem «Café Savoy» geworden war, das auf der Kleinseite viele Jahrzehnte lang den Rang einer Institution bekleidete. Ich hatte Gutes gehört.

Ich hatte Gutes gehört, aber was mir an der Vítězná 124 widerfuhr, war besser. Nicht nur, dass das Haus und das Café auf einfühlsame Weise renoviert worden waren, auch das Angebot war offenbar einer kritischen Prüfung unterzogen worden. Es gab, was es in ganz Wien in kaum einem einzigen Café gibt: exzellenten Kaffee. Dazu ein breites Assortiment von Kuchen und Torten, aber auch souverän zubereitete, kleine Speisen wie *Eggs Benedict* oder einen in jeder Hinsicht satisfaktionsfähigen *French Toast*. Als ich eine kleine Erkundung durch die Nachbarräume antrat – der Kellner hatte mich gleich neben eine der großen Fensterscheiben in Eingangsnähe platziert –, sah ich, dass selbst für einen Abend, den man nicht allein mit Kaffee und guten Gedanken verbringen möchte, vorgesorgt war: ein großes Regal enthielt zahlreiche interessante Weinflaschen, deren Gesellschaft am Tisch man durchaus schätzen würde – ein weiteres plakatives Differenzierungsmerkmal zum Wiener Kaffeehaus.

Ich hatte mir den Roman *Nachts unter der steinernen Brücke* von Leo Perutz mit nach Prag genommen. Ich liebe es, Bücher an Original-schauplätzen zu lesen, Rilke in Duino, Pamuk in Istanbul, Pessoa in Lissabon. Während ich meinen zweiten oder dritten Kaffee trank, blätterte ich in dem 1953 erschienenen, aus einem Dutzend Erzählungen montierten Roman und ließ mich in die Welt von Kaiser Rudolf II. zurücktragen, der sich im 17. Jahrhundert in die schöne Jüdin Esther verliebt und damit tief in ein Mysterienspiel verwickelt wird, voll von historischen Schatten und schwelender Magie.

«Es war ein sonderbarer Zug, der sich durch die Gassen und über die Plätze des nächtlichen Prag bewegte», schrieb Perutz zum Beispiel. «Es ging durch enge, winkelige Gassen bergauf und berg-ab, vorbei an adeligen Palästen und an schmalen, windschiefen Giebelhäusern, vorbei an Kirchen, Gartenmauern, Weinschenken und steinernen Brunnen. Die Leute, denen sie begegneten, fanden nichts Verwunderliches an diesem Zug, sie meinten, der Kavalier, der da hinter den Musikanten hertanzte, habe ein wenig über den Durst getrunken und sei in fröhlicher Laune, und einer seiner gu-ten Freunde brächte ihn mit Musikanten und Lakaien in sein Quar-tier, und niemand ahnte, dass da einer verzweifelt um sein Leben tanzte.»

Als ich aufhörte zu lesen, war es draußen schon dunkel, unge-fähr so dunkel wie in meinem Buch. Ich schaute auf die Uhr und sah, dass ich mich langsam um mein Abendessen kümmern musste, wenn ich heute noch etwas Vernünftiges bekommen wollte.

Also verließ ich das «Savoy» und marschierte in Richtung Innenstadt, zuerst durch das Barocklabyrinth hinter dem Kampa-Park, dann über die Karlsbrücke, den Krönungsweg der böh-mischen Könige, Weltkulturerbe, Touristenmagnet.

Ich hatte die Brücke gar nicht so klischeehaft schön in Erinne-rung gehabt. Aber sie war es. Der fast volle Mond drängte durch die feuchten Wolken. Die Heiligenstatuen, die prunkvoll im Schatten postiert waren, bekamen, wenn ich sie aus dem richtigen Winkel betrachtete, eine dramatische Aureole. Es herrschte, kleines Wunder, geradee kein Gedränge auf der Brücke, die anderen Nachtschwärmer gaben ihren Frieden, und die Dixielandkombo beschloss ihr Programm gerade mit einer bemitleidenswerten Version des *St. Louis Blues*.

Ich hätte es eigentlich eilig haben sollen. Aber es sind bekanntlich nur die Augenblicke, die im Leben von Bedeutung sind. Diesen hier rahmte ich mir ein und nahm ihn mit nach Hause, für immer.

Ganz überwältigen ließ ich mich von diesen poetischen Anwandlungen trotzdem nicht. Ich tauchte also gelehrig in die Altstadt ein, ließ ein paar Baumkuchen-Stände hinter mir und fand mich nach kurzer Suche im Winkelwerk der Mittelaltergassen wieder vor dem Portal des vielleicht herrlichsten Wirtshauses der Stadt, «u Zlatého tygra», dem «Haus zum Goldenen Tiger».

Der «Goldene Tiger» ist eine Bierkneipe. Der große tschechische Humorist und Schriftsteller Bohumil Hrabal pflegte hier seinen Stammtisch, an dem in der Regel nur er selbst zugelassen war. Pünktlich um halb fünf betrat Hrabal das Haus, nahm am Tisch gegenüber dem Tresen Platz und packte die Schreibutensilien aus. Dann durfte das Bier serviert werden. Hrabal sinnierte, kicherte in sich hinein, schrieb Sätze in sein Notizbuch, leerte das eine, dann das zweite Bier. Ebenso pünktlich wie er gekommen war, packte er um halb sieben seine Sachen wieder zusammen und verließ das Haus. Wenn dann zum Beispiel ein amerikanischer Präsident *in town* war und den berühmten Hrabal kennenlernen wollte, kein Problem, er musste nur zwischen halb fünf und halb sieben beim «Goldenen Tiger» aufkreuzen. Seit damals hängt dieses Bild von Bill Clinton in der Gaststube. Als Hrabal 1997 starb, überschlug der «Tiger»-Wirt die Summe der Biere, die der Meister an seinem Tisch geleert hatte, und kam auf die eindrucksvolle Zahl von 32 600 Gläsern.

Ich schaffte nur vier. Eigentlich hätten auch drei gereicht, aber ich vergaß, den Kopf zu schütteln, als der Kellner mit der neuen Runde vorbeikam und das vierte Krügel vor mir absetzte. Im «Tiger» ist es, wie auch in Prags anderen Bierkneipen, Usus, das Bier nicht aktiv zu bestellen, sondern aktiv abzubestellen. Das heißt, solange

Der Ort, der alle gleichmacht

Vielleicht stehen wir gar nicht so oft an der Bar, betrachten das kleine Bier oder das bunte Getränk, das vor uns steht und naschen von den Nüsschen, die uns der Typ hinter der Theke ohne zu fragen hinübergeschoben hat. Aber allein wenn wir daran denken, dass wir an der Bar stehen könnten, erfüllt uns das mit anonymer Sehnsucht – Martin Suter würde es vielleicht «Sungnaui Heiweh» nennen: das Gefühl, unter besonderen Umständen gut aufgehoben zu sein.

Nun will ich gar nicht dem Sentiment auf den Grund gehen, das an der Bar gratis zum Bier mitgeliefert wird, sondern den Blick auf die Hardware lenken: die Bar selbst, den Tresen, die Theke.

Denn diese simple, praktische Einrichtung hat die Gastlichkeit, unter die ich das Ausschenken von Getränken pauschal buche, revolutioniert und einen entscheidenden Teil dazu beigetragen, dass Gast-

ten sich neben den Gästen selbstverständlich auch die Familie und das Personal des Gastwirts. Die Gäste wurden also für die Zeit ihres Aufenthalts buchstäblich in die Familie aufgenommen, bekamen zu essen und zu trinken wie alle anderen – mit dem wesentlichen Unterschied, dass sie dafür bezahlen mussten.

Die Evolution des Gastgewerbes ließ die Gaststuben größer werden. Die Küchen wanderten in eigene Räume ab und ließen nur dekorative Werkzeug zurück, zum Beispiel Pfannen an den Wänden. Noch um 1800 sahen diese Gaststuben genauso aus wie Wohnräume, die sogenannten «guten Stuben». Dass die Gaststube schließlich ihren privaten, familiären Charakter verlor, lag an der Installierung jenes Teils, das im Einzelhandel längst Karriere gemacht hatte: des Ladentischs; der Theke.

Die nachhaltige Veränderung des Gastgewerbes durch die Theke lässt sich ziemlich genau auf den Beginn des 19. Jahrhunderts datieren. Damals entstanden in englischen Industriestädten sogenannte «Gin Palaces», die das Aussehen, aber auch die Benutzung der Kneipe revolutionierten – und beschleunigten. Am neuen Tresen konnten plötzlich viel mehr

freundschaft von einer gesellschaftlichen Pflicht zum Gewerbe wurde.

Noch im frühen Mittelalter galt es als Selbstverständlichkeit, Fremden zu essen und zu trinken zu geben und vielleicht auch ein Nachtlager. Erst im späteren Mittelalter entwickelte sich, wie es der deutsche Historiker Wolfgang Schivelbusch in seiner *Geschichte der Genussmittel* nennt, «eine ständisch-korporative Zwischenform von Gastfreundschaft und Gastgewerbe». Kaufleute konnten in Hafen- und Messestädten in sogenannten Kaufmannshöfen absteigen. Gleichzeitig sperrten Trinkstuben auf, wo sich das städtische Patriziat und Vertreter der Zünfte zu bestimmten Anlässen trafen.

Wirtshäuser, wie wir sie kennen, waren das noch nicht. Die drei wesentlichen Bedürfnisse der Gäste – Trinken, Essen, Schlafen – wurden in der Regel an Örtlichkeiten befriedigt, die von privaten Haushalten kaum zu unterscheiden waren. Diese Haushalte, so Schivelbusch, machten nur «ihre Überschüsse (an Zimmern, an Speisen, an Getränken) gegen Bezahlung zugänglich».

Die Gaststube war dabei identisch mit der Küche des Hauses. Um die offene Feuerstelle versammel-

Trinker abgefertigt werden, die ihre Getränke – vornehmlich Branntwein, eine weitere Revolution, aber das nur nebenbei – im Stehen zu sich nahmen, nachdem sie bereits dafür bezahlt hatten. Das Trinken richtete sich nun nach dem Takt der Arbeit, der industriellen folgte auch die gastronomische Revolution. Die Theke war das wesentliche Stück Infrastruktur, das bis dahin gefehlt hatte: ein Verkehrsknotenpunkt für Menschen, die plötzlich im selben Tempo am Tresen unterwegs waren wie die neuen Eisenbahnen, die von Manchester nach Liverpool rasten.

An der Bar, auch das eine bemerkenswerte Innovation, wurden alle Menschen gleich. Jeder von uns, der sich an der Bar seinen Platz sucht, das Bier bestellt, das bunte Getränk, akzeptiert stillschweigend die Regel, dass hier andere Gesetze gelten als irgendwo sonst. Man darf Menschen ansprechen, egal, ob sie Vorstandsvorsitzende oder Straßenkehrer sind, und man muss umgekehrt bereit sein, sich ansprechen zu lassen. Der schnelle Witz, ein Glas, das man in Gesellschaft leert, überwinden die vielfältigen Schranken, die außerhalb der Bar zwischen uns heruntergelassen werden. Auch dafür ist der Tresen gut, dieses urdemokratische Instrument.

du nicht laut und deutlich Nein sagst, lädt der Kellner regelmäßig neue Biere an deinem Tisch ab. Das hat natürlich die fatale Folge, dass du viel mehr Bier trinkst als anderswo. Es ist auch kein großes Opfer: Das Bier im «Tiger» ist köstlich, von jener angenehmen Keller-kühle, die nichts mit den verbreiteten Gefrierschranktemperaturen zu tun hat, mit denen Bier überall sonst serviert wird, und versetzt mit einem Minimum an Kohlensäure, was den schnellen, langen Schluck befördert.

Dazu Fleisch. Von der Karte, die wahrscheinlich kein Vegetarier zusammengestellt hat, wählte ich Tatar, *Pastrami* und jede Menge Roastbeef. Das Tüpfchen auf dem i waren freilich die gebackenen Schinkenrollen, wie sie auch schon Helmut Kohl im «Tiger» gern zur Nachspeise nahm. Und natürlich das vierte Bier, über dem ich mit meinem Gegenüber am langen, voll besetzten Tisch ins Gespräch kam, dessen Vorzüge wir erwogen und über dessen potenzielle Nach-teile uns nichts bekannt wurde.

Entsprechend befeuert ging ich später zurück durch die Alt-stadt zu meinem Domizil, das ich im Hotel «Paříž» aufgeschlagen hatte, dieser gigantischen Art-Nouveau-Hütte aus dem Jahr 1904, deren fünf Sterne durch die jahrzehntelange Pflege kommunisti-scher Hoteldirektoren ein bisschen Glanz verloren haben. Aber ich liebe leicht abgefuckte Luxusschuppen. Sie erzählen ein bisschen wehleidige Geschichten von früher, deren Schönheit wir erst er-kennen, wenn irgendein Luxus-Konglomerat einen Marmor-und-Messing-Architekten damit beauftragt hat, alle Falten zu glätten und die interessantesten Charaktermerkmale auszuradieren.

Ich hatte weder Hunger noch Durst. Aber ich zog einen Stuhl zum Fenster meiner Suite und betrachtete die nächtliche Jugendstil-front des benachbarten Stadthauses, in dem ein schöner Konzert-saal untergebracht ist und im Keller eine Taverne – aber Nein, nicht einmal dran denken ...

Bohumil Hrabals epochaler Roman *Ich habe den englischen König bedient* spielt zum Teil hier im Hotel «Paříž». Sein Held arbeitet als Hilfskellner. Die ewige Lektion, die ihm sein erster Chef erteilt, lautet: «Du bist hier Pikkolo, merk dir das. Du hast nichts gesehen und nichts gehört.» Von da an plaudert der junge Mann aber umso beherzter und in aller Ausführlichkeit über die Drolligkeiten, wie sie sich in den besten Häusern ereignen, wo selbst seine Majestät, die Englische Königin, absteigt.

Wie erstaunlich, dachte ich mir, die Füße am Fensterbrett, dass man dieselbe Königin noch heute fragen könnte, wie es ihr im Hotel «Paříž» eigentlich gefallen hat und ob sie an Hrabals Schilderungen etwas auszusetzen hat: «[Es] war so schön, dass es mich fast umwarf. Die vielen Spiegel, Messinggeländer, Messingklinken und Messingleuchten waren so blangewienert, dass man sich in einem goldenen Palast wähnte. Und überall rote Teppiche und Glastüren, ganz wie in einem Schloss.»

So wohnte ich in Prag.

Am nächsten Morgen besorgte ich mir in der Metzgerei «Naše Maso» einen Hotdog zum Frühstück und machte einen Abstecher zum «Lokal», das ein paar Ecken weiter an der Dlouhá 33 beste tschechische Küche verspricht, um fürs Abendessen zu reservieren. Das «Lokal» ist eine Maschine, ein gewaltiger Schlauch mit sich ausbuchtenden Gewölben, wo mittags und abends mehrere hundert Menschen essen und trinken. Im durchsichtigen Tresen sind die riesigen Biertanks versenkt, die mit Standleitungen ständig neu aufgefüllt werden, und wer glaubt, dass es bei geschätzt 300 Sitzplätzen kein Problem ist, einfach hereinzuspazieren und sich irgendwo hinzusetzen, verkennt den Ernst der Lage: Prag hat einen solchen Nachholbedarf an Restaurants wie dem «Lokal», wo die deftige, manchmal auch etwas plumpe und nicht gerade ansehnliche Küche des Landes auf einem vorzeigbaren Niveau zelebriert wird, dass *Walk-ins* grundsätzlich wenig Chancen haben.

Ich ließ mich also für einen Tisch vormerken und studierte anschließend die Speisekarte, auf der Blutwurst oder Kuttelsuppe standen. Dazu nahm ich eine winzige Portion Prager Schinken mit Oberskren und einen «Schnitt»: ein Getränk, das halb aus Bier und halb aus Schaum besteht, Stammgäste dürfen es auch «Milch» nennen.

Dann machte ich mich gestärkt auf den Weg zu den Orten, die ich sehen wollte. Zog über den atemberaubenden jüdischen Friedhof, ging den Wenzelsplatz auf und ab, betrauerte den Zustand des wunderschönen «Grand Hotels Europa», seit langem Baustelle, setzte mich dann ins Kinoespresso des «Palais Lucerna» in den ersten Stock, trank eine Milch und betrachtete das Pferd des Bildhauers David Černý, das vor meinen Augen lebensgroß, tot und kopfüber von der Decke hing. Später las ich, dass das Kunstwerk die Reiterstatue auf dem Wenzelsplatz karikieren soll und dass es sich bei Černý um einen sogenannten Skandalkünstler handelt, aber das minderte die Wirkung nicht. Ich musste mich setzen und las ein paar Seiten Hrabal. Anschließend kam mir ein von der Decke hängendes Pferd eigentlich ziemlich normal vor.

Natürlich brauchte ich vor dem Abendessen noch einen Imbiss, den besorgte ich mir in der Weinbar «Veltlin» an der Křižíkova 488/115, gleich in der Nähe des Kaizlovy-Parks, wo es zu zahllosen interessanten Weinen auch Schinken und Pasteten gibt. Dann marschierte ich eine halbe Stunde, vorbei an schönen Altwarenhändlern, Papiergeschäften, Regenschirmläden und ziemlich vielen Fachgeschäften für Absinth und THC-freien Hanf, zu meinem Ziel, dem «Lokal».

Ich aß die Spezialität des Hauses, den gebackenen, reifen Käse mit Sauce Tatar, dann den Rindsbraten mit Paprikasauce und Knödeln und anschließend die Buchteln. Ich war froh, dass ich nicht Vegetarier bin, denn sonst hätte ich auf den Salat mit Hühnerbrust oder die frittierten Champignons mit Sauce Tatar zurückgreifen müssen, wobei – warum eigentlich nicht?

Wie viele Bier ich trank? Wer will das wissen? Ich musste schließlich ein paar ausprobieren, denn die Hrabal-Lektüre hatte mir zu denken gegeben. Im Buch streiten die Gäste erbittert, «welches Bier in Böhmen das beste wäre, und einer meinte: das Protiviner, und ein anderer: das Vodňaner Bier, und ein dritter: das Pilsner, und ein vierter: das Nymburker und das Krušovicer, und so schrien sie aufeinander ein, doch sie alle mochten einander und schrien nur, damit was los war, um irgendwie den Abend totzuschlagen ...»

War ich satt? Ja. Wollte ich schlafen gehen? Das war nicht die Frage. Die Frage war, wo ich noch das richtige Getränk vor dem Schlafengehen bekommen würde.

Dafür musste ich ins Café «Slavia». Zwar hat dieses berühmte «Bohemienlokal», wie es Georg Danzer nennen würde, nach dem Interregnum diverser Kantinenbetreiber ein bisschen Glanz eingebüßt, aber noch immer gehört Viktor Olivas Gemälde *Der Absinthtrinker* untrennbar zum Café gegenüber dem Nationaltheater. Das Gemälde zeigt einen Herren, dem die grüne Fee des Absinths an seinem einsamen Tisch Gesellschaft leistet, und auch ich sehnte mich, diese Mahlzeit im Bauch, nach einer vergeistigten Gefährtin, auch wenn ich keine dauerhafte Bindung anstrebte.

Weil ich feig bin, folgte ich der Empfehlung des Kellners und nahm keinen puren Absinth, sondern das merkwürdige Getränk aus Absinth und Prosecco, das sie im «Slavia» *Seksint* nennen.

Ich wollte keinen zweiten. Stattdessen ging ich auf verschlungenen Wegen Richtung Altstadtring, und weil ich zufällig vorbeikam, streckte ich den Kopf noch einmal in den «Goldenen Tiger». Es war eigentlich schon Sperrstunde, aber eines haben wir immer noch getrunken, sagte der Kellner und klopfte mir anerkennend auf die Schulter, er erinnerte sich offensichtlich an gestern.

Also trank ich noch ein Bier. Das Lokal war fast schon leer. Ich tat etwas Verwegenes. Setzte mich an den Stammtisch, Blick auf den Tresen, direkt unter die Büste von Bohumil Hrabal, die im Gewölbebogen hinter mir an die Wand geschraubt war.

Ich trank das Bier aus, dann hörte ich laut und deutlich eine Stimme, die sich von einem imaginären Ort hinter mir vernehmen ließ: «Du bist hier nur Gast, merk dir das. Du hast nichts gesehen und nichts gehört.»

Das ist wahr. Ich habe nichts gesehen und nichts gehört.

Erstaunlich, wie schnell die Mittelmeerküste verschwindet, wenn man von Perpignan hinauf in die Berge zwischen Frankreich und Spanien fährt. Und was für Menschen hierher kommen mussten, um zu erkennen, welche Schätze in den Weingärten schlummern.

Pyrenäen

Mitten im Weingarten lag ein Autobuswrack, aber während man den Autobus durchaus als Autobus identifizieren konnte, war der Weingarten bloß ein verwildertes Stück Land, keine Ordnung, kein System. In der Luft lag der typische Duft der Garrigue. Rosmarin, Thymian, Lavendel, Seidelbast. Die Hitze des Tages flirrte und verwischte die Konturen der Hügel, die von Calce ins Landesinnere rollen. Die Landschaft hat sich nicht entschieden, ob sie lieblich sein will oder wild und gefährlich.

Als Tom Lubbe vor dem Autobuswrack stand, hatte er jedoch keine Augen für den Umweltfrevel. Was Tom elektrisierte, waren die Reben in diesem ehemaligen Weingarten – wann mochte man aufgehört haben, sich um den Garten zu kümmern – vor drei, vor dreißig Jahren?

Die Reben waren alt, das bemerkte er sofort. Kaum höher als kniehoch, mit in die vier Himmelsrichtungen sprießenden Ranken und dickem, knotigem Stamm. Sie waren älter als alle Reben, die Tom je in Neuseeland und Südafrika gesehen hatte. Sie mussten siebzig, achtzig Jahre alt sein, vielleicht noch älter.

Er kontrollierte die Stöcke. Sie schienen intakt. Kontrollierte die Beerenansätze. Sie waren, wie bei alten Reben üblich, verrieselt und klein, das versprach etwas ganz Spezielles: Saft, dessen Aromen von tief, sehr tief in den Boden reichenden Wurzeln geprägt werden, ein sinnliches Übersetzungsprogramm für die Beschaffenheit des Bodens.

Tom wusste, dass hier, 20 Kilometer von Perpignan entfernt in den Hügeln der Côtes Catalanes, links die Pyrenäen, rechts die Ebenen des Roussillon, Wein entstehen könnte wie nirgendwo sonst auf der Welt. Es brauchte dann noch ein paar Zufälle, ein bisschen Glück und ein bisschen Zeit, bis er 2002 seine «Domaine Matassa» gründen konnte und in den rollenden Hügeln von Calce seither einen unverkennbaren mineralischen Weißwein herstellt, «Matassa blanc», ein südliches, tiefgründiges Cuvée von Grenache gris und Maccabeu.

Tom kam von der anderen Seite der Welt, die Verwerfungen des Massenweinbaus interessierten ihn nicht. Er ist in Südafrika geboren, hat irische Literatur studiert, sich dann aber doch dem Weinbau zugewandt, vielleicht, weil er nicht nur von Flann O'Briens Wortkaskaden besoffen werden wollte. Er arbeitete eine Zeitlang in Neuseeland und erinnert sich an Weinberge, die so lang waren, dass er beim Rebschnitt den ganzen Tag in derselben Rebzeile verbrachte.

Aber dann spielte ihm der Zufall bei einer Weinmesse in London eine Flasche Rotwein von der Domaine Gauby in die Hände. Ungläubig schmeckte Tom der speziellen Würze und dem Eigensinn dieses Weins nach, dann nahm er die Flasche und suchte auf dem Etikett mit zusammengekniffenen Augen nach dem Ursprungsort.

Calce.

Where the fuck is Calce? Tom musste daheim auf der Frankreichkarte lange suchen und fand einen Punkt im äußersten Süden des Landes, nur von dünnen Äderchen mit der Mittelmeerküste verbunden, fast schon in Spanien gelegen. Im Reiseführer stand nicht viel mehr, als dass von Calce aus der Pic du Canigou, ein berühmter

Pyrenäengipfel, zu sehen sei und dass man rund um Calce vor allem viel Platz habe.

Klang gut, befand Tom. Er setzte sich an den Schreibtisch und schrieb einen Brief an Gérard Gauby. Ob er nicht ein bisschen Hilfe im Keller brauchen könne. Er könne zwei Hände und eine gute Nase anbieten.

Gauby antwortete rasch: Komm doch vorbei.

Vielleicht muss man, bevor es in die Berge hinauf nach Calce geht, auch noch einen Abstecher nach Leucate machen. In Leucate, ein paar Kilometer nördlich von Perpignan an der Mittelmeerküste, gibt es eine Lagune, in der Austern gezüchtet werden. Es hat eine kleine, ganz hübsche Altstadt und etwas weiter davon entfernt eine Ferienstadt für Touristen, der man lieber ausweicht. Aber zwischen Alt- und Touristenstadt, direkt im Sand des Strandes gelegen, steht das wahrscheinlich schönste Restaurant der Welt.

Es ist kein permanentes Restaurant, sondern ein aus Gerüststangen errichtetes und mit Schnickschnack und Geschmack verziertes Provisorium, in dem jedoch alles stimmt. Die Schönheit des Ortes – du schaust hinaus aufs Meer und siehst, tja, Meer und keine Flotten von Neureichenjachten wie in St. Tropez, wo es ja sonst auch sehr schön ist. Die Grandezza der Einrichtung – irgendwas zwischen Flohmarkt und Designgeheimtipp, dazu superschicker Nippes und witzige Bilder. Gutes Essen – perfekte, schnelle Küche vom Grill: Muscheln und *Langoustines* und Fisch und manchmal auch ein Stück Fleisch; dazu Weine aus der Region, die den Blick aufs Meer manchmal noch ein bisschen schöner machen. Und diese perfekt ausbalancierte Stimmung, die man sich immer wünscht: hier läuft einfach schöne, zeitlose Musik, zum Beispiel sing José Gonzales gerne *Teardrops,* und die Gäste lachen, die Muscheln werden serviert, und der Rosé ist kalt und der Wind streicht durch das offene Lokal: Geht nicht besser.

Die Hütte heißt übrigens «Biquet Plage» und hat zwar keine Website, aber eine FACEBOOK-Präsenz, und Biquet ist der mit ohne Haaren.

Mit Tom hat das nur insofern etwas zu tun, als er manchmal, wenn es in Calce besonders heiß ist, Frau und Kinder einpackt und mit ihnen die dreißig Kilometer zu Biquet fährt, um zwei Teller Muscheln zu essen. Aber so weit sind wir noch nicht, und der kurze Abstecher soll nur zeigen, wie erstaunlich vielseitig das Vorderland von Calce ist: das kühne, coole Montpellier im Norden der Provinz, das gemütliche Narbonne mit seinen grandiosen Markthallen, das historische Carcassonne mit seiner filmkulissenhaften Monsterburg, das raue, bissige Perpignan mit den Clans an Marktfahrern, und natürlich der ein bisschen mondäne Biquet in Leucate.

Calce ist von allem das Gegenteil. Das Dörfchen hockt auf 300 Metern Höhe. Hier leben knapp 250 Menschen, du siehst das Meer, aber es ist weit weg, du siehst die Berge, aber sie sind dort hinter dem Dunst, und die Unmittelbarkeit der kargen, felsigen Landschaft, die das Dorf umgibt, hat im Zusammenspiel mit ihrer offensichtlichen Fruchtbarkeit etwas Berückendes, fast Religiöses. Du kannst dir, wenn du in Calce bist, vorstellen, wie es ist, allein auf der Welt zu sein.

Platz. Raum. Sicht. Die Höhe des Himmels.

Gleichzeitig beschleicht dich aber auch das Gefühl, irgendwo zu sein, wo du vielleicht nie wieder wegkommst. Wie auf einer Skistation, die nur über eine einzige Straße erreichbar ist, und wenn das Wetter umschlägt, sitzt du fest.

Tom weiß, wovon ich spreche. Er reiste nach Calce, nahm Quartier, stellte sich bei Gérard Gauby vor.

«Du bist das», sagte der.

Tom machte sich mit den Umständen vertraut. Er wanderte über die weitläufigen Weinberge seines Dienstherren, staunte über die Kargheit des Bodens und die Pflanzenwelt, die sich hier heimisch gemacht hatte: die Kräuter, die Disteln, die Hartlaubgewächse, den Wein.

Die Weinstöcke, denen Tom begegnete, waren ohne Ausnahme uralt. Gérard Gauby sagte einmal, nicht einmal sein 86-jähriger Vater könne sich daran erinnern, seine Weinstöcke jemals jung gesehen zu haben.

Mit alten Weinstöcken ist das so eine Sache. Viele Weinbauern sind der Meinung, dass ein Weinstock nach dreißig, vierzig Jahren ausgedient hat, weil sein Ertrag dann nicht mehr die optimalen Mengen einbringt. Die Trauben werden kleiner, wachsen weniger regelmäßig, die Kiloleistung des Stocks sinkt.

Dafür ist aber – darüber sind sich alle Winzer, denen es nicht um Mengen, sondern um Qualität geht, einig – der Geschmack der Trauben weit intensiver. Der Stock muss sich anstrengen, seine Trauben zu ernähren, ihnen Wasser und Mineralien zuzuführen. Die Wurzeln müssen tiefer ins Erdreich, sie verästeln sich zunehmend und transportieren jene Nährstoffe über die Erdoberfläche, die sich später als unverkennbare Aromen des Standorts im Wein wiederfinden.

Tom war begeistert von diesen Weinstöcken. Er war begeistert vom Wein. Er war begeistert von der «Domaine Gauby», wo er lernte, wie man den speziellen Anforderungen des Klimas begegnet.

Am meisten begeistert war er freilich von Nathalie, Gérard Gaubys Schwester. Die beiden verliebten sich, sie heirateten, bezogen ein Haus unterhalb des Dorfzentrums, und Tom schaute sich nach etwas Land um, wo er seinen eigenen Wein machen konnte. Das war 2002, und Tom nannte das Weingut in Gründung «Domaine Matassa», nach dem Weingarten «Clos Matassa» in der Nähe der winzigen Ortschaft Le Vivier auf 600 Metern Höhe.

Wir fuhren mit dem kleinen Allrad-Kombi aus Calce hinaus, zuerst auf asphaltierten Straßen über viele Hügel, dann weiter über staubige Wege, und irgendwo stieg Tom aus und sagte: «Hier lag, als ich den Clos MATASSA gekauft habe, ein alter Autobus.»

Inzwischen ist der Autobus längst weg, aber dafür sind die alten Weinstöcke in ihrer chaotischen Ordnung wieder in Betrieb genommen. Manche der alten Stöcke waren kaputt, aber Tom ersetzte sie nicht. Er wollte nur Trauben, die die ganze Story erzählen, alte Hunde, deren Wurzeln bis in achtzig, hundert Meter Tiefe vorgedrungen sind, *heyhey,* sagt Tom, nicht wahr?

In diesen Gärten arbeite er übrigens am liebsten, sagte Tom, und ich konnte das augenblicklich nachvollziehen. Der Blick in

Richtung Abend war erstaunlich und berührend. Die Blautöne, in die sich die nahen Berge hüllten, das Ockergelb des Bodens und das graue Grün der Garrigue. Der Kräuterduft, das Summen der Bienen, irgendwo weit weg ein Pickup, der im Gegenlicht einen Kegel von Staub hinter sich herzieht.

Tom Lubbe lächelte. Er ist in Calce angekommen und bewirtschaftet heute 14 Hektar Land, ausschließlich alte Reben, von denen die meisten wohl ausgerissen und gerodet geworden wären, wenn Tom sich nicht um das Land gekümmert hätte, das er in seiner Kargheit und Herausforderung als das seine erkannt und zu lieben gelernt hat.

Tom bezeichnet die Herkunft seiner Weine als «Vin de Pays des Côtes Catalanes», und er erklärte mir sehr, sehr lange, was das heißt.

«Kannst du es schmecken?», fragte er bei jedem Schluck, den wir in seinem kleinen, einfachen Keller probierten, nachdem wir von der ausführlichen Umrundung der verstreuten Parzellen zurück nach Calce gekommen waren. Ich hatte gelernt, wie schön und gesund Toms biodynamisch gepflegte Reben im Vergleich zu den gedüngten, konventionell bewirtschafteten mancher Nachbarn aussehen, die wie wilde Heckenbepflanzungen aussehen, und Tom hatte die botanische Intelligenz seiner Pflanzen mit so viel Empathie gelobt, dass ich es gar nicht erwarten konnte, ihn über Wein sprechen zu hören.

Wir standen eine Stunde im Keller, noch eine, noch eine.

Wir probierten die Weißweine und Tom zerlegte ihre brillante, vielfältige Würze in Geschichten, in Wissen, Mutmaßungen und er schwärmte. Wir probierten die Roten, er schwärmte weiter, wenn er auch den Weißwein, die Sorten *Grenache* und *Carignan,* für am besten geeignet hält, den Platz und sein Wachstum in Wein zu übersetzen.

«Nur ein Detail noch», sagte Tom – das hatte er schon ein paar Mal gesagt, als müsste er sich dafür entschuldigen, dass er gern in seinem Keller steht und über seinen Wein spricht – «du musst dir vorstellen, dass die *Grenache*-Stöcke in der Nachmittagshitze ihren Stoffwechsel praktisch einstellen. Der Wein weiß selbst, was er zu tun hat. Wir müssen ihm nur zuhören.»

Und ihn trinken, ergänzte ich etwas prosaisch.

Das fand Tom allerdings ganz richtig.

Tafelmusik, Flanksteak und Blaufränkisch.
Die neue Dreifaltigkeit der
barocken Bischofsstadt Salzburg.

Salzburg

Die Nächte in Salzburg haben Potenzial. Sie speisen sich aus den Versprechungen des frühen Abends und suchen sich ihre Schlupfwinkel. Dann verlassen sie wie der Geist ihre Flasche und sorgen für Feuer auf den Wangen.

Am Abend, nachdem Franui-Trompeter Andreas Schett in der «Blauen Gans» einen mit feinen Beispielen durchtränkten Vortrag über Tafelmusik gehalten hatte, handelte es sich bei der Flasche um einen Blaufränkisch Szapary von Uwe Schiefer, Südburgenland. Der würzige, selbstbewusste Szapary verkörperte die Geister, die wir riefen. Die Küche der «Blauen Gans» lieferte dazu etwas durchaus Extravagantes, nämlich Flanksteak. Bei diesem Stück, das sich eher selten im Umlauf befindet, handelt es sich um einen Teil des Bauchlappens vom Rindvieh. Dieser Lappen ist flach, saftig und jetzt nicht so ansehnlich wie ein gut zugeputztes Filet oder Tomahawk-Steak. Dafür entfaltet er seinen formidablen Eigengeschmack sehr unkapriziös und unmittelbar – Manfred Höllerschmid, Metzgermeister aus dem Kamptal, wird an dieser Stelle bestimmt schmunzeln. Er war es, der mich mit den Freuden des Flanksteaks vertraut gemacht hatte, eine Freude, die mit allerlei Zubereitungsarten zwischen gut geheiztem Ofen und offenem Feuer gründlich ausprobiert wurde. Und ja, das Flanksteak und ich sind seither enge Freunde.

Ich begrüßte die Lieferung des Fleisches also mit dem zustimmenden Kopfnicken des Eingeweihten, um auch in der «Blauen Gans» ein bisschen Kennerschaft zu signalisieren. Niemand sah mich. Ich nahm einen großen Bissen vom Fleisch, das sehr saftig war, und patzte gleich einmal ein schönes Muster auf mein weißes Hemd.

«Du hast dich angepatzt», bemerkte Andreas Schett augenblicklich.

Ich verbrachte den Rest des Abends mit einer Serviette im Kragen, die nach kurzer Zeit so aussah wie ein Schüttbild von Hermann Nitsch – aber sie vermittelte wenigstens den Eindruck, ich hätte die Wahl, wie ich aussehen will. Und weil es im Grunde ja um den Geist ging, der aus der Flasche drängt, folgten der ersten Flasche Szapary noch ein paar weitere, was kein Kunststück war: Denn nach und nach wuchsen uns ein paar leidenschaftliche Player des Salzburger Geistes- und Thekenlebens zu, das, wie wir wissen, zu gewissen Tageszeiten ein- und dasselbe ist.

Als es im Gewölbe der «Blauen Gans» Mitternacht schlug, hatten wir bereits ein zweites Mal an diesem Abend die Musikfrage erörtert. Andreas Schett, der umtriebige Chef von Franui, selbst Trompeter und musikmäßig an allen stilistischen Verkantungen und Verschnitten höchst interessiert, nahm einen langen Anlauf, um vom klassischen Divertimento, der Tafelmusik für die herrschenden Stände des Barock, zum pulsierenden Rhythmus der aktuellen Barmusik zu gelangen, deren wesentlichste Funktion darin besteht, Unterhaltungen zu behindern und den Konsum von Getränken als Ersatzhandlung zu befördern.

Wir fanden es zum Beispiel gut, dass wir im Lokal nur uns selbst hörten.

unsauber und ekelerregend sind» – ein Befund, den kein Schweinezüchter teilen würde, der seine Tiere frei im Wald laufen lässt, wo sie am liebsten Wurzeln, Nüsse und Getreide fressen. Auch der Befund, dass «das Maul eines Schweins (...) so schmutzig [ist] wie der Kot selbst» verkennt die Tatsache, dass zahlreiche Tiere und nicht nur Schweine ihren eigenen oder den Kot anderer Lebewesen fressen, dafür aber nicht als «unrein» gebrandmarkt werden.

Die im 19. Jahrhundert gewonnene Erkenntnis, dass durch schlecht gekochtes Schweinefleisch Trichinose auf den Menschen übertragen werden kann, musste nachträglich als Rationalisierung dieser Unreinheit herhalten, als Motiv, das den Verzicht auf Schweinefleisch plötzlich vernünftig scheinen ließ – und das göttliche Verbot als fürsorglich. Wenn das so wäre, müsste sich der Herr allerdings die Frage gefallen lassen, warum er seinen Anhängern nicht beibringt, Schweinefleisch so zu garen, dass keine Erreger mehr übertragen werden können. Man fragt ja nur.

Der Anthropologe Marvin Harris macht in seinem Buch Wohlgeschmack und Widerwillen. Die Rätsel der Nahrungstabus (KLETT-COTTA TB) auf erstaunliche,

Die (Un)Heiligkeit des Schweins

Zeit für den Osterschinken. Die Metzger mit dem besten Gespür für Pökelsalz und kaltes Räuchern haben Konjunktur, und neben dem alljährlichen Rekordverbrauch von harten Eiern und LINDT-Osterhasen feiern manche von uns, das Fett des Schinkens noch im Mundwinkel, die Auferstehung des Herren. Das ist der Augenblick, in dem sich andere von uns voller

Ekel abwenden und zutiefst froh darüber sind, dass ihr Herr ihnen verboten hat, Schweinefleisch zu essen.

Die einschlägigen Verbote stammen sowohl aus dem Alten Testament als auch aus dem Koran. «Von diesem Fleisch sollt ihr nicht essen noch ihr Aas anrühren; denn sie sind euch unrein», steht in 3. Mose 11,8. Während im Alten Testament darüber hinaus jede Menge anderer, einander zum Teil widersprechender Fleischverbote zu finden sind (Stichwort: Wiederkäuer und/oder Tiere mit gespaltenen Klauen, jede Menge Seevögel und Adler), beschränkt sich der Koran überraschend eindeutig und dezidiert auf das Verbot des Schweins: «Verboten hat Er euch nur Fleisch von verendeten Tieren, Blut, Schweinefleisch und Fleisch, worüber ein anderes Wesen als Gott angerufen worden ist.» [Koran 2,173]

Das Motiv des Unreinen wird seither von Juden und Muslimen in seltener Eintracht als Distinktionsmittel verwendet, gleichzeitig aber immer wieder neu ausgelegt und mit Bedeutung gefüttert. Rabbi Moses Maimonides, im 12. Jahrhundert Hofarzt des muslimischen Sultans Saladin in Ägypten, gab als erstes Erklärungsmuster vor, dass «die Lebensgewohnheiten und die Nahrung des Tieres höchst durchaus weltliche Zusammenhänge aufmerksam, die erklären, warum das Schwein von großen Konfessionen als «abscheulich» empfunden wird, während andere Weltreligionen damit nicht das geringste Problem haben. Er analysiert das religiöse Tabu im Zusammenhang geografischer und landwirtschaftlicher Besonderheiten der jeweiligen Lebensräume: «Der Islam hat», so Harris, «(...) bis zum heutigen Tag eine geografische Schranke, die zusammenfällt mit den ökologischen Übergangszonen zwischen bewaldeten Regionen, die für die Schweinehaltung gut geeignet sind, und Gegenden, wo zu viel Sonne und trockene Hitze die Schweinehaltung zu einem riskanten und aufwendigen Unternehmen machen.»

Die Schlussfolgerung ist interessant und folgt der marxistischen Hierarchisierung von Fressen und Moral. «Priester, Mönche und Heilige», sagt Harris, «weigern sich oft zum Zeichen ihrer Frömmigkeit statt aus Gründen praktischer Notwendigkeit, köstliche und nahrhafte Speisen anzurühren. Aber die Religion, deren Esstabus dem normalen Menschen eine gute Ernährung erschweren und die dennoch floriert, muss man mir erst noch zeigen.»

Wie gesagt: Zeit für den Osterschinken.

Also konnten wir irgendwann dann doch über den Rausch reden, ohne den, wie der Ostbahn-Kurti einmal richtig bemerkt hat, die Zeit nach Mitternacht nicht doppelt so schnell verginge wie zum Beispiel ein werktätiger Vormittag.

Weil, es hatte uns alle an diesem Tisch eine große Euphorie erfasst. Wäre ein Philosoph in der Runde gewesen, hätte er jetzt affirmativ Epikur zitiert.

Schade nur, dass die Schriftstellerin Amélie Nothomb nicht mit uns am Tisch saß. Sie hätte vielleicht ihr neues Buch *Die Kunst, Champagner zu trinken* unter dem Tisch hervorgezogen und mit erhobener Stimme die Einleitung vorgelesen, die in Sachen Rausch und Unterlage ein paar grundlegende Neuigkeiten zu bieten hat.

Amélie war leider verhindert.

Ein Glück, dass ich ihr Buch dabeihatte.

Selten hat man mir so aufmerksam zugehört, als ich rezitierte:

«Einen Rausch sollte man nicht improvisieren. Sich zu betrinken ist eine Kunst, die Talent und Sorgfalt erfordert. Die Sache dem Zufall zu überlassen führt zu nichts. Dass das erste Besäufnis oft so wunderbar ist, liegt am vielberufenen Anfängerglück – das sich per definitionem nie wiederholt.

Jahrelang habe ich getrunken wie alle anderen auch, mehr oder weniger harte Sachen, was halt der Abend so hergab, stets in der Hoffnung auf einen Schwips, der das Leben erträglicher machte. Das Einzige, was ich davon hatte, war ein Kater. Dennoch hegte ich schon immer die Vermutung, dass dabei etwas Besseres herauskommen könnte.

Nichts macht mich trauriger als Menschen, die vor der Verkostung eines großen Weins ‹einen Happen essen› wollen: Das ist eine Beleidigung des Essens und noch viel mehr des Getränks. ‹Sonst steigt er einem ja gleich zu Kopf›, faseln sie und machen es damit nur noch schlimmer. Dann sollten sie besser auch keine schöne Frau mehr ansehen, weil sie ihnen den Kopf verdrehen könnte.

Beim Trinken den Rausch vermeiden zu wollen ist ebenso kläglich, wie sich beim Hören sakraler Musik gegen das Gefühl des Erhabenen zu sperren.»

Damit waren wir unglaublich elegant zum ursprünglichen Thema zurückgekehrt. Wir nahmen noch einen Szapary zur Brust und sangen unter dem sachkundigen Dirigat von Andreas Schett die *Bachmotette* BMV 227, «Jesu, meine Freude» – und wir sträubten uns ebenso wenig gegen das durchaus erhabene Gefühl der Erhabenheit wie gegen das rauschhafte Gefühl des zweifellos mit uns im Raum anwesenden Rausches.

Interessant, dass sich die Pforte der Erkenntnis so gern mitten in der Nacht öffnet. Als ich später mit Andreas Schett draußen in der Getreidegasse stand und in den spätösterlichen Himmel blickte, sagte er: «Es braucht eigentlich gar nicht viel, dass es so schön ist.»

Aber ein bisschen was braucht es eben schon.

Nun sitzt in Salzburg die Einsicht tief, dass jeder Tisch eine Bühne sein kann, sofern man ihn nur als solche benutzt. In der Formulierung des Dichters Hugo von Hofmannsthal hieß es ja auch schon, man wolle «uralt Lebendiges aufs Neue lebendig machen; es heißt: an uralter sinnfällig auserlesener Stätte aufs Neue tun, was dort allezeit getan wurde». Hofmannsthal schrieb das 1921 in seinem *Mission Statement* für «Festspiele in Salzburg». Nur engstirnige Elitisten würden das schöne Ansinnen aufs Theater begrenzen wollen.

In der Salzburger Altstadt rief man also schon vor Jahren eine Art Gastlichkeitsfestival ins Leben, das im Wesentlichen dieser Maxime folgen sollte: zusammenkommen, essen, trinken, reden – und zusehen, was daraus wird. Das Festival bekam den beziehungsreichen Namen «Eat & Meet» (auch wenn die Reihenfolge, streng genommen, andersherum natürlicher wäre. Aber Rhythmus bleibt Rhythmus, und die Semantik hat schon mancher Titellogik einen Strich durch die Rechnung gemacht). Im Rahmen von «Eat & Meet» passierten ziemlich großartige Sachen in Salzburg, kluge, spektakuläre, anspruchsvolle, wilde, sinnstiftende Sachen. Dann starb, plötzlich und unerwartet, Gerhard Eder, der Kurator der Reihe. Die Lücke, die er hinterließ, ist groß. Im Hintergrund mussten viele Fäden gezogen werden, und einer dieser Fäden holte mich nach Salzburg.

Weil, was sagst du zu einer Anfrage, die sinngemäß lautet: Möchtest du interessante Leute an ausgesuchte Orte einladen, um mit ihnen in Gesellschaft gute Gespräche zu führen?

Sicher sagst du: Sicher.

So lernte ich die Nächte in Salzburg besser kennen, und manchmal auch die Vormittage.

Was die Vormittage betrifft: Da brachte mich vor allem der Schweizer Kochbuchautor und Foodblogger Claudio del Principe auf Touren. Am Vorabend waren wir noch mit interessanten Verortungen der italienischen Küche beschäftigt gewesen. Claudio, in Basel domiziliert, hatte in Anlehnung an den Röstigraben der Schweizer – jene Grenze zwischen Deutsch- und Westschweizern, wo sich nicht nur die Sprache, sondern auch die kulinarischen Kulturen abrupt ändern – über den italienischen Knoblauch-Zwiebel-Graben gesprochen und die Butter-Olivenöl-Grenze, was sehr aufschlussreich war (und in Claudio del Principes Büchern jederzeit nachzulesen ist). Dann hatten wir ein bisschen Wein getrunken und, was bekanntlich ein verbreiteter Anfängerfehler ist, uns in der Euphorie der fortgeschrittenen Stunde fürs Frühstück verabredet. Ich war nämlich der Meinung, dass Claudio, seinerseits zum allerersten Mal in Salzburg, unbedingt die Kuchenträgerinnen des «Café Tomaselli» sehen müsse, wie sie mit weißer Schürze und einem Tablett voller süßer Köstlichkeiten durchs Traditionscafé am Alten Markt schweben.

Jetzt hatte mir Claudio ein Geheimnis verschwiegen. Er hatte nämlich strikte Anweisungen seiner Herausgeberin nach Salzburg mitgebracht. Die Herausgeberin heißt Katharina Seiser, produziert überaus fleißig und kompetent Kochbücher und zeichnet unter anderem für die vegetarische Länderreihe bei Brandstätter verantwortlich. Außerdem stammt sie aus Salzburg, kennt die Stadt, ihre Spelunken und Konditoreien auswendig und hatte Claudio aufgetragen, eine Reihe von Adressen aufzusuchen – an erster Stelle die Konditorei «Ratzka» an der Imbergstraße, wo es, so die herausgeberische Gebrauchsanweisung, cremige Konditorwaren zu probieren gelte.

Als Claudio zur verabredeten Zeit, nämlich viel zu früh am Morgen, im «Tomaselli» auftauchte, hatte er schon eine Reise durch die halbe Stadt hinter sich und ich meine, dass ich in seinen Augen den samtigen Glanz von gerade verzehrten Schlagobersgerichten gesehen habe. Auf FACEBOOK postete er später eine Aufnahme eines der winzigen Tischchen bei «Ratzka», was nostalgiemäßig jedenfalls gut ankam: «Alleine schon dieses Gedicht einer Tischkomposition», kommentierte die Basler Künstlerin Linda Briem, «welches mit dem Sechzigerjahre-Häkeldeckchen, dem Siebzigerjahre-Zuckerstreuer zuwinkt und zusammen mit dem herzzerreißenden Topfpflänzchen in Wonne die Nostalgie umarmt, würde mich hypnotisch anziehen.»

So was passiert in Salzburg, wohlgemerkt, vor dem Frühstück.

Wir frühstückten dann im «Tomaselli», ich zum ersten, Claudio noch ein Mal. Dann fragte er mich, ob ich die «St. Peter-Bäckerei» kenne, und ich antwortete wahrheitsgemäß, Nein, kenne ich nicht.

Weil, sagte Claudio, er von dort ein Roggenbrot mitnehmen müsse.

«Anweisung der Herausgeberin?», fragte ich.

Claudio nickte.

Wir spazierten durch die Stadt, und wie jedesmal, wenn man jemanden an seiner Seite weiß, der die perfekte Harmonie des Salzburger Innenstadtensembles, die spektakulären Abbrüche des Mönchsbergs, die glänzenden Kuppeln des Doms und der Kollegienkirche, die bunten Häuserzeilen an der Salzach, die berückende Weite des Residenzplatzes und das alles überstrahlende Weiß der Festung noch nie gesehen hat, ist man ergriffen von dieser unwahrscheinlichen Massierung purer Schönheit.

«Was heißt eigentlich Provinzler?», fragte Claudio.

Wir gingen nämlich gerade am Stadtkino vorbei, wo ein Spruch des Schriftstellers Karl-Markus Gauß ans Schaufenster affichiert war: «Provinz ist dort, wo Provinzler Provinzler Provinzler schimpfen.»

«Weiß ich auch nicht», sagte ich. Am Vormittag in Salzburg, Sonne, milde Luft, die Farben des Südens auf den Hausfassaden, hat man ein gewisses Recht, unangenehmen Fragen auszuweichen.

Wir trafen also in bester Stimmung in der Stiftsbäckerei «St. Peter» ein, die nun wirklich, nun ja, keine großen Anstrengungen unternimmt, im Konzert zeitgemäßer Bäckereien mitzuspielen. Du überquerst den Kapitelplatz, marschierst aber nicht hinauf in Richtung Festungsbahn, sondern nimmst den Eingang, der zum berühmten Petersfriedhof führt, wo du freilich nicht ankommst: Denn vorher schon nimmt dich der köstliche Geruch nach frischen Brioches so in Anspruch, dass du ohne weitere Anweisungen deiner Nase folgst und ein paar Stufen in ein Jahrhunderte altes Gemäuer steigst, wo in einem großen Raum ein paar alte Backrequisiten wie in einem etwas vernachlässigten Museum herumliegen, während es nach links in eine echte Backstube geht, wo du genau zwei Produkte kaufen kannst: frische Brioche-Zöpfe und Roggenbrot.

Leider war das Roggenbrot aus.

Falls Nanni Moretti einen Mann sucht, in dessen Gesicht eruptive Enttäuschung angemessen Gestalt annimmt: Ich habe die Telefonnummer von Claudio del Principe, ich kann sie weitergeben.

«Was mach ich jetzt?», fragte er mich.

«Ganz einfach», antwortete ich. «Du bleibst noch einen Tag länger.»

«Wie bitte?», fragte er.

Ich schluckte den warmen Briocheknopf hinunter, den ich mir mit atavistischer Gier in den Mund gestopft hatte, und wiederholte meine Einladung mit nur mehr halb vollem Mund, sodass Claudio mich verstehen und begeistert ja sagen konnte.

Wir nahmen dann ein Mittagessen auf der schönsten Terrasse der Stadt, jener des «M32», des Museumsrestaurants auf dem Mönchsberg, ein, von wo die Aussicht so bizarr wunderbar ist, dass man besser keine bewusstseinsverändernden Substanzen zu sich nehmen sollte (mehr zu diesem Thema später). Abends machten wir uns ins Nonntal auf, wo einer der modernsten Köche der Stadt praktiziert. Gerade erst hat Martin Kilga das «Paradoxon» von seinem früheren Patron Stefan Brandtner übernommen und adaptiert dessen Wunderkammern nach seiner Façon.

Im Raum, wo die Kühlschränke stehen, holt man sich zum Beispiel selbst Bier und Wein, wenn man will. So entdeckte ich den Nosiola Fontanasanta von Elisabetta Foradori, einen Wein, der so ist wie ein kühler, frischer Nachmittag zur Kirschblütenzeit.

Das sollte die Inspiration für den heutigen Abend sein.

Bei Martin Kilga plauderten an diesem Abend Lotta und P-A Jörgensen vom FOOL MAGAZINE *eat & meet*-mäßig aus der Schule, volles Haus, und Martin beschickte das Publikum mit einem ziemlich abgefahrenen Menü.

Er pochierte Fischbällchen in rotem Curry und ergänzte sie um Melone, Süßkartoffeln, Mandeln, Dinkel und Pumpernickel. Er garte einen Saibling in der Folie mit schwarzem Knoblauch. Er servierte eine Kochbanane mit eingelegter Tamarillo, Brombeeren, Haselnuss und Kokosnuss-*Pandan*-Sauce. Das Herz und das Hirn vom Kalb kamen mit geräuchertem Paprika, Spitzkraut, Kapern und Sardellensauce, und weil das natürlich noch nicht genug war, gab es noch eine geschmorte Rinderrippe mit Räucheraal, Bärlauchsud, Spargel und jungen Erbsen. Martin Kilga zeigte, dass er in der eklektizistischen Schule von Roland Trettl im «Hangar-7» gut aufgepasst hat. Der Abend brachte einen Tsunami an Eindrücken, und die einzige Konstante war der Wein von Elisabetta Foradori.

Nein, auch das Staunen von Claudio del Principe blieb auf ziemlich gleichbleibendem Niveau. Er konnte es nicht fassen, dass man im «Paradoxon» einfach zum Kühlschrank gehen darf, um sich dort persönlich die nächste Flasche Wein auszusuchen – «in der Schweiz wäre spätestens bei der zweiten Umdrehung des Korkens die Polizei da!» – und zuckte jeweils zusammen, wenn er einen Blick auf die Speisekarte warf – nicht etwa, weil ihm nicht gefiel, was er da sah, sondern weil er angesichts der aufgerufenen Preise zum Vergleich mit der schweizerischen Gastronomie tendierte und jedesmal von Neuem anmerkte, dass man «für diesen Preis bei uns in der Schweiz nicht mal was aus dem Kaugummiautomaten bekommt».

Am nächsten Morgen – es ging uns gut, der Wein hatte auf einfühlsame Weise seine Wirkung getan – standen wir wieder in der Stiftsbäckerei. Diesmal gab es Roggenbrot, in schönen, kompakten Zwei-kilo-Laiben. Jeder von uns nahm einen ganzen, klar. Wir bekamen ein anerkennendes Lächeln und einen Plastiksack mit Ausstanzungen mit auf den Weg, in dem sich das Brot, so das Versprechen, halten werde, bis es aufgegessen sei.

Mit diesem Gepäck fanden wir uns zur Führung über den Grünmarkt ein, die Andreas Gfrerer, Hausherr in der «Blauen Gans», von Zeit zu Zeit veranstaltet. Selbst schuld, wer nicht daran teilnimmt. Gfrerer, dessen Sinn für interessante, zeitgenössische Kunst man auf den Gängen der «Blauen Gans» jederzeit besichtigen kann, verfügt auch über eine erstaunliche Expertise in Sachen Lebensmittel. Er ließ uns vom Metzger ein paar interessante Schnitte vom Rind vorführen. Er machte mit ein paar Handbewegungen vor, wie man junge Artischocken richtig schält (Claudios Gesicht, in dem Gfrerer unmittelbar Zustimmung suchte, spiegelte unmittelbar Zustimmung). Er führte die ständig tratschende und immer noch mehr wissen wollende Gruppe zu einem Italosalzburger, der eine köstliche *Passata* von Datteltomaten im Sortiment hat, und hielt sich, bevor er am Fischstand eine abschließende Runde Prosecco spendierte, nur kurz im Anselm-Kiefer-Pavillon zwischen der Kollegienkirche und dem Festspielhaus auf, um ein paar interessante Interpretationsmöglichkeiten zu den beiden dort beherbergten Kunstwerken des großen, deutschen Malers anzubieten.

Ein paar Tage später erreichte mich ein Mail von Claudio. Betreff: «Roggenbrot». Claudio wollte wissen, was für einen Stein wir da nach Hause geschleppt hatten: «Alter Schwede! Ich hab [das Brot] gestern gebuttert, gesalzen und ordentlich Markbein aus der Rindssuppe darübergestrichen – und ich bin noch immer nicht fertig mit Verdauen...»

Die Lösung dieser Frage wird Gegenstand einer *Fact Finding Mission* in die Stiftsbäckerei «St. Peter» sein, bald, vielleicht.

An einem anderen Abend diskutierte ich mit Gfrerer über Ironie. Das war gar nicht so einfach, wie es klingt, denn ich hatte mir als Diskussionsposition eingebildet, gegen die Allgegenwart der ironischen

Abschweifung argumentieren zu wollen, die mir in vielen Lebenslagen nämlich ziemlich auf den Wecker geht, weil sie dazu führt, dass nichts und niemand ernst genommen wird.

Gfrerer tat nun etwas Diabolisches: Er nahm mein Statement nicht ernst. Er hielt es für ironisch. Das heißt, ich weiß gar nicht, ob er das tat, vielleicht brachte er auch nur seinerseits eine ironische Finte an, aber irgendwie drang ich mit meinem Anliegen nicht durch.

Es war wieder so eine Potenzialnacht. Wir saßen auf der Terrasse des «M32», wo am früheren Abend, unter einer eindrucksvollen, aus 390 Hirschgeweihen gefertigten Skulptur eine riesige Tafel gestanden war, an der links Frauen und rechts Männer saßen. Ja, wie in der Kirche. Das Thema des Abends hatten die Sterneköchin Tanja Grandits und der Ex-Ikarus-Chef Roland Trettl miteinander ausdiskutiert, nämlich ob es eine männliche und eine weibliche Küche gibt und wenn ja, wie sie aussieht (und wie sie aussehen könnte). Es war eine angeregte Diskussion, die vom Hausherren Sepp Schellhorn befeuert wurde, indem er den Damen ein anderes Menü servieren ließ als den Herren, also seine eigenen Vorstellungen von geschlechterspezifischer Küche nonverbal, nämlich stofflich, in die Diskussion einfließen ließ.

Menü Damen:
Leicht gebeizte Sardinen mit Himbeere und wilder Bachkresse
Ochsenherztomate gefüllt mit Limetten, gebratenem Pulpo und Minze
Bio-Alpenlachs mit gehobeltem Karfiol und Mini-Mangold
in leichter Currycreme
Leicht gegartes Kalbsfilet mit gebackenem Kalbsschlepp in Sherrysauce
Rhabarbercreme in Schokolade

Menü Herren:
Terrine von der Rocket-Rübe und Tataki vom Hirsch
Cremige Polenta mit Ragout vom gebratenen Kalbsbries
Consommé mit dem Schlepp vom Ochsen
«Pig's snout» (Schweinerüssel), Kren und Wurzeln aus dem Balsamico-Sud
Marillenpalatschinken

Fand ich ein gutes Statement von Schellhorn, der ja zu Recht für seine Innereienküche berühmt ist. Der Rüsssel – weil ihr fragt – war übrigens sehr fein, ungefähr so wie ein etwas fetteres Beinfleisch, zart in der Konsistenz, reich an Geschmack. Und ja, er war als er selbst zu erkennen. Und Nein, niemand brach kreischend zusammen – es gab sogar Damen, die unbedingt kosten wollten (was das vorgefertigte Fundament der Diskussion ein bisschen durcheinanderbrachte, aber nicht sehr).

Aus dem Inneren des Restaurants blickten wir hinaus auf ein Weltpanorama. Kann schon sein, dass es auch Postkarten gibt, auf denen man Festung und Kapuzinerberg und Salzach und die Kuppeln des Doms und der Kollegienkirche und den Turm der Franziskanerkirche und – was weiß denn ich noch alles – auch sieht.

Aber wenn man satt vom Essen ist, aber der Durst ist noch nicht aufgebraucht, weil es noch genug vom köstlichen Sauvignon vom Opok gibt, den Ewald Tscheppe alias Werlitsch geliefert hat, und die Gespräche werden auch nicht so schnell verstummen, weil, je mehr man heute schon geredet hat, desto mehr ist heute noch immer nicht besprochen, und wenn draußen die Dämmerung einfällt und die Nacht da ist und der Mond aufgeht, und dann sind nur noch ein paar Menschen mit Gesprächsbedarf da und reden und reden – und plötzlich fragt mich der Herr Gfrerer, ob ich das ernst meine mit der Ironie.

Doch – jetzt und aus der Distanz gesprochen –, ich meine es ernst. Ernsternsternst. Sehr ernst.

Wir werden die Diskussion bei Gelegenheit fortsetzen.

Irgendwer sagte mir: Das schaffst du nie.
Ich aber antwortete: Warum soll ich
nicht zwei Dreisterner an einem Tag erledigen?
Nur kurz: Ich schaffte es.
Aber es blieben Folgen zurück.

San Sebastián

Am schönsten war es nach dem zweiten von etwa tausend Bissen, einer von ihrer Schale befreiten, in ein dunkles Pulver gehüllten Miesmuschel, deren urtümlicher Geschmack von zupackender, schwindelerregender Tiefe war: Meer, Gischt, Frische, Leben.

Ich lehnte mich zurück in meinen Stuhl und blickte aus dem Panoramafenster des hoch über den Klippen gelegenen Speisesaals. Der Golf von Biskaya strahlte in kühlem, einladendem Blau. Die grün bewachsene Küste hob sich scharf vom Wasser ab. Dort drüben, hatte mir der Sommelier gesagt, ist der Txakoli gewachsen, den Sie im Glas haben. Ich nahm einen Schluck. Der eiskalte Wein spülte eine neue Welle von Zufriedenheit in den Nachklang der Muschel. Ich saß, schmeckte, spürte eine Vorahnung der euphorisierenden Wirkung des Alkohols. Meine Rezeptoren wandelten das Licht der Herbstsonne, die maritime Helligkeit, in ein abruptes Glücksgefühl um. Hier und jetzt: Das war mein Platz. Das war meine Stunde.

Das Mittagessen im «Akelaŕe», dessen «r» man wie zwei ausspricht, dauerte dann bis halb sechs. Ich aß ziemlich viele Speisen. Der Teller mit verschiedenen *Mollusken,* ausgelösten Muscheln aller Art, die unter einem Reisnetz wie der symbolische Fang eines Fischers präsentiert wurden, war fantastisch, und die Freude an der Taube mit Kakao, einem sogenannten *signature dish* von Pedro Subijana, wurde nur von der Tatsache beeinträchtigt, dass sie als achter von zehn Gängen aufgetragen wurde, zu einem Zeitpunkt also, wo der gesunde Instinkt dir längst rät, dich beim Tischpersonal zu entschuldigen und eine Runde spazieren zu gehen.

Aber Spitzengastronomie ist nichts für den gesunden Instinkt, und ich war nicht ins Baskenland gereist, um spazieren zu gehen. Ich war gekommen, um zu essen: so gut zu essen wie kaum sonst irgendwo auf der Welt. Nicht weniger als drei Restaurants in und um Donostia-San Sebastián – «Akelaŕe», «Martín Berasategui» und «Arzak» – werden vom *Guide Michelin* mit drei Sternen bewertet, und über ein viertes, das «Mugaritz» (zwei Sterne) kursieren Gerüchte, es sei deutlich moderner und noch einen Tick besser als die drei Dreisterner.

Also aß ich auch die Taube, die, mexikanisch inspiriert, mit Kakao und Chili gewürzt war, und hörte mich seufzen. Ich seufzte: Scharf. Ich seufzte: Klasse. Ich seufzte: Satt. Aber natürlich aß ich auch das winzige, runde *Xaxu*-Küchelchen mit Kokosnusseis und anschließend den «etwas anderen» Apfelkuchen, den ich an anderen Orten bestimmt nicht angerührt hätte: Sein Inhalt war in ein mit dem Logo des Restaurants bedrucktes Stück Glanzpapier eingeschlagen, und die lächelnde Kellnerin beugte sich zu mir und flüsterte: «Das Papier können Sie essen.»

Also aß ich das Papier. Ich war auch nach San Sebastián gekommen, um Papier zu essen.

Im «Mugaritz», am Abend davor, war das Papier in einem Kuvert gekommen, das mit Siegellack verschlossen war. Als ich das Siegel aufgekriegt hatte, zog ich ein Kärtchen heraus, auf dem eine verwirrende Botschaft stand: *«Satiation eludes. Bread and Olives»,* eine

kann dem Rausch durchaus etwas abgewinnen. Wenn er die Schwellen zur Euphorie tiefer legt. Hemmungen wegbügelt. Die kühle, professionelle Beherrschtheit, eines der Grundübel unserer selbstbewussten Leistungsgesellschaft, im richtigen Moment etwas abschmelzen lässt.

Manchmal. Hie und da. Von mir aus sagen wir halt ausnahmsweise.

Eine aktuelle Studie der Weltgesundheitsorganisation WHO listet die Menge an reinem Alkohol, die jede Schweizerin, jeder Schweizer pro Jahr konsumiert, mit etwas über zehn Litern auf. Damit liegt die Schweiz im sicheren Mittelfeld. In nahezu allen Nachbarländern wird zum Teil signifikant mehr getrunken (außer interessanterweise in Italien).

Betrachtet man diese Daten isoliert, ist alles klar: Alkohol richtet jede Menge Schaden an, zerstört Karrieren, Familien, Beziehungen, strapaziert das Gesundheitswesen und die Volkswirtschaft.

Aber welche Romane, Gedichte und Songs würden uns fehlen, welche Werbekampagnen, wie viele Kinder wären nicht auf der Welt, wenn nicht das eine oder andere Glas Wein den nötigen Schwung besorgt hätte? Als mir der Schriftsteller Julian Barnes einmal

Die Freuden der halben Flasche

In Doris Knechts Roman *Alles über Beziehungen* stieß ich auf eine Stelle, über die ich herzlich lachen musste. Die Hauptfigur des Buches, ein Kulturmanager namens Viktor, muss beim Arzt einen Fragebogen ausfüllen, in dem es um seine Trinkgewohnheiten geht.

«Viktor las gar nicht erst, worum es ging, sondern setzte sofort den Stift an. Erste Frage: Wie oft trinken Sie Alkohol? Viktor kreuzte bei ‹zwei- bis viermal in der Woche› an, obwohl siebenmal in der Woche vermutlich zutreffender gewesen wäre. (...) Hier sollten wohl Alkoholiker überführt werden, aha. Vielleicht sollte er doch ein bisschen besser aufpassen beim Beantworten, das ging vermutlich direkt an seine Versicherung. Da saß vielleicht irgendein trauriger grauer Spießer an einem traurigen Laminatschreibtisch und legte Viktor in die Alkoholikerschublade, weil sein eigenes Spießerleben so freudlos war und er anderen auch keinen Spaß gönnen wollte. Aufpassen, Viktor, dachte Viktor, aufpassen.»

Nun trinkt Viktor im Knecht-Roman wirklich viel, sehr viel sogar. Aber die Frage, wie viel viel ist und wie viel gerade noch vernünftig und wie viel ohne jeden Zweifel erlaubt, ist seit jeher ungeklärt.

Es gibt Definitionen für, sprechen wir das Wort ruhig aus, Alkoholismus, die so eng gefasst sind – regelmäßig zweimal pro Woche mindestens ein Glas Wein –, dass ich mit Ausnahme des trockengelegten Sommeliers eines Traditionslokals, der seit Jahrzehnten gar nichts mehr trinkt, paradoxerweise aber seinen Job behalten hat – überhaupt niemanden kenne, der kein Alkoholiker wäre.

Umgekehrt kenne ich eine ganze Menge Menschen, bei denen ich mir mindestens einmal gedacht habe, sie sollten sich beim Einschenken ein bisschen zusammenreißen, weil sie im Zustand der Intoxikation Eigenschaften hervorkehren, die erstens nicht ihrem nüchternen Wesen entsprechen und zweitens bei den Betroffenen selbst höchstes Bedauern über die eigenen Abgründe auslösen.

Das soll jetzt nicht nach Knechts kleinem, grauen Spießer am Laminatschreibtisch klingen. Denn ich

seinen Weinkeller zeigte, pochte er darauf, dass ein Tag, an dem er nicht mindestens eine Flasche Wein trinke, ein verlorener Tag sei. Und Ian McEwan lässt in seinem Roman *Kindeswohl* schon ein ungeborenes Kind klagen, dass seine Mutter zwar zwei, aber nie drei Gläser Wein trinke, «allein beim zweiten Glas wuchern die Spekulationen mit der wilden Kraft der Poesie».

Nur der Regisseur Ridley Scott pocht auf die Segnungen der Mäßigung: «Ich liebe Wein. Aber, und das ist wichtig: Ich mache eine Flasche auf, ich fülle die Hälfte in den Dekanter, und dann kommt der Korken wieder in die Flasche, Vakuumverschluss drüber, fertig. Das ist der Trick. Nie die ganze Flasche trinken.»

Warum eigentlich nicht?

«Wenn Sie die ganze Flasche trinken, dann gewöhnen Sie sich blitzschnell daran und sind bald bei anderthalb Flaschen, da muss man lernen, sich zusammenzureißen. Disziplin ist eine gute Sache, privat wie beruflich. Deshalb, glauben Sie mir: Trinken Sie Ihre Weinflaschen immer nur halb aus!»

Ich denke darüber nach. Morgen denke ich darüber nach.

Aufforderung, zu großer Sättigung auszuweichen. Dann beugte sich aber auch schon der lächelnde Kellner zu mir und flüsterte: «... können Sie essen.» Kapiert. Ein Stück Karton statt Brot und Oliven.

Als Papierexperte kann ich nun sagen: bei «Akelaŕe» schmeckt das Papier weniger nach Papier als bei «Mugaritz» – aber das ist natürlich nur eine billige Pointe auf Kosten von zwei kulinarischen Instituten, die uns mit voller Kraft unterhalten.

Essen allein genügt in der Spitzengastronomie längst nicht mehr, und das Baskenland hat seine Position als heißester Spot der kulinarischen Welt schon lange eingebüßt – zwangsläufig eingebüßt, weil die Moden des Essens und Trinkens genauso schnell wechseln wie die Werbeträger von H&M. Die elegante und deftige, humorvolle und sinnliche Wurst-und-Fisch-Küche des Baskenlands war gehypt worden, nachdem die französische *Nouvelle Cuisine* der 1970er-Jahre in der Provinz angekommen und bevor die Molekularküche an der Reihe gewesen war, die ihrerseits inzwischen (zum Glück) von der radikal-regionalen *Nordic Cuisine* abgelöst ist. Die sogenannten *Foodies* fahren zur Zeit nach Kopenhagen («Noma», «Geranium»), Stockholm («Frantzén») oder Åre («Fäviken»), und das Baskenland ist ein bisschen aus dem Fokus gerückt – außer im Baskenland natürlich.

Und bei mir. Schließlich wollte ich schon immer mal hierher. Jetzt bin ich da.

Als ich am selben Abend bei «Martín Berasategui» zum Abendessen aufkreuze, schätze ich mich glücklich, dass in Spanien so spät gegessen wird. Es ist gegen neun, schon mehr als drei Stunden nach dem Ende des Mittagessens. Der Chef – ein kleiner, kompakter Mann mit Hang zu heroischen Gesten – empfängt mich persönlich in der Küche. Ich habe das Gefühl, wie in einem Ballettstudio vor einer Spiegelwand zu stehen: Es kann doch nicht stimmen, dass hier so viele Köche arbeiteten.

Aber es ist keine optische Täuschung. In mehreren Kochparzellen arbeiten etwa 50 Menschen – für 30 Plätze im Restaurant, die das «Gastronomische Menü» bestellt haben.

«Nichts Großes», sagt Berasategui, «nur zehn Gänge.»

Natürlich bringe ich es nicht übers Herz, ihn um etwas kleinere, oder, schlimmer noch, um weniger Portionen zu bitten. Zuerst, weil ich ein höflicher Gast bin, dann, weil der geräucherte Aal mit Gänseleber, Frühlingszwiebeln und grünem Apfel einfach der Hammer ist und die unmittelbar darauf folgende Tintenfischsuppe mit einem schwarzen Raviolo mich mindestens so sehr begeistert wie der zweite Bissen von zu Mittag.

Beim dritten Gang, einer Auster mit Gurke, Kefir und Kokosnuss, spielt dann Ricardo eine unrühmliche Rolle. Der junge Mann aus Valencia hat mich bis hierher tapfer durch das gesamte Programm (inklusive zehn Gänge bei «Akelaŕe») begleitet, gibt aber nach der Auster schlagartig auf, packt seine Sachen zusammen und verschwindet. Er muss dafür durch eine Gasse besorgter Servicemitarbeiter, von denen sich jeder persönlich für den Missklang verantwortlich fühlt, sodass Ricardo ein ums andere mal erklärt, dass nicht dieses Essen im Speziellen an seiner Übelkeit schuld sei, sondern zu viel Essen im Allgemeinen.

«Zu viel Essen?», fragen die Kollegen verständnislos zurück. «Was ist zu viel Essen? War die Auster nicht gut?»

Ich esse alleine weiter. Die warmen Gemüseherzen mit Salat und winzigen Stücken vom *Pulpo* sind gran-di-os, ein Vexierspiel samtiger und bitterer Aromen. Das langsam im Olivenöl gesottene «Corrotxategi»-Ei mit Schwarte ein fulminantes Kinderessen. Der Nachtisch mit Schokolade, Spargel, Kürbis und bitterem Kaffeeeis, tja, ein ebenso fulminanter, zeitgemäßer Abschluss. Die zwölf (der Chef hatte gelogen!) Gänge sind in einem so hohen, souveränen Tempo serviert worden, dass ich gar keine Zeit gehabt habe, darüber nachzudenken, ob ich schon zu viel habe. Jetzt ist es vorbei. Schade eigentlich.

«Wohin ist Ihr Kollege verschwunden?», fragt beim Gehen mein Tischnachbar. «Er ging in die Küche und kam nicht mehr zurück. Muss ich mir Sorgen machen, dass der Chef einen Spezialfonds kocht?»

Sehr witzig. Niemand musste sich Sorgen machen. Wir sind in Sicherheit, alle.

San Sebastián ist überwältigend. Ein eleganter, langgezogener Stadtstrand für die Müßiggänger, ein zweiter, zum Meer geöffneter für die Surfer, dazwischen im Schatten der Festung die geometrisch angelegte Altstadt im *Belle-Epoque*-Stil, wo die Türen der Bars weit offen stehen und die Teller, auf denen die *Pinxtos,* die baskischen Tapas, angerichtet sind, unverschämt herausschreien: Friss mich.

Da ich nicht mein eigener Feind bin, widerstand ich. Ich probierte nur zwei, drei winzige Kroketten mit Stockfischfüllung und ein Gläschen *Cava,* bevor ich mein erstes Abendessen im «Mugaritz» einnahm. So wird das hier nämlich gemacht: von sechs bis neun herumstehen und essen. Dann essen gehen.

Im «Mugaritz» gab es Handtücher in Pillenform, die Gestalt annehmen, sobald man sie mit Flüssigkeit übergießt. Aber es gab auch *Macarons* aus Blut und Käse, Knochenmark auf Toast, gebackenes Kalbsbries und diese wunderbaren, scharlachroten Krebse, die mit durchsichtigen Nudeln und einer so anbetungswürdigen Sauce aus Paprika und Tomaten serviert wurden, dass ich mir Nachschlag bestellte. Insgesamt servierte das «Mugaritz» zwanzig Gänge (mir: 21), permanent oszillierend auf der Skala zwischen grandios und absurd. Es war großes Kino, Autorenfilm mit Actionszenen und gar nicht zu wenig Klamauk.

An den Tagen darauf trank ich außerhalb der Mahlzeiten nur winzige Tässchen mit bitterem, schwarzem Kaffee.

Das letzte Essen hatte ich bei Juan Mari Arzak. Arzak und Pedro Subijana waren, als die «kulinarische Revolution» durchs Baskenland fegte, die jungen Wilden in der ersten Reihe. Sie verbündeten sich mit Bocuse in Lyon und trugen eine neue Auffassung von Essen zurück in den Norden Spaniens. Arzak bekam als Erster die drei Sterne, Pedro Subijana ein paar Jahre später. Martín Berasategui, der Dritte im Bunde, schickte Pedro bei Bekanntwerden der Nachricht sofort eine Flasche Dom Perignon ins Lokal – mit dem Taxi, über die Hügel.

Aber es blieb Arzak vorbehalten, zu einer Art Lokalheiligem zu werden. Das Mittagsmenü kostet bei «Arzak» 215 Euro, ohne Getränke. Das ist für die Region astronomisch teuer.

«Ja», bestätigte Arzak zufrieden, «aber die Einheimischen kommen trotzdem. Die, die Geld haben, kommen jeden Monat. Die anderen sparen eben und kommen nur einmal pro Jahr.»

Gemeinsam mit seiner Tochter Elena, die bei den *World's Top 50 Restaurant-Awards* als beste Köchin ausgezeichnet worden ist, führte er mich durch das Haus. Labor, Versuchsküche, Versuchsköche, Vorbereitungsküche, Gaststube erster Stock, Gaststube Erdgeschoß, Rezeption, Kaffeeküche.

In der Küche wurde gerade das Personalessen gekocht, ein großer Topf mit Muscheln im Sud, es roch herrlich.

Ich durfte am Küchentisch sitzen, Arzak setzte sich rechts von mir an den Tisch, Elena links. Ich bekam die Snacks, unter anderem eine auf einer zerdrückten schweppes-Dose präsentierte Muschel mit Tonic, und während jetzt auch die Arzaks dem Personalessen zusprachen, wurde vor mir erstklassige Küche, aber auch eine neue Multimediawelt ausgebreitet: auf einer Art iPad, der die Wellen der Brandung zeigte und entsprechende Geräusche machte, kam, auf einer Glasplatte drapiert, der «Fisch des Tages». Schmeckte super, aber ich konnte mich wegen der tosenden Brandung nicht auf die Feinheiten konzentrieren. Das Dessert sah schließlich aus wie eine Kinderzeichnung, mit Marienkäfern in einem Blumengarten.

Arzak sah genau zu. Wenn ich mich anschickte, etwas übrigzulassen, zeigte er mit seiner Gabel auf den Rest und befahl: «Essen.»

Schon gut, ich aß. Die Arzaks nahmen mit sichtbarer Zufriedenheit zur Kenntnis, dass ich auch die silbernen Schrauben und Muttern aus der «Eisenhandlung Arzak» probierte, *Petits fours,* die mit Sesam gefärbt und in Plastikschablonen in Form gebracht worden waren. Niemand hat so viel Spaß an derart kindischen Witzen wie der große Arzak persönlich.

Ich hingegen war ein bisschen betrübt. Zu gerne hätte ich den Muschelreis probiert, von dem Juan Marí ganze zwei Teller verdrückt hatte.

Das nächste Mal. Dann klappere ich auch die Liste der besten *Pintxos*-Bars ab, die mir Elena zugesteckt hat. Wollte ich immer schon mal machen.

*Es war früh, ich hatte kein Frühstück gegessen
und Fergus Hendersons Kaffeemaschine
war kaputt. Die Lösung dieses Dilemmas?
Ein Dr. Henderson. Auf nüchternen Magen.*

Smithfield, London

Meine letzte Reise nach London hatte eine Vorgeschichte: eine Reise
nach London. Bei der Vorgeschichtenreise ging es darum, pünktlich morgens um zehn im «St. John»-Restaurant zu sein, um dort
gemeinsam mit dem Verleger dieses Buches den Chef und Gründer
des «St. John», Fergus Henderson, zu treffen. Der Verleger hatte sich
nämlich in den Kopf gesetzt, das Buch, das vielleicht noch um eine
Spur berühmter ist als Fergus persönlich, nämlich dessen Kochbuch
Nose to Tail Eating, auf Deutsch herauszubringen – ich möge, dekre-
tierte der Verleger, dabei die Herausgeberschaft übernehmen.

Die Vorgeschichte wiederum hatte eine Vorgeschichte. Ich war
nicht nur, wie auch der Verleger, der im Paläozoikum seiner Laufbahn
in Smithfield gewohnt hatte, frequenter Gast im «St. John» gewesen,
sondern hatte schon einmal ein paar extraterrestrische Tage mit
Fergus Henderson verbracht, nämlich als ich ihn zu einem Symposium in den Bregenzerwald eingeladen hatte.

Das war ein nachhaltiges Erlebnis gewesen. Fergus hatte eine beeindruckende Rede gehalten, und er hatte sich auf genauso beeindruckende Weise für die gelungene Rede belohnt – mit Getränken, deren Farbe, sagen wir, originell waren und deren Kraft betörend, und mit Extraportionen von der Kalbsniere, die der große Jörg Wörther auf dem Grill zubereitete. Fergus mag Niere. Er liebt «das Quietschen» beim Hineinbeißen, «den Geschmack und diese spezielle Textur». Es war nicht zu übersehen.

Damals hatte ich Fergus schon einmal zwischen zwei Drinks gefragt, warum sein Buch eigentlich noch nicht ins Deutsche übersetzt sei, und er hatte wahrheitsgemäß geantwortet, dass er für diese Frage nun ganz bestimmt der falsche Adressat sei. Wenn, dann solle ich ihn doch lieber fragen, ob er einen Port haben wolle – oder besser noch, zwei. Und ja: die Antwort sei ja.

Das Buch, zur Erinnerung, ist ein Klassiker der Gegenwart, ein «Kultmeisterwerk», wie es Anthony Bourdain im Vorwort zur Erstausgabe ganz richtig formuliert, ein «obskures Objekt der Begierde für Köche, Autoren, Kochbuchsammler und internationale *Foodies*».

Das Buch ist das Substrat der Küchenphilosophie von Fergus, dem gelernten Architekten und Gründer des «St. John», jener durch und durch rustikalen Philosophie, die darauf zielt, dass der Respekt vor einem Tier gebiete, es von Kopf bis Fuß, *from nose to tail,* zu verspeisen. Man lernt darin Grundgerichte der englischen Küche kennen, Rezepte, die auf den ersten Blick erstaunlich, ja befremdlich klingen, aber sich bei näherer Betrachtung als großartig herausstellen.

Es präsentiert einfachste Kunstgriffe genauso wie durchaus anspruchsvolle Rezepte. Zu den einfachen Tricks zählt etwa das wundervolle Rezept «Wie man Radieschen isst, wenn sie am besten sind». Dazu wird ein Bund Radieschen mit dem Grün gut gewaschen, abgetrocknet und mit einer Portion Butter, korsischem Meersalz und etwas Vinaigrette serviert: «Ein daumengroßes Stück Butter mit dem Messer auf das Radieschen streichen, salzen, dann essen. Das übrig gebliebene Grün in eine Schüssel geben und dieses, nachdem die Radieschen verzehrt sind, mit der Vinaigrette anmachen und als wunderbar pfeffrigen Salat verzehren.»

In den Fleischkapiteln erfährt man einiges über die richtige Zubereitung von Schweinskopf, von Kutteln, Zunge und Lammhirn, darunter so kostbare Rezepte wie jenes der getrockneten, gesalzenen Schweinsleber mit Radieschen und harten Eiern – keine schnelle Küche: die eingesalzene und gewürzte Leber muss zwei Wochen im Kühlschrank austrocknen. Ähnlich, nur ohne Leber, das «Selleriesalz mit harten Eiern», wobei das Gemüse und das Salz im Kühlschrank zwei Tage verbringen, um, wie Fergus Henderson sagt, «einander kennenzulernen». Dann würzen sie für Ewigkeiten harte Eier auf ganz spezielle Weise.

So ist mir dieses Kochbuch ans Herz gewachsen. Radieschen essen, Wachteln braten, Zunge mit grüner Sauce kochen, und immer wieder den trockenen, charmanten Humor von Fergus Henderson genießen, mit dem er sein heiliges Anliegen, eine Küche zu führen, die «höflich» zu den geschlachteten Tieren ist, indem sie kein Teil des jeweiligen Tiers für zu minder erachtet, um «etwas Köstliches» daraus zu kochen, zu einer Selbstverständlichkeit erklärt – wenn auch nicht gerade zu einer leichten Angelegenheit, weshalb er als Epilog des Buches einen, tja, Magenbitter empfiehlt. Dieser trägt den Namen «Dr. Henderson», und er wird in dieser Einleitung noch eine Rolle spielen.

Zurück zur Vorgeschichte. Der Verleger, auf dessen Genschleife sich eine Neigung zur Überpünktlichkeit befindet, saß schon mit Fergus am besten Tisch des «St. John», als ich knapp eine Viertelstunde zu spät in Smithfield eintraf. Eigentlich war bereits alles klar. Wir würden das Buch auf Deutsch herausbringen, und Fergus würde das gut finden, die beiden feierten das mit einem einvernehmlichen, freundschaftlichen Schweigen, in das ein einzelnes Wort besonders gut passte.

«Port?», fragte Fergus.

So begann ein legendärer Vormittag im «St. John», an dem wir von Port zu Weißwein, von Weißwein zu gebackenem Knochenmark mit Petersiliensalat, vom Knochenmark zu Oktopussalat und vom Oktopussalat zu Gesprächen über Architektur, kulinarische Moden und Kalbsbries wechselten.

Als das Mittagsgeschäft begann, hatten wir schon gegessen – Fergus liebt frühen Lunch – und machten unseren Tisch frei, wechselten in die Lounge – man darf sich diese nicht etwa besonders loungig vorstellen, sondern als nüchterne Reihe von Tischen und Frankfurter Stühlen. Dort setzten wir das Gespräch in bester Tristram-Shandy-Manier fort: Abschweifung folgt auf Abschweifung.

Irgendwann gesellte sich Trevor Gulliver zu uns, Fergus' Partner und Geschäftsfreund, mit dem gemeinsam er 1994 das «St. John» gegründet hatte. Trevor erwies sich als äußerst unterhaltsam und verlieh seiner Bewunderung für burgundische Weine dadurch Ausdruck, dass er von der Weinverkostung, die in der Bar stattfand und deren Teilnehmer gerade mit einem am Stück servierten Spanferkel dafür belohnt wurden, dass sie seit elf Uhr Wein tranken, Restflaschen abzweigte und an sich und uns verfütterte.

Trevor erzählte auch ein paar Schnurren aus den Anfangstagen des «St. John», als sich die öffentliche Meinung über das merkwürdige Restaurant, wo es Knochenmark, Hirn und Schweinsnieren gab, noch nicht konsolidiert hatte und der Genuss von Eichhörnchen- oder Krähenfleisch eher als Mutprobe denn als normales Abendessen bewertet wurde ...

«... was aus der Geschichte der britischen Küche jedoch nicht abzuleiten ist», warf Fergus mit erhobenem Zeigefinger ein.

Trevor ließ sich nicht ablenken. Er berichtete vergnügt von den organisierten Protesten, als einmal in den Radionachrichten kam, dass im «St. John» Eichhörnchen auf der Karte stehe, und Fergus beeilte sich darauf hinzuweisen, dass der Skandal genauso aus dem Nichts gekommen sei wie der erste MICHELIN-Stern: «Wir servierten bereits seit Jahren Eichhörnchen – sie schmecken wie Wildhasen, nur ein bisschen öliger –, und plötzlich kriegte ich Briefe, in denen ich so heftig bedroht wurde, dass ich lieber die Polizei verständigte.»

Jetzt schaltete sich der Verleger ein, den der exakte Zusammenhang zwischen dem Eichhörnchen und dem MICHELIN-Stern interessierte.

«Der Stern kam so spontan wie die Proteste», antwortete Fergus. «Eines Tages hatten wir ihn. Es war eine ziemliche Überraschung, weil wir alles andere als ein typisches Sternerestaurant sind. Wir hatten nichts an der Einrichtung oder dem Essen geändert, bevor wir den Stern kriegten, und nachher schon gar nicht.

Gleichwohl hielt es Fergus für notwendig, klarzustellen, was er an einem Restaurant wichtig und was er unwichtig findet. «Weingläser», sagte Fergus zum Beispiel dezidiert, «sollen zweckdienlich sein. Keinen langen Stiel, dickes Pressglas. Genau solche Gläser, wie sie die Weinkritiker hassen.»

Er warf einen flackernden Blick auf die Weinverkostung nebenan und fuhr fort.

«Teller sollen rund und weiß sein. Nicht zu groß. Quadratische und rechteckige Teller sollten grundsätzlich am Boden zerschlagen werden. Auf dem Tisch ist ein weißes Papiertischtuch etwas Schönes, unter dem ein weißes Leinentischtuch liegt.» Zur Bekräftigung berief sich Fergus auf Proust, dem es bekanntlich auch angenehm war, wenn über dem Kopfkissen ein Laken gespannt ist. Und weil er gerade bei lyrischen Analogien war, schloss Fergus die Augen und erzählte, welche Zubereitungsart für ein Eichhörnchen er «für poetisch» hält: Wenn man es mit getrockneten Steinpilzen oder anderen Pilzen schmort, «um damit den Waldboden zu symbolisieren», und mit etwas Wasserkresse, «die für die Baumkronen steht, aus denen das Tier gekommen ist.»

Er seufzte. Er hätte das jetzt gerne am Objekt selbst ausgeführt, aber Eichhörnchen war in der Küche gerade keines vorhanden. Wir bekamen also noch ein paar andere Imbisse, bevor Fergus verschwand, um sich ein bisschen auszuruhen, und als gegen 17 Uhr auch Trevor den Laden verließ, weil er noch irgendetwas zu tun hatte und darüber hinaus ernsthaft betrunken war, dachte sogar ich daran, dass es eine gute Idee sein könnte, jetzt vielleicht einmal um den Block zu gehen.

Aber der Verleger wies mich darauf hin, dass wir um 18.30 fürs Abendessen reserviert hätten, und er komme bekanntlich nicht gerne zu spät.

Also blieben wir. Gegen Mitternacht, nach vierzehnstündigem Aufenthalt, ging unser Arbeitsessen im «St. John» zu Ende, nicht ohne dass ich mit Fergus, der zwischendurch wieder aufgetaucht war, vereinbart hätte, beim nächsten London-Besuch vorbeizukommen und noch ein paar offene Fragen zu klären.

Ende der Vorgeschichte.

Nose to Tail Eating ist viel weniger ein Stück Küchenphilosophie (als das es Karriere gemacht hat), als ein *Down-to-earther* (um es passend auf Deutsch zu sagen). Es dokumentiert die kulinarischen Leidenschaften eines Mannes, dem es zu keiner Zeit um Images oder Trends ging, sondern, wie er stets betont, nur darum, etwas Köstliches zu essen zu bekommen. Fergus Hendersons Neigung zum Puren, Unverfälschten trifft sich dabei mit dem, was er selbst «Höflichkeit» nennt, was man ohne Weiteres aber auch mit «Moral» übersetzen könnte. Der Ansatz, ein Tier von der Schnauze bis zum Fuß aufzuessen und nicht alles, was gerade kein Filet oder Schnitzel ist, zu Abfall zu erklären, ist ein entschlossenes Kontrastprogramm zu den Usancen der Food-Industrie, die uns zwar täglich Fleisch vorsetzen möchte, dieses jedoch gekonnt entanimalisiert: An der Fleischtheke finden wir nur noch Teile vor, denen man ihre Herkunft als Fuß, Bauch, Kopf oder Extremität eines Lebewesens nicht mehr ansehen kann.

Wer jetzt von diesem Buch denselben Zeigefingerimpetus erwartet wie von manchen veganen Kochbüchern, in denen das Seitanschnitzel nicht nur nach Proteinen und Eiweiß, sondern vor allem nach moralischem Nährwert bemessen wird, darf sich auf eine Enttäuschung gefasst machen. Niemals würde sich Fergus Henderson als Moralist bezeichnen, genauso wenig wie als harten, blutrünstigen Kerl, als den ihn manche seiner Kritiker auch hinstellen wollten. Sie blicken aber nur in ein rundes, freundliches Gesicht, auf dessen Nase eine runde Corbusierbrille sitzt und dessen Besitzer mehr oder weniger zufällig eine aktive und passive Leidenschaft für gutes Essen besitzt.

Diese Neigung ist zu gleichen Teilen beiden Eltern von Fergus geschuldet, beides Architekten. Seine Mutter ist, wie er gern und oft sagt, «eine große Köchin», der Vater «ein großer Esser». Wenn sich Fergus an seine Kindheit erinnert, dann kommt ihm der große, unaufgeräumte Esstisch des elterlichen Zuhauses in den Sinn, der morgens nach einer Abendgesellschaft noch alle Spuren des langen Abends trug, halbvolle Weingläser, Kerzenwachs, Zigarrenreste und die große Schüssel, in der sich noch letzte Reste der Crème Caramel befanden, die es zum Dessert gegeben hatte, kurz: neben der «optimistischen Sorglosigkeit der 1970er-Jahre, als man abends noch nicht den Tisch aufräumen musste», wie Fergus meint, auch die Embleme der Fähigkeit, gemeinsam und ohne große Umschweife zu genießen.

Aus dieser Grundstimmung bezog Fergus sein Talent, gutes Essen als solches zu erkennen und zu schätzen. Später, als er bei der ARCHITECTURAL ASSOCIATION in Bloomsbury eine Ausbildung zum Architekten absolvierte und beobachtete, wie seine Kollegen zum Lunch eine Dose Cola und einen Sandwich an ihrem Zeichentisch hinterwürgten, begann er zu ahnen, dass die Unfähigkeit, würdig Mittag zu essen, ihm diesen Job verleiden würde. Gleichwohl betrachtet er sich nach wie vor als Architekt, wenn auch «abgelenkt durch gutes Essen».

Als Fergus dieser Ablenkung auch professionell nachzugehen begann, eignete er sich das notwendige Wissen zuerst in der Theorie an. Er las «Kochbücher wie andere Leute Romane» – Fergus hebt dabei besonders Marcella Hazans *Klassische Italienische Küche* hervor sowie Caroline Conrans *Delicious Home Cooking From Around The British Isles* – und nahm für die Praxis einen ersten Job als Koch in einem Restaurant in Notting Hill an. Er lernte Margot, seine jetzige Frau, die ebenfalls Köchin ist, kennen und führte gemeinsam mit ihr die Küche ihrer gemeinsamen Lieblingskneipe «The French House» in Soho, bevor er 1994 durch «eine Reihe von Zufällen» und die Bekanntschaft zu Trevor Gulliver die Möglichkeit erhielt, in einem Hybrid aus einem viktorianischen Haus und einer ehemaligen Schinkenräucherei in der Nähe des großen Fleischmarkts in Smithfield ein Restaurant zu eröffnen.

Das Haus hatte die Adresse St John Street 26, also nannte man das Restaurant «St. John». Der simple, aber schöne Name atmet denselben Geist wie das Programm, dem Trevor und Fergus folgten:

sie wollten nicht mehr als einfaches, aber köstliches Essen servieren und dabei höflich bleiben – gegenüber den Gästen, klar, aber auch gegenüber den Mitarbeitern und schließlich – Grundlage der Küchenphilosophie – gegenüber den Tieren, die im «St. John» *from nose to tail* Verwendung finden.

Die Reaktionen auf die Eröffnung waren übrigens gemischt. Der einflussreiche Kritiker der SUNDAY TIMES, A. A. Gill, ließ kein gutes Haar an dem Restaurant, das inmitten der überall aufpoppenden Schäumchen- und Türmchenkultur seltsam aus der Zeit gefallen schien. Aus dem nahe gelegenen Financial District kamen Gruppen von jungen Bankern, die darum wetteiferten, wer sich trauen würde, das Abgefahrenste von der «St. John»-Karte zu bestellen: Krähe, Eichhörnchen oder doch die Schweinemilz?

Fergus ließ sich weder von unwilligen Kritikern – A. A. Gill bezeichnete später seine Kritik am «St. John» übrigens als einen Fehler, den er ehrlich bereue und der nur seinem damaligen Unverstand gegenüber der puren, ehrlichen Kochkunst von Fergus Henderson geschuldet gewesen sei – noch von merkwürdig motivierten Gästen aus der Ruhe bringen. Er kochte, was ihm selbst köstlich erschien (er spricht das Wort «*delicious*» aus, als bereite ihm allein die Formulierung körperliches Vergnügen), und entwickelte durch die Hingabe, mit der er aus den abgelegensten Produkten gutes Essen bereitet, eine Art Sendungsbewusstsein, das langsam, aber kontinuierlich die Menschen ins «St. John» holte, die sich tatsächlich für das Quietschen von Nieren interessierten, weil sie damit denselben Genuss verbanden wie der Chef persönlich – außerdem gab es ja jede Menge andere Sachen zu essen, keineswegs nur Innereien, aber eben auch. Fergus sagt, dass es gar keine bewusste Entscheidung war, dieses Thema so in den Vordergrund zu stellen, sondern dass es «die Höflichkeit» dem Tier gegenüber einfach mit sich bringe, dass man auch die Innereien verkocht. Und, natürlich: «*It's all good stuff!*» Das schon.

Trevor schenkte dazu die richtigen Weine ein, es kehrte Ruhe und Beständigkeit ein. Fergus ließ sich nicht einmal davon aus der Ruhe bringen, dass «irgendwann um 1998 herum» bei ihm Parkinson

die Schlachtung bestimmt sind) und nimmt dabei in Kauf, dass ungefähr 20 Prozent der Tiere sterben, bevor sie «schlachtreif» sind.

Fleischgenuss. Die Kehrseite

Nur ein paar Daten, die für einen Schwindel sorgen, wie ihn normalerweise nur ein zu hastig hinuntergestürztes Glas Schnaps bewirkt:

Von jedem Tier, das für den Verzehr geschlachtet wird, landet als Fleisch- oder Wurstprodukt nur knapp mehr als die Hälfte bei uns, den Carnivoren. Etwas weniger als die Hälfte wird exportiert, an Haustiere verfüttert, findet in der Chemie- und Düngemittelindustrie Verwendung oder wird als «Biokraftstoff» dafür verwendet, grüne Automobile anzutreiben.

Als «tierische Nebenprodukte» gelten dabei 42 Prozent des Schlachtgewichts: Borsten, Fette, Knochen, Magen- und Darminhalte, aber auch Innereien. Die Industrie bedient sich dieser «Nebenprodukte» als Basis für so unterschiedliche Erzeugnisse wie Seifen, Waschmittel, Kosmetika, Arzneimittel, Druckertinte, Gummi, organischen Dünger und für vieles mehr, was kein Mensch in Zusammenhang mit Schlachtabfällen bringen würde.

Von den Fleischprodukten, die beim Konsumenten ankommen, werden sechs Prozent weggeworfen. Im Vergleich zu jenem Drittel aller Lebensmittel, die laut Welternährungsorganisation FAO verderben oder unverdorben weggeworfen werden, scheint das wenig. Doch hochgerechnet vom Durchschnittsfleischkonsum von 82 Kilogramm/Jahr ergeben diese sechs Prozent ein Gewicht von 4,9 Kilo – pro Person. Laut der Studie der (den Grünen nahestehenden) HEINRICH-BÖLL-Stiftung, welche die Studie *Fleischkonsum: Abfall und Verschwendung* publiziert hat, ergibt das für die Bundesrepublik Deutschland die unfassbare Menge von 45 Millionen Hühnern, 4,1 Millionen Schweinen und 230000 Rindern, die dem Schicksal ihrer Mästung und Tötung entkommen hätten können, ohne dass ein einziger Bewohner Deutschlands auf seinen Burger oder Braten hätte verzichten müssen.

Die Lektüre dieser Studie ist höchst empfehlenswert. Nicht, dass es etwas Neues wäre, dass die industrielle Züchtung, Mästung und Tötung von Tieren ihre Schattenseiten hat. Was jedoch schwindlig macht, ist die Dimension des Zynismus und der moralischen Verwerflichkeit, von der dieser Industriesektor begleitet wird. Man muss nicht darüber sprechen, dass einem angesichts dieser Fakten der Appetit vergeht. Man muss darüber nachdenken, wie man diese Art von Umgang mit Tieren bekämpft.

Die moralische Ächtung der Massentierzucht ist noch längst nicht dort, wo sie hingehört. Die Branche operiert vorzugsweise im Dunkeln. Viele Kunden kaufen ihr Fleisch im Bewusstsein, dass seine Produktion unter fragwürdigen Bedingungen erfolgt, lassen sich aber von den niedrigen Preisen an der Fleischtheke den kritischen Verstand abkaufen. Leider wahr: Ein paar Fernsehfilme und Zeitungsartikel tun den Produzenten angeführter Missstände nicht weh. Sie werden erst dann agieren, wenn ihre Produkte sukzessive boykottiert werden.

Soll heißen: Fleisch dort kaufen, wo man weiß, dass die Schlachttiere respektvoll behandelt wurden und ein würdiges Leben hatten. Weniger Fleisch essen. Viel weniger Fleisch essen. Dem Tier, das für unseren Genuss gestorben ist, den Respekt erweisen, es ganz aufzuessen.

Zu Fleischknochenmehl verarbeitete Schlachtabfälle werden als «klimaneutrale» Alternative zu fossilem Heizöl und Treibstoff verwendet: als Brennstoff in Kraftwerken und Zementfabriken genauso wie als kohlenstoffneutrales Talgöl im Biotreibstoff.

Der Anteil der Innereien, die in die Resteverwertung eingeschleust werden, steigt ständig. Während noch in den 1980er-Jahren mehr als 1,4 Kilo Innereien pro Person verzehrt wurden, sind es heute nur noch 150 Gramm. Innereien galten als Arme-Leute-Essen. Seit die Quartiermetzger durch die Fleischtheke der Supermärkte ersetzt werden, ist das billige Fleisch nur noch schwierig zu bekommen.

Obwohl der Fleischkonsum insgesamt sinkt, müssen daher mehr Tiere gezüchtet und geschlachtet werden, damit wir – statt mit Innereien oder minderen Fleischteilen – mit den sogenannten Edelteilen, die etwa 30 bis 40 Prozent des Schlachtgewichts ausmachen, versorgt werden können.

Die Tierproduktion zündet entsprechend den Turbo. Sie setzt auf größere Zuchtvolumina (= Tiere, die für

diagnostiziert wurde. Das zwang ihn zwar dazu, seinen Platz am Herd zu räumen – «meine Bewegungen waren so unkontrolliert, dass ich wie eine menschliche Windmühle aussah. Wenn ich ein Messer in der Hand hatte, war ich für alle, innerhalb meiner Reichweite lebensgefährlich» –, aber er blieb als «Eating Chef» im Unternehmen und führte es konsequent weiter. Ein neurochirurgischer Eingriff namens «Tiefe Hirnstimulation» brachte einige der wildesten Symptome zum Verschwinden, Fergus klopft gern auf seine Brust, wo der implantierte «Hirnschrittmacher» sitzt, der mittels subkutan verlegten Kabeln mit dem Hirn verbunden ist und dieses mit elektrischen Signalen stimuliert. Was genau da abläuft, weiß er nicht und will er nicht wissen: *«I'll carry on in my own Parky way…»*

Damals fasste er auch seine Lieblingsrezepte zu einem Kochbuch namens *Nose to Tail Eating* zusammen, und weil gerade Anthony Bourdain – «ein netter Kerl», sagt Fergus, *«a lovely chap»* – vorbeigekommen war und vom gegrillten Markknochen nicht genug kriegen konnte, bat ihn Fergus darum, ein kurzes Vorwort zu seinem Buch beizusteuern.

Bourdain schrieb: «Nachdem ich im ‹St. John› das geröstete Knochenmark mit Petersiliensalat gegessen habe, erklärte ich es unwiderruflich und für alle Zeiten zur perfekten Wahl für meine Henkersmahlzeit, das letzte Essen, bevor sie mir die Kerze ausblasen.» Das war doch einmal eine Ansage, und sie setzte gemeinsam mit ein paar anderen Superlativen den Ton, in dem das Buch rezipiert wurde.

Der OBSERVER zum Beispiel reihte *Nose to Tail Eating* augenblicklich unter die «50 wichtigsten Kochbücher aller Zeiten», und auch nicht ganz so euphorische Rezipienten waren sich einig, dass dieses Buch nicht nur den Nerv seiner Zeit getroffen habe, sondern auch ganze Generationen von Essern und Köchen beeinflussen werde. Der Beweis dafür ist inzwischen längst angetreten. Die Philosophie von *Nose to Tail Eating* ist zu einem bedeutenden Statement vieler Köche und Konsumenten auf der ganzen Welt geworden – und der ironische Charme, mit dem Fergus und seine Freunde das Buch geschrieben, fotografiert und gestaltet haben, hebt es sowieso in den Rang eines Meisterwerks. Die scheinbare Unangestrengtheit, die fast jedes

Rezept begleitet, vermittelt ziemlich kongruent die Atmosphäre, die dem «St. John» innewohnt, mit seinem strengen, klassischen Grunddesign, der stets etwas gehobenen Stimmung – und natürlich dem fabelhaften Essen. Soll heißen: ein grandioses Kochbuch ist *Nose to Tail Eating* natürlich auch, wenn man erst einmal sämtlichen Subtext beiseiteräumt. Und damit sind wir endlich dort, wo für Fergus Henderson alles beginnt – und alles endet. Vor einem runden, weißen Teller, nicht zu groß, auf dem gleich etwas liegen wird, was den Mittagstisch in ein kleines Fest verwandelt.

Als ich Fergus ein paar Wochen nach dem Vorbereitungsmeeting besuche – es ist knapp halb elf, ich habe nicht gefrühstückt und freue mich auf ein brauchbares Volumen Kaffee –, ist die Kaffeemaschine kaputt. Fergus nimmt, wie er das bekanntlich gern um diese Zeit tut, ein Gläschen Port, das ich aber zugunsten eines Gläschens Wasser ausschlage, man macht schließlich ungern einen Fehler zweimal.

Aber dann, beim Sortieren der Geschichte des Aufstiegs des Restaurants –

«ich wäre nie auf die Idee gekommen, dass wir jemals Auszeichnungen bekommen», sagt Fergus.

«Bedeuten sie dir was?», frage ich.

«Sie machen meine Mitarbeiter glücklich», antwortet er diplomatisch. «Und wenn sie glücklich sind, bin auch ich glücklich» –

kommt unser Gespräch, keine Ahnung warum, auf den berühmten Cocktail namens *Dr Henderson,* den Fergus in seinem Buch über den grünen Klee lobt.

Beim *Dr Henderson* handelt es sich um eine Mischung aus *Fernet branca* und *Crème de Menthe* – das ist jener Pfefferminzlikör, dessen Farbe auf der Farbpalette irgendwo zwischen Maigrün, Signalgrün, Minzgrün und jenem leuchtenden Grün liegt, das vor aggressivem Gift warnen soll. Diesen Cocktail, der aus diesen beiden Bestandteilen zu gleichen Teilen zusammengerührt und auf Eis serviert wird, verdankt Fergus Henderson, wie er erzählt, dem Erfahrungsschatz seines Vaters. Der habe ihn gelehrt, dieses Getränk dann einzunehmen, wenn er es anderweitig übertrieben habe. Aber mit der Botschaft vermittelt Fergus auch die Warnung – in einer Körperhaltung übrigens, in der ich mir sofort seinen Vater vorstellen muss, als er dem Buben das Geheimnis überantwortete: Das Getränk sei so wirksam, dass es auf perfide Weise dazu einlade, auch ohne triftigen Grund genossen zu werden. In Fergus' *own words*: «*Don't let the cure get the cause.*»

«Okay», sage ich ohne große Überzeugung.

«Hast du überhaupt schon mal einen probiert?», fragt mich Fergus.

«Nein», antworte ich ein bisschen beschämt, aber da gibt Fergus dem Kellner, der uns gerade mitteilen möchte, dass die Kaffeemaschine wieder funktioniert, ein Zeichen, ordnet die Herstellung eines *Dr Henderson* an und lässt jede Hoffnung auf einen Morgenkaffee zerplatzen wie eine giftgrüne Seifenblase.

Lass dich nicht von der Farbe täuschen, sagt Fergus, als das, sagen wir es freundlich, unansehnliche Getränk serviert wird. Das dunkle Braun des Fernet hat sich mit dem Kunstgrün des Minzlikörs zu einer unbeschreiblichen Farbe vermischt, die am ehesten dem Wasser gleicht, das an einem Nachmittag angestrengten Aquarellmalens in dem Wasserglas entsteht, in dem man den Pinsel auswäscht. Der Kellner, ein harter Bursche, schaut mich mit seinem Aha-auch-ein-harter-Bursche-Blick an, bevor ich das Getränk ansetze und einen tiefen Schluck nehme.

Jo.

Warum nicht. Ich nehme noch einen Schluck.

Das Getränk ist verblüffend. Es montiert nur die positiven Eigenschaften beider Bestandteile, neutralisiert die deftige Bitterkeit des Fernet mit der Bonbonsüße des Likörs (und umgekehrt) und vermittelt dir den Eindruck großer Leichtigkeit, ohne deshalb ganz den paramedizinischen Subtext auszublenden, der am Anfang der Sache steht: *the cure.*

«Vorsichtig sein», sagt Fergus, der mein Lächeln richtig deutet *(the cause),* und mir fallen ansatzlos die berühmten Szenen aus zahllosen Patricia-Highsmith-Romanen ein, wo sich Figuren wie Tom

Ripley oder Ray Garett unfassbar viele stramme Cocktails mixen, lange bevor noch der erste Duft nach Essen aus der Küche strömt. Wenn man im Thriller *Venedig kann sehr kalt sein* die Stadt also nur sehr verschwommen wahrnimmt, kann das durchaus auch daran liegen, dass die Figuren vor dem Essen schon sechs doppelte Gin intus haben, die sie beschönigend Martini-Cocktail nennen.

Ich nehme den Anlass wahr und unterhalte mich mit Fergus über Alkohol am Vormittag. Er hat da – das Gläschen Port funkelt in seinen Augen – keine Bedenken, wenn es nur die richtigen Getränke sind. Hier das Fazit:

Prosecco oder Champagner am Frühstücksbüfett: Nein.

Außer natürlich, man kommt mit Hangover zum Frühstück und braucht eine Stärkung – dann empfiehlt Fergus Henderson ein Mixgetränk, das sich aus zwei Dritteln Champagner und einem Drittel GUINESS-Bier zusammensetzt und Wunder wirke. Nach der Durchschlagskraft des *Dr Henderson* zu schließen, ist das einen Versuch wert (und begründet eine gegenseitige Wirkungsspirale, wer weiß).

«Der erste Aperitif am Tag», sagt Fergus, weil das auch einmal gesagt werden muss, «setzt eine feine chemische Reaktion in Gang, die dich auf Touren bringt.»

Nichts dagegen zu sagen. Und weil mir gerade die gerösteten Markknochen einfallen, die Anthony Bourdain zur Henkersmahlzeit haben möchte, frage ich auch Fergus, was seine wäre.

Mhm, sagt er und wiegt den Kopf hin und her.

«Seeigel roh», sagt er dann. «Nur aufschneiden und sofort essen. Dann hätte ich gern einen Ziegenkäse und etwas roten Burgunder, anschließend Schokoladeeis und *Eau de Vie,* ein paar Zigaretten – dann müsste die Musik von Wison Pickett anfangen zu spielen, damit ich betrunken tanzen kann, bis es vorbei ist...»

Er wurde berühmt für seine vegetarischen Rezepte, aber ein Vegetarier ist er deshalb noch lange nicht. Ein Besuch bei Yotam Ottolenghi in London. Spezialthema: Knoblauch.

Soho, London

An einem anderen Tag warte ich in der Brasserie «NOPI» in Mayfair auf den Mann, der die vegetarische Küche revolutioniert hat. Als Yotam Ottolenghi pünktlich eintrifft und sich samt einer Flasche italienischen Weißweins an den Tisch setzt, reden wir aber nicht über Revolutionen, sondern über Knoblauch. Ich erzähle ihm, dass mir einer der besten Italiener Zürichs sein Erfolgsrezept verraten hat: Er verwende weder Zwiebeln noch Knoblauch, denn seine Businessgäste wollen nachmittags nicht danach riechen.

Yotam sieht mich befremdet an. Er schüttelt den Kopf.

«Ich bin sicher, der Herr ist ein guter Koch», sagt er leise. «Aber das ist lächerlich. So darf man doch nicht über Essen nachdenken.»

Er nimmt einen Schluck von seinem Wein.

«Für mich kommt an erster Stelle der Geschmack.»

Kurze Pause, dann wischt Yotam den Gedanken an den Italiener aus der Schweiz beiseite und besinnt sich aufs Schwärmen: von der

Geschmeidigkeit und der Tiefe des Geschmacks, die das Kochen mit Knoblauch ermöglicht.

«In Europa ist das meiste Gemüse flach. Da ist kein Leben drin, kein Geschmack. Der Grund ist, dass Gemüse viel zu lang gekocht wird, jedenfalls so lange, bis alle Aromen sich verflüchtigt haben. Kaum jemand macht sich die Mühe, dem Gemüse so viel Aufmerksamkeit zu schenken wie Fleisch. Gäbe es mehr Köche, die Gemüse so liebevoll zubereiten wie Lammkoteletts oder Steaks, würden viel mehr Menschen gerne Gemüse essen. Ich koche viel mit Knoblauch, weil Knoblauch Gerichte zum Leben erweckt. Roher Knoblauch gibt Kraft, und wenn du ihn kochst, macht er die Speisen süß, weil im Knoblauch viel Zucker steckt. Wenn Sie also nach meiner Beziehung zum Knoblauch fragen: Ich liebe Knoblauch.»

Zum ersten Mal stieß ich vor einigen Jahren auf den Namen Yotam Ottolenghi. Ich blätterte den GUARDIAN durch, meine englische Lieblingszeitung, aus dem Wochenendmagazin des Blattes leuchtete eine Seite sehr rot heraus, Wellen und Schlieren in vielfältigen Farben zwischen hellem Rosa und tiefdunklem Violett. Ich brauchte einen Moment, um das Bild als Aufnahme eines Rote-Bete-Salats zu decodieren, aber das weckte mein Interesse, zumal der Titel der Seite mit anmaßendem Understatement daherkam: «Es ist Rote-Bete-Saison, und Yotam Ottolenghi macht das Beste daraus.»

Food-Kolumnen in Zeitungen und Zeitschriften haben eine ähnliche Wirkung wie Pornos. Du kriegst Appetit, weil deine Vorstellungskraft befeuert wird, aber dann stehst du mit einem vagen Hungergefühl da und es bleibt dir nichts anderes übrig, als aus der Vorratskammer einen Keks zu holen.

Dabei erzählte der Autor von erstaunlichen Dingen: Er kocht kleine, frische Rote-Bete-Knollen, bis sie weich sind, dann lässt er sie abkühlen (vorher hat er sie von den langen, rotädrigen Blättern befreit, um diese mit Salz und Kümmel in Olivenöl zu einem Blattgemüse zu sautieren, erstes Aha-Erlebnis).

Dazu macht er aus gelben Paprikaschoten, Koriandersamen, Tomaten, ziemlich viel gepresstem Knoblauch, ziemlich viel eingelegter Zitronenschale, gehackter Petersilie und Korianderblättern ein *Relish* – ich saß bei der Vorstellung dieser Würzpaste schmatzend über dem Magazin, als ich mir die pure Kraft von Knoblauch und Zitronen vorstellte. Die Idee, diese südliche Kraft mit der fast schon überreifen Süße frischer, gegarter Roter Bete zu kombinieren, begeisterte mich schon platonisch, genauso wie die finale Anweisung, die dünn geschnittenen Knollen und den *Relish* mit fettem, griechischem Joghurt zu servieren – bitte nicht gleichmäßig durchrühren, schrieb der Autor, sonst kommt der Salat nicht elegant marmoriert daher, sondern pink wie ein Paar Mädchensöckchen.

Genau, dachte ich mir. Genau diese Marmorierung hatte mich ja so angesprochen. Die Farben waren der Hammer, so wie die Vorstellung der kräftigen Geschmäcker und Aromen.

Ich ging in die Vorratskammer und holte mir einen Keks.

Ottolenghis Kolumne heißt *The New Vegetarian*. Das ist ein grandioser Titel, eine selbstironische Referenz an den Marketingtrick, altbekannten Phänomenen mit dem Präfix «neu» den entscheidenden Spin zu geben – der GUARDIAN selbst residiert in dem Quartier von London, wo Tony Blair und Gordon Brown «New Labour» erfanden – und von der Zeitung ins Amt und wieder hinausbegleitet wurden.

Yotam Ottolenghi kam zufällig zu dieser Kolumne. Sein Restaurant «Ottolenghi» in der Upper Street, Islington, ist nur ein paar Blocks von der GUARDIAN-Redaktion entfernt, und bald nach der Eröffnung gaben sich dort die Redakteure des Blattes die Klinke in die Hand.

Als der Kolumnist des Wochenendmagazins, der sich um vegetarisches Essen gekümmert hatte, ankündigte, die Zeitung zu verlassen, fragte der Food-Redakteur, der praktischerweise gerade beim Essen saß, bei Yotam nach, ob er die Kolumne übernehmen wolle, er koche so interessante Gemüsegerichte.

«Aber ich bin kein Vegetarier», antwortete Ottolenghi.

«Du sollst auch nicht vegetarisch essen. Du sollst nur vegetarische Rezepte schreiben.»

So startete *The New Vegetarian*.

Das «NOPI» ist ein schicke, helle Brasserie an der Grenze zwischen Mayfair und Soho. Die Ziegelwand weiß getüncht, die Möbel aus hellem Eichenholz geschreinert. Vor dem breiten Fenster zur Straße ein Tisch im XXL-Format, Helligkeit und große Tische sind wiederkehrende Motive in den Lokalen Yotam Ottolenghis. Im hinteren Teil des «NOPI» eine Batterie kleiner Brasserietische, alle besetzt. Eine Bar, wo die Gäste, die auf ihren Timeslot warten, wie Zugvögel hocken und an ihren Drinks nippen. An der Wand ein überdimensionales Gemälde, das einen Turm aus Zitronen zeigt.

Aber irgendetwas am Eindruck des brummenden Restaurants ist anders. Nicht der Pegel des vergnügten Lärms, der ist hoch. Nicht die Kleiderordnung der Gäste, die ist so elegant wie in jedem Businessquartier der Welt. Vielleicht das: Das Personal mit den weißen Schürzen serviert die Teller eigenwillig. Sie werden nicht vor den einzelnen Gast platziert, wie das seit der Erfindung des Restaurants üblich ist, sondern in die Mitte des Tisches.

Auf der Speisekarte finde ich rasch die Erklärung. Alle Gerichte, die im neuesten Lokal Yotam Ottolenghis serviert werden, sind «Sharing Plates», Teller für alle. Die Erklärung steht gleich daneben: Unsere Teller sind zum Teilen angerichtet. Wir empfehlen pro Person drei schmackhafte Teller – «savoury dishes».

Was Yotam unter «schmackhaft» versteht, weiß ich inzwischen. Noch nie habe ich ein vegetarisches Kochbuch so lieben gelernt wie Plenty, Yotams gesammelte Rezepte aus der «New Vegetarian»-Kolumne, auf Deutsch unter dem fragwürdigen Titel Genussvoll vegetarisch erschienen. (Hätte man «Plenty» noch ein bisschen holzhammermäßiger übersetzen können? In Zeiten, in denen Serien mit dem Titel «Der Bachelor» im deutschen Fernsehen laufen, wäre «Plenty» doch zumutbar gewesen, so wie es dem englischen Mittagspublikum zuzumuten ist, die Gabel auf die Seite zu legen und mit den Fingern nach der Keule des winzigen Stubenkükens zu greifen und vergnügt daran zu nagen.)

Es waren die ganz normalen Speisen, die mich so für Yotams Kochkunst einnahmen. Zum Beispiel der Kartoffelsalat mit Kräutern und Wachteleiern aus Plenty. Dafür kocht man kleine Frühkartoffeln in der Schale und kombiniert sie mit einem Basilikum-Petersilien-Pesto, das mit den frischen Kräutern, Pinienkernen, geriebenem Parmesan und zerdrückten Knoblauchzehen bereitet wird, samt ein paar Streifen Sauerampfer, die dem Gericht zu seiner fruchtigen Deftigkeit eine erstaunliche Frische verleihen – nur beim Schälen der Wachteleier plagte ich mich ein bisschen, aber daran ist nicht das Rezept schuld, sondern meine Feinmotorik.

Eine andere Demonstration von der Fähigkeit Yotam Ottolenghis, klassische Gerichte mit ein paar Handgriffen zu Knallern zu machen, war der marinierte Büffelmilchmozarella mit Tomaten. Der springende Punkt war natürlich die Marinade: Sie wird aus gerösteten und im Mörser zerkleinerten Fenchelsamen, der abgeriebenen Schale einer unbehandelten Zitrone, gehacktem Oregano, einer zerdrückten Knoblauchzehe, Salz, Pfeffer, Raps- und Olivenöl hergestellt, mit Basilikumstreifen angereichert und für eine halbe Stunde über den in kleine Bissen gerupften Mozzarella gestrichen.

Als ich diesen mit ein paar bunten Tomaten auf den Tisch stellte: ein Triumph. Nie hatte ich dieses Gericht, das oft so fad wie Flugzeugessen daherkommt, so schmackhaft, so kräftig, so vielschichtig gegessen. Eleganz ist eben nicht nur die Kunst der Zurückhaltung, sondern jene der perfekten Kombination.

Der Mann weiß, wie er Aromen in Szene setzt, dachte ich mir, aber noch bevor ich begann, mir Informationen zur Person zu besorgen, fiel mir auf, dass Yotams Gerichte nicht dem üblichen vegetarischen Klischee entsprachen. Seine Gerichte treten mit Entschlossenheit und Wucht auf. Yotam Ottolenghi produziert eine vegetarische Küche, aus, jawohl, Fleisch und Blut.

Yotam ist ein schlanker Mann mit vollendeten Manieren und einem eleganten, fein geschnittenen Gesicht. Er stammt aus Jerusalem, wo er sich als Literatur- und Philosophiestudent unter anderem mit Kunsttheorien beschäftigte, in seiner Magisterarbeit zum Beispiel damit, ob Fotografie Kunst sei oder nicht. Als ihn sein Vater, ein Chemieprofessor, zu einer akademischen Karriere drängen wollte, begann Yotam lieber zu kochen. Er zog zuerst nach Tel Aviv, dann nach London, und wenn es sein Plan war, hier ein Jahr lang das gastronomische Handwerk zu lernen, so ist dieser Plan gründlich schiefgegangen.

Denn er ist heute immer noch hier. Nach einem Grundkurs an der Kochschule CORDON BLEU traf Yotam in der Backstube der Edelbäckerei «Baker & Spice» Sami Tamimi, einen Koch, der wie Yotam aus Jerusalem stammte, freilich von der palästinensischen Seite. Sami war genauso alt wie Yotam und fand die Idee, ein gemeinsames Business hochzuziehen, spannend.

2002 mieteten die beiden einen kleinen Laden in Notting Hill, ein ganz in weiß gehaltenes Take-away, dessen vordere Hälfte mit großen Platten und Schüsseln vollgeräumt ist, auf denen bunte, nach Sommer und Levante duftende Speisen präsentiert werden. Im hinteren Raum, ein paar Stufen tiefer unter einem Glasdach, steht ein großer Tisch, auf dem die Glücklichen, die hier einen Platz bekommen haben, ihre Mahlzeit verzehren können. Die Übrigen essen entweder vor dem Lokal im Stehen oder sie verteilen sich auf Parkbänken rund um die nahe Portobello Road und futtern ihre Gemüsesalate und fantastischen Kuchen aus weißen Papiersäcken.

Es folgten drei weitere Ottolenghi-Locations in Kensington, Belgravia und Islington. In Islington – viktorianisches Portal, im Schaufenster Berge von köstlichen Süßspeisen, zwei kleine Tische auf dem Trottoir – gab es schließlich Restaurantbetrieb, die Kritiken waren gut und der Geheimtipp stieg zum Geheimtipp-von-dem-schon-ziemlich-viele-wissen auf. Yotam und Sami mussten das Lokal an die Reservierungssoftware anhängen, obwohl ihnen ein Platz, wo man kommt, isst und geht, vorgeschwebt war.

«Ihre Küche ist sehr würzig, sehr orientalisch angehaucht ...»
«Ich nenne sie rustikal-elegant.»
«Wo holen Sie sich Ihre Inspirationen?»
«Erstens komme ich aus Jerusalem. In Jerusalem ist bereits eine reife Tomate ein Geschmacksereignis, und ich will, dass mein Essen nach etwas schmeckt. Zweitens reise ich gern und viel. Ich bin immer wieder in Asien unterwegs und esse vor allem auf der Straße.

Ich liebe die Direktheit von Garküchen. Wenn ich in Malaysia, Vietnam, Thailand oder der Türkei unterwegs bin, schaue ich sehr genau hin, was in den einfachsten Küchen gekocht wird und welche Zutaten dafür genommen werden. In Asien wird auch das einfachste Essen mit großem Aufwand und Fachwissen zubereitet. Ich habe in Malaysia zugeschaut, wie die verschiedensten Sorten von *Sambal* zubereitet wurden, mit verschiedenen Peperoni, manchmal kamen Shrimps dazu, manchmal nicht – es ist für die Menschen eine regelrechte Kunst, ein gutes *Sambal* zu bereiten.»

«Kaufen Sie dann im großen Stil *Sambal* für Ihre Küchen ein?»

«Nein. Ich hänge zwei, drei Tage an meine Reise an und lerne, wie man *Sambal* macht. Natürlich kann man jahrelange Erfahrung nicht in so kurzer Zeit aufholen, aber man muss damit beginnen.»

«Sie reisen mit dem *Michelin* und suchen sich die besten Lokale aus ...»

«Natürlich nicht. Ich gehe zwar auch in schicke Restaurants, aber das Essen ist auf der Straße fast überall besser, jedenfalls außerhalb Europas.»

«Haben Sie den absoluten Geschmack? Können Sie ein beliebiges Gericht in seine Bestandteile zerlegen, ohne nach dem Rezept zu fragen?»

«Das kommt auf die Zutaten an, denn manchmal kenne ich gewisse Kräuter oder Gemüsesorten einfach nicht. Wir arbeiten hier viel mit Minze, Oregano und Koriander, in Vietnam gibt es fünfmal so viele Kräuter, und du kannst nicht einfach in den Asia-Shop gehen und sie alle bestellen. Du musst deine Erfahrungen also anpassen und umsetzbar machen.»

«Ihre Rezepte sind also Ergebnis eigener Recherchen ...»

«Manche, ja. Aber ich habe inzwischen Köche aus aller Welt in meinen Restaurants, die bringen enorm viel Talent und Engagement mit – und natürlich konkrete Rezepte.»

«Wenn Sie in Ihrer Küche Rezepte aus aller Welt umsetzen, woher bekommen Sie die Zutaten?»

«Dafür ist man in London am richtigen Platz. Hier leben so viele Minderheiten, die sich aus ihrer Heimat perfekt versorgen lassen.

Inder und Pakistani sowieso, aber auch viele Thai, Süd- und Ostasiaten, Menschen aus dem mittleren Osten, Libanesen, Palästinenser. Viele von ihnen leben sehr traditionell. Sie kochen ihr eigenes Essen. Essen repräsentiert ihre durch Jahrhunderte gewachsene Kultur. Das heißt: die wichtigen Zutaten, die Gewürze, Kräuter und Gemüse, sind hier in London, in bester Qualität, und ich kann damit herumspielen.»

Die Kolumne im GUARDIAN machte Yotam Ottolenghi binnen kürzester Zeit berühmt. Seine bunte, laute Gemüseküche unterschied sich diametral von allem, was man bis dato mit vegetarischer Küche verbunden hatte: fahle Eintöpfe, verkochtes Gemüse, hilflose Versuche, mit Tofu und anderen Ersatzstoffen die Fleischküche nachzuahmen. Wenn vegetarische Küche bisher zu den Gesängen des Buckelwals gekocht worden war, dann steckte Yotam das Kabel ein und ließ es krachen.

Yotams «neuer Vegetarismus» traf den Nerv eines aufkeimenden Trends. Die Lebensmittelindustrie wurde immer heftiger hinterfragt. Filme wie Robert Kenners *Food Inc.* oder Erwin Wagenhofers *We Feed the World* lockten Hunderttausende in die Kinos, um sie über die ernüchternden Mechanismen der Nahrungsmittelherstellung aufzuklären. Spätestens als Jonathan Safran Foer seine Bußpredigt *Tiere essen* herausbrachte, wurde der Vegetarismus zum Gegenstand einer breiten, ethisch, politisch und ökonomisch befeuerten Diskussion: Ist es zu verantworten, dass die Landwirtschaft auf Hochtouren laufen muss, nur um die Tiere zu ernähren, die wir essen wollen – ganz abgesehen von Klimawandel, den Problemen der Massentierhaltung, den im Verborgenen stattfindenden Praktiken der Fleischindustrie und den explodierenden Gesundheitskosten für fettleibige Bevölkerungen.

The New Vegetarian zeigte vielen eine brauchbare, vergnügliche Alternative zu der Selbstverständlichkeit, täglich Fleisch zu essen. Wenn die Entscheidung, auf Fleisch zu verzichten, ein Statement sein sollte, dann sorgte Yotam dafür, dass dieser Verzicht auch Spaß machte.

den Rücken schickte, die wir uns nicht erklären konnten. Tatsächlich stammten sie von der Überreizung von Rezeptoren, von denen wir nicht einmal wussten, dass wir sie besitzen (und dienten klammheimlich auch der Veredelung von Militärnahrung oder Kartoffelchips).

Was also schmeckt *umami* und kommt nicht aus der Fabrik? Welche Lebensmittel vermitteln uns den Wohlgeschmack in ihrer reinsten, natürlichen Form (einmal abgesehen von Muttermilch, die in hohem Maße *umami* ist)?

Der berühmte britische Koch Heston Blumenthal setzte in seinem Dreisterne-Restaurant «Fat Duck» Anfang der 2000er-Jahre eine «*Umami*-Brühe» auf die Karte, um seinen Gästen den fremden Begriff nahezubringen: Er kochte eine *Consommé* aus vollreifen Tomaten, die mit weißer Sojasauce, getrockneten Shitake-Pilzen und *Kombu* gewürzt wurde, dazu gab es eine *sousvide* gegarte Makrele – eine Mischung aus Produkten, die alle für sich allein über einen hohen Anteil an Glutamaten verfügen (so wie auch Hartkäse, Fleisch und natürlich eine ganze Batterie von Würzmitteln wie Sojasauce, Fischsauce, Fleischfond, Fleischextrakt, Hefeextrakt oder MAGGI-Würze).

Umami: Die Macht des fünften Geschmacks

Der Begriff ist längst in unserem Wortschatz verankert: *umami*. Wir Foodisten wissen, dass es sich dabei um ein Lehnwort aus dem Japanischen handelt, das in etwa «Schmackhaftigkeit» bedeutet, «Würzigkeit», «Wohlgeschmack».

Natürlich wissen wir auch, dass dieses ominöse *umami* – das musikalische Wort mit seinen drei Vokalen lässt die anderen Empfindungen unseres Geschmackssinns ziemlich unglamourös daherkommen – zur Grundausstattung unserer gustatorischen Wahrnehmungsfähigkeit gehört. Auf unserer Zunge befinden sich neben den seit Jahrhunderten bekannten Geschmacksknospen für süße, saure, bittere und salzige Empfindungen eben auch chemorezeptive Sinneszellen, die mit denen für Süße verwandt sind, jedoch spezifische Nukleotide und Aminosäuren erkennen, die eben *umami* sind: Neben Asparagin- ist vor allem die Glutaminsäure dafür verantwortlich, dass wir den «Wohlgeschmack» erleben, der in seiner Saftigkeit und seinem Schmelz über die vier klassischen Geschmacksempfindungen hinausgeht.

Geprägt wurde das Wort *umami* bereits 1909 vom japanischen Chemiker Kikunae Ikeda (1864–1936), einem großen Sensoriker, der den Unschärfen der Benennung von Geschmack nachspürte, weil er wissen wollte, warum das *Dashi*, die traditionelle Würzbrühe seiner Frau, den Tofu mit einem so deliziösen Geschmack umspülte. Ikeda identifizierte das *umami* im Extrakt von *Kombu*, einer aus japanischem Blattang hergestellten Komponente des traditionellen *Dashi*.

Der Entdeckung folgte die kommerzielle Verwertung auf den Fuß: Meister Ikeda ist nicht nur für das schönste Wort für einen Sinneseindruck verantwortlich, sondern auch für die industrielle Produktion von Glutamat, jenem Würzmittel, das uns früher beim Chinesen angenehme Schockwellen über

inzwischen gibt es einen regelrechten *Umami*-Boom. Der amerikanische Koch David Chang (u.a. «Momofuku») entwickelte eine Reihe von *Umami*-Bomben Gewürzen, die er online verkauft. In den USA etabliert sich die Kette UMAMI-BURGER, die ihr Fleisch *umami*-mäßig boosten, indem sie es mit Trüffelkäse oder *Miso*-glaciertem Speck kombinieren. Die Foodunternehmerin Bonnie Chung gründete ihre *Umami*-Firma MISO-TASTY und versorgt die englischen Supermärkte mit *Umami*-Produkten auf *Miso*-Basis. Auch «Chocolate Miso Brownies» sind im Umlauf und feiern die Intensivierung eines Geschmacks, der für sich eh schon angemessen kräftig ist.

Aber allein die Tatsache, dass *Umami*-Bomben wie *Miso*, *Kimchi* und alle möglichen Derivate davon nicht nur in Asia-Läden, sondern auch in immer mehr Supermärkten erhältlich sind, macht das bewusste Erleben der angesagten Geschmacksexplosionen einfacher.

Und wer noch immer nicht überzeugt ist, soll einfach frisch gebackene Brotstängel mit Parmesan würzen. Wenn er daran scheitert, dem zweiten Stängel zu widerstehen, weiß er endlich Bescheid, wie mächtig der fünfte Geschmack wirklich ist.

Das erste Kochbuch *Ottolenghi* verkaufte sich gut, das zweite, *Plenty* war ein Renner, NOPI ging gut, *Jerusalem* war ein Hit. Aber der Erfolg sorgte auch für Enttäuschungen.

Regelmäßig kamen Menschen in eines der Ottolenghi-Lokale, manche mit seinem Bestseller *Plenty* unter dem Arm, um sich von Yotam eine persönliche Widmung und vielleicht ein Lächeln abzuholen. Sie standen andächtig vor den weiten Schalen mit Broccolisalat und Sesamdressing oder Tomaten-Brot-Salat mit Quinoa, aber dann zuckten sie zusammen: Was war denn das auf der großen, weißen Porzellanplatte, kräftig mit grob geschrotetem Pfeffer bestreut und mit goldenem Olivenöl beträufelt? War das etwa Fleisch? Ein böses Rinderfilet?

«Manche Leute drehten sich einfach um und gingen wieder», sagt Yotam. «Sie waren enttäuscht.»

«Wie erklären Sie enttäuschten Besuchern, dass Sie auch Fleisch servieren?»

«Ich sage, dass ich es großartig finde, Gemüse zu kochen. Aber dass ich niemals in einen Klub eingetreten bin, der dogmatisch den Genuss von Fleisch oder Fisch verbietet. Viele Vegetarier sind in diesem Club, politisch motiviert und sehr gut über die Zusammenhänge der Lebensmittelerzeugung informiert. Sie halten es für unanständig, Fleisch zu essen.»

«Wie sehen Sie das?»

«Ich sehe meine Aufgabe darin, gutes Essen zu kochen.»

«Ist das nicht eine Ausrede?»

«Nein. Es wäre sehr gut für die vegetarische Sache, wenn sie den Fleischkonsum nicht bedingungslos ablehnen würde. Denn dadurch verliert sie viele Menschen, die eigentlich mit vegetarischem Essen sympathisieren, aber nicht ausschließlich Gemüse essen wollen. Ich denke, wie so oft ist es gut, tolerant zu sein. Viel Gemüse essen, aber hie und da auch ein Stück Fleisch erlauben, wie in den alten Zeiten, als nur am Sonntag der Braten auf den Tisch kam.»

«Führen Sie diese Toleranzdiskussion noch oft?»

«Nicht mehr so oft. Inzwischen wissen die meisten Leute, die zu mir kommen, Bescheid.»

Um die Ecke von Yotams «NOPI» hat Paul McCartney sein Büro, der sich immer von Yotam beliefern lässt. Yotam unterstützt den «Meat Free Monday», die Initiative des früheren *Beatle,* wenigstens einmal pro Woche auf Fleisch zu verzichten. Aber mir stellt er gleich mehrere Teller mit Fleisch auf den Tisch, ein saftiges, kompaktes Küken – «Sie müssen es mit den Fingern essen, das Fleisch zuerst in die Sauce tauchen» – die Sauce ist rot, kräftig und scharf –, «dann in dieses Salz» – Zitronenmyrtensalz, ein Kraut, das über den Zitronengeschmack hinaus ein interessantes Aroma nach Garrigue, kleinen Hartlaubgewächsen, mitbringt – «dann in den Mund» – Yotam schaut genau, ob ich es richtig mache, und er beobachtet, bis ich gekaut, geschluckt und zu strahlen begonnen habe. Fantastischer Bissen.

Ich probiere von der Artischocke mit Emmer, Saubohnen und Ziegenkäse, eine Fülle an bitteren und süßen Aromen und Konsistenzen. Jeder Bissen präsentiert sich ein bisschen anders, je nachdem, welche Konsistenz gerade in den Vordergrund tritt.

Gegrillter Spargel mit einer aus Chili, Brot, Nüssen, Mandeln, Knoblauch, Tomaten und Öl gefertigten *Romesco*-Sauce, ein Kraftakt. Gegrillter Oktopus mit *Salmorejo*-Sauce, der Tintenfisch außen knusprig und innen zart. Die Wachtel mit Miso, Honig, Weintrauben und *Verjus* – Referenz an die japanische, aber auch an die südfranzösische Art, zu kochen.

«Können Sie noch?» fragt Yotam.

Ich kann nicht mehr.

«Klar», sage ich.

Das ist auch gut, denn sonst hätte ich die Tomaten mit dem Wasabi-Mascarpone versäumt und die Meerbrasse mit der sauer eingelegten Pomelo-Frucht und dem Tamarinden-*Relish* und natürlich die Desserts, denn wer fahrlässigerweise den Kardamom-Reispudding mit Rosensirup nicht probiert hat, muss allein deshalb noch einmal nach London reisen.

Das «NOPI» hat sich geleert. Yotam muss aufbrechen.

«Richten Sie dem Italiener, der ohne Knoblauch kocht, bitte aus, dass man sich nach dem Essen die Zähne putzen kann.»

Wird erledigt.

Man könnte Stockholm eine Oase nennen,
wenn es nicht so hoch im Norden läge.
Essen ist hier eine Philosophie, Trinken eine
Leidenschaft. Das kostete mich lange Nächte,
in denen wie zum Trotz die Sonne schien.

Stockholm

Ich fuhr nach Stockholm, Luft holen, und es war mir Ehre und Aufgabe zugleich, vom Griechen begleitet zu werden. Der Grieche ist eine wertvolle Person. Er prüft die Toleranz jeder Gesellschaft. Zum Beispiel will er nicht einsehen, warum etwas, was daheim in Athen selbstverständlich ist, irgendwo sonst in Europa nicht erwünscht sein könnte.

Aus diesem Grund raucht er feinherb riechende Zigaretten, als ob er dafür bezahlt würde. Die Packungen sind rot-weiß, zerknautscht und bergen im Normalfall 25 Zigaretten, in seinem Fall jedoch mehr. Der Kerl raucht ununterbrochen.

Manchmal, und damit tauchen wir bereits tief in die skandinavische Erlebniswelt ein, führt die Freude, die der Grieche am Rauchen hat, zu Diskussionen – zum Beispiel, wenn er sich bemüßigt fühlt, dem jungen Mann an der Rezeption unseres Hotels die griechische Perspektive auf das große Thema Menschenrechte näherzubringen.

Der junge Mann hatte es gewagt, den Griechen darauf hinzuweisen, dass in den Hotelräumlichkeiten das Rauchen verboten sei.

Haha, sagte der Grieche.

Dann begann er mit seiner Beweisführung. Er fing beim Toleranzbegriff der Renaissance an und endete beim europäischen Gedanken der Gegenaufklärung.

Der Mann an der Rezeption wusste nicht, wie ihm geschah, aber er ließ sich überzeugen, und selbst ich war begeistert von der Rede, obwohl ich nun alles andere als ein Gegenaufklärer bin und schon gar kein Zigarettenraucher.

Vielleicht lag es auch daran, dass der Grieche ununterbrochen reden und sich gleichzeitig seine Zigaretten anzünden konnte. So was siehst du sonst nur im Zirkus.

Und außerdem sprach er griechisch. Griechisch ist eine überzeugende Sprache, vor allem, wenn du sie nicht verstehst. Ich persönlich kann bezeugen, dass der Grieche vom Rezeptionisten direkt in ein Raucherzimmer geführt wurde, samt Balkon und Ausblick aufs Wasser. Ich kam den beiden gar nicht nach: Ich musste das Gepäck tragen. Als ich den Griechen später darauf hinwies, dass nicht der Hotelboy, den er mit einem großzügigen Trinkgeld bedacht hatte, sondern ich seine Koffer aufs Zimmer geschafft hatte, stimmte er mir auf mysteriöse Weise zu: «Klar. Die Schweden haben keine Ahnung von Service.»

Es war Zeit für einen Imbiss. Der Grieche wollte nicht fort aus seinem in dichte Rauchschleier gehüllten Zimmer. Stattdessen ging er mir mit seinem mediterranen Mantra auf die Nerven, dass wir vor Einbruch der Dunkelheit gefälligst die Finger von der Bierflasche zu lassen hätten.

Wusste der Kerl eigentlich, wann hier die Sonne untergeht? Draußen saß halb Stockholm an flugs aufgestellten Tischen und klapperte mit den Gabeln, und ich hatte keine Lust, mit der späten Dämmerung auch die kühle Kraft des Nordens auszuprobieren – sollte der Grieche doch allein im Dunkeln sitzen und mit den Zähnen klappern. Ich hatte jetzt Lust auf etwas Ernsthaftes: einen Hering.

Der Hering. Mariner Schwarmfisch. Bevölkert Atlantik und Pazifik, aber auch die Nord- und Ostsee. Er ernährt sich von Plankton, kleinen Fischen und Garnelen. Besitzt einen schlanken, spindelförmigen, seitlich zusammengedrückten Körper und ist von silbrigen Cycloidschuppen bedeckt. Alle Flossen haben nur Weichstrahlen. Ein Seitenlinienorgan ist nur am Kopf vorhanden. Die meisten Arten haben lange Kiemenstrahlen als Filtrierapparat.

Wenn es Mutter Natur gut mit dem Hering meint, lässt sie ihn nicht bis ans Ende der Tage draußen in der kalten Ostsee schwimmen, sondern sie sieht für sein weiteres Schicksal den Aufenthalt auf einem Porzellanteller vor, auf dem sich außerdem gekochte Kartoffeln, klein geschnittene Schnittlauchröllchen und mit Dille gewürzte Mayonnaise befinden.

Dieser Teller stand jetzt vor mir, während ich im Sommergarten eines Lokals namens «Backfickan» saß, das so etwas wie die Edelkantine für die Opernstars ist, die in Stockholm auftreten. Fein getäfeltes Lokal, grüne Leuchten, 15 Sitze an der Bar, aber nur draußen war Betrieb – wenn es wärmer als 14 Grad ist, wird konsequent draußen serviert.

Der Hering selbst hatte inzwischen eine goldbraune Panier angezogen, und er dampfte gut gelaunt in den Abend, der sich wie eine Decke über meine Schultern legte – Nein, umgekehrt:

Weil die Jahreszeit, die tagsüber durchaus mit dem mitteleuropäischen Sommer verwechselt werden kann, gegen halb acht Uhr abends in schüchternes Frühjahr regrediert, brach jetzt die Zeit der roten Wolldecke an. Jeder, der mit langen Zähnen darauf wartete, dass endlich etwas aus der Küche gebracht würde, griff im selben Augenblick mit beachtlicher Selbstverständlichkeit ins Dunkel hinter seinem Sessel und klaubte die weinrote Decke aus dem Off.

Wo gerade noch braungebrannte Schultern blitzten und weit aufgeknöpfte weiße Hemden, waren plötzlich nur noch rote Decken zu sehen. Der gesamte Gastgarten sah aus, als ob die Überlebenden eines Grubenunglücks noch gemeinsam was trinken gegangen wären, zum Beispiel zwei, drei Bier. Denn wer, außer einem deklarierten Snob mit Nasenproblemen, würde zum gebackenen Fisch Wein bestellen?

«Gut, dass ich dich gefunden habe», sagte der Grieche, als er sich mit einem wohligen Seufzen auf den freien Platz neben mir fallen ließ, «was isst du denn da?»

Bevor ich zu einer Antwort ausholen konnte, die vermutlich zu einer Hymne auf den Träger der Cycloidschuppe ausgeartet wäre, bediente sich der Grieche bereits mit der linken Hand am Inhalt meines Tellers. Die rechte war nicht frei, die musste die Zigarette halten. Als der Kellner entsetzt heraneilte, um dem begeistert schmatzenden Griechen eine Gabel und ein Messer zu bringen, winkte der ab: «Ist schon in Ordnung. Bringen Sie mir nur ein Glas Weißwein.»

Der Hering ist des Schweden Freund. An den Brücken Stockholms sind Tafeln befestigt, die das Fischen ausdrücklich erlauben, und als ich am Wasser spazieren ging, um mich vom Vorabend zu erholen, an dem es der Grieche tatsächlich geschafft hatte, den gesamten «Backfickan»-Garten in ein Partyzelt ohne Zelt zu verwandeln, sah ich unten am Wasser die Profis anrücken. Sie kamen in bescheidenen Zillen, doch sie hatten schweres Gerät im Schlepptau, Netze von gut zehn Quadratmetern Nutzfläche, und ich mischte mich unter die Geschäftsleute, Touristen und Müßiggänger, die Zeugen des Innenstadtfischzugs werden wollten.

Der schwedische König, falls er nicht gerade regieren musste, konnte das Schauspiel übrigens praktisch von seinem Thron aus verfolgen. Es spielte sich genau vor der mächtigen Flanke des Königspalasts ab.

Die Zille schwankte, als der Fischer die Seilwinde betätigte, um das Netz aus dem Wasser zu hebeln. Das Netz hob sich, es schallte *Ooh* und *Aah* von den Rängen, dann ein enttäuschtes *Uuh,* als hätte Zlatan Ibrahimovic eine gute Chance vor dem Tor versemmelt. Das Netz war leer.

Die Nutzlosigkeit der Betrachtung leuchtete mir ein, ich richtete mich auf einen gemütlichen Nachmittag an der Brüstung ein.

Stockholm ist die Hauptstadt Schwedens und die größte Stadt Skandinaviens. Vor allem aber ist Stockholm nicht eine Stadt. Stockholm ist viele Städte. Ein paar langsame Schritte über eine Brücke, und du hast die Insel mit den engen Gassen, dem Kopfsteinpflaster und den in blauen Uniformen steckenden Soldaten der Königlichen Garde verlassen und damit auch den Rummel und die Touristen und das Tamtam bei der Wachablöse.

Zwar ist Gamlastan, die kleine, runde Insel, auf der wie ein stolzes Dorf das innerste Zentrum Stockholms angeordnet ist, nicht halb so schlimm, wie die Warnungen aller Stockholmer befürchten ließen, dennoch bleibt der plötzliche Kulissenwechsel beeindruckend. Fünf Minuten zu Fuß, zwei Brücken, schon bist du auf Skeppsholmen, der Museumsinsel, und findest dich in einer ländlichen Landschaft, in der wie zufällig wunderschöne Wohnhäuser stehen, die wider Erwarten keine Ausstellungsstücke sind, sondern von ganz normalen Menschen bewohnt werden, die gerade dabei sind, ihr Blumenbeet zu wässern oder unter dem Sonnenschirm ein Stück Kuchen zu verzehren.

Der Blick von hier ist betörend: die bunten Häuser von Gamlastan gerade gegenüber, der Kai von Södermalm, wo die Ostseefähren und die riesigen Kreuzfahrtschiffe anlegen, im Sichtfeld. Merkwürdig, wie inbrünstig man sich bei so einer Aussicht um die Rosen kümmern kann.

In Stockholm wohnen der schwedische König Carl XVI. Gustaf, seine Frau, Königin Silvia, und laut Volkszählung vom Dezember 2015 935 619 bürgerliche Schwedinnen und Schweden. Die Stadt liegt auf 14 Inseln, die durch 53 Brücken miteinander verbunden sind. 30 Prozent der Stadtfläche sind mit Wasser bedeckt. An den Schleusen treffen das Salzwasser der Ostsee und das Süßwasser des Mälarsees aufeinander, was durch ein System von Schleusen intelligent bewirtschaftet wird.

Ich prägte mir diese Fakten ein, denn der Grieche hatte mich gebeten, ihm beim Abendessen das Wichtigste über die schwedische Kapitale zur Kenntnis zu bringen.

Er selbst hatte keine Zeit gehabt, dieselbe selbst in Augenschein zu nehmen. In der Hotellobby hatte er eine Dame kennengelernt, die ihn bat, sie in der Disziplin des Permarauchens zu unterrichten, und der Grieche hatte sie zu diesem Zweck auf sein Zimmer gebeten, und von dort waren die beiden bis jetzt nicht zurückgekehrt.

Also nahm ich mit großer Akribie die kulinarischen Angebote wahr, die mir Schwedens Hauptstadt machte. Ich aß im winzigen Feinschmeckerhaus von Björn Frantzén ein fantastisches Menü, das strikt der Nordischen Magna Charta folgt: Hier wird für eine Handvoll Gäste ausprobiert, was durch akzentuierte Zubereitung die Grenzen aller Konventionen und Zumutbarkeiten sprengt. 16 Gänge, vier Weine, kein einziges Gericht, das ich jemals schon so oder so ähnlich gegessen hatte.

Dann besuchte ich Matthias Dahlgren. Der hat nach der Schließung seines Feinschmeckerlokals «Matsalen» ein vegetarisches Restaurant eröffnet, das diese Kategorie neu definiert, Milch und Eier inklusive, keine Angst. Im informellen Superimbiss «Matbaren», der rund um eine große Bar angelegt ist, serviert Dahlgren nach wie vor kleine Gerichte, die man erst bestellt, wenn das vorherige bereits verzehrt ist. Der Wirt hat seine Gäste durchschaut: Man hat nur dann eine faire Chance, nicht viel zu viel zu ordern.

Der Grund für das überragende Niveau schwedischer Restaurants ist der: Es treffen sich in Stockholm urbane Spitzengastronomen mit dem Horizont von Weltreisenden und einem bäuerlichen Verständnis von Produktqualität. Das Geheimnis ihres Erfolgs besteht darin, dass sie ihren Kunden keine Kompromisse zumuten. Auf keiner Karte tauchen kulinarische Klischees auf, weil das Publikum sie vielleicht vermissen könnte. Tut es nicht. Stattdessen folgt das Publikum den Protagonisten einer neuen, nordischen Gastronomie in Scharen.

Ein Platz bei Frantzén muss Monate im Voraus gebucht werden. Bei Matthias Dahlgren gibt es kurzfristig vielleicht einen Platz in der Imbissstube, aber nicht im Restaurant. «Gastrologik» und «Oaxen» erfreuen sich regen Zuspruchs. Zustände wie seinerzeit in Paris, als die Hütten noch voll waren. Eine Philosophie findet ihre Zugewandten. Keine Indizien dafür, dass sich daran bald etwas ändern könnte.

Im Gegenteil: Mit der kulinarischen Hochkultur verhält es sich wie mit, sagen wir, Ringelblumen: Sind sie einmal im Garten, vervielfachen sie sich, so schnell kann man gar nicht schauen. Denn nicht nur Mathias Dahlgren, sondern auch Björn Frantzén und Magnus Ek haben ihren Gourmetbetrieben Bistros zur Seite gestellt. Im «Oaxen Slip», der im selben Haus wie der «Oaxen Krog» untergebracht ist, gibt es Neuinterpretationen von Klassikern der schwedischen Küche (Garnelen mit Mayonnaise, Lammherz mit Rüben und Kapern), im geräumigen «Flying Elk», das einen Häuserblock von «Frantzén» entfernt liegt, gibt es jede Menge Bier und großartige Empfehlungen von Frantzén wie das gegrillte Stubenküken, den grünen Apfel mit Dill, Schnittlauch und brauner Butter (u.v.a.). Frantzén hat im selben Karrée auch noch die Cocktailbar «The Corner» und die Weinbar «Gaston» eröffnet, wo man jeweils alten Bekannten aus der schwedischen Spitzengastronomie begegnet. Hier arbeitet der ehemalige Restaurantleiter des «Fäviken», dort ein ehemaliger «Oaxen»-Habitué oder umgekehrt oder bald wieder.

Das ist auch das Geheimnis hinter dem Boom der Gastronomie in Schwedens Hauptstadt. Viele Mitarbeiter, die ihr Handwerk in den Spitzenbetrieben gelernt haben, machen sich selbstständig und gründen eigene Pubs, Restaurants, Bars und Imbisse, denen in aller Holzfällerhemd-und-Tattoo-Lässigkeit ein unbedingter Drang nach Qualität gemeinsam ist. In diese Kategorie fallen das radikal saisonale Restaurant «Volt», das in einer ehemaligen Quartierkneipe in Östermalm untergebracht ist, das Gastropub «Pubologi» in Gamlastan, wo eine sehr ehrgeizige und ansprechende Küche an einem überlangen Tisch serviert wird, an dem alle Gäste Platz finden müssen (außer sie sichern sich den winzigen *Kitchen table*) oder das kleine «Speceriet» an der Artillerigatan 14, wo man nicht reservieren kann und, wenn man einen Tisch ergattert, köstliche Snacks wie das Beef Tatar mit Hühnerleber oder 30 Monate alten schwedischen Käse bekommt, ganz zu schweigen von den Fish and Chips vom Steinbutt mit Artischockenchips.

Das «Speceriet» wiederum gehört zum neuen Gourmetrestaurant «Gastrologik», das so eng mit den Produzenten seiner Lebens-

mittel zusammenarbeitet, dass man sich täglich auf deren Empfehlungen verlässt und keine fixe Karte anbietet. Das Menü heißt
dementsprechend «Let Today's Produce Decide» und verbindet
Kreativität und Bodenständigkeit auf höchst eindrucksvolle Weise.

Auch das nach ihm selbst benannte Restaurant des Fernseh-
kochs Niklas Ekstedt wartet mit einem erstaunlichen Konzept auf:
in der Küche des «Ekstedt» wird nur auf offenem Feuer gekocht,
gebraten und gesotten, und wer glaubt, dass dieser archaische Ansatz
eine Art Paläo-Küche hervorbringt, irrt: Ekstedts Gerichte sind gut
konstruiert und sehr elegant umgesetzt. Sein im Heu gegartes Bries
zum Beispiel ist eine grandiose Delikatesse. Alle Bestandteile des jeweiligen Menüs werden nach der spezifischen Zubereitungsmethode
vorgestellt, von «in der Asche gegart» über «gegrillt» bis «flambiert».

Manchmal aber geht es auch ganz einfach. Zum Beispiel haben
ehemalige Sommeliers von «Frantzén» etwas abseits des Zentrums
ein Restaurant eröffnet, das sich ganz den einfachsten Genüssen
widmet. Es heißt «Babette» und man bekommt Frühkartoffeln mit
grüner Sauce oder Kabeljau mit *Caponata* – dazu freilich eine Auswahl an Weinen, auf die man neidisch werden könnte, wenn man
nicht gerade da ist.

Zum Frühstück ließ ich mir in der «Villa Källhagen» einen Lachs
braten. Er war frisch, auf der Haut gebraten, das Fleisch löste sich
leicht und war luftig und roch gut und schmeckte nach Lachs. Es
beschleunigt deine Laune, zum Frühstück einen Lachs zu essen.

Dem Wasser entlang spazierte ich in die Innenstadt. In der Stadt
herrschte Chaos. Lautes Hupen und Geschrei. Dröhnende Musik.
Lastautos, deren Ladefläche mit Birkenästen und schwedischen Flag-
gen geschmückt waren, cruisten im Schritttempo durch die Avenuen
und brachten den Verkehr zum Erliegen.

Auf der Ladefläche keine Ladung, wenigstens nicht im engeren
Sinn: Kohorten junger Menschen tanzten und schrien und schrien
und tanzten, während die LKWs bedächtig hupend ihre Runden
drehten, wo normalerweise die Busse der Pauschaltouristen einen
Parkplatz suchen.

Ich fragte einen der lächelnden Passanten, was denn hier für ein Film gedreht werde. Freundlich antwortete er, dass die jungen Herrschaften gerade erfolgreich die Schule absolviert hätten und sich eine Feierstunde gönnten. Die Stadt liege lahm. Er warte jetzt auch schon seit einer Stunde auf ein Taxi, wahrscheinlich warte er noch eine: «Ist es nicht herrlich?»

Also nahm ich das Schiff und fuhr hinüber zum Slussen, dem Brückenkopf zwischen Altstadt und der Insel Södermalm, auf der die nicht ganz so schicke Bevölkerung Stockholms zu Hause ist. Unter dem Brückengewirr trennt eine Schleuse die Ostsee vom Süßwasser, ein Aufzug bringt dich zu einer Aussichtsterrasse, von der du einen fantastischen Blick über die Stadt hast und ihre verschiedenen Qualitäten sortieren kannst.

Ich kriegte Hunger. Mir stand der Sinn nach etwas Einfachem, Deftigem. Mitten im Beton der Schleusenarchitektur stand ein Kiosk mit aufgeklapptem Visier. Auf dem Dach prangte ein gelber Fisch. Die rote Schrift verriet, dass es hier Hering gab.

Das wusste allerdings nicht nur ich. Die Schlange der Menschen war endlos. Gut, dass ich über den angelernten Reflex verfüge, lange Schlangen für vielversprechend zu halten, es sei denn, ich befinde mich im Postamt.

Es dauerte ewig, bis ich vor der offenen Luke stand und die Köchin dabei beobachten konnte, wie sie saftige Heringstücke für die Verwendung in Semmeln oder auf Papptellern präparierte. Sie tat es mit flinken Handgriffen, aber voller Sorgfalt. Aus der Garküche roch es appetitlich, und gerade als ich mich entschieden hatte, meinen Hering mit Zwiebeln und Dille ausstatten zu lassen, stach mir die SLOW-FOOD-Schnecke ins Auge, die zwischen den Plastikbechern für den Kartoffelsalat auf einem Glasregal lehnte. Hübsches Paradoxon: SLOW FOOD empfiehlt Fast Food.

Als ich hinter dem Garküchenanhänger meinen Hering verzehrte, wusste ich, wie das gemeint war. Der Fisch war delikat. Er besaß Biss, war gut gewürzt – und wer zu Mittag gern eine ganze Zwiebel verspeist, kommt hier auch voll auf seine Rechnung.

Plötzlich musste ich an den Griechen denken. Wo zum Teufel der Kerl wohl steckte? Ich überlegte gerade, ob ich mir doch besser Sorgen um ihn machen sollte, als ein roter Pinzgauer langsam auf mich zusteuerte. Der Wagen war mit Birkenästen geschmückt, an seiner Flanke hing ein Transparent, das in Großbuchstaben «*Rock the future*» forderte.

Aber aus dem Lautsprecher strömte nicht das übliche *Bumm-bumm* der Schulabgänger. Was war das bloß für ein Sound?

Der schleppende, zähflüssige Rhythmus blieb sofort an mir kleben. Der durch die schlechten Lautsprecher grotesk verzerrte Klang einer Zymbal, die sich die längste Zeit mit einem einzigen, hingebungsvoll angeschlagenen Ton begnügte, das war …, Herrgott, das war «Alexis Sorbas»!

Ich starrte auf die Ladefläche. Durfte das wahr sein?

Der Grieche schenkte mir ein seliges Lächeln. Er lächelte, als würde er *Sirtaki* tanzen. Selbstvergessen. Sehnsuchtsvoll.

Kein Wunder: Er tanzte *Sirtaki*. Mit dreißig Schwedinnen. Auf der Ladefläche eines roten Pinzgauers.

Schüchtern hob ich die Hand mit der Heringsemmel und winkte ihm zu.

Die Zymbal zog das Tempo an. Der Fahrer betätigte die Hupe im Takt. Der Grieche wollte mir etwas sagen, aber ich verstand ihn nicht. Er kämpfte sich zwischen den hopsenden Mädels zum Rand der Ladefläche und winkte mich zu sich.

«Hier bist du also», schrie ich in den Lärm. «Wo warst du die ganze Zeit?»

Doch der Grieche nahm mir bloß den Hering aus der Hand und sagte: «Hmm. Danke.»

grundsatz» bezeichnen, wie er von der Weinwirtschaft gern gepflegt wurde und wird.

Aber vor zehn, fünfzehn Jahren begannen einzelne Winzer, aus dem Mainstream des Weinmachens auszuscheren. Sie wollten sich nicht länger an den berühmten Vorbildern aus Frankreich und Italien orientieren, sondern neue Wege gehen. Sie verzichteten auf chemische Spritzmittel, begannen die Weingärten nach den biodynamischen Prinzipien Rudolf Steiners zu bewirtschaften, lehnten längst durchgesetzte technische Standards in der Kellerwirtschaft ab und versuchten mit Betongärständern oder Amphoren, längst verloren geglaubten Weingeschmäckern nachzuspüren.

Was zuerst Einzelgängern im italienischen Karst, im kroatischen Istrien, aber auch im Burgund und im französischen Jura vorbehalten war, hat sich zu einer ausgewachsenen Bewegung formiert. Unter verschiedenen Etiketten – sei es «Naturwein», «Biowein», «Amphorenwein», «Orange Wine» – kommen immer mehr Weine auf den Markt, die mit herkömmlichen Maßstäben nicht mehr gemessen werden können, weil sie für den Weinkenner von gestern «fehlerhaft» schmecken oder im günstigsten Fall «ungewohnt».

Naturwein. Im Trüben fischen

Die Weinwelt hat sich in den letzten zehn Jahren dramatisch verändert, und sie verändert sich rasend weiter. Vielleicht sieht man ihr das nicht auf den ersten Blick an, denn noch immer werden Weine gekeltert, etikettiert, importiert und exportiert, und wenn man in der Pizzeria Lust auf einen Halben Rotwein hat, dann bekommt man einen.

Andere Gewissheiten wanken. Während langen Jahren gab es eine fast natürlich anmutende Hierarchie von Weinen, die bei den leichten Weißweinen vom Genfer- oder Zürichsee begann und sich über zahllose Stufen hinaufarbeitete zu den unantastbaren Weltmarktführern aus dem Burgund und dem Bordeaux. Diese Hierarchie war die Grundlage einer entsprechenden Preispolitik, die es legendären Chateaus wie Romanée-Conti oder Petrus ermöglichte, Fantasiepreise für ihre Weine aufzurufen. Das hinderte reiche Etikettentrinker aus aller Welt freilich nicht daran, für eine Flasche Wein deutlich mehr als tausend Euro auszugeben, im Gegenteil. Dass sich dabei auch eine aggressiv bewirtschaftete Spekulationsblase bildete und dass die hochkapitalisierte Weinszene von Betrügern und Schwindlern unterwandert wurde, ist dabei nur ein Teilaspekt. Die Kernbotschaft aber lautete: Je teurer ein Wein, desto besser. Man kann das ohne Weiteres als den «Vertrauens-

Gleichzeitig aber hat sich rasant eine Gegenbewegung zum konventionellen Weinbau entwickelt, die jung, engagiert und weltoffen ist. Winzer aus aller Welt vernetzen sich mit Händlern und Sommeliers, um einander zu unterstützen. Dabei entstand die Naturweinmesse RAW, die in verschiedenen Metropolen abgehalten wird und neuen, ungewohnten Geschmäckern ein ansprechendes Forum bietet. Restaurants aus Nordeuropa waren federführend dabei, ihre Weinkarte von teuren Markenweinen zu befreien und durch moderne Naturweine zu ersetzen. Dieser Trend setzt sich rasant fort. In vielen Bars und Trendlokalen Londons, Portlands oder Brooklyns gibt es nur noch diese neue Art von Weinen, auch wenn sie durchaus gewöhnungsbedürftig sind.

Das Ergebnis ist großartig: Es herrscht babylonische Verwirrung. Die alten Gewissheiten gelten nicht mehr, unser eigenes Geschmacksempfinden steht auf dem Prüfstand. Was eine Selbstverständlichkeit sein sollte, ist mangels neuer Anhaltspunkte nackte Realität: Nur was schmeckt, ist gut. Die Bewertungssysteme von Parker abwärts sind ausgehebelt. Für die neuen Bewertungssysteme ist niemand anders zuständig als wir selbst.

Ein Südtiroler Koch reist nach Südtirol,
um die besten Südtiroler Knödel zu essen.
Weiß. Rot. Grün. Ich reiste mit.

Südtirol

«Diese Knödel ...», sagt Trettl, während wir Bozen ansteuern. Dann vergisst er leider weiterzusprechen und starrt versonnen ins Leere.

«Was ist mit den Knödeln?», frage ich nach einer angemessenen Pause.

Trettl zuckt zusammen. Ich habe ihn offenbar aus sehr privaten Gedanken geholt.

Er strafft die Schultern und hält aus dem Stegreif eine Sonntagspredigt.

«Diese Knödel im ‹Patscheider Hof›», sagt er, «sind so gut, dass der Teufel seine Streichhölzer abgeben würde, damit er welche bekommt.»

«Und der Herrgott?», frage ich gewitzt.

«Der Herrgott ...», sagt Trettl mit einer dramaturgischen Hebung, wie er sie als TV-Showmaster natürlich aus dem Effeff beherrscht, «... der Herrgott hat sie persönlich gekocht.»

Die Latte liegt also ziemlich hoch, als wir nach zahlreichen Spitz-
kehren endlich auf dem Ritten angekommen sind, dieser breitschultrigen Hochebene oberhalb von Bozen. Hier ist Trettl aufgewachsen,
wäre gern Eishockeyprofi geworden, ließ sich aber von Eckart Witzigmann überzeugen, dass auch das Kochen eine Herausforderung
sein kann, und machte Karriere. In der «Aubergine», im «Cas Puers»,
im «Hangar-7». Zuletzt im Fernsehen.

Auf dem Ritten liegt auch der «Patscheider Hof», und zwar
in ziemlich privilegierter Lage. Von seiner Terrasse aus ist Südtirol
noch einmal eine Dimension eindrucksvoller als von der Autobahn
aus gesehen. Wo immer man hinschaut, möchte man sein: in den
Obstgärten, den Weinbergen, den Burgen, auf den Gipfeln.

Trettl genügt ein Tisch mit Aussicht auf einen Teller Knödel.

Auf einem überdimensionalen Teller liegen Knödel in drei unterschiedlichen Farben, tiefgrün vom Spinat, blutrot von der Roten
Bete und vom gelben Weiß eines jungen Käselaibs.

«Das sind sie also», sage ich überflüssigerweise, aber Trettl
hört mich nicht. Er isst schon, tief über den Tisch gebeugt.

Zu den Knödeln des «Patscheider Hofs» ist Folgendes zu sagen
(ich zitiere aus der hastig in mein Notizbuch gekritzelten Zusammen-
fassung des Essens, das nach den Knödeln noch grandiose Schlutz-
krapfen, Rippchen und eine monumentale Schlachtplatte umfasste,
Kaffee und Cremeschnitte sowieso): «Knödel: Besser als jeder andere
Knödel, den ich jemals aß. Inklusive die von meiner Oma. Flaumig,
intensiver Geschmack, vor allem aber eine Eleganz, die es sonst nur
im abgefahrensten *Fine Dining* gibt. Leider wahr: Trettl hatte recht!»

Es ist ein Spaß, mit Trettl durch Südtirol zu reisen. Trettl mag Südtirol, und Südtirol mag Trettl. Wenn wir durch die Innenstadt von
Bozen spazieren und im wundervoll getäfelten Traditionswirts-
haus «Vögele» einen Espresso trinken, wird Trettl gleich einmal
den neuen Tratsch los und hört umgekehrt, dass man ihn gerade
im Fernsehen gesehen hat und dass «du es dem Mälzer aber ordentlich hineingesagt hast, du Sauhund» (nicht erschrecken, das ist ein
verbales Auf-die-Schulter-Klopfen).

Wenn wir in Brixen in der Konditorei «Pupp» einen Cappuccino schlürfen und dazu ein makelloses Croissant verzehren, hockt sich zuerst die Hausherrin an den Tisch und dann ein weit über Südtirol hinaus bekannter Komiker, während Trettl versucht, sich auf sein Croissant zu konzentrieren. Allerdings will es ihm nicht so recht gelingen, gleichzeitig aufmerksam zuzuhören und aufmerksam zu essen, und wenn sich Trettl für eines von beiden entscheiden muss, dann leidet notfalls die Qualität seiner Rhetorik.

Dann macht er sich wieder frei von all den Bekanntschaften und zeigt, was er an den schweren, trutzigen Innenstädten von Brixen und Bozen mag, die von der Sonne des Südens komplementär ausgeleuchtet werden.

Zum Beispiel nehmen wir im «Carretai» ein paar *Cicchetti,* Mortadella mit Gurke, Salami, Kroketten, und trinken einen moussierenden Weißwein. Die Brötchen kosten einen Euro, man nimmt sie im Stehen oder an groben Holztischen zu sich, und es fühlt sich an, als wäre man durch die Schleuse einer Raum-Zeit-Maschine ins Venedig der 1960er-Jahre gebeamt worden.

Aber das ist ja eine der großen Qualitäten Südtirols. Die alpinen Selbstverständlichkeiten des Gebirgslands – viel Sonne, Wein, Speck und eine bewegte Geschichte – verbinden sich organisch mit der importierten *Italianità*.

Ganz einfach ist die Unterscheidung nicht: Wer «Südtiroler Speck g.g.A.» kauft, kann zwar sichergehen, dass sein Speck nach «traditionellen Methoden» hergestellt wurde. Das heißt: Die Keulen, welche die Südtiroler liebevoll Schlegel nennen, werden nur leicht kalt geräuchert und dann mindestens 22 Wochen an der Luft gereift. In Südtirol. Das garantiert ein mildes, mürbes Fleisch. Wer allerdings einen Speck haben will, für den Schweine verwendet werden, die auf Südtiroler Bauernhöfen lebten und gefüttert wurden, muss auf ein anderes Siegel achten: Es heißt «Südtiroler Bauernspeck» und ist ungleich seltener, zumal für den «g.g.A.»-Speck vor allem aus Holland und Dänemark importierte Schweineschlegel verwendet werden. Genaue Kontrolle des Siegels lohnt sich also im Zweifelsfall.

Als wir zum Beispiel über den Bozner Obstmarkt marschieren, liegt dort eine so prächtige Auswahl an Saisongemüse vor den Ständen, dass Trettl sich zurückhalten muss, mit beiden Händen einzukaufen, schließlich haben wir noch einiges vor. Denn ins Konzert bleibender Größen von Südtirols kulinarischer Gegenwart – Norbert Niederkofler im «Rosa Alpina» in San Cassiano, die Baumgartner-Brüder im «Schöneck» in Falzes, Gerhard Wieser in der «Trenkerstube» in Dorf Tirol, um nur die bekanntesten zu nennen – mischen sich neue Stimmen, die gehört werden wollen.

In Tscherms hat sich nämlich Küchenchef Othmar Raich in der «Miil» einquartiert, einer ehemaligen Mühle, die mit sorgfältiger Hand renoviert und funktionsfähig gemacht wurde. Gleich beim Eingang die Bar, an der man einen leichten Sauvignon nehmen kann oder das ganze Menü, wenn alle Plätze besetzt sind.

Hier gibt es Gerichte zu essen, die ziemlich prototypisch für die Fusion regionaler und südlicher Einflüsse stehen: Kuhfrischkäse von nebenan in einem hausgemachten *Cannelono,* Kalbstatar mit leicht getoastetem Tramezzinibrot und einer feinen Pilzcreme, ein rosa gebratener Kalbsrücken in einem deftigen *Chorizo*-Fonds, ein gebackenes Kalbsbries mit Artischockencreme: dazu eine interessante Auswahl durchgesetzter und neu auf der kulinarischen Landkarte aufgepoppter Weine.

Auf dem Ritten hat im «Restaurant 1908» im «Parkhotel Holzner» – übrigens Roland Trettls Lehrbetrieb, wie er nicht müde wird zu betonen – jüngst ein neuer Küchenchef das Kommando übernommen. Stephan Zippl, selbst Rittner, führt fort, was Markus Schenk begonnen hat: eine puristische Hochküche unter Verwendung von Produkten aus der unmittelbaren Nähe, ist doch der Ritten bekannt für sein Vieh, sein Gemüse, sein Obst, seine Kräuter.

Das kann ein berückendes Tatar von der Forelle sein, ein abgeflämmter Zander oder auch die langsam gegarte Brust vom *Wagyu*-Beef, und dochdoch, dieses Beef ist auch ein regionales Erzeugnis.

Denn nicht nur die Köche kommen von ihren Streifzügen durch die Welt mit neuen Ideen zurück nach Südtirol, auch verschiedene Produzenten haben so ihre Ideen.

Spektakulär ist das Projekt des jungen Stefan Rottensteiner. Der 25-Jährige, dessen Familie seit Generationen den Oberweidacherhof auf dem Ritten betreibt, suchte nach Impulsen für den «normalen Milchviehbetrieb», wie er den wuchtigen, ausladenden Bauernhof nennt, und stieß auf das sagenumwobene *Wagyu*-Rind. Als er nach den langen Elogen auf das besondere Fleisch der Rasse zur Information durchdrang, dass auch in Holland und Deutschland *Wagyu*-Rinder gezüchtet werden, sah er sich diese Betriebe an und traf die Entscheidung, es selbst zu versuchen.

Er kaufte Tiere und Embryonen und begann mit dem Aufbau seiner Herde. «Wir wollen uns», sagt Rottensteiner, «nicht mit den Japanern vergleichen, sondern etwas Traditionelles auf moderne Weise mit Leben erfüllen.»

Als die kleinen, zotteligen *Wagyu*-Rinder ankamen, gab es bei Nachbarn und Kiebitzen noch Getuschel und Kopfschütteln. Inzwischen ist das Projekt angenommen, und die gehobene Gastronomie weiß mit dem speziellen Fleisch hervorragend umzugehen. Rottenschlager plant inzwischen Versuche mit ausschließlich grasgefütterten Rindern und lang gelagertem Fleisch. Er wird die Herde vergrößern und auf dem Oberweidacherhof eine eigene Metzgerei einrichten, die Sache ist noch lange nicht ausgereizt.

Die Bergapfelsäfte, die Thomas Kohl auf dem Ritten herstellt (umwerfend: der sortenreine Saft von der Ananasrenette), haben es längst zu flächendeckender Popularität gebracht, die Kohl-Säfte sind Stammgast in den Feinschmeckerläden ganz Europas. Die Idee, dem Milchland Südtirol neue Impulse zur Fabrikation erstklassigen Käses zu verleihen, hat in Vintl, am Eingang zum Pustertal, sogar ein veritables Monument geboren.

Die Feinkäserei «Capriz» entspringt einer philantropischen Geste des SALEWA-Inhabers Heiner Oberrauch, der zu Recht eine ungenügende Qualität bei der vorhandenen Milchwirtschaft feststellte – und reagierte: Er ließ eine Schaukäserei, ein Käsemuseum und ein Restaurant errichten, eigenwillig gestaltet als Kupferkessel mit quer daraufliegendem Käsestück, Grundfläche: tausend Quadratmeter.

Hier entsteht seither ein breites Angebot von traditionell erzeugtem und oft sehr ehrgeizig affiniertem Käse, vom frischen Ziegenkäse zum kräftigen Bergkäse und allerlei Weichkäsen.

Dass diese Produkte der Rede wert sind, hat mit der speziellen Situation der Südtiroler Milchwirtschaft zu tun, die einen Großteil ihrer Milch an die Industrie liefert, die u.a. Mozzarella daraus macht. Den ersten Kontrapunkt setzte in den 1990er-Jahren Hansi Baumgartner, der mit seinem «Fabrikladen» in Vahrn zur Instanz des handwerklich gemachten Südtiroler Käses aufstieg. Die «Feinkäserei» fügt diesem Angebot nun ihres hinzu. Das erste (inzwischen jedoch etwas aufgeweichte) Konzept für das angeschlossene, kleine Restaurant schrieb übrigens Roland Trettl.

Auch aus einer anderen Ecke, wo während Jahrzehnten äußerst statisch agiert wurde, kommen neuerdings Innovationen. Kein Zufall, dass Martin Gojer vom Weingut Pranzegg mit einem T-Shirt auftaucht, auf dem in großen, roten Lettern «Rebello» steht.

Gojer, Mitte dreißig, musste schon früh die Weingärten der Eltern übernehmen, in denen diese auf halber Hangebene über Bozen Trauben produziert und sie an eine Genossenschaft verkauft hatten.

Dieses Geschäft gefiel ihm nicht. Er reiste durch zahlreiche Weinregionen der Welt und holte sich Anregungen. 2008 und 2009 brachte er erste Ernten ein und produzierte – «mit meinem Bergführer», dem Kellermeister aus Terlan – den ersten eigenen Wein.

Gojer dachte nicht zuerst an Umsätze, sondern daran, wie er mit dem Wein «ausdrücken kann, was ich empfinde». Das mag ein bisschen esoterisch klingen, ist aber durchaus radikal gemeint. Gojer kelterte aus Vernatsch-Trauben einen exzellenten, kühlen und feingliedrigen Rotwein namens «Campill» – und handelte sich eine Menge Schwierigkeiten mit den Instanzen ein, die darüber entscheiden, ob ein Wein «sortentypisch» ist oder nicht.

Gojer stand also vor der Entscheidung, ob er seinen Wein verändert – oder die Herkunftsbezeichnungen schwärzt. Er entschied sich für zwei und durchlüftete auf diese Weise die Szene, die nicht daran geglaubt hatte, dass einer so selbstbewusst vorgehen kann, bevor er berühmt ist. Aber es geht auch umgekehrt.

Auch Manni Nössing, dessen Weingut oberhalb von Brixen liegt, lebt mit dem Etikett «Rebell». Er hat entsprechend kräftige Sprüche auf Lager, zum Beispiel: «Meine Weine werden nicht ausgezeichnet, sondern ausgetrunken» oder «Revolution ist für mich ein wichtiges Wort».

Nössing setzte früh auf eine außergewöhnliche Weinsorte, den in Südtirol äußerst seltenen Kerner. Schon die erste Kerner-Ernte 2002 erregte Aufsehen, und bis heute ist der aromatische, zugängliche Wein sein Zugpferd. Er pflanzte auf 800 Metern einen duftigen Müller-Thurgau und nannte ihn «Wolkenwein». Er stritt mit ungefähr allen Weinbaufunktionären des Landes und versöhnte sich wieder (sobald er sich durchgesetzt hatte). Seine Weine sind manchmal einfach, manchmal ungewöhnlich. Der aktuelle Kerner zum Beispiel hat Charme und eine ganze Menge Kraft. Irgendwie gleicht dieser Wein seinem Winzer, der natürlich auch dafür gleich den passenden Spruch weiß: «Ich liebe die Kultur des Einfachen. Aber auf höchstem Niveau.»

Das könnte natürlich auch ein Slogan für den «Patscheider Hof» sein, siehe oben. Dabei haben wir Manni Nössing und Martin Gojer an einem ganz anderen Ort getroffen, dem modernistischen «Brix.0.1» im Brixner Lidopark.

Hier sind ein paar junge Männer, angeführt von den beiden *Local Heroes* Philipp Fallmerayer and Ivo Messner, angetreten, das Rad neu zu erfinden. Umgeben von futuristischer Architektur, direkt am Wasser, betreiben sie ein Konglomerat von Labstellen, vom Café, wo man frühstücken und Eis essen kann, über ein Gastropub mit den gerade unvermeidlichen Burgern bis zu einem Restaurant, das an sich selbst nicht weniger als höchste Ansprüche stellt.

Es gibt *Burrata* mit Tomaten, Zwiebeln und Olivenpulver, Rindertatar mit Spargel und gepufftem Dinkel, Ravioli mit einem Apfel-Sellerie-Gel und ähnlich kreative Angebote. Die Beschreibungen der Vorspeisen sind jeweils ein bisschen ehrgeiziger als ihre Umsetzungen, und es ist ein Glück, dass es in einer Kühlvitrine neben der offenen Küche ziemlich große, ziemlich dunkle, also ziemlich respekteinflößende Teile vom *Dry Aged Beef* gibt, das uns der Küchenchef als Hauptgang zubereitet.

Trettl genießt das Beef, aber er schaut immer wieder ziemlich angestrengt aus dem Fenster, hinüber auf ein großes Gebäude, aus dem gerade zahlreiche junge Menschen strömen. Es ist die «Landesberufsschule für das Gast- und Nahrungsmittelgewerbe».

«Da habe ich kochen gelernt», sagt er kopfschüttelnd und nimmt einen großen Schluck von Martin Gojers leichtem Rotwein. «Aber eines weiß ich bis heute nicht.»

«Was?», fragt Manni Nössing.

«Wie man richtig Knödel macht.»

Trettl schaut mir jetzt tief in die Augen, er sucht Bestätigung für einen Plan, der ihm gerade eingeschossen ist: «Ich glaube, wir müssen noch einmal zurück auf den Ritten.»

Zuerst ein paar Falafel, aber am richtigen Stand. Dann der Gang über den Carmel-Markt, die richtige Adresse und, wie ein Blitz, die Erkenntnis, dass Yotam Ottolenghi gar nichts erfinden, sondern nur die Essenz von Tel Aviv in passende Gerichte verwandeln musste. Eine Stadt wie ein Fest.

Tel Aviv

Spätestens am frühen Nachmittag verwandelt sich die Strandpromenade von Tel Aviv in ein Fitnessstudio. An den Geräten, die alle hundert Meter fix montiert sind, verhöhnen junge Menschen mit definierten Bäuchen, Sixpack ein Hilfsausdruck, die Schwerkraft, indem sie sich am Hochreck und an den Ringen bewegen, als wäre die Erdanziehungskraft abgeschafft.

Ich beobachtete mich dabei, dass ich, obwohl es völlig sinnlos war, den Bauch einzog und die Brust reckte, als würde auch irgendwer mich taxieren, den Plumpssack in diesem Ensemble ästhetischer Perfektion. Egal, ich fühlte mich trotzdem um eine Spur besser.

Mit eingezogenem Bauch ging ich weiter, um den Fußballern zuzuschauen, die nebenan Beachvolleyball spielten, allerdings nicht mit den Händen, sondern mit Fuß, Schulter, Kopf und ja, Hintern. Die Typen waren so virtuos in ihrer Fähigkeit, den Ball nicht in den Sand fallen zu lassen und nach gewagtem Hin und Her über das Netz zu bugsieren, dass ich keine andere Chance sah, als den Bauch wieder der Schwerkraft zu übergeben, die also doch nicht abgeschafft war, mich hinzusetzen und zuzuschauen.

Es hat schon einen Grund, warum während der Übertragung der Superbowl jedes Jahr so viele Tausend Tonnen Chips und Guacamole verzehrt werden. Man kriegt, wenn man anderen dabei zusieht, wie sie schwitzen, einen perfiden Appetit. Der Stoffwechsel verfügt über eine hinterhältige Empathie. Die Typen strengen sich an, sie müssen Durst haben. Also habe ich auch Durst. Wenn sie trinken, sollten sie auch essen, und wenn sie keine Zeit zum essen haben, könnte ja ich ihnen aus der Patsche helfen, indem ich mir stellvertretend ein paar Falafel in den Kreislauf stelle.

Ich war nicht ganz ohne Vorbereitung nach Tel Aviv gefahren, deshalb wusste ich, dass es Diskussionen darüber gibt, welcher Laden als der beste Falafelstand durchgeht. Allerdings verlief diese Diskussion entlang von Argumenten, die mir nicht unbedingt einleuchteten.

Thema eins, der Preis. Hat der einen Einfluss darauf, wie gut die Falafel ist? Klar, und wenn schon nicht bei der Mischung aus Kichererbsen und Kräutern, dem *Fleisch* der Falafel, dann sicher beim Öl, in dem sie frittiert werden. Ich neige also eher zu teuren Falafeln. Die gibt es namentlich im «HaKosam» an der Shlomo HaMelech 2, nur ein paar hundert Meter vom Dizengoff Square entfernt, und jede andere Falafel Tel Avivs muss sich an dieser messen lassen. So, damit wäre die Spannung draußen.

Die Diskussion geht freilich weiter. Thema zwei: Muss ein bester Falafelstand aus Authentizitätsgründen abgefuckt sein? Ich finde Nein. Wenn der Standler die besten Falafel macht, dann darf er sogar von mir verlangen, dass ich mir eine Krawatte um den sonnenverbrannten Hals hänge, während ich mir aussuche, was zu den frisch frittierten Bällchen in den Schlund des Pitabrots kommt; gesäuertes Rotkraut, eine frittierte Aubergine, Zwiebeln, Tomaten, cremiges Hummus, also eigentlich alles, was in der Vitrine vor mir aufgebaut ist. Will der «HaKosam»-Standler das? Natürlich nicht, aber er hat einen kleinen Garten aus halbschicken Outdoormöbeln auf der

Straße aufgebaut, wo man seinen Imbiss verzehren kann, was Streetfood-Puristen verscheucht. Sie wollen nicht nur wenig zahlen, sondern dafür auch angemessen schlecht behandelt werden.

Thema drei: Okay, die Musik bei «HaKosam» ist tatsächlich eine Herausforderung. Aber wenn die Falafel so exzellent sind wie hier, so locker und würzig, umschmeichelt und gekost von den anderen Bestandteilen des Imbiss, dann können sie von mir aus die Wildecker Herzbuben spielen.

Zugegeben, der Imbiss bei «Sabich Tchernikovski» in der Tchernikovski-Straße war auch nicht schlecht, man musste halt auf einer übervölkerten Parkbank sitzen und sich ankleckern, ohne dafür eine Serviette in Reserve zu haben. Aber das Pitabrot mit frittierten Auberginen, Hummus, Gemüse und harten Eiern ist durchaus zufriedenstellend. Es erinnert, wenn man möchte, an seinen Erfinder Sabich Tsvi Halabi, der aus dem Irak nach Israel emigrieren musste und seine Leibspeise dort zum Streetfood machte. Wenn man sich am Strand gerade den kleinen Hunger für zwischendurch geholt hat, dann ist auch der Abstecher in die Tchernikovski-Straße empfehlenswert.

Ich versuche also, in eines der tausend WLAN-Netze zu kommen, die über Tel Aviv liegen, um herauszufinden, ob es von hier näher zu «HaKosam» oder zu «Sabich Tchernikovski» ist. Die Stadt ist ja ein Zentrum des digitalen Fortschritts, jedenfalls, wenn man ein Passwort kennt oder so reich ist, dass der Begriff «Datenroaming» keine Rolle mehr spielt.

«HaKosam» war übrigens nicht der einzige Ort, wo ich zu essen bekam und augenblicklich vor mir selbst den Eid ablegte, die Stadt nicht zu verlassen, ohne hierher zurückzukehren. Der zweite Ort hat auf meinem GOOGLE-MAPS-Profil, als ich dann im Internet war, ein großes, rotes Herz bekommen. Er liegt am Rand des Carmel-Markts und heißt «HaBasta».

Es gehört zum touristischen Pflichtprogramm, über den Carmel-Markt zu schlendern. Die Marktgasse verläuft schnurgerade vom Poli House Richtung HaKovshim-Garten, und ich kann nur raten, die Begehung von unten nach oben, nämlich von der HaKov-shim-Seite zu beginnen, wo es die Obst- und Gemüsestände gibt, und nicht von der Innenstadtseite, wo doch ein-, zweihundert Meter Standfläche darauf verschwendet werden, unnötigen Krempel zu verscherbeln. Man kann beim Anblick gefälschter «Manchester United»-Trikots und «I ♡ TLV»-T-Shirts allzu schnell müde werden und den Markt als Touristenfalle abtun. Aber das wäre schade.

Auf dem Carmel-Markt ließ ich mir den besten Granatapfelsaft der Welt auspressen, bittersüß und tiefrot, und gleich neben dem Carmel-Markt, in einer kleinen Gasse namens HaShomer, kehrte ich in einem Restaurant namens «HaBasta» ein, um zu begreifen, was Tel-Aviv-*Cuisine* ist: ein voller Tisch mit unzähligen kleinen Tellern, von denen alle, die am Tisch sitzen, essen, bis die ersten Teller leer sind und die nächsten kommen.

Blumenkohl mit *Tahini*. Kohlrabi mit Ziegenkäse. Auberginen-creme mit *Labneh*. Marinierte Aubergine mit geräucherter *Labneh*. Zucchini mit einer Füllung aus geräuchertem Fisch. Rote Rübe mit roher Makrele. Spieße vom *Red Snapper*. Artischocken-Carpaccio. Kräutersalat mit Blauschimmelkäse.

Klammer auf: Außerdem hat das «HaBasta» eine Weinkarte von erster Qualität. Die Weine sind nicht nur gut ausgesucht – Burgund, Rhone, Jura, auch eine Selektion israelischer Weine –, sondern so fair kalkuliert, dass du sehr streng zu dir sein musst, wenn du nicht mehr trinken sollst, als du eigentlich willst. Klammer zu.

Jedes der Gerichte war für sich eine kleine Sensation. Jedes Gemüse schmeckte identitätsstiftend und war dazu so gut gewürzt, dass sein Eigengeschmack optimal zur Geltung kam. Das Spiel mit den Konsistenzen war fabelhaft, und es dauerte nur wenige Minuten, also vielleicht sechs Vorspeisen lang, bis mir klar war, dass Yotam Ottolenghi nichts erfunden, sondern nur die Augen aufgemacht hat. Gerade die vegetarischen Gerichte ließen nichts, aber auch gar nichts vermissen, nicht den Biss, nicht die Saftigkeit, nicht die Würze, nicht die Textur, sodass mir schlagartig zu Bewusstsein kam, dass du auch als ausgewiesener *Carnivore* kein Problem damit hast, in Israel als Vegetarier zu leben. Dieser genießerische Verzicht war bekanntlich

Die optimale Falafel

Der Hunger ist bekanntlich unberechenbar. Ich zum Beispiel bin fast täglich bass erstaunt über das nagende Gefühl in meiner Magengegend, wenn es überraschenderweise Mittag wird und ich plötzlich mit Röntgenblick die Angebote zu sortieren beginne, die es links und rechts an der Straße gerade gibt.

Burger, noch mehr Burger, vielleicht eine Wurst oder gebratene Nudeln. Keine Lust.

Falafel? Immer.

Nun haben Falafel, diese aus Kichererbsen und charaktervollen Gewürzen angefertigten, frittierten Bällchen, nicht nur die hervorragende Eigenschaft, *yummie* zu schmecken und schnell satt zu machen, sie tragen auch ihren Teil zum Umsatz der Kleiderreinigung bei. Denn während man seine Falafel im Pitabrot in Empfang nimmt und gerade noch darüber nachdenkt, ob der Verkäufer eh genug Tahinisauce ins aufgeklappte Brot eingefüllt hat, läuft diese bereits über Jacke, Hemd und Hose, was klarerweise die

½ TL Backpulver, 1 EL Sesamsamen (*zum Bestreuen*) und 1 Flasche Sonnenblumenöl (*siehe oben*).

Zubereitung: *Die eingeweichten Kichererbsen mit den Zwiebeln, dem Knoblauch und den Kräutern mischen. Anschließend in der Küchenmaschine grob mixen (oder zweimal durch den Fleischwolf drehen). Die Masse soll nicht zu breiig werden. Nun die Gewürze, das Backpulver, einen halben Teelöffel Salz und drei Esslöffel Wasser dazugeben und den Teig mit den Händen kneten, bis er homogen ist. Dann eine Stunde zugedeckt im Kühlschrank ruhen lassen. — Öl in die Fritteuse geben oder – falls nicht vorhanden – in einen mittelschweren Topf, wo es etwa sieben Zentimeter hoch stehen soll. Auf 180 Grad erhitzen (und falls kein Küchenthermometer vorhanden ist, eines besorgen. Braucht man nämlich). — Mit nassen Händen kleine Bällchen formen, die idealerweise nicht größer als erwachsene Walnüsse sind. Das ist deshalb wichtig, damit das Verhältnis der Kruste zum Innenleben der Falafel stimmt. Bällchen fest zusammendrücken, damit sie nicht zerfallen, etwas Sesam daraufstreuen und etwa vier Minuten lang frittieren. Auf Küchenpapier abtropfen lassen und sofort servieren, vorzugsweise mit Pitabrot, Tahinisauce und Zhoug. Und einer großen Serviette, die man sich ins Hemd steckt, ganz oben.*

Laune hebt, vorzugsweise der Herrschaften, die dir beim Essen zuschauen.

Auch der ungezügelte Umgang mit Knoblauch trägt dazu bei, dass man sich etwas länger als beabsichtigt an die schnelle Mahlzeit erinnert.

Ich weiß Abhilfe: Stellen wir die Falafel doch eigenhändig her, zum Beispiel in der eigenen Küche.

Denn Falafel *à la casa* erlauben nicht nur eine zurückhaltende Dosierung des Knoblauchs, sie werden auch in frischem Öl frittiert (was an der Straßenkreuzung nicht unbedingt so ist). Es bedarf zwar einer gewissen Großzügigkeit, eine ganze Flasche Sonnenblumenöl für das Frittieren der selbstgedrehten Falafelbällchen zu opfern, aber man wird dafür mit einer erstaunlichen Reinheit im Geschmack belohnt.

Für die Falafel: 250 g getrocknete Kichererbsen (sie werden in einer großen Schüssel mit der doppelten Menge kaltem Wasser bedeckt und über Nacht eingeweicht), ½ Zwiebel (fein gehackt), 1 Knoblauchzehe (je nach Geschmack nur ½, zerdrückt), 1 EL fein gehackte glatte Petersilie, 1 EL fein gehacktes Koriandergrün, ¼ TL Pfeffer, ½ TL gemahlener Kreuzkümmel, ½ TL gemahlener Koriander, ¼ TL gemahlener Kardamom, 1½ EL Mehl,

Tahinisauce (aus Yotam Ottolenghi: Jerusalem, DK-VERLAG): *150 g helles Tahini (Sesampaste), 2 EL Zitronensaft, 1 kleine Knoblauchzehe (zerdrückt) und ¼ TL Salz.*

Die Sesampaste gut umrühren, weil sich das Fett oft absetzt. — Die Paste mit 120 ml Wasser, Zitronensaft, Knoblauch und Salz in einer mittelgroßen Schüssel zu einer dicken Sauce verrühren, die in etwa die Konsistenz von flüssigem Honig haben sollte. Falls nötig, noch ein paar Tropfen Wasser hinzufügen. In ein Schraubglas füllen und im Kühlschrank aufbewahren. Die Sauce hält etwa eine Woche lang. Vor dem Gebrauch umrühren und evt. verdünnen.

Zhoug (grüne Chilisauce, aus dem gleichen Buch): *35 g Koriandergrün (grob gehackt), 10 g glatte Petersilie (grob gehackt), 2 scharfe grüne Chilischoten (grob gehackt), ½ TL gemahlener Kreuzkümmel, ¼ TL gemahlener Kardamom, ¼ TL gemahlene Gewürznelken, 1 Prise Zucker, ¼ TL Salz, 1 zerdrückte Knoblauchzehe und 2 EL Olivenöl.*

Die Zutaten mit 2 EL Wasser grob pürieren, in ein sterilisiertes Schraubglas füllen und in den Kühlschrank stellen. Bis zu drei Wochen haltbar.

die Grundlage für Yotams Kolumne namens *The New Vegetarian* im GUARDIAN, die seinen Welterfolg begründete.

Ich saß also im «HaBasta», trank einen Aligoté von Benoît Ente und bestellte Tellerchen um Tellerchen auf dem Hochtisch neben der Küche. Als ich nach dem Genuss des endgültigen Zitronenmousses zufrieden zahlte und mich auf den Heimweg durch eine laue Nacht machte, war ich dem Zustand sehr nahe, den man landläufig Glück nennt: der harmonischen Übereinstimmung innerer und äußerer Reize.

Wo ich noch glücklich war: Zum Beispiel in der Früh, wenn ich im Stadtteil Neve Tzedek den Lilienblum-Kiosk aufsuchte. Der weißblaue Pavillon auf seinem sechseckigen Grundriss war schon im Jahr 1920, knapp nach der Gründung von Tel Aviv, an die Ecke von Lilienblum- und HaRishonim-Straße gesetzt worden, um den Passanten Soft Drinks und Imbisse zu verkaufen. Heute bedienen gut gelaunte, junge Leute die Kaffeemaschine und servieren Avocado-toasts oder *Ruggelach*. Du sitzt unter einer Pergola im Schatten und freust dich am virtuosen Muster, das der Barrista auf die Oberfläche deines Cappuccino gezaubert hat. Vor ein paar Jahren war dieser Kiosk noch ein vernageltes Wrack, und wo heute die Pergola ist, parkten Autos. Im Zuge der großen Renovierungswelle, die über die Stadt hereingebrochen ist, wurde der Kiosk reanimiert, ich kann nur aufrichtig Danke sagen – und noch einen Cappuccino bestellen und vielleicht noch einen frisch gepressten Orangensaft. Dann die Augen schließen und das Rot der Sonne auf den Lidern spüren.

Oder am Strand, wo aus den Lautsprechern des «Manta Ray» Jack-Johnson-mäßige Wohlfühlmusik strömt, während ich mir an der langen Bar mit Blick auf Strand, die Halbinsel von Jaffa und die untergehende Sonne ein, zwei Drinks bringen lasse. Musik, Wärme, Licht, Luft und die richtigen Getränke ballen sich zur metaphysischen Urgewalt namens Glück – und ich glaube, es ist nicht einmal ein besonders guter, sondern nur ein besonders kräftiger Drink.

Als ich übrigens ein paar Tage später – am Sabbat – zum «Manta Ray» zurückkehre, um direkt am Wasser ein spätes Frühstück zu nehmen, blicke ich in verständnislose Gesichter: «Sie haben nicht reserviert? Leider. Nein, nicht die geringste Chance…»

Schreibt mir also keine Postkarte aus Tel Aviv, um euch zu beschweren, ihr hättet für das Frühstück am Sabbat keinen Tisch bekommen. Schickt lieber rechtzeitig die Reservierung ab.

Natürlich probierte ich auch aus, was in Tel Aviv *Fine Dining* heißt. Zum Beispiel kehrte ich hoch im Norden der Stadt im Restaurant «Shila» ein, das von Chef Sharon Cohen geführt wird, der laut Selbstbeschreibung «lachend und humorvoll» am Herd steht, seine Gerichte mit «Anmut» würzt und mit «Liebe» serviert.

Über diesen Kitsch hinaus vermute ich, dass Chef Sharon Cohen sein Personal bei einer Modelagentur rekrutiert, und es braucht keine zwei Sekunden, um zu begreifen, dass ich im «Shila» an einem Treffpunkt der *Rich & Famous* gelandet bin. Kein Problem. Auch die Reichen und Schönen Tel Avivs essen gern und gut.

Leider war jeder Teller ziemlich überfrachtet. Mein «Spanisches Carpaccio» zum Beispiel umfasste neben der rohen Meerbarbe auch eine Lieferung geschmorter Kalamari, *Chimichurri,* einen Brioche-knopf und ziemlich viel scharfe Tomatensauce. Alles für sich okay. Miteinander ein Chaos.

Auch mein dickes, saftiges und auf der Haut gebratenes Fisch-filet kam nicht ohne Ergänzungen, darunter einmal mehr geschmor-te Kalamari, von denen offenbar ein Vorrat aufzubrauchen war. Dies-mal konkurrierten sie mit einem Krustentierfond, Fenchel, Oliven und grünen Bohnen. Ergebnis: siehe oben.

Klingt jetzt vielleicht nicht so prickelnd. Stimmt aber nicht. Denn ich trank erstens Champagner, zweitens war die Musik im «Shila» elektrisch und laut, was drittens für eine sehr unterhaltsame Stimmung sorgte. Als ich mich irgendwann spät auf den Heimweg Richtung Neve Tzedek machte, beschloss ich gut gelaunt, zu Fuß zu gehen. Ich weidete mich am Anblick der zahlreichen Häuser mit ihren Rundungen und raffiniert gesetzten Fenstern, die die Ben-Yehuda-Straße säumten. Diese mit dem deutschen Bauhaus-Stil ver-wandten Häuser im «internationalen Stil» sind die Folge der regen

Bautätigkeit im Tel Aviv der 1930er-Jahre, die von vielen aus Deutschland emigrierten Architekten beeinflusst wurde. Ich beschloss, eine der Bauhaus-Touren zu buchen, dann bog ich auf dem Sderot Ben Gurion Richtung Strand ab, überquerte die Betonwüste um das «Crowne Plaza» und stieg hinunter zum Sand, zog mir die Schuhe aus und ging bloßfüßig, heiter und leicht betrunken dem Mittelmeer entlang. Das ist bei einer Mahlzeit im «Shila» inklusive.

Entsprechend optimistisch suchte ich am nächsten Abend Tel Avivs elegantestes Hotel auf, «The Norman», wo ich im hoteleigenen «Alena» einen Tisch reserviert hatte, weiß der Teufel warum. Am Essen kann der gute Ruf des Ortes jedenfalls nicht liegen. Ich aß keines der bestellten Gerichte auf, nicht einmal den verbrannten Blumenkohl mit grüner Sauce, obwohl ich doch verbrannten Blumenkohl, wie er im legendären «Miznon» serviert wird – außen angeröstet und salzig, innen cremig und blumig –, ungemein liebe – und grüne Sauce auch, wenn sie nicht nur nach Chlorophyll schmeckt.

Das Einzige, was mich mit dem Laden versöhnte, war die Gegenwart des früheren österreichischen Bundeskanzlers, der an der Bar mit seiner Frau bunte Getränke zu sich nahm. Das war also das Geheimnis seiner *Slim-Fit*-Figur: dort essen, wo man das Essen nicht aufisst. Das ist eine Diät für die *Rich & Famous,* aber immerhin von einer gewissen *Grandezza.*

Am nächsten Vormittag machte ich mich auf nach Jaffa. Jaffa liegt auf der vorspringenden Halbinsel, die man von Tel Avivs Strand aus im Süden sieht, während man Fußball spielt, Liegestütze macht oder Falafel isst.

Ich streifte über den berühmten Flohmarkt von Jaffa, ließ mir Orangensaft auspressen und Kaffee sieden, wühlte in Kisten mit alten Schallplatten, schnupperte an orientalischen Düften, machte in einer Kaffeebar im Halbschatten Pause, genoss die Gerüche und die Geräusche des Markts, aber als der Hunger stärker wurde, machte ich mich auf den Weg nach Süden, weil mir mehrere verlässliche Quellen zugeflüstert hatten, dass kein Hummus so grandios sei wie das bei «Abu Hassan».

Also marschierte ich durch die Altstadt, querte das Hafengelände mit seinen Fischrestaurants und Freiluftbars und quälte mich in der Mittagssonne die Serpentinen zur HaDolfin-Straße hinauf, wo in einem schlichten Lokal der berühmte Hummus-Fabrikant ordiniert, kleine, schmucklose Tische, engste Bestuhlung und ein Andrang, als gäbe es etwas umsonst.

Ich presste mich neben einen Einheimischen, der gerade dabei war, sein Hummus mit einer rohen Zwiebel zu aromatisieren, und bevor ich noch wusste, ob ich mir diese Bürde auch aufladen will, kam der Chef – ihr erkennt ihn an seiner lauten Stimme; nicht ein bisschen laut; richtig laut; wenn er in der Küche die Bestellungen weitergibt, bebt die Hütte wie beim Soundcheck von Metallica – und brachte *Mutha'alat,* einmal alles: Hummus, braune Bohnenpaste und *Masabacha,* eine Hummusvariation, bei der die Kichererbsen nicht püriert, sondern nur notdürftig gequetscht werden.

Eigentlich mag ich Hütten wie die von Abu Hassan. Einheimische und Touristen teilen sich die Bänke. Die Gerichte sind einfach und billig. Kein Abzockverdacht, keine unnötige Schönung, zugesperrt wird, wenn in der Küche die Vorräte aufgebraucht sind.

Trotzdem gefiel mir etwas nicht. Mir kam der irische Starmetzger Jack O'Shea in den Sinn, und wie er bei einer Demonstration englischer *Cuts* das Fleisch, das er gerade in den höchsten Tönen gepriesen hatte, mit einer verächtlichen Grobheit auf die Theke schmiss, sodass mir die ganze Lust verging, davon zu essen. Ungefähr so servierte der Meister des Hummus seine Teller: *Bumm, zack, klirr,* ein Fladenbrot dazu, scharfe Sauce und die Zwiebel für den Geschmack. *Zack. Bumm.* Metallica.

Dabei war das Hummus sehr gut. Es war seidig und vereinte nahezu ideal den stumpfen Geschmack der Kichererbsen mit dem Sesamschmelz des *Tahini.* Der Zitronensaft ergänzte mit der frisch gehackten Petersilie den Genuss. Die dunkle Bohnenpaste sah gefährlich aus, schmeckte aber gut, vor allem mit ein bisschen scharf, und das *Masabacha* fügte der Hummusformel mit ihrer Konsistenz noch eine erfreuliche Dimension hinzu. Den Biss in die rohe Zwiebelhälfte versagte ich mir.

Sehr satt, nicht unzufrieden, aber seltsam berührt von der grobiani-schen Atmosphäre, verließ ich das Lokal und schlenderte zurück nach Jaffa. Die Typen bei «Abu Hassan» wissen, was sie tun. Aber wenn sie dazu auch Respekt vor ihren Hervorbringungen und ihren Gästen haben, so können sie das ganz gut verstecken. Vielleicht war ich aber auch nur ein bisschen sensibel.

Dafür spricht, dass ich das skurrile Ilana-Goor-Museum be-suchte und von dessen Terrasse über Jaffas Strand und die Weite des Meeres blickte. Nachher spazierte ich auf die andere Seite des Hügels, auf dem Jaffa seit der Antike thront, und schaute im Abrasha-Park, von wo man ganz Tel Aviv im Blick hat, der Stadt beim Wachsen zu. Aus der Gartenstadt, die 1909 als Rückzugsgebiet für Bewohner von Jaffa gegründet worden war, ist das kräftig schlagende Herz Israels geworden, Wohnregion für fast die Hälfte aller Israelis, größte Wirt-schaftsmetropole des Nahen Ostens nach Kuwait und Abu Dhabi. Zwischen den Flachdächern der Weißen Stadt sprießen die Wolken-kratzer, und die Wohnungspreise in Tel Aviv sind längst explodiert. Die gut gelaunte Normalität, die Tel Aviv ausstrahlt – im Gegensatz zur angespannten Nervosität Jerusalems, von den besetzten Gebieten gar nicht zu reden – hat ihren Preis und ist diesen Preis wert.

Am Abend aß ich im «North Abraxass» in der Lilienblum-Straße. Es war ein Hochamt einfachster Genüsse. Vielen Gerichten wurde nicht einmal ein Teller zugemutet, nur ein Stück Papier oder Karton, von dem ich es pflücken, abbeißen, tropfen lassen durfte. Zum Beispiel lag, als ich ankam, eine Tomate am Tisch, daneben etwas grobes, aromatisiertes Meersalz, sozusagen *Hors d'Oeuvre*. Ich genoss die Tomate, aß ein Stück Toast mit fabelhaften Avocados, grüne Bohnen mit Knoblauch, Öl und Zitrone, den obligaten ver-brannten Blumenkohl, eine gegrillte Aubergine mit hartem Ei und einer würzigen Tomatencreme, schließlich ein *Bun* mit schmelzen-dem Lammfleisch. Der Laden von Eyal Shani, der auch das «Miznon»-Konzept entwickelt und in die Welt hinaus getragen hat (Tel Aviv / Paris / New York / Wien), schreckt nicht davor zurück, allereinfachste Kreationen zu servieren, vorausgesetzt, die Lebensmittel sind frisch, haben Pep, enthalten Geschmack. Yotam Ottolenghi nannte das

«North Abraxass» sein Lieblingsrestaurant in Tel Aviv, ich kann ihn verstehen. Ich stand leicht bedüdelt von meinem Tisch auf und hatte das Gefühl, kein Gericht würde meine eigenen Fähigkeiten als Koch überfordern. Ein Essen im «North Abraxass» stattet dich also mit Selbstvertrauen aus, das in deiner eigenen Küche Gestalt annehmen wird. Ich nenne das mal die israelische Form von Nachhaltigkeit.

Natürlich sondierte ich parallel zu den Wirtshäusern die Märkte Tel Avivs. Der Carmel-Markt war der spektakulärste. In seinen Seitengassen versteckten sich großartige Imbisse, zum Beispiel das «M25», das von der benachbarten Metzgerei die schönsten Stücke direkt verarbeitet und *volley* auf den Tisch bringt.

Der Sarona-Markt in der Mitte der Stadt ist eigentlich mehr eine Sammlung von Feinkost- und Küchenbedarfsgeschäften, ergänzt um entsprechende Ausspeisungen, vom Münchner Wurstladen bis zur Sushi-Bar. Nicht weiter bemerkenswert. Der positive Nebeneffekt meiner Markterkundung bestand darin, dass ich nicht nur das nahe gelegene «Tel Aviv Museum of Art» erspähte, sondern auch auf mein nächstes Lieblingslokal stieß, das unweit vom Sarona-Markt zwischen der monumentalen Baustelle für die geplante U-Bahn und einem neuen Wolkenkratzer eingezwängt ist. Es heißt «Claro». Das mediterrane Restaurant bietet zwar keine Aussicht aufs Mittelmeer, hat dafür aber eine bunte Geschichte. Ursprünglich war das Natursteinhaus im Jahr 1886 von Templern erbaut worden, später befand sich hier eine Druckerei, das Kommando der englischen Truppen während des Zweiten Weltkriegs, die BANK OF ISRAEL, eine Abteilung des Mossad, ein Archiv des Verteidigungsministeriums.

Hier – ich greife vor – hatte ich später ein ganz wunderbares Abendessen, das mit dem perfekten *Negroni* begann und, sind wir uns ehrlich, was soll passieren, wenn schon der *Negroni* perfekt ist? Es folgte ein virtuos abgeschmeckter Salat von roten Rüben, Kräutern und Karotten (in allen Konsistenzen) mit weichem Schafskäse, dann ein Teller mit roh mariniertem Mittelmeerfisch mit Blutorangen und *Labneh,* später ein fabelhafter gegrillter Broccoli mit Speckbutter, Parmesan und einer Senfvinaigrette, schließlich umwerfende

Tortelloni, gefüllt mit einem feinstofflichen Ragout von der Hochrippe, begleitet von Zwiebelcreme und Salbeibutter. Ich schnappte nach Luft vor Freude.

Vor Freude nach Luft schnappen: Das ist das Stichwort für den Gewürzladen von Arie Habshush, den ich auf dem Levinsky-Markt fand, als ich meinen Marktrundgang fortsetzte. Der Levinsky-Markt ist ein eigenwilliger Markt. Links und rechts der Levinsky-Straße verbergen sich in schmalen Seitenstraßen hinter Türen grandiose Angebote. Für den Laden von Arie Habshush ist Unscheinbarkeit ein Hilfsausdruck. Er befindet sich an der Adresse Ha-Khalutzim-Straße 18 hinter einem türkisblauen Metalltor, das mit Graffitis beschmiert ist. Nur ein kleines, mit Klebeband befestigtes Papier klärt auf, dass man hier zwischen 7 Uhr 30 und 13 Uhr einkaufen kann – was außer mir vor allem die besten Köche der Stadt wissen – und alle anderen auch.

Denn hinter diesem Tor wartet ein Paradies. Links, in einem improvisierten Büro, sitzt der Patron persönlich an der Kasse. Weiter hinten versorgen Söhne und Mitarbeiter die sich drängenden Kunden – man sollte nicht gegen Körperkontakt allergisch sein – mit dem besten Stoff, den man sich denken kann. Anders als auf den Gewürzmärkten sind die gemahlenen und geschroteten Aromate nicht zu hübschen Kegeln geformt, sondern schlummern in großen, dunklen Säcken und Boxen, um augenblicklich zum Leben zu erwachen, wenn sie ans schummrige Tageslicht geholt werden, wo sie ihren grandiosen Duft entfalten.

Ich nahm *Harissa* und *Sumach* aus der Ha-Khalutzim-Straße 18 mit und *Zatar,* die legendäre Mischung aus wildem Thymian, *Sumach,* gerösteten Sesamsamen und Salz. Seither weiß ich erst, was Yotam Ottolenghi meint, wenn er uns in seinen Büchern anweist, zu *würzen.* Bevor ich bei Arie Habshush gewesen war, war das Würzen, *sorry,* eher eine Karikatur davon gewesen.

Ein Drink in der Bar «Bicicletta». Noch ein Abendessen bei «Ha-Basta». Ein Spaziergang am Strand. Ein Cappuccino am Lilienblum-Kiosk. Glück ist immer nur geborgt. Aber ich kenne jetzt ein gutes Leihhaus.

Das ist die traurige Geschichte einer außerordentlichen Person, deren Ausdrucksmittel gehobene Sprache und elegantester Wein waren. Eine Verkostung auf den Spuren von Hans Ulrich Kesselring.

Thurgau

Der Kanton Thurgau liegt im Nordosten der Schweiz und trägt den etwas abwertenden Spitznamen «Mostindien». Der Name soll beschreiben, dass hier viel Obst angebaut wird, aber das ist nicht, was mich an diesem Landstrich so fasziniert: Es ist der Wein, und es sind die Menschen, die diesen Wein machen.

Der erste Winzer, den ich bewundern lernte, lebt nicht mehr. Er hieß Hans Ulrich Kesselring, und er ist eine Legende.

Gäste empfing Kesselring nur nach Voranmeldung, meistens am Wochenende. Am Samstag, den 6. September 2008, die Trauben auf dem Ottenberg hingen reif und erwartungsvoll an ihren Stöcken, war nur Erich, ein alter Freund Kesselrings, angekündigt. Er wollte kommen, um Pinot Noir zu kosten und sich einmal mehr Kesselrings Philosophie des Weinmachens erläutern zu lassen.

Philosophie war bei Kesselring kein leeres Wort. Der Schlossherr war, was man früher einen «Gelehrten» genannt hätte, ein universell interessierter Bücherwurm, der sich mit den Geisteswissenschaften genauso kritisch auseinandersetzte wie mit dem Gaschromatografen, den er in der alten Küche neben seinem Schlafzimmer aufgestellt hatte, um seiner These nachspüren zu können, dass man einen guten Wein auch objektiv vermessen kann. Kesselring machte außergewöhnlich guten Wein, und er scheute keinen Aufwand, um noch besseren Wein zu machen. Heute würde man vermutlich sagen, Kesselring sei ein Nerd.

Der Ottenberg, auf dem das Schlossgut Bachtobel steht, ist nach Südwesten ausgerichtet. Hinter dem Laub der Weinberge sieht man Weinfelden, 10 490 Einwohner, den fünftgrößten Ort des Kantons Thurgau. Die Zufahrt zum Schloss ist nur bis zum schmiedeeisernen Tor asphaltiert, dahinter blieb der Boden stilgerecht mit Kies bedeckt. Als Erich seinen Wagen langsam vor das Hauptgebäude des Anwesens rollen ließ, vorbei an den alten, mächtigen Bäumen des Schlossparks, hörte er das charakteristische Knirschen der Steine unter den Reifen. Dann parkte er den Wagen, kurzer Blick auf die Uhr, er war pünktlich.

Ich lernte Hans Ulrich Kesselring kennen, weil ich nicht nur seinen Wein erstaunlich fand, sondern auch die Briefe, die er an seine Kunden verschickte. Der Pinot Noir N° 2, ein Blauburgunder von heller Farbe und schlanker Eleganz, erinnerte mich an einige der großen, berühmten Weine aus dem Burgund, die freilich nicht 25 Franken kosteten wie Kesselrings N° 2, sondern das Fünf- oder das Zehnfache. Über einen gemeinsamen Bekannten ergatterte ich ein paar Flaschen und ließ mich in die Kundenkartei aufnehmen. Wenig später erhielt ich einen Brief aus Weinfelden, der so begann:

«Würde Wittgensteins Diktum: ‹Wovon man nicht sprechen kann, darüber muss man schweigen›, von den Weinjournalisten ernst genommen, wäre manche Lifestyle-Gazette erheblich dünner. Zu unserem Glück lassen sich ein paar Unentwegte nicht davon abbringen, subjektive Eindrücke möglichst objektiv zu Papier zu bringen. Auch wir Produzenten kommen ja nicht darum herum, gegen Wittgenstein zu verstoßen und uns über unser ‹unbeschreibliches› oder ‹unbesprechliches› Produkt zu unterhalten. Ziel einer solchen Unterhaltung wäre es, Geruchs- und Geschmackseindrücke so zu beschreiben, dass sich ein Gesprächspartner vor seiner geistigen Zunge respektive Nase den beschriebenen Wein wieder zusammenbauen kann.»

Was folgte, war eine präzise Analyse des komplexen, aber auch zur Lächerlichkeit tendierenden Themas «Weinsprache», mit dem Kesselring seine eigentliche Botschaft einleitete: wie es um seine Weine des Jahres 1998 bestellt sei und dass man sie zu den beiliegenden Konditionen bestellen könne.

Quatsch. Werbung für seinen Wein war nie die eigentliche Botschaft Kesselrings. Der Wein musste zu Geld gemacht werden, klar, aber das Eigentliche, das Faszinosum des Geschäfts, ereignete sich sicher nicht an der Kassa des Betriebs, wenn wieder sechs Flaschen zu 25 Euro über den Tresen gegangen waren. Das Eigentliche ereignete sich, wenn Hans Ulrich Kesselring die historischen Pflichten und Privilegien als Besitzer eines ikonischen Thurgauer Landwirtschaftsbetriebs sortierte und dazwischen etwas Platz fand, seine eigene Position zu bestimmen: als Privatgelehrter und Erfinder, Intellektueller und Alchimist, verschrobener Einsiedler, verantwortungsbewusster Großbauer und puritanischer Genießer: ein sympathischer Schwieriger von eigenen Gnaden.

Ich schrieb Kesselring und gratulierte ihm zu seinem Wein. Wir kamen schriftlich ins Gespräch, pflegten, um es einmal mehr altmodisch zu formulieren, Korrespondenz, Kesselring schickte mir Montaigne-Zitate, empfahl mir den Künstlerroman *Austerlitz* von W. G. Sebald, und irgendwann kündigte er an, mich einladen zu wollen. Bis es dazu kam, dauerte es freilich noch einige Jahre.

Erich stieg aus seinem Wagen und sah sich um. Er betrachtete das Schloss, wobei, Schloss, das hier war nicht Versailles. Das Schlossgut Bachtobel war mehr ein Herrenhaus mit breiten Schultern und harmonisch geschwungenem Mansardendach, zwei Stockwerke hoch, an den Fenstern grüne Läden. Im kleinen Schlosspark fiel ihm eine mächtige Trauerweide auf.

«Guten Morgen», sagte Fazli Llolluni und lächelte aus seinem wettergegerbten Lyle-Lovett-Gesicht. «Der Chef kommt gleich.»

Fazli stammt aus dem Kosovo. Er war als Saisonarbeiter in die Schweiz gekommen, hatte in Luzern auf dem Bau gearbeitet, bis er am 8. Mai 1993 die neue Stellung als Weingartenarbeiter bei Hans Ulrich Kesselring antrat. Von da an arbeiteten die beiden, sagt Fazli Llolluni, «wie Vater und Sohn» zusammen.

Flaig betrachtete gedankenverloren Details des Hauses, die mit Stein ausgelegten Arkaden, hinter denen einmal eine Gefängniszelle untergebracht gewesen war, das Geäder der rot gestrichenen Fachwerkbalken, die dem gegenüberliegenden Gesindehaus Struktur geben. Dahinter die Weite des oberen Thurtals.

Fazli hatte ein merkwürdiges Gefühl. Der Chef war ein pünktlicher Mann. Normalerweise stand Hans Ulrich um diese Zeit vor der Tür des Schlosses und wartete wie jeden Morgen darauf, dass die Arbeit beginnen konnte. Fazli wechselte noch ein paar Worte mit dem Besucher, dann ließ ihm die plötzlich aufsteigende Sorge um seinen Arbeitgeber keine Ruhe mehr.

In einer alten Schrift wurde das Bachtobel als «Freisitz (...) auf einem angenehmen Hügel zwischen Weinfelden – wohin es auch pfärrig – und Märstetten, in der Landgrafschaft Thurgau» beschrieben. «Dazu gehört auch ein artiges Herrenhaus.»

Dieser Besitz, Landwirtschaft, Weinbau und das artige Haus, ging am 22. Juni 1784, einem Dienstag, in den Besitz der Familie Kesselring über. Johann Ulrich Kesselring erwarb die Liegenschaft für 16 500 Gulden. Laut Kaufvertrag umfasste der Besitz:

1 herrschaftliches Schlössli mit Keller, Scheune, Stallungen, Waschhaus und gutem Brunnen

1 Schopf

1 Metzgergebäude

2 Häuser mit Keller und Stallungen, 1 Torggel

16½ Jucharten Reben

24 Jucharten Wiesen, Hanf und Obstgärten

60 Jucharten Holz

gerichtsherrliche Rechte, dazu Jagd- und Metzgereirecht.

Kesselring ließ Wald roden und neue Rebstöcke setzen. Er setzte dem Schloss auf Wunsch seiner Frau ein Mansardendach auf

Maischegärung und den teilweisen oder völligen Verzicht auf Schwefel setzen, sind Weine im Angebot, von denen man selbst als geübter Weintrinker noch nie gehört hat. Man sitzt also vor der Weinkarte, als wäre diese in koreanischen Schriftzeichen verfasst, und orientiert sich einmal mehr am Preis, hoffend, dass je teurer der Wein, desto verlässlicher sein Geschmack sein wird. Stimmt aber nicht. Oft genug sehen die Weine anders aus, schmecken anders und wirken anders als alles, was man bisher kannte – und nur wenn man ziemliches Glück hat, ist diese Erkenntnis auch positiv. Denn so positiv die Welle der neuen Naturweine auch sein mag, was den Besitzstand der alten, selbstzufriedenen Chateaus betrifft, so rasch ist es den neuen Erzeugern gelungen, anstelle der alten neue Dogmen zu installieren: Je trüber der Wein, je undefinierbarer sein Geschmack, desto interessanter. Wer gegen unreife, mostige Aromen, Essigsäuregeschmack oder moussierenden Saft Einspruch erhebt, dem wird maximal bescheinigt, dass er noch viel zu lernen hat. Auch kein Spaß.

Wie bestelle ich richtig Wein?

Weinkarten sind eine Quelle, tja, des Weinens. Nur selten sorgen sie für ein freudiges Leuchten im Gesicht des Lesers. Oft verstören sie ihn. Drei Gründe und eine Schlussfolgerung.

Erstens: Der Wein ist zu teuer. Wer Freude daran hat, hie und da ein Spitzenrestaurant aufzusuchen, weiß ein Lied davon zu singen: Auf den Seiten, wo die renommierten, also mit dem Prüfsiegel der Weinkritik versehenen Flaschen aus der Burgund oder dem Bordeaux aufgeführt werden, befinden sich auf der rechten Seite der jeweiligen Spalte Fantasiezahlen. Es kann ohne Weiteres sein, dass sogenannte große Weine aus bekannt guten Jahren einen vierstelligen Preis

Drittens: Die Beratung ist nicht seriös. Die Weinwelt ist sich selbst genug. Was ein Sommelier am wenigs-

kosten. Umgekehrt, wenn man vom offensiven Kennerblick (Wo ist der Richebourg?) auf den defensiven Wie-zum-Teufel-komme-ich-hier-zu-einer-Flasche-Wein-ohne-mein-Konto-zu-überziehen-Blick umschwenkt, findet man als zweitbilligste Flasche oft nur einen beliebigen und im Konzert der großen Etiketten geradezu grotesk überteuerten Wein, für den man sich trotzdem entscheidet. (Die billigste Flasche auszuwählen verbietet der dämliche Stolz gegenüber dem Trickbetrüger von Sommelier, der die Auswahl ja entsprechend zusammengestellt hat.) Und ja, es ist bekannt, dass die Weine schon im Einkauf viel kosten. Aber wenn sie im Restaurant aus Kalkulationsgründen dreimal so teuer verkauft werden, bleiben sie schlicht und einfach doch, einfache Rechnung, zu teuer. Kein Spaß.

Zweitens: Der Wein ist zu abgefahren. Der Trend zum Naturwein schwappt aus dem Norden Europas und Amerikas längst zu uns und beschert Verwirrung. Seit junge, engagierte und neuen Zeiten in der Gastronomie verpflichtete Sommeliers kein gutes Haar an den Gewissheiten von gestern lassen und statt auf berühmte Etiketten auf Eigenschaften wie Biodynamie,

ten mag, ist konstruktive Kritik an seiner Meinung. Hat er sich einmal zu einer Haltung aufgeschwungen, zieht er diese mit Vorliebe ohne Rücksicht auf Verluste durch: Gibt Interviews in Fachzeitschriften, alimentiert Weinkritiker, trägt sein Dogma möglichst sichtbar vor sich her. Das schärft sein Profil, klassisch oder bio, ganz egal. Selbstverständlich geht das auf Kosten der Kunden, also auf unsere Kosten. Denn in Wahrheit darf ein Sommelier kein Fahnenträger für die eine oder andere Weinphilosophie sein. Er hat für nichts anderes zu sorgen, als dass wir zum Essen den Wein bekommen, der uns schmeckt. Wenn das seinen Vorschlägen folgt, gut. Wenn es ihnen komplett entgegenläuft, genauso gut. Sommeliers, die diese Kunst beherrschen, gibt es nur wenige (aber, um das nicht zu unterschlagen: besonders großartige. Viele große Weine für kleines Geld habe ich nur ihrem Einfühlungsvermögen zu verdanken).

Viertens: Wir müssen also selbstbewusst sein. Nie war das Angebot so groß. Wir können jeden Wein kriegen, den wir wollen, zu jedem Preis. Wichtig ist nur eines: keine Autorität über die des eigenen Geschmacks zu stellen: Es gibt keine andere Wahrheit.

und errichtete das neue Torggelgebäude. Die beiden monumentalen Weinpressen, deren Hauptstämme aus Eich mit Ochsen vom deutschen Ufer des Bodensees herangeschafft werden mussten, sind heute noch in Betrieb.

Der Thurgau, in dessen geografischer Mitte das Bachtobel liegt, gehörte im Mittelalter zum Herzogtum Schwaben, von 1264 bis 1460 zu den Habsburgern. 1460 wurde die Landgrafschaft von den Eidgenossen erobert und stand bis 1798 unter der Herrschaft der eidgenössischen Orte Zürich, Luzern, Uri, Schwyz, Unterwalden, Zug und Glarus, ab 1712 auch von Bern. Aus dieser Epoche der Fremdherrschaft wird bis heute die sogenannte «Untertanenmentalität» der Thurgauer abgeleitet.

Als die Nachwirkungen der Französischen Revolution auch in Weinfelden ankamen, waren es Johann Ulrich Kesselring und sein gleichnamiger Sohn, die den Übergang in die Helvetische Republik maßgeblich moderierten. Kesselring sen. warf sein Gewicht als Landrichter in die Schlacht, der blitzgescheite Kesselring jun. formulierte die Adresse an die herrschenden Stände, die Landgrafschaft in die Freiheit zu entlassen. Am 2. März 1798 war es so weit. Einen Monat später wurde der Thurgau zu einer Verwaltungseinheit der Helvetischen Republik, 1803 zum selbstständigen Kanton der Schweizerischen Eidgenossenschaft. Die Gemeinde Weinfelden stiftete der Familie Kesselring einen Findling aus der Thur, der am Rain bei der Einfahrt zum Bachtobel platziert wurde: «Zur Erinnerung an ihre Verdienste um die Befreiung des Thurgaus 1798».

Es steht außer Zweifel, das Hans Ulrich Kesselring den Atem der Geschichte spürte, als er im Bachtobel als Hausherr einzog, 1977, nachdem sein Vater 1967, 69 Jahre alt, einem Herzinfarkt erlegen war und die Mutter den Betrieb interimistisch für zehn Jahre geführt hatte.

Hans Ulrich war damals 31 Jahre alt, schlank, trotzdem wirkte sein Gesicht rund und jungenhaft. Er blickte auf eine Reihe von Verwandten zurück, die ihrem Rang als «Landedelleute» gerecht geworden waren, indem sie der Allgemeinheit als Bezirksstatthalter, Oberkommandant der Thurgauer Scharfschützen, als Kantonsrat,

Bezirksrichter, Oberst der Schweizer Armee (und Adjudant des legendären Oberstkorpskommandanten Ulrich Wille) gedient hatten. Jener Adjudant, ein durchaus korpulenter Herr, dankte übrigens ab, als der ebenso umfangreiche Wille ihn nicht zum Kaisermanöver mitnahm. Willes Argument: zwei Fässer nebeneinander – das ist zu viel.

Bereits Großvater Johann Ulrich hatte das Ziel formuliert, Bachtobel als «Mustergut mit ostschweizerischem Spitzenwein» zu etablieren, aber es fiel dem Enkel Hans Ulrich zu, die in dieses Ziel eingebaute Relativierung zu streichen.

Der jüngste Kesselring mochte sich nicht damit begnügen, Wein zu keltern, der für ein Obstbauland, der für «Mostindien» spitze war. Er wollte Wein machen, der den Vergleich mit Referenzweinen aus dem Bündnerland, oder, ehrgeiziger noch, aus Frankreich nicht zu scheuen brauchte. Er besuchte die Weinbau-Fachschule in Wädenswil, sammelte Praxis in Frankreich, Italien und Amerika. Dann stand er schon in der Verantwortung.

Wäre nicht klar gewesen, dass er den Betrieb, das Schloss, sechs Hektar Reben, dreizehn Hektar Landwirtschaft, übernehmen würde, hätte Hans Ulrich Kesselring wohl an der Universität inskribiert, hätte Naturwissenschaften, Chemie, Physik oder auch Philosophie studiert. Stattdessen war er nun der seltene Prototyp eines Schweizer Patriziers, der sich als Bauer fühlt – oder auch umgekehrt.

Seine Kollegen, die im Tessin oder im Bündnerland Wein machten, nannten ihn den «Junker». Das musste sich Kesselring als Schlossherr gefallen lassen. Er bezeichnete sein Schloss zwar gern als «eine Art Landhaus», aber gleichzeitig begann er mit viel Fingerspitzengefühl, alles Gewöhnliche, Alltagsgemäße zu entfernen, die Vorhänge von Möbel Pfister, die langweiligen Tapeten an den Wänden der Repräsentationsräume im ersten Stock. Nach einer Fotografie aus dem Jahr 1906 stellte er sukzessive den eleganten, großbürgerlichen Grundzustand wieder her, ließ Vorhänge nach dem alten Vorbild auf einem Jacquard-Stuhl sticken und gab eine Menge Geld dafür aus, die alten Seidentapeten in tiefen, kräftigen Farben zu renovieren.

Kesselring zog ins Schloss ein, allein in dieses 20-Zimmer-Haus, dessen Mobiliar zum größten Teil von Minister Johann Konrad Kern stammte, einem Verwandten väterlicherseits. Kern, Jugendfreund Napoleons III. und Mitbegründer des Polytechnikums Zürich, war in den 1870er-Jahren Gesandter in Paris gewesen. Er hatte den Stil der Hauptstadt, den Duft der weiten Welt in den Thurgau importiert, und Kesselring bemühte sich nach Kräften, diesen Zustand originalgetreu wiederherzustellen, nebenbei eignete er sich ein enzyklopädisches Wissen über jene Zeit an. Während er darin lebte, gestaltete Kesselring das Schloss sukzessive zu einem Museum um. Sein Bett stellte er in das Eckzimmer mit der neuen, pfauenfederfarbigen Tapete. Daneben, in der früheren Küche, richtete er sich sein Labor ein. Er rüstete sich dafür, die Herausforderung, die ihm übertragen worden war, anzunehmen: diese Mischung aus «Passion und Gefängnis», wie es die Journalistin Judith Wyder sehr viel später zutreffend beschrieb.

Bevor er den Chef zu suchen begann, rief Fazli noch bei Johannes Meier an. Johannes war Hans Ulrichs Neffe und dessen designierter Nachfolger. Die beiden hatten einen Achtjahresplan miteinander vereinbart, nach dessen Ablauf Johannes von Hans-Ueli, wie er ihn nennen durfte, den Betrieb übernehmen sollte. Am 6. September 2008 war gerade eines dieser acht Jahre abgelaufen.

«Hallo, Johannes. Weißt du, wo Hans-Ueli ist?»

«Nein, wieso?», fragte Johannes, der gerade mit dem Auto unterwegs war.

«Er ist nicht da. Leute warten.»

«Keine Ahnung. Er wird schon auftauchen.»

Fazli beendete das Gespräch besorgt. Als er die Haustür öffnen wollte, fiel ihm auf, dass sie nicht versperrt war. Er betrat das Schloss, um im Schlafzimmer nachzusehen, ob Hans-Ueli vielleicht verschlafen hatte.

Aber Hans-Ueli Kesselring schlief nicht. Er war tot. Hans Ulrich Kesselring hatte sich selbst getötet. Auf den Rebbergen warteten prächtig entwickelte Trauben auf das bisschen Mehr an Septembersonne, das über einen guten oder sehr guten Jahrgang entscheidet, und der Mann, der sie bei jedem Wetter akribisch geschnitten, hoch-gebunden, gepflegt, ausgedünnt, beschattet hatte, war nicht mehr da, um die Ernte einzubringen.

Im Testament stand: Das Schloss und der Betrieb gehen zur alleinigen Verfügung an meinen Neffen Johannes Meier.

Diese Entscheidung folgte der Familientradition bei den Kessel-rings: das Schlossgut hat stets nur einen Erben. Die Tatsache, dass die Nachfolge, zu Lebzeiten Kesselrings lange Zeit eine offene Frage, eindeutig geregelt war, führte zur Mutmaßung, Hans Ulrich könnte seinen Abschied von langer Hand geplant haben. Dem widersprach freilich alles andere.

Noch am Vortag war Kesselring gemeinsam mit seinem Freund und Kollegen Christian Zündel, der in der Tessiner Ortschaft Beride Chardonnay und Merlot keltert, mit dem Zug ins Waadtland gefah-ren, um dort an einer Sitzung der «Mémoire des Vins Suisses» teilzu-nehmen, einer Organisation, die sich der Promotion hochwertiger Schweizer Weine widmet.

Im Speisewagen sprachen Kesselring und Zündel auch über die Nachfolgeregelung auf Bachtobel. Hans-Ueli sei froh gewesen, dass diese endlich geklärt sei, sagt Zündel. Beim Abendessen der «Mémoire» hatte Kesselring glänzende Laune. Am nächsten Mor-gen fuhr er früh nach Zürich zurück, er wollte noch die Weine von Markus Ruch in Neunkirch bei Hallau kosten, traf diesen aber nicht an. Dann fuhr er nach Hause, und darüber, warum in den nächsten Stunden passierte, was passierte, sind sich die engsten Freunde und Bekannten Kesselrings nur in einem einig: keine Ahnung.

Manche versuchen die Tat als Affekthandlung zu erklären, andere als ultimative Trotzreaktion eines, der immer seinen Launen unterworfen gewesen war und diese auch offen ausgelebt hatte. Sein ehemaliger Kellermeister und Nachbar auf dem Ottenberg, Michael Broger, sagt, er sei «überrascht» über den Freitod gewesen, weil das mit der Nachfolge ja geregelt gewesen sei. «Vorher», sagte Broger, «gab es auch Zeiten, da hätte mich gar nichts überrascht.»

Broger, der mit Fazli Llolluni und Hans Ulrich Kesselring acht Jahre am Weingut gearbeitet hatte, stieß als einer der ersten zu der

Gruppe um Johannes Meier, die sich an diesem schwarzen Samstag im Bachtobel versammelten, um die Fakten zu sortieren und zu überlegen, wie es weitergehen sollte. Die Ernte stand unmittelbar bevor. Es brauchte Leute, die anpacken konnten, und solche, die wussten, wie der Betrieb funktionierte.

Johannes Meier, ein schmaler, dunkler Mann mit hoher Stirn und kräftiger, schwarzer Brille, Absolvent der Hotelfachschule, studierter Betriebsökonom und ein akribischer Planer seiner Zukunft, hatte überhaupt keine Zeit, darüber nachzudenken, wie unwiderruflich sich sein sorgfältig geplanter Achtjahresplan in Luft aufgelöst hatte und dass er an diesem 6. September genauso in den Betrieb geschleudert worden war wie 31 Jahre davor sein Vorgänger Hans Ulrich. Er musste jetzt handeln.

Johannes holte sich Zusagen der Nachbarn, bei der Ernte zu helfen. Die boten, wie er stolz sagt, «Hand». Er erfuhr von Freunden, dass die junge, deutsche Önologin Ines Rebentrost frei sei, die in Wädenswil gelernt hatte und Hans Ulrich Kesselring, «die Pinot-Noir-Koryphäe», bei mehreren Besuchen auf dem Schlossgut kennengelernt hatte, also die Weine und den Betrieb bereits ein bisschen kannte. Rebentrost sagte zu, sie wolle es versuchen. Johannes versicherte sich der Hilfe von Fazli, der sichtlich geschockt war, dessen langjährige Praxis im Betrieb aber plötzlich essenziell war. Die Ernte 2008 gestaltete sich als Krisenmanagement unter freiem Himmel. Erst als die Trauben eingebracht waren, konnte der neue Schlossherr beginnen, sich einen Überblick über die Parzellen zu verschaffen, seine Weinstöcke persönlich kennenzulernen und an einer tragfähigen Lösung für die Zukunft des Weinguts zu arbeiten.

Als ich Hans Ulrich Kesselring an einem Samstag im Herbst 2003 besuchte, ein ungeheuer heißer Sommer ging gerade seinem Ende zu, erwartete er mich draußen vor der Haustür, breitbeinig, in Jeans, ein fragendes, vorsichtiges Lächeln in seinem runden Gesicht. Wir machten ein bisschen Smalltalk, dann zeigte er mir das Anwesen, den Keller, die alte, beeindruckende Holzpresse, das etwas abseits liegende Taglöhnerhaus, das er gerade hatte umbauen lassen.

«Wissen Sie», sagte er, «ich habe für moderne Architektur durchaus etwas über, auch wenn ich in dem alten Kasten da wohne.»

Dann lachte er, und er kam mir für einen Augenblick wie ein ganz normaler Winzer vor, der zufällig in einem prächtigen, denkmalgeschützten Gemäuer zu Hause war.

Als wir jedoch den alten Kasten besichtigten, ging mit Hans Ulrich Kesselring eine deutliche Verwandlung vor. Er führte mich zuerst durchs Erdgeschoss, wo die Räume niedriger und die Decken mit Holz getäfelt sind, den bäuerlichen Teil seines Hauses, wie er betonte, und es war, als drückten die Räume und die Augenpaare der Verwandten und Vorfahren, die überall von den Ölschinken an den Wänden blickten, direkt auf seine Stimmung.

Ohne dass ich ihn danach gefragt hätte, kam Kesselring darauf zu sprechen, dass die Fäden der Geschichte, die in diesem Haus zusammenlaufen, die Biografien der Thurgauer Freiheitspolitiker, der väterlicherseits Vertrauten von Napoleon III., der mütterlicherseits Verwandten zu den Eschers und Gessners, für ihn ein Netz darstellten, in das er sich bisweilen verstrickt fühle. So sehr es ein Privileg sei, in diesem Haus am Ottenberg zu leben, so sehr sei es auch eine Pflicht, der er eines Tages noch so gern entkommen würde.

Viele von Kesselrings nahen Freunden erzählten mir später Ähnliches. Sein Kellermeister Michael Broger, der den Chef immer zu externen Terminen chauffieren musste, berichtet von einem Ausflug nach Konstanz, wo Kesselring angesichts der mittelalterlichen Häuserzeilen aufgeseufzt habe, nichts wünschte er sich mehr als eine kleine Wohnung irgendwo hier, unter dem Dach, und Kurse belegen an der Universität und nichts haben, nichts müssen.

Der Winzer Daniel Huber, der in Monteggio vor allem Merlot keltert und mit Hans Ulrich Kesselring weitschichtig, über die Urgroßmütter, verwandt ist, bezeichnet den Freund als einen, der immer viel von sich gewollt hat und kein Talent dafür besaß, sich zurückzulehnen. Mit Huber reiste Kesselring zum Beispiel mehrfach ins vom Bürgerkrieg verwüstete Kosovo, um bei der Aufbauarbeit für die Amselfelder Großkellerei und der Errichtung eines Weinlabors zu helfen.

Dass Kesselring sich dafür tief in die kosovarische Gesetzgebung einlas und historisch-juristisch bereits profund Bescheid wusste, als sie zum ersten Mal dort ankamen, überraschte Huber nicht. Das war auch auf allen gemeinsamen Weinreisen ins Bordeaux, nach Italien oder Südamerika so gewesen: Wer mit Kesselring reiste, brauchte keinen Reiseführer mehr.

«Einfach in die Wiese zu sitzen und die Sterne zu betrachten», sagt Christian Zündel, der das ebenfalls mehrfach erlebt hatte, «konnte er nie.»

Im oberen Stockwerk besichtigten wir die Repräsentationsräume mit ihren renovierten Vorhängen und Tapeten. Als ich im Schlafzimmer die Struktur der prachtvollen Tapete mit den Fingerspitzen betastete, blickte ich plötzlich in die angstgeweiteten Augen des Hausherren: Hast du dir auch die Hände gewaschen, Mann? Als wir über die ausgetretenen Treppen hinunter in den Verkostungsraum gingen, fiel mir auf, dass ich gar keine Spuren von Alltagsleben gesehen hatte auf dieser Etage, keinen abgestreiften Pullover oder die Zeitung von gestern. Der Mann lebte doch hier.

Wir tranken Wein, es war ein Erlebnis. Hans Ulrich Kesselring hatte mit Ehrgeiz und Spitzfindigkeit den Ottenberg auf die Landkarte des Schweizer Weins gehoben, mit Ausrufezeichen. Er hatte die als gegeben angenommene klimatische Benachteiligung des Thurgau ignoriert und das Weingut nach der Übernahme sukzessive neu organisiert. Er überlegte sich peinlich genau, wie die Abläufe am besten in Kellerarchitektur zu übersetzen seien, und schaffte die entsprechende Ausrüstung ohne Rücksicht auf deren Kosten an. Als er etwa bei einem Besuch des legendären burgundischen Weinguts Romanée-Conti eine spezielle Art von Holzgärständern kennenlernte, zögerte er nicht, sein Weingut mit denselben Fabrikaten auszurüsten. Er ersetzte zahlreiche vorhandene Reben durch burgundische Klone und arbeitete engagiert an der Definition eines Thurgauer Pinot Noirs. «Ich habe noch nie einen so gut organisierten Keller gesehen», sagt Ines Rebentrost, die in diesem Keller seit September 2008 für das Weinmachen zuständig ist.

Es lag wohl in der Person Kesselrings begraben, dass er seine eigentliche Leidenschaft, das zweckfreie Forschen und Beobachten, auf den Beruf anwandte, den er gleichzeitig liebte und als aufgezwungen betrachtete. Er war fasziniert von den Möglichkeiten der Technik. Er experimentierte beim Weinmachen mit Gerätschaften wie dem Vakuumverdampfer, um eine höhere Konzentration und Dichte des Weins zu erzielen und das Hellrot, das den Thurgauer Pinot Noir auszeichnet, in ein Bordeauxrot zu verwandeln – ein Irrweg, wie sich angesichts der alkoholschwangeren Weine später erwies. Aber Kesselring, der sich später auch für die weinideologisch ganz auf der anderen Seite des Spektrums angesiedelte Biodynamie interessierte, hielt es ganz mit Thomas Mann: «Als ein Zweifler sitze ich hier, nicht weil ich nichts glaube, sondern weil ich alles für möglich halte.»

Kesselring verbrachte unendlich viel Zeit über seinem heiklen, teuren Gaschromatografen, um die Zusammensetzung des Weins bis in seine kleinsten Bestandteile zu analysieren – eigene und fremde Flaschen – und schließlich unwillig zu akzeptieren, dass ein brillanter Wein auch imaginäre Anteile besitzt, besitzen muss.

Für die Kennzeichnung seiner Flaschen entwickelte er eine Stanze, die in die alten, verschnörkelten Etiketten, auf denen etwa das Haus als Kupferstich abgebildet war, plakative Löcher schlug: WR für Weißen Riesling, SB für Sauvignon Blanc, N⁰1, N⁰2, N⁰3 für die drei Pinot Noirs. Es war eine bezeichnende Entscheidung. Kesselring machte sein Ding, ohne die Tradition abzuschütteln. Erst sein Nachfolger Johannes Meier trennte sich vom lieblichen Hintergrund und setzte ganz auf die Wucht der gestanzten Buchstaben und Zahlen vor weißem Hintergrund. Es sieht hervorragend aus, eigenwillig und gegenwärtig.

Als ich mit Johannes Meier zuletzt durch das Schloss ging, wirkte es hell und gelüftet. Meier hat im Erdgeschoss sein Büro eingerichtet, schlichter Schreibtisch, APPLE-Computer, er selbst ist mit seiner Frau und dem kleinen Sohn ins Taglöhnerhaus gezogen. Auf die Frage, warum er nicht im Schloss lebt, lächelt er nur.

Der verbindliche, organisationskräftige Meier ist mit den vier Vorraussetzungen, die er am 6. September 2008 vorgefunden hat, gut zurechtgekommen: «viel Geschichte, viel Tradition, viel Erwartung, viel Druck.»

Er hat mit Ines Rebentrost und Fazli Llolluni Mitarbeiter an sich gebunden, die Tradition und Gegenwart des Weinguts unter Kontrolle haben und, wie Meier sagt, die Stilistik der Weine auf der Basis der besten Kesselring-Jahrgänge weiterentwickeln können. Meier selbst liebt die eleganten, würzigen Weine, die den Charakter ihrer Herkunft nicht verschleiern und sich nicht nach etwas sehnen, was sie nicht sind. Er weigert sich, die Preise anzuheben, obwohl die Qualität der Weine spielend dafür ausreichen würde. Meier verkauft, wie Kesselring, vor allem an Stammkunden, die «der Hans-Ueli gut erzogen hat», wie er lächelnd sagt. Gut erzogen meint, dass sie den Pinot Noir nicht sofort trinken, sondern vier, fünf Jahre in den Keller legen, um ihn zu genießen, wenn der Reifungsprozess in der Flasche ihn noch einmal feiner, eleganter, saftiger gemacht hat.

Die SCHWEIZERISCHE WEINZEITUNG hat das Schlossgut Bachtobel unter die besten Weingüter der Schweiz gewählt. Selbst Hans Ulrich Kesselrings enge Freunde finden die Weine seiner Nachfolge mindestens so gut wie vorher.

Ich probierte mit Johannes Meier und Ines Rebentrost viele Weine, bis tief in das Archiv des Schlossguts Bachtobel hinunter. Es war ein denkwürdiger Abend, an dem der Wein Geschichten erzählte, von den Ideen und Träumen seiner Macher und von Licht und Schatten der Vergangenheit. Irgendwann mussten wir dann doch ins Bett, und weil Johannes Meier das Schloss nicht mehr bewohnt, sondern als Gästehaus für spezielle Gelegenheiten benutzt, wies mir der Hausherr den Weg zu meinem Zimmer.

Ich erkannte die Pfauenfedertapete sofort wieder. Johannes Meier lächelte, als er mich fragte: «Glauben Sie an Gespenster?»

Er selbst hatte längst klar gemacht, dass er von seinen Ahnen vor allem eines gelernt hat: sich von ihnen zu befreien.

Essen in den Tiroler Bergen?
Unmöglich.
Außer man kennt die richtigen Adressen.

Tirol und Vorarlberg

Es ist gar nicht so einfach, in den Bergen Westösterreichs etwas zu essen zu bekommen, was kein *Germknödel,* kein *Frankfurter Würstel* und kein Spezialtoast ist (oder ein Derivat davon).

Das mag etwas altklug formuliert sein, zugegeben. Das heißt aber noch lange nicht, dass es nicht stimmt. Ich spreche aus Erfahrung, und weil mir nichts daran liegt, euch über *Germknödel*-Hütten und Spezialtoastbüfetts aufzuklären, werde ich in dieser Geschichte ausschließlich von positiven Ausnahmen erzählen.

Beginnen wir mit der Ausnahme von der Ausnahme: die wirklich gute Berghütte.

«Gampe Thaya», Hochsölden: die Ur-Hütte.

Die «Gampe Thaya» ist nämlich kein Spitzenrestaurant im Gewand einer Berghütte, sondern eine Berghütte, wie wir uns jede Berghütte wünschen, außer natürlich, ihr seid gerade scharf auf einen Spezialtoast mit Ketchup oder einen Teller Pommes frites – dann solltet ihr aber dieses Buch auf die Seite legen und euch um eure Fritteuse kümmern.

Weil Pommes frites gibt es hier nicht.

Die «Gampe Thaya» ist nämlich eine Hütte im Tiroler Ötztal, etwas oberhalb von Sölden mitten im Skigebiet, die tatsächlich eine Hütte ist, aus schwarzem Holz, mit einem Hüttenwirt, der keinen solchen darstellt, sondern einer ist.

Der Mann heißt Prantl Jakob. Er führt die Hütte als Almwirtschaft. In einem kleinen Anbau macht er während der Alpsaison selbst Käse. Er lagert die Erdäpfel, die er während der Wintersaison braucht, im Gemüsekeller ein. Er lässt den Speck, den er verkauft, sieben Monate lange reifen, bis dieser die samtig mürbe Konsistenz erreicht hat, die wir erst lieben, wenn wir sie einmal kennengelernt haben – was jedoch nur selten der Fall ist, weil für die meisten Hüttenwirte der beste Speck der ist, der am schnellsten verkauft wird.

Der Blick von der Gampealm ist berückend. Die Gipfel der Ötztaler Alpen, weit drunten im Tal das betriebsame Skidorf Sölden, und auf Augenhöhe der Prantl Jakob, der dich auf die Frage, ob du ein Cola haben kannst, freundlich und mild anschaut und trotzdem die interessante Antwort gibt: «Bei mir nicht.»

Dann kommt sein «aber», und dieses «aber» enthält *in a nutshell* alles, was die «Gampe Thaya» so außergewöhnlich macht – der Name lässt übrigens die Abgründe der ötztalerischen Sprache erahnen, in der die «Honsloisn-Thaya auf der Gampealm» eine Wiese benennt, die nicht ganz so abschüssig ist wie auf anderen Almen.

«Aber», sagt der Jakob – ich war mit ihm, wie mit jedem anderen Tiroler, spätestens nach zehn Sekunden per du – «einen *Grantensaft…*» (das sind mit kaltem oder auch, besonders interessant, heißem Wasser aufgegossene Preiselbeeren, die im Spätsommer in den Waldstücken Hochsöldens gepflückt wurden, ein köstliches, eigenwilliges Getränk, süß, aber auch ein bisschen herb, von kräftigem geschmacklichem Tiefgang).

Was wir von einem guten Essen erwarten sollten

Der Schriftsteller und Gastrosoph Jean Anthelme Brillat-Savarin schrieb 1825 in seiner *Physiologie des Geschmacks*, was heute nach einem Kalenderspruch der Foodindustrie klingt: «Sage mir, was du isst, und ich sage dir, wer du bist.»

Da ist was dran, denke ich mir jedes Mal, wenn ich in der coop an der Kasse stehe und die Einkäufe anderer Menschen betrachte. Der Zusammenhang, Überraschung, von Bier im Wagen und Wampe über der Hose fällt mir dabei genauso auf wie die veganen Fleischersatzprodukte, die im Gesicht ihrer Einkäufer ein hartnäckiges Weltverbesserungslächeln hinterlassen.

Mit dieser Einschätzung wage ich mich freilich schon aufs dünne Eis von Interpretation und Erwartung. Gut so. Sie sind das Thema dieser Geschichte.

In dem erstaunlichen Buch *Gastrophysics* von Charles Spence, einem experimentellen Psychologen der Universität Oxford, paraphrasiert dieser nämlich den alten Brillat-Savarin-Spruch: «Sag mir, was sich

Krabbengericht Blumenthals serviert werde, unter anderem in Eisform, ergab das ein anderes Bild. Die Erwartungen der Gäste änderten sich, und mit ihnen ihre Wahrnehmungen. Keine Spur mehr von zu viel Salz.

Erwartungen, sagt Charles Spence, beeinflussen unsere Wahrnehmungen und Urteile *immer*. Die pittoreske Anreise zu einem Lokal, dessen verführerisches Ambiente, allein schon das Glücksgefühl, eine Reservation ergattert zu haben. Solche Faktoren erhöhen unsere Bereitschaft, gut zu finden, was wir anschließend mit unseren Sinnesorganen erfassen. Der Koch Paul Pairet vom Restaurant «Ultraviolet» in Shanghai nennt das «Psychogeschmack» und meint: «Alles an Geschmack außer dem Geschmack selbst.» Erwartung und Erinnerung, das Vorher und Nachher, den Verstand, nicht den Gaumen allein.

Selbst der Name eines Produkts oder Gerichts hat Einfluss darauf, ob wir es mögen oder nicht. Die Verkaufspsychologen hinter den Supermarktsortimenten wissen sehr genau, wie sie unsere Erwartungen wecken. Unsere hohen Erwartungen wiederum sorgen dafür, dass wir auch gut finden, was man uns so schlau verkauft hat.

eine Person von einem Essen erwartet, und ich sage dir, was sie schmeckt.»

Dann dekonstruiert Spence die Idee, dass Geschmack etwas Absolutes, Objektivierbares sein könnte. Er erzählt die Geschichte, als Heston Blumenthal, britischer Weltstar unter den Dreistern-Köchen, den Fehler machte, ein Eis auf die Karte zu setzen. Dieses Eis wurde aus Krabbenfonds zubereitet und sollte einen Krabbenrisotto begleiten.

Das Eis war perfekt abgeschmeckt. Blumenthals Team hatte wochenlang am richtigen Rezept gearbeitet, bis es schließlich perfekt war, cremig, würzig – und lachsrosa.

Aber die Gäste mochten es nicht. Sie beschwerten sich. Das Eis sei versalzen.

Natürlich war es nicht versalzen. Aber die Farbe und die Anmutung der Eiskugel weckten im Gehirn der Gäste Erwartungen, die nicht bestätigt wurden, und das Gehirn, das den süßen, zarten Geschmack eines Erdbeer- oder Himbeereis erwartet hatte, interpretierte die Meldungen, die ihm von den Geschmackspapillen auf der Zunge übermittelt wurden, als Fehler: versalzen. Erst als den Gästen vor dem Service vermittelt wurde, dass jetzt das revolutionäre, neue

Pence berichtet von Probanden, deren Gehirntätigkeit bei Weinverkostungen untersucht wurden. Sobald sie vermeintlich teuren, also guten Wein kosteten, wurde das Belohnungszentrum im Gehirn signifikant stärker aktiviert als beim vermeintlich billigen Wein, egal, welchen Wein sie tatsächlich probierten: In den meisten Fällen waren die Probanden bereit, ihren Erwartungen mehr zu vertrauen als ihrem Urteil. Der Unterschied von Erwartung und Wahrnehmung musste schon krass sein, um die Probanden stutzig zu machen. Das gilt natürlich nicht nur für die Zuschreibungen von billig und teuer, sondern auch von «bio», von «handgemacht», von «regional», von «fair»: dem Begriffs- und Erwartungsdschungel, in dem wir uns täglich zurechtfinden müssen.

Natürlich gibt es auch Methoden, die eigene Wahrnehmung unbehelligt von Erwartungen auf den Prüfstand zu stellen: Kochen Sie etwas, was Sie noch nie gekocht haben. Ohne Rezept. Wagen Sie das Experiment neuer Kombinationen – und entwickeln Sie diese weiter, bis sie den Geschmack, den sie kreiert haben, richtig gut finden. Lassen Sie erst dann jemanden kosten, um eine zweite Meinung zu bekommen.

Aber überlegen Sie gut, was Sie vorher sagen.

«Aber *Kasspatzlan* ...» (das sind Käsespätzle, die diesen Namen zu Recht tragen, da sie mit dem auf der Gampealm erzeugten Alpkäse zubereitet werden, frisch, auf Bestellung – was für eine cremige Freude). Auch das Brot wird hier im Ofen selbst gebacken, und die Bestellung eines *Kaiserschmarrens* wird mit der richtigen Einschränkung quittiert: «... dauert *aber* 20 Minuten!» Was nichts anderes heißt, als dass hier alles, was anderswo simuliert wird – in diesem Fall die frische Zubereitung des Kaiserschmarrens, die nun einmal ihre 20 Minuten braucht – tatsächlich so stattfindet, wie es die Wirklichkeit vorschreibt, die sich der alpenländischen Rustikalität nicht nur als Fassade im Potemkinschen Dorf der Tourismusökonomie bedient.

Das Beste an der Geschichte: Die Hütte brummt. Die COLA-Trinker essen ihre Pommer frites woanders, und die reifen Speckesser kommen genauso regelmäßig wie die *Grantensaft*-Trinker. Sie verbreiten die Botschaft vom fruchtbaren «Aber».

Das hätte ich hiermit auch erledigt.

«IceQ», Gaislachkogl, Sölden. Das alpine Rufzeichen.

Weil wir gerade von Sölden sprechen: Ich war natürlich auch bei James Bond essen. Damit meine ich den interessanten Glaswürfel auf 3048 Metern Seehöhe, wo Daniel Craig die großartige Monica Bellucci traf (oder so ähnlich). Auch im echten Leben (und ohne Monica Bellucci) ist der «IceQ» ein ziemlich aufregendes Bergrestaurant. Wer in Sölden auf 1363 Metern in die Seilbahn steigt, bekommt zum Aperitif exakt 1677 Höhenmeter eingeschenkt, bis er zwölf Minuten später über einen schmalen Metallsteg ins Innere eines futuristischen Glaskubus balanciert, das höchste Restaurant der Alpen. Von hier sieht man die Wildspitze, den Similaungletscher, über das Timmelsjoch hinüber bis nach Südtirol. Wenn das Wetter passt. Sonst sieht man nebelweiße Schleier, aber von oben.

Der Würfel ist an drei Seiten verglast. Im obersten Stock ist eine Lounge und eine Terrasse untergebracht, wo man in ausgeborgten Filzpantoffeln die grandiose Landschaft genießen kann (und nun einen Aperitif nimmt, den man auch trinken kann).

Das Innendesign des Restaurants ist im Vergleich zum spektakulären Auftritt zurückhaltend. Grober Holzboden, schlichte, aber elegante Holztische ohne Tischtuch. Es darf schließlich – und das ist eine ziemlich schlaue Überlegung – keine allzu große Fallhöhe zwischen potenziellen Gästen in bunter Funktionskleidung und dem Restaurant-Interieur geben, eine Aufgabe, die auf solide Weise gelöst wurde.

Am Eingang zur Küche springt der große Weinkühlschrank ins Auge, eine super Konkurrenz zum Blick auf die Wildspitze. Damit rückt das «IceQ» gleich seine nächste Kompetenz ins Bild. Wein am Berg – wie auch die traditionelle Veranstaltungsreihe des Partnerhotels «Central» in Sölden heißt – ist das Hauptthema, das von einer anspruchsvollen, nur teilweise regional grundierten Küche des «IceQ» flankiert wird: Fleisch vom Ochsen, vom Kalb und vom Lamm aus dem Ötztal, zum Beispiel gut abgeschmecktes und mit leichter Hand angerichtetes Tatar, aber auch gebeizter Seelachs und gebratener Steinbutt, was eher großzügig unter dem Motto *alpine cuisine* zusammengefasst wird.

Allerdings würde sich das «Alpine» an der Küche des «IceQ» auch dann erschließen, wenn es Sushi oder Tacos gäbe: Denn die physikalischen Voraussetzungen in einer Küche, die sich auf 3000 Metern Höhe befindet, unterscheiden sich von einer im Tal in zahllosen Details: die Equipe um Küchenchef Patrick Schnedl musste so ziemlich von Grund auf ihre Automatismen überprüfen, Kochzeiten anpassen, Materialkunde neu kalibrieren.

Das gilt übrigens auch für den Weingenuss. Das Weinangebot ist ziemlich breit gefächert, und ich überzeugte mich davon, dass etwa der glasklare Riesling von J. J. Prüm, der am Moselufer gekeltert worden war, auf der Höhe ganz besonders elegant daherkommt (eine Wahrnehmung, die Gastgeber Valentino Stocker bestätigte). Die Weinkarte lieferte darüber hinaus noch zahlreiche Ideen, wie man die Wirkung von Wein auf das – von der dünnen Luft adaptierte – Zentralnervensystem untersuchen kann. Es empfiehlt sich allerdings, in diesem Fall die Ski stehen zu lassen und die Seilbahn ins Tal zu nehmen.

«Stüva», Ischgl. Der Klassikaner im Skiparadies.

In Ischgl besuchte ich Benjamin Parth, den Küchenchef des *Fine-Dining*-Restaurants «Stüva». Das «Stüva» ist ein mit Geschmack und Strenge eingerichtetes Lokal im Hotel «Yscla», das wiederum den ursprünglichen Namen des Ortes trägt, der inzwischen mit dem nicht unironischen Claim «*Relax. If you can*» Karriere gemacht hat.

Parth – der bei Heinz Winkler in die Lehre gegangen ist und sein Können bei Koryphäen wie Santi Santamaria, Marc Haeberlin und Sven Elverfeld verfeinert hat – ist ein ziemlich eigensinniger Küchenchef. Er kümmert sich zum Beispiel einen Teufel um Trends oder Moden. Dafür sind seine Vorstellungen davon, was gut und was schlecht schmeckt, zu explizit.

Bei unserem ersten Treffen machte er mich damit ziemlich sprachlos. Ich traf Parth, um mit ihm über die grassierenden Ideen einer alpinen Hochküche zu diskutieren, aber der wollte weder von Moosen und Flechten noch von Bergerdäpfeln aus exponierter Hanglage etwas wissen. Erstaunlich selbstbewusst beantwortete er meine Fragen (dass ich nach ungefähr zehn Sekunden mit ihm per du war, muss ich nicht extra sagen. Ischgl befindet sich auf Tiroler Boden).

«Welche Produkte kommen für dich infrage?», wollte ich wissen, Stoßrichtung «kulinarisches Erbe der Alpen».

Benny antwortete sophistisch: «Nur die besten.»

Ich: «Das heißt?»

Parth: «Rungis Express».

Das ist bekanntlich der legendäre Lieferdienst, der Spitzenrestaurants in ganz Europa mit Produkten vom Pariser Feinschmeckermarkt versorgt. Während also andere Köche indigene Entenrassen züchten lassen oder nur noch Fische aus gletscherkalten Bergseen verkochen, lässt sich Benjamin Parth Steinbutt und Jakobsmuscheln liefern, Rotbarben, Seeteufel, Langostinos, Rochen, Seezungen, alles in blauen Styroporschachteln, ganze Fische am Stück, am Tag davor im Atlantik gefangen, frisch wie eine Felche aus dem Bodensee.

«Hast du», frage ich, «kein Interesse an Produkten aus der Nähe?»

Immerhin fallen die Bekenntnisse zur Regionalität in der Spitzenküche an vielen Orten fast schon religiös aus.

«Welche Produkte?», fragt Parth zurück. «Bei uns auf 1300 Metern wächst ja nichts.»

Das stimmt zwar, historisch betrachtet, nicht ganz. Auf den Hängen, die vom Ischgler Talboden ziemlich steil aufsteigen, wurden lang Getreide und Erdäpfel angebaut, das bezeugen einzelne Fotos aus dem Archiv. Im 200 Meter höher gelegenen Nachbarort Galtür hingegen gedieh weder Weizen noch Gemüse, deshalb bekam der Ort auch den Spitznamen «Weiberhimmel»: Weil die Galtürer Frauen – ganz im Gegensatz zu denen aus Ischgl – nicht der beschwerlichen Feldarbeit nachgehen mussten.

Benny Parth sieht das weder romantisch noch konservatorisch. Er ist Koch. Er will auf jedem Teller ein Gericht abliefern, das seinen Vorstellungen von Hochküche entspricht.

«Die Produkte von hier sind nicht gut genug», sagt er. «Es gibt kaum was, und was es gibt, gibt es anderswo besser, zum Beispiel Käse. Ich muss sowieso auswärts einkaufen. Dann kauf ich eben das Beste, was ich kriegen kann.»

Den Käse zum Beispiel bestellt er bei Bernard Antony, dem wahrscheinlich berühmtesten Affineur und Käsehändler Frankreichs. Die Auswahl, die am Schluss des großen Menüs präsentiert wurde, war entsprechend überwältigend. Ich bin freilich der Meinung, dass man entweder große Menüs oder Käse essen sollte. Beides und noch dazu hintereinander habe ich noch nie so richtig zusammengebracht.

Weil, in der Zwischenzeit hat der junge Parth – sein Vater Alfons ist umtriebiger Tourismusmanager und ein ins gute Essen verliebter Weltreisender; die Leidenschaften des Sohnes sind also aus der Familiengeschichte solid abzuleiten – eine Reihe von Tellern aus der Küche geschickt, die seine enorme Trittsicherheit in den wesentlichen kulinarischen Disziplinen unter Beweis stellen: Er hat ein Gefühl für Portionen und die Dramaturgie eines Menüs. Er unternimmt keine abwegigen Experimente, sondern bewegt sich erstaunlich souverän auf dem steilen Klettersteig der französisch geprägten *Haute Cuisine*. Seine Gerichte sind immer als das zu erkennen, was sie sind: Langostinos sind Langostinos, kein Schaum, kein Püree. Der Steinbutt hat Biss und Format, und nie kommt er ohne eine perfekt abgeschmeckte Sauce. Die Jakobsmuscheln sind von so guter Qualität, dass sie auch einmal roh, als Tatar auftreten dürfen (und weil Benny Parth auch einen Sinn für Humor hat, wie ihn nur avancierte Foodisten verstehen, salzt er dieses Tatar zum Beispiel mit Kaviar und schmeckt es mit dem Saft von weißen Trüffeln ab. Richtig gehört, der Mann schmeisst weiße Trüffel in den Entsafter!).

Wir sprachen mehrmals und lang über Strömungen und Ideengeschichten der modernen Kulinarik. Benny Parth ist brennend daran interessiert, was in Kopenhagen und Stockholm, San Francisco und Wien gerade passiert. Gemeinsam mit seiner Lebensgefährtin Sarah Falch reist er regelmäßig zu den dortigen Leitbetrieben, außerhalb der Saison. Aber für das eigene Schaffen zieht er kreative *Spompanadeln* aller Art weniger in Betracht. Da ist er von der Hans-Haas-Fraktion, ein Koch, der seinen Produkten loyal und behutsam die Rutsche legt, statt sie als Zeugen kreativer Ideen aufzurufen. Ich habe selten einen Koch kennengelernt, der so überzeugt den klassischen Disziplinen verpflichtet ist. Er liebt Luxusprodukte. Er kann Saucen ansetzen. Er weiß Bescheid über Konsistenzen. Er pfeift auf Moden, weil wer braucht Moden, wenn es Klassik gibt. Wofür haben sich Escoffier, Bocuse und Haeberlin ins Zeug gelegt, hä?

Lustig, dass ausgerechnet ein kleines Stück Saibling mit Enzianschaum als «Bennys Klassiker» serviert wird. Das Gericht ist besonders, weil die Bitterkeit der raren Enzianwurzel eine winzige Irritation in die Harmonie von Geschmack und Struktur einfügt. Der Kratzer macht den Glanz der Politur nämlich erst sichtbar.

«Schualhus», Zug. Globalisiertes Spitzenhaus mit Bodenhaftung

Spitzengastronomie ist dort zu Hause, wo Gäste sind, die sie bezahlen können. Nach marktwirtschaftlichen Kriterien ist es nachvollziehbar, dass die eleganten Skistationen in der Schweiz, in Frankreich und Österreich ein entsprechendes Angebot für ihr zahlungswilliges Publikum brauchen.

In diesen Orten wird viel Geld ausgegeben. Der Champagner fließt, und eine erstklassige Logistik, siehe oben, sorgt dafür, dass die Austern so schnell und sicher vom Meer in die Berge transportiert werden wie nach Paris oder München.

Einen Unterschied gibt es aber doch. Die Eleganz, die das klassische *Fine-Dining*-Thema mit seiner Parade der Luxusprodukte landläufig umweht, steht im krassen Gegensatz zur weithin zelebrierten Folkloristik der Skihütten, Hotels und Restaurants in den Alpen, wo auf eine bemerkenswert durchsichtige Art suggeriert wird, dass es sich bei den Vier- und Fünfstern-Chalets im Grunde um Bauernschuppen handelt, bloß geheizt und ein bisschen sauber gemacht.

Deshalb müssen die Gäste ihre *Fines-de-Claire*- oder *Gillardeau*-Austern unter alten Sensen und Milchkannen verzehren (oder den Bildern alter, selbstvergessener Bauerndörfer, die hier einmal standen) und die Kellner tragen Trachtenanzüge oder Lederhosen.

Ich habe nichts gegen Spitzenrestaurants in den Bergen, siehe noch einmal oben. Ich gestatte mir aber, mich darüber zu amüsieren, wie sehr sich Inhalt und Verpackung der Ware Spitzengastronomie im alpinen Kontext unterscheiden können.

Freilich lasse ich mich gern überraschen, zuletzt knapp sechzig Kilometer von der Schweizer Grenze entfernt in Zug, einem Ortsteil von Lech am Arlberg. Dort steht ein Haus, in dem eine interessante Neudefinition von alpiner und gleichzeitig globalisierter Gastronomie abgeliefert wird.

Von außen sieht das Haus zeitvergessen, vielleicht sogar ein bisschen museumsdorfmäßig aus. Über dem Eingang steht: «Schualhus». Hier, nur ein paar Meter von der gedrungenen Dorfkirche entfernt, war einmal die Dorfschule von Zug untergebracht. Das 65 Quadratmeter große Haus wurde schon 1780 erbaut und stand bis 1963 in Betrieb, als auf einem Stockwerk, über der Sennerei, acht Schulstufen gleichzeitig unterrichtet wurden.

Heute steigt man in den ersten Stock des «Schualhus» hinauf und sieht einen eleganten Messingtisch, der an drei Seiten die im Zentrum stehende Kochinsel umrahmt, an der die Köche des «Schualhus» abends ein vierzehngängiges Menü zubereiten. Weltgewandte

Foodisten werden die Brauen heben und anmerken, dass sie so ein Hybrid aus Tisch und Bar schon einmal gesehen haben, und zwar auf der anderen Seite der Welt, in Brooklyn, New York.

Dort hat der Koch César Ramirez mit seinem «Chef's Table at Brooklyn Fare», dem ersten New Yorker Drei-Sterne-Restaurant außerhalb Manhattans, den Vorarlberger Hotelier Joschi Walch («Rote Wand») so beeindruckt, dass dieser kurzerhand beschloss, die Idee – 18 Menschen sitzen an einem Tisch und essen, was ihnen die vor ihren Augen arbeitenden Köche servieren – in die Alpen zu verlegen. Der erste Stock des ehemaligen Schulhauses erwies sich dann als geeigneter Ort dafür.

Das Spektakuläre an der Geschichte ist allerdings nicht allein der Rahmen, die zugegeben bis ins Detail akribisch durchgeführte Renovation der alten Schule. Spektakulär ist der Versuch, diese Bühne so zu bespielen, dass die Verbindung von Ort, Produkten und Gerichten einen konsistenten Zusammenhang ergeben. Auch wenn der Küchenchef noch nicht in der Dreistern-Liga spielt: Seine Lust, aus Vorarlberger Produkten (Alpschwein, Wachtel, Rotauge, Saibling, Beeren, Berggemüse – für meinen Geschmack ein bisschen zu oft Aromen aus dem Hochwald) einfallsreich und undogmatisch zeitgemäße Speisen zusammenzusetzen, ist bemerkenswert: Dafür bedient sich die Equipe traditioneller Zubereitungsmethoden aus aller Welt (Fermentation, Verkohlungstechnik, Dämpfungsmethoden etc.), um die mehrheitlich regionalen Produkte optimal zur Geltung zu bringen.

Mein Highlight war die Zuger Almsaiblingsleber im weißen Mohnkleid. Überhaupt sind, gestattet mir den Exkurs, Forellenlebern eine echte Delikatesse. Sie verfügen nicht nur über eine samtige Konsistenz, sondern auch über einen unaufdringlichen Fischgeruch und einen ausgesprochen eleganten Geschmack. Das Aroma der Forelle wohnt ihrer Leber solid inne und mischt sich mit einem zarten Lebergeschmack, weit zurückhaltender und feiner strukturiert als etwa bei einer Leber vom Kalb oder gar vom Schwein.

Man kann so eine Leber einfach in brauner Butter braten und ein Glas Sauternes dazu trinken. Ich habe mir freilich beim Küchenchef das Rezept für seine Saiblingsleberpralinen besorgt. Schon die Geschichte, warum Manuel dieses Gericht entwickelt hat, ist gut genug: Er hatte keine Lust mehr, Gänse- oder Entenleber zu verkochen. Das Rezept ist umwerfend und einfach: eine Einführung ins gehobene Spezialistentum.

Zutaten: *250 g Saiblingslebern (gewässert), 300 g Butter, 2 Eigelb, 100 g Gala-Apfel (gewürfelt), 250 ml Trockenbeerenauslese, Pfeffer, Piment, Zimt (gemörsert) und Meersalz.*

Zubereitung: *Butter in einem kleinen Topf bräunen und dann kalt stellen. Die Apfelstücke mit der Trockenbeerenauslese in einen Topf geben und schwach köcheln lassen, bis der Wein komplett reduziert ist. Anschließend ebenfalls kalt stellen. — Wenn die Apfelstücke und die Butter Zimmertemperatur erreicht haben, gemeinsam mit der Leber und den Eigelb in einen Mixbehälter geben und auf höchster Stufe cremig mixen. Mit den Gewürzen nach Belieben abschmecken (weniger ist dabei mehr, der Geschmack der Fischleber ist zart und sollte nicht übertönt werden). Die Lebercreme durch ein feines Sieb drücken und in Halbkugelformen mit einem Durchmesser von 3 cm füllen. Die Formen mit Klarsichtfolie abdecken und im Dampfgarer bei 80 Grad acht Minuten lang dämpfen. Die Formen nach dem Dämpfen sofort in den Kühlschrank stellen, da die Leber sonst gerinnt. — Die erkalteten Leber-Halbkugeln zu ganzen Kugeln zusammensetzen und in gemahlenem Mohn wälzen. Dazu passt am besten frisches Fruchtmus.*

PS: Wer jetzt nach Knödeln fragt, muss sich auf einen Umweg gefasst machen. Weil, ich hätte es nicht für möglich gehalten, die ultimativen Knödel, die in den Alpen hergestellt werden, gibt es nicht auf der österreichischen Seite des Alpenhauptkamms, sondern in Südtirol, namentlich auf dem Ritten oberhalb von Bozen. (Siehe Kapitel Südtirol, Seite 603)

Wem das die paar Kilometer nach Bozen nicht wert ist, dem ist nicht zu helfen.

Amen.

Sushi, Tonkatsu, Kaiseki – aber auch,
warum nicht, Cocktails als Menü:
Ein Reise durch die Extrazimmer von Tokio
mit langen Abstechern an die richtigen Bars.

Tokio

Ich saß in der Bar des «Park Hyatt» in Tokio und hörte einer mittelprächtigen Jazzband dabei zu, wie sie routiniert das *American Songbook* durchforstete. Dazu trank ich sehr steife Gin Tonics. Wie könnte ich mich dabei nicht an Bill Murray erinnern, der sich in *Lost in Translation* am selben Ort von der Sängerin der Band von damals aufreißen lässt, weil er schon ein paar Gin Tonics mehr auf dem Konto hat. Die Parallele zu Bill erschöpft sich übrigens an dieser Stelle, außer dass ich meinen Blick über die Stadt schweifen ließ wie Sofia Coppola ihre Kameras. Das Leuchten, Glimmen und Pulsieren der Zehn-Millionen-Stadt ließ mich nicht unbewegt, 52 Stockwerke über dem Boden des Stadtteils Shinjuku, in der bequemen Kapsel der Interkontinentalrakete, durch deren Luke mir in den nächsten Tagen die erstaunlichsten Speisen und Getränke gereicht werden würden.

«Ein guter Reisender hat keine festen Pläne und denkt nicht ans Ankommen.»

Diese ewige Weisheit staubte ich einmal in einem billigen Zitate-lexikon ab. Es wird einem gewissen Lao Tzu zugeschrieben, einem chinesischen Philosophen, den wir auch als Laozi kennen könnten, würden wir ihn überhaupt kennen.

Der Spruch klingt gut. Ich bin sicher, der eine oder andere Travel-Instagrammer hat ihn als Motto in seiner Bio stehen. Die Wahrheit sieht freilich anders aus, speziell, wenn du gemeinsam mit Spitzengastronomen reist, konkret mit Konstantin Filippou. Der poetische Moment in der «Park Hyatt»-Bar mündete also in eine hektische Bestandsaufnahme, welche Reservierungen bereits unter Dach und Fach seien und welche Rückmeldungen noch ausstünden. Außerdem mussten wir eine Strategie für die Gasthäuser entwickeln, die traditionell keine Reservierungen annehmen, sondern ihren Gästen eine gewisse Wartezeit in der Schlange abverlangen, sprich: *Ramen*-Bars, Sushi-Bars, aber auch die legendären Pizzarestaurants, die uns durchaus verlässliche Quellen emphatisch ans Herz gelegt hatten: «Ihr werdet nirgends so gute Pizza essen wie in Tokio ...»

Spoiler: Die Pizza im «Seirinkan» war tatsächlich ausgezeich-net, wobei mir zwei Nebenaspekte des Lokals mindestens so gut gefielen: Erstens gab es nur Pizza Margherita und Pizza Marinara, und zweitens war Chef Kakinuma ein hingebungsvoller Beatles-Fan. Das bedeutete, dass seine Pizza pur und dogmatisch aus dem Ofen kam und ein Beatles-Song nach dem anderen aus den Lautsprechern des zweistöckigen Puppenhauses strömte. Kakinuma wird das Ver-dienst zugeschrieben, dass die neapolitanisch-japanische Pizza in Tokio einen regelrechten Siegeszug angetreten hat – Pizza Dada, Pizza Strada, Pizza PST, Pizza Savoy. Von Letzterer kehrte Konstantin seinerseits mit einem so zufriedenen Gesicht zurück, dass ich gar nicht mehr fragen musste, wie gut er gegessen hatte.

Darf ich noch etwas über das «Park Hyatt» sagen? Es ist nicht das modernste Hotel der Welt, aber die designmäßigen Jahresringe fal-len angesichts der unglaublichen Aussicht und des mindestens so erstaunlichen Service nicht ins Gewicht. Auf mich wirkt Perfektion auf allen Kanälen sowieso eher einschüchternd, ich fühle mich, als würde ich vakuumiert zu Bett gelegt. Im «Park Hyatt» bekam ich aber immer Luft, und als Konstantin eines Morgens beim Frühstück keinen Mistkübel fand und deshalb ein vollgeschnäuztes Taschentuch länger in der Hand behalten musste, als ihm lieb war, erlebte ich eine unglaublich lustige Vorführung in hinuntergeschlucktem, aber unerbittlich ans Tageslicht strebendem Ärger. Ich werde später leider noch einmal darauf zurückkommen.

Jedenfalls war es der *Executive Chef* des «Park Hyatt», Ronan Cadorel, der uns einen Herzenswunsch erfüllte: einen Besuch auf dem legendären Tsukiji-Fischmarkt, der unmittelbar vor seiner Übersiedlung an der Stadtrand stand. Ronan machte es persönlich. Er holte um vier Uhr früh vom Hotel ab und brachte uns mit dem Transporter zu den alten Hallen, sein eleganter Fischeinkäufer hatte dafür gesorgt, dass wir nicht nur aufs Gelände durften und dafür mit weißen Gummistiefeln ausgestattet wurden, sondern auch an der mythenumwobenen Zeremonie teilnehmen durften, die im Zentrum jedes Morgens steht: die Thunfischversteigerung.

Auch wenn wir schon diverse Dokus und Clips auf YOUTUBE gesehen hatten, fuhr mir der tribalistische Ernst der Versteigerung direkt unter die Haut. Auf groben Holzpaletten lagen die 1,20 bis 2 Meter langen Torsen der zum Verkauf stehenden Thunfische, deren Schwanzflossen abgeschnitten waren, damit die potenziellen Käufer Farbe und Beschaffenheit des Fleisches sehen und sich mit vorgereckter Nase von dessen Geruch überzeugen konnten.

Ronan hatte uns mit maximaler Höflichkeit, aber auch einem gewissen Nachdruck bedeutet, dass wir uns im Hintergrund halten mögen. Subtrahiert man die formellen Höflichkeiten von dieser Bitte, bedeutete sein Hinweis, besser niemandem im Weg zu stehen, nicht weniger als: Bleibt unsichtbar, sonst schneide ich euch die Eier ab.

Der erste Auktionator erschien um Punkt fünf Uhr dreißig. Die Käufer hatten sich inzwischen einen Eindruck verschafft und brachten sich aufmerksam in Stellung. Der Auktionator eröffnete mit einer kleinen Handglocke die Versteigerung, dann veränderte sich die Stimmung schlagartig.

Denn sobald der Auktionator auf den ersten Fisch gedeutet hatte, begann er dessen Geschichte und Vorzüge mit einer Art Sprechgesang zu beschreiben, der mich zuerst aus der Fassung brachte, aber bald völlig in seinen Bann zog. Der kleine Mann war kein Marktschreier. Er klang wie ein Schamane, ein Muezzin, und es waren nicht nur die Modulationen der Stimme, sondern auch die Bewegungen, die er dazu vollführte: Der Mann tanzte wie ein Derwisch, er beförderte sich durch Gesang und Tanz in eine Art Trance, nur dass an dessen Ende nicht die Erleuchtung, sondern der Verkauf des Fisches wartete, sobald der Zuschlag erteilt war.

Ich konnte nicht anders, ich näherte mich dem Auktionator an, weil ich mit dem iPhone wenigstens ein bisschen von dieser Atmosphäre festhalten wollte. Allerdings spürte ich augenblicklich Ronans sanfte Hand auf der Schulter, der mich wieder in die zweite Reihe beförderte, bevor mir ein Händler sagen konnte, was er wirklich von Besuchern hielt, die ihm hier im Weg stehen, die Typen beherrschen bestimmt Kampfsportarten.

Nach sieben oder acht Fischen musste der Auktionator abgelöst werden, er war mit seinen Kräften am Ende. Ein neuer Zeremonienmeister übernahm, der ausgepumpte Vorgänger trat von der Bühne ab wie Bruce Springsteen nach einem vierstündigen Konzert.

Nun zeitigte die Auktion des Tages nicht einmal spektakuläre Ergebnisse, gemessen an den Versteigerungen, bei denen für einen einzelnen Blauflossenthunfisch wie heuer im Januar 2,7 Millionen Euro bezahlt werden. Der teuerste Fisch ging schon für knapp 300 000 Euro an seinen Käufer, der ihn nebenan sofort zerteilen ließ, um ihn später an seine Kunden in der Spitzengastronomie liefern zu lassen.

Ronan hatte in einer der vielen Sushi-Bars, die sich an der Peripherie des Markts angesiedelt hatten, Plätze für uns reserviert. Punkt acht bekamen wir eine Ladung an Fischqualität verabreicht, wie ich sie noch selten erlebt habe, was spreche ich, noch nie...

Ich fragte Konstantin nach seiner Meinung.

«Okay», sagte er.

«Nur okay?», fragte ich etwas ungläubig. «Bist du des Teufels?»

schlüsse auf Jiros Blick zulässt. Die nächste Hürde besteht darin, den Reis gründlich zu waschen. Reiskörner sind nach der Ernte mit einer hauchdünnen Schicht Stärke überzogen. Wird diese nicht vor dem Kochen vollständig abgewaschen, kleben die Reiskörner zu stark aneinander.

Manche Sushiköche geben den Reis in kaltes Wasser und lassen ihn zwischen einer halben und einer ganzen Stunde aufquellen. Andere lassen so lange kaltes Wasser darüberlaufen, bis das ablaufende Wasser nicht mehr die geringste Trübung durch abgeschwemmte Reisstärke aufweist.

Erst anschließend wird der gewaschene Reis in der Regel mit einem Stück *Kombu*, kultiviertem Seetang, gekocht. Die bevorzugte Quellmethode erfolgt bei mittlerer Hitze auf dem Herd, wobei der Reistopf stets zugedeckt bleibt. Sobald der Reis – und jetzt wird es kompliziert – eine bestimmte, wenn auch noch unfertige Konsistenz erreicht hat, wird er vom Feuer gezogen und kann nachgaren.

Allein in diesen Regieanweisungen sind unzählige Fehlerquellen enthalten.

Anschließend wird der Reis in einen Holzbottich gegeben und mit einer Mischung aus Reisessig,

Das perfekte Reiskorn

Bei einem Mittagessen wurde ich in eine Diskussion über kulinarische Perfektion verwickelt. Der Gegenstand, an dem ihr höchster Grad festgemacht wurde, war Reis.

Das Gespräch begann unverfänglich, nämlich damit, dass mir mein Kollege Vijay Sapre, Herausgeber des Magazins EFFILEE, erzählte, er sei gerade in Tokio gewesen und habe beim berühmtesten Sushilokal der Welt gegessen, beim sagenumwobenen Jiro Ono in Tokio.

Ich hatte David Gelbs Film *Jiro dreams of Sushi* gesehen, diesen wirkungsmächtigen Vorläufer der Serie auf NETFLIX. Vor allem eine Szene war mir im Gedächtnis geblieben: der Blick des schildkrötenschädeligen Jiro, als er den Reis betrachtet, den sein Sohn Yoshikazu gekocht hat.

Es ist ein kalter Blick, ein wissender Blick, ein abschließender Blick. Jiro muss gar nichts sagen, damit alle Beteiligten Bescheid wissen, was gerade vor sich geht: Der Vater bedeutet dem Sohn, seinem Lehrling, dass der Reis nicht den Ansprüchen genügt, die hier, in diesem Restaurant, gelten. Der Sohn trägt den Reis weg, um es von Neuem zu probieren.

Die Prozedur, das erfahren wir später, wiederholt sich hunderte Male, bis Jiro den Reis zum ersten Mal kostet – bevor er seinen Sohn wieder zurück an den Herd schickt.

Man kann das als Abfolge von Demütigungen sehen, als auf die Spitze getriebene, japanische Anspruchskultur – aber natürlich auch als beständige Annäherung an die sagenhafte Qualität, die in der japanischen Kultur gepflegt wird wie nirgendwo sonst.

Es geht, rufen wir uns das noch einmal in Erinnerung, um die Zubereitung von Reis.

Es geht um die Auswahl der richtigen Reissorte, meistens *Koshihikari*, dessen Reiskörner nach dem Kochen eine dichtere und festere Struktur als die anderer Sorten besitzen. Die Qualität wird auch danach bemessen, ob die einzelnen Reiskörner sämtlich unverletzt, also von perfekter Form sind – was Rück-

Salz und Zucker oder süßem Reiswein gewürzt. Auch dieses Würzen folgt einem praktischen Ritual: Der Reiskoch muss mit dem *Shamoji*, einem speziellen Löffel, ein Muster aus Furchen in den Reis ziehen, damit die Mischung möglichst gleichmäßig verteilt wird. Gleichzeitig wird der Reis mit kühler Luft befächert, weil er schnell abkühlen muss, um den gewünschten Glanz auszuprägen.

Jiros strenger Blick hat also tatsächlich einiges zu kontrollieren.

Die Frage, die wir ziemlich hitzig diskutierten, lautete: Kann es eine Lebensaufgabe sein, perfekten Reis zu kochen? Oder kann gar kein *Nigiri* so perfekt, kein Reiskorn so liebevoll behandelt werden, dass dahinter die Lebensaufgabe eines Kochs verschwindet?

Oder ist diese Lebensaufgabe ehrenhaft und groß? Ist sie doch dafür verantwortlich, eine Brücke aus der Vergangenheit in die Gegenwart zu schlagen, alte Traditionen so zu bestellen, dass sie in ihrer ganzen Dimension erkannt werden können?

Ich weiß es nicht. Vijay Sapre berichtete, er habe seine Mahlzeit an Jiros Sushibar durchaus genossen. Nach 17 Minuten war der Spaß allerdings auch schon wieder vorbei.

«Nein», antwortete er. «Wahrscheinlich waren das die besten Sushi, die ich je bekommen habe. Aber ich spüre, dass es noch besser geht.»

Spoiler: Es ging noch besser. Ein paar Tage später dinierten wir bei «Hakkoku» in Ginza, dem abenteuerlich bunten und belebten Zentrumsbezirk, und abgesehen davon, dass das Sushi-Menü auf 32 *Nigiri* ausgelegt war und ich zum ersten Mal von einer Sushi-Bar mit dem Gefühl aufstand, ja, doch, ich habe gerade echt was gegessen, lernte ich Fische kennen, von denen ich weder vorher noch nachher je gehört habe.

Tossaki / Makokarei / Kasugodai / Tokisake / Botanebiu / Katsuo / Shako / Kisukobukime / Kegani / Ankimo / Hihamaguri / Ainame / Aji / Hamo / Yariika. 16 weitere.

Ich erinnere mich an den Schmelz des Abalone, die Jodexplosion des Seeigels, die Würze der Makrele, die Elastizität des Aals, und natürlich werde ich den Akkord der vier Thunfisch-*Nigiri* nicht vergessen, die hintereinander serviert wurden, wobei der Fisch immer fetter wurde. Was für ein Erlebnis, als die Balance zwischen Geschmack, Salzigkeit und Konsistenz sich verschob, als würde man einen Filter über ein- und dasselbe Fotomotiv legen, von klirrend kalt bis strahlend warm.

Mit größter Selbstverständlichkeit pflückte der Sushi-Meister den perfekten Reis aus seinem Holzbehälter, um vor unseren Augen die *Nigiri* zu formen. Jedes Reiskorn glänzte in beiläufiger Vollkommenheit, der Reis hatte Zimmertemperatur und war elegant gesäuert. Wie stark das jeweilige *Nigiri* mit Wasabi oder Sojasauce gewürzt werden sollte, entschied allein der Sushi-Meister, der die gute Laune von Hiroyuki Sato, dem Chef des Hauses, verinnerlicht hatte.

Nur am Ende der Bar neben uns saß ein Gast, der gar nichts sagte und allen Versuchen, ihn in ein freundliches Gespräch zu verwickeln, auswich. Erst später fanden wir heraus, dass er der Gitarrist einer berühmten Band namens Interpol war, der wohl dachte, wir wollten uns an den prominenten Musiker, der Sushi isst, heranmachen. Dabei fanden wir nur, dass er einsam aussah.

Wir streiften durch Tokio und lernten den absonderlichen Rhythmus der Stadt kennen. An Verkehrsknotenpunkten wachsen die Häuser in die Höhe, Wolkenkratzer, unförmige Malls und Büroschachteln, aber dazwischen gebärdet sich die Stadt fast ländlich, winzige Häuser, winzige Vorgärten, unübersehbare Getränkeautomaten mit Tee und *Calpis* und eine unwahrscheinliche Ruhe.

An manchen Orten standen lesende oder ihr Handy befragende Menschen in einer Schlange, in der Regel befand sich in der Nähe eine *Ramen-* oder *Udon-*Bar, die keine Reservationen annimmt. Dort nahmen die Gäste dann mit hoher Geschwindigkeit – umgekehrt proportional zur Länge der Wartezeit – ihr Essen zu sich. Die europäische Mode, sich an irgendeinem Stand einen Imbiss zu holen und diesen auf der Straße oder gar in den öffentlichen Verkehrsmitteln zu verzehren, ist hier unbekannt, Nein, sie ist geächtet. Gegessen wird im Sitzen, und bis man sitzt, wird hungrig gestanden.

Ein programmierter Höhepunkt unserer Safari durch Tokio war das Essen bei «Kagurazaka Ishikawa», einem *Kaiseki-*Restaurant, das vom MICHELIN seit Jahren mit drei Sternen ausgezeichnet ist. Wir hatten den Tisch mit Glück, Beziehungen und Beharrungsvermögen bekommen, denn selbst wenn es in keiner Stadt der Welt mehr Sternerestaurants gibt als in Tokio, heißt das noch lange nicht, dass man dort auch willkommen ist. Ich hielt das anfangs für hochmütig oder mindestens Methode, bis ich vor Ort den wesentlichen Grund erkannte: die Restaurants sind klein, manchmal sogar winzig. Gäste werden entweder an einer Bar oder in Extrazimmern empfangen und erfreuen sich dort der uneingeschränkten Aufmerksamkeit von Küche und Bedienung.

«Ishikawa» war in einer namenlosen Seitenstraße domiziliert, sodass wir eng mit dem Taxifahrer zusammenarbeiten mussten, um überhaupt rechtzeitig anzukommen. Roamingkosten spielten keine Rolle. Schweißnass, aber pünktlich kamen wir an und bekamen unseren Platz in einem ruhigen Extrazimmer zugewiesen – logisch, da es bei «Ishikawa» ausschließlich Extrazimmer gibt. Vielleicht hat diese programmatische Isolation des Gastes mit dem Respekt vor der Privatheit des Essens zu tun. Vielleicht soll es die Gäste aber auch dazu animieren, sich durch nichts vom Essen ablenken zu lassen. *Kaiseki* ist schließlich die höchste Ausprägung japanischer Kochkunst, indem es sämtliche Zubereitungsweisen, vom Frittieren über das Kochen von Suppe, das Schneiden von *Sashimi*, das Grillen über Holzkohle, das Kochen und Dämpfen bis zur Herstellung des finalen Reisgerichts, mit den verfügbaren regionalen Lebensmitteln kombiniert und sie möglichst ansehnlich und in möglichster Perfektion präsentiert.

Eine Haarkrabbe kam mit Auberginenkaviar und einer gelierten Rindssuppe. Es folgte ein frittierter *Silver Pomfret* – ein pelagisch lebender Tiefwasserfisch, entsprechend schwierig zu fangen –, der mit süßem Mais und bitteren Innereien der Seegurke serviert wurde. Die Suppe stammte vom *Horse Head Snapper,* einer von «Ishikawa» präferierten Unterart des *Red Snappers,* und wurde mit ausgestochenen Kügelchen aus Wachskürbis ergänzt. Im Anschluss an diese virtuose Kreation kamen die *Sashimi* von der Seebrasse und eine reichliche, köstliche Portion Seeigel, der nicht erst seit damals meine liebste Meeresfrucht ist. Ein Stück Aal auf Klebreis. Ein gegrillter *Ayu*-Fisch mit einer Wasserpfeffersauce in einem kleinen Schälchen. Schließlich ein dünnes, vorsichtig gekochtes Stück Rindfleisch mit Rüben und einer süßen Zwiebel, Reis mit kleinen Fischen, als Dessert marinierte Früchte.

Das Essen war verglichen mit dem *Kaiseki*-Menü in Kyoto (siehe Seite 357) eine Lektion in radikaler Purezza. Während im «Kikunoi» die einzelnen Gänge in geradezu verschwenderischer Pracht präsentiert wurden, beschränkte sich «Ishikawa» auf das Nötigste – alte, japanische Keramik, auf der die einzelnen Gänge so kamen, wie sie waren: kleine Portionen von Essen, nicht mehr, nicht weniger, hübsch anzusehen, aber ohne alles, was man Design oder auch nur Finesse nennen könnte.

Klar war das Menü gut. Aber wenn ich mich an den Abend zurückerinnere, dann fallen mir zuerst Chef Ishikawa und seine Serviceleute ein, die uns beim Abschied auf die Straße begleiteten und sich tief vor uns verneigten. Sie standen immer noch gebückt da, als wir uns bereits im Taxi darauf verständigt hatten, noch einen Drink in der Bar zu nehmen, um die Nachbesprechung nicht allzu trocken zu gestalten.

Zum ersten Mal in meinem Leben hatte ich das Gefühl, eine unstrittige Qualität nicht angemessen beurteilen zu können. Das quälte mich. Ich habe zahllosen Menschen, die mir sagten, Nein, wir gehen nicht in diese *Fine-Dining*-Restaurants, weil wir gar nicht schmecken können, wir gut dort gekocht wird, gesagt: Quatsch. Jeder schmeckt, ob etwas gut ist oder besser.

Jetzt war ich es, der ratlos war. Ich hatte ein gutes Abendessen gehabt, gar kein Zweifel. Aber wie gut war es wirklich gewesen? Dafür fehlte mir eindeutig das nötige Vokabular, das Wissen über Arten, Texturen, Raritäten, den Kontext – und ich war froh, dass wir gleich am nächsten Tag das nächstes *Kaiseki*-Lokal besuchen würden, ein Haus namens «Den», das auf der «50 Best»-Liste als bestes Restaurant Japans geführt wird, konkret auf Platz 17.

«Den» liegt in Shibuya, nahe der Baustelle, wo gerade das neue Olympiastadion entsteht. Es zeigte sich auf den ersten Blick aus einem ganz anderen Holz geschnitzt. Wenn Ishikawa ein *Kaiseki*-Restaurant in steinalter, japanischer Tradition betreibt, dann ist das «Den» von Zaiyu Hasegawa eine grelle Showbühne, große Fenster zur Straße, lange Bar, hinter der fauchend und vernehmlich gekocht wird, und Gerichte, die farbenfroh und unterhaltsam sind, keine Rede von Tradition, dafür eine Menge Freude am Effekt.

Stellen Sie sich eine in *Miso* marinierte *Foie Gras* vor, die mit *Sumomo*-Pflaumen-Marmelade in einen *Daikon*-Keks verpackt wird. Oder einen Karton wie von KFC, auf dem das Konterfei von Zaiyu Hasegawa persönlich prangt und – «*sogood!*» – das frittierte Huhn, gefüllt mit *Sticky Rice* und *Matsutake*-Pilzen enthält, den *Signature-Dish* des «Den». Als Suppe kommt ein spektakulärer Tomatenfond mit *Dashi*-Essig, Passionsfrucht, Chiasamen, gehäuteten Tomatenfilets und Basilikumsamen und als *Sashimi* der in Soja marinierte Thunfisch mit «Wasabi aus der Mount Fuji-Region», ein echtes Stück *Comfort Food*. Das gilt auch für die geschälten und in *Miso* marinierten Auberginen im gefährlich durchzogenen *Sirloin-Beef*, die aussehen wie Schinkenrollen bei der «Aida», nur ohne Gemüsemayonnaise und eine Salz- und *Umami*-Bombe sondergleichen sind, umwerfend, keine Zeit für Sensibilitäten. Okay, der bunte Salat, der jetzt kommt, ist frisch, knackig und gut gesäuert, und der unvermeidliche Reis mit Fisch schmeckt mir sicher besser als im «Ishikawa» – aber heißt das auch, dass er besser war?

Ich war durcheinander, und meine Irritation wurde nicht kleiner, als Zaiyu Hasegawa nach dem Essen mit einem Schoßhund seine Honneurs machte. Er hielt seine Ansprache, und der Hund begann mit den Vorderpfoten zu applaudieren – Sie hören richtig, die Nummer ist zirkusreif. An einer Betonsäule in der Mitte des Restaurants haben alle möglichen Zelebritäten der kulinarischen Globalisierung ihre Paraphen hinterlassen. Auch Konstantin blieb es nicht erspart, sich mit einem dicken, schwarzen Filzstift zu verewigen.

War das andere Menü besser als das eine? Sagen wir so: Im «Den» wird eine kulinarische Sprache gesprochen, die wir verstehen können. Aber umso besser ich verstand, desto größer wurde mein Misstrauen. Aus dem Dilemma kam ich vorerst nicht mehr heraus, ein Schicksal, das ich mit den Juroren der «50 Best»-Liste offenbar nicht geteilt habe.

Ich balancierte die nächsten Tage an den Nahtstellen der westlichen und der östlichen Kultur, bewunderte Sehenswürdigkeiten, Schreine und Zen-Gärten, ließ mir von meiner in Tokio lebenden Kollegin Melinda Joe die Grundlagen für die Zubereitung von *Dashi* erklären (welche *Katsuobushi* mit welchen *Kombu*-Algen) und bekam ein Proseminar in *Sake*-Genuss in einer Bar, in die ich mich mein Leben lang nicht verirrt hätte, im neunten Stock eines Bürohauses in Shinjuku. Interessant war, wie Melinda die *Umami*-Facetten des *Sake* herausarbeitete, indem sie Sojasaucen dazu verkosten ließ. Ich konnte direkt sehen, wie sich in Konstantins Kopf die Zahnräder in Bewegung setzten.

Die interessanteste Schleuse ins Japanische fand ich aber schließlich im «Hoshinoya Hotel» vor, wohin ich nach ein paar Tagen übersiedelte. Das Hotel hatte sich als Mischung aus urbaner Absteige und einem traditionellen *Ryokan* bezeichnet, das hatte mich interessiert. Als ich das Glas-Stahl-Gebäude in der Nähe der Kaiserlichen Gärten von außen betrachtete, wäre ich allerdings nicht auf die Idee gekommen, hier alte japanische Traditionen anzutreffen, das Haus sah eher nach globaler Finanzwirtschaft aus. Aber als das Taxi im Souterrain der Tiefgarage vorfuhr, wurden wir bereits von Mitarbeiterinnen in Empfang genommen, die Kimono und Pantoffeln trugen und uns zur Begrüßung davon in Kenntnis setzten, dass das Hotel nicht mit Straßenschuhen betreten werden dürfe – eine Regel, die direkt aus den *Ryokans* alter Schule übernommen wurde. Die Schuhe mussten gegen Pantoffel getauscht werden, dann begab sich der Gast in den ersten Stock zur Rezeption, wo er erst einmal Tee bekam – und in Ruhe gelassen wurde. Angeblich überkommt manche Gäste nach einer halben Stunde ein gewisses Gefühl der Unruhe, aber keine Angst, dieser Unruhe liegt nur ein kulturelles Missverständnis zugrunde: In Japan ist Geduld eine Zier, und das Warten auf den Zimmerschlüssel ist eine erste Lektion in dieser Geduld, die man andernorts braucht, um einem Kirschbaum beim Wachsen zuzusehen.

Als ich schließlich am Zimmer war, musste ich tief durchatmen: So einen schönen, klar und großzügig geschnittenen Raum, so anheimelnde, pure Materialien, Tatamiboden, Papierwände, Futons, so einen eleganten Reduktionismus hatte ich in einem Hotel noch nie gesehen. Dazu erlebte ich im «Hoshinoya» eine in jeder Hinsicht perfekte Form der Gastfreundschaft, die mir als kulturelle Brücke diente und mich Geduld, Höflichkeit und Freude am Detail lehrte, jedes Mal, wenn ich am Eingang meine Schuhe abgab und die sorgfältig gearbeiteten Pantoffeln anzog, die mir logischerweise eine Spur zu klein waren. Ich kann dieses Haus jedem Tokio-Reisenden ans Herz legen. Außer natürlich, er möchte *Lost in Translation* nachspielen.

Ich hatte später sogar die Möglichkeit, im Hausrestaurant, in dem nur Gäste des «Hoshinoya» verpflegt werden, ein ziemlich fantastisches frankojapanisches Menü zu essen – unvergesslich die Wintermelone, gedämpft in *Consommé,* mit Ingwer-*Sabayon* und

Krabben in zwei Texturen, da kam ziemlich viel Kultiviertheit auf einen Teller – und eine exzellente Auswahl dazu passender *Sakes* zu probieren.

Gleichzeitig erlebten wir außerhalb grandiose Merkwürdigkeiten, wie sie für Japan typisch sind. Bei «Butagami» aßen wir Schnitzel, paniertes Schweinefleisch, wobei wir unter verschiedenen Stücken, Schnitten und Fleischrassen wählen konnten – es war ein grandioses Gemetzel, weil wir viel zu viel bestellten und unter den Augen des Chefs, der extra aus der Küche kam, um die Meisteresser in Augenschein zu nehmen, schmelzendes Fett, knusprige Panier und archaische Geschmäcker verglichen. Es war ein Fest. Der einzige Makel bestand darin, dass wir nicht noch eine weitere Runde bestellen konnten, weil wir noch einen Tisch bei «Gen Yamamoto» bestellt hatten, einer Cocktailbar für sechs Menschen, die Cocktails nicht *à la carte,* sondern als Menü serviert: sechs Stück, *Chef's choice.*

Auch dieses Erlebnis war merkwürdig und nicht minder unvergesslich. Vom Gin aus der Normandie mit *Yume*-Sirup, Zitrone und Soda über *Ume*-Schnaps mit ausgedrückten Trauben bis zu Kirsch aus dem Elsass mit Gurke, *Ume* und *Shaved Ice* von der Bitterorange begaben wir uns auf eine zeremonielle Flugreise in die gehobene Euphorie, die der Barman mit Humor und einer gewissen Feierlichkeit leitete.

Ein Cocktail-Menü. Man muss ziemlich crazy sein, um sich so etwas auszudenken, und nur wir Japaner sind crazy genug, um diese Reise mitzumachen. Täglich fährt Gen Yamamoto sechs bis acht Schichten für sechs bis acht Gäste.

Ich weiß, ich bin noch diesen Wutausbruch schuldig. Es war gar kein echter, sondern ein gespielter Wutausbruch, und er stammte nicht von Konstantin, sondern von mir. Wir waren weit in den Norden von Tokio gefahren, um bei «Tsuta Ramen», einer mit einem MICHELIN-Stern bedachten *Ramen*-Bar, zu essen und landeten dort zwangsläufig in einer unendlich langen Schlange von friedlich wartenden Japanern. Wir plauderten ein bisschen, sortieren Erlebtes, und mir fiel Konstantins Unwillen beim Frühstück im «Park Hyatt» ein, als der Mülleimer nicht dort gestanden war, wo er ihn gebraucht hätte. Das belustigte mich, ich spielte die Szene noch einmal nach und knallte zur plakativen Illustration seiner Verärgerung meine Jacke auf den Boden der Straße, wo wir anstanden.

Es machte laut *Klirr,* dann war es ganz ruhig, und ich merkte, dass vielleicht fünfzig Augenpaare auf mich gerichtet waren. Bekanntlich ist in Japan nichts schlimmer, als in der Öffentlichkeit die Fassung zu verlieren, Stichwort: Gesichtsverlust, also machte ich blöd lachend klar, dass alles ein Scherz gewesen sei, und die Stimmung entspannte sich langsam wieder.

Das Klirren stammte übrigens von meiner Brille, die ich beim *Method Acting* zerstört hatte, sodass ich für den Rest der Reise nur mehr unscharf sah, was auf dem Tisch stand.

Die Suppe bei «Tsuta» war den Aufwand übrigens mehr als wert, und sie war so heiß, dass sich beim Essen ganz sicher meine Brille beschlagen hätte.

Eine, Achtung Witz, spritzige Geschichte.
Aber es ereignen sich auch unerwartete
Begegnungen, klandestine Liebesgeschichten
und ein famoses Schlussessen am Gardasee.

Trentino

Das ist eine Story über Norditalien im Frühjahr. Das Trentino, Sie wissen schon: nicht mehr Südtirol, noch nicht Lombardei, noch nicht Veneto, ein Stück Land links und rechts der Autobahn, das die meisten von Ihnen nur vom Durchfahren kennen, außer Sie gehen am Gardasee, «am Lago», wie der Tiroler und der Münchner gern sagen, Windsurfen oder durchklettern, wie mein junger Freund David Lama, mit Vorliebe die überhängenden Felsformationen am Monte Brento.

Damit es Frühjahr werden kann, muss diese Story aber im Winter beginnen, und zwar in der Dunkelheit Bayerns. Ich saß im Auto und verließ gerade München. Die Dämmerung hatte eingesetzt und es schneite schüchtern. Mein Plan bestand darin, in dreieinhalb Stunden nach Trento zu fahren und dort um halb neun in einem gut geheizten Stadtrestaurant eine Mahlzeit einzunehmen, die mich mit den Strapazen der Reise versöhnen würde.

Aber daraus wurde nichts. Denn gerade als ich das Gefühl hatte, dass sich der Feierabendverkehr auf der Autobahn München–Salzburg etwas ausdünnt, wurde der Schneefall stärker, und mein Freund von B5, dem Informationssender des Bayrischen Rundfunks, sprach von einem 30 Kilometer langen Stau am Irschenberg. Ich kontrollierte meine Position auf dem GPS. Ich steckte in genau diesem Stau, und zwar ganz hinten, den Irschenberg würden wir erst in Stunden erreichen. Außerdem sagte der Freund von B5 übrigens, dass es sinnlos sei, die Autobahn zu verlassen, denn die werde wenigstens vom Winterdienst bedacht, während das Umland gerade im Schnee versinke.

Ich fuhr im Schritttempo weiter. Über meinem Kopf war eine leuchtende Denkblase zu sehen, in der neben einem Teller mit Linsen und *Salsiccia* auch ein schönes Glas Weißwein stand, und diese Blase platzte gerade. Verärgert griff ich nach rechts und schälte das TWIX, das niemals anzufassen ich geschworen hatte, aus seiner Verpackung.

Die Stunden auf dem Irschenberg vergingen langsam. Ich meisterte sie mit dem Kolonnen-Buddhismus, den ich mir in den vergangenen Jahren angeeignet habe. *Ärgere dich nicht über Dinge, Mensch, die du nicht ändern kannst, wenn du ein weiser Mann sein willst.* Ich will gerne ein weiser Mann sein. Daher legte ich mir *Jasmine,* das fantastische Duett von Keith Jarrett und Charlie Haden, in den CD-Player, das man sowieso nur hören kann, wenn man langsamer als mit 30 km/h unterwegs ist, und meditierte mich in der Schönheit des Liebeskummers der beiden Jazzgiganten über den Irschenberg, nur unterbrochen von gelegentlichen Anrufen meines Lieblingswinzers, der mir gut zuredete, in ein nahes *Brathendl*-Restaurant abzubiegen, aber ich wollte weiter, in den Süden, in die Berge, ins Bett.

Es war ziemlich genau Mitternacht, als ich nach siebenstündiger Autofahrt in Trento ankam. Ich hatte im besten Hotel der Stadt, dem «Aquila d'Oro», ein Zimmer bestellt, Blick auf die Piazza del Duomo, wo der romanische Dom St. Virgil den südalpinen, mittelalterlichen Fassaden der Bürgerhäuser gegenübersteht.

Ein friedliches Bild. Es schneite leicht. Das gelbe Licht verwandelte den Platz in eine Weihnachtskrippeninstallation von Eleganz und Feierlichkeit. Ich betrachtete das friedliche Bild von meinem Fenster aus, hörte meinen Magen ganz unbuddhistisch knurren und entschied, noch eine kleine Runde durch die Stadt zu drehen, meine Beine würden es mir danken, und vielleicht hätte ja auch noch eine Bar offen, die mir ein *Panino* toastet oder so was.

Ich war in einer etwas nach innen gerichteten Stimmung, wie auch sonst, nach langer Autofahrt, einer hohen Dosis Keith Jarrett und der Ankunft in einer surreal ruhigen Stadt, und ich dachte gerade darüber nach, welche Gedichte welchen Autors ich jetzt aus der Manteltasche ziehen müsste, um die richtigen Worte für die Bewegung meines Herzens vorzufinden.

Doch während ich im Geiste die deutschen Romantiker sortierte, in deren Gefolgschaft ich mich heute Abend mit Hingabe begeben hätte, öffnete sich auf der anderen Seite des Platzes eine Tür, und aus einem Wirtshaus kugelte eine Gruppe fröhlicher Menschen heraus. Sie überquerten die Piazza und trippelten ein unerwünschtes Muster in den frisch gefallenen Schnee, mir entgegen.

Ich zog die Mütze tief ins Gesicht. Der Kragen meines Mantels war aufgestellt, mein Kopf tief zwischen den Schultern. Nur nicht den Anschluss verlieren zur Magie des Augenblicks. Mit langen Schritten visierte ich den nördlichen Ausgang des Platzes an, noch ein paar Atemzüge dieser kostbaren Einsamkeit, dann zurück ins Hotel und *Rot und Schwarz* von Stendhal auf den iPad laden, das wäre jetzt genau das Richtige.

Die Truppe aus dem Restaurant kreuzte meinen Weg. Die drei Girls hatten es gerade lustig, ein massiger Herr gähnte, und der Typ mit der merkwürdigen Kappe musterte mich ein, zwei Sekunden lang im Vorbeigehen, dann sagte er in breitem Wienerisch: «Servas, Seiler.»

Es wäre überraschend gewesen, *irgendwen* hier zu treffen, den Dompfarrer von St. Virgilio vielleicht ausgenommen, aber dass ausgerechnet der Grieche heute um halb eins über den Trentiner Domplatz gehen würde, war nun ausgesprochen unwahrscheinlich. Aber da dieser Mann die Unwahrscheinlichkeit zu seinem Lebensprinzip gemacht hat und den Zufallsgenerator zum verlässlichsten Ratgeber, hielt sich meine Überraschung auch wieder in Grenzen.

Ich antwortete also, ohne mir meine Überraschung anmerken zu lassen:

«Buona Sera.»

Immerhin waren wir in Italien.

Jetzt sah ich erst, dass der Grieche die rothaarige *Spinola*-Prinzessin Caroline dabei hatte, seine persönliche Übersetzerin. Caroline überragt den Griechen um etwa eine Kopflänge, zumal sie ihre Körpergröße von gut 1,80 Meter nicht daran hindert, hohe Schuhe zu tragen. Wir waren bereits in der Emilia Romagna miteinander unterwegs gewesen, sehr zum Vorteil der Kommunikation mit den Eingeborenen, und ich muss zugeben, dass ich den Griechen um sein sprachliches Privatsekretariat ernsthaft beneidete. Zumal ich nicht einmal sicher bin, ob er weiß, dass «Buona Sera» nicht «Servas, Grieche» heißt. Er bezieht alles, was er nicht versteht, auf sich selbst, das ist meistens ein Nachteil, aber nicht immer.

Caroline machte aus ihrer Überraschung allerdings kein Hehl. Sie stand neben dem Griechen und biss in den Handschuh, der ihre Faust umhüllte. Prinzessinnen sind so. Sie lieben keine Überraschungen, deshalb gibt es am Hof auch ein strenges Protokoll.

Als Caroline ihre Sprache wiedergefunden hatte, machte sie deshalb auch einen protokollarischen Vorschlag. Wir sollten in die «Golden-Eagle»-Bar gehen, um zu besprechen, wie zwei Männer, die sich ein Jahr, nachdem sie einander in Stockholm aus den Augen verloren haben, in der trentinischen Nacht wiederfinden können.

Ich schlug ein, denn der Vorschlag war praktisch. Die «Golden-Eagle»-Bar befand sich im Erdgeschoss meines Hotels «Aquila d'Oro», und wenn man das als «Goldener Adler» ins Tirolerische übersetzt, ist das genau der richtige Ort für ein Gespräch unter Europäern.

Hier trank ich meine erste Flasche *Trentodoc*.

Bevor ich jetzt beginne, über den Namen dieses außergewöhnlichen Getränks zu meckern, kurz die Aufklärung der Geschichte. Der Grieche war hier, weil er einen Zweitjob als Weinhändler im Auge hatte – wobei mir gerade einfällt, dass ich niemals wusste, was

Ausbildung da – «ich konnte nicht einmal eine Gärung beschreiben» – und entschied sich dafür, einen anderen Weg zu gehen. Den beschreibt sie eher poetisch als technisch: «Ich beschloss, meinen Trauben Vertrauen zu schenken.»

Bis dahin war der Betrieb konventionell bewirtschaftet worden, aber Elisabetta empfand es den Trauben gegenüber als vertrauensfördernde Maßnahme, keine Herbizide mehr zu spritzen. Aber bis sie ihnen wirklich den Spielraum ließ, den sie heute haben – biodynamische Bewirtschaftung der Rebberge, spontane Vergärung und Reifung in Amphoren –, dauerte es noch fast ein Jahrzehnt.

«Es war schwer für mich», sagt Foradori, «einfach loszulassen, im Keller noch viel mehr als im Weingarten. Aber mit der Amphore war plötzlich alles möglich, was bis dahin jeder für unmöglich erklärt hatte.»

Der Betrieb hatte früh auf autochthone Sorten aus dem Trentino gesetzt, auf weiße Nosiola- und rote Teroldego-Trauben. Die Weine, die so entstanden, drückten zwar geradezu idealtypisch die Herkunft der Dolomitenregion aus, passten aber überhaupt nicht in das Schema der Trentiner Genossenschaften,

Der Wein, der alles kann

Wein ist ein sensibles, komplexes Getränk, und ich habe einen Heidenrespekt vor den Cracks, die sich bei Weinmessen oder Massenverkostungen auf Reihenuntersuchungen Hunderter Weine einlassen und dabei nicht nur betrunken werden.

Ich kann das nicht. Einmal riechen, vielleicht ein schneller Schluck reichen mir nicht aus, um einen Wein beurteilen zu können. Um Weine wirklich beurteilen zu können, finde ich, ist es fast unerlässlich, auch die Person zu kennen, die diese Weine herstellt. Schließlich ist jeder Wein ein Kulturprodukt, und diese Kultur beruht auf den Entscheidungen dessen, der den Wein in Flaschen füllt.

Deshalb empfand ich es als Privileg, eine Winzerin persönlich kennenzulernen, deren Weine ich seit Längerem kenne und liebe: Elisabetta Foradori, Pionierin des Bioweinbaus im Trentino.

Elisabetta Foradori ist eine verbindliche, charmante Person mit Witz und Selbstbewusstsein. Sie arbeitet seit Jahrzehnten streng gegen den Mainstream in ihrer Heimat. Der Weinbau im Trentino wird von Genossenschaften dominiert, der Foradori-Betrieb aber funktionierte eigenständig.

Elisabettas Großvater hatte den Bauernhof, der pleite gegangen war, in den 1930er-Jahren gekauft. Ihr Vater hatte die Landwirtschaft auf den Wein konzentriert, starb aber jung und überraschend, sodass Elisabetta bereits in ihren frühen Zwanzigern übernehmen musste. Elisabetta stand ohne praktische die vor allem Pinot grigio für den US-Markt und Schaumwein produzieren wollten.

«Kein Nachbar interessiert sich für meinen Betrieb. Die Leute sind zu stolz, um dazuzulernen.» Es blieb Elisabetta Foradori gar nichts anderes übrig, als neue, internationale Vertriebswege aufzubauen, um für ihren Wein ein Publikum zu finden, das seine Sprache versteht und liebt.

In ihren Weingärten wachsen jetzt Blumen und Kräuter, und sie hat wieder neun Kühe, mit deren Mist sie die Gärten düngt. Die Weine spiegeln diese Diversität. Sie kommen kühl, frisch und eigenwillig, aber auch ungeheuer adaptionsfähig aus der Flasche. Ich kenne kaum andere Weine, die einerseits so charakterfest und klar, andererseits aber auch einladend sind: sowohl Nosiola als auch Teroldego liefern ein so breites Spektrum an Aromen, dass sie in unzähligen Speisen, die sie begleiten, ein Echo erzeugen.

Als ich Elisabetta Foradori frage, was der nächste logische Schritt für sie und ihre Weine sein wird, antwortet sie mit der ihr eigenen Mischung aus Charme und Bestimmtheit: «Radikaler werden.» Es besteht kein Zweifel, dass sie diese Devise für ihren Wein und für sich selbst in Anspruch nimmt.

sein Erstjob eigentlich ist oder dass er überhaupt einen hatte. Für diesen Zweitjob habe er jedenfalls an einer Querverkostung von gereiften trentinischen Schaumweinen teilgenommen – augenblicklich fiel mir ein, dass es der Grieche gewesen sein muss, der mich mit dem grandiosen Katerfrühstücksgetränk namens *El Greco* vertraut gemacht hatte, halb Bier, halb Champagner. *El Greco* heißt dieses Getränk natürlich, *weil* mich der Grieche damit vertraut gemacht hat, und die Wirkung ist erstaunlich, wenn man als Versuchsanordnung einen kapitalen Brummschädel wegen zu ausführlichem Meinungsaustausch am Vorabend annimmt. Das Bier stabilisiert, der Champagner motiviert. Der Kaffee schmeckt anschließend viel besser.

Ich schaute über die blank geputzte Theke der «Golden-Eagle»-Bar, auf der jetzt einige Gläser standen, gefüllt mit trentinischem Spumante der Kellerei «Ferrari», deren gehobene Klasse *Perlé* heißt und mit Abstand das champagnerähnlichste ist, was die Region hervorbringt. Das ist ein Lob und ein Tadel, später mehr, im Getränketeil dieser Story.

Ich versuchte mich daran zu erinnern, wann der Grieche und ich zuletzt einen *Greco* zum Frühstück genommen hatten, und musste die Rechnung ohne Ergebnis abbrechen. Es war lang, lang her, als wir noch Kinder gewesen waren, mit offenen Autos, abgeschnittenen Jeans und Frisuren, die man als solche bezeichnen konnte. Aber wenn der Abend so weiterginge, wäre morgen ein guter Termin, um das Rezept aus dem Giftschrank zu holen.

Der Abend verlief dank einer diplomatischen Intervention der Prinzessin ohne Narben, sie musste den Griechen nur daran erinnern, dass für morgen eine Führung über tausend Weinberge geplant sei, samt Kellerbesichtigung und Anbahnungsgesprächen, und er strich sofort die Segel. Okay, es war halb vier, «sofort» ist also relativ, aber das Frühstück stand noch nicht auf dem Tisch, das gereichte uns zum Trost.

Wieder stand ich am Fenster, betrachtete die Piazza del Duomo und spürte den Nachschwingungen der Romantiker nach, die vor ein paar Stunden noch mein Herz erfüllt hatten. Aber da war etwas anderes, kein leises, schmerzliches Sehnen mehr, sondern Vorfreude, und die Farbe, die über dem Platz lag, sah heller aus als um Mitternacht, und als ich nachzudenken begann, ob die Verschiebung meiner Wahrnehmung am Schaumwein liegen könnte, schlief ich ein, bevor ich zu einem Ergebnis gekommen war.

Ich verbrachte den Vormittag an der Seite von Comtessa Sabrina. Die Prinzessin habe sie in der Früh angerufen, sagte Sabrina, ob ich Lust hätte, ein bisschen *Spumante* zu probieren?

Wer würde Nein sagen? Nicht ich. Sabrina führte mich auf einen Spaziergang durch die Stadt, und die Stadt zeigte sich von ihrer besten Seite. Glamouröse Häuser, denen das Alter nur in Form von Charakter anzusehen ist. Straßen, die sich zu Plätzen öffnen, über denen der Blick hinaus aus der Stadt hinauf auf die Berge schweifen kann, die Trento umgeben.

Unser Ziel war der Palazzo Roccabruna, in dessen Erdgeschoss die Gebietsvinothek Unterschlupf gefunden hat. Dort, sagte Sabrina, sei alles vorbereitet für eine repräsentative Verkostung jener Trentiner Schaumweine, die eine Reise wert seien.

Ich wurde in einen Raum geführt, der wie ein Klassenzimmer eingerichtet war. Vorne eine große Tafel, sechs Bankreihen mit den dazugehörigen Stühlen, nur dass keine Bücher auf den Tischen gestapelt waren, sondern eine Batterie Gläser dastand. Dann kam schon der Herr im Anzug, der mir die ersten fünf *Spumantes* zur Verkostung einschenkte.

Ich verkostete jeden Wein mit der gebotenen Langsamkeit und machte mir Notizen.

Dann kam der Herr im Anzug und schenkte die Gläser mit neuen Weinen voll.

Ich verkostete jeden Wein mit der gebotenen Langsamkeit und machte mir Notizen.

Dann kam der Herr im Anzug und schenkte die Gläser wieder mit neuen Weinen voll.

Die Uhr von St. Virgilio schlug zehn. Es war jetzt Zeit für die Zwischenfrage, wie viele Gläser mir denn zum Probieren gereicht werden würden.

52, antwortete der Herr, und ich stieg darauf um, den Wein nur noch zum Schmecken in den Mund zu nehmen und lieber nicht zu schlucken. Ich kam mir zwar ein bisschen unehrlich dabei vor, aber immerhin konnte ich noch schreiben.

Kurz vor dem Mittagessen war ich fertig. Vor mir lag ein Stapel von Blättern, die mit meinen Beobachtungen vollgekritzelt waren.

Da stand dann zum Beispiel: «Tropische Süße mit etwas fauligem Hintergrund / pieksüß und holzgeschnitzt / Fruchtjoghurtaromen / aufdringliche Perlen / entgleiste Frucht / stinkt / Nix» – nur damit Sie wissen, womit ich mich an diesem Vormittag herumschlagen musste.

Aber eben auch: «Blasser Wein, bedeckt in der Nase, aber wunderbare Entfaltung am Gaumen / Kathedrale an Aromen, feierliches Echo / Quitte, Vanille, Zitronenzesten am Gaumen, vielleicht gut / lässig angezogene Eleganz, frisch, fruchtig, bestimmt super zu Käse oder Gebäck / Exzellente Balance von Frucht, Kraft und Frische / da können sich viele Champagner anhalten.»

Der Vormittag lieferte mir erste Erkenntnisse über die enormen Kapazitäten des Schaumweins aus dem Trentino. Beim Mittagessen – es gab irgendetwas mit aufgeschäumter Sauce, was ich sofort wieder vergaß, aber dazu eine Reserve von «Abate Nero», die mir so was von einleuchtete: trocken ist ein Hilfsausdruck.

In diesem Augenblick begriff ich: Wenn der Wein aus dem Trentino gut ist, tritt er auf wie die Scherze von Ricky Gervais – ohne Geschwafel, ohne Umwege, ohne Hüftschwünge, furztrocken mitten ins Herz.

Logisch, dass ich dem nachgehen musste. Ich sortierte meine Notizen und brachte die Eindrücke in eine Reihenfolge. Dann entschied ich, meine liebsten Getränke in ihrem natürlichen Umfeld zu besuchen.

Der Trento DOC – seine Macher sprechen das harte Wort in einem aus, mit dem -DOC als Ausrufezeichen am Schluss – wird nach derselben Methode erzeugt wie Champagner. Das darf man freilich so nicht sagen, seit die Champagnerwinzer sich ihre Methode auch sprachlich schützen ließen, und deshalb erzeugen die norditalienischen Kollegen zwar äußerst konkurrenzfähigen Schaumwein, haben dafür jedoch keinen Namen gefunden, der Eleganz und Glamour dieses speziellen, aufwendigen Getränks sofort übersetzen würde.

Man experimentierte zwar mit dem Dachbegriff «Talento», aber das gefiel den Franciacorta-Winzern nicht, was ich ehrlich gesagt nachvollziehen kann. Daher kam es zu einer mehr oder weniger sinnvollen Zuteilung an Begriffen. «Spumante» – Schaumwein – bezeichnet den eher süßen Sprudel aus Asti, «Prosecco» ist für den in der Regel billiger gemachten Schaumwein aus der gleichnamigen Region reserviert, «Franciacorta» benennt den Schaumwein aus der Region zwischen Bergamo und Brescia, und für den Wein aus dem Norden blieb der Nussknacker-Code «Trentodoc». Die Welt kann sehr ungerecht sein.

Es ist mehr als hundert Jahre her, dass der Trentiner Winzer Giulio Ferrari durch die Champagne reiste und das Gefühl nicht los wurde, irgendetwas erinnere ihn an zu Hause. Auch wenn die Landschaften unterschiedlicher nicht sein könnten – die sanfte Hügellandschaft der Champagne ist nicht zu verwechseln mit der alpinen Randlage des Trentino –, begriff Ferrari intuitiv, dass auch in seiner Heimat interessante Vorraussetzungen für klassisch bereiteten Schaumwein herrschen könnten. Seine erste Pionierleistung bestand darin, die Chardonnay-Traube ins Trentino mitzunehmen und im großen Stil auszupflanzen. Die zweite bestand in der Anmaßung, den Wein, der daraus entstand, nach dem Vorbild der Champagne zu Schaumwein zu verarbeiten.

Der Rest ist Geschichte, und Giulio Ferrari wurden dafür zahlreiche Denkmäler errichtet.

Eines dieser Monumente steht im historischen Gewölbekeller des «Istituto Agrario Provinciale San Michele all'Adige». Diese Versuchsanstalt, in den Zeiten der Habsburgermonarchie gegründet, bildet junge Studierende zu Agronomen und Önologen aus, und die Büste Ferraris, des großen Umgestalters dieser Weinlandschaft, hat im Repräsentationskeller des Istituto einen Ehrenplatz – so wie ich. Denn ich hockte nicht weit von Ferraris Ehrenplatz in einem dunklen Kellerverlies und verkostete mit Walter Eccli, dem knorrigen Kommunikationschef des Instituts, die herrliche Reserve Edmundo Mach.

Der Wein, 100 Prozent Chardonnay, kam frisch, elegant und zugänglich daher, darin waren Walter und ich uns einig, und dass er «drei Gläser» von Gambero Rosso bekommen hat, die Höchstwertung dieses jährlichen Weinalmanachs, muss in diesem Fall explizit entschuldigt werden, denn die Reserve, die den Namen des Institutsgründers trägt, verdient diese Bewertung im Gegensatz zu 80 Prozent der anderen ausgezeichneten Weine wirklich. Darüber hinaus verlief das Gespräch mit Walter äußerst fruchtbar, ich lernte einiges über die Autonomie Südtirols, und ich weiß jetzt, wie man Walter Eccli echt auf die Palme bringen kann: indem man Edmund Mach «Edmundo» nennt.

Nächste Station auf der Liste war ein wuchtiger Gebäudekomplex im Norden von Trento. Hier war gar nix idyllisch oder dunkel oder historisch. Die Kellerei FERRARI, die Firma, die Giulio Ferrari 1902 gegründet hat. Oder, um genau zu sein: das Unternehmen, das damals als Kellerei gegründet worden war und jetzt der unbestrittene Marktführer für *Spumante* aus dem Trentino ist, ein Traditionsunternehmen in den Kleidern eines Industriebetriebs.

Der Eingang wirkt wie das Entree eines Luxushotels aus den 1970er-Jahren. In Italien gibt es so was noch, samt den entsprechenden Uniformen für das Personal. Betresste Angestellte nahmen mich in Empfang und führten mich erst einmal in einen Kinosaal, wo die Geschichte des Betriebs über einer monumentalen Tonspur auf der Panoramaleinwand abgespult wurde. Erst dann trat – dramaturgisch einwandfrei – die elegante Camilla Lunelli auf, die für Markteting zuständige Mitinhaberin von FERRARI, sie führte mich einen Stock tiefer: in die neu ausgehobene Produktionslandschaft, in der Batterien von riesigen Stahltanks stehen, in denen der Wein für fünf Millionen Flaschen vergärt und gemischt wird, die FERRARI jährlich auf den Markt bringt.

Fünf Millionen Flaschen. Der Keller ist so groß wie ein Fußballplatz. Kein Wunder, dass mir der Grieche gestern Abend zugeflüstert hatte, dass er Camilla außerordentlich bezaubernd gefunden habe. Jemand, der in den Weinhandel einsteigen will, stellt sich so eine gute Partie vor.

Dafür braucht Camilla allerdings ihrerseits den Griechen nicht. Sie sortierte gut gelaunt Superlative. Die größten Anbauflächen. Die meisten Zulieferer. Die härtesten Qualitätskontrollen. 20 Millionen Flaschen, die im Keller lagern, schwarz glänzende Wände aus Flaschenböden, aus padanischem Lifestyle.

FERRARI ist stolz auf ganz schön viel. Das war die Lehre, die ich aus der Führung durch den Betrieb mitnahm. Bei der anschließenden Verkostung begriff ich auch, warum. Es ist die französische Note, die diesen *Spumante* attraktiv macht, seine weiche Färbung ins Melancholische, was in der Regel auf eine entsprechende Aromatisierung in der Endfertigung jeder Flasche zurückgeht.

Zur Erinnerung: Schaumwein wird im Trentino bekanntlich nach dem *Metodo classico* hergestellt. Der fertige, aus Chardonnay oder weiß gekeltertem Pinot nero erzeugte Wein wird in Flaschen abgefüllt und mit etwas Rohzucker und speziellen Hefen angereichert. Dann werden die Flaschen mit Kronkorken verschlossen und gelagert. Der normale *Brut* muss mindestens 18 Monate reifen, jede Reserve mindestens 36 Monate. Tatsächlich bleibt der Wein bei den meisten Produzenten deutlich länger in der Flasche.

In dieser Zeit vergärt der Wein ein zweites Mal. Dabei bilden sich Kohlensäure und neue, typische Aromen. Die Größe der CO_2-Perlen ist ein Indiz für die Qualität der Reifung. Je kleiner und subtiler die Perlen, desto besser ist die Kohlensäure im Wein eingebunden. Große und aggressive Perlen zeugen von Ungeduld oder handwerklicher Nachlässigkeit des Winzers.

In den letzten Wochen ihrer jahrelangen Reifezeit kommen die Flaschen kopfüber in hölzerne Dreiecksständer, die «Rüttelpulte». Jetzt werden die Hefen, die permanent als Schlieren an der Flaschenwand zu sehen sind, durch regelmäßiges Drehen der Flaschen und deren immer steilere Position im Rüttelpult in den Flaschenhals bewegt. Schließlich kommt die nach unten zeigende Flasche für kurze Zeit in ein Bad aus Kühlsole, sodass jener Teil des Weins, in dem sich Hefen und Sedimente befinden, vereist und nach Öffnung der Flasche als Pfropfen entfernt wird. Das fehlende Volumen in der Flasche wird nun – und hier entscheidet sich die Stilistik jedes *Spumantes* – mit einem Schuss Flüssigkeit aufgefüllt, um die sich allerorten Geheimnisse ranken. Während in der Champagne oft alte Branntweine zur Geschmacksveredelung beigefügt werden, sind es im Trentino meistens nur gereifte, oft im Holz ausgebaute Weine. Dann werden die Flaschen verkorkt. Nach einer nächsten Beruhigungsphase sind sie nun bereit für den Markt.

Ob FERRARI nicht auch mit Branntweinen arbeitet? Ich weiß es nicht, aber wundern würde es mich nicht. Die Weine waren jedenfalls deutlich polyglotter als die anderen Trento DOCS. Das kam später, zu Hause, bei den eher altmodischeren Champagnertrinkern unter meinen Freunden gut an. Aber ich hatte mich längst in die würzige Trockenheit der Flaschen verliebt, die ohne Dosage auf die Reise geschickt worden waren und, sagen wir es pathetisch, ganz sie selbst sein durften.

Comissario Lunelli zum Beispiel, der mit Camilla nur den Nachnamen teilt. Er erteilte mir eine veritable Lektion in Geografie, denn bis ich seine Kellerei ABATE NERO gefunden hatte, kannte ich das Umland von Trento wie meine Westentasche, Stichwort: Adressen und wie sie das Navigationssystem verarbeitet.

Aber dann das vollkommene Glück. Ein Glas. Der Wein pulsierte, tänzelte, streckte sich, bis er endlich bereit war, sein Aroma zu lüften. Kräftige, angenehme Säure. Eine fabelhafte, entschlossene Trockenheit, ein Strauß aus ...

«Trentino», schrie Luciano Lunelli, lauter, als man ihm zugetraut hätte. Der Önologe mit dem schmalen, weißen Bart auf der Oberlippe verkürzte die Qualitäten seines *Spumante* salopp auf dessen Herkunft. Die Weingärten, in denen sein Chardonnay wachse, lägen auf Kalk- und Schiefergestein in großer Höhe, wie solle da ein lieblicher Wein wachsen, hä? Ein *Spumante* aus dem Trentino hat trocken zu sein, verstehen Sie, trocken!

Ay, ay, Käpt'n.

Der Grieche im Dauer-high. Links eine offene Flasche, rechts die Prinzessin, in der Mitte eine Zigarre, die dem Griechen zum Verwechseln ähnlich sah.

«Dreh bitte noch eine Runde», sagte der Grieche, «und kauf mehr von diesem Getränk ein.»

Seitenblick auf die Prinzessin.

«Sie kommt mit dir. Wenn dein Kofferraum voll ist, treffen wir uns am Lago. Genaue Anweisungen später.»

Ich fuhr also in charmanter, sprachkundiger Begleitung nach Rovereto, zu Nicola Balter, und liebte dessen trockene, elegante Reserve. Ich besuchte Antonio Stelzer auf der Azienda oberhalb von Trento und war begeistert von der prächtigen Kalkaromatik seines *Spumante*. Ich kostete mich durch die vielen geschmeidigen Weine des Weinguts «Endrizzi» und fand den einfachsten Teroldego – den autochthonen Rotwein der Region – am Überzeugendsten. Undsoweiter. Vier schöne, lange Tage lang.

Als ich schließlich wie geheißen mit vollem Kofferraum – ich fahre einen Kombi – nach Süden fuhr, das liebgewonnene Stadtzentrum von Trento hinter mir ließ und den Gardasee ansteuerte, bemerkte ich, dass die Prinzessin dauernd an ihrem Handy herumfummelte.

«Was ist los?», fragte ich. Das Fummeln an Handys finde ich enervierend, außer ich fummle selbst.

«Tja», antwortete sie, und es dauerte bis Riva, bis ich ihr aus der Nase gezogen hatte, dass sie mit einem Gutsbesitzer in regem Funkkontakt stand, der angeblich den besten *Spumante* von allen erzeugt. Über den Rest muss ich leider schweigen.

Zwischendurch kam per SMS die Anweisung des Griechen, dass er uns im «La Tortuga» in Gargnano erwarte. Mit ihm warte eine Überraschung.

Ich war mir ziemlich sicher, dass die Überraschung darin bestehen würde, dass der Grieche sein Portemonnaie vergessen hat. Aber es kam anders.

Über einem fantastischen *Carpione,* einer Forelle, die Frans, der Fischer von nebenan, herbeigeschafft hatte und die mit sanftem Olivenöl und Zitronen aus dem Garten – wie das schon klingt: Zitronen aus dem Garten! – angemacht war, sonst nix, erzählte der Grieche, dass er oben in den Hügeln über Gargnano ein kleines Gehöft gefunden habe, wo er vorhabe, das Grillen zu erlernen und dazu trockenen Schaumwein zu trinken. Wir seien eingeladen.

Nicht, dass wir in den nächsten Tagen «La Tortuga» ganz im Stich gelassen hätten. Wir unternahmen natürlich auch den obligaten Ausflug nach Verona, um in der «Antica Bottega del vini» den Tag auszusperren und uns davon zu überzeugen, dass man zu schweren Schmorgerichten tatsächlich Amarone trinken kann.

Aber sonst verbrachten wir die Zeit am offenen Feuer. Wir grillten Fisch, Fisch und Fisch, verbrauchten zahllose Zitronen und das Olivenöl von Montecroce aus Desenzano, das der Grieche in großen Gebinden besorgt hatte. Wir tranken trockenen Schaumwein, trockenen Schaumwein und noch trockeneren Schaumwein.

Dabei sahen wir zu, wie der Frühling kam.

Der Frühling kam von Südwesten. Warmer Wind zuerst, dann ein grüner Schleier, der sich über die Sträucher und Baumkronen legte, dann die Sonne. Sie ließ die Bergrücken im Osten weiß leuchten, aber wir rückten den Tisch hinaus auf die Terrasse und sogen den Duft des Frühjahrs mit weit geöffneten Nüstern ein.

Das Frühjahr roch nach Zitronen und Quitten, und es prickelte auf der Zunge.

Wo Amerika aufhört, New York zu sein.
Das bedeutet: fragwürdige Kunst,
große Veranden, Landschaftsmalerei und
die träge Eleganz des Hudson River,
an dessen Ufern so gut gegessen wird wie kaum
irgendwo sonst.

Upstate New York

Als ich vor dem «Olana» stehe, zweifle ich am Verstand meiner Freunde.

«Musst du sehen», haben sie gesagt, mit Rufzeichen. «Wenn du ‹Olana› nicht gesehen hast, dann warst du nicht in Hudson.» Vielleicht haben sie sogar gesagt: «Wenn du ‹Olana› nicht gesehen hast, dann warst du nicht in Amerika.»

Ich betrachte das riesige Anwesen aus Natursteinen, einer persischen Festung nachempfunden, mit gotischen Fensterbögen, jeder Menge Türmchen und Balkönchen, und sehe es nur unscharf, weil mein Überich mich zwingt, katatonisch den Kopf zu schütteln. So eine Kitschhütte! Ungefähr genauso schlimm wie Neuschwanstein, übersüß wie eine Cremeschnitte, und rundherum stehen die Sekundanten und machen dich darauf aufmerksam, dass dies eine «Historic Site» sei, ein denkwürdiges Gebäude, das man bitte mit Ehrfurcht betrachten möge.

Später, als ich die Führung durch die Repräsentationsräume des Malerfürsten Frederic Edwin Church absolviert habe, überkommt mich das starke Bedürfnis nach einem Schnaps. Church, dessen großformatige Landschaftsbilder durchaus eindrucksvoll sind, hat sich mit diesem Haus ein Denkmal gesetzt: ein Monument der Geschmacksverwirrung, des pompösen Eklektizismus, des mit Samt und Seide ausgeschlagenen Bedürfnisses, andere zu beeindrucken. Der schönste Raum dieses Hauses, über das der verblendete Marc Cohn einen verblendeten Song namens *Olana* geschrieben hat, ist der Balkon, von dem aus man nach Südwesten blickt: hinunter auf den Hudson River, der von den Adirondack Mountains nach Süden fließt, bis er zwischen den Halbinseln von Manhattan und Staten Island in die Upper New York Bay, den Atlantik mündet. Das gibt ein großartiges, ein zeitloses Bild: der Fluß, die bewaldeten Hügel, der hohe Himmel, die Wolken, das Gegenlicht.

Hudson liegt etwa 190 Kilometer nördlich von New York. Der Ort hat Eigenheiten. Früher waren hier Walfänger postiert, die auf dem Hudson River reiche Beute machten, was einer Eigenart des Flusses geschuldet ist. Bis hinauf nach Albany ist der Hudson River dem Lauf der Gezeiten unterworfen, sodass sich der Tidenhub deutlich bemerkbar macht. Der Fluß gilt deshalb auch nicht als Fluss, sondern als Ästuar – wie das sich im Rhythmus der Gezeiten hebende und senkende Wasserbett einer Flußmündung genannt wird. Tatsache ist, dass ich nach langen Spaziergängen am Ufer des Hudson saß und nicht die Frage beantworten konnte, in welche Richtung der blöde Fluß denn eigentlich fließt, eine Wahrnehmung, die mich zuerst durcheinanderbrachte, dann aber auf eigentümliche Weise beruhigte: Wenn es schon Flüsse gibt, die in beide Richtungen fließen, dachte ich mir, dann wird es auch kein Problem sein, in Hudson etwas Vernünftiges zu essen zu bekommen.

Stimmt nicht: Ich wusste, dass es hier etwas Vernünftiges zu essen gab. Denn Hudson, dieses übersichtliche Städtchen mit seinen knapp 7000 Einwohnern, ist längst zu einem Außenposten der New Yorker Kreativszene geworden. Viele Maler und Illustratoren, Bühnenbildner und Autoren haben sich hier oder in den nahe gelegenen

Kurzer Brief ans Personal

Liebe Wirtinnen und Wirte, liebe Köchinnen und Köche, liebe Kellnerinnen, Sommeliers und Kellner! Liebe alle, denen die Gastronomie ein tägliches Anliegen ist.

Ich habe eine große Bitte: Entspannt euch!

Dochdoch, ich weiß, dass die Gastronomie – wie leider auch die Kunst und die Musik und der Fußball, sofern er interessant sein soll – längst unter den großen Überbegriff «Showbusiness» fällt, und mir ist bewusst, dass euch das einiges abverlangt. Ihr müsst nicht nur gutes Essen herstellen, mit dem ihr uns füttert, sondern permanent neue Einfälle produzieren, um uns zu verblüffen, zu erheitern, um die Medien zu füttern und das herzustellen, was im Branchenjargon «Gesamterlebnis» heißt.

Ihr habt das Gefühl, dass uns im gerade erst überholten Ambiente eurer Gaststuben bald langweilig werden könnte, wenn sich nicht permanent Wesentliches ändert – deshalb schafft ihr neue Tische und Stühle an, bevor die alten amortisiert sind, hängt

aber Bier braut. Und seiner Arbeitsweise: Nur lokale Ingredienzien, selbstverständlich bio, kleine Mengen, ein Glück, dass ich überhaupt ein Fläschchen ergattern konnte.

Danke, ich habe mich auch gefreut. Ich hatte nämlich Durst.

Beim Wein spitzt sich die Sache zu. Seit ihr gemerkt habt, dass die zum Teil verstörenden Weine, die ihr aus Gründen drängender kulinarischer Zeitgenossenschaft auf eure Karten genommen habt, schweren Vermittlungsbedarf erzeugen, habe ich den Eindruck, abends nicht im Restaurant, sondern im Proseminar der önologischen Fakultät zu sitzen. Dabei erfahre ich, dass das merkwürdige Getränk in meinem Glas «selbstverständlich ungeschwefelt» ist, ungefiltert, ungeschönt – und denke mir relativ oft: auch unhinterfragt, nämlich von euch.

Ich finde es auch nicht nötig, dass so viele von euch beginnen, Obst und Gemüse, nein, nicht haltbar zu machen, sondern zu fermentieren, also durch enzymatische Umwandlung in einen anderen Aggregatzustand zu überführen. Ihr müsst nicht, was zum Beispiel in Korea mittels Milchsäuregärung seit Jahrhunderten praktiziert wird, in wenigen Wochen nach-

(im besten Fall) anspruchsvolle Kunst, die ihr euch nicht leisten könnt, an die Wände und arbeitet verbissen an neuen Attraktionen auf der Speisekarte. Wir könnten schließlich beim Blick in dieselbe die hochnotpeinliche Frage stellen: «Hatte ich das nicht beim letzten Mal?»

Deshalb seid ihr auch so aufmerksam den kulinarischen Moden hinterher und glaubt, nachdem ihr jahrelang die objektiven Vorzüge des Meeresfisches gepriesen habt, plötzlich nur noch mikroregionale Forellen und Flusskrebse auf selbstgetöpfertem (oder teuer aus Japan importiertem) Geschirr servieren zu müssen. Bioware ist plötzlich der heißeste Scheiß, und weil sich das alles ja nicht von selbst erklärt, unterzieht ihr eure Mitarbeiter einem gnadenlosen Kommunikationstraining. Sie müssen uns, was ihr euch ausgedacht habt, ja in allen Details vermitteln können.

Ich hatte gerade erst so ein Erlebnis, bei dem mir eine entsprechend geschulte Kellnerin nicht nur zur Bestellung eines Craftbiers aus der nahe gelegenen Microbrewery gratulierte («excellent choice»). Sie referierte auch einen Abriss der Biografie des Braumeisters, der früher etwas anderes gemacht hat, jetzt

lernen und uns mit «hausgemachten» Fermentationszwischenprodukten verwöhnen, deren Wirkung auf den Metabolismus noch nicht erprobt ist. Es gibt das Zeug auch zu kaufen, bei Produzenten, die das können.

Nicht jedes Gericht eignet sich dafür, in die Tischmitte gestellt und *geshart* zu werden.

Und: Lasst mich doch bitte bestellen, was ich will. In einem dänischen Restaurant mit zwei MICHELIN-Sternen wurde mir unlängst ein zwanziggängiges Menü serviert, zu dem es keine Alternative gab, außer vielleicht zahlen, aufstehen und gehen. Nicht, dass die Gerichte schlecht gewesen wären, sie waren teilweise sogar großartig, aber nach dem Genuss der zwanzig Portionen originärer Foodkreationen fühlte ich mich matt, wie nach einem langen und anstrengenden Arbeitstag.

Liebe – erlaubt mir, euch so zu nennen – Freundinnen und Freunde: Entspannt euch! Gastronomie muss nicht die Speerspitze gesellschaftlicher Umwälzungen sein, sondern vielleicht nur ihr Kontrapunkt. Und wenn ihr den neuen Trends nachspürt, denkt darüber nach, ob der nächste Trend nicht sein könnte, niemals einem Trend gefolgt zu sein.

Dörfern der Catskill Mountains angesiedelt, weil sie die grotesken Mieten in Manhattan oder Brooklyn nicht mehr zahlen wollen oder können. Das traf sich mit einer ganzen Szene von stilbewussten Aussteigern, die sich in Hudson ansiedelten und die Warren Street, die Schlagader des Städtchens, in ein Eldorado für Antiquitäten verwandelten. Ich schwöre, dass ich weinend aus «Regan & Smith», «Woodstock General Supply» und «Warren Street Antiques» herauswankte, weil ich keines der wundervollen Möbelstücke mit nach Hause nehmen konnte, die hier ausgestellt waren. Aber ich war verzaubert von der Mischung aus Ramsch und Stil, Lässigkeit und ewigen Werten.

Ich kam an einem Samstag an. Ich hatte ein Zimmer beim «26 Warren B & B» bestellt, und ich kann jedem von euch, den es in die Nähe dieses gesegneten Ortes verschlägt, nur dringend ans Herz legen, hier abzusteigen und idealerweise die «Kiki Suite» zu belegen. Das ist eine geschmackvoll eingerichtete Wohnung in einem historischen Ziegelgebäude, gleich neben der Gemeinschaftsküche, wo der Inhaber in der Früh das Frühstück serviert, und ausgestattet mit einer eigenen Terrasse, die sich, wie ich sie an jenem Nachmittag mit jähem Besitzerstolz bemerkte, ganz ausgezeichnet dazu eignete, die Schuhe auszuziehen und ein Bierchen zu zischen.

Brauchte ich nur noch das Bierchen. Ich schlug eine ziemliche Runde um mein Quartier und war erstaunt, wie viele Leute auf der Straße waren. Überall Party, große Lautsprecher, Hip-Hop-Musik, Tanzen, Bierchen – über die Straße wollte mir allerdings keiner der Kneipenwirte ein BROOKLYN Lager mitgeben. Ich musste unverrichteter Dinge zum Ausgangspunkt zurückkehren, nur um festzustellen, dass praktisch auf der anderen Straßenseite ein 24-Stunden-Laden offen hatte, der mir mit größtem Vergnügen Bier und Nüsse verkaufte.

Damit war die Zeit bis zum Abendessen gerettet. Ich las ein bisschen was über Kiki Smith, die den Inhaber der Pension dazu inspiriert hatte, mein Zimmer nach ihr zu benennen, aber dann verlegte ich mich auf einen längeren WHATSAPP-Dialog mit Damien, meinen ortskundigen Bekannten, der in der Nähe wohnt und für die NEW YORK TIMES die Modeseiten illustriert.

– Wo essen?

– Gut oder günstig?

– Gut.

– Schick oder snobby?

– Schick *und* snobby.

– Okay. Ich weiß den richtigen Ort für dich.

– Gibt es Fisch?

– Oh yeah. *Fish & Game.*

– Ich will nur Fisch.

– Nein, so heißt das Restaurant, du Simpel. Ich habe schon für dich reserviert.

Klarerweise war das ein guter Tipp. «Fish & Game» ist so elegant, dass du über die Schwelle trittst und mitten in New York bist (inklusive New Yorker Gästen, die hier neuerdings ihre Wochenendhäuser haben, weil ihnen das Segeln in New Haven zu gewöhnlich wurde). Es ist wohl auch kein Zufall, dass dieses Restaurant – gedimmtes Licht, Möbel der klassischen amerikanischen Moderne, keine Tischtücher, auf den Tischen ZALTO-Gläser – zu einem der hundert besten Weinrestaurants der USA gewählt wurde. Jedenfalls bot mir die Kellnerin, die das Motto des heutigen Abends – schick und *snobby* – perfekt verkörperte, gleich einmal ein Glas Blauen Wildbacher von Franz Strohmeier an, und wer bin ich, so ein patriotisches Angebot abzulehnen?

Als ich später die Weinkarte studierte, sah ich, dass auch andere österreichische Winzer gut vertreten waren, über Otts Qyevre bis zu Strohmeier und Muster über Christian Tschida bis zu Gut Oggau. Das war gut fürs Grundvertrauen, auch wenn ich mir dann, wie immer, wenn ich eine der raren Flaschen sehe, einen Trebbiano d'Abbruzzo von Valentini gönnte, der die feinen, betont puristischen Speisen perfekt begleitete.

Ich aß rohe Austern mit einer wunderbaren Chilisauce, gebackene Austern mit einer *Kimchi*-Mayonnaise, ein paar Schnecken mit

Absinth und einen wunderbaren Romanesco-Salat mit Haselnüssen, Trauben, Rosmarin, Ingwer und Chili.

Dann kam das in *Vin jaune* zubereitete ganze Huhn, das Damien für mich telefonisch vorbestellt hatte, mit Karotten und Pfifferlingen, und gerade als ich mich zu fragen begann, wer das eigentlich alles essen soll, kam Damien. Es war ein schönes Wiedersehen, nur schade, dass der Wein schon ausgetrunken war.

Später schlenderten wir durch Hudson, um in der «Rivertown Lodge» noch einen Drink zu nehmen. Plötzlich begann es zu knallen und zu krachen, ich kann nicht behaupten, dass ich im Land der Faustfeuerwaffen nicht zusammengezuckt wäre. Aber es war nur ein Feuerwerk zu Ehren von irgendwem oder irgendwas, und zwar ein ganz spezielles Feuerwerk: Es hörte einfach nicht auf, obwohl es dramaturgisch jede Menge Hebungen und Senkungen gegeben hatte, an deren Ende das Verstummen der Raketen und das Verblassen der Farben im inzwischen nachtschwarzen Himmel die beste Lösung gewesen wäre.

Aber Nein. Das Feuerwerk dauerte geschlagene 45 Minuten, und wir fühlten uns irgendwie verpflichtet zuzusehen, denn wie oft siehst du schon ein Feuerwerk, das 45 Minuten dauert? Dabei war es nicht viel interessanter, als einer U-Bahn beim Ankommen und Wiederabfahren zuzuschauen, nur lauter. Durst hatten wir auch.

Der Abend fand bei Gin Tonic in der auf Wintertemperaturen heruntergekühlten Bar der «Rivertown Lodge» seine Fortsetzung, Thema: Dramaturgie von Feuerwerken, und als ich schließlich die Warren Street hinunterschlich, um mich ein bisschen aufzuwärmen und eventuell noch ein bisschen Zeit auf meiner *Porch* zu verbringen, fragte ich Damien kulturbeflissen, was es denn so an Sehenswürdigkeiten in der Nähe gebe, die ich auf keinen Fall versäumen dürfe.

Ihr kennt die Antwort.

Ich frühstückte köstliche Brioches im «Cafe Le Perché», umgeben von tätowierten Hipstern, machte einen Ausflug über den Fluss nach Athens, wo ich vor dem «Stewart House» saß, die immer noch beeindruckend voluminöse Sonntagsausgabe der NEW YORK TIMES las und mir weitere Gedanken über die Fließrichtung des Hudson macht, siehe oben. Ich sympathisierte mit dem Gedanken, dass die Band R.E.M. von hier gekommen sein könnte, die mir trotz ihrer bombastischen Stadionphase einmal ziemlich viel Freude gemacht hat, überwand mich aber zur Recherche und fand heraus, dass ich mich zwar richtig an Athens erinnert hatte, dass das R.E.M.-mäßig richtige Athens in Georgia liegt, 1500 Kilometer von hier.

Egal. Ich summte *Night Swimming,* als ich durch Athens spazierte, dann fuhr ich weiter nach Catskill, von dort weiter nach Saugerties und Woodstock. Ich kehrte auf die andere Flussseite zurück und unternahm in Red Hook einen Spaziergang auf dem Poet's Walk, einer fantastischen Parkanlage am Ufer des Hudson, wo der Dichter Washington Irving die Idee für seinen Klassiker *Rip Van Winkle* gehabt haben soll.

Auf dem Weg zurück wollte ich mir an einer Tankstelle einen Imbiss holen, nahm aber angesichts der Farbe der angebotenen Hotdog-Würstchen Abstand davon. Ich war schließlich hier, um dem Zusammenhang zwischen *Farm* und *Table* auf den Grund zu gehen, und diese Würstchen waren das exakte Gegenteil davon.

Meine Prinzipientreue bezahlte ich zuerst mit einem nagenden Hungergefühl und dann mit dem schlechten Gewissen, das jeden von uns überkommt, wenn er heißhungrig eine Familienpackung M&M aufgegessen hat. Das unvermeidliche Völlegefühl bekämpfte ich mit einem Abendessen im «Hudson Food Studio», das ein Höhepunkt von intelligenter Kombination regionaler Erzeugnisse mit internationaler Zubereitungskunst war.

Ich bekam gedämpfte *Bao Buns,* die mit lokalem Schweinebauch gefüllt und mit *Hoisin*-Sauce veredelt waren und mich augenblicklich vergessen ließen, dass ich keinen Hunger mehr hatte. Dann kamen gebratene Kohlsprossen mit Chili, süßem Soja und Schalotten. Sehr gelungen. Natürlich probierte ich auch die Krabbenküchlein und den Tintenfisch mit der roten Paprikabutter, bevor ich die fantastische geschmorte Aubergine mit *Pulled Pork* und jeder Menge Sprossen verzehrte. Dann war ich satt – und trotzdem irgendwie enttäuscht, als mir die Kellnerin auf meine Frage nach Desserts mitteilte, man mache hier keine Desserts. Aber gegenüber gebe es gutes Eis, *see you,* schönen Sonntag noch.

Also blieb mir nichts anderes übrig, als in der «Rivertown Lodge» noch ein paar bunte Getränke zur Nachspeise zu nehmen und anschließend in der «Kiki Suite» das Harmonium in Betrieb zu nehmen, auf das ich beim aufmerksamen Durchschreiten der Räumlichkeiten gestoßen war. Es war funktionstüchtig, und ich spielte zur Einstimmung auf die Ruhe der Nacht die «Aria» aus den Goldbergvariationen, und erst als ich diese mit ihrem erschütternden Schlussakkord zu Ende gebracht hatte, fiel mir ein, dass ich nie gelernt habe, Klavier zu spielen. Möglicherweise erklärt das die Blicke, die mir die anderen Gäste am nächsten Morgen beim Frühstück zuwarfen.

Ich blieb noch ein paar Tage. Es war ein Traum. Es gibt im Hudson Valley mehr Restaurants, als du in einem Leben besuchen kannst. Es reichen schon diese: die elegante «Boro6 Wine Bar» in Hastings-on-Hudson; das «Brushland Eating House» in Bovina; das megaschicke «Roundhouse» des Sternekochs Terence Brennan in Beacon; oder auch das «Apple Pie Bakery Café» des CULINARY INSTITUTE OF AMERICA in Hyde Park, wo täglich eine lange Schlange vor der Eingangstür darauf wartet, endlich etwas Süßes zu kriegen.

Das Hudson Valley ist das Rückzugsgebiet der New Yorker, aber es ist auch ihr kulinarisches Hinterland. Der berühmte Dan Barber bewirtschaftet etwas näher bei New York in den Pocatino Hills seine mindestens so berühmte Bluehill Farm, und ich schwöre, ich habe mir nie so die Hucke abgearbeitet, um irgendwo einen Tisch zu bekommen, wie in «Stone Barns», dem Ort, von dem die amerikanische *Farm-to-table*-Entwicklung ihren Ausgang genommen hat. Dan Barber – man kennt ihn spätestens aus der ihm gewidmeten Folge von *Chef's Table* auf NETFLIX – ist ja nicht verlegen um große Pläne, er hat sie in seinem lesenswerten Buch *The Third Plate* ausgebreitet. Barber plädiert dafür, nicht weniger als die Standards unserer Ernährung, ihre gesamte Statik zu verändern: Der Teller, auf dem ein (noch so gut und nachhaltig erzeugtes) Stück Fleisch neben einer

Gemüsebeilage liegt, soll gegen einen anderen Teller getauscht werden, auf dem das Gemüse die Hauptspeise ist und maximal mit Fleisch oder einer Fleischsauce gewürzt wird. «Ein Schweinskotelett», so Barber, «sollte allenfalls zu hohen Feiertagen serviert werden.»

In *The Third Plate,* das leider nie auf Deutsch erschienen ist, behandelt Barber mit großer Begeisterung die Zusammenhänge von Landwirtschaft und Kochen. Er geht den Produzenten alter Sorten nach, die nicht monokulturell erzeugt werden und besser schmecken als die industrialisierten Abkömmlinge. Aber er untersucht auch die Genesis klassischer Gerichte wie zum Beispiel *Bouillabaisse* oder *Coq au vin.* Bouillabaisse war zum Beispiel eine Möglichkeit, unverkäuflichen, beschädigten Fisch trotzdem zu verkochen. *Coq au vin* erwies sich als sinnvolle Methode, alte, zähe Hähne doch noch irgendwie weich zu bekommen.

Auch über die Gründe, warum gewisse Lebensmittel in ihren kulinarischen Kulturen oft gemeinsam verwendet werden – Reis und Bohnen in Italien; Reis und Buchweizen in Japan – machte sich Barber Gedanken und fand heraus, dass die jeweilige Verbindung der Erntefolge geschuldet war: deren Abwechslung ist notwendig, wenn der Boden gesund und fruchtbar bleiben soll.

Barber bereiste zahlreiche Regionen Europas, um sich gewisser Zusammenhänge zu vergewissern, die Landwirtschaft zukunftstauglich und Viehzucht ethisch vertretbar macht. Biologisch allein zu wirtschaften, reichte ihm nicht. Barber kaprizierte sich auch darauf, keine Lebensmittel zu vergeuden, sondern Wege zu finden, auch aus Resten interessante Speisen zuzubereiten. Als er 2015 sein Restaurant in ein *Pop-up* namens «wastED» (ED steht für *Education*) verwandelte, servierte er «pockennarbige Kartoffeln», «Karottengrünmarmelade» und Burger aus den Schalen roter Rüben. Bei einem Treffen von Staatsmännern aus aller Welt bei den Vereinten Nationen servierte er Salate aus Gemüseabschnitten.

Die beiden Restaurants, die Barber betreibt, sind sozusagen die Verkündungszentralen der Botschaft, eines in Greenwich Village, das andere, umgeben von fast 40 Hektar biologisch bewirtschaftetem Ackerland, in Stone Barns. Dort serviert Barber das Menü, das sozusagen die täglich neue Umsetzung seiner Überlegungen darstellt: bis zu 30 Gänge, drei bis vier Stunden lang, ein *third plate* nach dem anderen. Das Menü kostet pro Person 258 Dollar plus Getränke plus Steuer, aber das schreckte mich nicht.

Ich schickte E-Mails. Ich rief an. Ich bat Menschen, die Barber kennen, anzurufen und ein gutes Wort für mich einzulegen. Ich ging sogar so weit – obwohl ich es verabscheue und in der Regel unterlasse –, mich als Journalist anzukündigen und um einen Termin und einen Tisch zu bitten.

Barbers Staff reagierte, wie es gemeinhin den Wienern zugeschrieben wird: nicht einmal ignorieren.

Also beschloss ich, auf gut Glück vorbeizufahren, ein trauriges Gesicht zu machen und mich von den einfühlsamen Mitarbeitern der Farm, die einst von den Rockefellers gegründet worden war, damit ihre Kinder lernen können, wie man Kühe melkt, mit einem Platz an der Tafel getröstet zu werden.

Wie das geklappt hat?

Ich musste versprechen, Stillschweigen zu bewahren.

PS: Als ich schließlich nach New York zurückkehrte, machte ich einen Abstecher zum gegenwärtig besten Koch der Welt, angeblich. Weil Daniel Humm sein Restaurant «Eleven Madison Park» aber gerade einem *Makeover* unterzog, besuchte ich Humms informelleres «Nomad»-Restaurant, das sich über das gesamte Erdgeschoss des «Nomad Hotels» in Manhattan zieht, Bar, Bibliothek, *Private Dining Room,* was weiß ich.

Ich kam spät. Ich hatte nur noch einen Tisch für das dritte *Seating* bekommen, knapp vor zehn. Zweimal hatte das Team heute schon Dinner serviert, nicht unüblich in New York, wo jeder Quadratmeter Gastronomiefläche so teuer ist, dass vom Frühstück bis zum *Late-Night-Snack* permanent Geld verdient werden muss.

Mich interessieren die informellen Ableger großer Köche. Oft paart sich dort die gleiche Kochkunst wie in der *Flagship*-Hütte mit größerer Entspanntheit. Hier war das nicht der Fall. Schon als ich das Restaurant betrat, übermannte mich ein merkwürdiges Gefühl, das ich zuerst nicht deuten konnte. Der Raum war dunkel, indirektes Licht, Holztäfelungen, schweres Mobiliar, gedeckte Farben. Jeder Tisch war besetzt. Es war atemberaubend laut. Die Kellnerin, bewundernswert freundlich, fragte zuerst, ob ich nicht einen *Cocktail* wolle – wer bin ich, dass ich um zehn Uhr abends keinen *Cocktail* will – und empfahl mir den *Hair Trigger,* ein zugegeben ziemlich gutes, buntes Getränk aus Rum und Fernet, gewürzt mit Ingwer, Limette und Gurke.

Interessanterweise machte mir der *Cocktail,* obwohl er gut schmeckte, keine gute Laune. Umgekehrt, ich begann mich zusehends unwohl zu fühlen. Aus der Bar im nächsten Raum Geschrei. Im glasüberdachten *Dining Room,* wo ich saß, professioneller Hochbetrieb, die Kellner verteilten routiniert Teller und Gläser, schenkten im Eilzugtempo Wein nach, begleiteten jedes Wort an einen Gast mit einem strahlenden Lächeln – aber dem Lächeln, bildete ich mir jedenfalls ein, fehlte die Glut, die Freude, die Echtheit.

Mein Essen kam. Es war gut, Nein, ausgezeichnet. Ich aß marinierte Tomaten mit Wassermelone und das confierte Spanferkel mit Kirschen, Speck und Löwenzahn. Beide Gerichte übertrafen meine Erwartungen. Die Geschmäcker waren perfekt balanciert. Das Deftige des Schweins wurde von der Süße und Bitterkeit der Beilagen perfekt eingerahmt, und ich hätte jetzt getrost meine Beine austrecken und mich in den 1200 Dollar-Lehnstuhl zurücklehnen können, wenn mich nicht dieses schale Gefühl erfasst hätte, das ich mir nicht so recht erklären konnte, bis mir schließlich ein Bild von Thomas Couture in den Sinn kam.

Ein berühmtes Gemälde von Thomas Couture aus dem Jahr 1847 trägt den sprechenden Titel *Les Romains de la décadence.* Es zeigt eine Gruppe von Menschen in einer römischen Säulenhalle, Männer und Frauen, manche halb, manche ganz nackt, einander zugewandt, aber ohne echtes Interesse. Die Dekadenten feiern, sind aber gleichzeitig des Feierns überdrüssig. Sie trinken ohne Durst und lächeln ohne jede Spur von Heiterkeit. Die Orgie, die wir betrachten, ist hohl. Der Lust, die sie beschreibt, fehlt die Glut.

Genau diese Stimmung, die *Les Romains de la décadence* verströmt, überkam mich im «Nomad»: pure Dekadenz. An den Tischen saßen

Menschen, die ihre Mahlzeit mit abwesenden Gesichtern zu sich nahmen. Es machte keinen Unterschied, ob Daniel Humms berühmtes Huhn für zwei, gefüllt mit einer Farce von Gänseleber, Trüffeln und Brioche, vor ihnen stand oder ein *Big Mac* (okay, es gab keinen *Big Mac*). Die Menschen aßen und waren gleichzeitig ihres Essens überdrüssig. Der Wein floß, aber der Rausch hob nicht ab.

Die ohrenbetäubende Lautstärke der Musik leuchtete mir plötzlich ein. Nur Schweigen wäre noch lauter gewesen. Ich zahlte, stand auf und ging. Als ich auf der Straße stand, fühlte ich mich erleichtert. Es war das ehrlichste Gefühl, das ich an diesem Abend verspürte.

*Damit das klar ist: In Venedig gibt es
tausend Lokale, die so aussehen, als wären sie
gute Lokale. Aber wenn man nicht die
richtigen kennt, wird man das spätestens dann
merken, wenn das Essen aufgetragen wird.
In dieser Geschichte stehen die richtigen
Adressen – für alle, die gern im Stehen essen.*

Venedig

Auf der Rialtobrücke Gewühl, wie immer. Die üblichen Straßenhändler hocken über ihrer Auslegeware aus gefälschten GUCCI- und
LOUIS-VUITTON-Taschen, ein paar Musikanten bemühen sich kako-
phonisch um die Aufmerksamkeit der Passanten, und die Passanten
konzentrieren sich darauf, alles – ich wiederhole: alles –, was sie
gerade erblicken, mit ihren Digitalkameras festzuhalten. Allein
die Vorstellung, wie groß der Serverplatz sein muss, auf dem jede
Minute neue Gigabytes mit Ansichten des Canale Grande, der Kirche
von San Giacomo, des Palazzo Bembo und zahlreicher anderer, bemit-
leidenswerter Fassaden in Bestlage abgelegt werden, übersteigt in
seiner schieren Unwahrscheinlichkeit meine Vorstellung.

Es ist genauso unwahrscheinlich, dass nur ein paar Schritte von
dieser touristischen Höchstkonzentration entfernt sich Orte der Stille und der Einkehr auftun, die nicht im Namen des Vaters, des Sohnes
und des Heiligen Geistes Amen besucht werden, sondern im Zeichen

des *ombra,* des schnellen Gläschens, des dazu gehörigen kleinen Happens, und im überwältigenden Gefühl der daraus resultierenden Abkopplung von Zeit und Raum. Okay, «Stille» stimmt vielleicht nur im Vergleich zum Chaos auf der Straße, aber «Einkehr» trifft die Sache ganz genau.

Das «Bancogiro» ist zum Beispiel in das Backsteingewölbe, das den Campo San Giacometto, hundert Meter von Rialto entfernt, gegen den Canale Grande abschirmt, hineingebaut wie eine Raumkapsel. Holz, Glas, Glanz, und eine andere Dimension oben auf der Galerie, wo unter der rhythmisch geschwungenen Decke ein paar Tische stehen, an denen man mit Ricotta gefüllte Tintenfische kosten kann und ein Fläschchen Prosecco zwitschern.

An der Bar frische *Ciccheti,* kleine Happen, die man zum «Spritz» nimmt, Schinken, *Pulpos,* eingelegtes Gemüse – und der unverstellte Blick hinaus auf den Campo, wo die Markt- und die Müßiggänger sich treffen und im Stehen ein Glas nehmen, Gott und die Welt hochleben lassen und vor allem darüber nachdenken, wo man als nächstes hingehen soll.

Ins «Do Mori» vielleicht, das nur hundert Meter entfernt, aber ein bisschen versteckt gelegen ist – kann dauern, bis man endlich dort ankommt. Ich hatte besonders schlau sein wollen und angerufen, um einen Tisch zu bestellen.

«Tisch?», schrie der Chef ins Telefon, «Sie sind falsch hier, mein Herr. Wir haben keine Tische!»

So eine Antwort kann man in chronisch ausgebuchten Lokalen schon mal bekommen, aber der Chef meinte es nicht so. Er meinte: In diesem Lokal steht kein einziger Tisch. Dieses Lokal ist ein Maximum an Theke, und das einzige Zugeständnis an Gäste, die nicht im Stehen essen und trinken wollen, sind ein paar Barhocker, um die ein heftiger, nicht offen geführter Konkurrenzkampf herrscht. Wenn du eine Sekunde lang den Hals lang machst, um zu sehen, ob aus der Küche Nachschub von der legendären Suppe kommt, kann es passieren, dass dein Hocker bereits von deiner Nachbarin an der Bar belegt ist, die jetzt entspannt lächelnd an ihrem Prosecco nippt. Und wenn du eine halbe Stunde später das «Do Mori»

risch mit Sperrmüll und Designüberbleibseln dekorierte Strandbaracke im südfranzösischen Leucate, direkt am Meer. Mit dem Mittagessen kriegst du dort auch den Sommer, den Süden, einen leisen Wind, der vom Meer herein- und diese unersetzliche Frische in den Raum weht. Du kannst in Badehosen und barfuß am Tisch sitzen, bekommst frische Scampi mit Knoblauch aus der Pfanne, Muscheln mit Ingwer, Sardinen, kühlen Weißwein aus den nahen Pyrenäen. Gleichzeitig läuft im Hintergrund, mit den Geräuschen des Strands und der Brandung zu einem unübertrefflichen Sound verwoben, wunderschöne, schon etwas abgestandene Independent-Musik, José González, Calexico, diese Richtung, Immer weiter essen und sitzen bleiben und noch was bestellen.

Tee in der «Kronenhalle», Zürich. Zugegeben, auch der High Tea im «Peninsula Hotel» Hongkong wäre in Frage gekommen mit seinen Gurkensandwiches und einem wirklich berauschenden Darjeeling, aber ein Nachmittag in der «Kronenhalle» übertrifft sogar diesen Kolonialklassiker. Es ist die Zeit, wenn die letzten Gäste vom Mittagessen mit roten Wangen vom Essen aufstehen und selbst in der umkämpften Brasserie fast alle Tische leer sind, die Tischtücher

Der perfekte Tag – Essen im Himmel

Wenn ich an einem einzigen Tag alle meine Mahlzeiten an dem Ort einnehmen könnte, wo ich sie jeweils am besten fand: Das wäre mein Tag.

Frühstück im «Fäviken», Nordschweden. Das ehemalige, aus grobem Holz gezimmerte Elchfondue-Restaurant in Järpen, das der schwedische Koch Magnus Nilsson zum Wallfahrtsort für Foodtouristen hochgejazzt hat, ist, sagen wir, okay. Aber das Frühstück dort ist Weltklasse. Tee von getrockneten schwedischen Blättern, Wald- und Wiesenkräutern, frisches, zwei Zentimeter dick geschnittenes Sauerteigbrot, eine von den Carotinoiden des frischen Grases tiefgelbe, köstliche Butter, nur leicht geräucherter Schinken, ein frisches Ei mit Forellenrogen und ein dickes, cremiges Joghurt mit Moltebeeren. Das alles im gelben Halblicht des oberen Fäviken-Stockwerks und im Bewusstsein, dass niemand in der Nähe ist, der dich stören könnte, außer vielleicht der Koch, der draußen gerade einen Elch schießt.

Mittagessen bei «Biquet», Südfrankreich. Biquet ist kein normales Restaurant, eher eine verschwende-erneuert, das Licht von draußen gedämpft und warm und die Stadt wie durch ein Gazetuch wahrnehmbar. Einfach am Tisch sitzen, mit dem Picasso oder dem Varlin an der Wand ein stummes Gespräch anfangen und dazu ein PILSNER Urquell trinken, keinen Tee, und eventuell ein Bürli mit Butter naschen. In dieser Teestunde, bevor das Abendgeschäft beginnt, herrscht hier die Ruhe, mit der sich Jahrzehnte nicht verändern.

Abendessen im «Antiche Carampane», Venedig. Winziges Restaurant zwischen Rialto und Bahnhof, Motto: «No Lasagne, no Pizza, no Menu turistico». Zuerst die *Tagliolini granseola*, eine anbetungswürdig geschmeidige Pasta mit Meeresspinne und Chiliflocken, dann die *Tagliolini coi zotoi*, mit den kleinen Tintenfischen (und ja, ich weiß, dass man zum Abendessen selbst in Italien nicht zweimal Pasta bestellt. Aber warum eigentlich nicht? Es ist mein perfekter Tag, und der braucht zwei Portionen von diesen *Tagliolini*).

Rotwein dazu, bis die Backen glühen, und dann ja sagen zum *Tiramisù*, denn auch das gibt es nirgendwo besser. Noch mehr Rotwein und dann zur unhörbaren Melodie von Paolo Contes *Una giornata al mare* durch die Gassen tanzen, bis irgendwo eine Bar offen hat, wo ich den ersten Grappa seit Jahrzehnten trinke.

verlässt, zwei Gläser Hauswein (oder auch Tignanello, wer's lieber hat) und drei grandiose, fluffige Fleischbällchen reicher, dann sieht Venedig noch ein bisschen grandioser, noch ein bisschen märchenhafter aus.

Man könnte dann zurück über den Campo San Giacometto wandern, wo inzwischen eine veritable Party stattfindet, und zum Beispiel im «Al Pesador» einkehren, das dem «Bancogiro» nicht nur ein guter Nachbar ist, sondern mit seinem prächtigen Gewölbe auch sehr ähnlich sieht. Ein Teller Pasta mit Bohnen, *Radicchio* und einer Sauce von Balsamico wäre jetzt eine erstklassige Idee.

Venedig ist ein Architektur gewordener Ausnahmezustand. Kaum eine Ecke, über die man nicht staunt, kaum ein Gässchen, wo man nicht berührt würde von der Extravaganz, von der Unwahrscheinlichkeit dessen, was man mit eigenen Augen sieht.

Gleichzeitig ist Venedig eine komplizierte Stadt. Venedig folgt nicht den Regeln, die für normale, für unkomplizierte Städte gelten: Hier gibt es kein Zentrum, das die Aufmerksamkeit der verzauberten Besucher für sich reklamiert, und keine Peripherie, die in ihrer verborgenen Schönheit den Einheimischen gehört. Venedig ist ein einziges Zentrum, und Einheimische gibt es fast nicht mehr: Es leben inzwischen weniger als 50 000 Menschen im historischen Venedig, während Jahr für Jahr mehr als 20 Millionen Besucher kommen, um die «Serenissima» zu sehen oder wiederzusehen.

Was immer in der Stadt geschieht, ist Schauspiel. Besucher und Einheimische treffen sich an dafür geeigneten Orten und machen gemeinsam den Reiz, die Kultur Venedigs aus, und das gilt besonders fürs Kulinarische.

Man muss in Venedig zum Beispiel, wo immer man gerade ist, bloß die richtige Tür öffnen, um einen warm beleuchteten Ort vorzufinden, wo sich jemand um uns kümmert, ohne uns einen Stuhl anzubieten. Venedig ist eine Stadt des Flanierens, des Staunens, also eine Stadt der Theken, des schrägen, angelehnten Stehens. Das Einkehren in die zahllosen Imbissstuben, Weinbars und *Bacaros,* die Wohnzimmer dieser Stadt, hat nichts Extravagantes, nichts

Endgültiges. Man kommt, um etwas Kleines zu nehmen, etwas Beiläufiges, eine Aufmerksamkeit, oder, sagen wir, ein kulinarisches Alibi, um ein Glas Weißwein zu bestellen, *un ombra,* schon wieder.

Im «Gia Schiavi», einer Weinhandlung am Rio di San Trovaso im Stadtteil Dorsoduro, ist dieses Alibi so platziert, das man gar nicht daran vorbeikommt. Wer die Tür aufschwingen lässt, steht vor einer Glasvitrine, die mit allerhand *Crostini* und Bissen für den beiläufigen Genuss gefüllt ist, kleine Zwiebeln mit Sardellen, Brötchen mit Kürbis und Ricotta, Ricotta und Nusssauce, Mozzarella und Lachs, Mortadellawürfelchen mit Oliven. Diese Bissen besitzen exakt jenes kritische Volumen, das sich, wenn man nicht abbeißen möchte, nur etwas unelegant in den Mund bugsieren lässt – was allerdings immer noch besser aussieht als der Versuch, vom dick mit Ricotta und Kürbiscreme bestrichenen Brötchen eine Hälfte zu verzehren und sich dabei zwangsläufig mit der anderen zu bekleckern. Und auch der Wohnzimmerbegriff wird großzügig ausgelegt: Die Stadt ist das Wohnzimmer, was sonst? Ist die eingelegte Zwiebel mit Sardellen verzehrt, nimmt man das Glas *Bianco* mit hinaus auf die Gasse, wo man auf dem Kaimäuerchen hervorragend herumlümmeln kann und der Blick über den Kanal Richtung Zattere zu einem prächtigen Stück Wohnungseinrichtung wird.

Natürlich ist Venedig auch voller Fallen für seine Besucher. Wir sprechen nicht von den Tiefkühlpizzerien und den *Taco-* und *Bubble-Tea*-Shops, die erkennen wir auf den ersten Blick. Aber es gibt auch genug Trattorien, Bars oder *Bacaros,* die hübsch und richtig aussehen, in denen sich der Zauber der flüchtigen Brillanz wie im «Do Mori» oder dem «Gia Schiavi» allerdings nicht einstellen will. Der Wein ist nicht gut ausgesucht, die Speisen sind banal. Ein Fleischbällchen ist bekanntlich nicht ein hinreißendes Fleischbällchen, bloß weil es ihm ähnlich sieht, und beim venezianischen Standardgericht *Sarde in saor,* einem Teller Sardinen, die mit Zwiebeln und süßem Sud serviert werden, scheidet sich endgültig die Spreu vom Weizen: Sind die Sardinen nicht fleischig, ist der Essig zu sauer, ist zu viel Zucker im Sud, bricht die Balance dieses Gerichts augenblicklich auseinander und man hat nach zwei, drei Bissen genug.

Findet man hingegen das «Corte Sconta», das weit hinter San Marco in Richtung Giardini versteckt ist, dann kann man von besagten *Sarde* nicht genug bekommen, und der einzige Grund, warum man nicht eine zweite und dritte Portion davon bestellt, ist der, dass man auch sauren Lachs mit Granatapfelkernen probieren muss, die Muscheln in Weißweinsauce, die mit etwas Ingwer angeschärft wurden, und den *Baccalà,* der mit Polenta serviert wird und ein weiteres Beispiel für die Souveränität ist, mit der die venezianischen Klassiker in diesem zwanglos eingerichteten Gasthaus mit dem schönen Terrazzoboden von ihrer Deftigkeit befreit und zur Delikatesse befördert werden.

Die Sardinen sind nur schonend eingesalzen, die Zwiebeln vorgedämpft und der Essig fruchtig. Aromen und Textur addieren sich, ein seltenes Phänomen, zu einem Ergebnis, das weit mehr ist als die Summe der Einzelteile.

Das «Corte Sconta» ist ein beliebtes, auf gute Weise altmodisches Lokal. Hier speisen Locals mit der ganzen Familie Schulter an Schulter mit Touristen, die sich ein bisschen auf ihre Reise vorbereitet haben.

Vorbereitung ist ein gutes Stichwort. Du läufst durch ein Labyrinth an Gässchen, bis dir schwindlig ist, und stehst plötzlich vor einer so verborgenen Trattoria, dass niemand außer dir jemals den Weg hierher gefunden haben kann, und wenn du die Entdeckung des Prachtstücks mit einem Teller schwarzer Pasta feiern möchtest, der auf der Speisekarte als Tagesgericht angepriesen wird, erfährst du vom reizenden Eigentümer, dass du sehr willkommen wärst, wenn du vor drei Wochen reserviert hättest: Das gilt für die wunderbare Trattoria «Al Testiere» genauso wie für das erstaunliche «Antiche Carampane» im Dunkel zwischen Rialto und der Piazza Roma.

Im «Al Testiere» gibt es diese unglaublichen, kleinen Gnocchi mit winzigen Tintenfischen und einer Ahnung von Zimt, ein grandioses Gericht (und der Trebbiano d'Abruzzo von Edoardo Valentini ist eine Offenbarung dazu), alles weitere muss mit dem verbindlichen vielsprachigen Patron besprochen werden – Seezunge, Steinbutt oder doch die *Scampi busara,* mit Knoblauch, Weißwein und Tomaten.

Im «Antiche Carampane», wo man zwangläufig zu spät kommt, weil man sich hinter Rialto irgendwo verläuft, darf man keinesfalls die *Spaghetti granseola* auslassen. Die scharfe Sauce mit Meeresspinne und Chili ist grandios, aber noch überzeugender ist die Konsistenz der Pasta. Die Spaghetti sind von einer Spannkraft, von einem herrischen Selbstbewusstsein. Zu diesem Gericht empfiehlt der Hausherr – Sommelier wäre ein zu großes Wort – den Biowein Pico von Angiolino Maule, ein gute Wahl, weil der Wein mit fortschreitendem Abend immer besser aufgelegt ist, so wie die Gäste an den Nebentischen. Und zum *Tiramisù* sollte man für einmal nicht Nein sagen, hier gibt es dieses verfemte Gericht nämlich in gut, was heißt gut, in Extraklasse – so, dass man versteht, warum es einmal ein Welterfolg war.

Die besten Restaurants Venedigs sind nicht die, die sich mit den entsprechenden Auszeichnungen schmücken. Das «Quadri» am Markusplatz ist hochelegant, aber kulinarisch nicht außerordentlich. Die «Osteria da Fiore» verströmt maritime Skurrilität, aber auch eine etwas bemühte kreative Anstrengung, die italienischen Lokalen generell nicht guttut. Die wahren Delikatessen Venedigs treten in ausgesuchten Trattorien mit scheinbarer Mühelosigkeit auf, aber das täuscht. Sie sind das Produkt außerordentlicher Sorgfalt und des tiefen Respekts vor den eigenen Traditionen, die Köchinnen im «Al Testiere» und im «Antiche Carampane» sind meine Zeugen – oder auch die Bäckerinnen in der Pasticceria «Rizzardini», die das venezianische Herrschaftsgefühl in unvergleichliche Süßspeisen übersetzen, Stichwort: die mit Creme gefüllten und mit Zucker bestäubten Krapfen. Die mit Rosinen gespickten *Fritelle.* Und dieser Espresso, alles im Stehen.

Manchmal darf man sich auch aussuchen, ob man sitzen oder stehen möchte. Wenn man nach einem Spaziergang über den eindrucksvollen Fischmarkt mit der Liniengondel über den Canale Grande zum Ca' d'Oro übersetzt – übrigens die billigste Methode, in Venedig mit einer Gondel zu fahren –, läuft man geradeaus direkt in die «Osteria Ca' d'Oro», die von Eingeweihten «Alla Vedova», zur Witwe, genannt wird. An der Theke stehen die Ombristen, die Müßiggänger, die sich ein Gläschen und einen Happen gönnen, und nur wenn die Küchentür aufschlägt und ein Teller mit dampfenden Fleischbällchen herausgetragen wird, kommt Bewegung in die Runde, nämlich so lange, bis der Teller leer ist. Dann ist wieder venezianische Lässigkeit angesagt. Gleich daneben übrigens mehrere Tische, wo man sich die Fleischbällchen auch an den Tisch servieren lassen kann.

Bei «Vini da Gigio» ist die Bar vor allem dazu da, um mit Gigio – dem Mann mit der Brille, das muss genügen – über den Wein zu sprechen. Das kann dauern. In der Zwischenzeit steht das Entenragout zum Glück längst auf dem Herd und gewinnt an Intensität und Struktur.

Wenn das Gespräch mit Gigio schon in der Zielgeraden ist, werden die Tagliatelle mit dem *Ragù* am Tisch serviert. Wenn nicht, einfach stehenbleiben.

«Harry's Bar»

In «Harry's Bar» einzukehren ist wie *First Class* fliegen. Es ist nicht billig, im legendärsten Restaurant Venedigs einen Cocktail oder gar eine kleine Mahlzeit zu nehmen, aber wer in der *First Class* darüber nachdenkt, dass er gerade auch nur auf einem Stuhl sitzt und zur gleichen Zeit am Ziel ankommen wird wie der Rest der Fluggäste, der in der Holzklasse schmort, hat ihr Prinzip sowieso nicht verstanden.

«Harry's Bar» ist so was von *first class,* mit Ausnahme vielleicht der Fußfreiheit. Ansonsten stimmt alles. Am Eingang wirst du von einem Herren in einem gut sitzenden Anzug in Empfang genommen, der dich freundlich mustert und dir mit einem einfühlsamen Wir-haben-uns-doch-schon-mal-gesehen-Blick deinen Platz anweist.

Kaum sitzt du an einem der niedrigen Tischchen, vorzugsweise im Erdgeschoss, kümmert sich bereits einer der zahlreichen *Stewards* um dich. Ich nenne die Kellner *Stewards,* weil nicht nur ihre

Uniform – weiße Jacken, dunkle Hosen, schwarze Fliegen – an die Offiziersmesse eines Luxusliners erinnert, sondern die ganze Ausstattung der Bar höchst maritim ist, ihr Interieur, die Vertäfelungen aus edlem Holz, die breitbeinigen Möbel, die allesamt aussehen, als würden sie auch bei hohem Seegang ihren Zweck erfüllen.

Der *Steward* macht also zum Beispiel den Vorschlag, als Aperitif, Überraschung, einen *Bellini* zu nehmen. Der *Bellini* ist eine Erfindung von Giuseppe Cipriani, dem Gründer dieser Bar, ein Mixgetränk aus Pfirsichmark und Sekt und ungefähr so berühmt wie COCA COLA. Die Empfehlung, hier, sozusagen an der Quelle, einen *Bellini* zu nehmen, könnte plumper nicht sein, zumal ohnehin jeder zweite Gast hierherkommt, um *Bellini* zu trinken. Aber es geht um das Wie: Jeder einzelne der *Stewards* in seiner weißen Jacke platziert seine Empfehlung so überzeugt, verschwörerisch und eindringlich, als wärst du seit Jahren Stammgast und er hätte etwas so Seltenes wie frische Rehleber anzubieten.

Sobald du Ja gesagt oder auch nur ein freundliches Nicken angedeutet hast, steht das Getränk auf dem Tisch. Der *Bellini* schmeckt elegant, kühl und geschmeidig, die Kohlensäure des Prosecco sprüht, wenn du an deinem Glas riechst, um mit geblähten Nüstern das Aroma der reifen Frucht und des verführerischen Schaumweins einzusaugen, und keine fünf Minuten nachdem du «Harry's Bar» betreten hast, ist deine Laune schon gehoben und das Glas halbleer. Es wird langsam Zeit, darüber nachzudenken, warum die Welt so schön ist – und was du eigentlich essen möchtest.

Die Geschichte von «Harry's Bar» ist die Geschichte der Familie Cipriani, deren Name längst ein Synonym für gehobene italienische Küche und Lebensart ist, und zwar in aller Welt. «Harry's Bar» ist die Keimzelle. Giuseppe Cipriani gründete «Harry's Bar» 1931 mit dem Geld eines Gastes, dem er ein paar Jahre vorher finanziell aus der Patsche geholfen hatte, als der Gast – ein Amerikaner namens Harry Pickering – seine Rechnung im Hotel «Europa», wo Cipriani als Barkeeper arbeitete, nicht bezahlen konnte. Pickering kehrte nach Venedig zurück, beglich seine Schulden und gab Cipriani ein Darlehen, damit dieser seine eigene Bar eröffnen könne. Die einzige Bedingung, die er stellte: Die Bar sollte nach ihm «Harry's Bar» heißen.

Cipriani fand das ehemalige Warenlager einer Seilerei, fünf mal neun Meter groß, in der Nähe von San Marco am Ende einer Sackgasse gelegen. Von hier streift der Blick über die Mündung des Canale Grande in die Lagune, über Dorsoduro, San Giorgio, die Giudecca. Die bequeme Verbindung zur Piazza San Marco, die heute über ein paar wenige Brücken führt, gab es noch nicht. Wer in «Harry's Bar» einen Drink nehmen wollte, musste die Bar in voller Absicht ansteuern. Zufällig kam hier niemand vorbei.

Für die Ausstattung der Bar engagierte Giuseppe Cipriani den ehemaligen Direktor des venezianischen Schifffahrtsmuseums, einen alten Aristokraten, der dem Raum seine maritime Anmutung anmaß. Dann begann Cipriani, ins Detail zu gehen. Entwarf spezielle, der Größe und Atmosphäre des Raums angemessene Möbel, suchte in ganz Venedig nach zierlichem Besteck, richtete das Lokal Schritt für Schritt so ein, wie es heute noch wirkt: schlicht, aber elegant, einfach, aber glamourös, höchst anspruchsvoll, aber gleichzeitig von befreiender Leichtigkeit. Das, die Auswahl der Drinks und die paar Gerichte, die Mama Cipriani in der winzigen Küche neben dem Gastraum kochte, begründete den Ruf des Lokals, das stets eine Bar blieb, auch wenn die Speisekarte mit den Jahren an Umfang zulegte.

Als ich mich zum Mittagessen in «Harry's Bar» einfand, schien die Wintersonne bleich und schräg in den Raum, dessen Fenster mit Milchglas gefüllt sind, sodass von außen niemand sehen kann, wer gerade die Bar besucht. Umgekehrt ist es natürlich auch eine besondere Form des Selbstbewusstseins – um das Wort *Snobismus* nicht zu verwenden –, am schönsten Platz der Welt auf die Aussicht zu verzichten, aber auch das trägt zum Zauber des Ortes bei. Einmal eingetreten, ist man nicht mehr in Venedig, sondern in «Harry's Bar», einer besonderen Erscheinungsform dieser unvergleichlichen Stadt. Aussicht gibt es im Speisesaal im ersten Stock, aber der liegt schon auf einem anderen Kontinent.

Mehrere Tische waren nur von einer Person besetzt. Eine ältere Dame las, ihren Nerzmantel um die Schultern gelegt, Zeitung und ließ sich zwischendurch kleine Häppchen servieren, die sie auch ohne Gebiss zu sich nehmen konnte. Ein geschäftiger Herr in englischem Tweed ging Akten durch. Zwei Damen tranken Prosecco.

Die Stimmung im Lokal war heiter und hell. Die Kellner unterhielten sich, wechselten ein paar nette Worte mit jedem, dem sie einen Teller aus der Küche brachten oder aus bauchigen Glaskrügen Wein nachschenkten. Es bedurfte, anders als in den meisten Lokalen dieser Preisklasse, nicht der geringsten Anstrengung, um die Schwelle auf die Bühne zu überschreiten und Teil der Aufführung zu werden.

Mein Drink stand schon auf dem Tisch, als ich die Speisekarte gereicht bekam, die ich gern studierte – obwohl ich längst wusste, dass ich das *Carpaccio* und den Risotto nach Art des Hauses nehmen würde, zwei *Flagship*-Gerichte von «Harry's Bar», an denen das Besondere des Lokals gut abzulesen ist: Es gibt keine Besonderheiten, sondern eine als Schlichtheit getarnte Selbstverständlichkeit höchster Qualität, ohne dass der Küchenchef Pirouetten drehen würde. Sterne oder keine? Völlig egal. «Harry's Bar» ist ein Ort, für den sich vielleicht die Restaurantführer verrenken, aber sicher nicht umgekehrt.

Das *Carpaccio* kam mit einer nach Jackson-Pollock-Manier bespritzten Creme aus Mayonnaise und Worcestersauce – und natürlich der Geschichte in der Hinterhand, dass dieses Gericht in «Harry's Bar» erfunden wurde, als 1950 in Venedig eine große Ausstellung des Renaissancemalers Vittore Carpaccio stattfand, eines der großen Söhne der Stadt. Giuseppe Cipriani servierte das Gericht damals der Contessa Amalia Nani Mocenigo, einer regelmäßigen Besucherin, der ihr Arzt den Genuss rohen Fleisches verboten hatte. Den Namen wählte er, weil sein Gericht an die Rot- und Weißtöne erinnern sollte, die Carpaccio so meisterhaft zu malen verstand. Inzwischen wundern sich viele Venedigbesucher, dass hier ein Maler zu Hause war, der so heißt wie ihr Lieblingsgericht.

«Harry's Bar» wurde bald nach ihrer Eröffnung am 13. Mai 1931 zum Treffpunkt der Reichen und Berühmten. Die Liste der namhaften Gäste ist lang und reicht von Aga Khan zu Somerset Maugham, von Arturo Toscanini zu Charlie Chaplin, von Humphrey Bogart und

Lauren Bacall zu Truman Capote und Orson Welles. Ernest Hemingway setzte «Harry's Bar» in seinem Roman *Über den Fluss und in die Wälder* ein Denkmal, und dass zeitweilig Monarchen aus vier verschiedenen Ländern auf den knapp vierzig Quadratmetern des Gastraums speisten, jeder an seinem Tisch, ist eine gern erzählte Legende.

1932 kam der erste Sohn der Ciprianis auf die Welt. Er bekam seinen Namen nicht nach seinem Großvater oder einem anderen Verwandten, sondern nach der Bar: Arrigo. Italienisch für Harry.

Arrigo studierte Jura, aber in Wahrheit ging er in das strengste Seminar seines Vaters, in dem dieser unterrichtete, wie «Harry's Bar» funktioniert. Dabei lernte er, dass Leichtigkeit und Selbstverständlichkeit das Resultat größter Genauigkeit und absoluter Hingabe sind. Und er begriff, dass es für genau diese Kombination genug Kunden gibt, die bereit sind, jeden Preis zu bezahlen.

Ich bekam meinen Risotto mit Gemüse und Hühnerfleisch, der Reis cremig und weich, Gemüse und Fleisch auf den Punkt gegart. Als der Kellner sah, dass ich den Prosecco schon fast ausgetrunken hatte, kam er sofort mit dem Krug und schenkte mir nach, keine Ursache, gerne, *Signore*.

In diesem Augenblick betrat Arrigo Cipriani den Raum, ein kleiner Mann mit freundlichem Gesicht, dessen Körper in einem strahlend blauen Maßanzug steckte, weißes Hemd, die Krawatte in kräftigem Gelb. Der Patron verschaffte sich den Überblick, begrüßte zuerst die *Regulars,* dann alle anderen Gäste, wechselte ein paar Worte, switchte gekonnt zwischen den Sprachen, *come stai, how are you, bienvenue,* dann stand er vor meinem Tisch, schenkte mir diesen Langenicht-gesehen-Blick, auf den alle bei «Harry's Bar» abonniert sind, und gab mit einem winzigen Wink Anweisung, mir noch einmal nachzuschenken, schon kam der Krug.

«Warum schenken Sie Ihren Prosecco eigentlich im Krug aus?», fragte ich den alten Herren, nachdem ich mich höflich bedankt hatte.

«Weil der Wein sonst zu viel Aufmerksamkeit in Anspruch nimmt», antwortete Cipriani. «Unsere Gäste sollen es hier so einfach wie möglich haben.»

Er nickte mir freundlich zu und ging weiter zur Dame im Nerz, die ihm etwas besonders Lustiges zu erzählen hatte, Arrigos Lachen war das Epizentrum eines kleinen Heiterkeits-Tsunamis, der die Bar überflutete.

Ich nahm noch einen Espresso, bezahlte für meine kleine Mahlzeit 150 Euro und machte mich auf den Weg. Der Restaurantchef schüttelte mir am Ausgang die Hand, schaute mir in die Augen und sagte hingebungsvoll «bis bald».

Bis bald. Damit hat er recht. Bestimmt. Demnächst.

Was brauchen wir mehr?
Eine Bottega wie ein Höhle. Und jemanden,
der die richtigen Flaschen öffnen kann.

Verona

Wenn man Verona auf die Koordinaten reduziert, denen das konzentrierte Interesse der Mehrzahl seiner Gäste gilt, dann besteht
die Provinzhauptstadt aus genau zwei Punkten: der Arena, wo im
Sommer im ehemals römischen Amphitheater berückend gesungen
wird, und dem Wohnhaus Julias (von *Romeo und Julia,* dem Weltdrama,
das Meister Shakespeare bekanntlich in Verona verortete). In die
Arena reisen Opernfans aus aller Welt mit Flugzeugen und Bussen.
Im Torbogen zu Julias Haus haben zahllose Romantiker ihre Liebes-
schwüre mit Filzstift hinterlassen, und die Brust der Bronzestatue,
welche die «Giulietta» verkörpert, ist blank gescheuert, weil ihre
Berührung für lebenslanges Liebesglück sorgen soll.

Verbindet man «Arena» und «Casa di Giulietta» mit einer
Geraden, kommt dabei etwa der Verlauf der Via Giuseppe Manzini
heraus, der wichtigsten Einkaufsstraße Veronas. Wenn man dieser
jedoch zu zielstrebig folgt, vergisst man eventuell, an der Via Scudo

di Francia abzubiegen – das wäre ein Fehler. In besagter Seitenstraße befindet sich nämlich die «Antica Bottega del Vini», und es wäre noch untertrieben, diese dunkle, von schwerem Holz, warmem Licht und unzähligen Weinflaschen geprägte Spelunke nicht als Königreich der Veroneser Gastlichkeit zu erkennen.

Die Bottega hat alles, was ein famoser Ort seinen privilegierten Gästen bieten kann: augenblicklichen Familienanschluss, für jede Gelegenheit den richtigen Happen zu essen, und natürlich, als Pforte ins Glück, eine strenge Vorschrift: Hier wird kein Kaffee ausgeschenkt, kein Wasser und kein Bier. Nur Wein.

«Heißen wir ‹Bottega de Caffè›?», fragte mich der freundliche Oberkellner Romario Paulet rhetorisch. Dann verwies er auf die monumentale Schreibtafel, die – von einem goldenen Barockrahmen eingefasst – das Tagesangebot an offenen Weinen präsentiert: weiß, rot, süß, Sprudel. Dazu gibt es, gleich neben dem Eingang appetitlich in eine Glasvitrine geschlichtet, *Cicchetti* wie in Venedig: winzige Brötchen mit *Culatello,* Weichkäse mit *Mostarda,* den köstlichen mit Senfkörnern eingelegten Früchten, Polenta mit *Cotechino,* der herrlichen, fetten Kochwurst, frittierte Sardellen und Semmeln mit Mortadella.

Kann gut sein, dass man in der Bottega nicht weiter kommt als bis hierher; dass man im Stehen isst und dazu so viele Gläser *Franciacorta* trinkt, bis man bemerkt, dass man jetzt auch den Mantel ausziehen und sich setzen könnte – okay, wahrscheinlich sind eh alle Plätze an den dunklen, schweren Biedermeiertischen besetzt, die vorne im Eingangsraum gegenüber der Bar stehen: von älteren Herren mit norditalienischem Akzent, denen die Bottega längst ein zweites Wohnzimmer geworden ist. Manche von ihnen kommen zweimal täglich, manche dreimal, manche nur einmal: die bleiben dann allerdings von halb elf bis kurz vor dem Abendessen, wandern von Tisch zu Tisch und erörtern in wechselnder Zusammensetzung, was sich seit gestern in der Welt verändert hat. Auch für sie gilt übrigens das Kaffee- und Wasserverbot, was sich zuweilen in einer gewissen eruptiven Heiterkeit oder einem versunkenen gemeinsamen Schweigen äußert. Manchmal klingelt auch ein auf sehr laut

durch die Lautsprecher der Cafés strömt. Selbst wenn wir müde aus Italien zurückkehren und froh sind über ein bisschen weniger Lärm, Frohsinn und Superpasta *alla nonna*, kehrt die Sehnsucht schneller zurück, als wir es wahrhaben wollen. Dagegen gibt es ein Mittel. Die Arznei heißt *Torta al limone*.

Für den Teig: 200 g Mehl, 50 g Zucker, 10 g Vanillezucker, Schale von einer halben Zitrone, 1 Eigelb und 100 g kalte Butter (in kleinen Stücken).

Zubereitung: Die Zutaten für den Mürbteig müssen – mit Händen, die ausreichend lang im kalten Wasser gewaschen wurden, damit sie kühl sind – verknetet werden. Zu einer Kugel formen, in Klarsichtfolie einpacken und eine halbe Stunde lang in den Kühlschrank legen. — Dann den Teig zwischen zwei Klarsichtfolien ausrollen. Eine runde Backform von 26 Zentimetern Durchmesser damit auslegen, zwei bis drei Zentimeter am Rand hochziehen. Eine Stunde in den Kühlschrank stellen. — Inzwischen den Backofen auf 160 Grad vorheizen. Den Teigboden mit einer Gabel mehrmals einstechen. Jetzt kommt der Schritt, den Sie nicht übergehen dürfen: den Teig mit Backpapier und Bohnen bedecken und 10 Minuten lang blind vorbacken. Abkühlen lassen.

Goethe, Drupi und die Zitronentarte

Es gibt, vielleicht abgesehen von Drupis *Piccola e fragile*, kaum ein Stück Dichtung, die unsere Sehnsucht nach dem Süden so befeuert wie die Zeilen, die Goethe seiner metrosexuellen Figur Mignon in *Wilhelm Meisters Lehrjahre* in den Mund legt:

«Kennst du das Land, wo die Zitronen blühn
Im dunkeln Laub die Goldorangen glühn
Ein sanfter Wind vom blauen Himmel weht,
Die Myrte still und hoch der Lorbeer steht?
Kennst du es wohl? Dahin!
Dahin möcht' ich mit dir,
O mein Geliebter ziehn.»

Man kann den Lorbeer riechen und den Wind spüren und das Rascheln des dunklen Laubs hören, aus dem die Orangen herausblitzen, aber unsere Sehnsucht entzündet sich am Ende der ersten Zeile, wenn man das Gelb der Zitronen sieht und es zurückdenkt in seine Ursprungsform, die Blüte, die elegant wie ein emigrierter Edelweiß auf ihrem Ast sitzt und einen Geruch verströmt, der alles in sich trägt, was die Zitrone einmal ausmachen wird – dabei aber unendlich viel zarter ist, fragiler, mondän.

Der Duft der Zitronenblüte steigt aus unserer Erinnerung und verbindet sich mit dem harmonischen Rhythmus von Mignons Frage – und ja, logisch wissen wir, wo dieses Land ist: es ist das Land, wo nicht nur Zitronen, sondern auch Vespas am Baum wachsen und *Piccola e fragile* in immer neuen Spielarten

Für die Füllung: 2½ Zitronen, 4 Eier, 1 Eigelb, 200 g Zucker, 125 g Sahne und 1 EL Puderzucker.

Von allen Zitronen die Schale abreiben und den Saft auspressen. Eier, Eigelb und Zucker schaumig schlagen. Zitronenschale und -saft schlagen. Sahne steif schlagen, unterheben. — Jetzt können Sie den vorgebackenen Tortenboden aus dem Kühlschrank holen und die Zitronencreme daraufgießen. Die Torte bei 130 Grad 50 Minuten lang backen. — Der Duft, der jetzt Ihre Küche erfüllt, ist melancholisch und überschwänglich zugleich (was natürlich die richtige Mischung ist, um diesen Kuchen zu genießen – vielleicht mit einem Glas Champagner in Reichweite; aber das ist nur so eine Idee). — Die Torta al limone auskühlen lassen. Vor dem Servieren mit Puderzucker besieben und mit einem Flambierbrenner eine Karamellkruste herstellen. Das geht auch unter dem heißen Backofengrill, was ich aber nicht empfehle: der Übergang von fantastischer Bräune zu verdorbenem Schwarz ist fließend und tötet alles Überschwängliche ab.

Dann an den Tisch. «Dahin!», sagt schließlich auch Mignon, «Dahin möcht' ich mit dir, / O mein Beschützer, ziehn.»

gestelltes Telefon, aus dem die Anweisung kommt, jetzt aber tatsächlich und zwar schnell nach Hause zu kommen. *Ciao* Bruno, *Arrivederci* Franco.

Die «Antica Bottega del Vini» trägt diesen Namen seit 1890, aber ihre Geschichte reicht viel weiter zurück. Im 16. Jahrhundert befand sich hier eine Osteria namens «Scudo di francia», Schild der Franzosen, direkt darüber residierte die Vertretung der französischen Diplomatie. Die museumsreife Einrichtung des Raums stammt aus der Epoche österreichisch-ungarischer Herrschaft (1797–1866), die ein bisschen Biedermeier in Gestalt achteckiger Tische und geometrischer Stühle hinterließ.

Mitte des 19. Jahrhunderts machte die «Cantina sociale di Soave» Gebrauch von den Räumlichkeiten an der Via Scudo di Francia, bis 1890 die Brüder Carlo und Giovanni Sarzi den Laden übernahmen. Welchem von beiden der neue Name «Bottega del Vini» einfiel, ist nicht endgültig geklärt.

Seither hatte die Bottega nur drei weitere Besitzer. Es war der Vorletzte namens Severino Barzan, der die Bottega nach dem Vorbild römischer und florentinischer Weinlokale neu erfand. Der Pionier des italienischen Weinbaus beschränkte sich dabei nicht nur auf die besten Weine der Nachbarschaft des Valpolicella und Veneto, sondern begann, eine Sammlung außerordentlicher internationaler Weine anzulegen, Schwerpunkt Burgund und Bordeaux. Außerdem feuerte er seine Landsleute lautstark an, selbst bessere Weine zu machen, die er in der Bottega sodann stolz und überzeugt verkaufte.

Der Keller der Bottega verkörpert Sarzis Qualitätswut. Heute liegen über 20 000 Flaschen von 4000 Herstellern im idyllischen Gewölbe, Weinbrände aus dem 19. Jahrhundert, und in der Schublade der Geheimkommode schlummern noch etliche Flaschen, die Barzan persönlich aus dem Burgund mitgebracht hat: Romanée-Conti-Jahrgänge aus den 1970er-Jahren – und auch das älteste Sammelstück aus eigener Produktion: eine Flasche Acinatico von Bertani aus dem Jahr 1928. Anders als die Burgunder, die auf der Weinkarte stehen, kann man Letzteren auch dann nicht kaufen, wenn man die Wünsch-dir-was-Kreditkarte eingesteckt hat.

2010 verkaufte Barzan die Bottega nach zwischenzeitlichen Querelen an «Le Famiglie dell'Amarone d'Arte», ein Konsortium der zwölf ältesten Weinproduzenten des Valpolicella (Allegrini, Begali, Brigaldara, Masi, Musella, Nicolis, Speri, Tedeschi, Tenuta Sant'Antonio, Tommasi, Venturini und Zenato). Sie schienen ihm die richtigen zu sein, die Bottega in seinem Sinne weiterzuführen.

Das heißt: Es gibt keine Regeln dafür, was, wo und wann gegessen wird. Mittags und abends verwandeln sich die hinteren Räume der Bottega – alle geschmückt von stolz drapierten, leeren Weinflaschen, an deren Etiketten man ablesen kann, was man sich hier schon für Kostbarkeiten hinter die Binde gekippt hat – in ein Restaurant. Die Tische sind dann weiß gedeckt, auf der Karte stehen unkomplizierte Klassiker wie Risotto *con Vino Amarone,* Spaghetti mit Sardellen, Knoblauch und Brotkrümeln oder das *Filetto di Fassona Piemontese della Bottega* – Letzteres ein Vorbild an Eleganz und Geschmack, perfekt gebraten und mit Meersalz und Olivenöl serviert.

Aber man muss nicht essen, man darf nur. Man kann sich auch den Risotto draußen an der Bar servieren lassen oder sein Brötchen hinten in der Stube essen. Man kann sich in den Keller führen lassen und eine Flasche nach oben holen, um sie gleich zu verzehren, oder man nimmt sie kurz entschlossen mit nach Hause – natürlich nur, wenn man auf dem Weg zur Tür nicht von den Kumpels an der Bar aufgehalten wird.

Barzan selbst kommt täglich vorbei, probiert neue Weine und tauscht sich mit Bruno, Franco und den anderen darüber aus. Jetzt, mit fast 90 Jahren, hat er endlich ein bisschen Zeit zum Schwatzen.

Ideal, wenn jemand vorbeikommt, der die alten Geschichten noch nicht kennt. Ihm kann Luca Nicolis, der das Amt des Gastgebers großartig und mit viel Körpereinsatz ausübt, zum Beispiel das Schwarz-Weiß-Bild der Heiligen Madonna zeigen, die über der Bar hinter einer Batterie von Grappaflaschen versteckt ist. Vor ihr brennt seit über sechzig Jahren ununterbrochen ein Lichtlein. Sie ist ein Geschenk jener Partisanen, die das Bombardement Veronas in den Kellern der Bottega überlebten und sich auf diese Weise ganz oben bedanken wollten.

Oder der Faun, der am Balken zwischen Bar und Gaststube hängt. Er hält – möge er niemals abhanden kommen – den Schlüssel zum Keller in der einen Hand und ein grünes Laternchen, um sich dort zurechtzufinden, in der anderen.

Gleich daneben ist das dürre Bäumchen ausgestellt, das vor gar nicht so langer Zeit direkt in der Via Scudo di Francia als zartes Pflänzlein zwischen den Pflastersteinen hervorspross. Es erwies sich – Prost, Freunde – als Weinrebe, und vielleicht macht ihr unerklärliches Erscheinen die «Antica Bottega del Vino» eines Tages zum Wallfahrtsort – falls sie das noch nicht ist. Während der Opernsaison in der Arena wird hier um halb acht, neun und halb elf Abendessen serviert, und während der jährlichen Weinmesse, der *Vinitaly*, geben sich die besten Winzer der Welt die Klinke in die Hand – beziehungsweise den Korkenzieher. Dann fließen die teuren Champagner mit derselben Selbstverständlichkeit wie der Lugana an der Theke.

Am achteckigen Künstlerstammtisch wurden übrigens die Sinnsprüche ausgedacht, die ein Graveur sodann in schönen Lettern in die Holzbalken schnitzen durfte. Jeder einzelne lobt den Weingenuss, aber einer bringt die Essenz der Bottega auf den Punkt: *Dio mi guardi da chi non beve vino.* Gott behüte mich vor denen, die keinen Wein trinken.

Vom Zauber des Markts, des schnellen und frischen Essens, der deftigen Saucen und berauschenden Suppen: Hier lernte ich, warum eine Pho in der Früh besser ist als Kaffee, Müsli und Croissant zusammen. Eine Reise von Saigon nach Hanoi – mit ein paar wichtigen Abstechern.

Vietnam

Ich habe eine unangenehme Eigenschaft. Ich höre nicht gut zu. Wobei, eigentlich höre ich schon gut zu, nur erfasse ich eine Erzählung manchmal nicht in ihrer ganzen Tragweite.

Als mir Madame Wy bei einem hinreißenden Abendessen in Paris von ihrer Heimat Vietnam erzählte, nahm ich wohl wahr, dass sie von Fluten an Mopedfahrern sprach, die in Saigon und Hanoi durch die Straßen rauschen, aber dass es keinesfalls, wie der gesunde Menschenverstand empfehlen würde, aussichtslos sei, eine dieser Straßen zu Fuß zu überqueren.

Man müsse, sagte Madame Wy, einfach losgehen. Dann teile sich die Front der Mopedfahrer wie von selbst. Bleibe man hingegen stehen, könne man warten bis zum jüngsten Tag. Nur eines, betonte sie, dürfe man auf gar keinen Fall riskieren: loszugehen und dann die Nerven verlieren und umdrehen, um zurück ans rettende Ufer zu gelangen. Das, sagte Madame Wy, sei lebensgefährlich.

Ich hörte Madame Wy zu und ich hörte ihr nicht zu. Kann sein, dass es daran lag, dass ich ausprobiert hatte, ob Champagner auch zu asiatisch-französischem Essen passt (geht!), kann aber auch sein, dass mich die Erzählung der eleganten Dame, die einst auf einem Boot über das südchinesische Meer aus Vietnam geflohen war, um später in Paris Karriere als Immobilienmaklerin zu machen, ungefähr so berührte wie die Schilderung eines japanischen Kochs, der mir erklärt, wie er einen *Fugu* tranchiert: eigentlich interessant, aber irgendwie ohne Bedeutung, wenn man wie ich nicht vorhat, jemals im Leben einen Kugelfisch zu verspeisen, den man selbst zerlegt hat.

Ich fand, was Madame Wy erzählte, also auf abstrakte Weise interessant. Aber als ich jetzt in Ho-Chi-Minh-City auf der Straße stand und gegenüber befand sich der Ben-Thanh-Markt, wo ich vorhatte, zu essen und zu trinken, betrachtete ich mit einer gewissen Faszination die nicht enden wollende Masse an Mopedfahrern und -fahrerinnen, oft zwei, drei, vier Personen auf einem Gerät, ganze Familien, winzige Knöpfe mit schwarzen Augen und riesigen, weißen Helmen, elegante Girls mit verspiegelten Sonnenbrillen und bunten Tüchern um die Schultern, korrekte Herren in dunkler Hose und weißem Hemd, alle in fortgeschrittenem Tempo, nebeneinander, hintereinander, durcheinander, jeder halbe Meter Straße war ein kostbarer Besitz.

Ich blickte an mir selbst hinunter. Ich war verschwitzt und müde, so müde, wie man nach einer fünfzehnstündigen Reise ist, und ich war, das konnte ich in den lächelnden, abschätzenden Blicken der anderen Menschen auf der Straße lesen, groß. Ein Riese, *hihihi*. Ich brauchte Platz. Um die Straße zu überqueren und den Ben-Thanh-Markt zu betreten, würde ich insgesamt etwa 30 Quadratmeter Straße benötigen, auf der sich zu dieser Zeit keine flitzenden Mopeds befanden. Was hatte mir Madame Wy bloß gesagt? Wie lautet die Strategie, um heil durch dieses Chaos zu kommen?

Ich ahnte, dass es nicht allein das Vertrauen auf das Umschalten der Ampel sein würde. Hatte sie nicht irgendetwas von Lebensgefahr gesagt?

Während ich am Straßenrand stand und grübelte, kamen zwei Frauen mit kleinen Kindern an der Hand, warfen kurz einen Blick auf mich – *hihihi* –, dann auf den Verkehr, der, seit ich hier stand, in unveränderter Intensität strömte, dann gingen sie einfach los, in komfortablem Tempo und ohne jeden Zweifel, dass diese Entscheidung keine Auswirkungen auf ihre körperliche und seelische Unversehrtheit haben würde.

Als ich meinen Mund wieder zumachte, waren sie längst auf der anderen Seite der Straße.

Also gut.

Ich ging los.

Schritt. Für. Schritt. Über. Die. Straße.

Die Mopeds schossen links und rechts an mir vorbei, aber niemand hinter dem Lenker schien überrascht oder verärgert, eher, *hihihi,* amüsiert über den tapsigen Riesen. Ich tanzte schweißnass zwischen den Mopedschwärmen herum, die wie Formationen von Fischen oder Vögeln ständig ihre Positionen auf der Straße wechselten und trotzdem ein homogenes Ganzes blieben – sehr interessant vor allem, wenn von rechts ein neuer Schwarm auftauchte, der sich ohne jede Hektik mit dem ersten Schwarm vermischte, ihn durchdrang, sich wieder löste.

Ich staunte nur noch. Keine Panik. Ich war Teil des Schwarms, und irgendwann war ich tatsächlich auf der anderen Straßenseite, unversehrt, auf zwei Beinen und sicher nicht im Himmel, denn das Tor zum Markt stand weit offen und ich ging hinein.

Es war noch heißer als draußen. Von einzelnen Ständen wehte mir der angenehme Lufthauch eines Ventilators entgegen. Es roch nach Minze und verdorbenem Fisch. Ich dachte, jetzt wäre genau der richtige Zeitpunkt für eine Erfrischung.

Mir war egal, was. Ich wusste nur, die Temperatur musste stimmen, denn schon beim Verlassen des Flughafengebäudes war mir die heiße, schwüle Luft wie ein doofer Scherz ins Gesicht gefahren, und ich hatte keine Ahnung, ob ich lachen oder weinen sollte. Feuchte Hitze, 34 Grad bei annähernd 90 Prozent Luftfeuchtigkeit. Der Hammer.

Also lachte ich ein bisschen, wenigstens so lange, bis mir der vulkanisch ausbrechende Schweiß in die Mundwinkel rann, als hätte ich gerade einen Heulkrampf. Ich hätte genauso gut in Tränen ausbrechen können.

Tief im Inneren des Markts, wo ich gerade große Säcke mit getrockneten Garnelen und Fischen betrachtete, erreichte mich der Ruf der Getränkeverkäuferin. Die freundliche Frau sah, dass ich jetzt einen Fruchtsaft brauchte, und sie hielt mir eine Handgranate entgegen, die eine erfreuliche Kühle ausstrahlte und aus der ein Strohhalm ragte.

Ich nickte. Es war Zeit, etwas zu trinken, von dem ich nicht wusste, was es ist (ein Motiv, das in den kommenden Wochen in Vietnam bestimmend sein würde, auch was feste Nahrung betrifft).

Coconut, sagte die Händlerin. *Coconut.*

Echt? Bei mir zu Hause kommt Kokosmilch ja aus dem Tetrapak und ich hatte, wie mir gerade auffiel, noch nie einen Gedanken daran verschwendet, wie sie da hineinkommt.

Aber dieses Getränk war herrlich. Es war frisch und leicht. Sein Geschmack war rund, kühl und keinesfalls so übertrieben wie das Kokosnussaroma im BOUNTY. Die grüne Nuss war ihrer Schale entledigt worden, ihr Deckel wurde mit ein paar Schlägen eines Messers abgehoben, der Strohhalm eingeschoben.

Ich saß auf einem kleinen Plastikhocker in unmittelbarer Nähe eines Fischstands und genoss den Kokosnusssaft, – der in jedem Lokal zu haben ist und, wie mir später klar wurde, an jeder Straßenecke verkauft wird –, als hätte ich gerade eine geheimnisvolle Spezialität entdeckt, die demnächst die Welt erobern wird.

Ich nahm zwei. Die Verkäuferin richtete, *hihihi,* den Luftstrom des Ventilators auf mich.

Dann ließ ich mich ins Hotel bringen, wo ich in einer auf 16 Grad heruntergekühlten Empfangshalle eincheckte. Ich hatte viele neue Freunde gewonnen, Hunderte Vietnamesen, die sich darüber freuten, dass der lange Europäer, der auf sie wirken musste wie Dirk Nowitzki auf mich, so lustige nasse Flecken auf seinem Hemd hatte. Dann schlief ich, lang und traumlos.

Die Unterlage, auf der im «Hotel Majestic» die Kaffeetasse und der Frühstücksteller drapiert sind, bestand aus bunt bedrucktem Papier. Das Papier zeigte Bilder des Hotels, das 1925 im kolonialen Stil am Saigon River erbaut worden war: Das «Majestic» im Wandel der Zeiten, 1925 ein schickes Art-Deco-Gebäude, 1940 ein bisschen bunkermäßig umgebaut, 1975 zum ersten Mal ernsthaft verschandelt, in den 1990ern wieder zaghaft zurückgebaut, heute ein Schatten des historischen Luxushotels, das es einmal war, und, wie der brauchbare kleine Reiseführer *Luxe* ganz richtig anmerkt, «eigentlich sein müsste».

Der nächste Umbau steht freilich bevor, und die Frühstücksunterlage zeigte mit bemerkenswerter Nonchalance, wohin die Reise gehen soll. Das «Majestic», dieses Landmark-Gebäude in bevorzugter Zentrumslage, wird nicht zum «Claridges» von Saigon werden, zu einem *High-End*-Hotel, dem man die Geschichte glauben könnte, die es von den neuen «Sheratons» und «Park Hyatts» unterscheidet, die ihrerseits «Colonial Style» behaupten, aber gar nicht haben können. Aber scheiß auf koloniale Traditionen. Scheiß auf die ganze Graham-Greene-Romantik, auf opiumrauchende Amerikaner und ominöse Militärberater. Dies ist *jetzt*, Blick nach vorn. Im grünen Sumpfgebiet auf der anderen Seite des Saigon River wird ein neues Stadtzentrum gebaut, der Tunnel für die vierspurige Stadtautobahn ist bereits angelegt. Noch führt der Tunnel ins Nichts. Aber aus dem Nichts wächst die Zukunft.

Niemand nannte Saigon bei seinem offiziellen Namen «Ho Chi Minh City», wie die Acht-Millionen-plus-Metropole seit dem Sieg der Vietkong über die von den Amerikanern unterstützten Südvietnamesen heißt. Alles vibrierte vor Energie. Der «Bitexco Financial Tower» mit seiner Darth-Vader-Visage wurde nur ein paar Blocks vom «Hotel Majestic» entfernt im District 1 hochgezogen. Er ist mit seiner wegen den starken Winde praktisch unbenutzbaren Hubschrauberlandeplattform das höchste Gebäude der Stadt, aber nur einer von vielen Türmen, die gerade gebaut werden. Die Stadt wächst in alle Richtungen. Ob jetzt acht, neun oder schon zehn Millionen Menschen in Saigon leben, weiß niemand so genau. Die

Menschen sind jung. Das Durchschnittsalter in Vietnam liegt bei etwas mehr als 28 Jahren. Das Durchschnittseinkommen hat sich in den letzten Jahren verdreifacht, wobei diese Steigerung vor allem den Menschen in den Städten zugute kommt.

Noch immer arbeiten weit mehr als die Hälfte der über neunzig Millionen Vietnamesen in der Landwirtschaft. Vietnam ist ein für den Weltmarkt wichtiger Erzeuger von Reis und Kaffee. Tropische Früchte, fast jede Art von Gemüse und eine beneidenswerte Vielfalt an Kräutern und Blüten ergänzen das unüberschaubare Angebot an Fisch, Meeresfrüchten und Nutztieren.

Die Versorgung des langgezogenen Landes ist nicht annähernd so entwickelt wie die Ökonomie in den Städten. Das Prinzip des Gesamteinkaufs im Supermarkt, wie er in Europa Gang und gäbe ist, hat sich bis jetzt nicht durchgesetzt. Lebensmittel und Alltagsbedarf werden auf unzähligen Märkten, viele von ihnen in zentraler Lage, besorgt. Während jeder Vietnamese statistisch 1,2 Handys besitzt, ist der Besitz eines Kühlschranks keine Selbstverständlichkeit. Die Einkäufe für die täglichen Mahlzeiten werden am Markt erledigt, oft mehrmals täglich, da man sie schließlich zu Hause nicht aufheben kann. Gekocht wird nur mit frischen Produkten, von denen es auf den Märkten ein beeindruckendes Überangebot gibt.

Die Küche ist einfach. Viele traditionelle Gerichte können problemlos auf einer Flamme zubereitet werden. Es gibt zwar neuerdings ein paar amerikanische Fast-Food-Lokale in Saigon, aber die traditionelle vietnamesische Küche ist allgegenwärtig, buchstäblich an jeder Straßenecke.

Ein paar Plastikstühle ohne Lehne, die Flamme eines Gaskochers, die übereinander in Aluminiumpfannen aufbewahrten Zutaten für eine Suppe, die legendäre *Pho*, für einen Eintopf, für mit Gemüse und Fleisch gefüllte Rollen aus Reispapier – gegen Mittag fanden sich die Legionen uniformierter Büroangestellter in den Straßen vor ihren Büros ein, um sich bei den *Street-Food*-Ständen eine warme Mahlzeit zu besorgen, die vielleicht einen Euro kostet oder auch nur einen halben. Frisches Essen, minimalistisch präsentiert, aber oft von hoher Qualität: einzelne Stände – oder sollte man besser sagen, bewirtschaftete Quadratmeterchen auf dem Trottoir, umtost vom niemals abebbenden Verkehr – erlangten über ihre Viertel hinaus Berühmtheit, weil die Frauen, die dort kochen, spezielle Gerichte aus Familientradition zubereiten, die nur sie beherrschen – und Tag für Tag von Neuem für den Bauch dieser Stadt produzieren.

Die vietnamesische Küche zeigte sich umwerfend. Sie kommt aus einer anderen, industrieferneren Zeit und ist in der vor Energie flirrenden Stadt die Konstante, auf die sich alle geeinigt haben. Die Stadt wächst. Sie lässt ihre Geschichte links liegen. Sie hält sich nicht mit Sentimentalitäten auf. Aber zu Mittag muss es eine Schale Reis mit gedämpftem Wasserspinat sein und mit reichlich Knoblauch, oder eine frittierte Frühlingsrolle mit Krabbenfleisch oder die klare Suppe mit den Reisnudeln und dem Schweinefleisch und den Lotussamen oder die in ein Bananenblatt verpackte Schweinepastete.

Es gab diese und tausend andere Gerichte in großartigen Lokalen. Aber wichtiger: Es gab sie an jeder Ecke, und es gab sie für alle. Saigon wird sich vielleicht schneller verändern, als wir schauen können. Aber die Küche von Saigon wird bleiben, wie sie ist.

Mein zweiter Ausflug aus dem «Majestic» – die Taxifahrer sprachen es wie «Mah Je Stick» aus – führte mich die seltsame Dong Khoi Street hinauf, wo neben allerhand ganz interessanten Antiquitäten- und Seidenschalläden auch vereinzelte internationale Brands ihre Geschäfte eröffnet haben – ich habe zum Beispiel noch nie einen so gut sortierten Laden mit RIMOWA-Koffern gesehen wie in Saigon, und auch noch nie einen, in dem so keine Kunden waren –, aber dann erspähte ich die hohen Fenster der «L'Usine», und ich hatte sofort das Gefühl, dass dieser Ort für mich eine besondere Bedeutung bekommen würde.

Ich musste ein bisschen suchen, bis ich den Eingang gefunden hatte, weil man sich dafür durch eine Galerie mit Kitschbildern wühlen muss, vor denen man instinktiv lieber die Flucht ergreifen würde. Dann, an einer Flotte geparkter Scooter und Motorroller vorbei, führt die Treppe in den ersten Stock, und dort öffnet sich «L'Usine», ein wunderbarer Department-Store mit angeschlossenem Café in den hohen, schmucklosen Räumen einer ehemaligen

Werkstatt. Im Shop kann man neben allerhand leichter Kleidung auch die herrlichen Zahnbürsten von YUMAKI bekommen, die man sich sonst aus Japan schicken lassen muss, oder eine neue LOMO-Kamera. Im Café aber kann man vorsichtig die Schwingungen der Stadt aufnehmen, durchatmen, einen brauchbaren Sandwich essen und einen Wassermelonensaft trinken und dann wieder hinaus ins Getümmel, Fahrt aufnehmen.

In der «L'Usine» lernte ich Henry kennen, einen hier hängengebliebenen Amerikaner. Er habe, behauptete er, ein paar unvergessliche Abende mit Anthony Bourdain verbracht, als dieser für das FOOD NETWORK hier gewesen sei und sich in Land und Küche und – sagte Henry – Henry verliebt hatte. Jedenfalls habe er, Henry, nach den zehn Tagen mit Tony – er sagte allen Ernstes Tony zu Anthony Bourdain! – wirklich gewusst, um welche Zeit eine Flasche «Saigon Export» am besten schmecke: nämlich kurz bevor man im «Com Nieu» mit geschlossenen Augen die fette Speisekarte öffnet und auf irgendeine Speise zeigt. Bei wessen Bestellung die Kellner die Augenbrauen höher ziehen, der hat gewonnen.

Ich hörte Henry gern zu. In der «L'Usine» war es angenehm kühl, und ich fühlte mich seit meinem ersten Glas Wassermelonensaft wie ein Stammgast. Das Publikum war gemischt, Vietnamesen, Chinesen, Amis, ein paar Europäer, die in ihren Reiseführern herumstocherten. Ich brauchte keinen Reiseführer mehr. Ich hatte die Liste, die mir Henry auf einen Zettel gekritzelt hatte.

«For Beginners: ‹Temple Club›», stand ganz oben.

Henry ist eine Pfeife, dachte ich. Aber er hat recht.

In der Kühle des kontinentalen Clubs, Lederfauteuils, Sofas, Whiskeygläser mit schweren Böden, nahm ich meine ersten frischen *Spring Rolls*. Sie kamen nicht aus der Fritteuse wie das meiste, was wir vom Chinesen ums Eck als Frühlingsrolle kennen, sondern waren frisch gewickelt: in ein befeuchtetes Reisteigblatt kamen Salat, Karotten, Gurken, Krabben oder Fleisch, dünne Reisnudeln (*Vermicelli*) und Sesamsamen. Dazu die Dips in der richtigen Schärfe und ein vietnamesisches 333-Bier, das machte Mut und vermittelte mir im Vergleich zu den SAIGON-EXPORT-Trinkern einen Funken

Tränen für Anthony Bourdain

Als mich die Nachricht erreichte, dass Anthony Bourdain gestorben ist – per Push-Nachricht der NEW YORK TIMES, wie einen Nachrichten neuerdings erreichen –, erschrak ich zutiefst. Wie so oft, wenn die Nachricht über einen Todesfall völlig unerwartet eintrifft, sortierte ich zuerst chaotische Gedanken und Assoziationen – Kann das stimmen? Ist es ein Hoax? Wie ist es passiert? Drogen? Herzinfarkt? Beschissener Krebs? Selbstmord, echt? –, aber dann erfüllte mich bald eine ganz private, bleierne Trauer um diesen außergewöhnlichen Menschen – und dass ich ihm, obwohl ich mir das seit vielen Jahren gewünscht hatte, nie persönlich begegnet war.

Anthony Bourdain war, nein, kein Vorbild, aber eine Art Held für mich. Ich mochte die Radikalität seiner Meinung, die Schärfe seines Urteils, die un-

er dann die stilbildende Sozialreportage *Down and out in Paris and London* schrieb.

Weil Bourdain seine eigenen Beobachtungen in der Küche des «Les Halles» für ebenso bemerkenswert hielt, schrieb er darüber, und weil seine Mutter mit der Frau des NEW-YORKER-Chefredakteurs David Remnick zusammenarbeitete, bat er sie, ihrer Arbeitskollegin sein Manuskript für ihren Mann mit nach Hause zu geben. Es war der Text, der 1999 unter dem Titel *Don't Eat Before You Read This* im NEW YORKER erschien, hohe Wellen schlug, Bourdain einen Buchvertrag bescherte und ihn unmittelbar nach dem Erscheinen von *Kitchen Confidential* zum Bestsellerautor machte. Wenn Sie irgendwo gehört haben, dass man am Montag im Restaurant besser keinen Fisch bestellt, haben auch Sie dieses Buch wahrscheinlich in der Hand gehabt.

In dem schönen Manifest *Eat, Drink, Fuck, Die* für das Magazin LUCKY PEACH erzählte Bourdain, wie ihm der neue Ruhm die Türen zum Fernsehen öffnete und wie seine Unverblümtheit und Naivität ihm die Chance bescherte, zu tun, was er wirklich wollte: um die Welt zu reisen, an den interessantesten und abgelegensten Orten zu essen und mit den

verblümte Sprache, mit der er beschrieb, was er sah, erlebte und kostete. Ich bewunderte seinen Witz und die unkokette Selbstverständlichkeit, mit der er sich nicht etwa für die gehobene Gastronomie interessierte, sondern für Essen als menschliche Universalsprache – und natürlich für die Menschen, die diese Sprache ausformulierten, wo auch immer auf der Welt sie gerade ihren Herd einheizten und die Töpfe aufs Feuer stellten.

Bourdain war ein Koch, der Schriftsteller sein wollte. Er arbeitete in einer französischen Brasserie namens «Les Halles» in New York, und viel später, als er schon berühmt war, legte er in einem Kochbuch Zeugnis davon ab. *So koche ich* war in Inhalt und Form das rare Exemplar eines *No-Bullshit*-Kochbuchs, es steht zu Hause noch immer in Griffweite, für den Fall, dass ich Unterstützung bei der Zubereitung einer Kalbsniere oder einer *Paté de campagne*.

Es waren natürlich nicht seine Verdienste um die gehobene Gastronomie, die Bourdain berühmt machten, sondern der erhellende Blick hinter deren Kulissen. Bourdain hatte seinen George Orwell gelesen, der sich in den 1930er-Jahren selbst in der Küche eines Pariser Luxushotels verdingt hatte, worüber

Köchinnen und Köchen über ihr Essen, ihre Universalsprache zu sprechen. In Vietnam gefiel es ihm so gut, dass er erwägte, nach Hanoi zu ziehen, und ich habe dort eine Reihe von Menschen kennengelernt, die von «Tony» in den höchsten Tönen schwärmten. Garkücheninhaber, Sommerrollendreher, Suppenköche an der Peripherie erzählten vom Mann, der so gut zuhören konnte und immer noch mehr wissen wollte. Unvergessen auch der Moment, als Barack Obama sich auf Staatsbesuch in Vietnam von Bourdain ins «Bun Cha Huong» führen ließ, wo die beiden Bier aus der Flasche tranken. Bourdains Kommentar: «*Low plastic stool, cheap but delicious noodles, cold Hanoi beer*».

Von den zahllosen Menschen, die den Tod Anthony Bourdains beklagt haben, rührte mich die Reaktion von Fergus Henderson vielleicht am meisten. Auf INSTAGRAM ist von oben ein Tisch im St. John zu sehen, wo Bourdain, wie er im Vorwort zu Hendersons Kochbuch schrieb, seine Henkersmahlzeit einnehmen wollte: das gebackene Knochenmark mit Petersiliensalat. Der Tisch ist leer, bis auf ein Glas Weißwein, neben dem eine Serviette liegt. Auf die Serviette hat Fergus seine Botschaft an Anthony gekritzelt: YOU ROCKED.

von Individualität. Dann probierte ich das gegrillte Rindfleisch im Betelblatt, das mir die erste Ahnung der großartigen Frische und aromatischen Vielfalt beibrachte, auf die ich in den nächsten Wochen abfahren sollte wie Britney Spears auf *Crack*.

Ich fühlte mich ziemlich schnell bereit für «Tony's favourite», wie Henry vertraulich auf seinem Zettel vermerkt hatte. Das «Com Nieu Saigon».

Als ich ankam, nahm ein Kellner gerade einen Tontopf aus dem Ofen und zerschlug ihn mit einem Hammer. Das machte ziemlichen Lärm, ich dachte, der Typ demonstriert für eine Lohnerhöhung, aber schon warf der Kellner den Inhalt des Topfes, einen knusprig gebratenen Reiskuchen, quer durchs Lokal, wo ihn ein anderer Kellner, der gerade noch damit beschäftigt war, einen Tisch abzuwischen, mit einem Teller auffing, dem Absender müde zuzwinkerte und sich anschickte, den Flugreis zu servieren: der Flug, so der Bildtext, diente dazu, den Reis von möglichen Scherben zu befreien. Der Reiskuchen wurde jetzt mit einer Mischung aus Fischsauce, Limetten und Frühlingszwiebeln übergossen und in Teile geschnitten.

Musste ich natürlich haben.

Der Kuchen war knusprig und gut. Schlicht fantastisch aber waren die Reste vom Reis, die in der Sauce schwammen und herausgelöffelt und -geschlürft werden mussten. Vielleicht kein schöner Anblick für die anderen, aber für mich ein kleines Fest.

Das «Com Nieu Saigon» war nicht schön anzusehen. Es hatte keinen Beratungsservice *at all,* zumal ich bei mehreren Besuchen keinen einzigen Mitarbeiter ausfindig machten konnte, der auch nur ein Wort englisch sprach. Dennoch war es, trotz seiner tieffliegenden Reiskuchen-Ufos, alles andere als ein Ort überflüssiger Eventgastronomie. Ich bekam hier großartige, frische Bambussprossen, die mir erst vor Augen führten, wie beschissen solche aus der Dose schmecken, subalterne, gebratene Hühnerteile, die mit langen, *julienne*-geschnittenen Ingwerstreifen fantastisch harmonierten, einen Teller knackigen Wasserspinat mit ordentlich Knoblauch und zum ersten Mal ein Gemüse, das ich seither liebe und mir in den Hinterzimmern merkwürdiger Asia-Shops klandestin besorge: bittere

Gurke, oder, wie es in anderen Landesteilen heißt, Bittermelone, ein warziges Gurkengewächs, das mit seinen außerordentlichen zartbitteren Aromen neue Geschmackswelten eröffnet.

Ich spreche jetzt von den ersten paar Seiten der voluminösen Karte. Zu den Spezialitäten mit den diversen Innereien (u.a. rohe Schweineniere) drang ich mangels Zeit, Courage und SAIGON EXPORT nicht durch.

Ich blieb ein paar Tage in Saigon, schaute mir diverse Kriegsmuseen an, in denen die Schrecken des Vietnamkriegs oder, wie er hier heißt, des Amerikanischen Kriegs nicht ganz untendenziös, aber nicht minder drastisch dargestellt werden. Ich stapfte durch den Zoo, wo ich – hihihi – deutlich mehr Aufmerksamkeit erweckte als die Elefanten, und probierte ein paar Lokale aus, die von sich behaupteten, Modernität und zarte Fusion zwischen der vietnamesischen und der Weltküche herzustellen. Uninteressant. Interessant war, was sich auf der Straße abspielte und in den Verlängerungen der Straßenküche, wo ebenso selbstverständlich und puristisch gekocht wird wie an jeder Ecke dieser bemerkenswerten Stadt.

Die Suppenküche von «Pho Hoa» in der Rue Pasteur ist so ein Ort. Die Küche befand sich in einem Glasverschlag gleich neben dem offenen Eingang. Die Tische waren aus Metall, keine Stühle, nur kleine Hocker. Auf jedem Tisch lag ein großer Bund verschiedener Kräuter – Minze, asiatisches Basilikum, chinesischer Koriander –, Limetten, kleingeschnittener Chili, ein Korb mit frisch im Fett herausgebackenem Brot, in Bananenblätter eingepackte Schweinspastetchen. Daneben die Speisekarte, auf der nur verschiedene Suppen stehen – *Pho* mit Einlagen –, die zur Sicherheit auch mit einem Bild versehen sind, damit man nur darauf zeigen muss und sich mit dem Kellner versteht.

Pho mit Schweinefleisch, mit Huhn, mit Beef, vegetarisch. Ich nahm eine mit Huhn und eine vegetarische *Pho,* sie schmeckten unterschiedlich, tiefgründig, die Nudeln waren, wie Nudeln sein müssen, der Chili roch warm und würzig und befeuerte die Suppen, die Limetten waren voller Kerne, aber von einem frischen, knackigen Geschmack, dazu ein 333-Bier und ein geschmeidiges Pastetchen, und die Rechnung machte ein bisschen mehr als zwei Euro aus. Ich notierte mir, für diese Suppenküche die Aufnahme ins UNESCO-Weltkulturerbe zu beantragen. Was hiermit erledigt ist.

Auf der weiteren Reise, die mich zuerst ins Mekongdelta, später nach Hué, Danang, Hoi An und schließlich nach Hanoi und von dort nach Sapa bis unmittelbar an die chinesische Grenze führte, gewöhnte ich mir an, bereits zum Frühstück *Pho* zu essen. Das ist eine herrliche, kräftige und doch elegante Weise, den Tag zu beginnen, erfrischt, geweckt und auf beglückende Weise gesättigt zu werden.

Nur kurz das Wichtigste:

Im Mekongdelta lernte ich, vollreife Ananas mit Salz und dünn geschnittenen Chilischoten zu essen, eine Delikatesse, der man auch zu Hause nachschmecken kann.

In Hoi An machte ich mich mit den unglaublichen Sandwiches vertraut, die – Erbe der französischen Kolonialherrschaft – in der Nähe des Markts verkauft werden (schreibt euch auf: «Phuongs Bakery»). Der Sandwich, ein frisch gebackenes Baguette, war einfach der Hammer: Salat, gegrilltes Schweinefleisch, gebackene Tomaten, ein Spiegelei, alles mit einer delikaten, scharfen Sauce angerichtet. Wer das Ding essen kann, ohne sich die Hose vollzukleckern, darf ein zweites bestellen.

In Hanoi schließlich gab ich mich dem Luxus des «Hotel Metropole» hin, einer sagenhaften Basisstation für Ausflüge in das wunderbare Gewühl der Altstadt der vietnamesischen Hauptstadt. An der Bar, an der Graham Greene seinen Vietnam-Klassiker *Der stille Amerikaner* geschrieben hatte, ließ ich mir erklären, dass es bei Hitze und Feuchtigkeit kein besseres Getränk als Gin Tonic gibt – außer vielleicht Wasser, wie der Barkeeper auf Nachfrage zugab.

Bei «Madame Hien», wohin mich die Concierge vermittelte, aß ich hervorragende *Spring Rolls* mit Mangos und herrlichen, seidigen Tofu. Im Schwesterlokal, dem «La Verticale» von Didier Corlou, zeigte sich hingegen von Neuem, dass die Veredelung der vietnamesischen Küche in etwa so notwendig ist wie die Dekonstruktion von Mozzarella und Tomaten.

Aber der tägliche Höhepunkt blieb die Frühstücks-*Pho,* wie sie im «Spices Garden», dem vietnamesischen Restaurant des «Metropole», serviert wurde, und wenn ich nach der Essenz dessen gefragt werde, was ich in dem anbetungswürdigen Feinschmeckerland Vietnam erlebt habe, kann ich nur diese drei Buchstaben in eine Reihenfolge bringen.

Pho.

Je nach regionaler Sprachfärbung spricht man *Pho* wie *Va* oder *Vau* aus, was für den Geschmack jedoch ohne Bedeutung ist. Der Geschmack aber, und die modulhafte Aufmunitionierung der Suppe zu einem warmen Frühstück, einem Imbiss oder einer Hauptmahlzeit, je nachdem, wann gerade ein bisschen Wärme und Beschleunigung benötigt wird, entspringt der selbstverständlichen Improvisationsfähigkeit der Vietnamesen: Was gerade zur Hand ist, wird mit frischer Ware kombiniert und auf klassische Weise für den Verzehr bereitgestellt. Und weil sowieso immer ein Topf mit Suppe auf dem Herd steht, macht man am Originalschauplatz auch keinen großen Unterschied zwischen der *Pho bo,* die aus und mit Rindfleisch zubereitet wird, und der *Pho ga,* deren Grundlage das Suppenhuhn ist. Dazwischen ist jede Form der Kombinationssuppe erlaubt und möglich, Hauptsache, sie schmeckt, hat die richtige Temperatur (heiß) und die nötigen Einlagen: Nudeln, Kräuter, Sojasprossen, etwas Fleisch und so viel Chilischote, dass die äußere Hitze ihre Entsprechung von innen bekommt (was übrigens im Süden Vietnams etwas mehr und im Norden deutlich weniger Schärfe bedeutet; das Brachiale, wie es auf texanischen Chilifestivals vorherrscht, ist den Vietnamesen fremd).

Susanna Bingemer und Hans Gerlach haben die *Pho bo* in ihrem empfehlenswerten Buch *Vietnam. Küche und Kultur* (Verlag GRÄFE & UNZER) «ganz Vietnam in einer Schüssel» genannt und darauf hingewiesen, dass in Indochina vor der Kolonialisierung durch die Franzosen nur mit Schwein, Huhn und Meeresfrüchten gekocht worden sei. Die Verwendung von Rindfleisch, von dem man für eine gelungene *Pho* eine ganze Menge benötigt, sei ein Erbe der Kolonialzeit. Der nicht minder wichtige Gebrauch von Reisnudeln und Ingwer weise hingegen auf die jahrhundertelange Anwesenheit der Chinesen in Vietnam hin.

Hier das Rezept. Es macht ein bisschen Mühe, falls man zuerst ein paar unersetzliche Ingredienzien für die Suppe im Asienmarkt besorgen muss (vor allem die Fischsauce und die asiatischen Kräuter, allen voran Thai-Basilikum und chinesischen Koriander). Aber ich kann garantieren, dass das Ergebnis für jede Mühe entschädigt.

Für die Suppe (6–8 Personen): *1 Zwiebel, 100 g frischen Ingwer, 1 kg Rinderknochen, 500 g Suppenfleisch, 5 Anissterne, 5 Gewürznelken, ½ Zimtstange, 5 EL vietnamesische Fischsauce und Salz.*
Für die Einlage: *250 g schmale Reisbandnudeln (Banh Pho) und 150 g Rindsfilet im Ganzen.*
Zum Anrichten: *3 Frühlingszwiebeln, 100 g Sojasprossen, 1 Bund Thai-Basilikum, 1 Bund Koriander (wenn möglich, chinesischer), 2–3 Chilischoten und 1 Limette.*

Zubereitung: *Zuerst die Suppe kochen. — Dafür die Zwiebel ungeschält halbieren und in einem großen Topf mit der Schnittfläche nach unten zehn Minuten rösten, bis die Zwiebelunterseite schwarz ist. Ingwer mit einem Fleischklopfer oder einem Messergriff leicht quetschen, in den Topf geben. Knochen und Rindfleisch zugeben, mit drei Litern Wasser aufgießen und zum Kochen bringen. Sobald die Suppe zum ersten Mal wallend gekocht hat, Hitze reduzieren und zwei Stunden köcheln lassen. Den aufsteigenden Schaum regelmäßig und sorgfältig abschöpfen. — Nach zwei Stunden das Siedfleisch aus der Suppe nehmen und zugedeckt abkühlen lassen. Das Rindsfilet in den Tiefkühler legen, um es später besser aufschneiden zu können. Anis, Nelken, Zimt, Fischsauce und Salz in die Suppe geben, noch eine Stunde köcheln lassen (– das ist die Stunde, in welcher der raffinierte Geruch, der sich in der Küche breitmacht, die Vorfreude steigert). — Nun die Banh Pho in kaltes Wasser einweichen (etwa 30 Minuten lang). Zwiebeln, Sprossen und Kräuter waschen und putzen. Zwiebeln in dünne Ringe schneiden. Blätter von den Kräutern zupfen. Chilis in dünne Ringe schneiden (und anschließend besser nicht den Schlaf aus den Augen reiben). Limette vierteln, etwas Pfeffer mahlen (klingt easy, dauert aber sicher eine gute halbe Stunde). — Das abgekühlte*

Rindfleisch in dünne Scheiben schneiden (wenn vorhanden, mit der Schneide-maschine, sonst mit scharfer Klinge und ruhiger Hand). Das Filet aus dem Tiefkühler holen und ebenfalls in dünne Streifen schneiden. — Die Suppe durch ein Tuch in einen zweiten Topf gießen. Noch einmal aufkochen. — Nudeln nach Angabe weich kochen. Mit je ein paar Scheiben rohem und gekochtem Rindfleisch auf den Boden der Suppenschälchen legen. Mit sehr heißer Suppe übergießen und servieren. — Nun die Pho je nach Vorliebe mit Kräutern, Zwiebeln, Sprossen und Chili würzen — jedoch nie zu viel von den Aromen in die Suppe geben, sonst kühlt sie zu schnell ab. Zu kühle Pho gilt in Vietnam nicht nur als unpassend, sondern schlicht als «verdorben».

Ich multipliziere die Mengen in dem Rezept (das den Angaben von Susanna Bingemer und Hans Gerlach folgt und selbstverständlich nach Lust und Laune variiert werden kann) mit zwei: Noch besser als zum Abendessen schmeckt die aufgewärmte *Pho* mit ein paar Nudeln und etwas Chili zum Frühstück – und sie macht wacher als jeder Kaffee. Man hat besser genug davon im Haus.

Von Los Angeles nach San Francisco.
Mit einem obligatorischen Unfall,
den Schätzen des Pazifiks und null Promille,
weil einer muss ja das Auto lenken.

West Coast, USA

Das Erste, was ich in Los Angeles kennenlernte, war das neue, enigmatische Verkehrskonzept: lauter Überraschungseffekte. Als ich mit meinem gutmütigen LINCOLN, aus Richtung Pasadena kommend, auf den Arroyo Seco Parkway einbiegen wollte, fuhr der TOYOTA aus dem 17. Jahrhundert, der sich vor mir eingeordnet hatte, zuerst entschlossen los. Dann bremste er ebenso entschlossen wieder ab. Ich fuhr auch entschlossen los, bremste aber erst wieder, als sich die Front des LINCOLNS mit dem Kofferraum des TOYOTA temporär, aber heftig vereinigt hatte.

Touché.

Ich stieg aus. Auf dem Arroyo Seco Parkway heizte Los Angeles vorbei.

Die Türen des TOYOTA blieben geschlossen.

Es war Sonntag, halb elf Uhr vormittags. Ich war auf dem Weg zum Mittagessen. In Los Angeles musst du früh aufstehen, wenn du

753

etwas Ordentliches zum Lunch bekommen möchtest. Nicht, weil die Restaurants so früh aufsperren, sondern weil die Anreise so lange dauert. Ich wünschte mir gerade, ich wäre länger im Bett geblieben.

Ich näherte mich dem TOYOTA von der Beifahrerseite und klopfte, schon etwas beunruhigt, ans Fenster.

Der Fahrer saß still hinter seinem Lenkrad, als sei er gerade einem revolutionären Gedanken über die Zentrifugalkraft auf der Spur. Ich musste noch einmal und immer stärker an die Scheibe pochen, bis er mein Klopfen endlich hörte und mir langsam, wie in Trance, seinen Kopf zuwandte.

Ich bin nicht furchtsam. Ich traue mir ohne Weiteres zu, mit der Geisterbahn zu fahren, ohne vorher das zweite Valium genommen zu haben. Aber jetzt überfiel mich das nackte Grauen.

Hinter dem Lenkrad saß ein Vampir.

Der Vampir trug eine Latzhose. Sein Gesicht war weiß und grau. Unter den Augen klafften matte, schwarze Höhlen. Das dichte, schwarze Haar hing ihm über die Stirn ins Gesicht. Die Mundwinkel waren feucht und glänzten, als hätte der Typ nicht so lang auf seinen Lunch gewartet wie ich.

Als er mich realisierte, nickte er schicksalsergeben und schnallte sich ab.

Das war ein Detail, das mich irgendwie wieder beruhigte. Denn ich konnte mir beim besten Willen nicht vorstellen, dass echte Vampire sich an die Gurtenpflicht halten.

Im folgenden, kurzen Gespräch stellte sich heraus, dass der junge Mann zwar kein echter Vampir war, aber in einem *Low-Budget*-Horrorfilm die ganze Nacht lang eine Leiche verkörpert hatte – wir waren schließlich in Los Angeles, selbst unechte Vampire sind hier beim Film. Wenig später traf ein ebenso filmreifer Sheriff von der Highway Patrol ein, der mir interessante Fragen zu Körpergröße und Gewicht stellte, und anschließend hätte ich einen großartigen Grund gehabt, mein Mittagessen in eine Cocktailbar zu verlegen.

Das brachte mich aber schon ins nächste Dilemma. Denn wie sollte ich die Cocktailbar erreichen, wenn nicht mit dem ramponierten Auto? Der LINCOLN trug ein paar überhebliche Spuren von der vorangegangenen Kollision, während das Heck des TOYOTA ziemlich am Arsch war. Und wie sollte ich dieses Auto anschließend zurück in die Unterkunft steuern, die ich neben der Werkstatt eines Filmregisseurs genommen hatte, der im Nebenberuf Autos repariert und Zimmer vermietet? In den USA herrscht striktes Alkoholverbot für alle Verkehrsteilnehmer, auch wenn in den Kneipen gepichelt wurde, als gäbe es pro Bier ein zweites gratis. Die Parkplätze waren voll und Taxis sowieso keine in Sicht. Wie also kam das Gratisbier nach Hause? Hielt sich da jemand nicht an die Gesetze? Beziehungsweise: Hielt sich hier überhaupt irgendwer ans Gesetz?

Fragen über Fragen. Nach meinem Erstkontakt zum Sheriff der Highway Patrol war ich jedenfalls der eine, der überall in Los Angeles nur alkoholfreies Bier bestellte. Nur, falls ihr drüben seid und jemanden von mir grüßen lassen wollt.

Etwas später zeigte sich Los Angeles von seiner großartigen Seite. Das Meer, die Sonne, die Palmen, entspannte Leute, mindestens zehn bunt bemalte vw-Busse von damals. Der Manhattan Beach im diesigen Nachmittagslicht, die niemals müden Volleyballspielerinnen, Surfer, jedes Haus am Ufer wie direkt aus einem Einrichtungsmagazin, wenn auch manche aus etwas älteren Jahrgängen. Ich genoß die Luft, die vom Pazifik landeinwärts wehte. Sie trug die fantastischen, etwas abgedrehten «Good Vibrations» an mein Herz, wie sie die durchgeknallten Beach Boys so unvergleichlich besungen haben, und ich musste mich entscheiden, ob ich mir eine Packung Chips besorgen und weiter aufs Meer hinaus starren sollte oder mich daran erinnern, dass im «Manhattan House» ein Tisch auf mich wartete.

Die Lösung war b), und es war eine gute Lösung. Im «Manhattan House», das sich selbst augenzwinkernd als Pub bezeichnet (ungefähr so zutreffend wie die Bemerkung von Xherdan Shaqiri, dass er «ganz okay Fußball» spielt), aß ich so gut wie nirgendwo sonst in Los Angeles.

Und ich hatte nicht irgendwo gegessen. Ich war *downtown* beim schicken Mexikaner namens «B. S. Taqueria» gewesen, das Bier war geflossen, die Musik war laut wie bei den Gypsy Kings, und ich hatte Gurkensalat und eine köstliche Auberginen-*Guisada* gehabt, bevor die Tacos kamen, und auch diese hatte ich nur leicht verletzt überlebt, weil ich vorsorglich die versteckten Chilis herausgeklaubt hatte, allerdings nicht alle.

Dann besuchte ich einen angesagten Fusionisten in Hollywood, einen Amerikanoasiaten namens «E. P. + L. P.», und der war tatsächlich sehr *glitzy* und glamourös. Die Küche beschrieb sich selbst als «regional mit tiefen Wurzeln in der Thai-Cuisine, samt Einflüssen aus China, Vietnam und den Fiji-Inseln». Diese Interpretation von Regionalität gefiel mir. Ich aß eine gegrillte Seeschnecke mit Curry, Sashimi von der Makrele, das zweimal gekochte Schwein mit Chili und Limette, den Nacken vom Lamm mit Chili-Marmelade und – doch, das ging sich aus – ein Curry von Muscheln, das ziemlich gut war. Dazu amüsierte ich mich über die Pärchen nebenan, die ganz offensichtlich ihr erstes Date absolvierten und sichtbar mit der Frage beschäftigt waren, ob die Zeit bis zum Ficken immer so langsam vergehen würde. Sie hätten aber auch nicht so viele Gänge bestellen müssen, aber sonst wäre es wiederum kein angemessenes erstes Date gewesen. Komplexe Sache.

Ich checkte sogar bei Matthew Kenney in Venice ein, einer veganen Hütte, deren Chef nicht weniger verspricht, als an «der Zukunft des Essens» zu arbeiten. Das Restaurant hieß «Plant Food & Wine» und es zementierte alle Vorurteile, die man gegen vegane Szenehütten haben kann, von denen es in Venice Beach mehr gibt als Currywurstbuden in Berlin. Zwar war das Restaurant hübsch eingerichtet, wenn man Yogastudios hübsch findet, aber die Kellner waren ordnungsgemäß tätowiert, und auf der Karte standen zahlreiche interessante Naturweine, denen ich jedoch aus verkehrstechnischen Gründen nicht zusprechen konnte. Alkoholfreies Bier gab es keines. Ich entschied mich für eine vegane *Burrata* aus Mandeln, was ein Fehler war, und dann für ein Cashew Raclette aus, tja, Cashewnüssen. Irgendwie war mir nicht klar gewesen, dass es in einem veganen Restaurant keinen Käse gibt, und es gab auch keinen Käse, sondern nur das Wort «Käse». *Buratta* und Raclette waren aus einer

Nusscreme hergestellt worden, die «Raw Food Guru» Kenney mit Bakterien angereichert und fermentiert hatte, gemeinsam mit Kräutern und Pfeffer. Ohne jetzt den Burger-Proleten raushängen lassen zu wollen: Das schmeckte genau so, wie es klingt. Das «Raclette» kam heiß, in einer gußeisernen Pfanne gebraten und von Rettich und Petersilie begleitet und schmeckte nach heißer, angegammelter Nusscreme. Ich aß den Rettich und die Petersilie. Gut, dass ich noch eine *Panzanella* bestellt hatte, denn das Sauerteigbrot, das sich im toskanischen Salat befand, war gut und die Tomaten waren großartig. Die Karotten und Linsen waren Karotten und Linsen, und eigentlich fand ich nur die Schokoladeauswahl, die zum Schluss kam, einigermaßen erfreulich – außer natürlich meinen Sitznachbarn, der mit durchgedrücktem Kreuz und einer schönen, offensichtlich neuen Frau ins Restaurant gekommen war und bei jedem Gang ein bisschen nachdenklicher wurde. Erstens, warum er das hier essen sollte, wo es doch zweimal ums Eck mindestens eine super Sushi-Bar gab. Zweitens, ob eine intensivere Beziehung zu dieser Frau wohl damit verknüpft sein würde, dass man regelmäßig bei Matthew Kenney die Zukunft des Essens erörtern müsse. Diesen glosenden Gedanken löschte mein Freund etwas melancholisch mit großen Mengen Naturwein. Ich fühlte mich ihm sehr verbunden.

Ein anderes Mal aß ich auf dem Pier von Malibu ein Eis, das war gut und der Trost dafür, dass ich im «Nobu Malibu», das nun wirklich glamourös im konvexen Schwung der Pacific Highway liegt, keinen Tisch gekriegt hatte, obwohl ich auf den Knien über den Parkplatz gerobbt war. Okay, vielleicht auch, weil ich auf den Knien über den Parkplatz gerobbt war. Wieder ein anderes Mal prüfte ich die Gastronomie in den Universal Studios und musste die messerscharfe Diagnose stellen, dass der Burger meinen Ansprüchen nicht genügte, nachdem ich mein Niveau im «Boilermaker» in New York neu kalibriert hatte. Also, für New-York-Reisende zum langsam Mitschreiben: Bester Burger in Manhattan – «Boilermaker», 13 First Avenue (at First Street), und wenn er euch doch nicht so gut schmeckt wie mir, könnt ihr euch dort mit den Shots und Cocktails derart trösten, dass ihr vergesst, warum ihr eigentlich da seid.

Ach, Manhattan. Als ich das «Manhattan House» betrat und mich, befedert vom Wummern der Lautsprecher, zu meinem Tisch durchfragte, wusste ich noch nicht, dass die junge Frau, die gerade ihren Kopf aus der Küche streckte, Diana Stavaridis war, eine der begabtesten Köchinnen der Stadt, wie ich ein paar Tage später in der TIMES las. Diana war gerade erst aus Europa gekommen, wo sie zuerst in Frankreich gelernt hatte, Käse zu machen und Nussöl zu pressen, bevor sie bei Hugh Fearnley-Whittingstall im «River Cottage» gearbeitet hatte und nach Los Angeles nur gekommen war, um das «Manhattan House» zu eröffnen.

Ich aß zum Anfangen ein Gericht namens *Carrotology,* eine so präzise Deklination von wohlschmeckenden Karotten durch alle möglichen Konsistenzen, dass ich mir sofort noch einmal die Karte bringen ließ, um nachzulegen (ich überlegte auch kurz, ob ich Matthew Kenney anrufen sollte, weil *das hier* war die Zukunft des veganen Essens, nicht seine falsche *Burratta;* dann fiel mir aber ein, dass ich seine Nummer nicht habe). Ich bestellte alle Vorspeisen, die es gab. Die mit Mascarpone, Parmesan und einer Sauerampfercreme gefüllte Kürbisblüte war schlicht der Hammer. Die *Buratta* war echt, hausgemacht und köstlich. Die Bällchen aus gehacktem Lammfleisch kamen vom Grill und gehören in ein Museum für *Comfort Food.* Der Burger war mir eigentlich schon zu viel, aber ich aß ihn trotzdem, weil er mit seiner Fluffigkeit und der Zelebration von *Umami* in der Garnitur Weltklasse war. Gut, dass der Schokokuchen, den ich zum Abschluss nahm, kein Mehl gebraucht hatte, das gab mir die Gelegenheit, auch noch den *Lemon Curd* zu kosten, der mit Meyer-Zitronen zubereitet worden war. Das stärkte mich.

Und, Mann, ich brauchte die Stärkung. Denn auf dem Heimweg nach Norden hatte ich plötzlich den Eindruck, dass sich das alkoholfreie Bier in meinem Metabolismus plötzlich unaufhaltsam in LSD verwandelt. Manhattan Beach ist nicht unbedingt um die Ecke, wenn man an der Grenze zu Pasadena wohnt, und die 50 Kilometer Autobahn, die ich vor mir hatte, gestalteten sich zu einer Symphonie überschwänglicher Gefühle. Als ich über bizarre Kreisel auf die I-110 gefahren war, bot sich mir ein unglaubliches Bild. Im

Avocados im Schatten der Mauer

Sollte die Sache mit der Mauer zwischen den USA und Mexiko wirklich aus dem Ruder laufen, gibt es mit an Sicherheit grenzender Wahrscheinlichkeit ein ernstes Problem bei der Zubereitung der liebsten Reisspeise der Amerikaner, der *California Roll*. Dabei handelt es sich um die – von Puristen verachtete, vom Publikum aber heiß geliebte – Simulation einer japanischen *Makizushi*, jener dicken Rolle aus gesäuertem Reis, die in *Nori*-Seetang eingeschlagen wird und in ihrer Mitte eine Kostbarkeit aus Fisch oder Gemüse verbirgt.

Die *California Roll* fügt dieser Komposition geschmeidige Geschmacksträger hinzu: Krabbenfleisch, Mayonnaise – und Avocado. Damit können wir einerseits den kitschigen Schmelz erklären, der die *California Roll* so *yummie* macht. Andererseits sind wir, ohne dessen Ernährungsgewohnheiten zu kennen,

sen Kern. Die bis zu fünfzehn Meter hohen Avocadobäume wurden bereits von der Coxcatlán-Kultur in Tehuacán im heutigen Bundesstaat Puebla angebaut, die Verarbeitung der Ernte hat also seit fast zehntausend Jahren Tradition. Spanische Besatzer brachten die Avocado von Südmexiko in die Karibik, nach Chile und Madeira, von da wanderte sie weiter nach Afrika, Malaysia und die Philippinen, im Lauf des 20. Jahrhunderts dann auch in den Mittelmeerraum.

Natürlich ist das in Fächer geschnittene und mit geschickten Fingern in eine Reisrolle montierte Fruchtfleisch der Avocado keine Traditionsspeise im eigentlichen Sinn. Während das Rezept für die *California Roll* in der Avocado-Historie (noch) fehlt, stammt ein anderes Wort aus der prähispanischen Aztekensprache *Nahuatl*, hat also ernsthaft Tradition: *Guacamole*. Das bedeutet ursprünglich «Avocadosuppe» und ist inzwischen nicht nur eine mexikanische, sondern auch eine amerikanische Nationalspeise – jedenfalls dann, wenn die *Superbowl* ausgespielt und der *Fourth of July* gefeiert wird – ausgerechnet. Dann schnellen die Avocadoverkäufe ins Unermessliche hoch, und der aus püriertem Fruchtfleisch reifer Avocados, Limettensaft, gehacktem Koriander und Salz zusammengemischte

bei President Trump angekommen und bei besagter Mauer.

Die Avocado ist in den USA äußerst beliebt. Seit 2011 hat sich der Verbrauch laut NEW YORK TIMES verfünffacht. Nur ein Teil dieses ständig steigenden Jahresbedarfs kommt aus amerikanischem Anbau. 80 Prozent des Jahresbedarfs werden beim südlichen Nachbarn angebaut, gab der Präsident der Kalifornischen Avocado-Kommission gerade bekannt, nicht ohne eine gewisse Besorgnis durchschimmern zu lassen.

Denn bekanntlich hegt der 45. Präsident der USA ja noch immer den Plan, an der Grenze die ominöse Mauer aufstellen zu lassen. Auch Strafzölle auf mexikanisches Obst und Gemüse stehen im Raum, kurz, die Versorgung mit Avocados ist latent gefährdet.

Das schmerzt. Denn die Avocado ist eine Frucht, die man lieben muss (jedenfalls, solange man ausblendet, welchen Wasserbedarf Avodado-Kulturen entwickeln). Wobei: Frucht? Die Avocado stammt aus der Familie der Lorbeergewächse und ist streng genommen eine birnenförmige Beere mit schrumpeliger Haut (was den früheren Namen «Alligatorbirne» erklärt), geschmeidigem Inhalt und einem voluminö-

Dip begleitet zahllose Tortilla-Chips und CORONA-Biere mit in den Abgrund menschlicher Existenz.

Aber gehört nicht auch Pfeffer in die Creme? Zwiebel? Knoblauch, Chili, Tomatenwürfel?

In meinem mexikanischen Lieblingskochbuch von Margarita Carrillo Arronte wird die Guacamole mit einer halben, fein gehackten roten Zwiebel, einer fein gehackten Serrano-Chilischote, dem Saft einer Limette, zwei Esslöffeln fein gehacktem Koriander und dem in Würfel geschnittenen (!) Fleisch von zwei Avocados angefertigt. Eine entkernte, gehäutete und klein gehackte Tomate darf, muss aber nicht dazu. Zuerst werden Zwiebel, Chili, Limette und Koriander gut vermischt und gesalzen, dann kommen – vorsichtig – die Avocadowürfel dazu. Wem das zu wenig schmierig ist, der darf einen Löffel Olivenöl zuschießen. Wichtig: Die Guacamole soll unmittelbar vor dem Essen frisch zubereitet werden, sonst verfärbt sie sich.

Ach: Noch eine kurze Botschaft an den Präsidenten. Etymologisch lässt sich das Wort Avocado vom Nahuatl-Wort ahuacatl ableiten. Das heißt: «Hoden». Wäre doch schade, wenn die amerikanischen Feierbiester durch die Mauer plötzlich enteiert würden.

Nur so eine Hinweis. Gern geschehen.

Westen leuchtete noch das sphärische Licht des mittleren Abends, allein schon eine Herausforderung für den Romantiker, der ich nun einmal bin, nur dass ich in diesem Augenblick darauf achten musste, dass mein LINCOLN auf einer der vier Spuren des Highways blieb und nicht etwa über dessen Ränder in den Abfluss kippte. Auf der anderen Seite, im Osten, formierten sich die Flugzeuge, die gerade im Landeanflug auf Los Angeles International waren, zu einem Geschwader von geheimnisvollen Lichtern, die direkt auf mich zuflogen, acht oder zehn hintereinander in einer Reihe, scheinbar bewegungslos in der Luft hängend wie implodierende Sterne. Dazu kam das Rot der Rücklichter jener Autos, die mich, der sich eisern an die vorgeschriebenen 35 Meilen hielt, mit doppelter Geschwindigkeit überholten – jeder, der sagt, dass der Verkehr in Los Angeles so *smooth* läuft, weil sich alle ans Tempolimit halten, war noch nicht dort.

Links das Weltall. Rechts die Ufos. Um mich herum ein Meer aus Bewegung, Farben und Geräuschen. Gibt es eine verführerische Einladung, stehen zu bleiben und mit großen Augen zu betrachten, welche Welle ich da gerade teile, den Schritt vom Tun zum Lassen zu wagen, vom Haben zum Sein, vom Sein zum Nichtsein …

Ich musste mich in dieser *Koyaanisqatsi*-Kulisse wirklich zusammenreißen, um nicht Scheiße zu bauen. Drehte das Radio auf und ließ mir von irgendeiner Hip-Hop-Partie das Träumen aus dem Leib prügeln. Aber leicht fiel mir das nicht.

Am nächsten Tag verließ ich Los Angeles. Ich fuhr Richtung Palm Springs. Schaute mir mit aufgerissenem Mund das Outdoor Museum von Noah Purifoy an, der aus Schrott und Abfällen eine Fantasiestadt in die Wüste gestellt hat. Durchquerte den Joshua Tree National Park, den ich bis dahin nur vom Cover einer alten U2-Schallplatte gekannt hatte. Steuerte schließlich das «Ace Hotel» in Palm Springs an, eine Hotelanlage mit *Swim Club,* weil es genau das war, was ich brauchte. Genau genommen brauchte ich erst einmal einen ordentlichen Drink, aber darauf waren die Kollegen im «Ace Hotel» noch besser eingerichtet als aufs Schwimmen, weil das Becken schon von rauchenden Girls mit Sonnenbrillen in Beschlag genommen war.

Nie zuvor und nirgendwo sonst habe ich jemals so große Drinks bekommen wie hier. Das war schön. Leider habe ich mir nicht gemerkt, wie ich die nächsten Tage verbracht habe, aber ich glaube, es war sehr schön.

Bevor ich in meinem Endbahnhof San Francisco einlief, machte ich Station am Big Sur. Besuchte Hearst Castle, sah fette Robben am Strand liegen, fuhr mehrmals die legendäre Route 1 auf und ab, bei strahlendem Sonnenschein und dichtestem Nebel, was sich in Kenntnis der in den Pazifik abbrechenden Klippen ein bisschen wie ein Seiltanz dividiert durch meinen LINCOLN anfühlte, entdeckte mein Lieblingsrestaurant in Big Sur, obwohl ich dreißig Kilometer entfernt in Ragged Point stationiert war, lungerte in dem Haus herum, wo Henry Millers Sekretär Emil White ein Museum für seinen Meister eingerichtet hatte und nützte jede Essenszeit, um in der «Big Sur Bakery» Wassermelone mit Fenchel in einer Vinaigrette von Meyer-Zitronen zu essen, ein Gericht, das dir die Schädeldecke hebt vor Frische, Eleganz und Originalität. Weil ich schon da war, nahm ich natürlich auch noch den Schweinebauch und den gegrillten Oktopus und deckte mich mit den grandiosen *Rugelachs* ein, die man hier kaufen konnte – dann fuhr ich wieder am Rand der Welt spazieren, betrachtete den Pazifik, die unvergessliche Topografie dieses Küstenabschnitts, las, was Hunter S. Thompson über Henry Miller im ROGUE MAGAZINE geschrieben hatte, was eindeutig lustiger war als die semipornografischen Auslassungen von Miller selbst, verschlang die *Rugelachs* und sehnte mich nach der Wassermelone mit Fenchel. Um genau zu sein, sehne ich mich noch immer nach ihr.

Ich steuerte Monterey an, wo ich Bier trank. Ich hielt mich in Carmel-by-the-Sea auf, wo man mir in einem französischen Lokal das Geld aus der Tasche zog. Ich landete schließlich in San Francisco, wo ich im Hotel «Vitale» abstieg, einer schicken Hütte gleich am Pier 1, der aus mehreren Gründen Bedeutung für jeden San-Francisco-Aufenthalt hat. Im Pier 1 befindet sich die «Hog Island Oyster Bar», die neben vielen anderen Lokalen im ehemaligen Hafengebäude untergebracht ist und wo du zu jeder Tages- und Nachtzeit Schlange stehen musst, um einen Tisch zu ergattern. Steh Schlange! Besorg dir an der Bar einen Drink, der die Wartezeit verkürzt, und merk dir die Sorte der Austern, von denen du dir gleich ein Dutzend bestellen wirst: *Kumamoto*. Dabei handelt es sich um eine kleine, fleischige Austernsorte, die im Pazifik gezüchtet wird und deren Geschmack außerordentlich ist, süß, schmalzig, nussig, absolut überzeugend. Wenn du diese Austern zum ersten Mal geschlürft hast, wirst du ohne zu zögern wieder in der Schlange stehen, mit vor Vorfreude bebenden Flanken, und sogar den grasigen Sauvignon blanc aus Napa genießen, den sie dir dazu empfehlen.

Als ich im «Vitale» eincheckte, war gerade eine Party von INSTAGRAM auf der Dachterrasse in Gang. Ich wurde ohne Probleme eingelassen. In San Francisco gibt es keine noch so traurige Gestalt, die nicht nach potenziellem Milliardär aussieht, das hilft Typen wie mir bei der Gesichtskontrolle. Wenigstens eine Sache, für die wir Marc Zuckerberg dankbar sein können.

Der Blick auf den Hafen und die Oakland Bay Bridge war phänomenal. Die Kellner zeigten sich als gute Kumpels, es war warm, unten rauschten die historischen Straßenbahnwagen der F-Line vorbei. Die Welt war gut. Dabei wusste ich zu diesem Zeitpunkt noch gar nicht, wie großartig die *Kumamoto*-Auster schmecken würde, ich wusste noch nicht, dass im «Frog Hollow Farm Café» ein atemberaubendes Avocado-Sandwich zusammengebastelt wird, für das es zum Frühstück absolut keine Alternative gibt, und ich hatte nur eine vage Vorstellung vom Ferry Plaza Farmers Market, der zweimal pro Woche neben dem Pier 1 stattfindet: ein Rausch an wunderbaren Produkten, hingebungsvollen Menschen und anbetungswürdigen Leckerbissen, wie sich später herausstellte.

Was ich hatte, war ein Ticket für Daniel Pattersons «Coi». Das war wertvoll, denn Patterson würde das «Coi» wenige Monate später verlassen und neue Projekte, Stichwort Fast Food, anreißen. Umso wichtiger war es, seine Küche einmal persönlich zu erleben, denn Patterson galt zwar gemäß einer vertrauenswürdigen Quelle als «arrogant, herrschsüchtig und paranoid», aber eben auch «der absolute Champion des Abschmeckens.» Kein anderer Koch sei je so an die Grenzen des Geschmacks gegangen – und darüber hinaus. Pattersons wesentlichen Komponenten dafür seien Säure und Salz. Entlang dieser Komponenten hantle er sich in Regionen, vor denen alle anderen Köche zurückschreckten.

Große Ansage. Ich hatte direkt ein bisschen Angst, dass mir die hohen Erwartungen aufs Gemüt drücken würden, als ich das «Coi» ansteuerte, 20 Minuten zu Fuß vom «Vitale», quer durch das Market-Viertel, wo ich nicht widerstehen konnte und einem Straßenhändler, der originelle T-Shirts anbot, sein Prunkstück mit dem Schriftzug «Atheists» abkaufte. Der Schriftzug war dem Logo der «Athletics», dem Baseballteam aus dem benachbarten Oakland, nachempfunden, sehr witzig.

Dabei bin ich nur in Sachen Gott ungläubig. Ich glaube an den guten Geschmack, die heilige aromatische Küche, und ich wurde an diesem Abend für mein Glaubensbekenntnis reichlich belohnt. Nicht nur, dass das «Coi» einer Kapelle gleicht, die sich zum Beispiel Peter Zumthor ausgedacht haben könnte, schlicht, edel und das Schlaglicht auf das Wesentliche gerichtet, das Essen. Durch ein Fenster konnte ich in die kleine, eindeutig überbevölkerte Küche sehen, in der Daniel Patterson sein Passionsgesicht zeigte. Er sei, hatte er Trettl gestanden, permanent unglücklich mit den Tellern, die er aus der Küche entlassen müsse. Wenn an einem Abend, an dem immerhin ein paar hundert Teller die «Coi»-Küche verlassen, vier dabei seien, die er für gelungen erachte, sei er schon glücklich.

Ich bin anders als Patterson. Ich war mit mehr als vier Tellern glücklich, die mir in ansprechendem Rhythmus auf den Tisch gestellt wurden. Ich war mit dem Roederer-Champagner glücklich, den ich mir als Aperitif hinter die Binde kippte – das «Coi» war fußläufig vom «Vitale», und in San Francisco gibt es anders als in L.A. eine funktionierende Taxi- und Nahverkehrsversorgung –, ich war überrascht von der Eleganz des Estate Chardonnays von der Scribe Winery, den mir der Sommelier zugeteilt hatte, und dann begann der Abend zu tanzen und zu schweben. Ich kostete braune *Ricecracker* mit einer göttlichen, in tiefste Geschmacksabgründe deutenden Avocadocreme, naschte die Eiskristalle vom gefrorenen *Niabell*-Traubensaft mit Meersalz, freute mich am mit kalifornischem Kaviar belegten, rohen Eidotter mit *Crème fraîche* und begriff schnell, was Trettl gemeint hatte: Allen Gerichten war gemeinsam, dass die Grundprodukte mit starken Kontrasten inszeniert wurden, das Dreieck von Salz, Säure und *Yummie* lag jeder Konstruktion zugrunde.

Es kamen *Sashimi* von der Elefantenrüsselmuschel (ja!), die von Eiskraut, Radieschen und Rettich begleitet wurden, dann ein niedlicher Teller mit geschälten Cherrytomaten in rot und gelb, die sich um ein, sorry, wirklich geiles Püree von gegrillten Zucchini und Weizengrassaft versammelten. Es folgte ein Teller mit Mais in allen möglichen Aggregatzuständen, wobei der Sud, in dem die Polenta mit Kürbiskernen und Puffmais schwamm, vom peruanischen Küchenkraut *Huacatay* aromatisiert und von heiligem Ernst war. Der Lachs kam in einer Verpackung aus Yuba, einer aus Sojabohnen hergestellten Haut, japanische Spezialität, die ein Fischmousse in Form hielt, aus deren Mitte die Lachsschnitte herausleuchtete. Dazu, wieder ein Highlight, gegrilltes Weißkraut und eine Sauce von getrockneten Jakobsmuscheln (die es in Chinatown überall zu kaufen gab, ich hatte sie dort schon ausgiebig bewundert) und Ingwer.

Die Teller waren unprätentiös angerichtet und trotzdem (oder genau deshalb) von großer Schönheit. Die dünnen, rohen Scheiben vom *Matsutake*-Pilz zum Beispiel beschatteten ein Püree aus Kartoffeln und Kiefernnadeln, das so ungewöhnlich wie herausfordernd schmeckte. Und das gekochte und gegrillte Lammkotelett lag (abgesehen von seinen eingeschlossenen, köstlichen Fetteinlagerungen) unspektakulär neben den Mangoldstielen und -blättern, die mit Rosmarin und einer *Garum*-Fischsauce gewürzt waren, was wiederum den spitzen Kick gab, der allen Gerichten Pattersons eigen ist.

Es war eine Sekunde lang Pause, bevor als Prädessert dunkle *Mochis* aufgetragen wurden, die Erdbeeren und Kumquats umhüllten. Sie waren nur der Auftakt für einen Happen Moschusmelone mit Kokos und Zitronenaromen, bevor eine Rolle aus Pfirsichcreme in einem mit Mohn verzierten Filoteig sozusagen Amen sagte.

Als ich später langsam zurück zum «Vitale» spazierte, versuchte ich das Erlebte in eine Ordnung zu bringen. Es war mit Ansage großartig gewesen. Jedes Gericht war von der Ambition beseelt, an die Schmerzgrenze zu gehen, so viel Geschmack wie nur möglich in Balance zu bringen: Man muss sich das Kochen im «Coi» als Hochseilakt vorstellen, wie einen Seiltänzer, der ohne Netz in zwanzig Metern Höhe über die Zirkusarena marschiert, dabei aber nicht die gewohnte Balancierstange bei sich hat, sondern eine achtzig Kilo schwere Langhantel, vielleicht hat sie auch hundert. Das Paradoxe daran ist nur, dass die Eleganz der Bewegungen darunter nicht leidet, im Gegenteil.

Ich blieb noch ein paar Tage in San Francisco. Ich marschierte über die Golden Gate Bridge, bewunderte das eindrucksvolle De-Young-Musuem von HERZOG & DE MEURON im Golden Gate Park, machte den obligaten Ausflug nach Silicon Valley, bevor ich mich im Mission District festlief. Dieser Bezirk San Franciscos befindet sich nahe der Mission Dolores, dem ältesten Bauwerk der Stadt, und atmet die interessante, vitale Mischung von Geist, Spaß, Hedonismus und Optimismus, die das Leben an der Westküste so attraktiv macht und den Mission-Bezirk im Besonderen. Ich drückte mich bei MC SWEE-NEY's herum, meiner Lieblingsliteraturzeitung aus dem Stall von Dave Eggers, unter dessen Dach David Chang auch das famos-abgedrehte Food-Magazin LUCKY PEACH herausgab, kaufte bei der Buchhandlung «Dog eared Books» ein, wo man am liebsten einziehen möchte, kaufte mir ein T-Shirt mit der Aufschrift «Good grammar is sexy», wobei ich noch immer auf eine Gelegenheit warte, es einmal zu tragen.

Bei «Bi Rite», einem Eisgeschäft, stieß ich auf die affichierte Aufforderung *Eat good food*. Das nahm ich ernst, auch wenn es in San Francisco oft damit verbunden ist, dass man sich lang anstellen muss. Ich stellte mich also in die Schlange bei «Bi Rite», um ein super Erdbeereis zu kriegen. Ich stellte mich vor der «Tartine Bakery» in die Schlange, um ein herrliches Sauerteigbrot abzustauben. Ich stand sogar in der Schlange, als ich für die mit der Bakery befreundete «Bar Tartine» gerade noch einen Tisch für ein Abendessen ab halb sechs ergattert hatte (drei *Seatings* sind für die meisten Hütten in den USA überhaupt kein Problem).

Das Warten lohnte sich. Das Essen in der «Bar Tartine» (die bald ein Redesign erleben und einen neuen Namen tragen wird) – einmal mehr *Farm to table,* der Mega-Trend der Hipster-Gastronomie dieser Tage – war sogar grandios, natürlich nicht so abgedreht wie bei Daniel Patterson, dafür sehr *basic,* nie ohne Twist. Stellt euch ein gro-ßes Stück Sauerteigbrot vor, gut mit Thunfischcreme bestrichen und zuerst mit einem grob geschnittenen Tatar vom Rind und dann mit getrockneten Scheiben vom Thunfisch belegt. Groß! Geschmorte Okraschoten, gepresster und gegrillter Ziegenkäse mit Kräutern, Maiskörner mit Eierschwämmen und Portulak, gegrillte Karotten mit Kürbis- und Sonnenblumenkernen und allen möglichen Salat-sprossen, ein Brotsalat mit gebröseltem Ziegenkäse, Fleischbällchen mit Ratatouille. Alles gut, alles schön, alles so easy, wie man sich das Leben dort vorstellt, wo alle Mädchen Blumen im Haar tragen. Nur dass die Blumen inzwischen eher auf den Tellern liegen, als dass sie Hippielocken schmücken.

Ich streunte kreuz und quer durch den Mission District. Viele Hausmauern waren virtuos bemalt. Ich entdeckte ein paar Mal meinen alten Helden Carlos Santana, der – wie ich beim Studium einer entsprechenden Publikation herausfand – seinerseits ein alter Held des Mission Districts mit seiner Latinobevölkerung gewesen war und ist. Ich entdeckte ein Fresko von Chris Ware über dem von Dave Eggers gegründeten «Writing Center» für angehende Schrift-steller in der Valencia 826, und ich wäre absolut zufrieden mit dem Erdbeereis von «Bi Rite» und dem Sauerteigbrot der «Tartine Bakery» gewesen, wenn mir nicht ein Konfident zugeraunt hätte, dass der Japaner namens «ICHI Sushi+ NI Bar» am äußersten Ende von Mis-sion, dort, wo es keine Buchhandlungen, sondern Handyhüllen und Nagelstudios gibt, der totale Wahnsinn sei.

Er hatte sehr recht. Zwar ist «ICHI Sushi» für seine abgefahrenen und manchmal etwas kindischen Sushi-Kreationen bekannt ge-worden, aber im Schatten davon entstanden umwerfende Crossover-gerichte. Ich aß *Tsukemono,* das im Haus eingelegte Gemüse, den Gurkensalat mit *Miso-Tahini-Dressing, Kyu Kushiyaki,* in Sojasauce und Essig mariniertes und dann gegrilltes Rindfleisch, *Buta Katu Niku*

Kushiyaki, saftige, appetitliche Stücke von der Schweinsschulter, *Nasu Kushiyaki,* eine großartige, mit *Miso* glacierte Aubergine. Ich aß auch scharfen Thunfisch und die Scholle mit *Yuzu* und Scheiben von der Meeresforelle mit Avocado (und natürlich auch ein paar der abgefahrenen *Nigiri,* jetzt einmal abgesehen von den begleitenden Köstlichkeiten von der *Sake*-Karte); aber das Gericht, das ich zweimal nachbestellen musste, war der mit weißem *Miso* lackierte Maiskolben. Das Nachbestellen war übrigens keine freiwillige Entscheidung. Die Mischung aus Süße, Salz und Finesse versetzte mich in Euphorie. Mein Geschmackszentrum schüttete verbotene Mengen an Dopamin aus, und ich konnte nicht anders, als seinen Befehlen («Mehr davon, mehr») zu folgen.

Derselbe Konfident mit seiner qualifizierten Neigung zum Crossover schickte mich übrigens noch nach Palo Alto, in das Epizentrum der Zukunft jenes Lifestyles, von dem wir im Moment noch keine Ahnung haben. Palo Alto hat, außer dass APPLE dort domiziliert ist und SAP ein Szenecafé mit erstklassigem WLAN unterhält, den Charme eines *Outlet-Centers* (und im Wesentlichen auch dessen Funktion, nur mit etwas größerer Reichweite).

Genau dort, auf der Hauptstraße durch das Potemkinsche Dorf, sei eine Idee zu besichtigen, sagte der Konfident, die ich mir zu eigen machen möge; ich hätte schließlich so ein Unbekannter-Millionär-Gesicht, da werde es langsam Zeit für ein bisschen Realität. Gleich neben dem APPLE-Shop, dem ersten der Welt wohlgemerkt, verkaufe ein gefinkelter *Hispano*-Japaner eine völlig neue *Umami*-Bombe, die halb Sushi, halb *Burrito* sei. Der Laden heiße der Ware angemessen «Sushirrito», und auf genau diese Idee warte Europa. Er gehe davon aus, sagte der Konfident, dass ich ihn für den Tipp mit zehn Prozent an der Sache beteiligen werde. Einen Vorschuss fände er angemessen.

Vor dem «Sushiritto» wartete eine lange Schlange an Menschen. Es dauerte sicher zwanzig Minuten, bis ich an den beiden Köchen vorbeidefilierte, die wie am Fließband Thunfisch, Ananas, Salat, Avocadocreme und eine Menge Reis in jeweils einen Bogen Seetangpapier einschlugen und eine Tasche von der Größe eines Funkgeräts daraus formten. Die beiden waren mit Feuereifer bei der Sache. Der fertige *Sushirrito* kostete knapp zehn Dollar und war – mhm, ich muss zugeben, er schmeckte ziemlich gut, angenehm, *yummie*. Ich begann das Teil sofort zu untersuchen, zu fotografieren, zeichnete Grund- und Aufriss auf, bestimmte den Querschnitt und begann im Kopf das Verhältnis von Fisch, Reis und Saucen zu sortieren, neu zu bestimmen und über Zielgruppen und Standorte nachzudenken.

Ihr werdet von mir hören, Freunde. Ihr werdet von mir hören.

*Damit eines klar ist: Das Wiener Schnitzel
hängt nicht über den Tellerrand,
sondern hat eine übersichtliche Dimension.
Die Panade wirft Falten wie die Stirn
eines besorgten Mopses. Und man muss selbst
in Wien nach einem Lokal suchen,
wo man ein wirklich gutes Schnitzel bekommt.*

Wien

Die Suche nach dem Pulsschlag der Wiener Küche: immer wieder
Schweineschmalz, und langsam von außen nach innen.

Das Telefon läutete spätabends: «Unbekannter Teilnehmer». Trotzdem griff ich mit meinem hochentwickelten Instinkt für das Schwie-
rige und Falsche zum Hörer und wurde darüber in Kenntnis gesetzt,
dass Dimitri in der Stadt war. Dimitri: ein Berg von einem Mann,
lebensfroh, theaterverliebt, und ein so offensiver Sybarit, dass jedes
Treffen mit ihm eine deutlich sichtbare Narbe auf der Lebenslinie
meiner rechten Hand zurückgelassen hat.

«Ich sage dir jetzt etwas, *caro mio*», brüllte Dimiti ins Telefon,
«nächste Woche bin ich in der Stadt, und dann will ich mit dir ein
Wiener Schnitzel essen, und zwar nicht irgendeines, sondern das
beste der Stadt.»

Das beste der Stadt?

Das ist natürlich ein Paradebeispiel für die Reisefreudigkeit in Wiens Kulinarik. Denn die gern strapazierte Binsenweisheit jedes zweiten Wien-Touristen, der sein Halbwissen hämisch ausspielen möchte und darauf hinweist, dass die Wiener das Schnitzel genauso frech aus Mailand – *Costoletta milanese* – importiert wie Hitler nach Deutschland exportiert hätten, greift zu kurz.

Erste Hinweise auf paniertes Fleisch finden sich bereits bei den mittelalterlichen Mauren. Aus dem Konstantinopel des 12. Jahrhunderts wird überliefert, dass vor allem die jüdische Bevölkerung mit großer Begeisterung Gerichte verzehrt hätte, die dem heutigen Wiener Schnitzel sehr ähnlich gewesen seien. Der viel zu früh verstorbene Kochbuchautor und Gastrosoph Christoph Wagner ortete einen weiteren Vorläufer des «Gebackenen», wie das Panierte in Wien heißt, in der Angewohnheit der gehobenen Stände der Renaissance, Speisen zu vergolden: «Nicht nur», schreibt Wagner, «um seinen Wohlstand zu beweisen, sondern auch aus (mittlerweile widerlegten) diätetischen Gründen. Im 16. Jahrhundert verbreitete sich dieser Brauch von Venedig aus über ganz Oberitalien bis nach Mailand. Während die naschhaften Venezianer vor allem Konfekt und Marzipan ein Goldmäntelchen verpassten, versuchten es die Mailänder mit Kalbskoteletts. Als das Vergolden von Speisen 1514 verboten wurde, besannen sich findige Köche wieder des alten, mittlerweile von Konstantinopel auch nach Italien gelangten Brauchs des Umhüllens von Fleisch mit einem Bröselkleid, das – wenn es richtig gemacht wurde – ähnlich gülden zu schimmern vermochte wie die verbotene Blattgoldauflage.»

Dieses Kotelett, so die Sage, importierte dann der berühmte Feldmarschall Radetzky nach Wien, wofür ihm Johann Strauß den gleichnamigen Marsch zugedacht habe.

In Wien wurde zu dieser Zeit freilich bereits nach Kräften paniert: vom Huhn über den Kalbsfuß bis zum Kalbshirn, mit «abgeschlagenen Eyern, Meel und Semmel-Bröslein», wie Conrad Hagger in seinem Kochbuch aus dem Jahr 1719 vermerkt.

Schnitzel taucht in diesem Buch freilich keines auf. Es dauerte bis zum Ende des 19. Jahrhunderts, bis die Bezeichnung «Wiener

Wien an der Hand des richtigen Manns

Konstantin Filippou ist, was man in Wien «eine Erscheinung» nennt. Das ist einerseits seinem Aussehen geschuldet. Filippou, Sohn griechisch-steirischer Eltern, trägt seine dunklen Haare löwenartig, dazu Vollbart, und kleidet sich auch sonst mit Vorliebe sehr dunkel, um ein anderes Wort für Schwarz zu verwenden. Wäre sein Lachen ein Musikinstrument, es wäre die Pauke.

Aber auch ein stummer Filippou erregt Aufmerksamkeit. Mit seinen beiden Lokalen, dem nach ihm benannten *Fine-Dining*-Restaurant an der Dominikanerbastei und dem Nachbarbistro «O Boufés» hat er eine bis vor Kurzem tote Ecke der Wiener Innenstadt wiederbelebt, ist ein Darling der Presse und kann mit seinem unverfälschten Charme auch die Hausfrauen verzaubern, die ihn am frühen Nachmittag in seiner Kochsendung im österreichischen Fernsehen gesehen haben.

französische Küche. Bei «Pramerl & the Wolf» kocht der frühere Unternehmensberater Wolfgang Zankl Gourmetküche, eine Karte gibt es nicht, nur fünf, sechs oder sieben Gänge, «inklusive selbst gebackenem Brot, frisch gerührter Butter und Nettigkeiten aus der Küche».

Im «Goldfisch», dem Hybrid zwischen einer Fischhandlung und einem Restaurant, essen wir Sprotten und Austern. Im «Grace» auf der Wieden bekommen wir bei einem früheren «Steirereck»-Koch eine elegante, zeitgemäße Küche, die alte Gemüsesorten und ausgefallene Fleischteile mit modernen Zubereitungsmethoden zelebriert.

Am heftigsten ist der Kontrast der Restaurants, die Filippou ausgewählt hat, zwischen dem eleganten «Grace» und dem «Gasthaus Wolf», kaum zehn Minuten Fußmarsch entfernt. Das «Wolf» ist paradoxerweise kein als Restaurant verkleidetes *Beisl*, sondern ein als ganz normales Wirtshaus verkleidetes Spitzenrestaurant. Mit seinem Faible für Innereien hält Inhaber Jürgen Wolf nicht hinter dem Berg, was einerseits Klassiker wie geröstete Kalbsleber oder das rosa gebratene Kalbsherz hervorbringt, andererseits aber auch Ausgefallenes wie den marinierten Schweinsohren-

Gleichzeitig ist Filippou ein hochintelligenter, ernsthafter Koch, der sich den Gerichten auf seiner Speisekarte annähert wie ein poetischer Wissenschaftler. Kraft seiner Herkunft schlägt er selbstgewiss Brücken zwischen dem Mediterranen und der unmittelbaren Umgebung.

Dass Filippou mit der Ikonografie der klassischen Hochküche wenig anzufangen weiß, hat ihm, als er sein Restaurant eröffnete, noch vereinzelt Kritik eingetragen: keine Tischwäsche, Schwerpunkt auf Naturweine, gelassene Atmosphäre, die dem Tempelbedürfnis altmodischerer Gäste nicht heiligmäßig genug war.

Inzwischen ist Filippou zum Gesicht der zeitgemäßen Wiener Kulinarik aufgestiegen. Er verkörpert die Aufbruchsstimmung der modernen Gastronomie Wiens.

Gemeinsam besuchen wir ein paar Lokale, die in ehemaligen *Beisln* residieren, also in Quartierkneipen, die weniger für die Qualität ihrer Speisen als für die Quantität ihrer Getränke bekannt gewesen waren. Das «Léontine» zum Beispiel, eher unscheinbar im Wiener Diplomatenviertel gelegen, kümmert sich mit großer Leidenschaft und souveränem Können um

salat mit eingelegten Eierschwammerln oder die mit Schweinebauch gefüllten Piroggen mit Sauerkraut.

Filippou erscheint im Gasthaus «Wolf», schwarz und stürmisch. Der Wirt kassiert eine heftige Umarmung und weist dafür den besten Platz im Schankraum an, Ecke links. Filippou braucht genau fünf Sekunden, bis er so sitzt, als säße er schon Stunden hier. Dann kommt auch schon das *Seidel* Bier, das den Abend eröffnet, und jetzt wird die Speisekarte – ein einzelner, hektografierter Zettel – mit atemberaubender Geschwindigkeit gescannt.

Als ihm das Wort Kernöl in die Augen springt – zum *Backhendel*-Salat gibt es Käferbohnen, die mit dem steirischen Weltkulturerbe angemacht werden –, kann er die Pointe nicht auslassen, «Kernöl» auf steirisch auszusprechen, also in der Sprache seiner Kindheit. Das klingt dann wie: «Kern-ouuil», ziemlich überzeugend deklamiert, und auf diese Weise einmodeiert, beginnt eine Diskussion über das Für und Wider von Kernöl, quer über die Wirtshaustische.

So setzt man sich als Spitzenkoch am besten mit Fragen der Kulinarik auseinander. Filippou muss lachen. Ganz leise. Er hat den Mund voller Käferbohnen, und es soll ja kein Unglück geschehen.

Schnitzel» geläufig wurde. Christoph Wagner stellte daher die Vermutung an, «dass ein gebackenes Schnitzel den Wienern ohnedies so selbstverständlich war, dass sie es lange Zeit gar nicht für nötig hielten, seine Herstellung eigens zu beschreiben.»

Nun zu den Gewissheiten: ein Wiener Schnitzel, das ist keine einfache Aufgabe.

Denn ausgerechnet das «Wiener Schnitzel» ist eine Speise, die man in ausgewählten Privathaushalten oft besser isst als in den meisten Restaurants, sodass die übliche Forschungskette umgedreht werden muss: Wo kommt ein Schnitzel so gut aus der Küche wie zu Hause, und nicht: Wie eignet man sich das notwendige Wissen über das ideale Wiener Schnitzel durch frequentes Lernfressen an.

Im Zentrum der Stadt Wien zum Beispiel lernt man überhaupt gar nichts. Das Wiener Schnitzel kommt dort platt geklopft wie ein riesiges Löschpapier. Seine Ecken hängen über den Tellerrand, und der Wirt bildet sich ein, bereits in der Ankunftshalle des Flughafens auf eindrucksvollen Leuchtpaneelen «das größte Schnitzel der Stadt» annoncieren zu müssen, damit die Gäste unserer Stadt ernsthaft glauben, wir Wiener essen unsere Schnitzel quadratmeterweise.

Dabei ist doch, wie wir wissen sollten, das Gegenteil wahr: ein perfektes Schnitzel ist maximal 160 Quadratzentimeter groß, sagen wir zehn mal sechzehn Zentimeter. Es wird quer zur Faser aus der Kalbsschale geschnitten und vorsichtig geklopft, am besten mit dem Boden eines dickwandigen Glases, jedoch unter keinen Umständen mit einem scharf gezackten Fleischhammer (der gehört sowieso in den Müll). Die Oberfläche des Fleisches darf keine Perforierungswunden erleiden. Wer diesbezüglich sichergehen will, packt das Schnitzel vor dem Klopfen in Zellophan ein. Anschließend wird das Fleisch kräftig mit Mehl bepresst (es ist besser, das Zellophan vorher wieder abzuziehen), durch verquirltes, gut gesalzenes Ei gezogen und mit Semmelbröseln paniert.

Hier haben Schweizer Semmelbröselkäufer einen gravierenden Startnachteil: die Brösel, die es bei COOP oder MIGROS zu kaufen gibt, sind zu grob. Es empfiehlt sich, um eine wirklich samtige, elegante

Panade herzustellen, altes, hartes Weißbrot selbst mit der Parmesanreibe zu zerkleinern und den so entstandenen feinen Abrieb zu verwenden.

Anschließend kommt das gute Stück augenblicklich in eine fast vollständig mit heißem Schweineschmalz gefüllte Pfanne, wo es unter ständiger Beobachtung goldbraun gebacken wird.

Die Panade, darauf ist mit Argusaugen zu achten, muss Falten werfen wie das Gesicht eines *Shar-Pei*-Hundes. Dieser Effekt kann nur erzielt werden, wenn man die Kunst beherrscht, die Pfanne mit dem heißen Öl immer wieder schnell hin und her zu bewegen und das darin schwimmende Schnitzel in Schwingungen zu versetzen. Es ist eindeutig weniger schmerzhaft, wenn man darauf achtet, dass das heiße Fett in der Pfanne bleibt und nicht auf die Hände oder Oberschenkel des Kochs spritzt. Der muss deshalb vielleicht ins Krankenhaus, und wer bäckt dann das Schnitzel fertig?

Es versteht sich von selbst, dass jeder Küchenmeister, der bis zu diesem Schritt alles richtig gemacht hat, auch darauf achtet, das Fett nach vollendeter Bebackung sorgfältig und vollständig von der Schnitzeloberfläche zu entfernen. Dafür braucht man etwa eine halbe Küchenrolle.

Man soll sich, so die Faustregel, mit einer weißen Hose auf das Schnitzel setzen können, ohne dass anschließend ein Fettfleck deren Hinterteil verunziert. Diese Probe empfiehlt sich übrigens nicht unbedingt in Gegenwart von Gästen, die ein übertriebenes Faible für Etikette haben.

Aber das Schnitzel ist dann, wie es sein soll. Staubtrocken außen, innen heiß und zart und überhaupt von jener Poesie, die das wienerische Wesen so lyrisch besingt.

Zum Thema «Herausbacken» nur so viel: Ich habe alles versucht, mich vom Dogma «Schweineschmalz» freizuspielen. Ich habe Schnitzel in einer Mischung aus Butter und Olivenöl knusprig gebraten, ich habe Butter allein ausprobiert, was sich schwierig gestaltete, weil der Pfanneninhalt die nötige Temperatur nicht erreichte. Ich testete sowohl Butterschmalz als auch *Ghee* in Familienpackungsgröße, was auch ein ansprechendes Ergebnis zeitigte, aber mich – wir sprechen hier bekanntlich über Finessen – eben doch nicht so überzeugte wie das animalische Volumen des Schweineschmalzes, das sich im Übrigen nicht grobschlächtig äußert, sondern zart und samtig. Wobei: Butterschmalz wird als Alternative zum Schweineschmalz anerkannt, während die in den meisten Wirtshäusern vertretene Friteuse über jedes ordentliche Wiener Schnitzel das Todesurteil verhängt. Nur dass das klar ist.

Dazu: *Erdäpfel-Vogerl*-Salat, und zwar die typische wienerische Variante dieses Gerichts, bei dem sich die Stärke der Kartoffel in der leicht gezuckerten Marinade löst und diese sämig und schmelzend schmiert. Wir könnten darüber streiten, ob in der Marinade etwas Senf erwünscht ist oder nicht (ich plädiere für: ja, in Spurenelementen). Die Rotoren des *Vogerl* = *Nüssli*-Salats setzen dem Salat schließlich seine knackige Krone auf. Fazit: Wer die Finessen der Wiener Küche schätzen möchte, muss sich diesem Gericht so und nicht anders widmen. Vegetarier nehmen einfach das Schnitzel ohne Schnitzel, dafür mit ein bisschen mehr *Erdäpfel-Vogerl*-Salat.

Wohin also mit Dimitri? Ich kreiste in meinen Gedanken um den Grundriss der Stadt Wien, die, wenn man sie genau betrachtet, selbst aussieht wie ein Schnitzel, aber vielleicht neigte ich etwas zur Überinterpretation.

Die Suche musste, zumal das Zentrum schwächelte, an der Peripherie beginnen, zum Beispiel im «Gasthaus Herzog» in Wien-Fünfhaus. Der Eingang dieser Wirtschaft, gelegen an einer wenig eindrucksvollen Nebenhauptstraße in der Wiener Vorstadt, verspricht zwar nichts Aufregendes. Das Lokal ist holzgetäfelt, vor der unvermeidlichen Schank, in der die Gläser gewaschen und ein paar schnelle Einsatzflaschen gekühlt werden, sitzen die Gäste von immer, die mit ein paar kleinen Bieren feiern, dass es auch heute wieder Feierabend geworden ist. Im kleinen Speisesaal nebenan ist es auf reservierte Weise bummvoll: Es hat sich in der Innenstadt herumgesprochen, wie sorgfältig hier mit dem großen Erbe der Wiener Küche umgegangen wird. Man isst Schnitzel. Man lobt den *Erdäpfel-Vogerl*-Salat. Man lässt sich dazu einen Grünen Veltliner aus dem Weinviertel bringen, stößt mit klingenden Kristallgläsern an, und dem ungeschulten Blick fiele vermutlich gar nicht auf, was für formidable Wellen die Schnitzelpanier wirft, wie frisch und zufrieden der *Vogerl*-Salat auf den Erdäpfeln sitzt und was für Geschichten von Bienen und Landluft und Frische der Wein zu erzählen hat.

Aber so ist das mit der Schnitzelküche. Sie offenbart sich nicht auf den ersten Blick. Sie tut so, als wäre sie einfach, dabei ist das gerade ein Resultat höchst komplizierter Faktoren, siehe oben. Ein Schnitzel ist ein Schnitzel ist ein Schnitzel: so ein Quatsch.

Nebenbei ist – und darin besteht auch das Problem, sofern es eines ist – das Wiener Schnitzel, so beliebt es auch sein mag, nicht mehr der Angelpunkt der Wiener Küche, es wird auf den Herden der selbstbewussten Köche vielmehr zum freundlich geduldeten Exoten. Sicher kann man bei «Schnattl» und «Sodoma» ein Schnitzel bestellen, und es wird köstlich sein und der reinen Lehre folgen; doch wird der Kellner den Kopf schief legen und höflich fragen, ob man – wenn die Lust aufs Gebackene schon manifest werde – nicht lieber den Zander probieren wolle; und der Zander wird weich sein und saftig und nach der imaginären Donau schmecken, aus der er vielleicht gar nicht stammt; er wird zwischen Zunge und Gaumen schmelzen, nicht zerbröseln, denn er wird *à point* gebraten sein und sich in den sämigen Geschmack seiner selbst auflösen; und wenn einer, der für seine Wiener Mahlzeit eine griffige Überschrift braucht, wissen will, was er da isst, könnten das auch, Achtung, originell, «Fischstäbchen» sein.

Wenn ein Wirtshaus also von außen ausschaut, wie ein Wirtshaus auszuschauen hat – sauber polierte Schank, warme Holzvertäfelung, die richtigen Weinflaschen im großen Kühlschrank, die Speisen des Tages mit weißer Kreide an die schwarze Tafel gekritzelt –, dann heißt das noch gar nix. Es geht um die Seele des Hauses. Es geht darum, ob der Wirt verstanden hat, was es heißt, Sorgfalt walten zu lassen: beim Einkauf, beim Kochen, beim Servieren. Wir Wiener lieben die Sorgfalt der anderen, und deshalb boomen die Gasthäuser der Stadt, und immer mehr, immer unterschiedlichere Leute wechseln sich an den Theken der guten und besseren Wirte ab und wachsen zu einem gemischten, gebildeten Publikum, um das uns die Chefs anderer europäischer Städte beneiden.

Das ist ein wertvoller Hinweis für alle Zureisenden, Dimitri hat mich einst darauf aufmerksam gemacht: ein leeres Lokal, das gut ist, gibt es in Wien nicht. Das haben selbst die maliziös an ihren Defekten hängenden Wiener gelernt und sich zwei langjährige Selbstverständlichkeiten abgewöhnt: unangemeldet ins Wirtshaus zu platzen und zu glauben, dass sie einen Tisch bekommen; beim Empfang der Rechnung so dreinzuschauen, als hätten sie gerade einen Schlaganfall erlitten.

Denn, und damit sind wir zurück beim Schnitzel: ganz billig ist der Spaß nicht, wenn der Spaß gut ist. Wie auch? Wenn der Koch ein schönes Stück Fleisch von einem gesunden, gut gehaltenen Kalb kauft, von dem er nach der richtigen Reifungsfrist das jeweilige Stück heruntersäbelt; wenn er nach jedem Schnitzel das Fett in seiner Pfanne wechselt; wenn er ewig und einen Tag lang verschiedene Gemüselieferanten ausprobiert, bis er endlich den besten Erdäpfelbauern ausfindig gemacht hat: Wie soll so ein Schnitzel nichts kosten? Wir müssen 15 bis 22 Euro budgetieren, billiger geht's nicht.

Auf meiner Spitzenschnitzeljagd eroberte ich das Zentrum vom Westen her. Ich startete beim «Herzog» in Fünfhaus, machte Station beim etwas fürnehmeren «Eckel» in Döbling, genoss einmal mehr den kompromisslosen «Grünauer» in Neubau (der statt auf Kalbschnitzel auf die «gebackene Fledermaus», ein saftiges Stück aus dem Rücken des Schweins, schwört), probierte die Rundum-Authentizität bei der «Eisernen Zeit» am Naschmarkt und landete gut vorbereitet im Roten Salon des «Sacher», wo eine zeitlose Eleganz durch die Räume strömt, die uns aber nicht verwirren darf, sodass wir verwirrt einen schönen Fisch bestellen oder so was. Hier ist das Schnitzel in vollendeter Vornehmheit daheim, und das klingt so doppeldeutig, wie es gemeint ist.

Weil, Wien wäre nicht Wien, wenn hier nicht die Kunst des Weißwein-*Beuschels* zelebriert würde, was ein zum Glück unverständlicher Ausdruck für die klein geschnittene Kalbslunge ist, die in Wein weich gedünstet und mit Rahm und mit diversen Gewürzen zu einem fantastischen Eintopf hochgerüstet wird. Diese Speise, aber auch verwandte Gerichte wie Kutteln, Leber oder Nieren, haben einen interessanten Weg hinter sich. Sie wanderten von den Küchen der Peripherie, wo es früher billig sein musste und schnell, in die Hände der großen Chefs, denen es gefällt, ihre Sterneküchen mit Zitaten des Handfesten zu erden. Wer bei Sepp Schellhorn einmal Nieren gegessen hat oder in Heinz Reitbauers «Steirereck» das Kalbs-*Beuschel*, weiß, wovon ich spreche. Da heben die besten Köche Wiens, was früher einmal banal war, in den Rang des Außergewöhnlichen, und das Publikum dankt es ihnen, indem es dazu große Weine probiert und lächelt und sich keine Sekunde lang darüber alteriert, dass zu wenig Hummer oder Gänseleber auf den Tisch kommt.

Ich bestellte also einen Tisch im «Sacher», und ich freute mich auf Dimitris Gesicht, der innerhalb einer Sekunde die mondäne Kulisse abtasten und darin den Kontrast des perfekt Normalen – des auf Anfrage zubereiteten Wiener Schnitzels für Aficionados – als besondere Pointe zu schätzen wissen würde.

Aber Dimitri enttäuschte mich. Er rief spätnachts noch einmal an und redete ausführlich mit meinem nachtaktiven Anrufbeantworter. Er sei gerade in den Markthallen von Narbonne gewesen und habe dort eine ganze *Foie gras* und eine Kühltasche gekauft, und die eine werde er in der anderen auf direktem Weg nach Wien schaffen, ich solle mich gefälligst darum kümmern, sechs bis acht Weine aus Österreich heranzuschaffen, die mit dieser Gänseleber auf ansprechende, aber nicht vordergründige Weise harmonieren könnten, er setze auf mich und verkneife sich die Anschaffung eines *Sauternes*.

Das Schnitzel?

Ach ja, das sei doch sowieso eine Sache für zu Hause.

Am Schluss landen wir ja doch in der «Kronenhalle».

Zürich

Die Nachricht kam, als ich gerade eingeschlafen war. Ich tastete nach dem Handy, war zu verwirrt, um mich darüber zu ärgern, dass ich es nicht ausgeschaltet hatte, und starrte auf diese Zeile: «Verspäte mich um zehn Minuten. Bis ganz gleich, Bodo.»

Es war zehn nach halb zwei. Nachts. Draußen Dunkelheit und über der Dunkelheit Nebel, eine Winterspezialität Zürichs. Ich schaltete das Licht ein und las die Botschaft noch einmal: Was meinte Bodo mit «zehn Minuten»? Und, schlimmer: Was meinte er mit «ganz gleich»?

Ich musste etwa zehn Minuten darüber nachgedacht haben, wie die merkwürdige Botschaft zu interpretieren sei, als das Handy plötzlich zu krähen begann. Ich war so erschrocken, dass mir das Ding aus der Hand fiel, aber die Ladung Adrenalin, die der Schreck auslöste, machte mir schlagartig klar, dass Bodo persönlich am Apparat sein musste, denn das aggressive Krähen eines Kampfhahns hatte ich irgendwann mit seiner Telefonnummer verknüpft, um sofort und angemessen vor seinen Anrufen gewarnt zu sein.

Jetzt fiel mir auch ein, dass ich Bodo vor zwei, drei Wochen erzählt hatte, dass ich in Zürich sein würde, und dass er gesagt hatte, das treffe sich gut, er würde mich auf eine Führung mitnehmen, Freitag halb zwei, wenn er mit der Arbeit fertig sei.

Es krähte schon wieder. Ich nahm seufzend ab.

«Wo steckst du?», schrie Bodo ins Telefon, um den enormen Lärm, der ihn umgab, zu übertönen.

«Ich bin im Bett», hauchte ich zurück, «ich schlafe. Ich rede im Schlaf.»

«Bist du wieder in dem grauen Vorstadthotel?», schrie Bodo, der meine Antwort gar nicht gehört haben konnte. «Im ‹Greulich›? Ich verstehe nicht, warum du nicht im ‹Widder› absteigst oder im ‹Baur au Lac›. Aber das besprechen wir später. Ich hole dich in zehn Minuten ab.»

Mir kam vor, als sei mit Bodos Stimme auch der Geruch nach Parfüm, Bier und Nacht aus meinem Telefon geströmt, also packte ich es unter mein Kopfkissen, ängstlich entschlossen, mich diesmal nicht von meinem Schweizer Freund kidnappen zu lassen. Immerhin wusste er meine Zimmernummer nicht, und der Portier des «Greulich» gab zu dieser Tageszeit sicher keine Auskünfte. Ich schaltete das Licht aus und stellte das Handy ab. Ich wusste, dass ich Bodo eines Tages Rechenschaft über diese Flucht zwischen die Laken ablegen würde, aber der letzte Tag war zu erfüllt gewesen, um eine Einladung zu einer Stadtführung morgens um zwei als Geschenk des Himmels zu betrachten.

Lange befand sich das Tor zu Zürich an einer durchaus unglamourösen Adresse namens Fabrikstrasse. Über dem Eingang prangte ein mattgrünes Schild mit dem Schriftzug «Restaurant», während die Zeile darunter Verwirrung stiftete: das «Goldene Schloss», das hier angekündigt wurde, hieß nämlich seit Jahr und Tag «Alpenrose» und war der mit Abstand entspannteste Ort, um sich mit den Segnungen der Schweizer Küche vertraut zu machen.

Inzwischen, nur um die Sache noch etwas komplizierter zu machen, ist am selben Ort zwar noch immer eine Beiz namens «Alpenrose» untergebracht, die jedoch mit der «Alpenrose», die ich meine und der das monumentale Lamento im Nachspann dieses Kapitels gewidmet ist, nicht viel mehr gemeinsam hat als die Adresse.

Aber sprechen wir kurz über Schweizer Küche. Die Schweiz ist ein Land der Regionen, was man zwischendurch, weil so viele Sprachen gesprochen werden, mit Weltläufigkeit verwechseln könnte. Eine weltläufige Küche aber gibt es in der Schweiz sicher nicht, sondern von Frankreich, Italien und Deutschland / Österreich beeinflusste alpine Regionalküchen, die stark auf die kulinarischen Ressourcen der Schweiz fokussieren: auf das Fleisch, den Käse, das Brot, die einfachen Getreidearten, Kartoffeln und derbe Gemüsesorten.

Am vielleicht besten wird diese Küche derzeit im Arbeiterquartier Schwamendingen zelebriert, in einer Ausflugskneipe namens «Ziegelhütte». Hier hatte ich meinen strengen Verlegerfreund getroffen, mit dem mich eine lange Geschichte in der Verehrung kulinarischer Übereinstimmungen verbindet. Ja, klar begannen diese Übereinstimmungen seinerzeit in der «Alpenrose». Sie mündeten in zwei Bücher, die wir gemeinsam mit den «Alpenrose»-Wirtinnen Tine Giacobbo und Katharina Sinniger machten, das erste ein Suppenkochbuch, weil es im «Limmatlädeli», da wo heute Thai-Food verkauft wird, täglich drei, vier Suppen gab, die man gern auch selbst kochen wollte, das zweite ein Buch mit dem programmatischen Titel «Jetzt müsst ihr selber kochen» – also wir.

Der Verleger wollte mir zeigen, dass man auch nach der «Alpenrose» noch Geschnetzeltes essen und Schweizer Wein trinken kann. Wir liefen über den Zürichberg nach Schwamendingen, umarmten den Wirt Stefan Tamó, der sich als Ur-Schwamendinger mit der «Ziegelhütte» einen Kindheitstraum erfüllt hatte, und luden einander wechselseitig auf Wein aus der Bündner Herrschaft (Trocla Nera von Obrecht, falls es jemand genau wissen will, siehe Seite 259) und dem Thurgau (Bachtobel № 2, siehe Seite 627) ein. Dabei riefen wir einander in Erinnerung, wie wir eines Tages im thurgauischen Wigoltingen bei Maître Martin Kuchler schottische Moorhühner gegessen hattten und dass niemand je eine intensivere *Consommé* gekocht hat als Meister Kuchler persönlich. Weil der lange Zeit mit zwei MICHELIN-Sternen ausgezeichnete Meisterkoch inzwischen die Beiz an seinen Sohn übergeben hat, einigten wir uns darauf, diesem beim nächsten Ausflug Richtung Bodensee die Reverenz zu erweisen – und verschlangen beim Reden über das Essen einen um den anderen Leckerbissen, die aus der Küche geliefert wurden, ohne dass wir sie je bestellt hatten.

Essen und Trinken schleudert einen manchmal aus dem Raum-Zeit-Kontinuum. Der Nachmittag war definitiv angebrochen, als wir mit dem Tram von Schwamendingen Richtung Innenstadt zischten, es stellte sich also die Frage, wie man in Zürich am besten mit so einem Nachmittag umgeht.

Diese Frage muss sorgfältig untersucht werden, unter Berücksichtigung meteorologischer und jahreszeitlicher Spezifikationen.

Im Sommer geht man an den See zum Schwimmen, Stichwort: Utoquai, eine historische Badanstalt im Seefeld. Im Winter kann man, wenn man zum Beispiel aus Schwamendingen kommt, die vor ein Paar Jahren neu entwickelte Markthalle besuchen, wo es sehr gute (aber wie immer in Zürich sehr teure) Fische und Krustentiere zu kaufen gibt, aber auch gute Butter, guten Käse – und einen anständigen Kaffee, den man am besten im Restaurant «Markthalle» nimmt. Die «Markthalle» ist eines der selbstbewussten, an der Grenze von Bodenständigkeit und Schick oszillierenden Restaurants, wie es in Zürich viele gibt; keine kulinarische Offenbarung, aber gutes Essen, gute Stimmung, lässiges, urbanes Ambiente.

Wenn man aber das Gefühl hat, an diesem Nachmittag lieber kein Tageslicht mehr sehen zu wollen, dann ist die «Kronenhalle»-Bar das perfekte Ziel.

«Ist es schon Abend?», fragte der Verleger suggestiv, als wir aus dem Tram in das gleißende Nebelhell des Niederdorfs traten.

«Ich glaube schon», antwortete ich.

Das war die richtige Antwort. Denn wenn um halb vier schon Abend ist, erlaubt sich auch der Verleger, in die «Kronenhalle»-Bar zu gehen. Am Nachmittag müsste er ja arbeiten, Stichwort: protestantische Ethik. Wir flüchteten also Richtung Bellevue und drückten uns in die Bar, die vielen als die schönste Bar der Welt gilt, und an diesem speziellen Tag war ich geneigt, dem apodiktischen Urteil zuzustimmen.

Tatsächlich ist die «Kronenhalle»-Bar ein Muster an Geborgenheit für erwachsene Menschen. Hätte ich eine Yacht, müsste ihr Speisesaal so aussehen. Die Wände holzverkleidet und markant, die Ledermöbel knautschig und grün, das Licht gedämpft und warm. Der Verleger und ich besprachen immer kühnere Pläne, während sich die Bar um uns füllte und ältere Herren mit klein geknüpften Krawattenknöpfen ihre Begleiterinnen an die Bar zu den *Cüplis* führten, Champagnerflöten, die gerade gefüllt wurden, während zwei stadtbekannte Schriftsteller ausprobierten, wer von beiden mehr Nüsse in den Mund stecken konnte, was angenehm war, weil sie dann nicht gleichzeitig bramarbasieren konnten. Der Maître der benachbarten «Kronenhalle»-Brasserie kam hie und da vorbei, um einen Blick auf die *Crowd* zu werfen und sich hinter der Bar aus einem undefinierbaren Glas zu stärken.

Nur die richtigen Adressen

Dieses Buch ist kein Reiseführer; deshalb erhebt dieser kleine Serviceteil nicht den geringsten Anspruch auf Vollständigkeit. Bei den Adressen handelt es sich um Orte, um Restaurants, Marktstände oder Hotels, die ich bei meinen Reisen in die genannten Gegenden besucht habe und die ich aus eigener Erfahrung heraus weiterempfehlen kann. Nicht für jede Stadt habe ich Tipps aus allen Ressorts, und in manchen Regionen sind die Informationen dichter als in anderen. Diese Ungleichmäßigkeiten bitte ich zu entschuldigen. Sie entsprechen meiner Art, zu reisen.

Adelaide

Essen

Orana (restaurantorana.com)
Das atemberaubende *Fine-Dining*-Restaurant von Jock Zonfrillo. Hier werden höchste Foodkultur und die kulinarische Kultur der australischen Ureinwohner auf einen Nenner gebracht. Aufschlussreich, spannend, köstlich. Keinesfalls versäumen.
— **Afri Cola** (africola.com.au)
Großartiges, afrikanisch inspiriertes Bistro an der Peripherie der Innenstadt von Adelaide, wunderbare, wilde Kunst an den Wänden, eklektizistischer Küchenstil, hoher Funfaktor.
— **Lost in a forest** (lostinaforest.com.au)
Eine ehemalige Kirche in den Hills nahe Adelaide, die in eine Pizzeria verwandelt wurde. Stützpunkt der meisten Winzer, Pizza zum Niederknien. Ideal für die Verpflegung auf einer Weinrallye.

Wein

Ochota Barrels (ochotabarrels.com)
Steht stellvertretend für die zahllosen, durch keinerlei Regeln behinderten Freigeister der Wein-szene aus den Adelaide Hills. Ein Besuch bei Taras und Amber ist ein Ausgangspunkt für weitschweifende Erkundungsreisen zu Winzern und zu Weinen, wie man sie in Europa mit Sicherheit noch nie getrunken hat.

Azoren

Wohnen

Pico do Refugio (picodorefugio.com)
Ehemalige Teefabrik, die sorgfältig in eine sympathische Pension umgewandelt wurde, großzügig angelegt, ruhig gelegen und das ideale Basislager für ein, zwei Wochen auf der größten Azoreninsel San Miguel.

Einkaufen

Mercado da Graça, Rua do Mercado 15, Ponta Delgada
Schöner Gemüsemarkt mit kleiner, aber überzeugender Fischabteilung. Dort treffen fangfrische Atlantikfische ein, die zu äußerst moderaten Preisen verkauft werden. Nicht vergessen, Ananas zu kaufen – die sind hier zu Hause und entsprechend großartig.

Baden und Essen

Thermalbäder Furnas, Terra Nostra Park, Largo Marquês da Praia e Monfort
Wunderschöner Park und erstaunliche heiße Becken mit Thermalwasser. Wenn Sie in den nahen Schwefelquellen von Furnas einen *Cozido* zubereiten lassen wollen, erkundigen Sie sich im Pico do Refugio bei Ricardo. Er weiß Bescheid.

Barcelona

Wohnen

W Hotel (marriott.com)
Es gibt zahllose interessante AirBnBs in Barcelona. Deshalb eine Empfehlung in die entgegengesetzte Richtung. Das «W Hotel» ist ein Hochhaus direkt am Strand und bietet unglaublich eindrucksvolle Blicke auf Stadt und Meer. Teuer, aber spektakulär.

Essen

7portes (7portes.com)
Kann sein, dass manche dieses wunderbar gelegene, altmodische Restaurant für eine Touristenfalle halten. Die Qualität der katalanischen Klassiker jedoch ist genauso überzeugend wie die lässige Eleganz des Personals. Pflichtbesuch!

Tapas

Tapaç24 (carlesabellan.com)
Kleines, buntes Tapasrestaurant. Ganz in der Tradition der zahllosen Tapasläden Barcelonas, aber mit einem entscheidenden Twist: Alle Speisen haben geschmacklichen Mehrwert.

Berlin

Schlafen

Hotel Savoy (hotel-savoy.com)
Liegt in der Nähe des Kurfürstendamms und hat eine Geschichte, die so lang ist wie Berlins längste Straße. Kostbare Mischung aus kultureller Grandezza und einer gewissen charmanten Abgewohntheit in Bestlage.

Bar

Paris Bar (parisbar.net)
Wichtigste Adresse in ganz Charlottenburg. Berlins Künstler und Nachtschwärmer pflegten diese zeitlose Anlaufstelle bereits seit einer Ewigkeit. Jetzt aber das Positive: Es hat sich seither nicht viel verändert. Ein Hoch auf die Bohème: Hier befindet sich ihr Hauptquartier.

— **Bar Freundschaft,** Mittelstraße 1, Berlin
Nirgends gibt es interessantere Weine in originellerem Ambiente. Selbst der manchmal quälende Berliner Hipsterismus tritt hinter die Qualität des Angebots (sowohl Klassik als auch Naturweine) zurück.

Essen

Nobelhart und Schmutzig (nobelhartundschmutzig.com)
Cooles *Farm-to-table*-Restaurant, das plötzlich sogar vom MICHELIN entdeckt und ausgezeichnet wurde. Grenzgang zwischen Anspruch und Lässigkeit, der souverän gelingt.

Bornholm

Schlafen

Nordlandet (hotelnordlandet.com)
Fantastisches Haus im Norden der Insel, alle Zimmer mit Meerblick, Stil und Stimmung. Aus der Kadeau-Familie entstanden. Auch das Hotelrestaurant «Pony» ist einen Besuch wert.

Essen

Kadeau (kadeau.dk/bornholm)
Vielleicht einer der schönsten Orte der Welt: bleiche Farben, Meeresduft, der Wind der Ostsee – und atemberaubend gutes Essen (das nicht ganz so elaboriert ist wie im Schwesterbetrieb in Kopenhagen; das ist ein dezidiertes Lob). Wer auf Bornholm ist und hier nicht isst, war nicht da.

Einkaufen

Torvehallen, Gartnervangen 6, 3700 Rønne
Nach dem Vorbild der Berliner «Markthalle IX» gegründet, gibt es hier die besten Produkte der Insel zu kaufen: Fisch, Fleisch, Gemüse, Geräuchertes. Beste kulinarische Souvenirs.

Budapest

Wohnen

Four Seasons Gresham Palace (fourseasons.com)
Mit Abstand das eleganteste Hotel Budapests. In einem historischen Ensemble direkt an der

Kettenbrücke gelegen, Blick auf Donau und Festung, jeder Komfort. Von hier aus ist alles fußläufig zu erreichen.

Essen

Stand 25 (stand25.hu)
Ungarns bester Koch Támas Szell machte sich mit einem «Marktstand» in der zentralen Markthalle an Hold Utca 13 selbstständig. Der Stand ist natürlich ein avanciertes Restaurant – auch. Die Hälfte der Plätze kann reserviert werden, der Rest ist für schnell Entschlossene. Bestes Preis-Leistungs-Verhältnis.
— **Onyx** (onyxrestaurant.hu)
Auch nach dem Abgang von Überstar Támas Szell (siehe oben) das beste *Fine-Dining*-Restaurant der Stadt. Interessante Neuinterpretationen der traditionell schweren und deftigen ungarischen Küche.

Imbiss

Nagy Vásárcsarnok, Große Markthalle, Vámház krt. 1–3, 1093 Budapest
Historische Markthalle in beeindruckendem Format. Im Erdgeschoss gibt es Obst, Gemüse und Delikatessen, im ersten Stock Imbisslokale und Büfetts. Von Sushi bis zur Gulaschsuppe.

Burgund

Essen

Lamloise (lameloise.fr)
Dieser Dreisterner ist so etwas wie ein Museum der französischen Kochkunst. Nirgendwo gibt es intensiveres, kunstfertigeres Essen. Und die grandiosen Weine der Region.
— **La Ruchotte** (lafermedelaruchotte.com)
Abseits der teuren Sternerestaurants und Goldküstenwinzer bietet dieser Biobauernhof etwas ganz Besonderes: einfachste, regionale Küche in Bioqualität, ergänzt um grandiose Weine. An ausgewählten Tagen gibt es *Le Vol au Vent,* herausragende Menüs burgundischer Meisterküche.

Einkaufen

Senfmacherei Fallot, Beaune (fallot.com)
Manufaktur des besten Dijonsenf auf diesem Planeten. Ein Führung durch das Haus stärkt nicht nur das Verständnis für guten Senf, sondern gibt Einblick in dessen handwerkliche Grundlagen.

Cartagena

Wohnen

Hotel Quadrifolio (hotelquadrifolio.com)
Umwerfend schönes Haus in der Altstadt. Nur eine Handvoll Zimmer, individuelle Ausstattung, ein Klima köstlichen Schattens mitten in den Tropen. Winziger Pool, wundervoller Patio, schönste indigene Kunst.

Essen

La Vitrola, Cra. 2 #33–66, Cartagena
Belebtes, seelenvolles Restaurant in der Altstadt mit Livemusik und köstlichem karibischem Essen. Gute Weinkarte, aber bei der Hitze funktionieren Bier und Cocktails einfach besser.

Trinken

Santa Clara (sofitel.accorhotels.com)
Unter den Arkaden dieses schicken Hotels lässt es sich beispiellos gut sitzen und tagtrinken. Bei Gelegenheit lässt man auch einen Teller *Ceviche* aus der Küche servieren. Die Stimmung hält.

Cornwall

Essen

Restaurant Nathan Outlaw, Port Isaac (nathan-outlaw.com)
Eines der besten Fischrestaurants Englands. Mit einem bemerkenswerten Hang zur Reduktion von Geschmack und zur Perfektion von Konsistenz. Blick aufs Meer. Unbedingt reservieren.
— **Porthminster Beach Café**, St. Ives (porthminstercafe.co.uk)
Hier kommen ein paar Superlative zusammen: schönste Lage direkt am Strand, lässigster Service und im Angebot an bestem Seafood. Nach einer Küstenwanderung hier zu essen, ist ein echtes Geschenk.

Fish and Chips

Steins's Fish and Chips, Padstow (rickstein.com)
Ja, auch Fish and Chips können eine Köstlichkeit sein, vorausgesetzt, sie sind aufmerksam zubereitet. Rick Stein steht dafür gerade: Seine knusprigen Chips am Hafen von Padstow aus dem Zeitungspapier zu essen, ist einer der großen Momente zeitgemäßer Romantik.

Kunst

Tremenheere Sculpture Gardens, Penzance (tremenheere.co.uk)
Einer der bewegendsten Gärten in diesem an Gärten überreichen Landstrich. Im monumentalen Skyspace von James Turrell sitzen und die Gegenwart vergessen. Große Momente.

Emilia-Romagna

Essen

Salumeria Giusti, Modena (hosteriagiusti.it)
Idealtypus eines italienischen Feinkostgeschäfts. Im Hinterzimmer wird einfach, aber überaus köstlich gekocht. Keinesfalls den *Gnocco fritto* auslassen, er ist vom Simplen das Beste.

Einkaufen

Acetaia del Cristo (acetaiadelcristo.it)
Traditioneller Hersteller von *Aceto Balsamico,* der hier in Fässern ein- und derselben Holzart gereift wird – die Ergebnisse sind berückend. Kompetente Führungen, guter Onlineshop.
— **Hombre Parmesan** (hombre.it)
Riesige Biofarm des Panini-Erben Matteo. Erstklassiger Parmesan, der in fußballplatzgroßen Reifehallen seine Zeit bekommt.

Fäviken

Essen und Schlafen

Fäviken (favikenmagasinet.se)
Einmal hier, gibt es nicht viele Alternativen zum Essen und Schlafen bei Magnus Nilsson, es sei denn, man hat ein Zelt und ein Gewehr dabei. Das Menü ist ein überaus interessantes Erlebnis – aber worauf man keinesfalls verzichten darf, ist das Frühstück am nächsten Morgen.

Graubünden

Wohnen

Weiss Kreuz, Malans (weisskreuzmalans.ch)
Elegantes Hotel im historischen Ortskern. Gutes Restaurant in den eigenen Prunkräumen.
— **Weiss Kreuz,** Thusis (weisskreuz.ch)
Wer kein Zimmer im Schloss Schauenstein ergattert hat, wohnt hier unkompliziert und günstig. Ideales Ausweichquartier.

Essen

Restaurant Rätia, Jenins (restaurantraetia.ch)
Bodenständiges Wirtshaus wie aus dem Katalog für Lieblingsbeizen. Gutes, klares Essen samt den entsprechenden Weinen aus der Nachbarschaft.
— **Schloss Schauenstein** (schauenstein.ch)
Andreas Caminadas Kunst besteht darin, selbst abgebrühte Feinschmecker immer wieder von Neuem zu überraschen und mit seiner kulinarischen Fantasie alle möglichen Grenzen zu überschreiten. Das in höchst angenehmer, menschenfreundlicher Atmosphäre. Lohnt den Preis!
— **Casa Caminada** (casacaminada.com)
Das Wirtshaus gleich um die Ecke vom Schloss. Ein Fundort für Originelles und Zünftiges aus der Region. Gute Anlaufstelle gegen die kulinarische Schwellenangst.

Wein

Weingut Fromm, Malans (weingut-fromm.ch)
Eigenwillige, von biodynamischen Ideen befeuerte Weine. Geschmeidigkeit, nicht ohne Widerhaken. Verkostungen auf Anfrage.
— **Weingut Obrecht,** Jenins (obrecht.ch)
Weingut, das die neue Inhabergeneration Francisca und Christian Obrecht auf Biobetrieb umgestellt hat. Die Weine danken es mit Brillanz und Spannung. Degustationen auf Anfrage.
— **Weingut Gantenbein,** Fläsch (gantenbeinwein.com)
Das Paradeweingut der Region, betrieben von den Ausnahmekönnern Martha und Daniel Gantenbein. Ihre Pinot Noirs haben den Ruhm Graubündens in der Weinwelt gemehrt – die Weine selbst sind rar und teuer. Tipp: Im Festraum ihres Weinguts gibt es auf Anfrage hervorragendes Essen: a-table@bluewin.ch

Griechenland

Wohnen

Costa Navarino (costanavarino.com)
Luxusresort direkt am Meer. Alle möglichen Restaurants und Strandbars, bequeme Zimmer, guter Ausgangsort für Entdeckungsreisen.

Essen

Trichordo, Pilos (pankan550@hotmail.com)
Herrliche Taverne in den Hügeln. Schwerpunkt:

Griechische Hausmannskost mit Fleisch und Gemüse, inklusive zuweilen vom Wirt vorgetragenen Gesängen und griechischem Wein.

Olivenöl

Lia (liaoliveoil.com)
Die Frau, die messenisches Olivenöl in aller Welt bekannt macht, heißt Cristina Stribacu. Sie produziert ihr vielfach preisgekröntes Öl in den Hainen bei Filiatra. Außerdem gibt sie auf Anfrage Kurse für die olfaktorische Beurteilung von Öl. Bemerkenswert!

Hongkong

Wohnen

The Fleming (thefleming.com)
Charaktervolles Boutiquehotel in Wanchai. Cool designte Zimmer, feiner Italiener im Erdgeschoss, der sich nachts in die Bar verwandelt. Beste Alternative zu den großen Hotelketten.

Essen

Yat Lok, Central, Stanley St, 34–38
Der MICHELIN-Stern ist irreführend: Es handelt sich hier mehr um einen Verschlag als um ein Restaurant. Aber die gebratene Gans: ein Traum!
— **The Chairman** (thechairmangroup.com)
Schlicht großartige kantonesische Küche im grellen Licht der Neonbeleuchtung. Moderne Variationen alter Klassiker. Ein Riesenvergnügen.
— **Happy Paradise** (happyparadise.hk)
Buntes, lautes Nachbarschaftsrestaurant von Mae Chow. Die Starköchin aus Hongkong, die mit ihren *Bao Buns* ein Imperium begründet hat, kocht hier entspannt und vergnügt. Großer Spaß.
— **Ronin** (roninhk.com)
Abgesehen von der Mühe, das Lokal zu finden, ist diese lange, von einem Australier geführte Bar ein einziges Vergnügen. Beste Drinks, bestes Fusionfood auf Sterneniveau.

Kopenhagen

Wohnen

Hotel Skt Annæ (hotelsktannae.dk)
Boutiquehotel im Zentrum der Stadt, zwischen Nyhavn und dem Schloss der königlichen Familie. Gute Basisstation, im Restaurant gibt es exzellentes «Smørrebrød 2.0».

Essen

Relæ (restaurant-relae.dk)
Unter den vielen herausragenden Restaurants Kopenhagens das vielleicht eindrucksvollste. Genialer Umgang mit Gemüse, durchdachtes Design, fast überirdischer Service.

Imbiss

Kødbyens Fiskebaren (fiskebaren.dk)
Mitten am ehemaligen Schlachthof befindet sich diese Fischbar: Köstliches Essen auf lässigste Weise, dazu Weine, wie sie viele Sternerestaurants nicht im Keller haben.

Trinken

Ved Stranden 10 (vedstranden10.dk)
Beeindruckende Weinbar am Kanal. Natürlicher Schwerpunkt: Naturwein. Im Sommer großes Treiben vor dem Lokal, ansonsten zu Recht heftiger Kampf um die freien Tische: weil auch die Imbisse erste Klasse sind.

Kyoto

Suppe

No Name Ramen Shop, Nakagyo Ward, Ebisucho, 534–31 CEO
Außergewöhnlich designter *Ramen*-Shop im Souterrain eines Bürohauses. Köstliche Suppen, perfekte Nudeln. Anstellen lohnt sich.

Tempura

Tenyu, Nakagyo Ward, +81 75 212 7778
Eindrucksvolles *Tempura*-Restaurant im neuen Zentrum. Außerordentlich sensibel frittierte Gemüse und Meeresfrüchte.

Miso

Honda Miso Honten (honda-miso.co.jp)
Wer das Gefühl hatte, über *Miso* Bescheid zu wissen, wird hier eines Besseren belehrt. Beeindruckende Auswahl verschiedenster *Miso*-Sorten: Augenöffner für Feinschmecker.

Essen

Kikunoi (kikunoi.jp)
Kaiseki-Restaurant, dessen Menüs mit dem Begriff «genialisch» nur unzureichend beschrieben sind. Eindrucksvolle Verbindung von Tradition,

Ästhetik und Geschmack. Ein Türöffner für das Verständnis japanischer Kulinarik. Ausreichend lang im Vorhinein reservieren.

Languedoc

Essen

Biquet Plage, Chemin de Mouret,
11370 Leucate, +33 4 68 33 00 64
Das Nonplusultra eines Strandrestaurants. Wunderschön gelegen, cool gestaltet, großartige Musik und dazu Essen und Trinken, wie es einfacher und besser nicht geht. Reservierung günstig. Empfehlung: gleich den ganzen Tag bleiben, Liegen mieten und Muscheln mit Ingwer essen.

Einkaufen

Olonzac, Markt, Rue Arago,
jeden Dienstagvormittag
Die ganze kulinarische Kultur Frankreichs offenbart sich hier im historischen Zentrum einer Kleinstadt. Von Austern über Honig bis Ziegenkäse: alles von unglaublicher Qualität und Selbstverständlichkeit.
— **Narbonne Markthalle** (narbonne.halles.fr)
Traditioneller Ort, wo alle kulinarischen Qualitäten der Region ihren Ausdruck finden. Bei «Bebelle» gibt es gutes Gegrilltes, an der Austernbar hinreißende Krustentiere.

Lissabon

Wohnen

York House (yorkhouselisboa.com)
Ehemaliges Kloster, das sich auch nach Renovierung einen Hauch Feierlichkeit bewahrt hat. Einfache, schöne Zimmer, wundervoller Garten, gutes Essen.

Pasteis de Nata

Pasteis de Belem (pasteisdebelem.pt)
Lissabons berühmteste Süßspeise gibt es an jeder Ecke der Stadt für kleinstes Geld. Diese hier ist die beste.

Café

Café a Brasileira (abrasileira.pt)
Herrliches Café in der Rua Garrett. Es gibt dunkelschwarzen Espresso und zu jeder Tageszeit geistige Getränke, die man in Gesellschaft von

Fernando Pessoa einnehmen kann: dessen Abbild aus Bronze ist dem Café auch nach Pessoas Tod als Stammgast erhalten geblieben.

London

Wohnen

Ace Hotel London (acehotel.com/london)
Vitales Hotel für junge Menschen und solche, die sich so fühlen. Gut eingerichtete Zimmer, fast täglich Party im Foyer (es lohnt sich daher, das Zimmer in den oberen Stockwerken zu reservieren)

Essen

Lyle's (lyleslondon.com)
Ein Restaurant, das die Brücke vom *Fine Dining* zur wohligen Atmosphäre schlägt. Köstlich verarbeitetes Essen mit klugem, idealistischem Hintergrund. Lieblingsplatz!
— **Rochelle Canteen** (arnoldandhenderson.com)
Ehemalige Schulkantine, von Margot Henderson in das ideale Quartierlokal umgewandelt. Bei Schönwetter in der Wiese sitzen und Kaffee trinken: traumhaft. Hat den ganzen Tag offen, Frühstück ist besonders schön.
— **St John Restaurant** (stjohnrestaurant.com)
Das legendäre Hauptquartier von Fergus Henderson. Hier etablierte er sein Konzept des *Nose to Tail Eating* – und serviert täglich Köstliches, bei Weitem nicht nur Fleisch und Innereien. Einziges Gericht, das seit der Eröffnung täglich auf der Karte ist: Gebackenes Knochenmark mit Petersiliensalat.
— **NOPI** (ottolenghi.co.uk/nopi)
Yotam Ottolenghis wunderschönes Innenstadtrestaurant. Entgegen anderslautender Meinungen gibt es hier nicht nur vegetarische Gerichte. Interessant, wohnlich, empfehlenswert.

Imbiss

Bao (baolondon.com)
Taiwanesische Straßenküche in Soho. Gedünstete *Bao-Buns* mit herzhaften Füllungen für kleines Geld. Dafür steht man gern einmal ein paar Minuten in der Schlange.

Einkaufen

Labour and Waite (labourandwait.co.uk)
Es gibt auf der Welt kein schöneres Geschäft für Haushaltswaren und Arbeitskleidung.

Markt

Smithfield Market (heute auch: London Central Markets, smithfieldmarket.com)
Ältester Fleischgroßmarkt der Stadt (was mit ein Grund war, warum sich Fergus Henderson hier ansiedelte). Historische Substanz. Sehenswert.

Buchhandlung

Foyles, 107 Charing Cross Road
Einer der schönsten Bookshops der Stadt. Zum Beispiel, um die Wartezeit auf den Tisch im «NO-PI» zu überbrücken.

Mailand

Essen

Trattoria Trippa (trippamilano.it)
Die Essenz der milanesischen Küche in Reinkultur: Das Elegante und das Deftige, ideal zusammengefasst. Unbedingt reservieren. Und zwar rechtzeitig.
– **Antica Trattoria dela Pesa**
(anticatrattoriadellapesa.com)
Dass Ho Chi Minh hier einmal Koch war, ist vielleicht witzig, aber nicht wichtig. Wichtig ist, wie perfekt und schmucklos der Risotto Milanese in diesem Traditionslokal zubereitet wird. Für alle Risottisten: *That's the place.*

Kunst

Fondazione Prada (fondazioneprada.org)
Stadt in der Stadt, von Rem Kolhaas für die Kunst und aus der Kunst) gebaut. Großartig: die Bar Luce, wie eine Filmkulisse designt von Hollywood-Regisseur Wes Anderson.

Marken

Essen

Vino e cibo, Senigallia, Via Fagnani, 16, 60019 Senigallia, +39 071 63206
Trattoria mit einer guten Hand für Geschmack, der so tief wie das Schweigen des Vatikans ist. Einfache Gerichte in höchster Vollendung.
– **Albergo La Palomba,** Mondavio (lapalomba.it)
Im mittelalterlichen Ambiente draußen auf der Straße sitzen, herrliche Pasta essen und sich zwischen Italiens Vergangenheit und Gegenwart einpendeln. Hier ist das möglich.

Trattoria del Leone, Urbino
(latrattoriadelleone.it)
Bekannte Trattoria im Zentrum von Urbino (auf keinen Fall verpassen: die Fresken in der Capella degli Scrovegni). Gehobene, elegante Küche. Etwas Zeit mitbringen.

Einkaufen

Fattoria Macelleria Paccusse, Apiro, 3, Piazzale Cesare Battisti – 62021 Apiro
Italienische Metzgerei, wie sie sein soll. Kein großes, aber ein umso besser ausgewähltes Angebot. *Salsicce* von Weltrang. Unbedingt den Empfehlungen des Metzgers folgen.

Marrakesch

Wohnen

El Fenn (el-fenn.com)
Der Riad in der Altstadt von Marrakesch wurde in das denkbar luxuriöse und stimmungsvolle Hotel verwandelt. Wenige Minuten vom Djemaa el Fnaa und vom Souk entfernt und doch mit heiliger Ruhe ausgestattet.

Essen

Al Fassia (alfassia.com)
Das beste Restaurant der Stadt gibt es gleich zweimal. Einmal in der Franzosenstadt und einmal an der Peripherie. Beide werden nur von Frauen geleitet und servieren das beste marokkanische Essen der Stadt. Unbedingt die Vorspeisenselektion bestellen.

Garten

Anima (anima-garden.com)
Neben dem berühmten Jardin Majorelle von Yves Saint Laurent hat André Heller seine Idee eines Paradiesgartens südlich von Marrakesch verwirklicht. Pflanzen, Kunst und Stimmung bilden ein poetisches Ganzes. Pflichtbesuch.

Modena

Essen

Osteria Francescana (osteriafrancescana.it)
Abgesehen davon, dass dieses Restaurant sämtliche Weihen erhalten hat, die ein Restaurant heutzutage bekommen kann, lohnt sich der Besuch tatsächlich. Das sogenannte «traditionelle»

Menü ist dabei vielleicht noch mehr Offenbarung als das Kreativfeuerwerk und Massimo Bottura ein Gastgeber der Extraklasse.

Mošćenička Draga

Wohnen

Villa Astra (schlosshotels.co.at/hotel/villa-astra)
Wunderschöne Villa in Lovran, Blick aufs Meer. Sympathisch angejahrt. *Fin-de-Siècle*-Stimmung inklusive.

Essen

Johnson (johnson.hr/de)
Ein Fischlokal, das an Radikalität nicht zu überbieten ist. Frischer gibt es den Fisch – geschweige denn die Scampi – an der Adria nirgends. Und zwar in jedem Aggregatzustand. Von roh (was ein anderes Wort für lebendig ist) über gedämpft, gebraten bis zu gegrillt.

München

Wohnen

Hotel Cortiina (cortiina.com)
Großartig unaufgeregtes Stadthotel. Scheinbar unscheinbar, mit großer Liebe zum Detail und bester Lage. Frühstück muss man nicht buchen – die Bar «Centrale» liegt gleich gegenüber.

Essen

Tantris (tantris.de)
Eines der originellsten, schönsten und verlässlichsten Restaurants Deutschlands. Große Klassik auf dem Teller, mitten im retro-futuristischen Ambiente von Verner Panton. Großes Kino.
— **Gaststätte Großmarkthalle** (gaststätte-grossmarkthalle.de)
Bessere Weißwürste gibt es in München nirgends (und es gibt viele gute Weißwürste). Urdemokratischer Ort für frühes und späteres Frühstück.

Bar

Schumanns (schumanns.de)
Nicht irgendeine Bar, sondern *die* Bar schlechthin. Das Imperium von Charles Schumann serviert nicht nur die besten Drinks, sondern auch München *in a nutshell*. Pflichtprogramm, am besten sehr, sehr spät, wenn die Bar nicht mehr ganz voll ist.

Café

Bar Centrale (bar-centrale.com)
Der Ort, der das Versprechen einlöst, dass München die nördlichste Stadt Italiens ist.

New York

Wohnen und Trinken

26 Warren B&B, Hudson (26warren.com)
Zimmer in einem wunderschön und sympathisch eingerichteten Privathaus. Der Gastgeber – ein Künstler, typisch für Hudson – macht ein Frühstück, für das er zu Recht berühmt ist.
— **Whyte Hotel** (wythehotel.com)
Nirgends trinkt es sich schöner mit dem Blick auf die Skyline von Manhattan als hier in der Rooftop-Bar. Wer es sich leisten möchte, nimmt hier gleich ein Zimmer. Sonst rechzeitig kommen, der Sonnenuntergang über Manhatten ist besser als jeder Hollywoodfilm.

Café

Brooklyn Farmacy (brooklynfarmacyandsodafountain.com)
Ehemalige Apotheke mitten im Brickstone-Land. Detailgetreu renoviert, guter Kaffee, lässige Jazzmusik. Hier fangen New Yorker Tage gut an.

Essen

Traif (traifny.com)
An der verkehrsmäßigen Schlagader von Williamsburg situiert, wo das Hipsterleben und jenes der Chassiden wohlgeordnet aneinander vorbeiströmen. Soulfood und Cocktails, laute Musik und starke Zeitgenossenschaft.
— **Fish and Game,** Hudson (fishandgamehudson.com)
Feines, elegantes *Farm-to-table*-Restaurant in dem entzückenden Städtchen. Gute Weinauswahl, kompetente Beratung.
— **Bluehill Farm** (bluehillfarm.com)
Eines der stilbildenden Restaurants der Welt. Bester Tipp: Kümmern Sie sich noch heute um die Reservierung, wenn Sie vorhaben, noch in diesem Jahr nach Amerika zu reisen.
— **The Four Horsemen** (fourhorsemenbk.com)
Prototypisches Gastropub: unzählige kleine Teller, alle elaboriert und sorgfältig gestaltet, dazu Naturwein, so viel du trinken kannst. Das Loka

gehört James Murphy, dem Sänger von LCD Sound-system, manchmal trifft man ihn auch *in person* an. Gute Anlaufstelle für weitere interkulturelle Erkundungen.

Piemont

Wohnen

Castello di Verduno (realcastello.com)
Stimmungsvolle Unterkunft im Schloss von Verduno. Wunderschöne Räume, Weitsicht, eindrucksvoller Garten, wo das Frühstück serviert wird. Nur wenige Zimmer, entsprechend früh reservieren.

Essen

Ristorante Bovio, La Morra (ristorantebovio.it)
Feiner wird die piemontesische Küche nirgends serviert (ohne dass sie ganz abhebt wie im «Piazza» Duomo in Alba). Gebrauchsanweisung: den Empfehlungen des Padrone bedingungslos folgen, nicht zu wenig bestellen und die besten Weine dazu auswählen, die zu fantastischen Preisen auf der Karte stehen.
— **Osteria Veglio,** La Morra (osteriaveglio.it)
Auf der Terrasse sitzen und über die harmonischen Weinberge schauen. Zuerst das *Crudo* essen und dann die *Tajarin*. Die richtige Flasche Wein wählen. So schön kann das Paradies gar nicht sein wie hier.

Prag

Wohnen

Hotel Paříž (hotel-paris.cz/de)
Wunderschönes, leicht abgewohntes Grand Hotel in der Innenstadt von Prag. Prächtige Jugendstil-Architektur. In den Zimmern sind die Jahresringe verschiedener Betreiber zu sehen, aber in den Gesellschaftsräumen ist der Prunk des Hauses sympathisch und detailreich vorhanden.

Essen

Haus zum Goldenen Tiger
(uzlatehotygra.cz/de)
Herzhaftes Wirtshaus in mittelalterlicher Umgebung. Köstliches Bier, gelöste Atmosphäre, eher fleischlastige Speisen. Den Besuch mehr als wert. Früheres Stammlokal des Dichters Bohumil Hrabal.

Imbiss

Naše Maso (nasemaso.cz)
Fleischerei, wo die erstklassige Ware auf Wunsch auch gleich zubereitet wird. Besonderheit: aus der weiß gefliesten Wand fließt direkt Bier.

Pyrenäen

Wohnen und Essen

Domaine Riberach (riberach.com)
Dieses (ebenfalls erstklassige) Weingut beherbergt auch ein gutes Restaurant und das «Hotel Écolodge» – in den riesigen Tanks einer umgebauten Weincooperative. Bester Ausgangspunkt für Erkundungsfahrten und -wanderungen.

Wein

Weingut Matassa, Calce (matassawine.fr)
Inzwischen zur Legende gewordenes Weingut des Ausnahmewinzers Tom Lubbe, der hier hundertjährige Rebstöcke in kargem Umfeld bewirtschaftet. Für Verkostungen anmelden.
— **Weingut Gauby,** Calce (domainegauby.fr)
Platzhirsch der Region. Für manche Rotweine der Domaine Gauby werden Fantasiepreise bezahlt. Inzwischen sind die beiden Weingüter miteinander verschwägert – die Tochter des Hauses ist mit Tom Lubbe von Matassa verheiratet.

Salzburg

Wohnen

Hotel Blaue Gans (blauegans.at)
Das coolste Hotel der Stadt. Beste Lage (Getreidegasse), ausgestattet mit gut ausgewählter Kunst und einem erstklassigen Restaurant, das Understatement übt, aber eines der besten der Stadt ist.
— **Haus Hirt** (haus-hirt.com)
Wunderbares Boutiquehotel in Bad Gastein mit Blick über das Tal und Weltklassequalitäten in den Fakultäten Stil, Ästhetik und dem Gefühl, was ein Gastgeber für den Gast tun kann. Sicher eines der schönsten und besten Hotels in den österreichischen Alpen.

Essen

M32 (m32.at)
Schöner als von der Terrasse des «M32» ist der Blick über die barocke Altstadt nirgendwo. Sehr

gutes Essen. Der Aufstieg (entweder zu Fuß oder mit dem Mönchsbergaufzug) lohnt sich auch bei schlechtem Wetter.

— **Paradoxon** (restaurant-paradoxon.com)
Kreatives *Fine-Dining*-Restaurant. Immer für positive Überraschungen gut. Empfehlung: den Empfehlungen des Küchenchefs Martin Kilga folgen. Große Auswahl an durchaus unkonventionellen Bioweinen.

— **Seehof Goldegg** (derseehof.at)
Der «Seehof» ist ein kleines Hotel etwas außerhalb des Gasteinertals, direkt am Goldegger See (und daher sommers wie winters interessant). Viele Schauspieler und Intelektuelle geben sich hier die Ehre. Wunderbare Kunst schmückt die Zimmer, und die Küche ist nirgendwo im Salzburgischen besser. Wer qualifizierte Ruhe sucht und dabei erstklassig verpflegt werden möchte, ist hier gut aufgehoben.

Hütte

Restaurant Weitblick,
Mittelstation Sportgastein, Nassfeld
Hier kann man neben den sogenannten Klassikern des Hüttenlebens (Grillwürste, Pommes frites, Germknödel) richtig gut essen, freilich nur während der Wintersaison. Empfehlung: Der Restaurantteil mit Bedienung. Denn es macht keinen Spaß, mit den Skischuhen in der Schlange zu stehen und Skiwasser zu balancieren.

San Sebastián

Fine Dining

Mugaritz (mugaritz.com)
Eines der ungewöhnlichsten Restaurantkonzepte der Welt, entsprechend gut gebucht und dokumentiert. Am besten erwartungsfrei hingehen. Alle Erwartungen werden sowieso unterlaufen.

— **Martin Berasategui**
(martinberasategui.com)
Wie ein Museum der Dreistern-Küche. 50 Köche arbeiten für 30 Gäste. Das Ergebnis ist freilich umwerfend. Eines der Dreistern-Erlebnisse, auf die man nicht verzichten sollte.

Imbiss

Borda Berri (bordaberri.com)
Steht stellvertretend für die unzähligen (und unzähligen großartigen) *Pinxtos*-Bars in der Altstadt

von San Sebastián. Ein Glas trinken, einen Snack nehmen – und sich weitertreiben lassen zur nächsten offenen Tür: erst viel später zu Abend essen

Stockholm

Wohnen

Berns Hotel (berns.se)
Zentral gelegen, direkt neben dem fantastischen «Berns Salonger», einem klassischen Unterhaltungsetablissement. Praktisch und glamourös

— **Hotel Skeppsholmen** (hotelskeppsholmen.se
Gegenüber der Garteninsel Djurgården befinde sich die Kunstinsel Skeppsholmen mit Kunst museen und dem schicken Hotel «Skeppshol men», das in einer ehemaligen Kaserne unterge bracht ist. Schöner Standort für Ausflüge auf di anderen Inseln – und hinüber in die Altstadt.

Essen

Frantzén (restaurantfrantzen.com)
Mit Sicherheit eines der innovativsten und beste Restaurants der Welt. Nachteil: Man muss ewig lang im Vorhinein reservieren und dabei persis tent sein. Vorteil: das Erlebnis, hier zu essen, is unvergesslich und großartig.

— **Oaxen Krog** (oaxen.com)
Hier kommt vieles zusammen. Markus und Ag neta Eks *Fine-Dining*-Restaurant, das Maßstäbe setzt und die Grundbegriffe zeitgemäßer Kuli narik neu definiert hat. Aber auch das einfach schwedische Essen im Bistro namens «Slip» – un für alle, die Hausboote lieben, ein Zimmer au dem Hotelschiff «Prince van Orangiën». Andrang groß, rechtzeitig reservieren.

Imbiss

Matbaren (grandhotel.se)
Verlässliche Adresse für Weltklasse-Gerichte i wenigen Minuten – und zu einem erschwingli chen Preis. Lieblingsadresse des Autors in Stock holm. Küchenchef Mathias Dahlgren hat nebenan übrigens ein vegetarisches Restaurant eröffnet «Rutabaga». Große Empfehlung.

Südtirol

Wohnen

Parkhotel Laurin (laurin.it/de/parkhotel-bozen)
Imperialer Anspruch und beste Lage verbinden

sich mit dem leicht abgewohnten Charme des Hauses. Wer leicht angejahrte Grand Hotels liebt, wird hier nicht enttäuscht werden.

Essen

Miil (miil.it)
Restaurant, in dem sich alle Vorzüge Südtirols manifestieren: elegante Rustikalität – und der ordnende Einfluss der italienischen Küche.

Knödel

Patscheider Hof (www.patscheider-hof.com)
Roland Trettl hat für diesen Gasthof auf dem Ritten so viel Reklame gemacht, dass man zur Sicherheit besser reservieren sollte. Die Knödel – Spinat, Käse und Rote Bete – sind schlicht Weltklasse.

Saft

Thomas Kohl (kohl.bz.it/de)
Auf fast 1000 Metern macht Thomas Kohl Gebirgsapfelsäfte von tiefer, einmaliger Aromatik. Empfehlung: der *Rouge*, knackig, frisch und köstlich.

Tel Aviv

Essen

HaBasta, HaShomer St 4
Beseeltes, lässiges Restaurant in der Nähe des Carmel-Markts. Interessant und überzeugend abgeschmeckte Kleinigkeiten, flankiert von einer erstklassigen Weinauswahl. Lieblingsadresse.

Falafel

HaKosam, Shlomo HaMelech 2
Beste Falafel in town. Garniert am besten mit allem, was die Jungs hinter der Theke so anbieten. Reichlich *Tahini* bestellen. Traumhaft!

Meerblick

Manta Ray (mantaray.co.il)
Neue Basisstation direkt am Strand. Am besten frühstückt man hier (unbedingt reservieren, vor allem am Sabbat) oder begleitet das spektakuläre Versinken der Sonne im Meer mit ein, zwei Drinks.

Thurgau

Essen

Taverne zum Schäfli (schaefli-wigoltingen.ch)
Großartiges *Fine-Dining*-Lokal der Familie Kuchler. Mit leichter Hand werden Gerichte von tiefem Geschmack und besonderer Schönheit serviert. Hoher Anspruch, höchstes Niveau!

Wein

Schlossgut Bachtobel (bachtobel.ch/de)
Spezielles und geschichtsträchtiges Weingut auf einem Hügelzug über der Obstebene. Sehr gute Pinot Noirs (Empfehlung: № 2). Für Verkostungen und die (lohnenswerte) Besichtigung der Räume, die sich im Originalzustand der napoleonischen Zeit befinden, Termine vereinbaren.

Tirol und Vorarlberg

Wohnen

Das Schiff, Hittisau (schiff-hittisau.com)
Eines der führenden Häuser dieser gesegneten Landschaft. Großartige Gastlichkeit, durchdachte, geräumige Zimmer und erstklassiges Essen im Metzler'schen Restaurant. Rechtzeitig reservieren.

Essen

Stüva im Hotel Yscla (yscla.at/restaurant-ischgl)
Das Gourmetrestaurant von Benjamin Parth ist eine der besten Adressen Österreichs. Die Gerichte haben Tiefgang, Charme und denkbar tiefen Geschmack. Dreistern-Niveau.
— **Schualhus,** Lech
(rotewand.com/gourmet/schualhus)
Das Restaurant im oberen Stockwerk des ehemaligen Schulhauses ist dem berühmten «Table at Brooklyn Fair» aus New York nachempfunden, überzeugt aber mit moderner und selbstbewusster Hochküche auf regionaler Basis.
— **Schwanen,** Bizau (biohotel-schwanen.com)
Emanuel Moosbrugger hat sein Handwerk in den USA gelernt, um das Elternhaus schließlich in fünfter Generation zu übernehmen. Besser und sorgfältiger wird kaum irgendwo im Bregenzerwald gekocht.

Hütte

Gampe Thaya (gampethaya.riml.com)
Ursprüngliche Hütte hoch über Sölden. Ausschließlich Produkte aus eigener Landwirtschaft und mit regionaler Erdung. Unbedingt probieren: das *Grantenwasser* – Preiselbeersaft. Kalt, aber auch warm!

Käse

Alpe Vordere Niedere, Ruhmanen 509,
6866 Andelsbuch
Die Alpe klingt abgelegener, als sie wirklich ist.
Man erreicht sie entweder von Andelsbuch mit
dem Sessellift oder von Bezau mit der Seilbahn –
und einem Fußmarsch von wenigen Minuten. Im
Gipfelgasthaus verkauft Senner Leo Feuerstein
einen fantastischen Vorarlberger Bergkäse. Unbedingt in großen Mengen mit nach Hause nehmen.

Tokio

Wohnen

Park Hyatt (hyatt.com)
Berühmte Filmkulisse (*Lost in Translation*), gleich-
zeitig aber höchst luxuriöser Stützpunkt im
Stadtteil Shinshuku. Unvergleichlich: der Blick
aus dem Zimmer und aus der Bar über ganz Tokio.
Ebenso unvergleichlich: die Qualität von Service
und Hospitality.
— **Hoshinoya Tokyo** (hoshinoya.com/tokyo)
Ganz besonderes Luxushotel. Hoshinoya nimmt
die Motive des traditionellen japanischen *Ryokan*
auf und übersetzt sie in zeitgemäße Ästhetik und
Gastfreundschaft. Außerordentlich angenehme
Atmosphäre. Oase der Ruhe in der hektischen
Innenstadt. Für Menschen zu empfehlen, die sich
der japanischen Kultur annähern wollen.

Ramen

Tsuta (tsuta.com)
Speziell guter *Ramen*-Shop. Berühmt für die Qualität der Suppe, die aus drei verschiedenen Ansät-
zen zusammengemischt wird. Keine Reservierungen, stets längere Schlangen. Aber das Warten
lohnt sich.

Tonkatsu

Butagumi, 2 Chome-24-9 Nishiazabu,
Minato City, Tokyo 106-0031
Die ganze Welt des panierten Schweinefleischs.
Mit Cuts verschiedener Schweinerassen und -her-
künfte. Unglaublich vielfältig und köstlich.

Kaiseki

Den (jimbochoden.com/en)
Laut «50 Best»-Liste das beste Restaurant Japans.
Küchenchef Zaiyu Hasegawa geht spielerisch und

humorvoll mit den strengen Traditionen der japanischen Küche um und verzaubert auf diese
Weise seine Gäste. Hoher Unterhaltungswert.

Cocktails

Gen Yamamoto (genyamamoto.jp)
Außergewöhnliches Konzept: In dieser Bar gibt
es die Cocktails als Menü. Sechs Getränke in einer
Stunde – ein außergewöhnliches und erhellende
Erlebnis. Vielleicht nicht ganz jugendfrei: Aber
man verlässt den Ort aufrecht.

Trentino

Wohnen

Aquila d'Oro, Trento (aquiladoro.it)
Zentraler geht es nicht in dieser wunderschönen
Stadt. Die Piazza Duomo ist gleich nebenan, und
damit liegen alle Bars und Kneipen fußläufig.
Schöne, verwinkelte Zimmer, gutes Stadtgefühl.

Essen

La Tortuga (ristorantelatortuga.it)
Liegt begünstigt in Gargnano am Gardasee und
praktiziert eine hochsensible, elegante Regional-
küche. Lohnt den Abstecher.

Sprudel

Abate Nero (abatenero.it)
Einer der allerbesten Produzenten von *Spumante*
im Trentino, wo diese Kunst auf hohem Niveau
gepflegt wird. Kellereibesuch empfohlen. Warnung: die Anfahrt könnte sich etwas verwirrend
gestalten.

Wein

Elisabetta Foradori (elisabettaforadori.com)
Eines der interessantesten Weingüter – nicht
nur des Trentino, sondern der Welt. Elisabetta
Foradori holt aus autochthonen Sorten unglaubliche Aromen und Geschmäcker heraus. Auf
einem ästhetischen und praktischen Muster-
weingut.

Venedig

Essen

Antiche Carampane (antichecarampane.com)
Versteckt gelegen (aber welches Lokal in Venedig
ist das nicht?), dafür die beste Adresse, um diese

grandiosen Meeresspinnen (*Granseola*) zu essen. *Cosy* und brillant. Leider sind die Plätze so begehrt, dass man schon sehr früh reservieren muss.
— **Al Testiere** (osterialletestiere.it)
Eigentlich ein Gourmetrestaurant, freilich im Look eines Nachbarschaftslokals. Bester Fisch, filgrane Pasta. Darf nicht darüber hinwegtäuschen, dass man rechtzeitig reservieren sollte.
— **Trattoria Madonna**
(ristoranteallamadonna.com)
Venezianische Allzweckwaffe gleich neben Rialto. Immer offen, immer Platz, immer gut. Der schwarze Risotto mit den Tintenfischen steht bei mir im Rang des Weltkulturerbes.

Imbiss

Gia Schiavi (cantinaschiavi.com)
Etwas abseits an einem Kanal in Dorsoduro gelegen, repräsentiert dieser Stehimbiss alles, was Italien liebenswert macht. Gute, billige Weine. Großartige *Cichetti*, günstig und köstlich. Wenn die Hütte voll ist, kann man das Glas mit auf die Straße nehmen und ins Wasser starren. Schlicht großartig.

Trinken

Harry's Bar (cipriani.com)
Klar, man kann hier auch hervorragend essen. Aber zwischendurch hereinzuschneien und den einen oder anderen *Bellini* trinken und die Schönheit dieses Orts wirken lassen: einfach ein Traum.

Verona

Wohnen

Hotel Accademia (hotelaccademiaverona.it)
Gut gelegenes, leicht altmodisches, aber grundtitalienisches Hotel in der Altstadt. Witziges Frühstück inklusive technischer Unterhaltung (Toaströstförderband) – wenn man nicht gleich um die Ecke auf ein richtig guten Espresso geht.

Essen

Antica Bottega del Vino (bottegavini.it)
Buchstäblich eine Höhle. Das Restaurant ist – wie schon der Name sagt – bekannt für seine exzeptionelle Weinsammlung. Aber gekocht wird ebenfalls grandios. Es empfehlen sich Kurzabstecher für das schnelle Glas. Und mindestens ein ausführliches Mittagessen.

Al Bersagliere (trattoriaalbersagliere.it)
Ein Hochamt des *Comfort Food*. Ergänzt um eine feine, übersichtliche Weinkarte.

Vietnam

Wohnen

Hotel Metropol, Hanoi
(sofitel-legend-metropole-hanoi.com)
Legendäres Hotel in Hanoi, man kann, wenn man will, die Graham-Greene-Groove spüren. Jeder Luxus, vor allem aber eine anbetungswürdige Pho zum Frühstück.
— **Hotel Majestic,** Saigon (majesticsaigon.com)
Generalüberholtes Hotel direkt an Saigons zentralem Boulevard Dong Khoi. Guter Ausgangspunkt für Stadtwanderungen. Tolle Aussicht über die Stadt und den namensstiftenden Fluss Song Sai Gon von der Dachterrasse.

Essen

Com Nieu Saigon (comnieusaigon.com.vn)
Eines der Lieblingslokale von Anthony Bourdain, und zwar zu Recht. Vielfältige, überzeugende Gerichte – zum Teil mit großem Sinn für Showeffekte serviert. Pflichtbesuch.
— **Madame Hien,** Hanoi
(didiercorlou-hanoirestaurants.com)
Hier wird französische Tradition im vietnamesischen Zusammenhang hochgehalten. Exquisite Küche zwischen den Welten.
— **Pho Hoa,** Saigon
(phohoapasteur.restaurantsnapshot.com)
Eine Suppenküche, für die der Begriff «schmucklos» fast schon zu überschwänglich ist. Aber: die traditionelle *Pho* ist hier von umwerfender Qualität – und kostet nur ein paar Münzen.

Sandwiches

Phuongs Bakery, Hoi An, 2b Phan Chu Trinh
Ein Sandwichladen in der Altstadt von Hai An, der atemberaubende Brote zubereitet. Nicht nur, dass die Baguettes richtig gut sind, dazu kommen Saucen, Kräuter und Stücke von Fleisch und Fisch, die für nie erlebte Geschmäcker sorgen.

Strand

The Nam Hai, Hoi An (fourseasons.com/hoian)
Ein Luxusresort wie aus dem Katalog unerfüllter Wunschträume. Weitläufig, privat, luxuriös.

Nur das Baden im Südchinesischen Meer ist, wenn sich die Quallen breit machen, etwas gewöhnungsbedürftig.

Café

L'Usine (lusinespace.com)
Erstaunlicher Vielzweckspace am Prachtboulevard: Concept Store, Restaurant und Café. Verströmt Ruhe und Gelassenheit. Guter Stützpunkt, um sich nach der tropischen Hitze abzukühlen und einen erstklassigen Imbiss zu nehmen.

West Coast, USA

Wohnen

Ace Hotel, Palm Springs
(acehotel.com/palmsprings)
Einer der vergnügtesten Orte der Welt. Gummispielzeug im Pool, überdimensionale Drinks, Bingo für Bobos im Restaurant. Macht uneingeschränkten Spaß.

Essen

Manhattan House, Los Angeles
(manhattanhouse.pub)
Ein prototypisches *Farm-to-table*-Restaurant, samt allen kalifornischen Goodies: laute Musik, lässige Drinks, großer Perfektionismus in der Küche. Idealerweise nach einem Spaziergang am hinreißenden Manhattan Beach zu besuchen.
— **Big Sur Bakery** (bigsurbakery.com)
Feiner, kleiner Laden an einem der atemberaubendsten Abschnitte amerikanischer Straßenbaukunst. Elegante, unaufgeregte Gerichte. Sonnendurchflutete Willkommenskultur. Wenn gerade frisch vorhanden: Ruggelach einkaufen.
— **Hog Island Oyster Bar,** San Francisco
(hogislandoysters.com)
Liegt in bevorzugter Lage im One Ferry Building in der Nähe der Oakland Bay Bridge. Großartige, asisatische Austernsorten aus eigener Zucht, dazu beste Weine aus USA und Europa. Pflichtbesuch mit Wartezeit: Reservationen werden nicht angenommen.
— **Ichi Sushi,** San Francisco (ichisushi.com)
Steht stellvertretend für die zahllosen internationalen und erstaunlichen Restaurants des Mission-Districts von San Francisco. Feine, heitere japanische Küche mit exakt so viel Ernsthaftigkeit, dass das Essen in Erinnerung bleibt.

Brot

Tartine Bakery (tartinebakery.com)
Der Ort, von dem aus die Sauerteigrevolution rund um die Welt gereist ist. Gründer Chad Robertson ist zur Ikone der Brotkultur geworden, inzwischen hat seine Bakery Filialen in Los Angeles und Seoul eröffnet. Es lohnt sich, am Originalschauplatz in der Guerrero St in der Schlange zu stehen und den Duft frisch gebackenen Brots zu atmen.

Wien

Essen

Konstantin Filippou (konstantinfilippou.com)
Wiens interessantestes Restaurant. Schwerpunkte auf Seafood, von Filippou in geschmackliche Originale von unvergesslicher Qualität verwandelt. Wer es etwas einfacher will oder im Restaurant keinen Tisch bekommt, sollte im benachbarten Bistro namens «O Boufés» einkehren. Großer Spaßfaktor auf atemberaubenden Niveau.
— **Zum Schwarzen Kameel** (kameel.at)
Institution der Wiener Gastlichkeit, elegant und demokratisch zugleich. Der Abstecher auf ein Glas im Stehbüfett ist erhellend, ein Essen im Restaurant eine durchaus festliche Angelegenheit. Plus: ein schöneres Restaurant finden Sie in Wien nicht.
— **Grünauer** (gasthaus-gruenauer.com)
Wiens bestes Wirtshaus. Schmuckloser und puristischer wird nirgends gekocht, dabei mit hoher Achtsamkeit auf sämtliche wichtigen Details der Zubereitung. Besser gibt es die Wiener Küche nicht, hier nähert man sich der Wiener Kochkunst auf sicheren Pfaden.

Wiener Schnitzel

Meissl und Schadn (meisslundschadn.at)
Von den vielen Wirtshäusern, die behaupten, das beste Schnitzel Wiens zu servieren, ist dieses das beste. Gebrauchsanweisung: Am besten schmeckt das Schnitzel, wenn es im Schweineschmalz «herausgebacken» wird. Butterschmalz geht auch. Alles andere führt zu Ergebnissen, die nicht dem Originalgeschmack entsprechen.

Wein

Weingut Fritz Wieninger (www.wieninger.at)
Starwinzer unter Wiens Weinmachern. Bewirt-

chaftet Flächen dies- und jenseits der Donau. Kräftige, zupackende Weine. Empfehlung: Gemischter Satz, Nussberg.

Heurige

Buschenschank in Residence
(jutta-ambrositsch.at/buschenschank)
Der beste Heurige in Wien sperrt nur im Ausnahmefall auf. Dafür gibt es hier die köstlichsten Imbisse, gepaart mit dem besten Wein Wiens. Unbedingt die Website checken und den Termin eines Wienbesuchs danach ausrichten.

– Heuriger Hengl-Haselbrunner
(hengl-haselbrunner.at)
Traditionshaus mit klassischem Heurigenbüfett und einem Schwerpunkt auf gut kuratierte Wiener Musik. Lesenswert: Die Hauszeitung auf der Website.

Zürich

Essen

Kronenhalle (kronenhalle.ch/restaurant)
Das spirituelle Zentrum der Zürcher Gastlichkeit. Ein schöneres Lokal kann ich mir nicht vorstellen (sofern man in der Brasserie den Tisch bekommt). Die Küche ist gut bis sehr gut, und ein Nachmittag in der Kronenhalle, mit etwas Bier und einem kleinen Imbiss, bringt den Gast ganz automatisch auf gedankliche Höhenflüge.

Kronenhalle Bar (kronenhalle.ch/bar)
Eine extraterritoriale Zone, ein *Hide-Away,* ein schwarzes Loch. Die Bar an der Rämistrasse hat viele Facetten. Noch eine: die Bartender können Cocktails. Santé.

Imbiss

Sternen Grill (sternengrill.ch)
Vor der Bar, nach der Bar, statt dem Restaurant, im Restaurant: den Möglichkeiten, eine Kalbsbratwurst dieses besten Wurststands der Welt zu genießen, sind keine Grenzen gesetzt. Oder sagen wir: fast keine.

Eis

Zentrale für Gutes (zentrale.ch)
Hier ordinieren die ehemaligen Inhaberinnen der «Alpenrose», Tine Giacobbo und Katharina Sinniger. Ihr Eisvogel-Glace ist das beste der Stadt. Lieblingssorte: Pistazie.

Einkaufen

Markthalle im Viadukt (im-viadukt.ch)
An Höhepunken reiche Einkaufsmeile im Viadukt. Lieblingsläden: Südhang Wein, Berg und Tal, Tritt Käse, Minimetzg.

— Westflügel (westfluegel.ch)
Buchhandlung, powered by ECHTZEIT VERLAG. Schwerpunkt auf Kulinarischem: die kulinarische Bibliothek.

Die kulinarische Bibliothek

«Die klassische italienische Küche» von Marcella Hazan
604 Seiten, 58 Franken, 54 Euro
«Neue Rezepte» von Marcella Hazan
352 Seiten, 48 Franken, 43 Euro

«Französisch kochen» von Julia Child
656 Seiten, 58 Franken, 54 Euro

«Nose to Tail» von Fergus Henderson
432 Seiten, 54 Franken, 44 Euro

«Jetzt müsst ihr selber kochen» von Tine Giacobbo
400 Seiten, 58 Franken, 54 Euro
«Suppenkochbuch» von Tine Giacobbo und Katharina Sinniger
216 Seiten, 48 Franken, 39 Euro

«Besessen» von Elisabeth Bronfen
464 Seiten, 48 Franken, 43 Euro

Die Kochbuch-Trilogie von Marianne Kaltenbach:
«Aus Schweizer Küchen» 560 Seiten, 68 Franken, 52 Euro
«Aus Italiens Küchen» 552 Seiten, 68 Franken, 52 Euro
«Aus Frankreichs Küchen» 504 Seiten, 64 Franken, 48 Euro

«Die Kaltenbach» von Leandra Graf und Christian Seiler
144 Seiten, 32 Franken, 28 Euro

«Reise zum Geschmack» von Christian Seiler
176 Seiten, 34 Franken, 29 Euro

In Arbeit sind die deutschen Übersetzungen von:
«River Cafe» von Ruth Rogers und Rose Gray
«The Book of St. John» von Fergus Henderson und Trevor Gulliver
«Thai Food» von David Thompson

In allen guten Buchhandlungen oder
direkt bei: www.echtzeit.ch

Zum Autor: Christian Seiler, Jahrgang 1961, war Kulturredakteur der WELTWOCHE, Chefredakteur von PROFIL und DU und ist Autor zahlreicher Bücher. Er schreibt für diverse Zeitschriften übers Essen, Trinken und Reisen. Wöchentlich erscheint seine Kolumne zum Thema im MAGAZIN. Christian Seiler isst meistens in Wien, wo er auch wohnt. Ausser er isst gerade auf Reisen.

1. Auflage, 27. Juni 2019
Copyright © 2019 Echtzeit Verlag GmbH, Basel
Alle Rechte vorbehalten

ISBN 978-3-906807-11-9

Autor: Christian Seiler
Illustration: Markus Roost und Roland Hausheer
Gestaltung: Müller+Hess, Basel
Korrektorat: Birgit Althaler
Druck: CPI – Ebner & Spiegel, Ulm

www.echtzeit.ch